"101 计划"核心教材

化学领域

# 化学测量学实验
## （下册）

主　编　任　斌

副主编　淳　远　吴伟泰　张来英

　　　　张志敏　朱平平

中国教育出版传媒集团

高等教育出版社·北京

内容提要

本书为化学"101计划"核心教材。化学测量学实验为化学"101计划"4门实验课程之一,融合吸收了大学化学实验中涉及物质结构和物性测量的实验,创新设计了仪器搭建、计算化学和人工智能辅助的化学计量学等实验,并吸纳前沿研究成果向教学转化,构建了具有梯次难度的实验,为学生创新能力和实际动手能力的提升提供了支撑。本书分上、中、下三册,共11章。上册包括电化学实验、原子光谱实验、电子光谱实验、振动光谱实验;中册包括质谱实验、色谱实验、先进表征技术实验、计算化学实验;下册包括人工智能辅助的化学计量学实验、物理化学测量实验、高分子物理实验。本书将各章的共性原理前置到每章前面,每个实验后提供思考题,供学生实验预习时理解实验要点。部分实验还提供了数字资源和微视频(扫描相对应的二维码查看),供需要背景知识和拓展阅读的学生使用。

本书不仅可供高等学校化学测量学实验课程教学使用,也可供其他相关专业师生和科研人员参考。

**图书在版编目(CIP)数据**

化学测量学实验. 下册 / 任斌主编;淳远等副主编. 北京 : 高等教育出版社,2025. 8. -- ISBN 978-7-04 -064647-4

Ⅰ. O6-3

中国国家版本馆 CIP 数据核字第 20255ZD990 号

HUAXUE CELIANGXUE SHIYAN

| | | | | | | | |
|---|---|---|---|---|---|---|---|
| 策划编辑 | 张 政 | 责任编辑 | 张 政 | 封面设计 | 王 洋 | 版式设计 | 徐艳妮 |
| 责任绘图 | 马天驰 | 责任校对 | 窦丽娜 | 责任印制 | 赵义民 | | |

| | | | | |
|---|---|---|---|---|
| 出版发行 | 高等教育出版社 | | 网 址 | http://www.hep.edu.cn |
| 社 址 | 北京市西城区德外大街 4 号 | | | http://www.hep.com.cn |
| 邮政编码 | 100120 | | 网上订购 | http://www.hepmall.com.cn |
| 印 刷 | 北京盛通印刷股份有限公司 | | | http://www.hepmall.com |
| 开 本 | 787 mm×1092 mm 1/16 | | | http://www.hepmall.cn |
| 印 张 | 27.75 | | | |
| 字 数 | 660 千字 | | 版 次 | 2025 年 8 月第 1 版 |
| 购书热线 | 010-58581118 | | 印 次 | 2025 年 8 月第 1 次印刷 |
| 咨询电话 | 400-810-0598 | | 定 价 | 66.00 元 |

# 本书编委会

主　　编：任　斌

副主编：淳　远　吴伟泰　张来英

　　　　张志敏　朱平平

编　　委：（按姓氏笔画排序）

| | |
|---|---|
| 马　昊（厦门大学） | 马继臻（山东大学） |
| 王华北（中南大学） | 王　哲（北京航空航天大学） |
| 王海涛（复旦大学） | 王　爽（西北大学） |
| 王喜章（南京大学） | 方文军（浙江大学） |
| 邓卫平（厦门大学） | 史慧杰（同济大学） |
| 卢红梅（中南大学） | 田东亮（北京航空航天大学） |
| 田福平（大连理工大学） | 朱平平（中国科学技术大学） |
| 朱庆增（山东大学） | 朱莉娜（天津大学） |
| 任　斌（厦门大学） | 庄曜宇（中南大学） |
| 刘永梅（复旦大学） | 刘迎春（浙江大学） |
| 刘梅川（同济大学） | 许小娟（武汉大学） |
| 许新华（同济大学） | 阮文红（中山大学） |
| 孙　如（苏州大学） | 孙　茜（华东师范大学） |
| 李运超（北京师范大学） | 李　蕾（上海交通大学） |
| 杨立群（中山大学） | 杨海洋（中国科学技术大学） |
| 杨　琼（中南大学） | 吴伟泰（厦门大学） |
| 吴雪娇（厦门大学） | 吴梅芬（同济大学） |

# 总　序

自 2023 年 4 月启动以来,化学"101 计划"以高质量化学学科人才培养体系构建和拔尖创新人才培养为目标,从化学学科全局视野系统性重构化学拔尖创新人才培养的核心知识框架,以核心课程建设(含理论课和实验课)推动化学专业课程体系改革,以教案、教材建设推动教学内容迭代,以数字化资源建设推动教学方式转变,以课堂观察、名师引领、研修培训推动课堂教学质量提升,着力建设一流核心课程体系和一流核心教材体系,培育高水平师资团队,探索构建具有中国特色的化学拔尖创新人才高质量自主培养体系。

教材是教师教学和学生学习的主要依据,是培根铸魂、启智增慧的核心载体,是践行拔尖创新人才自主培养的有力支撑,出版一套高水平核心教材是化学"101 计划"的重点任务之一。为此,化学"101 计划"汇聚国内化学领域具有丰富教学经验与顶尖学术水平的教师和专家团队,以普通化学、无机化学、有机化学、分析化学、物理化学、结构化学、高分子化学与物理、化学生物学、基础化学实验、合成化学实验、化学测量学实验和化学生物学实验12 门核心课程的知识体系建设成果为基础,充分借鉴国内外先进课程与优秀教材建设经验,以学生的能力培养为导向,在纸质教材、电子教案、数字资源等方面进行了多角度、多层次的探索,着力构建"世界一流、中国特色、101风格"的化学核心教材体系。

系列教材总体遵循思政元素的思想性、知识体系的系统性、学术案例的前沿性、能力培养的引导性和呈现方式的融合性五大原则。在知识内容的分类上,理论课程注重"守正",按照二级学科设置,实验课程突出"创新",促进二级学科的交叉;在知识内容的选择上,兼顾基础和前沿,注重提升内容的创新性、高阶性和挑战度,并选取有代表性的中国优秀科研成果作为案例,有机融入思政元素,挖掘知识的育人内涵;在编排设计上,融入现代教育理念和教学方法,探索内容铺排和呈现方式的创新,注重激发学生学习主动性,培养学生自主学习、分析和解决问题的综合能力。

系列教材采用适应专业知识快速更新的融合式编写模式,以边栏拓展阅读等形式将纸质教材与数字资源相链接,拓展教材内容;同时配套翻译国外优秀教材,与系列新编教材相辅相成;此外,配套出版电子教案集。这些探索和实践分别从"教什么"和"怎么教"两条逻辑,融合教学新理念、新内容和新方法,形成以纸质教材为核心、数字资源为辅助的新形态教材体系。

参与编写系列教材的编委和撰稿人主要是来自 30 所"化学拔尖学生培养计划 2.0 基地"获批高校从事教学和科研的教师、专家和学者,尽管工作任务繁重,但他们仍然抽出大量的宝贵时间,秉持严谨认真的科学态度和精益求精的工作精神,保质保量地完成了系列教材的编写工作。在此,我表示衷心的感谢。此外,多位院士和资深专家对系列教材的编写和审订提供了诸多宝贵意见和建议,对教材的质量进行了严格把关,感谢他们的悉心指导和支持。同时我也非常感谢各参与出版社的有关领导和编辑们在系列教材出版过程中的辛勤付出。

作为新时代化学领域首次有组织、系统性建设核心教材体系的集体探索,这套教材是所有指导专家、编委、撰稿人和编辑同仁们集体的智慧结晶和劳动成果,也是传递化学"101 计划"改革理念和思路的重要载体,期盼能对广大读者有所裨益。"合抱之木,生于毫末;九层之台,起于累土。"系列教材的出版绝非终点,而是起点。真诚希望广大读者在使用过程中提出宝贵意见和建议,以便我们今后修订,使之不断完善,为我国化学拔尖创新人才培养提供启示与支撑。

化学"101 计划"牵头人

中国科学院院士

2024 年 10 月于中山大学

# 前　言

　　化学测量学是脱胎于分析化学发展起来的一门新的二级学科,利用物质间和物质与各种外场间相互作用的原理、规律,并广泛吸纳当今科学技术的最新成就,发展化学测量相关的原理、策略、方法与技术,研制各类测量仪器、装置和软件,多尺度、多模态、多视角地实现对物质化学组成、结构、性能、时空分布规律和演化过程的认知,是现代科学的"眼睛"。2017年,国家自然科学基金委员会根据化学学科发展的特点,对化学原有8个资助学科进行整合,将原来的分析化学调整为化学测量学。这是一门建立在化学、生物学、材料学、物理学、数学、计算机科学、仪器制造和信息科学等多个学科基础上的综合性交叉学科。但是,高等学校的化学课程体系并没有跟随着学科的发展进行调整,多数高校的化学实验课程仍然沿用20世纪80年代建立的基于二级学科分类的体系。学生在知识点掌握上相对孤立,难以建立深层次的知识联系,不利于学科交叉融合。特别是随着仪器自动化和智能化的发展,学生在进行化学测量时,通常仅了解商品化仪器工作原理,验证一些经典实验体系,导致很多仪器对学生而言是"黑箱",学生的实验操作仅限于点击鼠标,这也导致学生进入产业和科研实验室后,无法满足用人单位对仪器操作、维护甚至研制的技能需求。

　　2021年2月,教育部批准设立化学测量学与技术特色专业,并由厦门大学负责建设,以弥补这一高校人才培养和产业对高技术人才需求的鸿沟。特别是,在2023年4月教育部启动的基础学科领域教育教学改革试点工作(基础学科系列"101计划")中,将化学测量学实验课程纳入其中。化学测量学实验课程和教材建设牵头高校为厦门大学、复旦大学和南京大学,牵头专家为厦门大学任斌教授,30所"化学拔尖学生培养计划2.0基地"高校和部分重点院校共同参与建设。

　　化学测量学实验课程设计思路突破了化学实验的传统分类,融合吸收了分析化学实验、仪器分析实验、物理化学实验、高分子物理实验和综合化学实验中涉及物质结构和物性测量的实验内容,创新设计了仪器搭建、计算化学和人工智能辅助的化学计量学等实验,并吸纳前沿研究成果向教学转化,构建了具有梯次难度的实验,为学生创新能力和实际动手能力的提升提供了支撑。各章节以仪器测量方法为核心,贯穿测量原理、仪器构造与功能、仪器各部件作用、仪器操作、模块化的仪器搭建、样品处理和制备、测试条件优化、定性分析、定量测量,综合应用实验、拓展实验,数据分析和处理,设计出从测量原理、仪器认识到仪器综合应用、仪器搭建的多层次实验内容。在部分知识点下编制多个并行实验或梯次实验,各高校可以针对本校的教学需求和学生的学习需要选择不同实验。还根据学生的认知规律,以合成为切入点,通过"样品—结构(晶体、形貌等)—性质(元素性质、基本参数的测定等)—性能(活性等)"的认识过程进阶式地设计实验。希望通过本实验课程训练,学生能够掌握常用化学测量策略、原理、方法与技术,理解各种检测信号的产生原理,并提升图谱获得、显示和解析的能力;掌握原子、分子、化学键、物质结构和物理性质的基本测量方法,理解原子和分子结构、化学键等与激励源的作用,并能够针对特定需求综合应用多种化学测量方法及仪器;培养能够开发针对特定需求的仪器,运用新原理和新方法设计制造新型仪器设备,高效使用仪器设备,以及提供相关化学测量服务的能力和素质。

本书分上、中、下三册,共 11 章。上册包括电化学实验、原子光谱实验、电子光谱实验、振动光谱实验;中册包括质谱实验、色谱实验、先进表征技术实验、计算化学实验;下册包括人工智能辅助的化学计量学实验、物理化学测量实验、高分子物理实验。本书涵盖了与化学相关的电化学、质谱、原子光谱、电子光谱、扫描电镜、透射电镜、X 射线光电子能谱、X 射线衍射技术、核磁共振波谱分析、色谱、计算化学、人工智能辅助的化学计量学等;也包含涉及热力学性质、动力学性质、胶体与表界面性质、分子结构性质等的物理化学测量实验,以及主要借助物质的光、电、热、力、流体等性质来获取高分子各种性质的高分子物理实验。本书将各章的共性原理前置到每章前面,每个实验后提供思考题,供学生实验预习时理解实验要点。部分实验还提供了数字资源和微视频(扫描相对应的二维码查看),供需要背景知识和拓展阅读的学生使用。本书不仅可供高等学校化学测量学实验课程教学使用,也可供其他相关专业师生和科研人员参考。

由于这是一门全新的实验课程,为了建设这门课程,课程组建立了课程建设组、教材编写组、课堂提升组和工作组,全国 30 所"化学拔尖学生培养计划 2.0 基地"高校和部分重点高校参与了这门课程的建设。各个高校积极地将所在院系相关的实验内容分享给课程建设组,并由有经验的专家筛选,梳理确定了全部入选实验。在此感谢所有参与化学"101 计划"化学测量学实验课程建设的编者和各个章节的主要责任专家,他们在繁重的教学和科研工作之余积极参与这门课程的设计和教材内容的撰写,没有他们的积极参与和相关院校的支持,几乎不可能顺利建成这门课程。

在本书出版之际,特别感谢化学"101计划"指导专家田中群院士、张希院士、谭蔚泓院士对化学测量学实验课程和教材建设的细致指导,审阅全书并提出了很多宝贵的修改意见和建议,感谢化学"101计划"专家组和秘书处、相关虚拟教研室,感谢厦门大学的支持,感谢高等教育出版社对本书出版的大力支持。感谢张来英老师作为课程的协调人,不厌其烦地推动各章节的编者在规定时间完成规定的任务。

化学"101计划"于2023年4月启动,每门课程和教材建设期还较短,这与"十年磨一剑"的经典教材建设相比,时间无疑过于紧迫。加上编者知识水平所限,疏漏之处在所难免,恳请读者批评指正,以便再版时可以进一步修改提升。

编　者

2024年9月

# 目　录

# 第9章
# 人工智能辅助的化学计量学实验

随着仪器技术的飞速发展,化学测量数据分析正迎接着前所未有的挑战。与此同时,大数据与人工智能的结合为化学计量学领域带来了革命性的变革。这一融合不仅极大地提高了人们从复杂数据中提取有价值信息的能力,也推动了人工智能在化学计量学中的广泛应用。本模块分为两个关键部分:基础功能与综合建模。基础功能部分主要介绍使用 Python 进行化学数据分析的基本技能,包括测量数据的表示、预处理,分子结构的处理,以及数据集与数据库的批量处理。综合建模部分主要探索如何应用机器学习建立谱图与性质之间的模型,利用图神经网络建立结构与性质关系的模型,并掌握深度学习在建立谱图与结构关系模型中的应用。精心设计的 13 个实验,每个实验都有明确的教学目标和详细的实验步骤。实验内容从基础到高阶,循序渐进,覆盖了拉曼光谱、近红外光谱、色谱、质谱和离子迁移谱等多个关键领域,具有较高的应用价值。通过本模块的学习,学生能熟练运用人工智能技术,从化学测量大数据中挖掘出有价值的信息,实现从数据到信息再到知识的高效转化,为未来的科学研究和工业应用打下坚实的基础。

## 9.1 Python 与化学数据分析

### 9.1.1 Python 基础知识

在当今数字化与智能化时代,Python 作为一门强大的编程语言,已然成为化学数据分析领域不可或缺的利器。它以简洁明了的语法、丰富的库资源及强大的可扩展性,为化学研究者们提供了一个高效、便捷的数据处理与分析平台。从基础的化学数据整理、预处理,到复杂的分子结构分析,再到与人工智能技术的深度融合,Python 都展现出了卓越的能力。它能够帮助我们快速地从海量化学测量数据中提取关键信息,挖掘隐藏在数据背后的规律,为化学计量学的发展注入了新的活力。无论是初入化学数据分析领域的学生,还是经验丰富的科研人员,掌握 Python 都将极大地提升工作效率,开启化学研究的全新篇章。

#### 1. Python 安装

在开始使用 Python 进行化学数据分析之前,首先需要在计算机上安装 Python 环境。Python 官方网站提供了不同版本的 Python 安装包,适用于 Windows、MacOS 和 Linux 等多种操作系统。访问 Python 官方下载页面,根据操作系统选择合适的 Python 版本进行下载与安装。Windows 用户可以下载安装包进行安装,MacOS 和 Linux 通常系统已默认安装 Python,如果没有安装,建议使用发行版的包管理工具安装 Python。如 MacOS 可以使用 Homebrew,

基于 Debian 的 Linux 系统使用 apt-get,分别运行以下命令安装 Python。

```
# MacOS
brew install python
# Debian based
sudo apt-get install python3
```

安装完成后,需要验证 Python 是否正确安装。打开命令行工具(Windows 用户可以使用命令提示符或 PowerShell,MacOS 和 Linux 用户可以使用终端),输入以下命令并按回车键:

```
python --version
# or
python3 --version
```

如果系统提示"未找到命令",请检查是否正确安装 Python,或者确认是否将 Python 添加到了系统的 PATH 环境变量中。

如果需要安装第三方库,则需要使用 pip 工具。Python 通常已经预装了 pip 工具,可以使用以下命令进行验证:

```
pip --version
```

如果显示 pip 没有安装,则可以根据官网的安装教程进行安装。当 pip 安装完成之后,就可以通过 pip install 命令安装第三方 Python 库,例如:

```
pip install numpy
```

之后如果遇到未安装的依赖库,均可使用这种方法安装对应的依赖。

### 2. Python 解释器

Python 解释器是执行 Python 代码的核心工具,它将编写的代码逐行翻译成计算机能够理解的机器语言,并执行这些指令。Python 解释器有两种主要的使用方式:交互模式和脚本模式。了解这两种模式对于掌握 Python 编程至关重要。Python 解释器是一个程序,它读取 Python 代码并将其转换为计算机可以执行的指令。Python 是一种解释型语言,这意味着代码在运行时逐行被解释器执行,而不是像编译型语言那样先编译成机器代码。这种特性使得 Python 在开发过程中具有很高的灵活性和便捷性,但也可能在某些情况下牺牲一些运行效率。Python 解释器的主要功能包括:代码执行(执行 Python 代码)、错误检测(检查语法和运行错误)和动态特性(如动态类型检查、内存分配与回收)。

交互模式(interactive mode)是 Python 解释器的一种运行方式,允许用户在命令行中直接输入代码并立即看到执行结果。这种方式非常适合学习 Python 基础知识和进行简单的代码测试。要进入交互模式,可以打开命令行工具,输入 python 并回车。如果 Python 正常运行,程序会显示 Python 解释器的信息(如版本等)和命令提示符">>>",表示解释器正在等待用户输入代码。此时可以尝试输入 Python 代码,例如:

```
print("Hello, Chem101")
```

程序将输出"Hello,Chem101"。

　　脚本模式(script mode)是指将 Python 代码保存在一个文件中,然后通过 Python 解释器运行该文件。这种方式适合编写复杂的程序,因为它可以将代码组织成文件,便于维护和调试。可以使用编辑器(如 Notepad、VS Code、PyCharm 等)创建一个新的 Python 文件(Python脚本文件后缀为.py),并在其中输入 Python 代码。例如,可以创建一个名为"hello.py"的文件,内容如下:

```
# hello.py
name = "Chem101"
print("Hello, " + name)
```

保存文件,并确保文件扩展名为.py。运行 Python 脚本可以打开命令行,并切换到脚本所在目录,输入以下命令运行 Python 脚本:

```
python hello.py
```

则可以在命令行中看到 Python 的输出。

　　Python 的交互模式对于代码的快速测试十分有用,而脚本模式用于编写复杂和结构化的程序。通过掌握 Python 解释器的交互模式和脚本模式,可灵活地进行 Python 编程,无论是简单的代码测试还是复杂的项目开发。

### 3. 变量和数据类型

　　在 Python 中,变量和数据类型是编程的基础。变量用于存储数据,而数据类型则定义了变量存储的数据种类及其操作方式。了解变量和数据类型是掌握 Python 编程的关键。

　　变量是存储数据的容器。在 Python 中,变量的创建和使用非常简单,不需要显式声明类型。变量的命名必须遵循一定的规则:变量名必须以字母或下划线开头,不能以数字开头;变量名只能包含字母、数字和下划线(A—z,0—9,_);变量名是大小写敏感的,这意味着 Molecule 和 molecule 是两个不同的变量。在 Python 中,变量的创建非常直观。只需要给变量赋值即可。例如:

```
x = 10                # 创建一个变量 x,并赋值为 10
name = "Chemistry"    # 创建一个变量 name,并赋值为字符串 "Chemistry"
```

　　Python 是一种动态类型语言,这意味着同一个变量可以在程序运行时重新赋值为不同类型的值。例如:

```
x = 10        # x 是一个整数
x = "Hello"   # x 现在是一个字符串
```

　　Python 提供了多种内置的数据类型,每种数据类型都有其特定的用途和构造方式。常见的数据类型及其构造方法见表 9-0-1。

表 9-0-1　Python 核心数据类型

| 对象类型 | 构造示例 |
|---|---|
| 数字 | 123; 3.14; 3+4j |
| 字符串 | 'chemistry'; " mol's" |
| 列表 | [1, [2, 'three' ],4, 5]; list(range(10)) |
| 字典 | {'name' : 'bond' , 'number' :3}; dict(hours = 10) |
| 元组 | (1, 'chem' ,4, 'U' ); tuple('chem' ) |
| 文件 | open('molecule.sdf' ) |
| 集合 | set('CNCO'); {'C' , 'N' , 'O' } |

在 Python 中,可以通过内置的类型转换函数将一个数据类型转换为另一个数据类型。常见的类型转换函数示例如下:

```
a = int(3.14)        # a = 3
b = int("123")       # b = 123
c = float(10)        # c = 10.0
d = float("3.14")    # d = 3.14
e = str(123)         # e = "123"
f = str(3.14)        # f = "3.14"
g = list((1, 2, 3))  # g = [1, 2, 3]
```

在 Python 中,数据类型可以分为可变类型(mutable)和不可变类型(immutable)。可变类型的数据可以在不改变其身份(内存地址)的情况下修改其内容,而不可变类型的数据一旦创建就不能修改。可变类型主要包括列表、字典和集合。不可变类型主要包括整数、浮点数、字符串及元组。可变类型和不可变类型的示例如下:

```
# 可变类型
numbers = [1, 2, 3]
numbers[0] = 10    # 修改列表中的第一个元素
print(numbers)    # 输出 [10, 2, 3]
# 不可变类型
a = 10
a = 20    # 修改 a 的值,实际上是创建了一个新的整数对象
```

### 4. 数据结构

数据结构是程序设计中不可或缺的一部分,它决定了数据的存储方式及对数据的操作方式。在 Python 中,数据结构是组织和存储数据的方式。掌握数据结构对于编写高效、可维护的代码至关重要。Python 提供了多种内置数据结构,包括列表(list)、元组(tuple)、集

合(set)和字典(dictionary)。每种数据结构都有其独特的特点和适用场景。

列表是一种可变的序列类型,可以存储多个元素,元素可以是不同类型的数据。列表使用方括号[ ]定义,元素之间用逗号分隔。

```
mixed_list = [1, "chem", 3.14, True]   # 创建一个包含不同类型数据的列表
```

列表的元素可以通过索引访问,索引从 0 开始。可以使用正索引(从左到右)或负索引(从右到左)。例如:

```
print(mixed_list[1])   # 输出 chem
```

由于列表是可变的,可以直接通过索引修改列表中的元素。例如:

```
mixed_list[0] = "hello"   # mixed_list ["hello", "chem", 3.14, True]
```

列表提供了多种操作方法,如添加、删除、排序等。例如:

```
mixed_list.append(6)   # 在列表末尾添加一个元素
mixed_list.remove(3.14)   # 删除第一个值为 3.14 的元素
numbers.sort()   # 对列表进行排序
```

元组是一种不可变的序列类型,一旦创建就不能修改。元组使用圆括号( )定义,元素之间用逗号分隔。如果元组中只有一个元素,需要在元素后面加上逗号。元组中元素的索引和列表相同。例如:

```
coordinates = (10, 20)   # 创建一个包含两个整数的元组
print(coordinates[0])   # 输出 10
```

元组通常用于存储一组相关的数据,这些数据在程序运行过程中不需要修改。例如,可以使用元组来存储坐标点、颜色值等。

集合是一个无序的集合,元素必须是唯一的。集合使用花括号{ }定义,或者使用 set( )函数创建。集合中的元素必须是不可变类型(如整数、字符串等)。集合提供了多种操作方法,如添加、删除、并集、交集、差集等。例如:

```
unique_numbers = {1, 2, 3, 4, 5}   # 创建一个包含整数的集合
unique_numbers.add(6)   # 添加一个元素
unique_numbers.remove(1)   # 删除一个元素
# 集合运算
set1 = {1, 2, 3}
set2 = {3, 4, 5}
print(set1.union(set2))   # 并集,输出 {1, 2, 3, 4, 5}
print(set1.intersection(set2))   # 交集,输出 {3}
print(set1.difference(set2))   # 差集,输出 {1, 2}
```

集合通常用于去除重复元素、进行集合运算(如并集、交集、差集等)。

字典是一种键值对的集合,键必须是唯一的,且通常是不可变类型(如字符串、数字等)。字典使用花括号{}定义,键值对之间用逗号分隔,键和值之间用冒号分隔,字典的元素可以通过键访问。如:

```python
molecule = {"name": "H2O", "Boiling": 100}   # 创建一个包含键值对的字典
print(molecule["name"])   # 输出 H2O
```

可以直接通过键修改字典中的值。如:

```python
molecule["Boiling"] = 100.0   # 修改字典的值
```

字典提供了多种操作方法,如添加、删除、遍历等。例如:

```python
molecule["Melting"] = 0.0   # 添加一个新的键值对
del molecule["Melting"]    # 删除键 "Melting" 及其对应的值
# 遍历字典
for key, value in molecule.items():
    print(f"{key}: {value}")
```

字典通常用于存储一组相关的数据,这些数据可以通过键快速访问。例如,可以使用字典来存储分子信息、配置参数等。

#### 5. 控制流

控制流是编程中用于控制程序执行顺序的重要机制。Python 提供了多种控制流语句,包括条件判断语句(如 if、elif、else)和循环语句(如 for、while)。通过合理使用这些控制流语句,可以实现复杂的逻辑和重复的操作,使程序更加灵活和高效。

条件判断语句用于根据条件的真假来决定程序的执行路径。Python 中的条件判断语句主要包括 if、elif 和 else。

```python
score = 98
if score >= 90:
    print("Excellent!")
elif score >= 80 and score < 90:
    print("Good!")
else:
    print("Medium.")
```

在 Python 中,条件表达式可以是任何返回布尔值(True 或 False)的表达式。常见的比较运算符有:等于( == )、大于( > )、小于( < )、不等于( != )等。常见的逻辑运算符包括:逻辑与( and )、逻辑或( or )、逻辑非( not )。条件判断语句可以嵌套使用,以实现更复杂的逻辑,如:

```
x = 10
y = 20
if x > 0:
    if y > 0:
        print("Both x and y are positive.")
    else:
        print("x is positive, but y is not.")
else:
    print("x is not positive.")
```

循环语句用于重复执行一段代码,直到满足某个条件为止。Python 提供了两种主要的循环语句:for 循环和 while 循环。for 循环用于遍历一个可迭代对象(如列表、元组、字符串、字典等)中的每个元素。while 循环用于在满足某个条件时重复执行一段代码。例如:

```
# for 循环遍历列表
numbers = [1, 2, 3, 4, 5]
for number in numbers:
    print(number)


# while 循环
count = 0
while count < 5:
    print(count)
    count += 1
```

### 6. 函数

函数是一段可以重复使用的代码块,用于执行特定的任务。函数可以接受输入参数,也可以返回输出结果。在 Python 中,函数使用 def 关键字定义。函数的主要优点包括:代码复用,通过定义函数,可以避免重复编写相同的代码,提高开发效率;模块化,将复杂的任务分解为多个小的函数,每个函数负责一个特定的功能,使代码结构更加清晰;封装,函数可以隐藏内部实现细节,只暴露必要的接口,减少代码之间的耦合。

在 Python 中,使用 def 关键字定义函数。函数的定义包括函数名、参数列表和函数体。例如:

```
def function_name(parameters):
    # 函数体
    # 执行相关操作
    return result   # 返回结果(可选)
```

定义一个简单的函数,用于计算两个数的和:

```
def add_numbers(a, b):
    result = a + b
    return result


# 调用函数
sum_result = add_numbers(5, 3)
print(sum_result)   # 输出 8
```

函数参数是传递给函数的值,用于在函数内部执行操作。Python 支持多种类型的参数,包括位置参数、关键字参数、默认参数和可变参数。位置参数按照参数的位置传递。调用函数时,参数的顺序必须与定义时的顺序一致。关键字参数通过参数名传递,调用函数时可以指定参数名,这样参数的顺序可以不一致。默认参数是指在定义函数时为参数指定一个默认值,如果调用函数时没有提供该参数的值,则使用默认值。可变参数允许函数接受任意数量的参数。可变参数有两种类型:*args(位置参数)和**kwargs(关键字参数)。*args:用于传递任意数量的位置参数,这些参数在函数内部以元组的形式存储。**kwargs:用于传递任意数量的关键字参数,这些参数在函数内部以字典的形式存储。函数可以同时使用位置参数、关键字参数、默认参数和可变参数。在定义函数时,参数的顺序必须是:位置参数、默认参数、*args、**kwargs。例如:

```
def complex_function(a, b, c=10, *args, **kwargs):
    print(f"a: {a}, b: {b}, c: {c}")
    print("Positional arguments:", args)
    print("Keyword arguments:", kwargs)


# 调用函数
complex_function(1, 2, 3, 4, 5, name="chem", d=4)
# 输出:
# a: 1, b: 2, c: 3
# Positional arguments: (4, 5)
# Keyword arguments: {'name': 'chem', 'd': 4}
```

函数可以返回一个值,也可以返回多个值,如果返回多个值,这些值以元组的形式返回。返回值使用 return 语句指定。例如:

```
def add_numbers(a, b):
    return a + b
result = add_numbers(5, 3)
print(result)   # 输出 8


def get_mol_info():
```

```
        return "H2O", 100
name, boiling = get_user_info()
print(name, boiling)   # 输出 "H2O 100"
```

  Python 函数还有一些高级用法,如匿名函数(Lambda 函数)是一种简化的函数定义方式,通常用于定义简单的、一次性使用的函数。函数还可以作为参数传递给其他函数,这种特性使得 Python 的函数非常灵活。

  **7. 类**

  面向对象编程(OOP)是一种编程范式,它通过使用类和对象来组织代码和数据。Python 是一种支持面向对象编程的语言,类是实现面向对象编程的核心机制。通过类,可以定义具有特定属性和方法的对象,从而实现代码的封装、继承和多态。在 OOP 中,对象是数据和功能的封装,类是对象的模板。通过类可以创建多个对象,每个对象都有自己的状态和行为。

  在 Python 中,类是定义对象的模板。类可以包含属性(变量)和方法(函数)。通过类可以创建对象,对象是类的实例。Python 使用 class 关键字定义类。类的定义包括类名、属性和方法。类的基本结构如下:

```
class ClassName:
    def __init__(self, parameters):
        # 初始化方法
        self.attribute1 = value1
        self.attribute2 = value2
    def method1(self):
        # 方法 1
        pass
    def method2(self):
        # 方法 2
        pass
```

  类的实例化是指根据类创建对象的过程。构造函数是类的一个特殊方法,用于在创建对象时初始化对象的属性。在 Python 中,构造函数的名称是 __init__。在 Python 中,通过调用类名并传递必要的构造函数参数来创建对象。属性是类的变量,用于存储对象的状态。属性可以是实例属性(每个对象都有自己的副本)或类属性(所有对象共享)。实例属性在构造函数中通过 self 关键字定义,类属性在类定义中直接定义,所有对象共享。例如:

```
class ChemicalElement:
    category = "chemistry"   # 类属性,所有对象共享
    def __init__(self, name, symbol, atomic_weight):
        self.name = name   # 实例属性,每个对象专属
        self.symbol = symbol
```

```
        self.atomic_weight = atomic_weight
```

```
hydrogen = ChemicalElement("Hydrogen", "H", 1.008)  # 实例化
```

继承是面向对象编程中的一个重要特性,允许一个类继承另一个类的属性和方法。在 Python 中,通过在类定义中指定父类来实现继承。例如:

```
class ParentClass:
    def __init__(self, attribute1):
        self.attribute1 = attribute1

    def parent_method(self):
        print("This is a parent method.")

class ChildClass(ParentClass):
    def __init__(self, attribute1, attribute2):
        super().__init__(attribute1)  # 调用父类的构造函数
        self.attribute2 = attribute2

    def child_method(self):
        print("This is a child method.")
```

多态是指允许不同类的对象对同一消息做出响应,即同一个接口可以被不同的底层实现替换。在 Python 中,多态通过方法重写来实现。例如:

```
class Molecule:
    def __init__(self, name, formula):
        self.name = name
        self.formula = formula
    def __str__(self):
        return f"{self.name}: {self.formula}"

class Ion:
    def __init__(self, name, formula, charge):
        self.name = name
        self.formula = formula
        self.charge = charge
    def __str__(self):
        charge_str = f"{self.charge}+" if self.charge > 0 else f"{abs(self.charge)}-"
        return f"{self.name}: {self.formula}^{charge_str}"
```

```
# 创建分子对象
water = Molecule("Water", "H2O")
# 创建离子对象
sodium_ion = Ion("Sodium Ion", "Na", 1)
print(water)   # 打印 Water: H2O
print(sodium_ion)   # 打印 Sodium Ion: Na^1+
```

### 8. 模块

在 Python 中,模块是一种组织代码的方式,它允许将相关的功能封装到一个单独的文件中。通过使用模块,可以提高代码的可维护性、可复用性和清晰度。模块是 Python 中的一个文件,通常以 .py 为扩展名。模块可以包含变量、函数、类等定义,这些定义可以在其他 Python 脚本中被导入和使用。模块的主要作用是将代码逻辑分块,便于管理和复用。

创建模块非常简单,只需要将相关的代码保存到一个 .py 文件中即可。例如,创建一个名为 math_operations.py 的模块,用于存储一些基本的数学运算函数。

```
def add(a, b):
    """返回两个数的和"""
    return a + b

def subtract(a, b):
    """返回两个数的差"""
    return a - b

def multiply(a, b):
    """返回两个数的乘积"""
    return a * b

def divide(a, b):
    """返回两个数的商"""
    if b == 0:
        raise ValueError("除数不能为零")
    return a / b
```

在 Python 中,可以通过 import 语句导入模块,从而使用模块中的功能。导入模块后,可以通过模块名访问模块中的变量、函数和类。可以使用 from…import…语法导入模块中的特定成员,这样可以直接使用成员而不需要通过模块名访问。如:

```
from math_operations import add, subtract

result_add = add(5, 3)
```

```
result_subtract = subtract(5, 3)
print(result_add)  # 输出 8
print(result_subtract)  # 输出 2
```

可以使用 as 关键字为模块或成员指定别名,从而简化代码或避免命名冲突。

```
import math_operations as mo

result = mo.add(5, 3)
print(result)  # 输出 8
```

当导入模块时,Python 会在特定的路径中搜索模块文件。这些路径存储在 sys.path 列表中。可以通过以下方式查看和修改模块的搜索路径:

```
import sys
print(sys.path)  # 打印模块的搜索路径
# 添加自定义路径
sys.path.append(' /path/to/your/module' )
```

### 9. 包

在 Python 中,包是一种组织和管理模块的方式,它允许将多个模块组织在一起,形成一个层次化的结构。包的使用可以提高代码的可维护性和可扩展性,同时避免命名冲突。包本质上是一个包含 __init__.py 文件的目录。__init__.py 文件可以为空,也可以包含初始化代码。从 Python3.3 开始,__init__.py 文件不再是必需的,但为了兼容性和清晰性,建议仍然保留。

创建包的过程相对简单,只需要创建一个包含 __init__.py 文件的目录,并在该目录中放置相关的模块文件即可。假设我们创建一个名为 chemistry 的包,用于处理化学相关的功能。包的目录结构如下:

```
chemistry/
    __init__.py
    elements.py
    reactions.py
    compounds.py
```

__init__.py 文件可以为空,也可以包含初始化代码。例如,可以在 __init__.py 中导入包中的模块,方便用户使用。

使用包时,可以通过 import 语句导入包中的模块或成员。包的使用方式与模块类似,但可以通过包的名称来区分不同的模块。例如:

```
import chemistry

# 使用包中的模块
```

```
atomic_mass = chemistry.elements.get_atomic_mass(' H' )
print(atomic_mass)   # 输出 1.008
```

### 10. 标准库

Python 标准库是 Python 语言的核心组成部分,它提供了一系列内置的模块和函数,用于处理各种常见的编程任务。标准库涵盖了从文件操作、数据处理、数据库到网络编程等多个领域,使得 Python 成为一种功能强大的编程语言。通过熟练使用标准库,可以显著提高开发效率,避免重复"造轮子"。

math 模块提供了基本的数学函数和常量,如三角函数、对数函数、指数函数等。例如:

```
import math
# 常量
print(math.pi)   # 输出 3.141592653589793
print(math.e)    # 输出 2.718281828459045
# 三角函数
print(math.sin(math.pi / 2))   # 输出 1.0
print(math.cos(math.pi))       # 输出 - 1.0
```

datetime 模块提供了处理日期和时间的功能,包括日期、时间、时间间隔等。例如:

```
from datetime import datetime, timedelta
# 获取当前日期和时间
now = datetime.now()
print(now)   # 输出当前日期和时间,如 2025- 04- 10 15:30:00.123456
# 日期和时间的加减
one_day = timedelta(days=1)
tomorrow = now + one_day
print(tomorrow)   # 输出明天的日期和时间
# 格式化日期和时间
formatted_date = now.strftime("% Y- % m- % d % H:% M:% S")
print(formatted_date)   # 输出 2025- 04- 10 15:30:00
```

os 模块提供了与操作系统交互的功能,如文件和目录操作、环境变量访问等。例如:

```
import os
# 获取当前工作目录
current_dir = os.getcwd()
print(current_dir)   # 输出当前工作目录
# 列出目录内容
files = os.listdir(current_dir)
print(files)   # 输出当前目录中的文件和文件夹列表
```

Python 还提供了众多其他十分有用的标准库,例如,sys 模块提供了访问与 Python 解释器相关的变量和函数,如命令行参数、标准输入输出等;json 模块用于处理 JSON 数据,支持将 Python 对象编码为 JSON 格式,以及将 JSON 数据解码为 Python 对象;random 模块用于生成随机数,支持生成随机整数、随机浮点数、随机选择等;csv 模块用于处理 CSV 文件,支持读取和写入 CSV 数据;sqlite3 模块提供了对 SQLite 数据库的内置支持,允许程序直接操作存储在单个文件中的轻量级关系数据库,支持通过执行 SQL 语句来创建表、插入、查询、更新和删除数据;re 模块提供了正则表达式的支持,用于字符串匹配、搜索、替换等操作。通过熟练使用 Python 标准库,可以高效地处理各种化学领域的任务,从而提高开发效率和代码质量。Python 标准库提供了丰富的功能,使得 Python 成为一种非常实用的编程语言,尤其适合快速开发和数据分析。

**11. 环境**

在 Python 开发中,环境管理是一个非常重要的环节。通过合理管理开发环境,可以避免依赖冲突、确保代码的可移植性,并方便团队协作。Python 提供了多种工具来管理环境,如 conda、venv 和 virtualenv 等。环境是指一个独立的 Python 运行环境,它允许用户在不影响全局 Python 环境的情况下安装和管理项目依赖。每个环境都有自己独立的 Python 解释器和库集合。

conda 是一个流行的包管理工具,广泛用于数据科学和机器学习项目。conda 不仅可以管理 Python 环境,还可以管理其他语言的包。推荐安装 Anaconda 或 Miniconda,它们都包含 conda 工具。使用 conda 创建并管理环境的命令示例如下:

```
conda create - n chem101 python=3.12    # 创建名称为 chem101 的 Python 3.12 环境
conda activate chem101    # 激活环境
conda deactivate    # 退出环境
conda install numpy    # 安装 numpy 依赖
```

为了方便管理和共享环境,可以使用环境文件(如 requirements.txt 或 environment.yml)来记录项目依赖。environment.yml 文件用于记录 conda 环境中的依赖。可以通过以下命令生成 environment.yml 文件:

```
conda env export > environment.yml    # 导出当前环境包含的包及其版本
```

通过合理管理开发环境,可以确保项目的可复现性和可移植性,同时避免依赖冲突。

## 9.1.2　Python 科学计算

Python 包含大量用于数据处理和可视化的第三方库,如 NumPy、SciPy、pandas、Matplotlib 等,可以方便地进行数据的读取、转换、分析和可视化等操作。针对分子结构数据,Open Babel 和 RDKit 库提供了大量不同分子格式文件的读取、存储、分子检索、子结构匹配、相似性计算等工具。机器学习方法包括传统机器学习方法和深度学习方法,分别对应机器学习模型(如线性回归、支持向量机、随机森林等)和深度学习模型(深度神经网络)。scikit-learn 是 Python 中常用的机器学习库,其中包括大部分机器学习模型及其训练算法。Python

中的深度学习框架主要有 PyTorch、TensorFlow 等，其中 PyTorch 因为其用户友好性和灵活性在学术界被广泛使用，TensorFlow 因为其良好的模型优化被更多地应用于生产环境。分子结构通常被表示为图结构数据，需要使用图神经网络处理。PyTorch Geometric 是基于 PyTorch 的用于构建图神经网络（graph neural network，GNN）模型的深度学习库。

下面将简单介绍第三方库，主要包括其核心的数据类型和相关数据处理函数。大部分库都提供了简要的教程，可以作为深入学习的起点。每个库均有详尽的官方文档，在使用过程中遇到问题可以在官方文档找到相应函数的详细用法。

NumPy 是使用 Python 进行科学计算的基础软件包，后续介绍的数据处理软件包大多都基于或者依赖于它。NumPy 的核心数据类型为 ndarray，其被用来表示多维数组。ndarray 为多维数组提供了包括元素层级的加减乘除、矩阵的乘法、排序、索引、分割与拼接等基本操作。另外 ndarray 还支持包括基本统计信息（最大/小值、均值、方差等）、线性代数（如 SVD 分解等）等操作。图 9-0-1 展示了 NumPy 中一维数组（向量）、二维数组（矩阵）和三维数

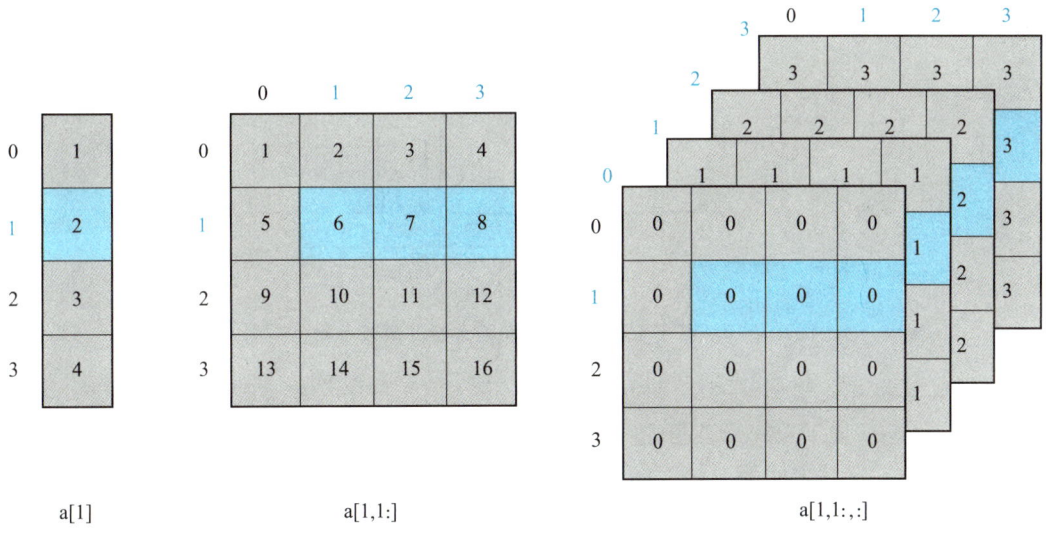

图 9-0-1 NumPy 数组结构及其索引方式

组（张量）的结构及索引其中数据的方式。数组的每一维均可指定索引范围，每一维的索引用逗号隔开，省略或者使用冒号占位的维度索引所有数据。

SciPy 是基于 NumPy 的信号处理函数集合。它为用户提供了用于操作信号的高级函数和类，增添了强大的功能。SciPy 库包含多个子模块，不同的子模块对应不同的应用，包括聚类、插值、积分、优化、图像处理、统计、特殊函数、傅里叶变换等。用户可以根据自身的需求，在相应的子模块中选择相应的函数处理 ndarray 数据。

pandas 软件包构建在 NumPy 之上，与 NumPy 主要用于数值计算不同，pandas 的每一列数据都可以拥有不同的数据类型，如时间、字符串等。pandas 提供了两种数据类型：Series 和 DataFrame。Series 被用来表示一维数据，其中每个数据点均被分配了一个 label，作为 Series 的 index。DataFrame 类似于 Excel 表格，可以看作多个 Series 列的组合，这些 Series 列共用一个 index，并且每一列均有自己的名字。pandas 为列和行分别添加名字和索引，可以方便地对每一行和列数据进行单独处理。pandas 还支持多种数据格式的读取，如 CSV、

JSON、XLS、HTML 等。由于 pandas 能够对数据进行灵活的处理,因此常用于数据的预处理,如读取、清洗、转换和聚合等。

Matplotlib 是 Python 中进行数据可视化的软件包,可以创建静态、动态和交互式的图像。Matplotlib 的核心数据类型为 Figure 和 Axes,每个 Figure 对象可以包含一个或多个 Axes 对象。Figure 可以看作画布,并设定大小和分辨率等。Axes 是指定数据点位置的绘图区域,其提供了多种绘图方式,包括成对数据($x,y$)绘图类型(如折线图、散点图、柱形图等)、统计分布图、网格数据图、不规则网格图形、3D 图形。Matplotlib 提供了丰富详细的文档和图像代码示例,可以非常方便地找到各种绘图类型的示例代码。图 9-0-2 为基于 Matplotlib 绘制的人参的高效液相色谱图。

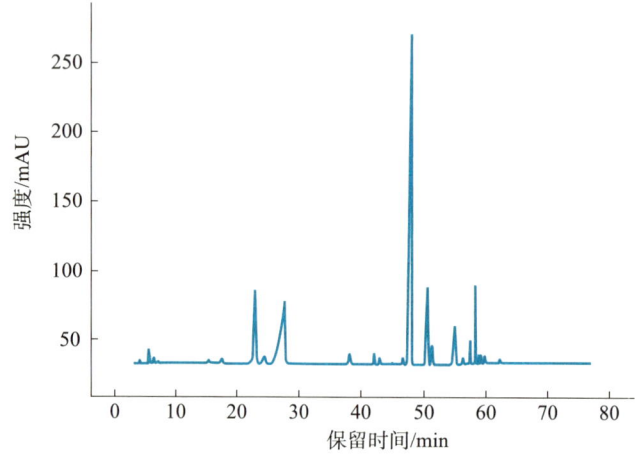

图 9-0-2 基于 Matplotlib 绘制的人参的高效液相色谱图

随着计算机在化学领域的广泛应用,多种分子结构文件格式相继被开发,它们使用不同的方式表示分子(如 1D、2D、3D 等)。而大部分数据处理软件只支持少部分文件格式,这阻碍了数据在不同软件之间的流转。Open Babel 是一个用于转换分子结构文件格式的工具,支持常见文件格式的转换。Open Babel 提供了 Python 的接口,可以方便地读取和保存各种文件格式的分子。

RDKit 是一个专注于分子的化学信息学工具,主要提供了 2D 和 3D 分子的操作方法及用于机器学习的分子描述符生成方法。RDKit 使用 C++实现了核心的数据类型与操作算法,并且提供了 Python 的封装,使其兼具 Python 的灵活性和 C++的计算效率。RDKit 的核心数据类型为 Mol,用来表示分子。Mol 数据类型中包括 Atom 和 Bond 类型,分别用来表示原子和键。围绕这些数据类型,可以方便地获取或计算分子的各种性质(如包含原子数、芳香性、3D 构象等),以及对分子进行匹配等操作。

### 9.1.3 Python 机器学习

以上介绍的工具主要用于数据的读取、预处理及可视化,接下来将会介绍用于机器学习和深度学习的库。在进行机器学习和深度学习时,为了方便计算,数据样本通常被表示为多维向量,向量中的每个值称为样本的特征(feature),如色谱、光谱、质谱等是典型的向量数据,分子可以使用摩根指纹向量表示、原子可以使用独热编码向量表示。因此,机器学习和深度学习库建立在向量、矩阵、张量及其操作的基础上。

scikit-learn 软件包构建于 NumPy、SciPy 和 Matplotlib 之上,为 Python 提供了详尽的机器学习方法,用于可预测数据分析。机器学习任务可以分为监督学习和无监督学习,它们的差异在于是否存在额外的标签需要预测。根据标签的不同,监督学习又可以分为分类任务和回归任务。在分类任务中,样本属于有限的类别,从已有类别标签的数据中学习,并预测未知数据的类别。在回归任务中,标签是样本的某些连续变化的属性。在无监督任务中,没有额外的标签需要预测。无监督任务可以是将数据当中相似的样本分为一类,称为聚类任务;或者是在输入空间中确定样本数据的分布,称为密度估计任务;或者将数据样本的特征从高维降到 2 维或 3 维用于可视化。

PyTorch 是目前流行的深度学习框架,可以方便快速地进行深度学习模型的构建和训练。PyTorch 的核心数据类型是张量(tensor),它和 NumPy 的 ndarray 类型类似,增加了深度学习当中需要的属性和方法。PyTorch 还有其他重要的对象,如 nn.Module、Optimizer、Dataset、DataLoader。nn.Module 代表深度神经网络当中的层,它维护多个 tensor 对象,以及从输入得到输出的运算方式。PyTorch 内置了常见的神经网络层,如线性层、卷积层、归一化层等。Optimizer 是优化器,它维护着 Tensor 的梯度信息,并且可以根据梯度更新 Tensor 本身。PyTorch 内部实现了多种优化器,如 SGD、Adam、Adagrad 等,分别以不同的策略在训练过程中更新参数(tensor)。Dataset 用以维护数据集,可以使用数据集当中的索引得到数据。DataLoader 结合了 Dataset 和采样器,一次在整个数据集上采样一个 Batch 的数据,作为深度神经网络模型的输入。

PyTorch Geometric(PyG)是基于 PyTorch 的图神经网络框架,其中实现了适合于图数据的 Data 和 Dataloader 类,以及常见的 GNN 模型和 GNN 层。一个图(Graph)可以表示为节点和节点的连接(边)。PyG 使用 Data 数据类保存节点的特征矩阵、边矩阵和边特征矩阵等。DataLoader 类可以将多个图数据拼接为一个大图,从而可以批量地输入 GNN 进行运算。常见的 GNN 有图卷积网络(graph convolutional network,GCN)、图注意力网络(graph attention network,GAT)、图同构网络(graph isomorphism network,GIN),它们分别使用 GCNConv 层、GATConv 层、GINConv 层进行消息传递。

## 9.2　化学测量数据表示与预处理

### 9.2.1　化学测量数据表示

#### 1. 光谱、质谱、色谱、电化学信号的向量表示

随着分析仪器的发展,涌现出大量仪器类型(如光谱仪器和色谱仪器),尽管不同类型的分析仪器功能有所差别,但提供的单个样本数据都是一个"谱",是一条多变量数据,这些数据在计算机中常以向量形式存储(如 $[57\ -27\ 73\ \cdots\ 6345\ 7124\ 7525]$)。

#### 2. 质谱数据稀疏向量表示

与光谱在每个波长点处都有强度值不同,如图 9-0-3 所示,对于质谱而言,只有少数几个质荷比位置有对应的相对强度值,其他位置的相对强度值都为 0。在原始质谱数据中,只能看到质谱峰的强度数据,但是要对整体质谱数据进行分析处理,在计算机上便可用稀疏向

量表示。稀疏向量是指在向量中,大部分元素都是零的向量。稀疏向量中的零元素不占用计算机内存,稀疏向量表示的一个关键优势是它允许处理像高分辨质谱这样大规模的数据,同时保持计算和存储的效率。

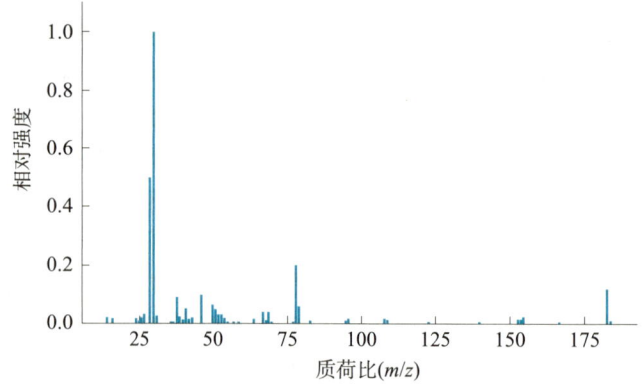

图 9-0-3　5-(4-硝基-1,2,5-噁二唑-3-基)-2H-四唑的质谱图

### 3. 联用仪器、单通道成像仪器、荧光信号、二维相关谱等数据的矩阵表示

联用仪器、单通道成像仪器、荧光信号、二维相关谱产生的数据形式通常为矩阵类型的数据。以色谱-质谱联用数据为例,这种数据同时包含了色谱和质谱信息。如图 9-0-4 所示,测量所得的数据矩阵的每一列都表示不同检测通道上的色谱流出信息,每一行都表示不同色谱流出时间上的质谱响应信息。

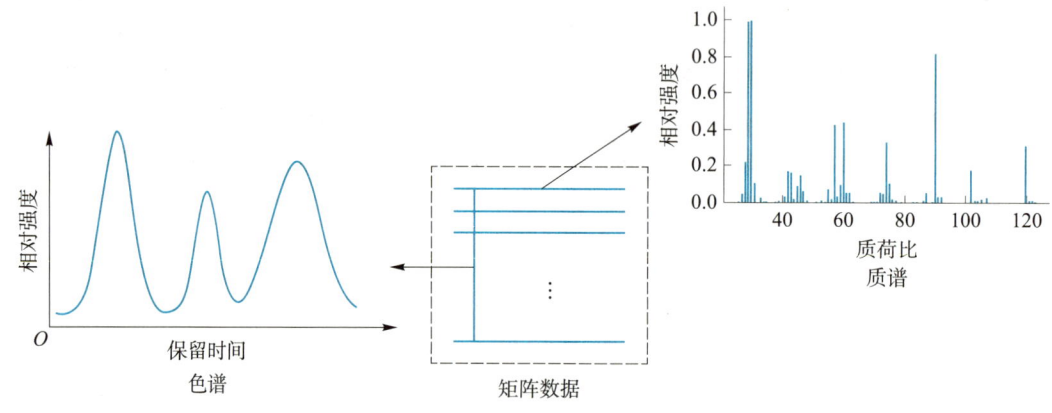

图 9-0-4　色谱-质谱联用数据的矩阵表示

### 4. 多通道成像仪器、多维联用仪器数据的张量表示

多通道成像数据如多光谱成像或高光谱成像,可以捕获物质在不同波长(通道)下的图像,其数据是一个立方数据体,即三维张量,前两个维度是空间维度,第三个维度是光谱维度。例如,如果成像仪器获得的每个图像像素为 $M \times N$,并且捕获了 $C$ 个不同波长的图像,则数据可以表示为一个 $M \times N \times C$ 的张量。

对于更为复杂的物质,可以使用多维联用仪器分析得到更为准确、丰富的信息,其数据可表示为更高维度的张量。

### 9.2.2 化学测量数据预处理

#### 1. 化学测量数据平滑

（1）窗口移动平均法　窗口移动平均（moving average，MA）法通过选择一个具有一定宽度（$2m+1$）的窗口，在化学测量数据上滑动该窗口，并依次计算窗口内数据的平均值 $\bar{x}$ 来替代窗口中心数据点 $k$ 的测量值，完成对所有点的平滑。

$$x_{k,\text{smooth}} = \bar{x} = \frac{1}{2m+1}\sum_{i=-m}^{+m} x_{k+i} \tag{9.0.1}$$

（2）窗口移动多项式法　窗口移动多项式法又称为萨维茨基-戈莱滤波器（Savitzky-Golay filter，SG filter），是 Savitzky 和 Golay 提出的经典平滑方法，其使用多项式拟合移动窗口内的数据，再通过最小二乘法求解平滑系数，可通过改变窗口的大小和多项式的阶数来调整平滑程度。

（3）惩罚最小二乘法　惩罚最小二乘法又称为维特克平滑法（Whittaker smoother），通过最小化一个目标函数来求解平滑之后的信号，该目标函数是保真度与粗糙度的加权和，其中权重由平滑参数 $\lambda$ 控制，通过调整 $\lambda$ 的大小，可以实现连续控制平滑度。

#### 2. 化学测量数据基线校正

（1）改进的修正多项式法　改进的修正多项式（improved modified multi-polynomial fitting，I-ModPoly）法基于修正多项式拟合，在第一次迭代中添加峰值移除过程并使用统计方法来考虑信号噪声效应，提高了算法的自动化程度和在不同条件下的适用性。该算法使用原始信号进行单次多项式拟合，计算原始信号与拟合多项式之间的残差和标准差，以此估计噪声水平；在第一次迭代中识别并移除主要的峰值，以减少其对背景拟合的影响；迭代拟合，直到满足终止条件。

（2）自适应重加权惩罚最小二乘法　自适应重加权惩罚最小二乘（adaptive iteratively reweighted penalized least squares，airPLS）法使用迭代和重加权策略来逐步拟合并校正信号中的基线。以下是算法的详细原理：

假设 $\boldsymbol{x} = [x_1, \cdots, x_p]$ 表示原始信号，$\boldsymbol{z} = [z_1, \cdots, z_p]$ 表示拟合基线信号，其中 $p$ 表示信号长度。每一次迭代都使用惩罚最小二乘法平衡原始数据的保真度和拟合数据的粗糙度，第 $t$ 次迭代的代价函数 $Q^t$ 可表示为

$$Q^t = \sum_{i=1}^{p} w_i^t \left| x_i - z_i^t \right|^2 + \lambda \sum_{j=2}^{p} \left| z_j^t - z_{j-1}^t \right|^2 \tag{9.0.2}$$

式中：$w$ 是保真度权重，$\lambda$ 是粗糙度系数，来控制拟合基线的平滑度。

初次迭代时，将初始值设置为 $w_i^1 = 1$，之后的每个迭代步骤的 $w$ 可由式（9.0.3）求得

$$w_i^t = \begin{cases} 0, & x_i \geqslant z_i^{t-1} \\ e^{\frac{t(x_i - z_i^{t-1})}{|d^t|}}, & x_i < z_i^{t-1} \end{cases} \tag{9.0.3}$$

式中，向量 $\boldsymbol{d}^t$ 由第 $t$ 次迭代步骤中 $\boldsymbol{x}$ 与 $\boldsymbol{z}^{t-1}$ 之差的负值组成。根据该差值，自适应重加权惩罚最小二乘法自适应调整保真度权重，$t-1$ 迭代的 $\boldsymbol{z}^{t-1}$ 是基线的候选者。如果原始信号中第 $i$ 点的值大于基线的候选值，则该点将其视为峰值点，它的权值会被设为 0，以便在下一次拟合时忽略它。该算法不断自动执行迭代和重加权过程，直至消除所有处于峰位置的数据点，

保留背景点。

迭代终止的条件通常为

$$|\boldsymbol{d}^t| < 0.001 \times |\boldsymbol{x}| \qquad (9.0.4)$$

（3）形态学加权惩罚最小二乘法　形态学加权惩罚最小二乘（morphological weighted penalized least squares，MPLS）法既不需要关于背景的先验知识，也不需要迭代过程或手动选择合适的局部最小值，其先通过形态学操作智能搜索局部最小值，以获得粗糙背景轮廓；然后通过加权惩罚最小二乘法进一步精细化拟合背景；最后从原始信号中减去细化的背景轮廓，就得到了背景校正后的信号。

**3. 化学测量数据峰检测**

（1）基于峰性质的峰检测方法　基于峰性质的峰检测是直接利用峰信号通常表现为信号中的局部最大值、峰的特定形状等特点，通过寻找局部最大值、设置阈值、限制距离、限制宽度等来识别检测特征峰。SciPy 是一个开源的 Python 库，它提供的 find_peaks 函数可用于基于峰性质的峰检测。

（2）连续小波变换方法　MassSpecWavelet 是一种基于连续小波变换（continuous wavelet transform，CWT）的峰检测方法，通过将原始信号变换到小波空间，可以抑制基线和噪声的干扰。该方法在小波系数矩阵中寻找脊线，由于该脊线与原始信号中的峰之间具有相关性，所以 MassSpecWavelet 不是直接在原始信号中识别峰，而是在信号的小波系数矩阵中识别脊线，再进一步利用脊线来识别峰的算法。

（3）小波空间多尺度峰检测方法　小波空间多尺度峰检测（multi-scale peak detection，MSPD）方法利用小波空间的脊、谷、零交叉点的信息，实现准确和稳健的峰检测。不同尺度参数的小波与原始信号之间进行卷积，小尺度系数可以识别出弱峰，大尺度系数中识别出强峰，从而实现多尺度峰检测。

脊、谷、零交叉点可以在式（9.0.5）描述的布尔矩阵中定位和检测：

$$\boldsymbol{R} = (\boldsymbol{C} >^{-k} \boldsymbol{C}) \wedge (\boldsymbol{C} >^{-(k-1)} \boldsymbol{C}) \cdots (\boldsymbol{C} >^{k-1} \boldsymbol{C}) \wedge (\boldsymbol{C} >^{k} \boldsymbol{C})$$
$$\boldsymbol{V} = (\boldsymbol{C} <^{-k} \boldsymbol{C}) \wedge (\boldsymbol{C} <^{-(k-1)} \boldsymbol{C}) \cdots (\boldsymbol{C} <^{k-1} \boldsymbol{C}) \wedge (\boldsymbol{C} <^{k} \boldsymbol{C}) \qquad (9.0.5)$$
$$\boldsymbol{Z} = [\operatorname{sgn}(\boldsymbol{c}_1) \oplus \operatorname{sgn}(\boldsymbol{c}_0), \quad \cdots, \quad \operatorname{sgn}(\boldsymbol{c}_n) \oplus \operatorname{sgn}(\boldsymbol{c}_{n-1})]$$

式中：$\boldsymbol{R}$，$\boldsymbol{V}$，$\boldsymbol{Z}$ 分别是包含脊、谷、零交叉点信息的矩阵，$\wedge$ 是与布尔运算符，$\oplus$ 是异或布尔运算符，$\boldsymbol{c}_i$ 是矩阵 $\boldsymbol{C}$ 的第 $i$ 列，$k$ 是列索引。通过连接在 CWT 不同尺度系数的局部最大值可以识别脊和脊线，并结合谷、零交叉点和小波系数等信息，从而得到信号的位置、高度、宽度和面积等参数。

**4. 化学测量数据峰校准**

（1）动态时间规整方法　动态时间规整（dynamic time warping，DTW）方法可以在两个信号之间找到一条最优的对齐路径。首先，需要构建一条路径，将参考信号和目标信号中的信息联系起来；然后计算它们之间的欧氏距离；最后，得到搜索规则集，并沿着距离最小的路径进行规整。常规 DTW 通常会"过度扭曲"信号，并在对齐后的数据中引入瑕疵。Clifford 提出了可变惩罚 DTW（variable penalty dynamic time warping，VPdtw），以克服 DTW"过度扭曲"的缺点，每当采取非对角线步骤时，该惩罚将添加到距离度量中，并根据两个信号的形态扩张来选择惩罚。

（2）相关性优化规整方法　相关性优化规整（correlation optimized warping，COW）方法

是一种经典的分段对齐方法,它通过线性拉伸和压缩来对齐两个信号段。相关性优化规整进行峰校准主要分为三个步骤:首先将实验信号和参考信号切割成片段;然后沿时间轴对各点进行线性拉伸和移动;最后计算参考信号与校准后的信号之间的相关系数。

（3）快速傅里叶变换交叉相关方法　　基于快速傅里叶变换交叉相关的化学测量数据的峰校准有两种方法:PAFFT（peak alignment by FFT）方法和 RAFFT（recursive alignment by FFT）方法。PAFFT 方法通过将实验信号和参考信号分割成多个小段,然后用快速傅里叶变换交叉相关确定最佳对齐的偏移量,最后根据确定的最佳偏移量对数据段进行平移,以对齐到参考段。RAFFT 方法也是基于信号分割,通过从全局信号（全局尺度）到逐步缩小的片段（局部尺度）的递归对齐来实现的,直到不再需要进一步对齐。

**5. 色谱保留时间校准**

XCMS 是一个开源的质谱数据分析软件包,图 9-0-5 展示了 XCMS 分析处理数据的流程,色谱保留时间校准是 XCMS 的重要功能之一,确保不同样本间的色谱峰能够准确对齐。

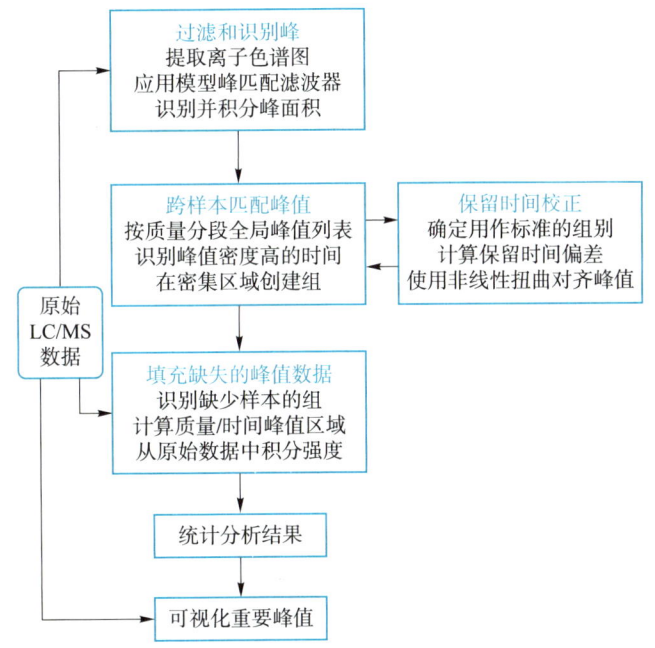

图 9-0-5　XCMS 分析处理数据的流程图

# 9.3　分子结构表示与处理

## 9.3.1　常见分子格式

简化分子线性输入规范（simplified molecular input line entry system,SMILES）是一种使用字符串描述分子结构的规范,其通过基于规则的方式将分子图转换为字符串的形式,如使用 CCO 表示乙醇分子。由于 SMILES 具有简洁、易读的优点,因此大部分分子编辑器都支持读取与保存以 SMILES 表示的分子结构格式。在 SMILES 表示中,原子使用元素符号表示,其他的分子结构特征使用特殊的标记标识,如使用括号表示分支,使用数字标记环,使用═表示双键等。从分子图生成 SMILES 的过程主要包括去除氢原子、打开环、确定主链与分支等过程。

根据开环的位置、起始原子的选择、顺序规则的不同,一个分子通常可以有多个有效的 SMILES 表示。目前已经开发出为分子生成独一无二 SMILES 的规范化算法,这些算法生成的 SMILES 称为规范 SMILES。需要注意的是,同一个分子使用不同规范化算法生成规范 SMILES 也不相同。虽然 SMILES 广泛用于分子的表示,但是其在分子设计任务中却面临着有效性的问题。SMILES 字符串需要满足 SMILES 规范才能够生成有效的分子,这提高了分子生成任务的难度。

为了解决 SMILES 字符串的有效性问题,研究人员提出了自引用嵌入式字符串(self-referencing embedded strings,SELFIES)。SELFIES 也是基于字符串的分子表示,其被设计为具有 100% 的有效性和表达力,即使完全随机的字符串也能代表正确的分子。每一个 SELFIES 字符串均代表一个分子,每个分子也可以用 SELFIES 字符串表示。SELFIES 的核心思想是根据末端原子的类型限定下一个连接原子的可能类型,从而避免了不合理表达的出现。SELFIES 的具体实现是通过查表确定下一个原子或键的位置和类型。SELFIES 主要应用于分子的生成任务当中,这使得模型生成的字符串均能够解析为正确的分子结构,从而弥补了 SMILES 表示的不足。

化合物分子的字符串表示还有国际化合物标识(international chemical identifier,InChI)。InChI 由国际纯粹与应用化学联合会和美国国家标准与技术研究院联合制定,用以唯一标识化合物分子的字符串。InChI 使用信息层的形式表示分子结构,即将分子的不同的信息表示在不同的层,这些层使用分隔符“/”分隔。不同的层使用不同的前缀字母标识当前层的信息类型,常见的层有主层(必有,前缀:c、h)、电荷层(前缀:q、p)、立体化学层(前缀:b、t、m、s)、同位素层(前缀:i)等。以乙醇为例,其标准的 InChI 表示为“InChI = 1S/C2H6O/c1-2-3/h3H,2H2,1H3”。由于分子的 InChI 表示过长,难以进行快速搜索,因此开发了 InChIKey。InChIKey 是 InChI 的哈希版本,即用 27 个字符表示所有的 InChI,如乙醇的 InChIKey 为“LFQSCWFLJHTTHZ-UHFFFAOYSA-N”。

SMILES、SELFIES 和 InChI 均是通过字符串表示分子 2D 结构的方式,SMILES 相较于 InChI 更加易于读取和展示,因此有着更加广泛的应用,SELFIES 因其 100% 的有效性常被用于分子生成任务中。它们都只能表示分子的 2D 结构,而无法表示分子的 3D 结构。分子的 3D 结构需要指定每个原子的空间坐标,需要使用更多的字符表示,因此以固定的格式保存在文件之中。常见的分子文件格式有 CML、PDB、SDF、Mol、Mol2、XYZ、CIF 等。下面将分别介绍这些文件格式。

化学标记语言(chemical markup language,CML)基于可扩展标记语言(extensible markup language,XML),用于表示化学分子、化学反应、光谱等化学数据。在不同的领域,CML 采用相应的一组标记组织数据。在表示化学分子领域,CML 分别使用 <molecule><atomArray><atom><bondArray><bond> 元素表示分子、原子集合、原子、键集合、键,原子的信息(原子类型、坐标等)和键的信息(连接的原子、键的类型等),这些信息分别保存为相应元素的属性。

蛋白质数据库(protein data bank,PDB)文件是一种用于保存蛋白质三维结构的文件格式。PDB 文件主体部分每一行保存一个原子的信息,一行固定为 80 列,每一列分别被指定保存原子的某些信息,如 31~54 列保存了原子的 $x$、$y$、$z$ 坐标,77~78 列保存了原子的元素符号等。

Mol 文件是包含单个分子化合物结构信息的文本文件。Mol 文件的前 3 行表示分子的整体信息,如名称、生成软件等。第 4 行是所谓的计数行,它的前两个字段表示分子的原子数和键数。紧接之后的是原子信息,包括原子的类型、位置、电荷等信息。之后是键的部分,包括连接的原子和键的类型等信息。Mol 文件的最后是分子的一些属性,如带电情况、同位素情况。Mol 文件以"M END"结尾。

结构数据文件(structure data file,SDF)由一系列连接在一起的 Mol 文件及一些有关化合物的附加信息组成,用以保存多个分子。SDF 当中每个分子记录由"$$$$"分隔。

Mol2 文件分为多个部分,每个部分包含分子的部分信息。Mol2 文件的每个部分以"@ <TRIPOS>+信息类型"进行标记。其中有三个比较重要的部分:@ <TRIPOS>MOLECULE 部分保存了分子的整体信息,如名称、原子数等信息。@ <TRIPOS>ATOM 部分表示分子的原子信息,如原子类型、坐标等信息。@ <TRIPOS>BOND 部分表示原子的连接信息(键的信息),包括连接的原子 ID、键的类型等。

XYZ 文件只包含分子最基本的原子信息,即原子的类型、坐标和个数。XYZ 文件不包含分子的键的信息,而需要读取程序根据原子之间的距离自动推断。

晶体学信息文件(crystallographic information file,CIF)是由国际晶体学联合会设计的用于表示晶体学信息的标准文件格式。CIF 的文件格式类似于字典,采用键值对的形式保存数据。如使用"_atom_site_label""_atom_site_fract_x""_atom_site_fract_y""_atom_site_fract_z"分别保存分子中原子的类型和坐标。

以上介绍的文件格式都以纯文本的形式存储数据,因此可以直接使用文字编辑器(如记事本)编辑内容。不同格式的文件通常以文件名的后缀进行区分,Windows 系统的软件也可以根据文件名后缀选择合适的软件处理文件。文件名后缀对于文件格式只起提示作用,并不是必需的。在 Linux 系统或使用编程语言处理文件时需要人为选择正确的读取函数。然而,遵从文件后缀和内容格式对应的约定能够简化工作,因此保存文件时根据保存的格式选择合适的文件名后缀是一个好习惯。

## 9.3.2　分子结构表示

分子有多种表示方式,如分子描述符、分子指纹、独热编码、分子图、3D 图等。RDKit 可以用于得到分子的这些结构表示。分子描述符是通过算法计算的分子的性质,如疏水性、分子量等。与分子构象相关的分子描述符被称为 3D 描述符,包含了分子的构象信息。RDKit 提供了大量分子 2D 和 3D 性质计算方法,可以方便地调用。分子指纹本质上是一组编码,通常用二进制表示,用于表示编码分子中特定化学结构或性质的存在与否。分子指纹被广泛应用于分子相似性计算、聚类、定量构效关系(quantitative structure-activity relationship,QSAR)建模、虚拟筛选等领域。RDKit 内置了多种分子指纹的生成方法,并提供了统一的接口。分子的独热编码表示可以通过将 SMILES 字符序列的每一个字符进行独热编码得到,表示为矩阵的形式。分子图和 3D 图均以图结构表示,其中 3D 图比通常的分子图多了原子坐标信息。图结构的矩阵表示一般包括原子和键的特征矩阵和邻接表矩阵,其中邻接表矩阵可以表示为邻接矩阵($N \times N$)或者仅仅保存键连接的原子索引($2 \times E$)。

### 9.3.3 分子结构处理

通常的化学信息学软件只支持部分文件格式,如果遇到软件不支持的文件格式,则可以使用 Open Babel 软件进行格式转换。以上提到的文件格式都可以通过 Open Babel 互相转换,除了此处提到的文件格式,Open Babel 还支持大量的文件格式转换。需要注意的是,部分文件格式能够存储的信息较少(如 XYZ 格式只保存原子坐标信息),转换过程中可能会导致其他信息丢失。Open Babel 除了能够进行分子格式的转换,还可以进行基本的分子操作,如 3D 构象生成、计算分子指纹、子结构匹配等。

相较于 Open Babel 关注于分子格式的转换,RDKit 包更关注于分子的多种化学信息学操作,如 2D 和 3D 分子的操作、生成分子描述符、结构匹配、结构转换和化学反应等。RDKit 提供了多种分子文件格式的读取接口,可以方便地读取分子结构。分子在 RDKit 中保存为 Mol 对象,通过操作 Mol 对象可以计算和获取分子的各种性质及结构信息,分子的各种操作也是对 Mol 对象的操作。

RDKit 可以根据分子的 2D 结构为分子生成 3D 构象。目前,RDKit 生成 3D 构象的过程主要包括基于距离几何的方法生成粗略结构,然后使用力场优化的方法优化分子结构。RDKit 默认使用的优化方法为 ETKDGv3,此外 RDKit 也实现了 MMFF94 力场。分子的 3D 结构信息除了使用笛卡儿坐标表示,还可以使用内坐标(Z-矩阵)和 3D 描述符。内坐标是分子 3D 信息的一种相对表示,其他原子都可以表示为相对于内部原子的距离和角度。内坐标主要应用于量子化学计算领域,一些量子化学计算(如结构优化)使用此种格式可以加快计算速度。

分子相似性在预测化合物性质、数据库检索和筛选中有广泛的应用。这些应用基于相似性质原理,即相似的化合物具有相似的性质。分子指纹将分子表示为一组二进制位,可以方便地进行分子相似性计算。RDKit 实现了大量的基于分子指纹的分子相似性计算方法,常用的有谷本系数(Tanimoto coefficient)和 Dice 相似性。通过计算分子和一个数据库当中其他分子的相似性,可以得到数据库中与查询分子相似的分子。通过设定相似性阈值,可以得到不同相似度的分子集合。得到查询分子和相似分子之后,可以使用 RDKit 可视化原子对于两个分子之间的相似性贡献。

有时需要检索包含某种子结构的分子,此时需要使用 RDKit 的子结构搜索功能。SMARTS(SMILES arbitrary target specification)是一种用于描述分子中子结构的语言,其和 SMILES 具有相似的语法。RDKit 可以读取 SMARTS 编写的子结构,并提供了简单的函数判断分子当中是否存在此子结构,并且可以指定立体构型匹配。RDKit 提供了 FindMCS 和 RascalMCES 方法,可以找到两个分子之间的最大公共子结构。

RDKit 提供了一系列用于转换分子结构的函数和能够进行复杂转换的化学反应函数。分子的转换基于子结构的匹配,可以进行分子子结构的删除和替换。RDKit 还提供了 Murcko 分解函数,可以得到分子的 Murcko 骨架。根据提供的化学反应模板,RDKit 可以完成分子的反应转换。在分子的逆合成分析方面,RDKit 实现了 Recap 和 BRICS 算法,可以将分子根据合理的化学反应分解为更小的片段。

## 9.4　化学数据集与数据库

在人工智能(artificial intelligence,AI)和化学的交叉领域中,化学数据集的重要性日益凸显。化学数据集作为 AI 算法在化学领域应用的基石,为模型的训练与验证提供了必不可少的基础数据,是驱动化学领域创新和发展应用的关键性资源。

### 9.4.1　常见化学数据集

QM9 是一个包含有机小分子结构和量子化学性质的数据集,专门服务于现有方法的性能基准评估、促进结合量子力学与机器学习的新型方法开发,以及深化对结构–性质关系的系统性理解。

Siuzdak 研究团队公布的 METLIN 小分子保留时间数据集(small molecular retention time dataset,SMRT),专门针对小分子的保留时间预测而设计。它对于使用机器学习方法预测分子保留时间尤为重要。此数据集汇总了 80038 个小分子的反相液相色谱保留时间数据,包括代谢物、天然产物和药物小分子。

CCSbase 由华盛顿大学药物化学系构建,包括一个从各种来源获取的碰撞截面积(collision cross section,CCS)测量数据综合数据库,以及一个利用该数据库训练的 CCS 预测模型。碰撞截面测量是在以氮气为漂移气体的各种仪器上进行的,涵盖了广泛的化学结构,如脂质、水溶性代谢物、小分子、药物等。数据库的每个条目都注明了每次 CCS 测量的仪器平台和方法,供用户参考。

小麦颗粒近红外光谱数据集是一个近红外光谱数据集,包含 30 个品种的小麦籽粒。第 1~200 列是光谱特征,最后一列给出了类别索引。

芒果近红外光谱数据集包含芒果中果皮在波长范围为 309~1149 nm 的光谱及其相应的干物质含量。

### 9.4.2　常见化学数据库

NIST MS 库由美国国家标准与技术研究院(National Institute of Standards and Technology,NIST)开发,是包含多种化合物质谱数据的综合数据库,包括电子轰击质谱和串联质谱库(小分子和多肽)、气相色谱保留指数等。NIST MS 库是从事质谱技术的科学家和研究人员的必备数据库。它为识别各种化合物提供了一个强大且可靠的资源,支持各类科学和工业应用,但是它是商用数据库,不能直接下载使用。

MassBank 是一个网络开放的数据库,旨在公开分享从代谢物的化学标准品得到的质谱,以方便用户进行代谢物的鉴定。MassBank 的数据主要来自日本,但也有来自欧盟、瑞士、巴西和中国的成员提供的数据。MassBank 包含了代谢物的质谱信息及采集情况,这些信息来自不同的质谱仪设置,包括不同的电离技术:ESI(60%,占总数据量的比例,后同)、EI(31%)、CI(2%)、APCI(1.6%)及 MALDI。在 MassBank 数据库中,每一个条目都包含了化合物的名称、化学结构式、实验条件(如质谱条件、色谱方法、保留时间、母离子、高分辨质谱数据),以及其他数据库记录的链接。MassBank 最主要的不足之处可能在于数据库中所有的记录并未经过充分的筛选,有些条目对应的质量较差或者存在错误注释的情况,有一些谱图也包含了噪声信号或者提取的效果并不是很好。MoNA(MassBank of North America)也是一个公共数据库,用于存储和共享质谱数据。它类似于 MassBank,但着重于北美地区的质谱数据。

NMRShiftDB 是由志愿者制作的核磁共振谱数据库,它的预测服务对外开放。它不仅可以预测氢谱、碳谱的化学位移值,还可以预测如 COSY 这样的二维核磁谱,以及 $^{19}F$,$^{15}N$,$^{31}P$ 等其他原子核的核磁共振谱,还可以选择氘代溶剂修正图谱,但可能存在预测值不准确的情况。

KnowItAll IR 光谱数据库提供了超过 339000 条红外光谱记录。它是目前世界上最大的红外光谱数据集之一,涵盖广泛的化合物类别。除光谱外,记录中还包括化合物的物理特性和结构。KnowItAll IR 光谱数据库是通过红外光谱来识别、分类和验证未知化合物的重要工具,应用范围广泛,包括聚合物材料、环境、制药、生物技术、汽车、航空航天、食品、化妆品等领域。

PubChem 是美国国立卫生研究院(National Institutes of Health,NIH)的开放化学数据库。自 2004 年启动以来,PubChem 已成为科研人员的重要化学信息资源。PubChem 主要包含小分子,但也包含较大的分子,如核苷酸、糖类、脂质、肽和化学修饰的大分子。PubChem 收集了有关化学结构、标识符、物理化学性质、生物活性、专利、毒性数据等许多信息。PubChem 化合物数据库包含了数亿种化合物的记录,具有极高的价值。

ChEMBL 数据库是欧洲生物信息研究所(European Bioinformatics Institute,EBI)开发的一个靶点与生物活性药物数据库,收集的是药物研究和开发过程中的药物化学数据和知识,如临床实验药物和批准药物的治疗靶标和适应证,旨在为药物化学家提供一个非常便利的查询靶点或化合物生物活性数据的平台。目前,该数据库已收集了 15000 多个靶点,240 万种化合物,共有 2000 多万条生物活性信息。每种化合物条目都包含了其化学结构、物理化学性质和生物活性数据等信息,以及这些化合物与生物分子(如蛋白质、酶、离子通道等)之间的相互作用数据,包括药物的活性测定结果、结合亲和力、IC50、EC50 和 $K_i$(抑制常数)等。研究人员可以利用 ChEMBL 来寻找具有特定生物活性的化合物,从中获取关于结构活性关系的信息。

ZINC 数据库是由美国加州大学旧金山分校创建和维护的数据库。该数据库汇集了大量化合物的信息,提供化合物的 2 维或 3 维结构及各种附加信息。这些化合物数据可以免费下载,并用于虚拟筛选和药物设计。ZINC 数据库中的化合物可以通过多种方式进行检索和筛选,包括结构相似性搜索、化学性质过滤、生物活性数据筛选等。用户可以根据特定的药物设计需求,使用这些搜索工具来获取合适的化合物。

人类代谢组数据库(Human Metabolome Database,HMDB)是一个专门收集、整理和提供人类代谢组数据和信息的数据库。HMDB 于 2007 年首次发布,被认为是人类代谢研究的标准代谢组学资源,包含有关人类代谢物及其生物学作用、生理浓度、疾病相关性、化学反应、代谢途径和参考光谱的综合信息。HMDB 包含 220945 个代谢物条目,包括水溶性和脂溶性代谢物。此外,有 8610 个蛋白质序列与这些代谢物条目相连。HMDB 可被应用于代谢组学、临床化学、生物标志物发现等研究。

### 9.4.3 化学数据库设计与实现

随着化学学科的不断发展,发现和合成的物质种类呈现爆炸式的增长。同时,随着化学科学研究的不断信息化,人们对于化学信息的管理需求也在不断增长,如何快速而有效地管理数据成为化学和计算机领域内一个重要的研究目标。计算机等相关领域技术蓬勃发展,化学数据库已经成为化学研究工作中一个必不可少的工具。

ER 模型(entity-relationship model)是在数据库设计中被广泛用作数据建模的工具。ER 图的基本要素:实体集、联系集、属性集。数据库设计遵循三大范式,第一范式是原子性,即存储的数据应该具有"不可再分性"。第一范式是所有关系型数据库的最基本要求。第二范式是唯一性,消除非主键部分依赖联合主键中的部分字段,即要求每个表只描述一件事情,每条记录有唯一标识列。第二范式是在第一范式的基础上建立起来的,即满足第二范式必须先满足第一范式。第三范式是独立性,是在第二范式的基础上建立起来的,消除传递依赖,非主键值不依赖于另一个非主键值。数据库表中不包含已在其他表中已包含的非主关键字信息,字段没有冗余。没有冗余的数据库设计是可以做到的。但是,没有冗余的数据库未必是最好的数据库,有时为了提高运行效率,就必须降低范式标准,适当保留冗余数据。具体做法是在概念数据模型设计时遵守第三范式,降低范式标准的工作放到物理数据模型设计时考虑。降低范式就是增加字段,允许冗余。

SQLite 是一个由 C 语言实现的 SQL 数据库引擎,具有体积小和速度快的优点。SQLite 是关系型数据库,具有高可靠性且功能齐全。SQLAlchemy 是 Python 的一个优秀的开源 ORM 框架,为开发者提供了方便快捷的函数和接口,能够提高开发效率。利用 SQLAlchemy 构建一个新的 SQLite 数据库文件并在其中创建表和插入数据的过程可以分为以下几个步骤,如图 9-0-6 所示。

(1)确认当前的 Python 环境下已经安装 SQLAlchemy。

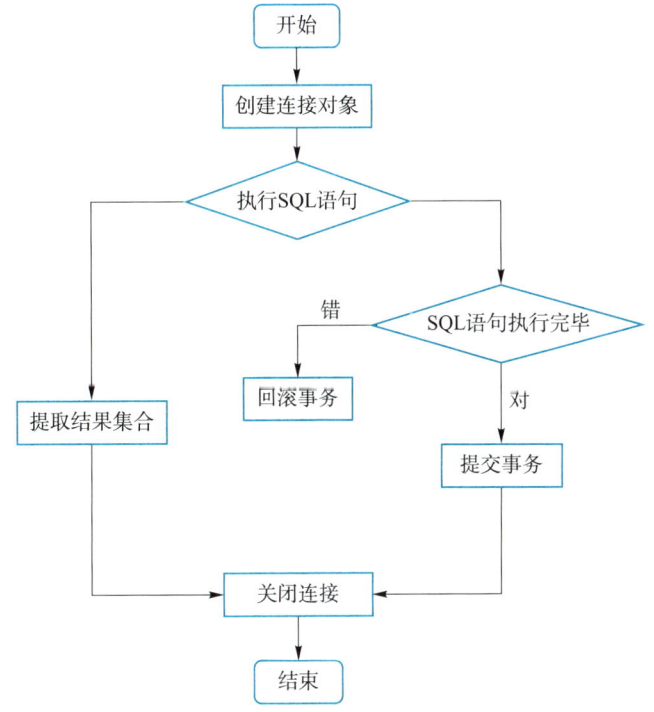

图 9-0-6 **SQLite 数据库构建流程**

（2）使用 SQLAlchemy 的 create_engine 函数连接 SQLite 数据库。

（3）创建操作数据库的会话。

（4）定义数据模型（表），使用 SQLAlchemy 的 ORM 定义数据模型。

（5）执行创建、删除、修改、查询等操作。

（6）关闭会话。

SQLAlchemy 还支持 MySQL & MariaDB、PostgreSQL、Oracle 和 MS-SQL 等数据库。在大多数情况下，SQLAlchemy 只须进行有限的更改甚至无须更改代码，即可切换到不同的数据库。例如，可以使用上述程序相同的方式操作 MySQL 数据库，完成基础的表创建，表格数据的新增、查询、修改、删除等操作。

## 9.5　多元校正、多元分辨与模式识别

### 9.5.1　多元校正

多元校正（multivariate calibration）是一种在化学计量学、统计学和数据分析中常用的方法，通过提供的数据建立自变量（输入）和因变量（输出）之间的数学模型，从而能够对未知数据进行预测。多元校正快速且准确的特点使其在食品、药物分析、农业和环境等多个领域中广泛应用。相较于单变量校正（univariate calibration）仅从多个变量中选择一个最优变量进行分析，多元校正能够整合所有变量的信息，显著提升了抗噪、抗干扰、异常值识别和特征识别的能力。

多元校正方法众多，其中多元线性回归（multiple linear regression，MLR）直接对自变量和因变量进行线性回归，比较适用于自变量之间相关性较低的情况；主成分回归（principal component regression，PCR）通过主成分分析（principal component analysis，PCA）提取自变量的主成分，再用这些主成分作为新的自变量进行线性回归；偏最小二乘回归（partial least squares regression，PLSR）通过提取主成分，将自变量和因变量的变化投影到低维空间，从而建立稳健的回归模型，特别适用于自变量高度共线的数据集。下面将介绍使用 PLSR 进行多元校正模型建立的原理。

图 9-0-7 简要展示了 PLSR 的原理。PLSR 旨在解决自变量之间的共线性问题，从而改善回归估计结果。假设有 $N$ 个可用的样品数据 $\{(x_i, y_i)\}_{i=1}^{N}$，其中自变量向量 $x$ 的维度为 $a$，因变量向量 $y$ 的维度为 $b$，则这些样品数据构成的自变量矩阵 $X$ 的大小为 $N \times a$，因变量矩阵 $Y$ 的大小为 $N \times b$。偏最小二乘可看作一种数值算法，它最大化 $X$-得分矩阵和 $Y$-得分矩阵之间的协方差。首先对 $X$ 和 $Y$ 都进行分解，得到主成分：

$$X = TP^{\mathrm{T}} + F = \sum_{n=1}^{k} t_n p_n^{\mathrm{T}} + F$$

$$Y = UQ^{\mathrm{T}} + E = \sum_{n=1}^{k} u_n q_n^{\mathrm{T}} + E$$

（9.0.6）

式中：$T = [t_1, t_2, \cdots, t_k] \in R^{N \times k}$ 和 $U = [u_1, u_2, \cdots, u_k] \in R^{N \times k}$ 分别是 $X$ 和 $Y$ 在主成分数为 $k$ 下的得分矩阵。矩阵 $P = [p_1, p_2, \cdots, p_k] \in R^{a \times k}$ 和 $Q = [q_1, q_2, \cdots, q_k] \in R^{b \times k}$ 分别是 $X$ 和 $Y$ 的载荷矩阵。矩阵 $F$（$N \times a$）和矩阵 $E$（$N \times b$）分别是 $X$ 和 $Y$ 的残差矩阵。$T$ 和 $U$ 之间的关系如下：

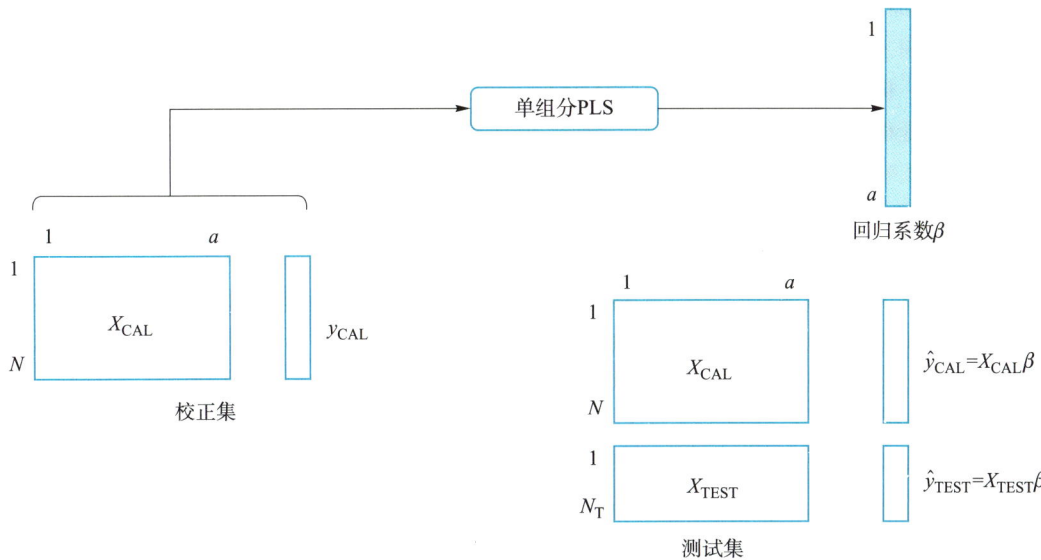

PLS 模型可以在校正集上进行训练,得到回归系数 $b_1, \cdots, b_m$,其可应用于未知样本的预测

图 9-0-7 PLSR 多元校正方法

$$U = TD + H \tag{9.0.7}$$

$T$ 和 $U$ 可由对 $X$ 和 $Y$ 分别右乘系数矩阵 $W$ 和 $C$ 得到:

$$T = XW$$
$$U = YC \tag{9.0.8}$$

约束条件为 $X$-得分矩阵和 $Y$-得分矩阵之间的协方差最大,因而有

$$T^{\mathrm{T}}U = (XW)^{\mathrm{T}}YC = W^{\mathrm{T}}X^{\mathrm{T}}YC \rightarrow \begin{cases} \max \ s.t. \ W^{\mathrm{T}}W = 1 \\ C^{\mathrm{T}}C = 1 \end{cases} \tag{9.0.9}$$

根据式(9.0.6)和式(9.0.7),可推导出

$$Y = UQ^{\mathrm{T}} = TDQ^{\mathrm{T}} = TC^{\mathrm{T}} \tag{9.0.10}$$

在 PLS 算法中,对 $X$ 进行分解的方法有两种,它们略有不同:

$$X = TP^{\mathrm{T}} + F = URW^{\mathrm{T}} + F \tag{9.0.11}$$

除矩阵 $T$ 没有标准化外,$T$ 和 $U$ 是相同的矩阵,并且 $TP^{\mathrm{T}}WW^{\mathrm{T}} = URW^{\mathrm{T}}$。因此有

$$R = P^{\mathrm{T}}W \tag{9.0.12}$$

$$T = XW(P^{\mathrm{T}}W)^{-1} \tag{9.0.13}$$

将式(9.0.13)代入式(9.0.10),可推导出

$$Y = TC^{\mathrm{T}} = XW(P^{\mathrm{T}}W)^{-1}C^{\mathrm{T}} \tag{9.0.14}$$

因此 $X$ 和 $Y$ 之间的回归关系可通过参数 $W$、$P$ 和 $C$ 来确定。

偏最小二乘法可用于参数 $W$、$P$ 和 $C$ 的计算。偏最小二乘法的实现方式有很多,下面将介绍并使用最原始的非线性迭代偏最小二乘算法(non-linear iterative partial least squares,NIPALS)来展示 $W$、$P$ 和 $C$ 的计算过程,在计算前,确保输入数据 $X(N \times a)$ 和 $Y(N \times b)$ 已进行中心化处理,具体算法如下:

(1)初始化得分向量:设置 $Y$ 的第一列为 $u$;

（2）计算权重向量：$w = X^\mathrm{T} u / (u^\mathrm{T} u)$，其中 $X^\mathrm{T} u$ 表示 $X$ 的残差与当前 $u$ 的协方差估计，分母 $u^\mathrm{T} u$ 是归一化因子；

（3）归一化权重向量：$w = w / \|w\|$，将 $w$ 归一化为单位向量可以保持数据的稳定性；

（4）计算得分向量：$t = Xw / (w^\mathrm{T} w) = Xw$（因 $w$ 已经归一化）；

（5）计算响应权重向量：$c = Y^\mathrm{T} t / (t^\mathrm{T} t)$，其中 $c$ 表示 $Y$ 残差对 $t$ 的回归系数；

（6）归一化响应权重向量：$c = c / \|c\|$；

（7）更新得分向量：$u = Yc / (c^\mathrm{T} c)$。

确认收敛情况，如果 $\|u_{\mathrm{new}} - u_{\mathrm{old}}\| / \|u_{\mathrm{new}}\| < 10^{-10}$，即迭代至收敛，则继续后续步骤；否则返回步骤（2），继续进行迭代，更新得分向量。

$X$ 载荷向量：
$$p = X^\mathrm{T} t / (t^\mathrm{T} t)$$

$Y$ 载荷向量：
$$q = Y^\mathrm{T} u / (u^\mathrm{T} u)$$

残差矩阵：
$$X = X - tp^\mathrm{T} \text{ 和 } Y = Y - tc^\mathrm{T}$$

残差矩阵表示从 $X$ 和 $Y$ 中移除当前潜变量 $t$ 的贡献，将得到的残差矩阵作为新的 $X$ 和 $Y$ 继续上述流程，迭代持续至达到停止条件（如累积解释方差达到阈值，或者提取的主成分数 $k$ 达到预设值）或 $X$ 变为零矩阵。假设迭代持续至提取的主成分数达到了预设值 $k$，则迭代结束，可获得：

权重矩阵：
$$W = [w_1, w_2, \cdots, w_k]$$

载荷矩阵：
$$P = [p_1, p_2, \cdots, p_k]$$

系数矩阵：
$$C = [c_1, c_2, \cdots, c_k]$$

获得矩阵 $W$、$P$ 和 $C$ 后，基于 PLSR，未知样品的光谱 $X_{\mathrm{un}}$ 的预测因变量 $\hat{y}$ 可根据式（9.0.15）进行计算：

$$\hat{y} = X_{\mathrm{un}} W (P^\mathrm{T} W)^{-1} C^\mathrm{T} \tag{9.0.15}$$

### 9.5.2　多元分辨

复杂化学体系的定性定量分析一直是分析化学领域的研究重点。气相色谱-质谱（gas chromatography-mass spectrometry，GC-MS）等联用仪器为许多领域复杂样品的分析提供了重要的技术手段。随着分析仪器的不断更新和发展，复杂样品中痕量成分的检测更加全面和细致，同时也导致仪器产生的数据更加复杂，特别是当某些组分具有相似的性质时，分析结果中不可避免地会出现色谱峰的重叠。即使对实验条件进行优化，也无法实现所有组分的有效分离。如果不将重叠的色谱峰进行分离解析，那么将无法获得准确的定性和定量信息，这使得从重叠峰中解析出所有组分的色谱和质谱信息成为 GC-MS 数据处理流程中的关键步骤。重叠峰的解析可以通过化学计量学中的一些解析方法实现，这些方法统称为多元分辨方法。

#### 1. GC-MS 数据结构

待分析样品汽化后经色谱柱分离直接进入 MS 的离子源，MS 以重复扫描模式记录下化合物产生碎片的质荷比（mass-to-charge ratio，$m/z$）及其强度。本质上说，每一次扫描都会获取对应质谱，这使仪器产生的二维数据同时包含了色谱和质谱信息。

假设现有一含有 $k$ 组分的混合物样品，$m/z$ 的扫描范围为 $1 \sim n$，将每种化合物的质谱 $s_1, s_2, \cdots, s_k$ 按列组成一个二维质谱矩阵 $S$，表示成式（9.0.16）：

$$S = \begin{bmatrix} s_{11} & s_{12} & \cdots & s_{1k} \\ s_{21} & s_{22} & \cdots & s_{2k} \\ \cdots & \cdots & \cdots & \cdots \\ s_{n1} & s_{n2} & \cdots & s_{nk} \end{bmatrix} \qquad (9.0.16)$$

若保留时间维度扫描了 $m$ 次,并将每种化合物的浓度记为向量 $c_1, c_2, \cdots, c_k$,并按列排列成二维浓度矩阵 $C$,就可以表示成式(9.0.17)。

$$C = \begin{bmatrix} c_{11} & c_{12} & \cdots & c_{1k} \\ c_{21} & c_{22} & \cdots & c_{2k} \\ \cdots & \cdots & \cdots & \cdots \\ c_{m1} & c_{m2} & \cdots & c_{mk} \end{bmatrix} \qquad (9.0.17)$$

混合物质谱是纯组分质谱的线性组合,这意味着每个扫描点的质谱是该保留时间点下流出组分质谱的线性加和,其中每种组分的权重由其在该保留时间点的浓度决定。因此,含有 $k$ 组分的混合物样品的二维色谱数据 $X$ 可以表示为式(9.0.18),其中 $E$ 表示噪声。

$$X = CS^{\mathrm{T}} + E \qquad (9.0.18)$$

此时,$X$ 的矩阵形式可表示为式(9.0.19):

$$X = \begin{bmatrix} x_{11} & x_{12} & \cdots & x_{1n} \\ x_{21} & x_{22} & \cdots & x_{2n} \\ \cdots & \cdots & \cdots & \cdots \\ x_{m1} & x_{m2} & \cdots & x_{mn} \end{bmatrix} \qquad (9.0.19)$$

式中:$m$ 为扫描的质谱数;$n$ 为质荷比范围。

**2. 主成分分析法**

化学计量学中,主成分分析(principal component analysis,PCA)法是通过将原变量进行线性组合,用较少的主成分代替原变量并包含数据中大部分的信息,从而进行降维。进行线性组合时的准则为每个主成分尽量从原数据中提取出尽可能多的信息,因为方差可衡量数据的变动和其所含信息,所以主成分分析时找到的载荷矩阵为最大方差投影方向的坐标轴,得分矩阵则为样本在新坐标轴上的值。主成分分析可以通过对 GC-MS 数据测量矩阵进行奇异值分解来实现。经过奇异值分解,GC-MS 数据测量矩阵 $X$ 可被分解为三个矩阵的乘积与随机噪声之和,表示为式(9.0.20):

$$X = UGP^{\mathrm{T}} + E \qquad (9.0.20)$$

式中:$U$ 为一列正交矩,$G$ 为一对角矩阵,收集了 $X$ 的特征值,$P^{\mathrm{T}}$ 为一行正交矩阵,$E$ 为噪声矩阵。将式(9.0.20)中 $U$ 和 $G$ 的乘积记为 $T$,则可将式(9.0.20)改写为式(9.0.21):

$$X = TP^{\mathrm{T}} + E \qquad (9.0.21)$$

式中:$T$ 为得分矩阵,$P$ 为载荷矩阵,$E$ 为噪声矩阵。

在对 GC-MS 数据进行分辨的过程中,PCA 可以用于辅助判断 GC-MS 重叠峰中包含的化合物数,即主成分数。

**3. 演进因子分析法**

演进因子分析(evolving factor analysis,EFA)法充分利用了混合物经色谱柱分离时先入先出的化学特性,从主成分分析获得的特征值出发,对整个二维色谱矩阵逐步渐进地分解,从而获得各组分在数据矩阵中的出现点和消失点。演进因子分析法对矩阵的计算包括前向计算和反向计算两个部分。前向计算是从矩阵的前两行开始进行主成分分析获得特征值,随后逐步增大主成分分析矩阵的行数,如图 9-0-8 所示;反向计算是从矩阵的后两行开始进行主成分分析获得特征值,随后逐步增大主成分分析矩阵的行数,如图 9-0-9 所示。最后对主成分分析获得的部分大特征值的对数与保留时间进行作图,确定各组分在数据矩阵中的浓度窗口(出现点和消失点),如图 9-0-10 所示。

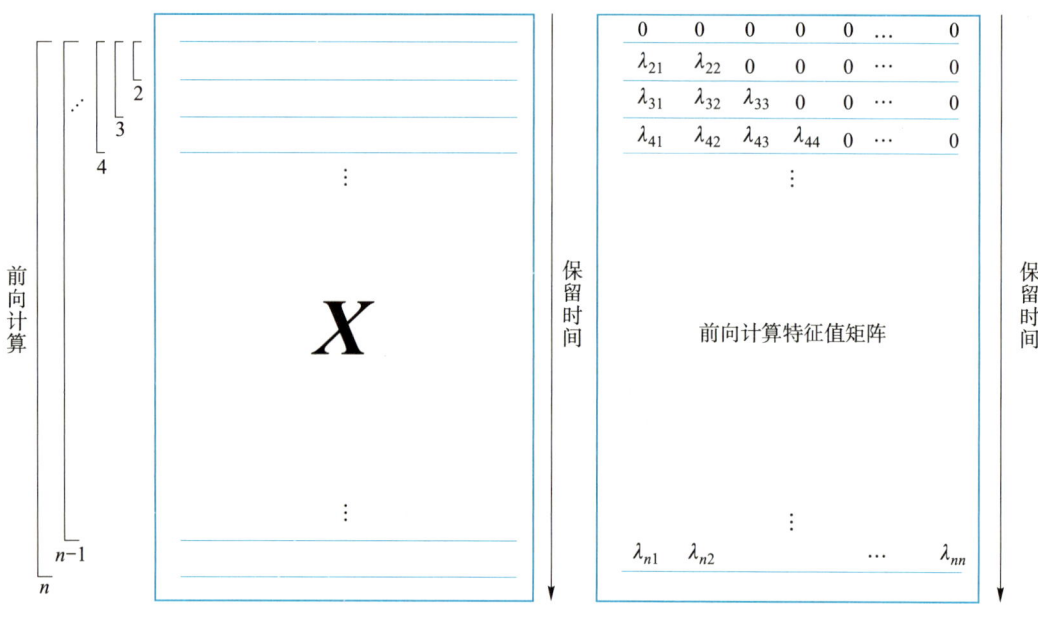

图 9-0-8    EFA 前向计算示意图

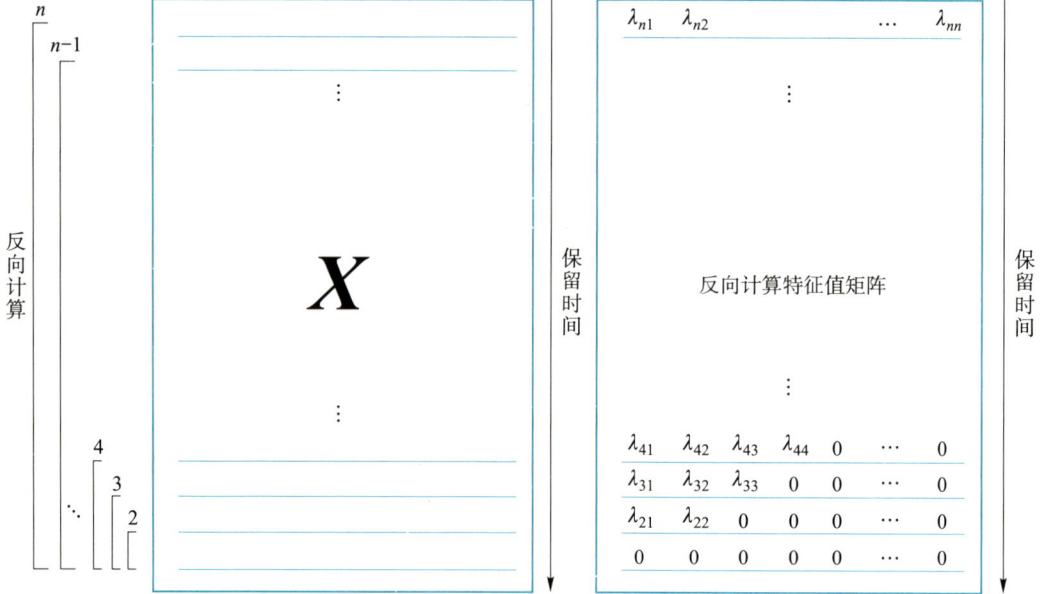

图 9-0-9    EFA 反向计算示意图

### 4. 满秩分辨法

满秩分辨(full rank resolution, FRR)法通过充分使用某种组分的选择性区域和零浓度区域,构建一个已知浓度 $c_{s+0,i}$ 的得分矩阵 $\boldsymbol{T}_{s+0,i}$,如图 9-0-11 所示。具体推导过程如下:

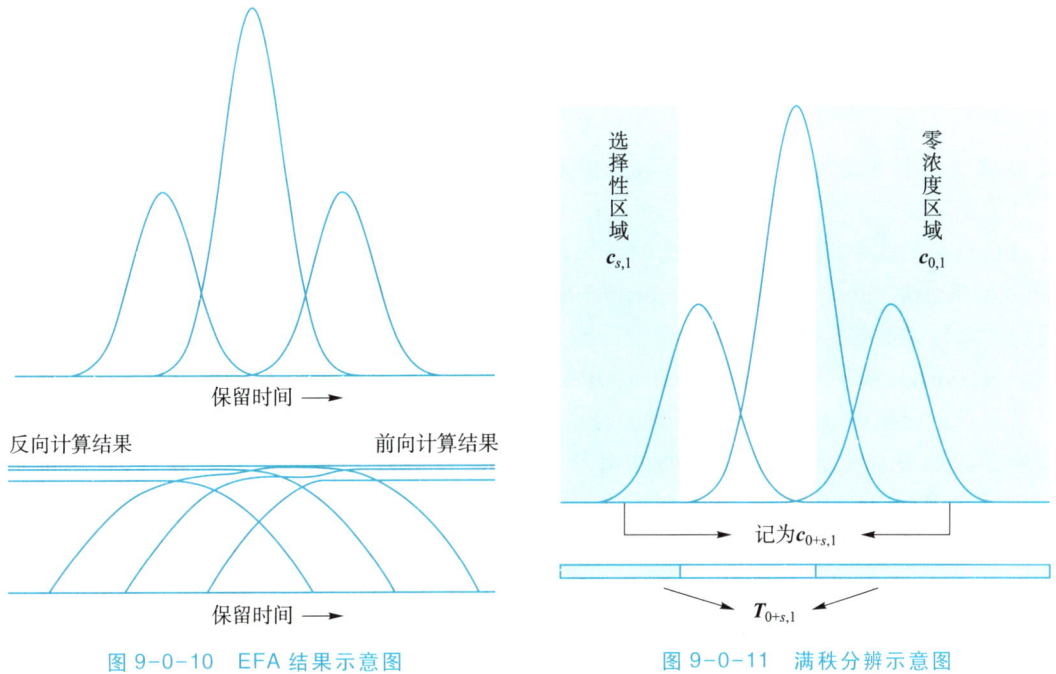

图 9-0-10　EFA 结果示意图　　　　　　图 9-0-11　满秩分辨示意图

由式(9.0.18)和式(9.0.21)可得

$$CS^{\mathrm{T}} = TP^{\mathrm{T}} \tag{9.0.22}$$

式中:$C$ 为浓度分布矩阵,$S$ 为纯化合物质谱矩阵,$T$ 为得分矩阵,$P$ 为载荷矩阵。在式(9.0.22)中引入一满秩旋转矩阵 $R$ 后可将其改写为式(9.0.23)的形式:

$$CS^{\mathrm{T}} = TRR^{-1}P^{\mathrm{T}} \tag{9.0.23}$$

将得分矩阵 $T$ 和载荷矩阵 $P^{\mathrm{T}}$ 转换为真实的浓度分布矩阵 $C$ 和纯化合物质谱矩阵 $S^{\mathrm{T}}$:

$$C = TR \tag{9.0.24}$$

$$S^{\mathrm{T}} = R^{-1}P^{\mathrm{T}} \tag{9.0.25}$$

从以上公式可知,满秩旋转矩阵 $R$ 的计算是解析二维色谱数据的关键。如果从浓度分布角度计算 $R$,式(9.0.24)中浓度分布矩阵 $C$ 的第 $i$ 列可以写成矢量表达式:

$$c_i = Tr_i \tag{9.0.26}$$

以图 9-0-11 中的组分 1 为例,其选择性区域写为 $c_{s,1}$,零浓度区域写为 $c_{0,1}$,选择性区域和零浓度区域串联为 $c_{s+0,1}$,这一部分的选择性区域包含了组分 1 的信息(色谱信息和质谱信息),零浓度区域包含了另外两种组分的信息(色谱信息和质谱信息)。获得组分 1 的信息后,式(9.0.26)可以改写为式(9.0.27):

$$c_{s+0,1} = T_{s+0,1}r_1 \tag{9.0.27}$$

式中:$T_{s+0,1}$ 是 $T_{s,1}$ 和 $T_{0,1}$ 的连接,它们分别是 $T$ 中组分 1 的选择性区域和零浓度区域。$r_1$ 是组分 1 的旋转向量。构建的浓度向量和该组分的得分矩阵之间的旋转向量 $r_1$ 可以用最小二乘法轻松计算,见式(9.0.28)。

$$r_1 = (T_{s+0}^T T_{s+0})^{-1} T_{s+0}^T c_{s+0,1} \qquad (9.0.28)$$

在求得 $r_1$ 后,组分 1 的浓度 $c_1$ 可通过将原始得分矩阵 $T$ 与其旋转向量 $r_1$ 相乘得到:

$$c_1 = Tr_1 \qquad (9.0.29)$$

在获得一种组分的色谱和质谱后,这种组分的解析就完成了。然而,对于同一重叠峰中其他组分的多元分辨,该组分是一个干扰组分,应将其从待解析片段中剥离。式(9.0.30)可以描述组分剥离的过程:

$$X_R = X - c_i s_i^T \qquad (9.0.30)$$

式中: $X$ 是解析组分 $i$ 前的 GC-MS 数据矩阵, $X_R$ 是将组分 $i$ 从 $X$ 中剥离后的剩余矩阵。

除上述提到的多元分辨方法之外,化学计量学家也根据数据特征提出了许多新的算法,并且已经在实践中得到了令人满意的结果。例如,Tauler 提出的多元曲线分辨-交替最小二乘(multivariate curve resolution-alternating least squares,MCR-ALS)法,利用最小二乘交替迭代将二维色谱数据矩阵 $X$ 分解为浓度分布矩阵 $C$ 和质谱矩阵 $S$;Lorber 等人提出的正交投影分辨(orthogonal projection resolution,OPR)法,利用体系中已知的 $n-1$ 种组分的窗口信息对其进行正交投影,从而获取第 $n$ 种组分的色谱流出信息等。目前,研究人员也在这些多元分辨方法的基础上开发了一系列可用于 GC-MS 重叠峰分辨的工具和软件,常用的如 AMDIS 和 MZmine。近年来,随着深度学习的迅速发展,通过深度学习辅助 GC-MS 重叠峰自动分辨的研究已经取得显著进展,国内外均有研究团队已经开发和训练出多个深度学习模型,如国外研究团队开发的 PARAFAC2 with DL 和 MSHub/GNPS,国内研究团队开发的 DeepResolution、DeepResolution2、AutoRes 和 GCMSFormer 等。这些多元分辨工具仍然存在一些局限性有待解决,如操作复杂度、自动化程度、解析速度和应用范围等。相信在不久的将来,这些问题都能够一一得到解决。

### 9.5.3　模式识别

模式识别可分为有监督的模式识别和无监督的模式识别,有监督的模式识别从标记的训练数据中学习,每个训练样本都有一个已知的标签;无监督的模式识别利用无标签数据,算法自动学习数据的内在规律,挖掘数据之间的差异和相关性。如图 9-0-12 所示,在对数据进行必要的预处理后,可以根据数据有无标签选择合适的模式识别算法挖掘数据内在规律。

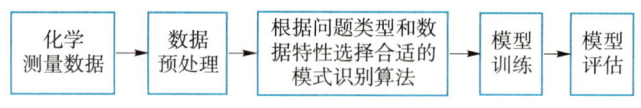

图 9-0-12　模式识别整体流程图

**1. 有监督的模式识别**

(1) 线性判别分析　线性判别分析(linear discriminant analysis,LDA)通过将数据投影到低维空间,使得投影变换后的数据在低维空间中同种类别的数据距离尽可能近,不同种类别的数据投影点的中心点距离尽可能远。

(2) $K$-最近邻法　$K$-最近邻($K$-nearest neighbors,KNN)法是一种基本的分类算法。它的工作原理是,给定一个训练数据集,对新的输入实例,在训练数据集中找到与该实例最

近邻的 $K$ 个实例(即 $K$ 个邻居),这些实例的类别(或值),以"投票"的方式来预测新输入实例的类别。

(3) 偏最小二乘判别分析　偏最小二乘法的本质是一种基于特征变量的线性回归方法,但如果将类别信息进行 One-hot 编码,即每个类别会被转换为一个长度为该类别总数的二进制向量,则偏最小二乘法也可以用于判别分析。偏最小二乘判别分析(partial least squares-discriminant analysis,PLS-DA)通过建立一个从自变量到因变量(响应变量)的线性关系模型,同时寻找数据中能够最大化组间差异并最小化组内差异的变量方向,以此来进行有效的模式识别。

(4) 随机森林　随机森林(random forests,RF)采用决策树作为基学习器,决策树基于树的结构进行决策,是一个数据不断分裂的递归过程。从确定根节点开始,沿着选中的属性(用于划分数据)进行分支,直到叶节点(决策结果)。RF 采用了随机采样和随机选择特征来创建数据和特征的多样性,使每个基学习器能学到不一样的结果。最终模型预测结果是根据多个基学习器的集成结果,对于分类问题采用少数服从多数的投票方法,对于回归问题采用取平均值的方法。

在有监督的模式识别领域,除了上述提到的几种方法,还有一些新型的有监督学习方法(如 AdaBoost 和 XGBoost),它们在处理复杂数据集和提高模型性能方面显示出了显著的优势。

**2. 无监督的模式识别**

数据可视化技术对于理解数据结构至关重要。主成分分析(principal component analysis,PCA)通过正交变换降维,保留数据的主要变动信息,适用于初步数据探索。$t$-分布随机邻域嵌入($t$-distributed stochastic neighbor embedding,$t$-SNE)专注于捕捉数据的局部结构,尤其适用于高维数据的复杂模式可视化。统一流形近似和投影(uniform manifold approximation and projection,UMAP)则结合了局部结构保持和全局一致性,提供了一种平衡的降维方法,适合于需要清晰全局视角的场合。这些方法直观地揭示化学数据的内在模式,是理解数据结构和挖掘蕴含信息的重要工具。

聚类分析是根据化学测量信号之间的相似性或距离度量,将相似的样品信号聚成一个组或簇,从而位于同一个组或簇的样品视为同一类别。

(1) $K$ 均值聚类法　$K$ 均值聚类法通过迭代地重新分配数据点到 $K$ 个簇中,并更新每个簇的质心,直到找到一个局部最优的簇划分,使得簇内数据点到质心的距离之和最小。

(2) 系统聚类法　系统聚类法又称为谱系聚类法,其无须预先指定聚类个数,将数据进行距离度量,呈现出有层次的树状结构。其中距离度量有许多方法,如最短距离法、最长距离法、重心法等。虽然类与类之间的距离定义方法有多种,但聚类的原则和步骤是一样的。绝大多数的系统聚类属于自下而上的凝聚法:首先将每个样本看作一个类,计算类与类之间的距离,将距离最小的两个类合并成一个新类,重新计算其他类与该新类的距离,再次合并距离最小的两个类,通过每次都减小一个类,直到所有对象都在一个类中,或者某个终结条件被满足。

## 9.5.4　模型评价与选择

模型性能的评价需要使用不同的指标,这些指标被称为性能指标或评估指标。这些性能指标有助于了解模型在给定数据中的表现,通过模型选择方法调整超参数来提高模型的性能,并确定模型在新数据集上的泛化程度。模型评价与选择方法可参考 scikit-learn 软件包中的 metrics 和 model_selection 模块。

　　回归模型通常使用决定系数(coefficient of determination,$R^2$)、均方误差(mean square error,MSE)、均方根误差(root mean square error,RMSE)、平均绝对误差(mean absolute error,MAE)等指标进行评估。分类模型通常使用准确度(accuracy,ACC)、灵敏度(sensitivity,SEN)、精确度(precision)、$F$ 分数($F$-score)等指标进行评估。通过混淆矩阵中真阳性(TP)、假阴性(FN)、假阳性(FP)和真阴性(TN)的数量,可以计算出上述评价指标。

　　模型常存在过拟合现象,即训练时结果很好,测试时性能很差。为了避免该情况,在进行模型训练时,通常的做法是拿出部分数据作为测试集。但是,如果在优化超参数时,仍然存在测试集过拟合的风险,因为超参数可以调整,关于测试集的信息就会泄露到模型中,评估指标报告泛化性能会过优。为了解决此问题,常将数据集划分为训练集、验证集和测试集,在训练集上进行训练,然后在验证集上进行评估,在测试集上进行最终测试。然而,将可用数据分成三组,会减少可用于训练模型的样本数量,而且结果受训练集、验证集和测试集划分影响较大。交叉验证(cross validation,CV)是解决此问题的有效方法。在交叉验证中,数据集划分为训练集和测试集。使用交叉验证来优化超参数,测试集在交叉验证完成后,用于模型的性能评估。如图 9-0-13 所示,最常用的交叉验证方法为 $k$ 折交叉验证($k$-fold cross validation,$k$-fold CV)。在 $k$-fold CV 中,训练集被分成 $k$ 个较小的子集,使用 $k-1$ 折数据作为训练数据对模型进行训练,在剩余的 1 折数据中对模型进行验证。对 $k$ 折数据中的每折都要进行上述建模与验证过程,即可得到训练集中所有样本的交叉验证预测值,如偏最

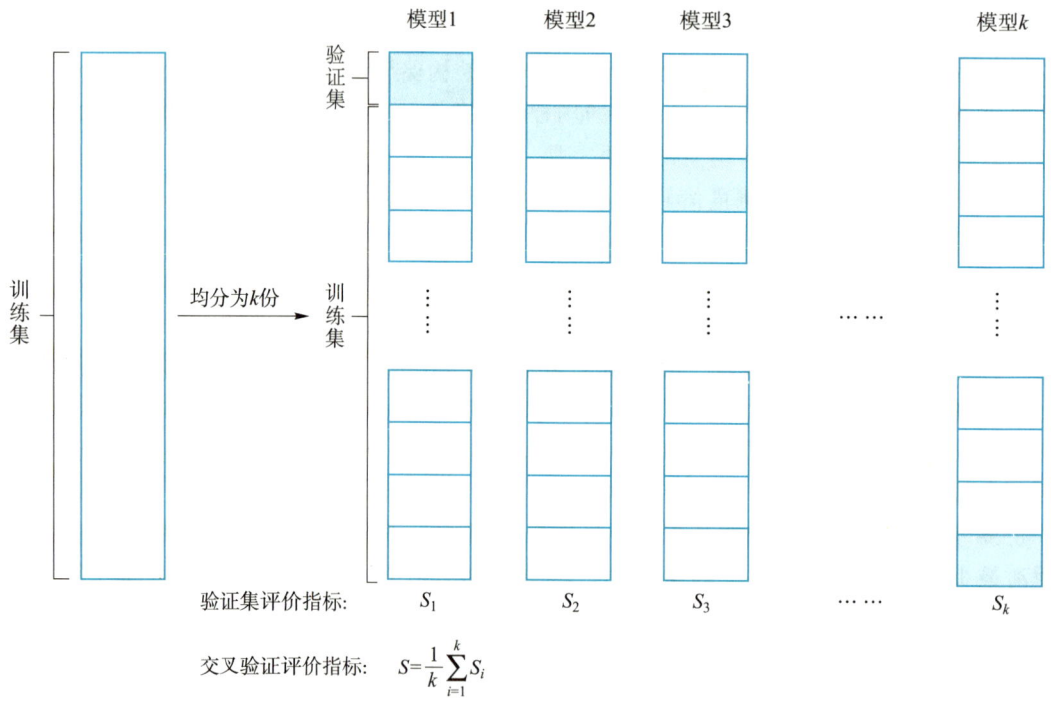

图 9-0-13　$k$ 折交叉验证过程

小二乘回归模型可以计算交叉验证均方根误差(root mean square error of cross validation, RMSECV)。计算不同成分数的 RMSECV,并根据成分数-RMSECV 曲线,对成分数进行优化与选择。$k$-fold CV 在折数较多时计算成本较高,因此其折数一般取 10 以达到较快的计算速度。它不会划分额外验证集造成数据浪费,在样本数量少时具有明显优势。

## 9.6　深 度 学 习

人工智能旨在让机器模拟和执行人类智能任务,涵盖逻辑、搜索和概率推理等系列技术。深度学习作为人工智能的一个子领域,通过模拟人脑工作方式的多层神经网络来学习数据的高阶表征。这种方法尤其擅长处理大量的非结构化数据,如图像、音频和文本,极大地推动了人工智能技术的最新进展,实现了传统机器学习难以企及的性能。深度学习在化学领域展现了广泛且深刻的应用潜力,如化学测量数据分析、分子性质预测、分子生成与设计。深度学习正在改变传统的研究范式,推动化学信息学进入一个更加高效和精准的时代。

### 9.6.1　预备知识

深度神经网络是一类机器学习模型,使用多层神经网络进行数据拟合的过程被称为深度学习。深度学习问题本质是一个数据拟合的问题,主要涉及数据及其表示、模型架构、目标函数选择、模型优化算法。如图 9-0-14 所示,数据通过表征之后得到数据的表示,其被作为深度学习模型的输入。深度学习模型通过多层网络的计算,得到模型的输出。如果有数据的真实标签,则可以计算模型输出和真实标签之间的差异,通过反向传播和梯度下降算法优化模型参数,提高模型的预测能力。

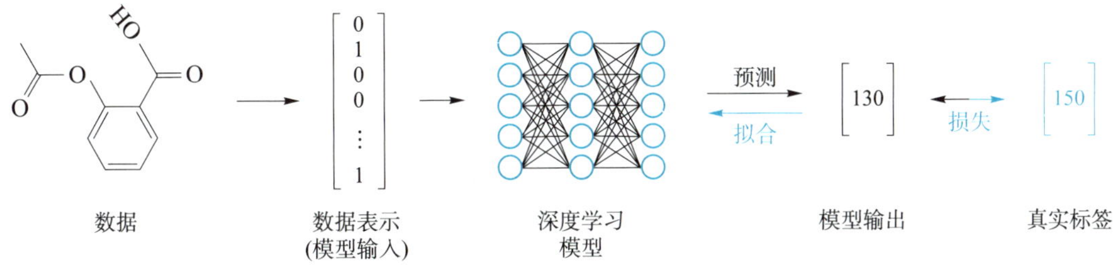

图 9-0-14　深度学习训练与预测流程

在深度学习中,数据是学习的基础,它是模型训练和测试的原材料。数据可以是多种形式,包括但不限于数字、文本、图像、视频、音频等。高质量、充分标注的数据对于模型的学习至关重要。数据集通常分为训练集、验证集和测试集,分别用于模型的训练、超参数调整和最终性能评估。

数据的表示是将现实世界中的多样信息,如图像、声音、文本等,通过采样和量化等手段转换成数字信号或数字代码,使其能够作为深度学习模型的输入。例如,图像可以被转换成像素矩阵,每个像素点用一组数字($RGB$ 值)表示颜色强度;化学分子可以表示为分子指纹、分子描述符或分子图的形式;仪器测量得到的谱图数据通常表示为向量、矩阵或张量的形式,可以直接作为深度学习模型的输入。

模型架构即神经网络的布局,包括输入层、输出层及中间的隐藏层。常见的层有全连接层、卷积层、循环层等,不同的层可以组合得到多样的模型。不同的层关注于数据的不同方面,从而适用于不同的领域。例如,卷积神经网络(convolutional neural network,CNN)适用于图像处理,循环神经网络(recurrent neural network,RNN)及其变体适合序列数据处理,而 Transformer 结构则在自然语言处理领域表现出色。模型架构的选择取决于任务的需求,以及希望模型能够学习到的特征类型。

目标函数是评价模型预测输出与真实标签之间差异的量化标准,这个量化指标通常是"可优化"的。为了方便起见,通常定义一个函数,并希望最小化它的输出,因此这些函数也被称为损失函数。常见的损失函数有用于回归问题的均方误差(mean square error,MSE),用于分类问题的交叉熵损失(cross-entropy loss)。目标函数的选择直接影响模型的学习方向和性能,需根据具体任务的性质来决定。

模型优化算法是用于调整模型参数以最小化目标函数的算法。最著名的算法是梯度下降算法及其变体,如随机梯度下降(stochastic gradient descent,SGD)、批量梯度下降(batch gradient descent,BGD)、小批量梯度下降(mini-batch gradient descent,MBGD),以及更为复杂的自适应学习率算法如 Adam、RMSprop 等。这些算法通过计算损失函数关于模型参数的梯度,并沿负梯度方向更新参数,逐步逼近损失函数的最优解。优化算法的选择和调优对于模型的训练速度和最终性能至关重要。

根据是否有标签数据参与训练过程,深度学习可以分为监督学习和无监督学习两大类。如图 9-0-15 所示,在监督学习中,算法在训练时需要一套带有标签的数据集。这意味着对于每一个输入样本,都有一个对应的正确输出,指示算法应该学习的预期结果。训练数据通过一个监督学习的算法获得一个训练完成的深度学习模型,可以进行未知样本的预测。常见的监督学习任务有回归任务、分类任务。

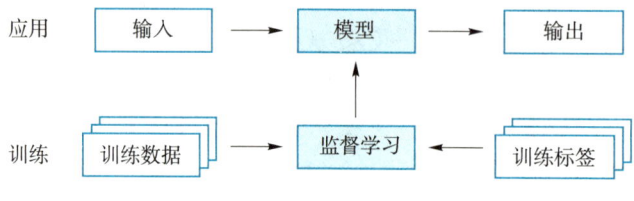

图 9-0-15　监督学习示意图

与监督学习相反,无监督学习是在没有明确标签指导的情况下对数据进行分析的。其目标是发现数据中的隐藏结构、模式或者潜在的特征表示。由于缺乏直接的反馈信息,无监督学习任务往往更加开放和具有探索性,常见的技术包括聚类、降维和生成模型。

近年来,深度学习领域还发展出了半监督学习、弱监督学习和自监督学习等方法,以应对标注数据稀缺或标注成本高昂的问题。自监督学习特别值得关注,它通过设计预训练任务,让模型在未标记数据上以掩码和自回归方式创造"自监督信号",从而学习有意义的表示,之后这些表示可以用于各种下游任务,提高了模型的泛化能力和对新任务的适应性。

### 9.6.2　多层感知机

多层感知机(multilayer perceptron,MLP)是最简单的深度神经网络架构之一。MLP 可以使用数据来联合学习隐藏层表示和应用于该表示的线性预测器,与线性模型相比,MLP

可以解决非线性问题。

### 1. MLP

MLP 由输入层、隐藏层和输出层组成。输入层不做任何计算,只接收原始数据。隐藏层每层由多个全连接的神经元组成,接受来自上一层的输出作为输入,并输出特征,通过激活函数进行非线性转换,再输送至下一层,直到生成最后的输出。此时,隐藏层已经自动学习了与输出相关的样本特征表示。输出层也是一个全连接的神经元层,对隐藏层最后的输出进行线性预测。只包含一个隐藏层的 MLP 为最简单的 MLP,如图 9-0-16 所示。

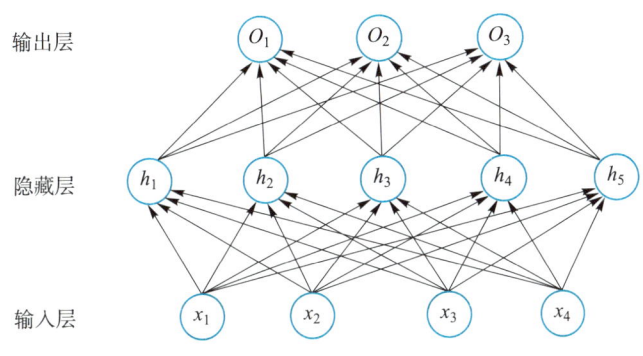

图 9-0-16　MLP 的架构示意图

### 2. 线性到非线性

MLP 能解决非线性问题,得益于非线性激活函数的使用。激活函数(activation function)是一类可以对输入信息进行非线性变换的函数。将输入表示为矩阵 $X$,输出表示为 $O$,隐藏层权重和偏置表示为 $W^{(1)}$ 和 $b^{(1)}$,输出层权重和偏置为 $W^{(2)}$ 和 $b^{(2)}$。如果不使用激活函数,单隐藏层 MLP 的输出如下:

$$O = ( XW^{(1)}+b^{(1)} ) W^{(2)}+b^{(2)} \tag{9.0.31}$$

这样并不能实现非线性问题的表示,将式(9.0.31)展开即可发现 $O$ 是 $X$ 的线性组合,与线性模型没有本质区别:

$$O = ( XW^{(1)}+b^{(1)} ) W^{(2)}+b^{(2)} = XW^{(1)}W^{(2)}+b^{(1)}W^{(2)}+b^{(2)} = XW+b \tag{9.0.32}$$

为了发挥多层架构的潜力,在隐藏层后,对每个隐藏单元应用非线性激活函数,隐藏层的激活函数用 $\sigma(\ )$ 表示,隐藏层输出为

$$H = \sigma ( XW^{(1)}+b^{(1)} ) \tag{9.0.33}$$

输出层的输出为

$$O = \left[ \sigma ( XW^{(1)}+b^{(1)} ) \right] W^{(2)}+b^{(2)} \tag{9.0.34}$$

可以看到,由于激活函数的存在,MLP 就不会退化成线性模型。这里展示的是单隐藏层 MLP,除了扩大隐藏层的神经元个数,可以继续堆叠隐藏层,从而产生更有表达能力的模型。

### 3. 常见激活函数

激活函数将输入信号转换为输出。大多数激活函数都是非线性的,下面简要介绍一些常见的激活函数。

修正线性单元(rectified linear unit,ReLU)是最常用的激活函数,实现简单且表现良好。ReLU 是一种非常简单的非线性变换,输入的元素为 $x$,大于 0 的数维持自身不变,小于 0 的

数被输出为 0。

$$ReLU(x) = \max(x, 0) \tag{9.0.35}$$

sigmoid 函数曲线形状形似"S",因此得名 sigmoid 函数。目前深度学习模型中大部分 sigmoid 函数被更简单、更易实现的 ReLU 函数替代。

$$sigmoid(x) = \frac{1}{1 + \exp(-x)} \tag{9.0.36}$$

双曲正切(tanh)函数与 sigmoid 函数类似,也能将输入压缩转换,不过是压缩到区间 $(-1, 1)$ 上。

$$tanh(x) = \frac{1 - \exp(-2x)}{1 + \exp(-2x)} \tag{9.0.37}$$

### 9.6.3 卷积神经网络

卷积神经网络是一种特殊的深度神经网络,主要用于处理图像数据。卷积神经网络具有计算参数较少、便于使用 GPU 并行计算的特点,既能够高效地采样从而获得精确的模型,还能够高效地计算。除了在图像数据处理中的应用,在一维序列结构任务上(如音频、文本、时间序列分析和化学测量波谱),卷积神经网络也越来越受欢迎。本节以第一个成功应用的卷积神经网络 LeNet 模型为例,介绍卷积神经网络的基本元素。

#### 1. LeNet

LeNet 是最早发布的卷积神经网络之一,由 Yann LeCun 在 1989 年提出,应用于识别图像中的手写数字。如图 9-0-17 所示,LeNet 由两个部分组成:卷积编码器和全连接层密集块。其中,卷积编码器由两个卷积层组成,全连接层密集块由三个全连接层组成。在 LeNet 中,每个卷积块包含一个卷积层(5×5 卷积核)、一个 sigmoid 激活函数和平均汇聚层。模型的输入是一张 28×28 的手写数字图像,第一个卷积层有 6 个输出通道,表示为 6@28×28,第二个卷积层有 16 个输出通道,即 16@10×10。每个汇聚层采用 2×2 池操作,通过空间下采样将维数变为原来的 1/4,如某个通道的 C1 特征图大小为 28×28,经过汇聚层后特征图大小为 14×14。为了将卷积块的输出传递给密集块,必须展平每个样本,即将四维输入(批量大小、通道数、图片高度、图片宽度)转换成全连接层所期望的二维输入(批量大小,每个样本的展平向量)。最后,输出层的 10 维对应于最后输出结果的数量(包括 0—9 的 10 个数字)。

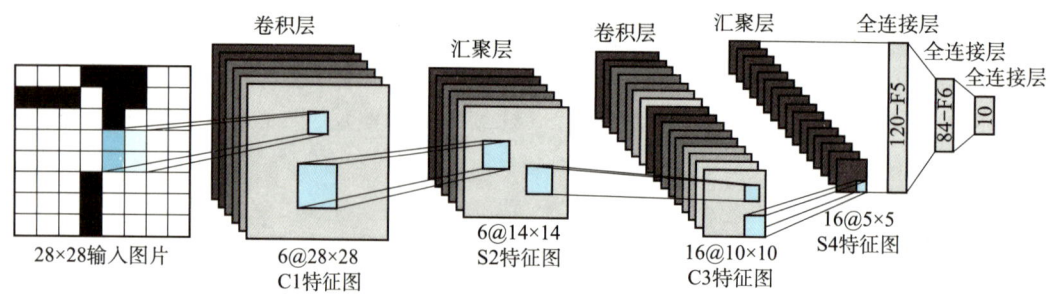

图 9-0-17 LeNet 中的数据流

### 2. 卷积层

在卷积层中,输入张量和卷积核张量通过互相关运算(cross-correlation)产生输出张量。以图 9-0-18 为例,输入是高度为 3、宽度为 3 的二维张量(即形状为 3×3),卷积核的大小为 2×2,卷积核窗口的大小由核的大小决定(即 2×2),输出是高度和宽度都为 2 的二维张量。图 9-0-18 中的阴影部分为用于计算输出的张量元素和核张量元素,以及第一个输出元素。

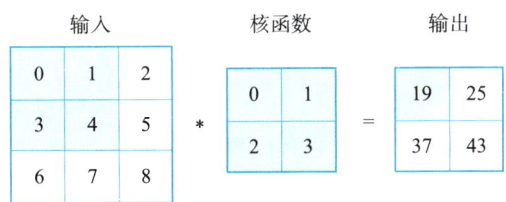

图 9-0-18  卷积层中的二维互相关运算

在二维互相关运算中,卷积窗口滑动的顺序为从左到右、从上到下。当卷积窗口滑动到一个新位置时,该窗口的部分张量与卷积核张量对应相乘,再求和得到一个标量值,即该位置的输出张量值。在图 9-0-18 中,输出张量的四个元素的运算流程如下:

$$0×0+1×1+3×2+4×3=19$$
$$1×0+2×1+4×2+5×3=25$$
$$3×0+4×1+6×2+7×3=37 \qquad (9.0.38)$$
$$4×0+5×1+7×2+8×3=43$$

在实际构造神经网络时,卷积层对输入和卷积核权重进行互相关运算,并在添加标量偏置后产生输出,因此卷积核权重和标量偏置是卷积层中被训练的参数,能够根据梯度反向传播更新参数。

### 3. 汇聚层

汇聚层由一个固定形状的窗口组成,该窗口在输入的所有区域上滑动,根据该窗口所包含的每个元素计算一个输出。汇聚层不包含可学习的参数,通常计算汇聚窗口中所有元素的最大值或平均值,因此被称为最大汇聚层(maximum pooling)或平均汇聚层(average pooling)。与互相关运算类似,汇聚窗口从输入的左上角开始,沿着从左到右、从上到下的顺序在输入张量内滑动。在窗口到达的每个位置,计算该窗口中输入子张量的最大值或平均值。在 LeNet 中采用的是平均汇聚层,以图 9-0-19 为例,在 2×2 的平均汇聚窗口中,输出汇聚窗口内所有元素的加权平均值,阴影部分为用于计算输出的张量元素及第一个输出元素。

图 9-0-19  汇聚窗口为 2×2 的平均汇聚层

### 4. 全连接层

全连接层的每一个节点都与上一层的所有节点相连因而称为全连接层。由于其全相连的特性,一般 CNN 中全连接层的参数最多。全连接层用于卷积神经网络的最后,将输入的二维图像数据转换为一维向量,从而实现端到端的学习过程。在 LeNet 中使用了三个全连接层,分别产生 120、28 和 10 个输出值,最后输出的 10 个值对应 10 个类别的概率,根据排序能够得出最大概率的类别,实现卷积神经网络的分类任务。

在 LeNet 的基础上,人们对卷积神经网络的研究逐渐深入,涌现出大量先进的卷积神经网络架构。AlexNet 使用了 8 层卷积神经网络,将 sigmoid 激活函数改为更简单的 ReLU 激活函数,在 2012 年的 ImageNet 图像识别挑战赛中以 15.3% 的错误率碾压传统方法(26.2%),证明了深层神经网络的有效性。随着网络的加深,卷积神经网络会出现梯度消失或梯度爆炸及退化问题,ResNet 提出的残差结构能够有效解决退化问题,能够实现训练更深层的卷积神经网络。除此之外,VGGNet 以更深的 3×3 卷积层减少参数;Inception 网络通过多尺度并行卷积提高特征提取能力;DenseNet 通过密集连接增强特征重用;MobileNet 采用深度可分离卷积降低计算负担;EfficientNet 通过复合缩放方法优化网络效率;YOLO 和 Faster R-CNN 分别在实时目标检测和精确目标识别方面取得进展;U-Net 则在医学图像分割领域展现优势。这些架构的提出,不仅推动了计算机视觉的发展,也为化学数据分析和处理提供了强大的工具。

### 9.6.4 图神经网络

深度学习在计算机视觉、自然语言处理等许多领域都取得了显著的进展,然而许多学习任务需要处理包含元素之间关系信息的非欧几里得数据,如建模物理系统、预测分子性质、预测蛋白质相互作用等。图神经网络(graph neural network,GNN)是一种基于图结构的深度学习算法,已成为近年来深度学习研究热点。GNN 扩展了深度学习算法处理非欧几里得数据的能力,提供了提取不规则数据特征的解决方法,因此被广泛地应用于生命科学、物理和化学等领域。与基于分子描述符的机器学习方法相比,GNN 从分子图中提取到的分子表征具有以下优点:①不仅反映了原子环境的拓扑性质,而且反映了原子环境的化学性质;②可以通过在分子图上传播信息来学习低维实值表示,以完成特定的预测或分类任务;③根据现有研究,在许多任务(如保留时间)预测中具有出色的准确度和泛化性能。

#### 1. 分子图

图(G)是一种表达结构化关系的数据,它由节点集合(V)和边集合(E)组成,即 $G=(V,E)$。如图 9-0-20 所示,分子可以自然地以图的形式表示,分子中的原子可以看作图中的节点,化学键可以看作图中的边。

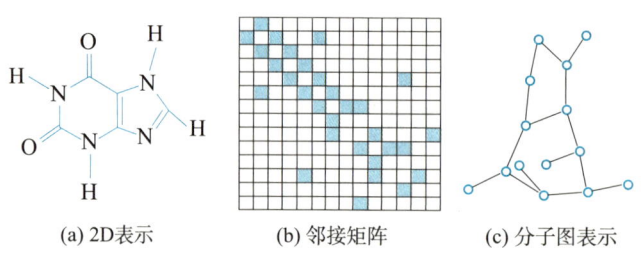

(a) 2D表示　　　　(b) 邻接矩阵　　　　(c) 分子图表示

图 9-0-20　咖啡因分子的 2D 表示、邻接矩阵和分子图表示

为了将图从抽象的数学概念映射到可以在计算机上处理的具体表示,需要将节点和边的集合映射到线性数据结构。一种常见的方法是使用矩阵或数组反映节点和边的属性或连接方式。原子的属性可以用节点特征矩阵 $\boldsymbol{X}$ 表示。$\boldsymbol{X}$ 的每一行 $\boldsymbol{x}_i$ 对应一个节点 $\boldsymbol{\nu}_i$(即分子中的原子)的特征,也称为节点特征向量。键的属性可以用边特征矩阵 $\boldsymbol{E}$ 表示。$\boldsymbol{E}$ 的每一行对应一条边 $\boldsymbol{e}_{ij}$,称为边特征向量。原子的连接方式通常以邻接矩阵 $\boldsymbol{A}$ 表示。$\boldsymbol{A}$ 的元素 $\boldsymbol{a}_{ij}=1$ 表示节点 $\boldsymbol{\nu}_i$ 和 $\boldsymbol{\nu}_j$ 在分子图 $G$ 中存在化学键,$\boldsymbol{a}_{ij}=0$ 表示它们之间不存在键。分子图是一种二维数据结构,节点之间没有空间关系。三维(three-dimensional,3D)信息也可以被编码到分子图中。例如,在节点特征矩阵 $\boldsymbol{X}$ 和边特征矩阵 $\boldsymbol{E}$ 中加入空间特征(如手性、键的长度和分子中原子的 3D 坐标等)。

**2. 图神经网络的一般框架**

由于图数据的不规则性,每个节点的邻域节点数都是可变的,并且图中每个节点的计算都依赖于其他的节点,所以导致很多深度学习方法,如卷积神经网络,无法直接应用在图数据中。GNN 将传统深度学习方法(如卷积)扩展到图数据领域,并结合消息传播(message passing)思想,形成了在图上的深度学习算法。GNN 接受图作为输入,将信息加载到其节点和边中,并逐步转换这些嵌入,而不改变输入图的连通性(排列不变性)。GNN 使用图结构和节点特征来学习一个节点的向量表示 $\boldsymbol{h}_\nu$ 或者整个图的表示 $\boldsymbol{h}_G$。如图 9-0-21 所示,目前的 GNN 大多遵循邻域聚合策略。在每次迭代中,每个节点从它周围的邻域收集信息。经过 $k$ 次迭代的聚合,节点 $\nu$ 的表示可捕获其 $k$-hop 网络邻域内的结构信息。

$$\boldsymbol{m}_{N_{(\nu)}}^{(k)} = \text{AGGREGATE}^{(k)}\left[\left(\boldsymbol{h}_u^{(k)}, \forall u \in N_{(\nu)}\right)\right] \qquad (9.0.39)$$

$$\boldsymbol{h}_\nu^{(k)} = \text{UPDATE}^{(k)}\left(\boldsymbol{h}_\nu^{(k-1)}, \boldsymbol{m}_{N_{(\nu)}}^{(k)}\right) \qquad (9.0.40)$$

式(9.0.39)和式(9.0.40)中,AGGREGATE 和 UPDATE 是任意可微函数(即神经网络),$\boldsymbol{m}_{N_{(\nu)}}^{(k)}$ 是节点 $\nu$ 从它的邻域聚集而来的信息。在 GNN 的第 $k$ 次迭代时,AGGERGATE 函数接收节点 $\nu$ 邻域 $N_{(\nu)}$ 中节点的特征向量集,并生成信息 $\boldsymbol{m}_{N_{(\nu)}}^{(k)}$。基于这个聚集的邻域信息,UPDATE 函数合并 $\boldsymbol{m}_{N_{(\nu)}}^{(k)}$ 与节点 $\nu$ 第 $k$-1 次迭代的特征向量,生成更新后的节点特征向量 $\boldsymbol{h}_\nu^{(k)}$。

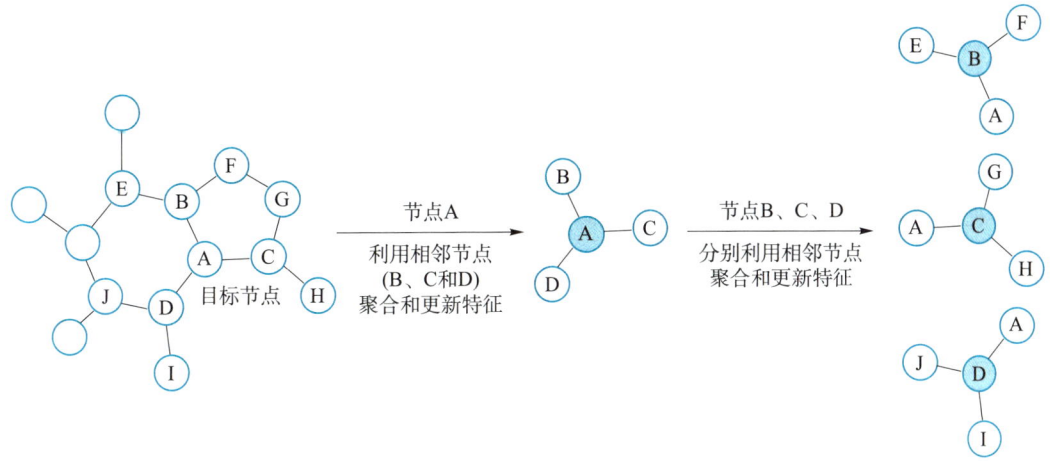

图 9-0-21　图神经网络的节点消息传递

图学习任务可以分为三类。① 节点级任务:节点级任务的核心目标是预测与单个节点相关联的特定属性;② 边级任务(链接预测任务):边级任务围绕分析图中节点对之间的关系展开;③ 图级任务:图级任务目标是对包含整个图的特征或属性做出预测。整个图的表示可通过池化获得。一般来说,从模型输入图结构数据到输出结果可以分为两步:一是传播过程,即节点向量通过转换函数随时间不断更新的过程;二是输出过程,即通过池化操作从最终的节点表示得到模型目标输出的过程。

### 3. 图神经网络模型

GNN 是一种专门用于处理图结构数据的神经网络架构,有多种常见的模型变体和扩展,包括 GCN、GAT、GIN 等。以下介绍两种特定的 GNN 变体,分子图神经网络(molecular graph neural network,MGNN)和边条件卷积(edge-conditioned convolution,ECC)。

(1) MGNN 使用 $r$-半径子图在 $d$ 维实值向量空间中嵌入所有原子和化学键作为图神经网络层的输入。MGNN 的每一层的更新过程可以表示为

$$\boldsymbol{h}_i^{(l+1)} = \mathrm{ReLU}\Big( \boldsymbol{W}^{(l)} \boldsymbol{h}_i^{(l)} + \sum_{j \in N(i)} \boldsymbol{A}_{ij} \boldsymbol{h}_j^{(l)} \Big) \tag{9.0.41}$$

式中:$\boldsymbol{W}^{(l)}$ 是可学习的参数矩阵,$\boldsymbol{A}_{ij}$ 是邻接矩阵,$N(i)$ 是节点 $i$ 的邻居节点集合。如图 9-0-22 所示,通过对邻居特征向量聚合并随时间步长迭代,顶点嵌入可以逐渐收集图上更多的全局信息。在图神经网络层之后,使用池化操作得到分子级别的表示。这个过程通过求和每个节点的特征向量实现:

$$\boldsymbol{h}_G = \mathrm{sum}_{1 \le i \le n}(h_i) \tag{9.0.42}$$

式中:$\boldsymbol{h}_G$ 是聚合后的分子向量。

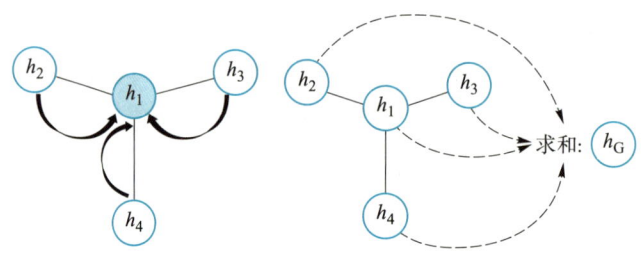

图 9-0-22　分子图神经网络的原理图

(2) ECC 是一种 GNN 变体,是预测分子性质的高效方法。如图 9-0-23 所示,ECC 是一种动态图卷积算法,它能够根据每条边的属性动态地生成特定于边的权重矩阵,可以更好地学习图的表示。基于 ECC 层的神经网络具有灵活性和可扩展性,能有效利用边属性信息,并处理各种大小和复杂结构的图。ECC 的公式如下:

$$\boldsymbol{h}_i^{(l+1)} = \boldsymbol{h}_i^{(l)} \boldsymbol{W} + \sum_{j \in N(i)} \boldsymbol{h}_j^{(l)} \mathrm{MLP}(e_{i,j}) + \boldsymbol{b} \tag{9.0.43}$$

式中:$\boldsymbol{h}_i^{(l)}$ 和 $\boldsymbol{h}_i^{(l+1)}$ 分别是图中第 $i$ 个节点的 ECC 层的输入和输出,$\boldsymbol{W}$ 是可学习的参数矩阵,$N(i)$ 是节点 $i$ 的邻居节点集合,MLP 是一个多层感知机,可根据边属性输出特定于边的权重矩阵,$e_{i,j}$ 是第 $i$ 个节点和第 $j$ 个节点之间连接的边属性,$\boldsymbol{b}$ 是可学习的偏置向量。在训练过程中,$\boldsymbol{W}$ 和 $\boldsymbol{b}$ 在每次迭代时都会被更新。在测试过程中,$\boldsymbol{W}$ 和 $\boldsymbol{b}$ 不会再变化,而 MLP 输出的权重矩阵仍然取决于特定边的属性,因此 ECC 将动态卷积核应用于图。

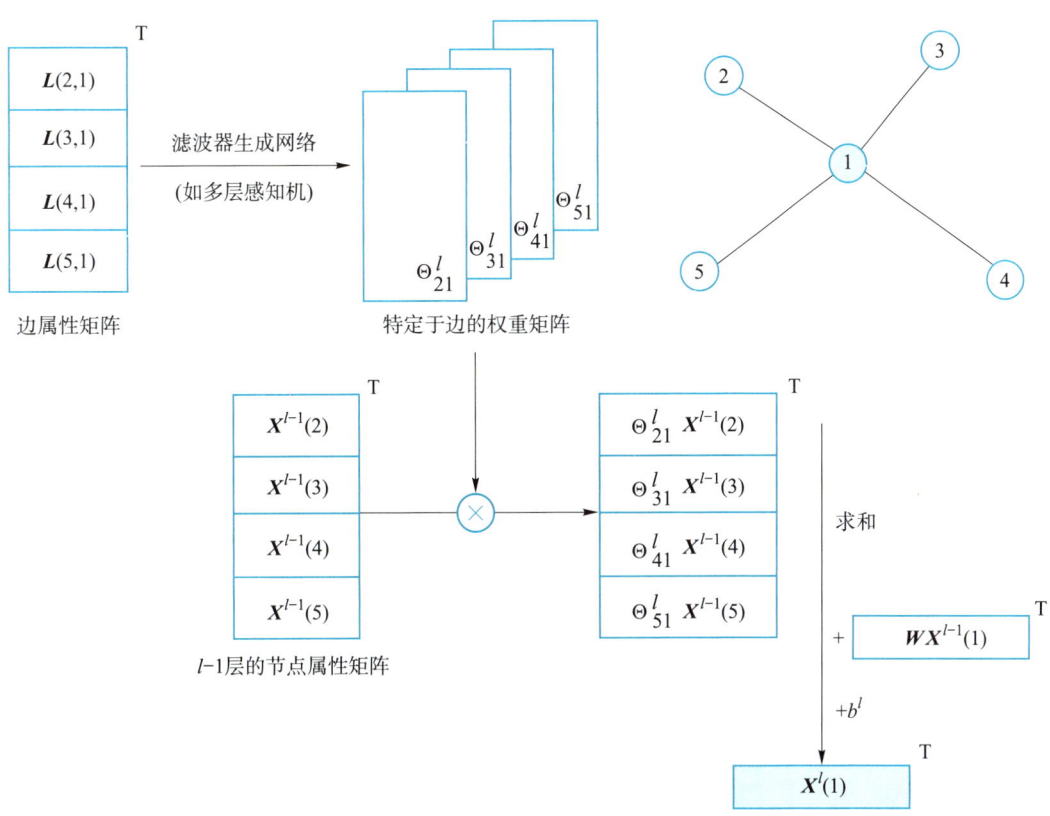

图 9-0-23　边条件卷积(ECC)原理图

对于三维立体结构的分子,其属性可分为标量与张量。标量属性不随分子的旋转而发生变化;张量属性随分子的旋转而发生变化。因此,涉及图神经网络中不变性和等变性两个重要概念。不变性是指经过旋转或平移操作前后,预测输出结果相同,SchNet 和 DimeNet 是不变性 GNN 模型的代表。等变性在分子图输入进行相应变换的同时,模型的预测输出也会按照相同的规律进行变换,PaiNN、NequIP、DetaNet 是等变性 GNN 模型的代表。

### 9.6.5　Transformer 模型

Transformer 模型由 Vaswani 等人在 2017 年的论文 *Attention Is All You Need* 中首次提出,彻底革新了自然语言处理(natural language processing,NLP)领域。Transformer 模型摒弃了传统的 RNN 和 CNN 在序列处理中的使用,转而采用自注意力(self-attention,SA)机制作为核心组件,这使得模型能够高效并行化处理,大大提升了训练速度和处理长序列数据的能力。尽管 Transformer 模型架构最初应用于 NLP 领域,但它现在已经广泛地应用于计算机视觉、化学信息学、生物信息学等领域。

图 9-0-24 展示了 Transformer 模型的架构,整个模型由一个编码器(左侧)和一个解码器(右侧)组成。Transformer 模型的编码器是由多个编码器块(左侧灰色部分)堆叠组成。每个 Transformer 块主要包括两个层:多头自注意力层和前馈网络层。解码器部分也由类似的解码器块(右侧灰色部分)构成,解码器通过多头交叉注意力层(multi-head cross-attention,MHCA)与编码器相交互,该层使解码器能够关注编码器的输出,这对于诸如机器翻译等需

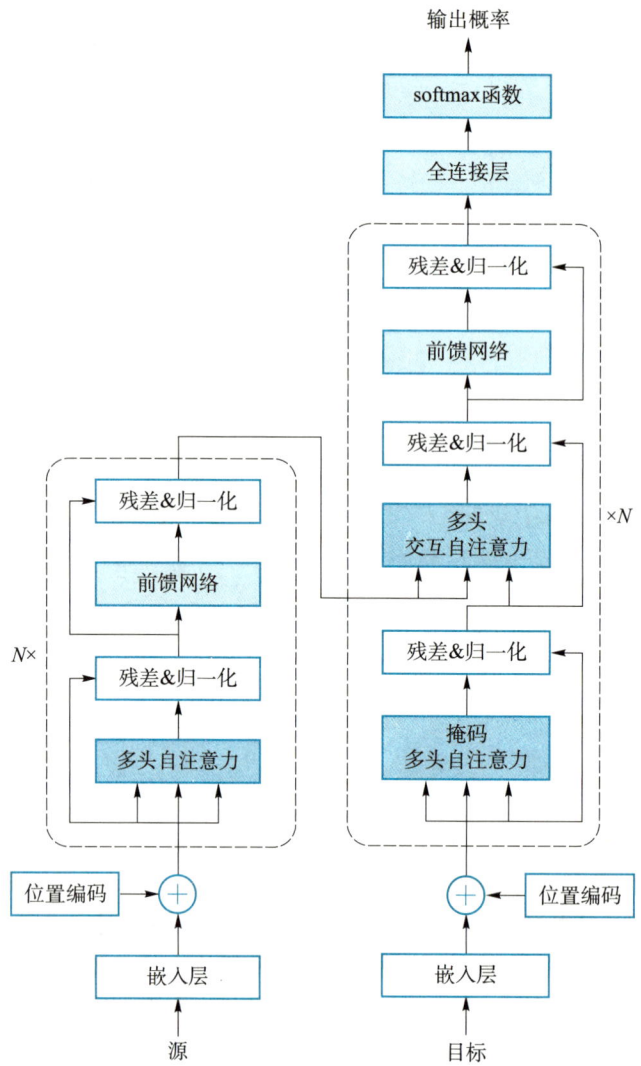

图 9-0-24　Transformer 模型架构

要条件生成的任务至关重要。前馈网络层实现为一个MLP层。每个 Transformer 块还包含残差连接和层归一化,它位于多头自注意力层和前馈网络层之后,用于稳定训练过程,加速收敛。

多头自注意力(multi-head self-attention,MHSA)是 Transformer 模型中的核心组件,它是自注意力机制的一种扩展,旨在通过并行化处理信息的不同表示子空间来增强模型的注意力能力。在标准的自注意力过程中,给定一个输入序列(如句子中的词嵌入序列),每个词同时作为查询(query,$Q$)、键(key,$K$)和值(value,$V$)。对于序列中的每一个词,通过它的 $Q$ 和其他所有 $K$ 之间的点积来衡量它们之间的相关性。通过 softmax 函数转换这些相关性得分,得到每个词相对于其他词的注意力权重。利用注意力权重对相应词的 $V$ 进行加权求和,得到一个每个词综合考虑了序列中所有其他词信息的新表示。式(9.0.44)给出了自注意力过程的数学表达式。

$$\text{attention}(\boldsymbol{Q},\boldsymbol{K},\boldsymbol{V}) = \text{softmax}\left(\frac{\boldsymbol{Q}\boldsymbol{K}^{\mathrm{T}}}{\sqrt{d_k}}\right)\boldsymbol{V} \tag{9.0.44}$$

如图 9-0-25 所示,多头自注意力在自注意力基础上进行了扩展,即并行进行多个自注意力计算。每个自注意力计算过程称为一个头,其包含自己的 $\boldsymbol{Q}$、$\boldsymbol{K}$ 和 $\boldsymbol{V}$ 可学习矩阵。每个头得到的自注意力结果拼接起来,再通过线性层投影到原始特征维度,即可得到多头自注意力的最终结果。多头自注意力可以并行计算,大大提高了计算效率。不同的头可以专注于输入序列的不同方面或模式,从而捕捉到更加丰富的语境信息。

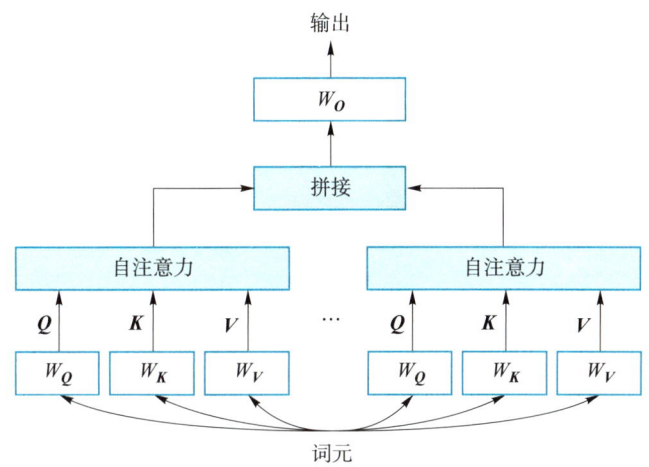

图 9-0-25　多头自注意力示意图

Transformer 模型中的位置编码(positional encoding,PE)用于为模型提供序列中每个位置的顺序信息。因为 Transformer 架构摒弃了循环网络结构,仅依赖自注意力机制,这导致模型本身无法直接捕捉到输入序列的顺序信息。因此,位置编码被引入来解决这一问题,它为每个输入位置附加一个独特的向量,使得模型能够区分不同位置的输入元素。

在 Transformer 模型基础上发展出了多种具有里程碑意义的模型,包括 BERT(bidirectional encoder representations from transformers)、GPT(generative pre-trained transformer)和 T5(text-to-text transfer transformer),它们各有特色并在不同的应用场景中展现了强大的性能。

BERT 基于 Transformer 模型的编码器架构,它通过在预训练阶段采用掩码语言模型(masked language model,MLM)和下一句预测任务(next sentence prediction,NSP),可学习丰富的上下文表示。BERT 的关键创新在于双向性,即模型在预训练时能看到一个词两边的上下文信息,这使得它能更精准地理解词汇的语境含义。BERT 在多种 NLP 任务上实现了当时最好的性能,包括问答、文本分类、命名实体识别等,并且成为后续众多模型改进和微调的基础。

GPT 基于 Transformer 模型的解码器架构,与 BERT 不同,GPT 模型采用的是单向的自注意力机制,主要聚焦于自回归式(auto-regressive)地预测句子中的下一个单词。这意味着GPT 在生成文本时,只能利用左侧的上下文信息。GPT 系列通过不断迭代,尤其是 GPT-3 和 GPT-4 等大语言模型(large language models,LLM)展示了惊人的文本生成能力和创造性,能够生成连贯、多样化的文本,适用于文本生成、对话系统、文章写作等多种场景。目前,以 OpenAI o1、DeepSeek R1、Grok 3、Claude 3.7 Sonnet 和 Gemini 2.5 Pro 为代表的推理模型,在大型语言模型基础之上,利用强化学习增强其推理能力,它们能深入理解复杂指令、执行多步骤逻辑推理、解决极具挑战性的问题。

T5 基于 Transformer 模型的整体架构,不同于 BERT 和 GPT,T5 以统一的文本到文本框架来处理所有任务,即将所有任务都视为从一个文本字符串映射到另一个文本字符串的问题。这种设计简化了模型的适用性和扩展性,使得 T5 在多种任务上都能展现出优异的表现,包括摘要、翻译、问答等。T5 在编码器部分使用双向 Transformer 来捕获上下文信息,在解码器部分则采用单向 Transformer 生成输出,这一设计使其成为一个灵活且强大的序列到序列模型。

9.1—9.6 节参考文献

（中南大学　郭紫璇、赖佳惠、廖宇璇、卢红梅、谭琳、王华北、谢亭、杨琼、余传秀、张志敏、庄曜宇,厦门大学　马昊,西北大学　王爽,南开大学　邵学广）

# 基 础 功 能

## 实验 9-1　Python 化学数据处理的基本操作

### 一、实验目的

（1）掌握 Python 编程语言的基本语法和内置数据类型的常用操作。
（2）了解 NumPy、pandas、SciPy、Matplotlib 等软件包的基本功能。
（3）掌握机器学习和深度学习库的基本使用方法。
（4）能够使用 scikit-learn、PyTorch 构建基础的机器学习和深度学习模型。
（5）掌握 Python 环境配置的方法,能高效解决版本不同导致的兼容性问题。

### 二、实验原理

化学测量学通过对研究样本进行定性定量分析,帮助研究人员"认识"研究对象。然而,测量实验过程往往需要高素质的实验人员和昂贵的测量仪器,需要花费大量的金钱和人力。随着实验数据的积累,根据已知样本实验测量数据构建机器学习或深度学习模型预测未知样本成为可能。机器学习方法辅助化学测量过程可以极大地加速实验过程,从而节省金钱和人力。

如图 9-1-1 所示,构建一个机器学习或深度学习模型并应用它预测未知样本的性质主要包括以下四个步骤:训练数据的读取与处理、选择模型、训练模型、应用模型。本节实验将会利用 Python 编程语言和其他第三方库分别完成这四个步骤。

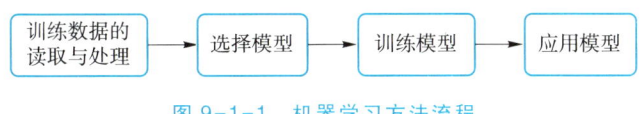

图 9-1-1　机器学习方法流程

Python 是一种简单易学、功能强大的编程语言(可参考 9.1 节),它拥有高效的高级数据结构和简单有效的面向对象编程方法。Python 是解释性语言,也称脚本语言,即通过解释器逐句运行代码。Python 是一种面向对象的编程语言,对象概念是 Python 的核心。对象包含数据和类型,数据是对象存储的信息,而类型决定了数据的处理方法。

Python 最常用的数据类型有数字、字符串、列表和字典。数字包含了整数、浮点数和复数,数字可以直接输入,不需要使用符号标记。字符串在 Python 中使用单引号、双引号或三引号标记,用于保存文本数据。列表在 Python 中使用中括号标记,中括号内的对象使用逗号分隔。字典包括多个键及对应的值,键和值之间使用冒号分隔,不同的键值对之间使用逗号分隔,并置于大括号当中。数字和字符串都属于不可变数据,即数字和字符串的更改都会产生新的对象,而不是更改原始对象。而列表和字典属于可变数据,即列表和字典中的内容可以变化,而不是产生新的对象。

Python 最基本的 if 语句包含一个条件表达式,如果该条件为真(True),则执行相应的代码块。还可以附加一个可选的 else 子句,当条件为假(False)时执行 else 后的代码块。为了处理多个条件分支,可以使用 elif(else if)子句。

```
if condition1:
    # 如果 condition1 为真,则执行这里的代码
elif condition2:
    # 如果 condition1 为假且 condition2 为真,则执行这里的代码
else:
    # 如果上述条件都不为真,则执行这里的代码
```

Python 中的循环结构主要有两种:for 循环和 while 循环。它们都是控制程序执行流程的重要工具,允许代码块重复执行直到满足某个条件为止。在循环内部,可以使用 break 语句提前退出循环,或者使用 continue 跳过当前循环的剩余部分直接进入下一次迭代。

for 循环在 Python 中有几种形式,最常见的是遍历序列(如列表、元组、字符串或集合)中的每个元素。

```
a=[1,2,3,4,5]
for i in a:
    print(i)
    if i>=3:
        break
```

while 循环在给定条件为真时重复执行代码块。

```
a=5
while a>0:
    a=a-1
    print(a)
```

Python 包含大量用于数据处理和可视化的第三方库,如 NumPy 为 Python 提供了进行数值计算的基本数据结构;SciPy 在 NumPy 的基础上提供了大量的信号处理方法;pandas 为数据的清洗和处理提供了便捷的方法;Matplotlib 包含大量的绘图函数,为 Python 提供了强大的数据可视化能力。针对化学分子数据,Open Babel 提供了常见化学分子文件格式的相互转换方法,以及构象生成、计算分子指纹等基本操作。RDKit 库专注于分子数据的处理,提供了文件读取、构象生成、计算分子描述符、分子检索、子结构匹配、相似性计算、逆合成分析等工具。

机器学习方法包括传统机器学习方法和深度学习方法,分别对应机器学习模型(如线性回归、支持向量机、随机森林等)和深度学习模型(深度神经网络)。在 Python 中可以使用 scikit-learn 构建机器学习模型,使用 PyTorch 构建深度学习模型。本实验中,提供了基于 scikit-learn 构建手写数字识别模型、基于 PyTorch 深度学习框架构建图像分类模型、基于 PyTorch Geometric 构建分子性质预测模型的示例代码,以展示它们的使用方法。此外,将会使用小分子穿过血脑屏障能力数据集构建一个预测小分子穿过血脑屏障能力的机器学习模型和深度学习模型。

## 三、硬件和软件

计算机;集成开发环境(Visual Studio Code/Jupyter Notebook);Python 3.12;示例代码(在 Jupyter Notebook 中运行,可扫描二维码下载实验步骤中相关示例代码)。

实验 9-1　示例代码

## 四、实验步骤

### 1. 安装 Python 和第三方包

(1)安装 Python 环境管理工具 Anaconda。如果下面的安装步骤遇到问题,可以参考实验示例代码压缩包中提供的"Anaconda 配置 Python 虚拟环境教程"。

(2)打开 Anaconda Prompt 命令行工具。

(3)运行以下命令创建一个名为 chem101 的新环境,指定 Python 版本为 3.12。

```
conda create -n chem101 python=3.12
```

(4)激活 chem101 环境,接下来安装的包都会保存在 chem101 环境中。

```
conda activate chem101
```

（5）安装第三方软件包。

conda install jupyter numpy scipy pandas matplotlib openbabel rdkit scikit-learn pytorch pytorch-cuda＝12.1 pyg -c rdkit -c pytorch -c nvidia -c pyg

### 2. 配置 VS Code 环境

（1）安装 VS Code 编辑器。

（2）在 VS Code 左侧活动工具栏选择扩展，搜索并安装 Jupyter 插件。

（3）在"文件"菜单栏中选择打开文件夹，打开示例代码目录。

### 3. 运行示例代码

（1）以".ipynb"为后缀的文件是 Jupyter Notebook 文件。

（2）打开本节示例代码"示例代码.ipynb"。

（3）可以使用 Ctrl+Enter 或 Shift+Enter 运行 Jupyter Notebook 中的代码块。

### 4. 准备小分子穿过血脑屏障能力数据集

（1）使用 pandas 读取"BBBP.csv"文件并查看数据基本信息【参考示例代码 4.1】。文件共包括三列："分子名""是否能够通过血脑屏障（是:1;否:0）"和"分子 SMILES"。

（2）编写 SMILES 转分子指纹函数【参考示例代码 4.2】。函数名为"smiles_to_fp( )"，该函数输入为 SMILES，然后使用 RDKit 将其转换为 mol，最后使用指纹生成器生成分子指纹以列表格式并返回。

（3）为数据集中的 SMILES 生成分子指纹【参考示例代码 4.3】。使用"smiles_to_fp( )"函数将 SMILES 列转换为分子指纹，添加列"fp"保存分子指纹。

（4）将"fp"列和"p_np"列转换为 ndarray 格式【参考示例代码 4.4】。因为每个单元格内都为数字列表，因此需要先将"fp"列转换为列表，然后再转换为 ndarray。"n_np"列可以直接转换为 ndarray。将"fp"和"p_np"列的转换结果分别赋值给变量 $x$ 和变量 $y$。

### 5. 构建小分子穿过血脑屏障能力预测随机森林模型

（1）将数据集分为训练集和测试集【参考示例代码 5.1】。使用 scikit-learn 中的"train_test_split( )"函数将数据集按照 8∶2 的比例分为训练集和测试集。

（2）构建与训练随机森林模型【参考示例代码 5.2】。于"sklearn.ensemble"模块中导入"RandomForestClassifier"。实例化随机森林模型，指定"n_estimators"参数为 100。调用模型".fit( )"方法训练模型。

（3）预测测试集【参考示例代码 5.3】。使用训练得到的模型预测测试集分子，得到分子标签。

### 6. 构建小分子穿过血脑屏障能力预测深度学习模型

（1）构建训练集、验证集和测试集 Dataloader【参考示例代码 6.1】。将数据矩阵转换为 TensorDataset，然后按照 8∶1∶1 随机划分训练集、验证集和测试集，最后构建数据集 DataLoader。

（2）构建 MLP 模型【参考示例代码 6.2】。构建输入层维度为 2048，隐藏层维度为 256，输出层维度为 1 的 MLP 模型，中间层使用 ReLU 作为激活函数，最后一层使用 sigmoid 激活函数将输出限制到 0~1。

（3）定义损失函数和优化器【参考示例代码 6.3】。采用分类损失函数 CrossEntropyLoss，使用 Adam 优化器，学习率选择 0.001。

（4）训练并保存模型【参考示例代码 6.4】。构建训练函数和验证函数,以 0.5 为分类阈值,即预测值大于 0.5 时为正样本。

（5）载入并测试模型结果【参考示例代码 6.5】。载入模型并预测测试数据集,得到测试集预测标签。

### 五、注意事项

（1）安装 Open Babel 包之前需要先安装 Open Babel 软件。

（2）注意 Jupyter Notebook 的执行顺序,避免未定义变量错误。

（3）使用 GPU 加速模型训练时,确保数据与模型都在同一设备上。

### 六、数据处理与分析

（1）比较随机森林与深度学习模型在测试集上的预测效果,分析两者的优劣及适用场景。

（2）对于随机森林模型,使用 scikit-learn 分析哪些分子指纹特征对预测结果贡献最大。

（3）对预测错误的案例进行深入分析,探讨可能的原因,如数据噪声、特征不足或模型局限性。

### 七、思考题

（1）Python 中字典的键可以是什么?

（2）NumPy 的 ndarray 和 Python 的嵌套列表有什么区别?

（3）PyTorch 如何确定 tensor 是否需要梯度更新?

（4）数据集划分的目的是什么? 每个数据集有什么作用?

### 八、知识拓展

Python 不仅仅因其简洁的语法和丰富的库受到青睐,在化学数据分析领域,其高级特性更是大大简化了复杂数据处理流程。例如,生成器表达式和列表推导式可以高效地处理大规模数据集,而装饰器则能轻松增强函数功能,如性能计时或日志记录,这对于监控复杂化学模型的训练过程至关重要。上下文管理器(通过 with 语句使用)确保了资源的妥善管理和自动清理,这对于处理大型化学数据库文件或临时文件尤为重要。此外,迭代器协议使得遍历任何遵循该协议的对象(如化学分子数据库中的每个分子)变得简单直观。

### 九、参考文献

（中南大学　王华北、卢红梅）

## 实验 9-2  拉曼光谱的表示与预处理

### 一、实验目的

（1）了解拉曼光谱数据的结构特征，清楚该数据可表示的向量形式，能够编写程序读取相关拉曼光谱数据。

（2）理解窗口移动平均法、窗口移动多项式法、惩罚最小二乘法的原理与特点；能够根据不同物质的拉曼光谱数据特点选择对应的平滑方法进行数据平滑，提升信噪比。

（3）掌握改进的修正多项式法、自适应重加权惩罚最小二乘法、形态学加权惩罚最小二乘法的原理与特点；能够根据不同物质的拉曼光谱数据特点选择对应的方法进行基线校正，消除基线对后续数据分析的影响。

（4）掌握基于峰性质的检测方法、连续小波变换方法、小波空间多尺度峰检测方法的原理与特点；能够根据不同物质的拉曼光谱数据特点选择对应的方法进行峰检测，得到峰位置、峰高、峰宽等信息用于后续的定性定量分析。

### 二、实验原理

原始的光谱数据除含有真实样品化学信息外，还包含噪声、基线等干扰因素，直接对原始拉曼光谱进行分析，可能会得到不准确的分析结果，因此用于消除光谱数据干扰因素的预处理方法（可参考 9.2.2 节）对后续数据分析至关重要。如图 9-2-1 所示，光谱数据的预处理一般先进行平滑去噪、基线校正来提高光谱数据质量，为峰检测方法准备高质量数据后，通过峰检测方法得到光谱信号的位置、高度、宽度等信息用于后续的定性定量分析。

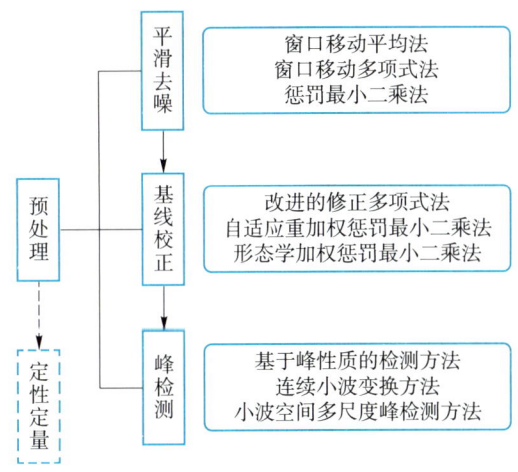

图 9-2-1  拉曼光谱数据预处理流程图

窗口移动平均（moving average, MA）法通过选择一个具有一定宽度的窗口，在化学测量数据上滑动该窗口，并依次计算窗口内数据的平均值来替代窗口中心波长点的测量值，完成对所有点的平滑。窗口移动多项式法又称为"Savitzky-Golay 滤波器"，其基本思想与窗口移动平均法类似，但不是简单的平均，而是使用多项式拟合移动窗口内的数据，本质上是一种加权平均法。惩罚最小二乘法通过最小化一个目标函数来找到一个平滑序列,该目标函数是保真度与粗糙度的加权和,其中权重由平滑参数 $\lambda$ 控制,通过调整 $\lambda$ 的大小,可以实现连续控制平滑度。

改进的修正多项式(improved modified multi-polynomial fitting,I-ModPoly)法基于修正多项式拟合,在第一次迭代中添加峰值移除过程并使用统计方法来考虑信号噪声效应,提高了算法的自动化程度和在不同条件下的适用性。自适应重加权惩罚最小二乘(adaptive iteratively reweighted penalized least squares,airPLS)法通过迭代过程自适应调整拟合基线与原始信号之间的残差平方和的权重,同时引入惩罚项来控制拟合基线的平滑度,随着迭代的进行,逐步优化基线,直至满足终止条件。形态学加权惩罚最小二乘(morphological weighted penalized least squares,MPLS)法先通过形态学操作智能搜索局部最小值,以获得粗糙背景轮廓;然后通过加权惩罚最小二乘法进一步精细化拟合背景;最后从原始信号中减去细化的背景轮廓,得到背景校正后的信号。

基于峰性质的峰检测是直接利用峰信号通常表现为信号中的局部最大值、峰的特定形状等特点,通过寻找局部最大值、设置阈值、限制距离、限制宽度等来识别检测特征峰。连续小波变换(continuous wavelet transform,CWT)法通过将原始信号变换到小波空间,在小波系数矩阵中寻找脊线,脊线与原始信号中的峰之间具有相关性,再进一步利用脊线来识别峰。小波空间多尺度峰检测(multi-scale peak detection,MSPD)法利用小波空间的脊、谷、零交叉点的信息,不同尺度参数的小波与原始信号之间进行卷积,小尺度系数可以识别出弱峰,大尺度系数可以识别出强峰,从而实现多尺度峰检测。

### 三、硬件和软件

计算机;集成开发环境(Visual Studio Code/Jupyter Notebook);Python 解释器(Python 3.12);数据(单条那格列奈样品原始拉曼光谱数据、甲醇溶液定量数据集);示例代码(在 Jupyter Notebook 中运行,可扫描二维码下载实验步骤中相关示例代码)。

实验 9-2    示例代码

### 四、实验步骤

#### 1. 导入该实验所需的通用包
导入第三方在本实验各方法通用的包 NumPy、Matplotlib【参考示例代码的步骤1】,导入包时可能使用到的语句有"import xx as xx""from xx import xx"。

#### 2. 导入原始数据,对其进行向量表示和可视化
(1)导入文件名称为"单条那格列奈样品原始数据"的 CSV 文件,该文件包含了单条那格列奈样品的原始拉曼光谱数据,安装 pandas 包并将其导入后,可通过 pd.read_csv 进行读取【参考示例代码 2.1】。

(2)文件提供了拉曼位移数据和其对应的拉曼强度数据,两者都需各自表示成向量形式。将读取的数据通过 np.array()转换为数组形式,再分别取出拉曼位移数据(光谱图的横

轴)和其对应的拉曼强度数据(光谱图的纵轴),即得到拉曼位移向量和拉曼强度向量【参考示例代码 2.2】。

(3)根据拉曼位移向量和其对应的拉曼强度向量绘制原始拉曼光谱图,通过 plt.plot( )实现【参考示例代码 2.3】。

### 3. 平滑去噪

(1)窗口移动平均法　在安装 SciPy 后,从 scipy.signal 模块导入 convolve 函数用于执行卷积操作,可自行转到函数定义处查看所有可调节参数;首先,定义窗口大小变量 window_size,使用 np.ones(window_size)创建一个长度为 window_size 的窗口数组,窗口数组中的所有元素都被初始化为 1;然后,将这个窗口数组中的每个元素除以 window_size,确保窗口数组中所有元素的总和等于 1,达到归一化窗口数组的目的,得到最终的窗口数组(放在"window"数组里);移动平均可以表示为输入信号与窗口数组的卷积,窗口数组的每个数据点的权重都是相同的,并且总权重为 1,所以每次卷积操作实际上都是对信号的一个局部平均;因此将 window 作为 convolve 函数的一个参数,便可使用 convolve 函数计算移动平均;将原始光谱和窗口移动平均平滑后的光谱绘制在同一张图上来可视化该方法的平滑效果,并根据可视化结果,自行调节参数(如 window_size 等)以达到该算法最好的平滑效果【参考示例代码 3.1】。

```
# 定义窗口大小,不能小于 1
window_size=3
# 创建一个窗口数组,这里使用窗口大小为 window_size 的全 1 数组
window=np.ones(window_size)/window_size
# 使用 convolve 函数计算移动平均
moving_average_y=convolve(y,window,mode=' same' )
```

(2)窗口移动多项式法　从 scipy.signal 模块导入 savgol_filter 函数,可自行转到函数定义处查看所有可调节参数,使用 savgol_filter 函数计算窗口移动多项式平滑;将原始光谱和窗口移动多项式平滑后的光谱绘制在同一张图上来可视化该方法的平滑效果,并根据可视化结果,自行调节参数(如窗口长度、多项式阶数等)以达到该算法最好的平滑效果【参考示例代码 3.2】。

(3)惩罚最小二乘法(维特克平滑法)　从 Whittaker_smoother.py 文件中导入自定义的 Whittaker_smooth 函数,可自行转到函数定义处查看所有可调节参数,惩罚项系数(lmbd)、差分的阶数($d$)是 Whittaker_smooth 函数的可调节参数,使用 Whittaker_smooth 函数实现惩罚最小二乘平滑;将原始光谱和惩罚最小二乘平滑后的光谱绘制在同一张图上来可视化该方法的平滑效果,并根据可视化结果,自行调节惩罚项系数(lmbd)、差分的阶数($d$)以达到该算法最好的平滑效果【参考示例代码 3.3】。

(4)通过对比不同方法的光谱平滑效果,选出平滑去噪效果最好的方法,将经过该方法平滑去噪后的光谱数据用于后续的基线校正。

### 4. 基线校正

(1)安装 pybaselines 库,从 pybaselines 库导入 Baselines 模块,Baselines 模块提供了多种

基线校正算法,包含本实验涉及的改进的修正多项式(I-ModPoly)法、自适应重加权惩罚最小二乘(airPLS)法、形态学加权惩罚最小二乘(MPLS)法这三种基线校正方法。首先创建一个名为 baseline_fitter 的 Baseline 对象,并将对象的初始化参数 x_data 赋值给 x(基线拟合的横轴数据)。

```
from pybaselines import Baseline
baseline_fitter = Baseline(x_data = x)
```

然后改进的修正多项式法通过 imodpoly 函数实现,自适应重加权惩罚最小二乘法通过 airpls 函数实现,形态学加权惩罚最小二乘法通过 mpls 函数实现,可分别自行转到函数定义处查看每个函数的所有可调节参数。运行这三个函数并在同一张图上可视化基线的拟合趋势线,比较基线拟合效果,并根据可视化结果,自行调节每个算法的参数以达到每个算法最好的平滑效果【参考示例代码 4.1】。

(2)根据示例代码 4.1 运行结果,分别绘制改进的修正多项式基线校正后的光谱图【参考示例代码 4.2】、自适应重加权惩罚最小二乘基线校正后的光谱图【参考示例代码 4.3】、形态学加权惩罚最小二乘基线校正后的光谱图【参考示例代码 4.4】,借此达到进一步可视化基线校正后的光谱的目的。

(3)通过对比不同方法的基线校正效果,选出基线校正效果最好的方法,将经过该方法基线校正后的光谱数据用于后续的峰检测。

**5. 峰检测**

(1)基于峰性质的检测方法(SciPy 库中的 find_peaks 函数)　从 scipy.signal 模块导入 find_peaks 函数,该函数接收信号数组、height 参数(指定要求的峰高的最小值)、distance 参数(指定相邻峰之间所需的最小水平距离)、width 参数(指定峰宽,第一个元素始终被解释为最小宽度)、prominence 参数(指定峰的突出程度)、rel_height 参数(指定峰必须达到的相对高度)等一系列参数,可根据实验数据的特性自行指定参数和参数范围;运行 find_peaks 函数,函数返回峰位置索引和峰性质,通过 print( )打印这些返回值,根据返回的峰位置索引,绘制基于峰性质的峰检测结果图【参考示例代码 5.1】。

(2)连续小波变换(CWT)法　从 scipy.signal 模块导入 find_peaks_cwt 函数,该函数是参考 MassSpecWavelet 方法的原始文献实现的 python 版本,MassSpecWavelet 是一种基于 CWT 的峰检测方法。该函数接收要处理的信号数组,widths(表示尺度的参数),min_snr(信噪比的最小阈值,用于排除强度较小的峰)等一系列参数,可根据实验数据的特性自行指定参数和参数范围;运行 find_peaks_cwt 函数,根据返回的峰位置索引,绘制连续小波变换峰检测结果图【参考示例代码 5.2】。

(3)小波空间多尺度峰检测(MSPD)法　从 MSPD.py 文件中导入自定义的 peaks_detection 函数,该函数接受 vec(信号向量)、scales(尺度)、min_snr(信噪比阈值)这三个参数,可根据实验数据的特性自行调整 scales、min_snr 这两个参数的范围。运行 peaks_detection 函数,函数返回峰位置索引和检测到的峰位置信号强度值,通过 print( )打印这些返回值,根据返回的峰位置索引,绘制小波空间多尺度峰检测结果图【参考示例代码 5.3】。

(4)通过对比不同方法的峰检测结果,选出对于实验数据而言峰检测结果最好的方法。

## 五、注意事项

（1）原始数据的存储格式有多种形式，示例代码中的数据存储在 CSV 文件中，但在实际应用中有的数据会存储在 .mat 文件等其他类型的文件，应根据文件格式选择合适的文件读取函数以正确读取文件数据。

（2）本实验涉及的预处理方法较多，在进行实验时，应提前在命令行安装全部所需用到的库，包括本实验所需用到的通用库（NumPy 和 Matplotlib）、本实验示例代码中读取分析数据的库（pandas）、实现本实验涉及的预处理方法所需的库（SciPy 和 pybaselines）。有些方法在第三方库中没有，但以 .py 文件的形式存储在本实验文件夹中。在使用每种方法前需从特定库中导入函数或从本实验文件夹中的 .py 文件导入所需用到的函数，在实验前应对实验涉及的库和函数有所了解，以更好地开展实验。

（3）在 Jupyter Notebook 提供的示例代码中，函数只有调用，没有展示实现细节，应跳转到函数定义处，充分理解函数的原理和功能（输入和输出），以防出现错误使用函数导致结果错误的情况。

## 六、数据处理与分析

（1）现在有一个甲醇溶液定量数据集（共六条数据），其存储为 .mat 文件，使用 scipy.io 模块中的 loadmat( ) 函数，读取数据集的内容。

（2）实现对整个甲醇溶液定量数据集同时进行预处理，并得到预处理后的结果。

（3）从峰检测得到的峰强度数据中选取每个样本的最大峰强度值，取前五个样本中每个样本的最大峰强度值构建最大峰强度向量 $y$，并结合浓度向量 $x$ 进行线性拟合，得到线性方程的斜率和截距并绘制校正曲线图。计算相关系数（correlation coefficient，$r$）来评价校正曲线的线性关系；然后用第六个样本的最大峰强度值进行预测，得到预测浓度值，并计算绝对误差（absolute error）。

$$r = \frac{\sum_{i=1}^{n}(x_i - \bar{x})(y_i - \bar{y})}{\sqrt{\sum_{i=1}^{n}(x_i - \bar{x})^2}\sqrt{\sum_{i=1}^{n}(y_i - \bar{y})^2}} \tag{9.2.1}$$

式中：$r$ 是相关系数，$n$ 是样本数，$x_i$ 和 $y_i$ 分别是浓度向量 $x$ 和最大峰强度向量 $y$ 的第 $i$ 个元素值，$\bar{x}$ 和 $\bar{y}$ 分别是浓度向量 $x$ 和最大峰强度向量 $y$ 中元素的平均值。

$$E = \left| y_{\text{true}} - y_{\text{pred}} \right| \tag{9.2.2}$$

式中：$E$ 是绝对误差，$y_{\text{true}}$ 是用来预测的样本的真实浓度值，$y_{\text{pred}}$ 是样本的预测值。

## 七、思考题

（1）为什么对原始光谱进行预处理时的一般步骤是先平滑去噪，后基线校正，最后才是峰检测？

（2）如何评价平滑去噪、基线校正、峰检测的预处理效果？

（3）平滑去噪、基线校正、峰检测方法的核心原理是什么？

## 八、知识拓展

除了本实验提到的平滑去噪、基线校正、峰检测这三种预处理方式,常用的预处理方式还有导数、散射校正、均值中心化。根据光谱特性和想要达到的预期处理效果,可灵活选择预处理方式,以获得更为准确的数据挖掘效果。

### 1. 导数

导数光谱是对波长轴上的每个数据点进行导数运算,数据变换后得到的一条导数曲线。导数光谱可以提高光谱分辨率、消除背景干扰,但容易引入噪声。Savitzky-Golay 滤波器除了用于平滑,也可以用于计算导数光谱。Savitzky-Golay 卷积求导法通过对数据进行局部多项式最小二乘拟合,计算拟合多项式的导数,不断滑动窗口,将每个窗口中心点的导数值作为最后的导数结果。如图 9-2-2 所示,甲醇溶液的原始拉曼光谱经 Savitzky-Golay 卷积求导后的一阶导数光谱与原始拉曼光谱相比,突出了光谱的细微特征,提高了光谱分辨率,同时去除了光谱背景。

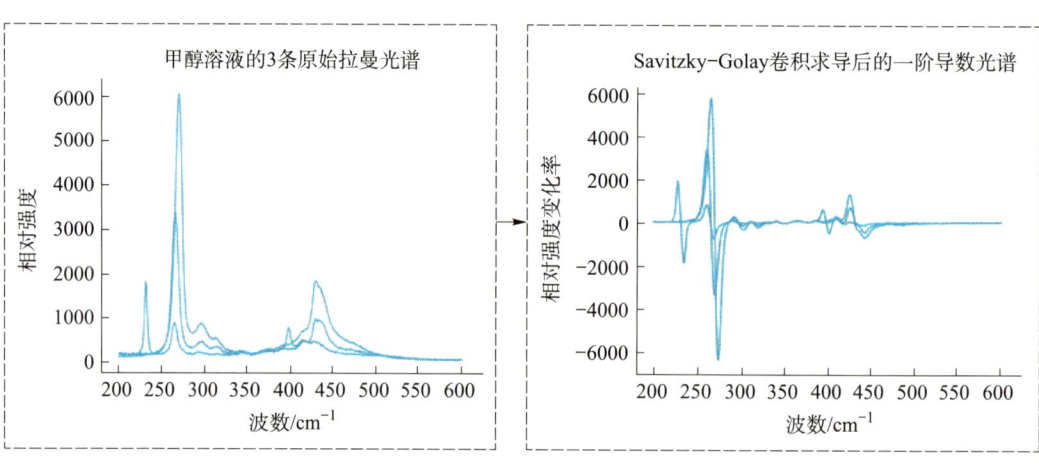

图 9-2-2　甲醇溶液拉曼光谱经 Savitzky-Golay 卷积求导的结果

### 2. 散射校正

标准正态(standard normal variate,SNV)变换是一种散射校正方法,用来消除散射效应、物质颗粒大小不一等问题导致光谱(如近红外漫反射光谱、拉曼光谱)强度变化而产生的影响。SNV 的核心算法是对每个光谱进行中心化处理,然后通过除以其标准差进行缩放。

$$x_{i,j}^{\mathrm{SNV}} = \frac{(x_{i,j} - \bar{x}_i)}{\sqrt{\dfrac{\sum_{j=1}^{p}(x_{i,j} - \bar{x}_i)^2}{p-1}}} \tag{9.2.3}$$

式中:$x_{i,j}^{\mathrm{SNV}}$ 是光谱 $i$ 在波长点 $j$ 处的标准正态变量,$x_{i,j}$ 是光谱 $i$ 在波长点 $j$ 处的强度值,$\bar{x}_i$ 是光谱 $i$ 的平均值,$p$ 是光谱的波长点数。

### 3. 均值中心化

均值中心化常用于增加数据集中样品光谱之间的差异,以提高定性、定量分析模型的稳健性和预测能力。首先计算平均光谱向量 $\bar{\boldsymbol{x}}$:

$$\overline{x}_j = \frac{\sum\limits_{i=1}^{n} x_{i,j}}{n} \tag{9.2.4}$$

式中：$n$ 是样品数，$p$ 是波长点数，$j=1,\cdots,p$，所以 $\overline{x}=[\overline{x_1},\cdots,\overline{x_p}]$。

然后将实验光谱 $\boldsymbol{x}$ 减去平均光谱 $\overline{\boldsymbol{x}}$，即得到均值中心化后的光谱 $\boldsymbol{x}_{\text{centering}}$：

$$\boldsymbol{x}_{\text{centering}} = \boldsymbol{x} - \overline{\boldsymbol{x}} \tag{9.2.5}$$

## 九、参考文献

（中南大学　赖佳惠、张志敏）

# 实验 9-3　分子结构的读取、表示、检索与转换

## 一、实验目的

（1）能熟练使用 Python 读取常见分子文件格式的方法。
（2）能运用 Python 生成分子的常用表示方式。
（3）掌握常用的分子检索方法。
（4）掌握使用 RDKit 转换分子结构的方法。

## 二、实验原理

分子的结构决定其性质，因此可以利用分子结构预测分子的各种性质。为了能够对分子的结构进行表示，需要将分子的结构进行编码，使其能够被计算机储存和处理（可参考 9.3 节）。目前已经有多种在计算机中表示分子的方式，包括使用字符序列编码分子的 2D 结构、分子图编码分子的 2D 和 3D 结构及分子指纹编码分子的结构特征等。图 9-3-1 展示了常见的分子表示方法。基于已有的分子表示方法，Python 中 RDKit 库可以对分子进行各种性质和指纹计算、结构匹配和结构转换等。利用计算得到的分子指纹，可以方便地进行分子的相似性计算及数据库检索。

分子 2D 结构常用表示方法是 SMILES 字符串，它可以被大多数分子编辑软件读取。能够保存多个分子的 SMILES 的文件格式是 smi 格式，它的每一行包括两列，分别保存分子的 SMILES 和名称。如需分子的 3D 结构，可以使用 Open Babel 为分子生成 3D 结构，并保存在支持存储 3D 信息的文件格式中。常见的支持存储 3D 分子的文件格式有 CML、PDB、SDF、Mol、Mol2、XYZ、CIF 等，这些文件格式都是以纯文本的形式存储数据。以上提到的文件格

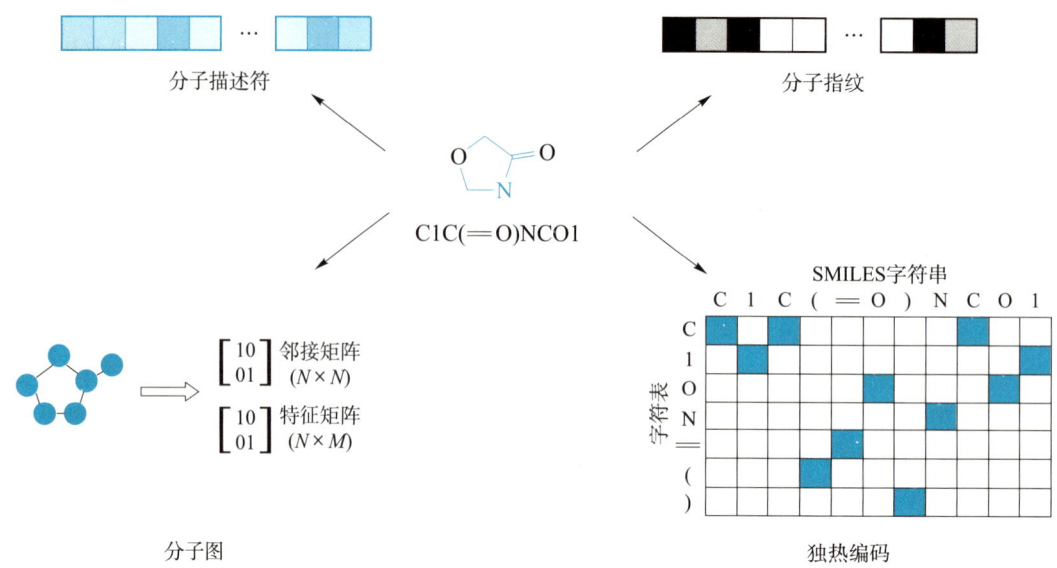

图 9-3-1    常见分子表示方法示意图

式都可以通过 Open Babel 互相转换,除了此处提到的文件格式,Open Babel 还支持其他大量的文件格式转换。

相较于 Open Babel 关注于分子格式的转换,RDKit 关注于分子的多种化学信息学操作,如 2D 和 3D 分子的操作、生成分子描述符、结构匹配、结构转换和化学反应等。RDKit 提供了多种分子文件格式的读取接口,可以方便地读取分子结构。分子在 RDKit 中保存为 Mol 对象,通过 Mol 对象可以计算和获取分子的各种性质及结构信息,分子的各种操作也是对 Mol 对象的操作。

分子有多种表示方式,如分子描述符、分子指纹、独热编码、分子图、3D 图等。RDKit 可以用来得到这些分子的表示。RDKit 可以根据分子的 2D 结构为分子生成多个可能的 3D 构象。分子相似性在预测化合物性质、数据库检索和筛选中有广泛的应用。这些应用基于相似性质原理——相似的化合物具有相似的性质。分子指纹将分子表示为一组二进制位,可以方便地进行分子相似性计算。RDKit 可以读取 SMARTS 编写的子结构,并提供了简单的函数判断分子中是否存在此子结构,并且可以指定立体构型匹配。RDKit 提供了 FindMCS 和 RascalMCES 方法,可以找到两个分子之间的最大公共子结构。

RDKit 提供了一系列用于转换分子结构的函数和能够进行复杂转换的化学反应函数。分子的转换基于子结构的匹配,可以进行分子子结构的删除和替换。RDKit 还提供了 Murcko 分解函数,可以得到分子的 Murcko 骨架。根据提供的化学反应模板,RDKit 可以完成分子的反应转换。在分子的逆合成分析方面,RDKit 实现了 Recap 和 BRICS 算法,可以将分子根据合理的化学反应分解为更小的片段。

## 三、硬件和软件

计算机;集成开发环境(Visual Studio Code/Jupyter Notebook);Python 3.12;示例代码(在 Jupyter Notebook 中运行,可扫描二维码下载实验步骤中相关示例代码)。

实验 9-3　示例代码

## 四、实验步骤

### 1. 使用 Open Babel 转换分子文件格式【参考示例代码 1】

（1）使用 Open Babel 的 readfile 函数来加载名为"molecule-set.smi"的文件,特意指明输入格式为 smi,从而获得一个包含所有分子的可迭代集合。

（2）利用 Open Babel 的 Outputfile 类来实例化一个文件对象,明确指定输出格式为 SDF,并设定具体的文件名。此外,采用 with 语句作为上下文管理器,确保在完成相关操作后,系统能自动且及时地释放占用的文件资源。

（3）运用 for 循环结构遍历前述步骤中获取的所有分子。在每次循环体内,首先对分子进行加氢处理,随后计算其三维构象,紧接着计算一系列分子描述符,并将这些描述符信息附加至分子对象中。完成这一系列操作后,利用已初始化的 Outputfile 对象,将处理过的分子及其附加信息写入指定的输出文件中。

（4）将"molecule-set.smi"文件依次转换为下列格式:"pdb""cml""cif""xyz""mol""mol2"及"fh",以生成相对应的文件。

### 2. 使用 RDKit 生成分子 3D 构象

（1）运用 RDKit 中的 SmilesMolSupplier 类来解析文件"molecule-set.smi"【参考示例代码 2.1】。通过 SmilesMolSupplier 读取得到分子对象集合,并利用 Draw.MolsToGridImage 展示前 10 个分子的结构图。

（2）使用 RDKit 中的 EmbedMolecule 函数为每个分子生成 3D 构象【参考示例代码 2.2】。首先使用 AddHs 函数为分子添加氢原子,然后使用 EmbedMultipleConfs 为分子生成 10 个构象。使用 for 循环遍历分子集合,分别为每个分子生成构象。

### 3. 使用 RDKit 生成分子表示

（1）为 molecule-set 每个分子计算分子描述符【参考示例代码 3.1】。使用 for 循环遍历每个分子,使用 Descriptors.CalcMolDescriptors 函数为每个分子计算分子描述符。

（2）为 molecule-set 每个分子计算分子指纹【参考示例代码 3.2】。首先通过 GetRDKitFPGenerator 获取分子指纹生成器,然后为每个分子生成分子指纹。

（3）为 molecule-set 每个分子生成独热编码【参考示例代码 3.3】。首先遍历所有的 SMILES 字符串获取字符字典,然后根据字典为 SMILES 的每个字符进行独热编码。

（4）为 molecule-set 每个分子生成分子图【参考示例代码 3.4】。首先定义 mol2graph 函数(输入 mol 对象,输出分子图),应用函数为每个分子生成分子图。

### 4. 分子聚类分析【参考示例代码 4】

（1）首先为每个分子计算分子指纹,并将分子指纹转换为 ndarray 对象,每一行代表一个分子的指纹。

（2）利用 scikit-learn 的 KMeans 类进行分子的聚类,选择 6 个聚类中心。

（3）使用 scikit-learn 的 PCA 类对分子表示进行 PCA 降维,选择 2 个主成分。

（4）以降维得到的两个主成分为 $x$ 坐标和 $y$ 坐标，以分子所属的类为颜色标记，使用 Matplotlib 绘制散点图。

### 5. 结构检索

（1）在 molecule-set 中匹配苯环结构【参考示例代码 5.1】。首先使用苯环的 SMILES（"c1ccccc1"）构建 pattern，然后使用 mol 对象的 HasSubstructMatch 方法判断是否含有 pattern。

（2）在 molecule-set 中检索与分子"C1(CO)CCC(C(C)(C)O)CC1"最相似的分子【参考示例代码 5.2】。首先使用 MolFromSmiles 根据分子 SMILES 得到分子对象，然后使用 FingerprintSimilarity 计算分子的分子指纹。计算待匹配分子与数据集当中每个分子的指纹相似性，排序之后得到相似性最大的分子结构。

### 6. 分子转换

将 molecule-set 分子中所有的羧基（"C(=O)[OH]"）转换为酯基（"C(=O)OC"）【参考示例代码 6.1】。首先使用 MolFromSmarts 将羧基转换为 Mol 对象；然后对于每个分子，使用 ReplaceSubstructs 函数替换分子内羧基为酯基。

## 五、注意事项

（1）使用 Open Babel 转换分子格式需要确保文件格式和指定输入格式相同。

（2）使用 RDKit 处理分子时，有些操作会直接修改传入的 Mol 对象（如计算 3D 坐标），有些操作会返回一个新的 Mol 对象（如加/减氢）。

（3）分子可能会存在读入失败的情况，此时 RDKit 会返回 None。

## 六、数据处理与分析

（1）计算每个分子 10 个构象之间的均方根偏差（root mean square deviation，RMSD），分析影响其大小的因素。

（2）使用分子描述符代替分子指纹进行分子聚类分析，聚类之前应进行特征归一化。

（3）使用 NumPy 的多维数组实现分子指纹的余弦相似度批量快速计算，分析其和 Tanimoto similarity 的差异。

## 七、思考题

（1）不同的分子指纹有什么差异？

（2）列出不同分子表示的优缺点与应用领域。

（3）为什么使用分子描述符进行聚类分析需要进行特征归一化？

## 八、知识拓展

随着人工智能技术的发展，深度学习方法，特别是图神经网络（GNN），在分子结构表示学习上展现出巨大潜力。GNN 能够直接在分子图上进行学习，捕捉原子间的连接模式和结构特征，进而生成更高级别的分子表征，适用于药物发现、材料科学等多个领域。PyTorch Geometric、DeepChem 等库为实现此类模型提供了便利。

在实际项目中，往往需要结合多种工具和库来完成复杂的任务。例如，可以先使用 RDKit 处理和预处理分子数据，再结合 scikit-learn、TensorFlow 或 PyTorch 等机器学习框架进行模型训练和预测。这种跨工具的协同工作能够提升解决问题的能力和效率。

## 九、参考文献

（中南大学 王华北、卢红梅）

# 实验 9-4 波谱数据库与结构数据库的使用与批量查询

## 一、实验目的

（1）掌握波谱数据库和化学结构数据库的基本使用方法。

（2）学会编程批量查询和提取波谱及结构数据。

（3）熟悉常见的波谱数据库和化学结构数据库。

（4）能运用 Python 进行批量查询和数据处理。

## 二、实验原理

化学数据集与化学数据库为模型的训练提供了基础数据，是驱动化学人工智能研究的关键资源，以下介绍常见波谱数据集、波谱数据库和结构数据库（可参考 9.4 节）。

### 1. 常见波谱数据介绍

液相色谱保留时间指被分离样品组分从进样开始到柱后出现该组分浓度极大值时的时间，也即从进样开始到出现某组分色谱峰的顶点时所经历的时间，称为此组分的保留时间，用 $t_R$ 表示，常以分（min）为时间单位。获取和应用保留时间数据可以帮助识别和定量分析化合物。

气相保留指数指在气相色谱中的科瓦茨保留指数（Kováts retention index，Kováts RI），用于将保留时间转换为与系统无关的常数。该指数以出生于匈牙利的瑞士化学家 Ervin Kováts 命名，他在 20 世纪 50 年代研究精油成分时提出这一概念。化合物的保留指数是相邻正构烷烃之间的内插保留时间。虽然保留时间因色谱系统不同而异（如色谱柱长度、膜厚、直径和入口压力），但是转换的保留指数与这些因素完全无关，只与化合物的分子结构信息等相关。

质谱（mass spectrometry，MS）是一种分析技术，用于测量分子的质量和研究其结构组成。质谱仪通过将样品分子电离成离子，根据其质荷比（mass-to-chargeratio，$m/z$）进行分离，并通过检测器记录离子的信号。质谱在化学分析、药物研发、环境监测、蛋白质组学等领域有广泛应用。电子电离质谱（electron ionization mass spectrometry，EI-MS）和电喷雾电离质谱（electrospray ionization mass spectrometry，ESI-MS）是两种常见的质谱技术，本次实验以

EI-MS 质谱数据为例进行展示。

碰撞截面积(collision cross section,CCS)是离子在气相中迁移时与气体分子发生碰撞的有效截面积。它是离子迁移谱(ion mobility spectrometry,IMS)和 MS 联用中的一个重要参数。CCS 提供了关于离子形状和结构的信息,对分子构象研究、复杂混合物分析等具有重要意义。

近红外光谱(near infrared spectrum,NIR)是一种利用 780~2500 nm 波长的电磁波进行物质分析的技术。它以其无损、快速、简便的样品处理、高灵敏度和成本效益等优点,在农业、医药、食品工业、化工和环境科学等多个领域得到广泛应用。通过记录样品对近红外光的吸收或反射,NIR 能够提供关于化学成分和物理特性的重要信息,是现代分析化学中不可或缺的工具。

**2. 常见波谱数据集和数据库介绍**

结构数据库 PubChem 是由美国国家生物技术信息中心(national center for biotechnology information,NCBI)提供的免费数据库,包含数百万种化合物的结构、性质和生物活性数据。提供结构搜索、子结构搜索、相似性搜索等多种功能。

SMRT 公开的大规模 METLIN 小分子保留时间数据集(METLIN small molecular retention time dataset,SMRT),用于基于机器学习的保留时间预测。该数据集是一个由 Siuzdak 小组发布的大规模公共数据集,涵盖了 80038 个经过反相液相色谱分析的小分子。所有分子的纯标准材料由加州生物医学研究所提供,包括代谢物、天然产物和药物小分子。

CCSbase 数据集由华盛顿大学药物化学系建立。CCSbase 是一个集成平台,包括一个从各种来源获取的 CCS 测量数据综合数据库。CCS 测量是在以氮气为漂移气体的各种仪器上进行的,包括漂移管离子迁移谱(drift tube ion mobility spectrometry,DTIMS)、行波离子迁移谱(travelling wave ion mobility spectrometry,TWIMS)和捕集离子迁移谱(trapped ion mobility spectrometry,TIMS)。CCSbase 涵盖了多样的化学结构,如脂质、水溶性代谢物、小分子和药物等。每个条目都注明了每次 CCS 测量的仪器平台和方法,供用户参考。

小麦颗粒近红外光谱数据集:近红外光谱数据集包含 30 个品种的小麦籽粒。第 1~200 列是光谱特征,最后一列给出了类别索引。

芒果近红外光谱数据集:该数据集包含波长范围为 309~1149 nm 的芒果中果皮近红外吸收光谱及相应的干物质含量值。这是 Anderson 等人在 2020 年"实现完整芒果果实干物质含量近红外光谱模型跨季节、地点和栽培品种的稳健性"中使用的数据集。

Zenodo 是一个开放访问的存储库,由欧盟的开放科学平台和欧洲核子研究组织合作创建,旨在为研究数据、软件、出版物和其他类型的研究输出提供存储和长久保存的服务。它支持各种格式的数据集、文档、视频、图片和音频等,允许研究人员自由上传和分享他们的研究成果。FastEI 质谱库包含的 2253216 个分子的预测质谱被作者上传至 Zenodo 平台实现共享,这显著提高了 EI-MS 可鉴定化合物的覆盖范围。同时实验中涉及的可公开的 SMRT 液相保留时间数据、PubChem 保留指数数据、CCSbase 碰撞截面积数据、小麦颗粒近红外光谱数据、芒果近红外光谱数据均上传至 Zenodo 平台实现共享。其他相关化学测量数据集和数据库的介绍详情可见对应知识点部分。

## 三、硬件和软件

计算机;集成开发环境(Visual Studio Code/Jupyter Notebook);Python 解释器(Python

3.12）；数据（SMRT 液相保留时间数据、PubChem 保留指数数据、CCSbase 碰撞截面积数据、小麦颗粒近红外光谱数据、芒果近红外光谱数据、EI-MS 预测数据及示例数据集）；示例代码（在 Jupyter Notebook 中运行，可扫描二维码下载实验步骤中相关示例代码）。

实验 9-4 示例代码

## 四、实验步骤

### 1. 使用 Python 批量查询 PubChem 数据库以获取化合物的结构信息

（1）导入第三方包 Requests，pandas，RDKit【参考示例代码 1】。

（2）从化合物的名字出发，函数"fetch_pubchem_structure( )"用于发送 HTTP 请求到 PubChem API，获取化合物的 Canonical SMILES【参考示例代码 1】。该函数输入查询的化合物名字，输出查询结果和化合物名字组成的 DataFrame 数据。

（3）函数"batch_query( )"用于批量查询化合物列表中的每种化合物名称，并存储结果【参考示例代码 1】。该函数输入查询的化合物名字列表，输出查询结果和化合物名字组成的 DataFrame 数据。

（4）函数"draw_structures( )"使用 RDKit 绘制每种化合物的结构图【参考示例代码 1】。该函数输入 batch_query( )函数输出的 DataFrame 数据，绘制每种化合物的结构图。

（5）使用 pandas 将查询结果保存为 CSV 文件或 Excel 文件，便于后续分析【参考示例代码 1】

### 2. 色谱保留数据集的使用和批量查询

（1）编写程序直接从 Zenodo 下载色谱保留数据集（SMRT 液相保留时间数据、PubChem 保留指数数据）。请确保在实际使用中替换 zenodo_record_id = "11525266"和 file_name = "SMRT_dataset_77980.csv"【参考示例代码 2.1】和 file_name = "Pubchem_semistdnp_RI.csv"【参考示例代码 2】

（2）使用 requests.get( )从 Zenodo 下载文件。如果下载成功，则将文件写入本地【参考示例代码 2】。

（3）使用 pandas.read_csv( )读取下载的 CSV 文件，并打印前几行数据以验证读取是否成功【参考示例代码 2】。

（4）定义"batch_query( )"函数，用于批量查询色谱保留数据集【参考示例代码 2】。该函数输入下载读取后的 DataFrame 数据、需要查询的列名和需要查询的具体条目值，输出根据需求查询到的结果。

### 3. 碰撞截面积数据集的使用和批量查询

（1）编写程序直接从 Zenodo 下载碰撞截面积数据集。使用 requests.get( )从 Zenodo 下载文件。请确保在实际使用中替换 zenodo_record_id = "11525266"和 file_name = "CCSbase_data.csv"【参考示例代码 3】。

（2）使用 requests.get( )从 Zenodo 下载文件。如果下载成功，则将文件写入本地【参考示例代码 3】。

（3）使用 pandas.read_csv( )读取下载的 CSV 文件，并打印前几行数据以验证读取是否成功【参考示例代码 3】。

（4）利用 batch_query( )函数批量查询碰撞截面积数据集【参考示例代码 3.2】。

**4. 近红外光谱数据集的使用**

（1）编写程序直接从 Zenodo 下载近红外光谱数据（小麦颗粒近红外光谱数据和芒果近红外光谱数据）。请确保在实际使用中替换 zenodo_record_id = "11525266"和 file_name = "NAnderson2020MendeleyMangoNIRData.csv"下载芒果近红外光谱数据集【参考示例代码 4】，替换 file_name = "wheat kernels of 30 varieties.csv"下载小麦颗粒近红外光谱数据集。

（2）使用 requests.get( )从 Zenodo 下载文件。如果下载成功，则将文件写入本地【参考示例代码 4】。

（3）使用 pandas.read_csv( )读取下载的 CSV 文件，并打印前几行数据以验证读取是否成功【参考示例代码 4】。

**5. 质谱数据库的使用和批量查询**

（1）编写程序直接从 Zenodo 下载 FastEI 预测质谱库。请确保在实际使用中替换 zenodo_record_id = "7476120"和 file_name = "The expanded in-silico library.db"下载 EI-MS 预测质谱库【参考示例代码 5】。

（2）使用 requests.get( )从 Zenodo 下载文件。如果下载成功，则将文件写入本地【参考示例代码 5】。

（3）sqlite3 模块，它是 Python 标准库的一部分，使用 Python 读取 SQLite 数据库的数据。首先利用 conn = sqlite3.connect("The expanded in-silico library.db")连接到下载的 SQLite 数据库，然后创建一个游标对象 cursor = conn.cursor( )。定义批量查询函数 query_all_information ( )，通过批量查询参数列表和查询语句，执行批量查询，最后打印查询结果，关闭游标和连接【参考示例代码 5】。该函数输入 SQLite 数据库，输出查询结果。

## 五、注意事项

（1）在使用参考代码中的函数时，请仔细阅读每个函数的注释内容，充分理解函数的功能（输入和输出），以防出现错误使用函数导致结果错误的情况。

（2）示例代码中非函数部分的代码仅供参考，实际实验过程中需结合实际情况灵活改动。

（3）示例代码里面下载的近红外光谱数据集是芒果近红外光谱数据集，实验操作需要下载小麦颗粒近红外光谱数据集。因此需参考示例代码修改相应的参数。

（4）示例代码是从化合物名字出发，只从 PubChem 收集化合物的 SMILES 信息。实验操作需要从化合物名字出发从 PubChem 收集化合物 SMILES、Compound CID、InChIKey 及 Molecular Formula 等信息。因此需参考示例代码并结合实验步骤完成信息收集工作。

（5）示例代码中的预测质谱库不是 FastEI 的原始质谱库，因为原始质谱库比较大，下载需要较长时间，因此示例代码展示的是 FastEI 的原始质谱库里面的前 1000 条记录。实验如果需要 FastEI 中完整的原始质谱库，请自行下载使用。

## 六、数据处理与分析

（1）在 SMRT_dataset_77980.csv 数据集中抽取 3～5 个 SMILES，从化合物的 SMILES 出

发,编辑批量查询函数,用于发送 HTTP 请求到 PubChem API,获取化合物的名字,以及其他读者感兴趣的化合物化学物理性质及生物活性,并将收集的信息以 CSV 的格式输出,同时比较被抽取的化合物的色谱保留时间大小。

（2）在 Pubchem_semistdnp_RI.csv 和 EI-MS 预测数据库中找出交集分子,获取分子的 GC-MS 二维检测信息,包括分子保留指数和 EI-MS 质谱信息。

（3）在 CCSbase_data.csv 数据集中抽取 50 个 SMILES,从化合物的 SMILES 出发,编辑批量查询函数,用于发送 HTTP 请求到 PubChem API,获取化合物的名字及分子质量信息,并将收集的信息 CSV 的格式输出,同时比较被抽取的化合物的碰撞截面积大小和分子质量大小,分析化合物的碰撞截面积和分子质量大小是否存在正相关关系。

（4）在 NAnderson2020MendeleyMangoNIRData.csv 数据集中抽取 10 个近红外光谱数据进行可视化。

## 七、思考题

（1）从保留指数数据集和 EI-MS 预测数据库中找出苯的保留指数和预测 EI-MS,并绘制苯的结构和 EI-MS 质谱图。

（2）气相色谱保留指数是怎么消除同一分子在不同色谱体系下检测的差异的?

（3）通过对比 SMRT_dataset_77980.csv 和 Pubchem_semistdnp_RI.csv 两个数据集,分析色谱分离原理有哪些,以及气相色谱和液相色谱分析的化合物有什么差异?

（4）近红外光谱主要反映的是分子的哪些结构信息?

## 八、知识拓展

目前,化学测量数据呈现指数增加的趋势,结合深度学习开发了各种解决具体化学问题的智能新方法,国内外均有研究团队已经开发和训练出多个深度学习模型,如国外研究团队开发的 Retip、DeepCCS、NEIMS 和 RASSP,国内研究团队开发的 GNN-RT、GNN-TL、AllCCS2、SigmaCCS 和 FastEI 等。

### 1. 不同液相色谱实验条件下分子保留时间预测

同一个分子,在液相色谱实验条件不同的情况下,色谱保留时间会存在差异。想要色谱保留时间能够广泛地在实际化学物鉴定中发挥色谱维度信息的辅助作用,需要实现不同色谱实验条件下保留时间的准确预测。每个分子研究实验室的液相色谱实验条件都是不一样的,不同色谱实验条件下,生成的标准品的保留时间数据很有限,因为需要用到深度学习领域的预训练和迁移学习策略,详情可见 GNN-RT 和 GNN-TL 文献。

### 2. 多维化合物鉴定的实际应用

如图 9-4-1 所示,在 LC-MS/MS 实验中可以产生一级质谱(分子质量信息)、液相色谱保留时间、离子迁移谱碰撞截面积,以及二级质谱(分子碎片信息)四维信息。在 GC-MS 实验中,可以产生分子离子峰(分子质量信息)、气相色谱保留指数,以及质谱(分子碎片信息)三维信息。由上可知,化学检测可以为化合物的结构鉴定提供多维度的信息,综合应用这些维度可以提升化合物鉴定的准确度及可信度。相关基于色谱联用仪器数据的多维鉴定方法以论文的形式在期刊上发表,感兴趣的学生可自行查阅。

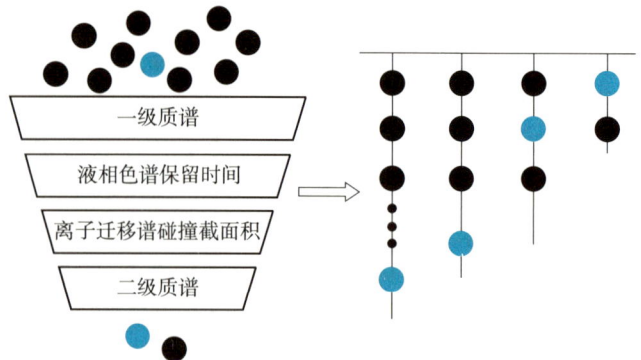

图 9-4-1 色谱-质谱联用数据的多维化合物鉴定

## 九、参考文献

（中南大学 杨琼、卢红梅）

# 综 合 建 模

## 实验 9-5 近红外光谱与多元校正方法用于芒果中干物质含量预测

### 一、实验目的

（1）了解近红外光谱数据及其特点。

（2）掌握标准正态变换和 Savitzky-Golay 滤波器进行数据预处理的原理和方法。

（3）掌握偏最小二乘回归预测的原理和方法。

（4）掌握 $k$ 折交叉验证的原理和方法。

### 二、实验原理

近红外光谱是一种基于分子振动和转动跃迁的光谱分析技术，波长范围一般为 700 ~ 2500 nm。光谱特征与 O—H、C—H 和 C—H—O 的吸收分子有关，不同分子对近红外光的吸收、散射、折射和透射特性存在差异。近红外光谱技术具备无损、无污染和快速等特点，因此在食品和农产品质量检测方面得到广泛应用。近红外光谱需要借助化学计量学方法来提取光谱中的信息。多元校正方法被应用于建立近红外光谱与目标质量参数之间的关系。通过将光谱数据与实际测量的质量参数相结合,建立预测模型(如偏最小二乘回归模型),可用于确定未来样品的质量参数。由于光谱受到散射效应、仪器噪声、环境影响及其他因素的干扰,导致光谱数据变得复杂。因此,需要先对光谱数据进行预处理(可参考 9.2.2 节),使光谱数据的变化与成分含量之间的关系更加清晰,从而提高模型的预测精度和稳定性。

标准正态变换(standard normal variate transformation,SNV)是一种常用的光谱数据预处理方法。由于红外辐射与样品粒子之间的相互作用引起的光散射会导致吸光度水平发生偏移,进而增加了近红外漫反射光谱的光谱解释和线性校准的复杂性。光散射会改变路径长度,从而使背景信号随波长变化,产生基线漂移和弯曲,可能导致同一样本或不同样本之间存在显著差异。SNV 可以减少散射效应和样品颗粒大小对结果的影响,并降低信号整体强度差异。SNV 的核心算法是对每个光谱进行中心化处理,然后通过除以其标准差进行缩放,最终使数据的均值为 0,标准差为 1。

Savitzky-Golay 滤波器因其在实现数据有效平滑的同时保持信号特征的能力而被广泛应用于光谱平滑中。Savitzky-Golay 滤波器的工作原理是在给定的数据窗口内,使用最小二乘法拟合一个多项式曲线。通过计算这个多项式的导数来获得平滑后的数据点。Savitzky-Golay 滤波器可改变窗口的大小和多项式的次数来调整平滑程度。窗口大小表示分段的长度,窗口长度太长将损失一些有效信号,窗口长度太短则无法产生良好的降噪效果。如果多项式的次数过高,则可能产生冗余数据并产生新的噪声;如果多项式的次数过低,则可能导致过度平滑和信号失真。在完成 Savitzky-Golay 滤波器滤波之后,得到的光谱数据会更加平滑,噪声水平会降低。

偏最小二乘回归(partial least squares regression,PLSR)(可参考 9.5.1 节)是一种用于处理多元共线性问题的方法,其主要目标在于降低自变量之间的相关性,从而改善回归估计结果。在化学领域中,PLSR 常被应用于光谱数据处理,通过该方法可以有效地降低数据维度并提取有价值的信息以进行准确的化学分析。在偏最小二乘回归中,选择适当数量的主成分是至关重要的。过多的主成分可能引入噪声,导致模型过拟合;而过少的主成分可能丢失有用信息,导致模型欠拟合。因此,在平衡模型复杂度和预测能力方面需要谨慎选择主成分。

$k$ 折交叉验证法($k$-fold cross-validation)(可参考 9.5.4 节)被用于评估 PLSR 模型在不同主成分数下的性能。$k$ 折交叉验证将数据集随机划分为 $k$ 个大小相等的子集,称为"折"。每次迭代中,选择其中一折作为验证集,剩余的($k-1$)折作为训练集。重复 $k$ 次,在每次迭代中选择不同的折作为验证集,并最终得到 $k$ 个模型性能评估结果。取所有结果平均值作为模型最终性能评估指标。由于 $k$ 折交叉验证充分利用数据的特性,其性能评估指标能更准确地反映模型的表现。因此,在寻求最佳主成分数时,可以训练不同主成分数的模型,并通过 $k$ 折交叉验证来评估每个主成分数下模型的性能,直到找到表现最优秀的模型为止。这样得出来的主成分数就是 PLSR 方法中最优化选择的结果。图 9-5-1 展示了本实验的总流程。

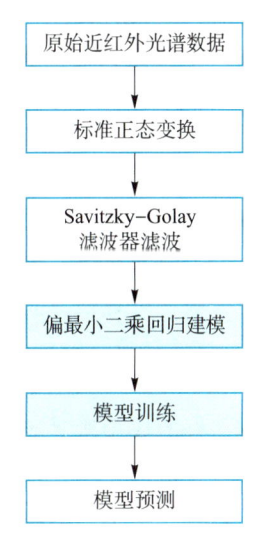

图 9-5-1　多元校正模型建立实验总流程图

### 三、硬件和软件

计算机;集成开发环境(Visual Studio Code/Jupyter Notebook);Python 解释器(Python 3.12);数据(10243 条芒果的近红外光谱数据集及其对应的干物质含量,用于训练模型;1448 条芒果的近红外光谱数据集,无干物质含量,作为外部测试集,用于测试模型。光谱的波长范围为 684~990 nm);示例代码(在 Jupyter Notebook 中运行,可扫描二维码下载实验步骤中相关示例代码)。

实验 9-5　示例代码

### 四、实验步骤

**1. 导入相关包和函数**

(1) 导入第三方包 NumPy、pandas、SciPy、Matplotlib、tqdm 和 scikit-learn【参考示例代码 1.1】。

(2) 编写标准正态变换数据预处理函数【参考示例代码 1.2】。标准正态变换函数 SNV( ) 的输入是芒果原始近红外光谱数据,返回标准正态变换后的数据。

**2. 完成近红外光谱数据的预处理**

(1) 导入近红外光谱数据训练文件(CSV 文件),提取所有近红外光谱数据作为自变量 X,对应干物质含量(DM)作为因变量 Y【参考示例代码 2.1】。

(2) 对近红外光谱数据进行标准正态变换和 Savitzky-Golay 滤波器滤波预处理,得到经过预处理的光谱数据。从 SciPy 库中导入 Savitzky-Golay 滤波器滤波函数 savgol_filter( ),该函数接受经过标准正态变换处理后的数据作为输入,并需要提供窗口长度和多项式阶数两个必要参数,输出结果是经过滤波平滑后的近红外光谱数据【参考示例代码 2.2】。

**3. 训练出具有最优主成分数的 PLSR 模型,同时评估模型的性能**

(1) 数据集划分:在训练 PLSR 模型之前,需要将数据分为两个部分,一部分用于模型训练,另一部分用于评估模型性能。随机选取 80% 的数据作为模型的训练集,20% 的数据作为测试集。该步骤可通过 scikit-learn 中的数据集划分函数 train_test_split( )实现【参考示例代码 3.1】。

(2) 寻找 PLSR 模型最优的主成分数,并获得具有最佳主成分数的 PLSR 模型。使用 $k$ 折交叉验证可评估不同主成分数下 PLSR 模型的性能,性能最佳的模型的主成分数为最佳主成分数【参考示例代码 3.2】。设定一个最大主成分数 10(示例代码中的参数仅供参考),从 1 到 10 逐个建立 PLSR 模型,在每个模型中进行 $k$ 折交叉验证以评估其预测性能,其中表现最好的模型所对应的主成分数即为最佳选择。最终,使用最优主成分训练出的 PLSR 模型即为最优 PLSR 模型。

(3) 评估最佳模型的预测性能,包括对训练集和测试集中干物质含量预测值与真实值之间的差异进行评估。通过调用模型的预测模块,输入训练集和测试集光谱数据即可获得预测值。评估指标选用决定系数($R^2$)和均方根误差(RMSE)【参考示例代码 3.3】。

**4. 使用模型预测外部测试集中芒果干物质含量**

使用最终确定的 PLSR 模型对 1448 条近红外光谱数据进行干物质含量预测,并将预测结果保存【参考示例代码 4】。读取外部测试集数据,提取 NIR 信号,并对其进行 SNV 和 Savitzky-Golay 滤波器滤波处理,然后利用 PLSR 模型预测干物质含量。将最终结果以矩阵形式保存为 npy 格式文件并存储。

## 五、注意事项

(1) 结合参考代码理解掌握各个函数的原理和功能。

(2) 在使用 pandas 导入近红外光谱数据后,请充分了解此 CSV 文件每行和每列数据的代表意义,以防提取出错误的光谱数据和干物质含量数据。

(3) 示例代码中展示的部分函数的参数仅供参考,如 Savitzky-Golay 滤波器滤波中的窗口大小和多项式阶数,$k$ 折交叉验证的折数,以及 PLSR 最大主成分数等。这些参数不一定是最优,需自行探索。

(4) 使用训练好的 PLSR 模型对芒果近红外光谱测试集进行干物质含量预测前,需要对外部测试集进行预处理。

(5) 绘制预处理前后近红外光谱数据图形前,请了解横纵坐标的意义,确保绘制光谱图的合理性。

## 六、数据处理与分析

(1) 绘制出外部测试集的原始光谱图,经过 SNV 处理的光谱图,以及经过 SNV 处理和 Savitzky-Golay 滤波器滤波的光谱图。

(2) 绘制出在 PLSR 模型训练阶段,主成分数与 MSE 的关系图,并给出最优的主成分数。

(3) 绘制出在训练集和测试集的真实值与预测值的散点分布图,用不同颜色区分。并在图中标明决定系数($R^2$)和均方根误差(RMSE)。

$R^2$ 用于衡量模型对数据变化的解释能力或预测准确度。$R^2$ 的值通常介于 0 和 1 之间,$R^2$ 越接近 1,表示模型的解释能力越强,拟合效果越好;$R^2$ 越接近 0,则表示模型的解释能力越弱,拟合效果越差。

$$R^2 = 1 - \frac{\sum_{i=1}^{n} (y_i - \hat{y}_i)^2}{\sum_{i=1}^{n} (y_i - \bar{y})^2} \tag{9.5.1}$$

RMSE 是通过将观测值与真实值之间的偏差平方和除以观测次数 $n$,再取平方根得到的。RMSE 能够很好地反映出测量的精密度,RMSE 越小,表示精度越高。

$$RMSE = \sqrt{\frac{\sum_{i=1}^{n} (X_{obj,i} - X_{true,i})^2}{n}} \tag{9.5.2}$$

(4) 提交使用自行建立的 PLSR 模型对外部测试集进行干物质含量预测的结果,按照实验步骤 4 所示,将结果保存为 npy 文件,文件命名(如学号)并提交给教师。

## 七、思考题

（1）为什么标准正态变换可以减轻光散射带来的影响？

（2）在 $k$ 折交叉验证中选择不同的 $k$ 值会给模型带来怎样的影响？

（3）本实验中介绍的确定最佳主成分数的方式有什么缺点？请结合主成分数与 MSE 的关系图，给出可平衡模型预测性能和模型计算性能的"最优主成分数"。

## 八、知识拓展

PLSR 模型在给出回归预测的结果之外，还能给予每个自变量一个参数：变量投影重要性（variable influence on projection，VIP）。VIP 用于计算单个 $X$ 变量对模型影响的累积度量，VIP 值越高，说明该变量对因变量的影响越大。在使用 PLS 计算出 $X$ 和 $Y$ 之间的权重矩阵 $W$ 后，VIP 值可根据以下公式计算出：

$$
\text{VIP} = \sqrt{k \times \left( \frac{\left[ \sum_{a=1}^{A} \left( W_a^2 \times \text{SSY}_{\text{comp},a} \right) \right]}{\text{SSY}_{\text{cum}}} \right)} \tag{9.5.3}
$$

式中：$k$ 是总变量数，$A$ 是主成分数，$\text{SSY}_{\text{comp},a}$ 是在主成分为 $a$ 时的 $Y$ 的解释平方和，$\text{SSY}_{\text{cum}}$ 是 $Y$ 的解释平方和。因此，VIP 值即为 PLS 权重（$W$）的平方和的加权总和，其中考虑了每个 PLS 维度的解释变异量。一般而言，将 VIP 值大于 1 的变量定义为具有重要影响力的关键变量。

在 PLS 的基础上，正交偏最小二乘（orthogonal projections to latent structures，O-PLS）法被提出，O-PLS 能够从自变量 $X$ 中移除与因变量 $Y$ 不相关的变量，与 $Y$ 是正交关系的变量。所以相较于 PLS，O-PLS 能够在降低模型复杂度的情况下，同时保持预测能力。对自变量 $X$ 中不相关变量的移除也能增加模型对相关和不相关变量的解释性。在通过 NIPALS 计算出权重向量 $w$ 和载荷向后量 $p$ 后，正交组分可根据以下公式计算出：

$$
w_{\text{ortho}} = p - \left[ w^{\text{T}} p / (w^{\text{T}} w) \right] w \tag{9.5.4}
$$

$$
w_{\text{ortho}} = w_{\text{ortho}} / \parallel w_{\text{ortho}} \parallel \tag{9.5.5}
$$

$$
t_{\text{ortho}} = X w_{\text{ortho}} / (w_{\text{ortho}}^{\text{T}} w_{\text{ortho}}) \tag{9.5.6}
$$

$$
p_{\text{ortho}}^{\text{T}} = t_{\text{ortho}}^{\text{T}} X / (t_{\text{ortho}}^{\text{T}} t_{\text{ortho}}) \tag{9.5.7}
$$

$$
E_{\text{O-PLS}} = X - t_{\text{ortho}} p_{\text{ortho}}^{\text{T}} \tag{9.5.8}
$$

迭代计算的核心与 NIPALS 一致，感兴趣的学生可深入查阅了解。

## 九、参考文献

（中南大学　余传秀、卢红梅）

## 实验 9-6　气相色谱-质谱联用数据中重叠峰的多元分辨

### 一、实验目的

（1）理解气相色谱-质谱联用数据的结构特征,清楚该数据可表示的矩阵形式。

（2）熟练掌握主成分分析法判定气相色谱-质谱联用重叠峰中包含的组分数的原理和方法。

（3）熟练掌握演进因子分析法判断气相色谱-质谱联用重叠峰中化合物出现点和消失点的原理和方法。

（4）能运用满秩分辨法解析气相色谱-质谱联用重叠峰。

### 二、实验原理

复杂化学体系的定性定量分析一直是分析化学领域的研究重点。气相色谱-质谱联用（gas chromatography-mass spectrometry,GC-MS）仪器为复杂样品的分析提供了重要的技术手段。当某些组分具有相似的性质时,分析结果中不可避免地会出现色谱峰的重叠,这将影响定性和定量的准确性。因此,从重叠峰中解析出所有组分的色谱和质谱信息成为 GC-MS 数据处理流程中的关键步骤。重叠峰的解析常采用化学计量学中的多元分辨方法（可参考9.5.2 节）,而解析过程涉及的复杂计算可以通过 Python 编程语言实现。

主成分分析（principal component analysis,PCA）法通过对原变量进行线性组合,实现用较少的主成分代替原变量的同时又能包含数据中大部分的信息,从而进行降维,而这一过程可以通过奇异值分解实现。在对 GC-MS 数据进行分辨的过程中,PCA 可以用于帮助判断 GC-MS 重叠峰中包含的化合物数,即主成分数。

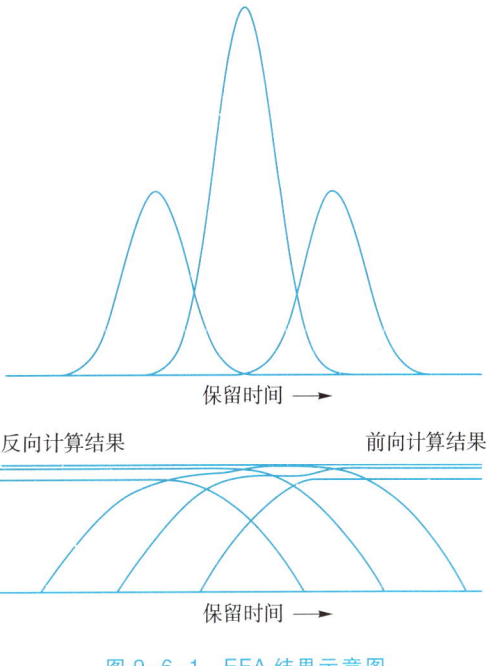

演进因子分析（evolving factor analysis,EFA）法充分利用了混合物经色谱柱分离时先入先出的化学特性,从主成分分析获得的特征值出发,对整个测量矩阵逐步渐进地分解,从而获得各组分在数据矩阵中的出现点和消失点,如图 9-6-1 所示。这一步可用于确定选择性区域及该组分的零浓度区域。

满秩分辨（full rank resolution,FRR）法通过对某种组分选择性区域和零浓度区域的组分进行分辨,求得其转换矢量以获得该组分的纯质谱和纯色谱。对于组分数大于 3 的多组分体系,可采用组分剥离技术来逐步进行。待分辨结束后,可将分辨所得的各纯质谱与纯色谱外积线性加和结果与实际数据进行比较,以进一步确证所得结果的可靠性。

图 9-6-1　EFA 结果示意图

### 三、硬件和软件

计算机；集成开发环境（Visual Studio Code/Jupyter Notebook）；Python 解释器（Python 3.12）；数据（两组分 GC-MS 重叠峰实验数据、三组分 GC-MS 重叠峰实验数据）；示例代码（在 Jupyter Notebook 中运行，可扫描二维码下载实验步骤中相关示例代码）。

    实验 9-6    示例代码

### 四、实验步骤

#### 1. 导入相关包和函数

（1）导入第三方包 NumPy、Matplotlib 和 scikit-learn【参考示例代码 1.1】。

（2）编写背景扣除函数【参考示例代码 1.2】。背景扣除函数也可以使用事先提供的版本，函数名称为 back_remove( )，该函数输入实验测得的原始 GC-MS 数据，返回扣除背景（基线）后的数据。

#### 2. 通过主成分分析法判断重叠峰包含的组分数

（1）导入 GC-MS 数据，并进行背景扣除【参考示例代码 2.1】。数据名称为"三组分重叠峰.npy"，可通过函数 np.load( )进行读取，然后传入函数 back_remove( )进行背景扣除。

（2）采用奇异值分解进行主成分分析。将原始矩阵进行奇异值分解后，对得到的特征值矩阵作散点图，判断该重叠峰中包含的化合物数【参考示例代码 2.2】。奇异值分解可通过函数 np.linalg.svd( )实现，绘制散点图的函数为 plt.scatter( )。

#### 3. 通过 EFA 判断组分的出现点和消失点

编写 EFA 的实现函数，并使用此函数判断重叠峰中各化合物的出现点和消失点。具体做法：利用主成分分析法，进行前向计算和反向计算，在这里依然采用奇异值分解。第一部分是前向计算，先计算只含有前两行的子矩阵的主成分，可得两个特征值，然后计算含有前三行的子矩阵的主成分，得三个特征值，照此依次增大子矩阵的行数，直至计算完整个矩阵。第二部分是反向计算，从矩阵的后两行开始，仿照前向计算的思路进行即可。这样就可以得到一系列的特征值，如果体系的组分数为 $n$，就把（$n$+4）或（$n$+3）个大的特征值的对数对保留时间作图，从而得到各物种的出现点和消失点【参考示例代码 3.1】。体系的组分数 $n$ 可通过奇异值分解结果判断，取对数的函数为 np.log10( )，绘制 EFA 示例图可通过函数 plt.plot( )实现。

#### 4. 利用 FFR 对 GC-MS 重叠峰进行解析

（1）对背景扣除后的矩阵进行奇异值分解，得到得分矩阵 $\boldsymbol{T}$。

（2）根据 EFA 结果找到组分 1 和组分 3 的选择性区域和零浓度区域，并分别求出组分 1 的转换矢量 $\boldsymbol{r}_1$ 和组分 3 的转换矢量 $\boldsymbol{r}_3$。在获得转换矢量后，就可以计算该组分的纯质谱和纯色谱【参考示例代码 4.1】。矩阵乘法的函数为 np.dot( )，求矩阵的广义逆的函数为 np.linalg.pinv( )。

**5. 组分剥离**

扣除已分辨出的组分 1 和组分 3 的信息,此时只剩下组分 2 的信息,由于组分 2 为一单组分峰,因此可对其直接分解求得它的纯组分色谱和质谱【参考示例代码 5】。

## 五、注意事项

(1)在使用参考示例代码中的函数时,请仔细阅读每个函数的注释内容,充分理解函数的功能(输入和输出),以防出现错误使用函数导致结果错误的情况。

(2)示例代码中非函数部分的代码仅供参考,实际实验过程中需结合实际情况灵活改动。

(3)示例代码是以一个两组分峰为例进行解析,实验操作则是对一个三组分重叠峰进行分辨。因此需参考示例代码并结合实验步骤完成解析过程。

## 六、数据处理与分析

(1)找出 GC-MS 重叠峰中每种组分的出现点和消失点,并结合 EFA 结果图标出重叠峰的选择性区域和零浓度区域。

(2)绘制出分辨后每种组分的纯色谱图和纯质谱图。

(3)计算决定系数($R^2$)。采用 $R^2$ 对每个纯质谱和其纯色谱乘积的恢复矩阵($\hat{X}$)与实际数据($X$)进行比较:

$$R^2(X, \hat{X}) = 1 - \frac{\mathrm{Var}(X - \hat{X})}{\mathrm{Var}(X)} \tag{9.6.1}$$

式中:$\mathrm{Var}(X)$ 是 $X$ 的方差。

## 七、思考题

(1)如何通过 EFA 判断 GC-MS 重叠峰中化合物的出现点和消失点?将 EFA 与 FRR 方法结合使用的优点是什么?

(2)为什么通过主成分分析法可以判断 GC-MS 重叠峰中包含的组分数?采用奇异值分解进行主成分分析是否会出现判断错误的情况?

(3)背景扣除的实现原理是什么?

## 八、知识拓展

目前,通过深度学习辅助 GC-MS 重叠峰自动分辨的研究已经取得显著进展,国内外均有研究团队已经开发和训练出多个深度学习模型,如国外研究团队开发的 MSHub/GNPS,国内研究团队开发的 AutoRes 和 GCMSFormer 等,这些方法均以论文的形式在期刊上发表。

### 1. MSHub/GNPS

GNPS 是一个基于网络的质谱生态系统,旨在成为一个开放存取的知识库,供全社会组织和共享原始、处理过或注释过的碎片质谱数据。MSHub 是国外研究人员开发的一种用于 GC-MS 数据自动解卷积的机器学习方法,相关工作流程已发布在 GNPS 平台,可供研究人员能够在 GNPS 分子网络分析平台内存储、处理、共享、注释、比较和执行 GC-MS 数据的分子网络。MSHub/GNPS 通过无监督非负矩阵分解执行复合碎片模式的自动反卷积,并量化样本间碎片模式的再现性。

### 2. AutoRes

解析 GC-MS 数据中重叠峰的基本任务之一是获得每种化合物的选择性区域和洗脱区域,这可以通过 GC-MS 数据中质谱的相似度来确定。伴生神经网络是用于量化两个质谱之间相似度的一种深度神经网络架构,可以用来预测 GC-MS 数据中质谱的相似性,从而实现通过模型来预测重叠峰中每种化合物的选择性区域和洗脱区域。受此启发,国内研究团队开发了一种基于伪伴生卷积神经网络的非靶向 GC-MS 重叠峰自动分辨方法 AutoRes。它由两个模型组成(pSCNN1 和 pSCNN2),分别用来预测重叠峰中每种化合物的选择性区域和洗脱区域,从而间接得到每种化合物的零浓度区域,如图 9-6-2 所示。预测的信息区域被用作满秩分辨法的输入,以实现重叠峰的自动分辨。

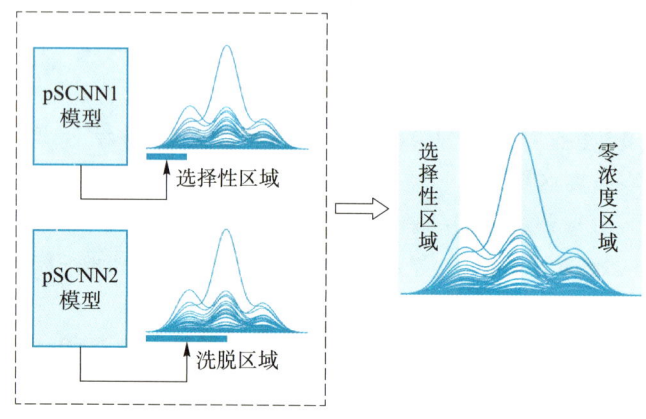

图 9-6-2　信息区域的预测

### 3. GCMSFormer

近年来,Transformer 架构在深度学习领域取得了显著的进展和广泛的应用,这是一种基于自注意力机制的由序列到序列进行预测的模型,由编码器和解码器构成。值得注意的是,GC-MS 数据本质上是质谱仪在连续扫描下记录下来的一系列质谱数据,即为一组序列数据,这种数据特征使得将 Transformer 架构与 GC-MS 数据结合成为了可能。受此启发,国内研究人员开发了一种名为 GCMSFormer 的靶向 GC-MS 重叠峰解析方法,该方法融入了化学计量学中的正交投影分辨算法,用于针对低浓度组分的解析问题。GCMSFormer 可以从原始 GC-MS 重叠峰数据中直接预测重叠峰中化合物的质谱,然后再利用最小二乘法求解出每种化合物的色谱,这样就完成了整个 GC-MS 重叠峰的解析,并且解析过程无须任何额外的人工干预,实现端到端的全自动解析,如图 9-6-3 所示。

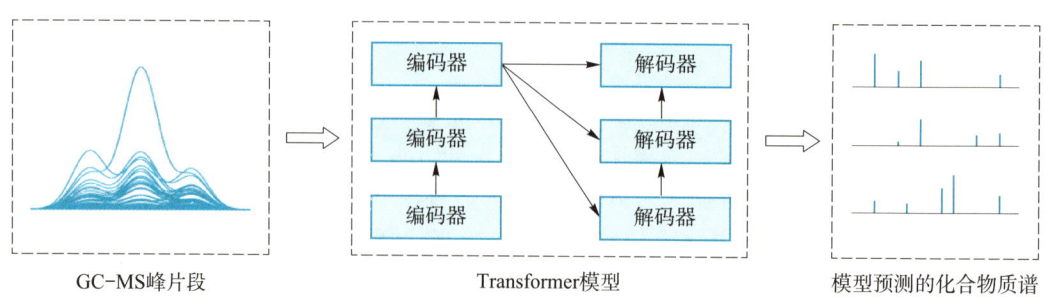

图 9-6-3　GCMSFormer 的端到端解析

## 九、参考文献

（中南大学　郭紫璇、张志敏，南开大学　邵学广）

# 实验 9-7　近红外光谱与模式识别技术用于小麦颗粒品种识别

## 一、实验目的

（1）能够阐述近红外光谱数据分析原理，理解基于机器学习的近红外光谱分析算法思想，了解不同算法处理近红外光谱数据集的优势与不足。

（2）能够运用 Python 语言编制用于近红外光谱数据集特征提取与判别分析的偏最小二乘判别分析（partial least squares-discriminant analysis，PLS-DA）、随机森林（random forests）、XGBoost（eXtreme Gradient Boosting）模型。

（3）能够运用编制的 PLS-DA、随机森林或 XGBoost 模型对芒果/小麦/玉米等样品的已有光谱数据集进行辨别分析，并对其分析效果（包括预测速度、计算资源耗用量、分析准确率与数据可解释度）进行评估。

（4）能够运用所掌握的算法思想、分析程序、评价方法等，解决可能遇到的近红外光谱数据分析问题。

## 二、实验原理

近红外光谱是介于可见光与中红外光之间的电磁波。由于近红外光谱区与有机分子中含氢基团（OH、NH、CH、SH）振动的和频与各级倍频的吸收区一致，通过扫描样品的近红外光谱，可以得到样品中有机分子含氢基团特征信息，被视为获取样品成分信息的一种有效手段。基于近红外光谱的检测方法具有方便、成本低、无损、快速、灵敏度高等优势，被广泛应用于各类检测领域。但近红外光谱存在谱带宽、重叠严重、吸收信号弱、信息解析复杂、特异性低等问题，仅能作为一种间接测量方法，通过化学计量学算法，在样品待测属性（如某种成分含量、物理/化学/生物属性变化等）与近红外光谱数据之间建立一个关联模型（或称校正模型），再通过模型对位置样品的近红外光谱数据进行预测以得到所需属性预测信息。现有的近红外光谱数据分析方法主要为经典建模，如光谱预处理后对光谱数据集进行波长选择，再结合多变量光谱数据算法进行降维后建模。经典建模的缺点在于，降维后所选用的数据尽管能体现绝大多数光谱特征信息，但对其进行选择的过程中易出现数据丢失，从而影响到分析结果准确性。例如，主成分分析法作为最常使用的数据降维方法，通常选择占有其

90%~95%特征变量的 3~5 个主成分作为建模输入,但对于一些低信噪比、光谱相似度高的近红外光谱数据,尚有 5%~10% 的方差信息丢失,从而影响其分析结果准确性。相比于经典建模方法,机器学习作为一种更为直接的解决方案,即对数据进行学习,从而识别并挖掘数据中隐藏信息。随着对机器学习不断地研究与发展,它相比经典方法具有非线性建模能力、良好的泛化能力、对光谱预处理的要求较少等优势。因此,本实验课程拟在实践较为普遍使用的近红外光谱机器学习算法(如 PLS-DA)基础上,讲授 Random Forests 或 XGBoost 程序在近红外光谱数据分析方面最新进展,以期学生在掌握基本算法思想和编程方法基础上,开展后续科研工作。

PLS-DA 是多变量数据分析技术中的判别分析法(可参考 9.5.3 节),经常用来处理分类和判别问题。通过对主成分进行适当旋转,PLS-DA 可以有效地对组间观察值进行区分,并且找到导致组间差异的影响变量。PLS-DA 采用经典偏最小二乘回归模型,其响应变量是一组反应统计单元间类别关系的分类信息,是一种有监督的判别分析方法。因无监督的分析方法(如 PCA)对所有样本不加以区分,即每个样本对模型有着同样的贡献,因此,当样本组间差异较大,而组内差异较小时,无监督分析方法可以明显区分组间差异;而当样本组间差异不明晰,而组内差异较大时,无监督分析方法难以发现和区分组间差异。另外,如果组间的差异较小,各组的样本量相差较大,样本量大的那组将会主导模型。有监督的分析(如 PLS-DA)能够很好地解决无监督分析中遇到的这类问题。PLS-DA 只需要一个数据集 **X**,但在分析时必须对样本进行指定分组,这样分组后模型自动加上另外一个隐含数据集 **Y**,该数据集变量数等于组别数,赋值时把指定的那一组规定为 1,其他所有值均为 0。其他计算方法与上述 PLS 方法相同。这种模型计算方法强行把各组分门别类,有利于发现组间异同点。

在机器学习中,随机森林(可参考 9.5.3 节)是一个包含多个决策树的分类器,并且其输出类别是由个别树输出类别的众数而定,既可以用于处理分类和回归问题,也适用于降维问题。其对异常值与噪声也有很好的容忍,相较于决策树有着更好的预测和分类性能。决策树是单个分类器,它由于自身的限制,有性能提升的瓶颈。因此,集成多棵决策树的集成学习算法应运而生。bagging 和 boosting 是集成学习中的两大类算法。两者的相同点在于都是把相同类型的分类器集成在一起;两者的不同点在于 bagging 中基分类器的数据集是从原始数据中均匀随机采样得到的,因此训练得到的基分类器之间是相互独立的,而 boosting 中基分类器的数据集是通过带权重的采样得到的,这其中的权重依赖于上一个分类器的预测结果(分错的样本权重变大,分对的样本权重变小)。因此,boosting 中的各个基分类器是通过串行训练得到的,下一步的基分类器依赖于上一步的基分类器。此外,对于基分类器的权重设置,bagging 是一样的,而 boosting 不一样。随机森林是 bagging 集成算法里最具有代表性的一个算法。假设数据集 $\mathcal{D}_n$ 包含 $n$ 个样本 $(X, Y)$,其中 $X \in \mathbb{R}^D$。通过结合许多独立训练的决策树来形成森林,可以将每棵树的树构建过程作为数据空间的一个划分。也就是说,如果完整的数据空间是 $\mathbb{R}^D$,那么叶子节点是 $\mathbb{R}^D$ 的一个分区,每个分区是一个数据空间的超矩形单元。随机森林算法主要由以下三个部分组成,其算法流程图如图 9-7-1 所示。

样本 Boostrap 采样:在树构造开始时,设定给定数据集 $\mathcal{D}_n$ 中有放回的随机抽样同等数量的 $n$ 个数据点。这里的抽样是有放回的等权重抽样。

随机特征子空间选择：在每个采样得到的数据集上构建 CART 决策树。对于每个树节点，首先从原始的 $D$ 个特征中随机抽样出 MTRY 个特征（MTRY$<D$），然后从这 MTRY 个特征构成的特征子空间中选择分裂特征和分裂点。选择标准时分类问题中的最大不纯度下降或回归问题中最大均方差（MSE）下降。不断循环上述过程来逐个构造树节点，直到达到停止条件，如叶节点中的样本数目小于预先设定的阈值。

多数投票：每个基分类器决策树先独立地进行预测，然后随机森林通过对来自每棵树的结果进行多数投票的方式输出最终预测结果。

因此，随机森林算法有三个关键方面：① 向树中引入随机性的方法；② 单棵决策树构建方法；③ 集成每棵树的结果进行预测的方法。

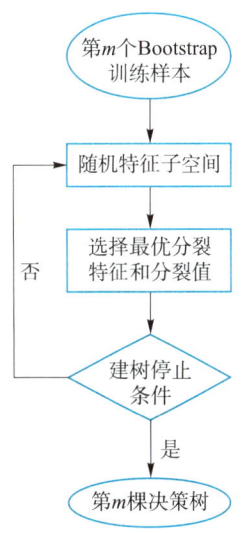

图 9-7-1　随机森林算法流程图

XGBoost 是一种基于梯度提升决策树的机器学习算法。它通过迭代地构建一系列弱学习器，并将它们组合起来形成一个强学习器，实现了对数据的拟合和对未来数据的预测。在 XGBoost 中，每个弱学习器都是一个决策树，通过梯度提升算法进行训练。这种算法的核心思想是不断优化模型，通过最小化损失函数来提高模型的预测精度。得益于其优化的梯度提升算法和高效的并行计算能力，XGBoost 具有高效的计算性能，能够在短时间内训练出高质量的模型；XGBoost 支持多种特征选择和特征转换，能够处理各种类型的数据集，并且还支持自定义损失函数和评估指标，使得模型训练更加灵活；XGBoost 通过正则化技术控制模型的复杂度，有效避免了过拟合现象，使得 XGBoost 在各种数据集上都具有强大的泛化能力；XGBoost 生成的决策树模型易于理解和解释，有助于更好地理解数据和模型。

结合以下统计学指标对模型预测结果进行评估（可参考 9.5.4 节），包括准确度（accuracy，ACC）、灵敏度（sensitivity，SEN）、精确度（precision）、$F$ 分数（$F$-score）。可参考 scikit-learn 软件包中的 metrics 模块。

## 三、硬件和软件

计算机；集成开发环境（Visual Studio Code/Jupyter Notebook）；Python 解释器（Python 3.12）；小麦颗粒近红外光谱数据；示例代码（在 Jupyter Notebook 中运行，可扫描二维码下载实验步骤中相关示例代码）。

实验 9-7　示例代码

## 四、实验步骤

### 1. 实验数据准备

（1）下载小麦颗粒近红外光谱数据（NIRS_DataSets：近红外光谱开源数据集）。

（2）对光谱数据进行预处理，分析光谱数据特征，解释光谱曲线形貌差异的原因。

（3）对光谱数据进行切割，以光谱数据总数的 70% 作为训练集、20% 作为测试集、10% 作为预测集。在训练集数据量不够的情况下，可通过使用乘积和斜率的随机变化来扩充光谱数据集，其中，乘积变化是训练集标准差的 $(1\pm0.1)$ 倍，斜率变化在 0.95~1.05 范围均匀随机调整。

**2. 构建基于 PLS-DA 算法的近外光谱分析模型**

（1）数据读取与编码：读取训练集与测试集数据（excel、csv、txt 等格式），并划分为特征变量 $x$ 与类别标签 $y$，并对标签 $y$ 进行编码转化为虚拟变量矩阵。

（2）构建 PLS-DA 模型：在 Python 中创建 PLSRegression 对象，设置潜变量数 $n_{component}$，使用 fit 方法拟合模型，并根据数据复杂性、预测性能、运算时长等因素对潜变量进行调整。

（3）模型预测：利用训练好的 PLS-DA 模型对测试集数据进行预测，得到预测概率矩阵，并根据预测结果对模型参量、编码等进行调优。

（4）模型评估与可视化分析：比较训练集和测试集性能分析模型拟合能力与泛化能力，绘制测试集的 PLS-DA 分类散点图。

（5）模型输出与预测分析：利用预测集数据输入至上述模型中，并对预测结果进行评估。

**3. 构建基于随机森林算法的近红外分析模型**

（1）学习随机森林示例代码，如学习 Python 的 scikit-learn 库计算随机森林特征重要性的示例代码。

（2）编制样品抽取代码：从训练集中使用自助采样法（Bootstrap sampling）抽取样本，形成多个子数据集。

（3）形成决策树：对每个子数据集，构建一个决策树。在每个节点，随机选择一部分特征进行分裂。

（4）寻找指定数量的决策树：重复上述过程，寻找最优化树的数量与随机选择的特征数量，构建分析模型。

（5）可视化分析预测结果：将测试集数据输入上述模型，并比较训练集与测试集的拟合能力。

（6）模型输出与预测分析：利用预测集数据输入至上述模型中，并对预测结果进行评估。

**4. 构建基于 XGBoost 算法的近红外光谱分析模型**

（1）数据准备：在使用 XGBoost 之前，需要对数据进行清洗、预处理和特征选择。这包括处理缺失值、异常值和重复值，以及选择与目标变量相关的特征。

（2）参数调优：XGBoost 具有许多可调参数，如学习率、树的最大深度、最小样本分割等，通过调整这些参数优化模型的性能。建议使用网格搜索或贝叶斯优化等方法进行参数调优。

（3）模型训练：使用 XGBoost 训练模型时，使用 Python 的 XGBoost 库（或其他语言）实现训练。一般来说，通过调用 fit 方法来训练模型，并使用 predict 方法进行预测。

（4）评估模型：常用的评估指标包括准确率、精确率、召回率和 F1 分数等。可以通过调用 XGBoost 的评估函数来获取这些指标的值。

（5）模型优化：如果模型性能不佳，可以通过调整参数、使用不同的特征或采用集成学习等方法不断尝试和调整，找到最优的模型配置。

**5. 对三种分析模型进行统计评估**

（1）利用位置光谱数据输入已构建模型，获得三种模型的预测结果。

（2）计算三种模型的准确率、精确率、召回率和 F1 分数等评价指标，对三种模型的预测性能进行对比。

（3）根据对比结果，优化三种模型的参数，分析讨论三种模型的优缺点。

## 五、数据处理与分析

（1）绘制预处理后的近红外光谱图，并对其特征进行分析。

（2）以散点图、柱状图等形式绘制光谱数据预测结果并进行分析。

（3）绘制上述模型的分类预测统计参量表格，并结合表格对模型性能、优缺点与优化方案进行分析和讨论。

## 六、思考题

（1）影响 PLS-DA、随机森林、XGBoost 模型预测结果的因素分别是什么？

（2）PLS-DA、随机森林、XGBoost 模型的优化方法是什么？如何将经典多变量分析算法（如 PCA）或机器学习算法（如 SVM）与这三个模型进行结合？

（3）结合其他光谱数据（如拉曼光谱、吸收光谱等），能否提出类似的分析模型？

## 七、参考文献

（西北大学　王爽）

# 实验 9-8A　基于拉曼光谱与卷积神经网络的病原菌鉴别

## 一、实验目的

（1）掌握卷积神经网络（CNN）的基础理论和模型架构，能够基于已有网络架构从头搭建指定超参数的网络结构。

（2）能够利用常见的去背景、降噪声的常用算法完成数据集的预处理。

（3）能够对已有模型进行微调，掌握迁移学习的基本思路与操作。

（4）能够发现卷积神经网络在化学分析中的应用对社会、环境、可持续发展的影响。

## 二、实验原理

细菌感染严重危害人类的生命，每年夺去超过 670 万人的生命。目前的诊断方法需要通过样本培养来检测和鉴定细菌及其抗生素敏感性,这一缓慢的过程即使在最先进的实验室也需要几天时间。因此,亟须发展快速、无须培养的感染诊断方法,以便及早开具针对性的抗生素避免不必要的治疗。拉曼光谱作为一种振动指纹光谱在鉴定细菌的种类和抗生素耐药性检测方面潜力巨大。这主要得益于不同的细菌表型具有独特的分子组成,使其对应的拉曼光谱存在细微差异。然而,由于拉曼散射效率低,这些细微的光谱差异容易被背景噪声掩盖。同时,即便通过较长的测量时间获得了高信噪比(SNR)的光谱,不同病原菌间微小的光谱差异依旧难以分辨。本质上来说,基于拉曼光谱实现病原菌鉴别属于多分类问题,可以通过化学计量学的一些策略实现。基于深度学习的化学计量学方法近年来发展迅速,它不但可以自适应地学习去背景、降噪声等光谱预处理操作以重构低质量信号,还可以从大量的拉曼光谱数据中捕捉关键特征,有效地提高捕捉信号特征的能力。卷积神经网络(可参考 9.6.3)是深度学习算法的重要分支,在解决拥有大量数据的非线性问题时表现出色。它主要由若干卷积层和池化层堆叠而成,如图 9-8A-1 所示。

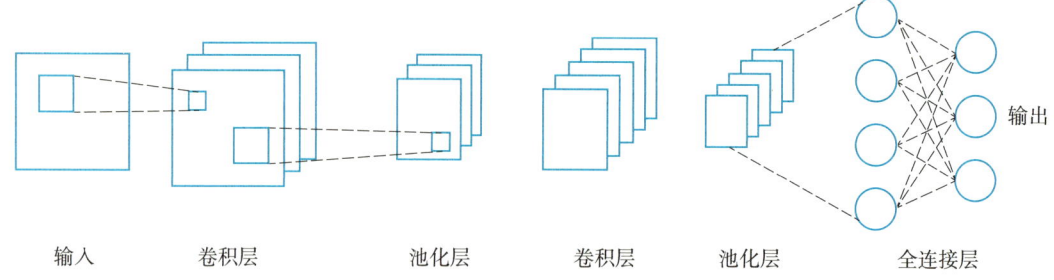

输入　　卷积层　　　　池化层　　　　卷积层　　　池化层　　　全连接层

图 9-8A-1　卷积神经网络的基本结构

2015 年,ResNet 作为卷积神经网络的重要变体,通过引入残差学习块,如图 9-8A-2 所示,缓解了梯度消失和梯度爆炸问题,使得训练非常深的神经网络成为可能。ResNet 在图像分类、数据生成、语义分割、图像增强领域均取得了巨大的成功,也为解决基于拉曼光谱实现病原菌鉴别提供了解决策略。例如,2019 年 Ho等人利用 ResNet 结合拉曼光谱对 22 种 30 株致病菌进行了快速鉴定,所采集的拉曼信号 SNR 比常规细菌光谱低一个数量级。尽管如此,ResNet 依旧能够准确识别不同的光谱,在 30 类细菌的定性分析任务上实现了超过 82% 的平均精度,优于传统的机器学习方法。最终的模型仅需要对每个患者的临床分离物采集 10 条光谱,即可实现 99.7% 的识别准确性。

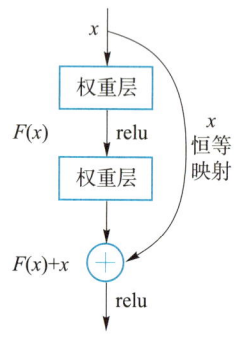

图 9-8A-2　ResNet
中的残差学习块

在实际应用中,为提高光谱数据质量,通常需要对原始光谱进行归一化、去基线和截取区间的光谱预处理,归一化的公式为

$$x = \frac{x - x_{\min}}{x_{\max} - x_{\min}} \tag{9.8A.1}$$

式中:$x$ 代表每个拉曼位移点对应的光谱强度,$x_{\min}$ 和 $x_{\max}$ 代表所有数据点中的最小值和最大值。去基线采用迭代自适应重加权惩罚最小二乘法(可参考 9.2.2 节)。由于本实验属于多分类任务,首先需对光谱进行卷积操作以提取不同病原菌的光谱特征,该过程可表示为

$$Z_{i,n} = \sum_{m \in C_{\text{in}}} W_{m,n} * X_{R_i,m} \tag{9.8A.2}$$

式中:$Z_{i,n}$代表第 $n$ 个输出特征光谱的第 $i$ 个元素,$C_{\text{in}}$ 为卷积操作的输入通道数量,$W_{m,n}$ 表示第 $n$ 个输出通道中第 $m$ 个卷积核的权重,$R_i$ 定义了第 $i$ 个计算区域,而 $X_{R_i,m}$ 表示第 $m$ 个输入通道上第 $i$ 个计算区域的光谱点集,符号 $*$ 是卷积操作中的互相关算符。

之后,被提取的光谱特征会输入一个基于多层感知机(MLP,图 9-8A-1)的线性分类器,由该分类器输出最终的分类结果($Y$)。该过程可被表示为

$$Y = \text{softmax}(WX + B) \tag{9.8A.3}$$

式中:$X$ 是输入的光谱特征,$W$ 为分类器的权重,$B$ 表示分类器的偏置,softmax 函数能够将线性变换后的第 $i$ 个特征映射到值域为 $[0,1]$ 的概率空间($y_i$),其具体表达式为

$$y_i = \frac{e^{x_i}}{\sum_j e^{x_j}} \tag{9.8A.4}$$

式中:$\sum_j e^{x_j}$ 累积了训练样本中所有 $j$ 个特征类别。同时,softmax 函数通常与交叉熵损失函数组合使用,交叉熵 $[H(p,q)]$ 的具体计算公式为

$$H(p,q) = -\sum_x p(x) \ln q(x) \tag{9.8A.5}$$

式中:$p(x)$ 为真实的标签,$q(x)$ 为模型预测的标签。基于此,卷积神经网络即可实现病原菌的鉴别。

### 三、硬件和软件

计算机;集成开发环境(Visual Studio Code/Jupyter Notebook);Python 解释器(Python 3.10);数据(药品拉曼光谱数据、病原菌数据集,训练好的模型参数);示例代码(在 Jupyter Notebook 中运行,可扫描二维码下载实验步骤中相关示例代码)。

实验 9-8A　示例代码

### 四、实验步骤

#### 1. 数据处理与收集

(1)导入第三方包 NumPy、Matplotlib、pandas、PyTorch、json 和 SciPy【参考示例代码:光谱前处理.ipynb】。

(2)利用正则表达式与 json、pandas 提取药物拉曼光谱数据集信息并构建数据标签【参考示例代码:光谱前处理.ipynb】。

(3)读取数据的光谱并通过 NumPy 打包,随后进行批量化的归一化、去背景、降噪声操作,利用 Matplotlib 绘制处理前后的光谱。

#### 2. 定义数据读取方式

(1)利用 numpy.load() 读取打包好的病原菌数据集(X_reference.npy、y_reference.npy、

X_finetune.npy、y_finetune.npy），用于训练、验证和微调。

（2）自行定义测试与验证集的比例，利用 np.random.shuffle（）打乱数据顺序，按比例划分。

### 3. 模型搭建与训练

（1）构建 ResNet 模型（包含 ResNet 主体和残差模块），定义模型参数（维度、通道、分类数、卷积核、步幅、填充、网络层数、激活函数等）。

（2）定义训练超参数（参数保存地址、学习率、优化器、轮次、样本量）。

（3）开始训练，观察训练与验证准确率的变化（根据情况停止训练并修改超参数），直至达到训练目标，查看保存地址是否存在 best_model.pth。

（4）利用 numpy.load（）读取打包好的病原菌测试数据集（X_test.npy、y_test.npy），通过写好的 get_predictions（）函数预测所有结果，并计算模型的准确度。

### 4. 探索实验——模型微调

修改模型代码，通过 cnn.load_state_dict（）读取预训练模型参数，利用（X_finetune.npy、y_finetune.npy）对模型进行微调，重新预测所有结果，计算模型的准确度并可视化预测结果的混淆矩阵。

### 5. 拓展实验

（1）自行设计或搭建其他结构的神经网络，或改变全连接层的维度等，比较其与实验中 ResNet 的差异和对预测性能的影响。

（2）基于 PyTorch，利用积分梯度法理解不同光谱范围对于模型判别的贡献，具体表达式为

$$I_i = x_i \int_0^1 \frac{\partial F(\alpha x)}{\partial x_i} \mathrm{d}\alpha \qquad (9.8\text{A}.6)$$

式中：$x$ 是输入光谱，$x_i$ 是输入光谱的第 $i$ 个拉曼位移的强度，$F$ 是需要解释的模型，$\alpha$ 是比例因子。

### 6. 实验结束

保存 Jupyter Notebook，导出训练日志与模型参数一并上传到指定位置，关闭计算机。

## 五、注意事项

（1）在使用参考代码中的函数时，请仔细阅读每个函数的注释内容，充分理解函数的功能（输入和输出），以防出现错误使用函数导致结果错误的情况。

（2）示例代码中非函数部分的代码仅供参考，为帮助理解，部分代码存在错误，需结合对模型及原理的理解修改后方可正常运行。

## 六、数据处理与分析

（1）可视化光谱预处理结果，尝试对比不同光谱处理方法对于模型预测能力的影响。

（2）使用多种不同的优化器及学习率，可视化不同组合训练相同 epoch 后的模型预测准确度。

（3）可视化混淆矩阵，并结合结果图表分析模型的预测能力，思考可能的改进方法。

## 七、思考题

（1）本实验中选择何种函数作为激活函数,为什么?

（2）在训练 ResNet 过程中哪几个超参数最重要? 如何选择?

（3）除本实验中用到的交叉验证,还有哪些方法可以评估模型的稳定性和泛化能力?

（4）对于极少量数据,应该采取何种训练策略?

（5）在实际应用中,往往涉及大量患者的数据及其个人隐私,有哪些手段可以有效地收集、存储、使用数据并同时保护患者的隐私? 另一方面,训练好的模型在临床诊断的可靠性又如何验证? 使用该模型最佳的方式是什么?

## 八、知识拓展

卷积神经网络在光谱分析领域的应用研究已经取得显著进展。除本节涉及的光谱分类任务外,官能团识别任务的研究也已十分深入（如 Chem. Sci.,2020,11:4618-4630;Anal. Chem.,2021,93:9711-9718;Chem. Sci.,2023,14:3600-3609 等）。多数方法均以论文的形式在期刊上发表,感兴趣的学生可自行查阅。

## 九、参考文献

（厦门大学　马昊）

## 实验 9-8B　基于拉曼光谱与深度学习的混合物组分识别

### 一、实验目的

（1）掌握拉曼光谱的基本原理,熟悉常见化合物的光谱特征。

（2）能运用 Python 实现从数据库中读取拉曼光谱数据。

（3）掌握使用卷积神经网络对拉曼光谱数据进行组分预测的原理和方法。

（4）能运用卷积神经网络对真实混合物样品的组分定性分析。

### 二、实验原理

拉曼光谱是一种非破坏性的光谱分析技术,可以获取分子结构信息。当分子受到单色激光照射时,会发生拉曼散射效应,产生频移的特征光谱峰。不同物质的拉曼光谱存在独特的指纹特征,可用于物质鉴别。然而,由于仪器、基体和采集条件的差异,同一物质的拉曼光谱可能出现谱峰的偏移,尤其是混合物拉曼光谱,为基于拉曼光谱的物质成分识别带来了很大的挑战。

深度学习是一种基于人工神经网络的机器学习方法,可以通过学习大量样本数据,自动提取特征并进行分类识别。为了构建深度学习模型所需的大量数据,采用光谱叠加的方式对光谱库中的纯物质光谱进行数据扩增,构建模拟混合物光谱。对每种纯物质而言,正样本为包含该物质的光谱,负样本则不包含该物质。通过一维卷积神经网络(可参考 9.6.3 节)对数据扩增后的拉曼光谱数据进行训练,建立单组分识别(特定组分的识别)模型,以预测混合物中存在的化合物,实现对样品组分的快速定性分析,如图 9-8B-1 所示。

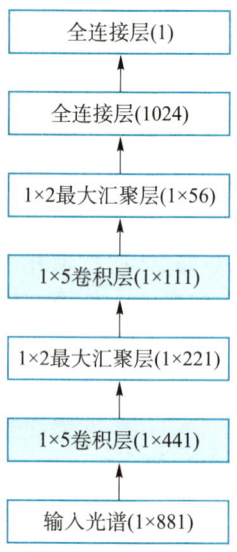

图 9-8B-1　一维卷积神经网络架构图

### 三、硬件和软件

计算机;集成开发环境(Visual Studio Code/Jupyter Notebook);Python 解释器(Python 3.12);数据(标准光谱库、真实混合物数据集);示例代码(在 Jupyter Notebook 中运行,可扫描二维码下载实验步骤中相关示例代码)。

　实验 9-8B　示例代码

### 四、实验步骤

**1. 导入相关包**

导入第三方包 sqlite3、Matplotlib、NumPy、PyTorch、Time 和 os【参考示例代码 1】。

**2. 准备数据集**

(1)编写拉曼光谱数据库读取函数【参考示例代码 2.1】,获取数据库中拉曼光谱信息,包括物质名称、积分时间、拉曼位移、拉曼强度值等。函数名称为 getSpectraFromDB( ),该函数输入拉曼光谱数据库保存路径,返回数据库中的拉曼光谱信息。

(2)编写拉曼光谱图绘制函数【参考示例代码 2.2】,绘制出数据库中所有物质的拉曼位移-拉曼强度图。函数名称为 plotSpectra( ),该函数输入数据库中的拉曼光谱信息,返回对应的拉曼光谱图。

(3)编写拉曼光谱强度值读取函数【参考示例代码 2.3】,从拉曼光谱信息中读取各种物质在不同拉曼位移下的拉曼光谱强度。函数名称为 getSpectraData( ),该函数输入拉曼光谱信息,返回拉曼光谱强度值数组,大小为(167,881),即为 167 条拉曼光谱,光谱长度为 881。

(4)编写数据扩增函数【参考示例代码 2.4】,对光谱库中的每条光谱进行光谱叠加,正负样本各 10000 个。扩增正样本和负样本的函数名称分别为 agumentSpectraPositive( )和 agumentSpectraNegative( ),该函数输入拉曼光谱强度值数组、光谱序号和扩增数量(默认值

为 10000），返回扩增后的拉曼光谱数组和标签数组，拉曼光谱数组大小为（10000,881），即为 10000 条光谱，光谱长度为 881，标签数组大小为（10000,1），即为 10000 条光谱对应的 10000 个标签，正样本标签值为 1，负样本标签值为 0。

（5）编写数据集划分函数【参考示例代码 2.5】，先将扩增后的数据集乱序，再按照 8∶1∶1 的比例划分为训练集、验证集和测试集。函数名称为 splitDataset（），该函数输入扩增后的数据集和标签文件保存路径，返回训练集数据、训练集标签、验证集数据、验证集标签、测试集数据和测试集标签。

### 3. 搭建基于卷积神经网络的深度学习模型

（1）编写卷积神经网络架构【参考示例代码 3.1】，用于判断一个拉曼光谱样本是否含有某种特定组分。类的名称为 Model(nn.Module)，模型中包含一系列的卷积层、批量归一化层、激活函数和汇聚层，如图 9-8B-1 所示，能够对输入的光谱数据进行特征提取和降维处理，经过两层卷积和汇聚层后，数据被展平成一维向量，并传入两个全连接层，最后通过 sigmoid 激活函数得到一个标量输出，表示光谱属于正类的概率。模型的输入为大小为（批次大小，1，光谱长度）的张量，其中批次大小（batch size）表示一次输入的样本数量；模型的输出为一个 0 到 1 之间的标量，表示输入光谱属于正类的概率。一般将 0.5 设置为输出的阈值，高于阈值则认为光谱属于正类，即光谱中含有某种特定组分。

（2）编写模型加载数据集类【参考示例代码 3.2】，通过索引访问对应的输入数据和标签。这个类由三个函数组成，分别是构造函数、索引函数和长度函数。构造函数的名称为 __init__（），该函数输入拉曼光谱数据和对应的标签；索引函数的名称为 __getitem__（），该函数输入索引值，根据给定的索引值获取对应的输入数据样本，并转换为 PyTorch 的 torch.Tensor 类型，返回一个包含输入数据和标签数据的元组；长度函数的名称为 __len__（），它返回整个数据集的大小。

（3）编写模型训练函数【参考示例代码 3.3】，将训练集和验证集分别用于模型的训练和验证，记录训练集和验证集的损失值和准确率，保存训练好的模型参数。函数的名称是 train（），该函数输入训练集的文件路径、训练集标签的文件路径、验证集的文件路径、验证集标签的文件路径、训练时的批次大小、学习率、权重衰减系数、epoch 及组分名称，返回一个训练好的模型参数。

（4）编写模型测试函数【参考示例代码 3.4】，加载训练好的模型，在测试集上进行预测和评估。函数名称为 test（），该函数输入测试集的文件路径、测试集标签的文件路径、训练好的模型参数、批次大小和 epoch，返回模型在测试集上的准确率。

（5）编写真实组分预测函数【参考示例代码 3.5】，将真实混合物光谱依次输入训练好的 167 个标准光谱识别模型，得到预测的组分。该函数的输入为模型存储的目录、真实测试数据集路径及真实数据集标签，打印出组分预测的结果及准确率。

### 4. 模型训练与评估

（1）从数据库中导入拉曼光谱数据，绘制出拉曼光谱图（示例图为第一种化合物），并对第一种化合物的光谱进行数据扩增得到扩增数据集及对应的标签，划分为训练集、验证集和测试集【参考示例代码 4.1】。

（2）利用训练集对模型进行训练，利用验证集对模型超参数进行优化【参考示例代码 4.2】。可以调整模型的超参数，如学习率（learning rate）、批次大小、epoch 等，观察训练集和验证集的损失值和准确率变化曲线,优化训练效果。保存优化后的最终模型。

(3)利用测试集对模型性能进行评估【参考示例代码 4.3】,在测试集上计算模型识别准确率(accuracy,ACC)。

**5. 利用模型在真实混合物数据集上预测组分**

将训练好的模型应用在真实混合物数据集上【参考示例代码 5】,得到每个真实混合物的预测组分,并计算模型识别准确率。

## 五、注意事项

(1)在使用参考代码中的函数时,请仔细阅读每个函数的注释内容,充分理解函数的功能(输入和输出),以防出现错误使用函数导致结果错误的情况。

(2)示例代码中非函数部分的代码仅供参考,实际实验过程中需结合实际情况灵活改动。

(3)本节使用的拉曼光谱数据已经过预处理,无须再进行预处理操作。

(4)示例代码是 1,4-苯醌的模型构建流程,实验操作则是对光谱库中 167 种化合物完成模型构建,并完成真实混合物数据集上的组分预测。因此需参考示例代码并结合实验步骤完成建模过程。

## 六、数据处理与分析

(1)使用 Matplotlib 对光谱库数据进行可视化分析(绘制拉曼光谱图)。

(2)将处理好的光谱数据转换为适合深度学习输入的张量格式。

(3)记录模型训练中使用的超参数(epoch、批次大小、学习率),可视化模型在训练集和验证集上的损失(loss)和准确率曲线,分析模型收敛情况。

(4)计算模型在测试集(模拟混合物)和真实混合物数据集上的组分识别准确率。ACC 的公式为

$$ACC = \frac{TP+TN}{TP+TN+FP+FN}$$

式中:TP、FP、TN 和 FN 分别代表真阳性、假阳性、真阴性和假阴性。在二分类任务中,样本被标记为正样本或负样本。如果预测值和实际值都为正,则为 TP;如果预测值和实际值均为负,则为 TN;如果预测值为正,而实际值为负,则为 FP;如果预测值为负,而实际值为正,则为 FN。

## 七、思考题

(1)选择深度学习方法进行组分识别,相比传统机器学习方法有何优点?

(2)在训练过程中,发现哪些超参数对结果影响较大?

(3)为什么可以通过光谱叠加的方式获取模拟混合物光谱?

(4)模型架构还有哪些可以优化的地方?

## 八、知识拓展

除了单一的拉曼光谱技术,结合其他光谱测试方法如红外光谱(infrared spectroscopy,

IR)、X 射线衍射(X-ray diffraction,XRD)等,采用多模态融合的方法可以进一步提高混合物组分识别的精度。不同光谱技术能够从互补的物理化学角度提取样品的特征信息,融合这些信息有助于构建更加全面的分析模型。此外,多模态融合还能增强模型的稳健性,提高抗噪声干扰的能力。

在复杂混合样品分析中,除了基于深度学习的组分识别,也可以探索结合化学计量学方法进行定量分析。化学计量学能够建立起光谱信号与样品成分浓度之间的定量关系模型,为精准的定量分析提供支撑。例如,非负弹性网络(non-negative elastic net,NN-EN)能够计算出混合物样品中存在的纯组分的浓度。结合深度学习的特征提取能力和化学计量学的定量分析优势,可以更好地解决复杂混合物样品中微量成分的检测问题。

## 九、参考文献

(中南大学　谭琳、卢红梅)

# 实验 9-9A　图神经网络预测反相液相色谱保留时间

## 一、实验目的

(1)掌握反相液相色谱保留时间的基本概念,清楚化合物结构的分子图表示形式。

(2)理解图神经网络的基本原理,掌握其在化学数据中的应用方法。

(3)掌握图神经网络的训练过程和代码实现,包括数据集的下载和预处理、数据集划分、模型构建和训练方法。

(4)掌握图神经网络模型训练过程中的损失曲线可视化、性能评估及预测结果分析的方法。

## 二、实验原理

液相色谱-质谱联用(LC-MS)是一种将液相色谱的高分离能力和质谱的质量分析能力结合起来的分析技术,是复杂样品分析的主要平台。在 LC-MS 中,具有相同化学式和相似碎裂模式的化合物具有相似的 MS/MS 谱图,仅依靠 MS/MS 谱图难以分析这些化合物。由于这些化合物在特定的色谱体系下通常表现出不同的保留时间(retention time,$t_R$)值,因此可以借助其 $t_R$ 的不同提供与质谱正交的结构信息。由于现有的实验 $t_R$ 数据库的覆盖率不足,开发快速准确的 $t_R$ 预测方法,对促进未知化合物的结构分析有重要的意义。图神经网络(GNN)(可参考 9.6.4 节)因其能够直接处理图结构数据,在各种化学问题上表现出卓越的性能。利用公开的大规模 METLIN 小分子保留时间数据集(small molecule retention time dataset,SMRT)训练分子图神经网络(molecular graph neural network,MGNN),使其学习分子结构与 $t_R$ 之间的映射关系,从而实现未知化合物的 $t_R$ 预测。

　　小分子是可以用图结构表示的实体,分子图可以表示为 $G = (V, E)$,其中 $V$ 是原子集合,$E$ 是化学键集合。$\nu_i \in V$ 表示第 $i$ 个原子,$e_{ij} \in E$ 表示第 $i$ 个原子和第 $j$ 个原子之间的化学键。如图 9-9A-1 所示,利用 Weisfeiler-Lehman 算法提取 $r$-半径子图,将分子图信息嵌入低维实值向量。$r$-半径子图包括与核心原子相距半径 $r$ 内的相邻原子和键,$r$ 值等于从一

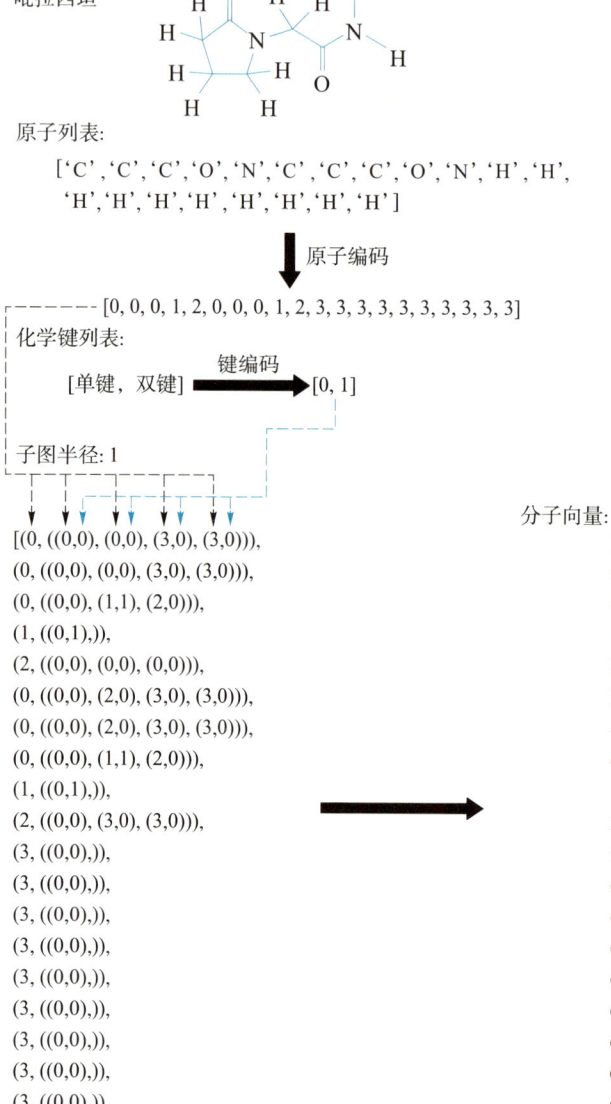

图 9-9A-1　分子向量计算示意图

个核心原子到另一个原子的键数。当半径等于 1 时,子图由核心原子、相邻原子和键的信息组成。每一个子图包括核心原子的类型,相邻原子的类型及核心原子与相邻原子之间化学键的类型,分子中的所有子图都被编码成一个实值以形成分子向量,作为 MGNN 的输入。

MGNN 使用图结构和节点特征 $\boldsymbol{x}_\nu$ 来学习一个节点的向量表示 $\boldsymbol{h}_\nu$ 或整个图的向量表示 $\boldsymbol{h}_G$。形式上,MGNN 的第 $k$ 层可以定义为

$$\boldsymbol{a}_\nu^{(k)} = \mathrm{AGGREGATE}^{(k)}(\{\boldsymbol{h}_u^{(k-1)}, u \in N_{(\nu)}\}) \tag{9.9A.1}$$

$$\boldsymbol{h}_\nu^{(k)} = \mathrm{COMBINE}^{(k)}(\boldsymbol{h}_\nu^{(k-1)}, \boldsymbol{a}_\nu^{(k)}) \tag{9.9A.2}$$

$$\boldsymbol{h}_\nu^{(0)} = \boldsymbol{x}_\nu \tag{9.9A.3}$$

$$G = \mathrm{POOL}(H_i, 1 \leqslant i \leqslant n) \tag{9.9A.4}$$

式(9.9A.3)为节点 $\nu$ 的初始化过程,$\boldsymbol{h}_\nu$ 为节点 $\nu$ 在第 $k$ 次迭代或第 $k$ 层的特征向量,$\boldsymbol{h}_u^{(k-1)}$ 为节点 $\nu$ 相邻节点在第 $k-1$ 次迭代或第 $k-1$ 层的特征向量。MGNN 通过聚合邻居节点特征更新节点状态。MGNN 的输出函数依据学习任务而定。对于包括 $t_R$ 预测在内的回归任务,可以利用池化函数从最后一次的迭代结果中聚合所有节点特征,得到整个图的特征向量 $\boldsymbol{h}_G$。将 MGNN 输出的图特征向量输入全连接层,可以得到 $t_R$ 的预测值。

### 三、硬件和软件

计算机;集成开发环境(Visual Studio Code/Jupyter Notebook);Python 解释器(Python 3.12);示例代码(在 Jupyter Notebook 中运行,可扫描二维码下载实验步骤中相关示例代码)。

实验 9-9A　示例代码

### 四、实验步骤

**1. 导入相关包和函数,下载并预处理 SMRT 数据集**

(1)导入第三方包 Requests、os、tqdm、RDKit、NumPy、PyTorch、collections、sys、timeit、pickle、scikit-learn 和 Matplotlib【参考示例代码 1.1】。

(2)下载 SMRT 数据集压缩包,并进行解压缩【参考示例代码 1.2】。从指定的 URL 下载 SMRT 数据集的压缩文件时可能会耗费较长时间。

(3)编写 SMRT 数据集预处理函数并调用该函数【参考示例代码 1.3】。预处理函数名称为 smrt_preprocess(),该函数输入 SMRT 原始数据保存路径,返回 DataFrame 数据结构,包含化合物 SMILES 字符串和对应的 $t_R$ 值。该函数从 .sdf 文件中批量读取化合物结构信息和 $t_R$ 信息、删除其中的离子化合物和未保留化合物。

**2. 生成模型训练、验证和测试数据集**

(1)按照 8∶1∶1 的比例随机划分训练集、验证集和测试集【参考示例代码 2.1】。数据集的随机划分可以通过函数 train_test_split() 实现。

(2)初始化字典,用于存储作为图神经网络输入的原子、键、指纹和边的特征,设置指纹提取半径和配置设备【参考示例代码 2.2】。字典初始化可以通过函数 defaultdict() 实现。根

据系统配置选择计算设备,在有 GPU 的环境下,使用 GPU 加速计算,提高训练和推理的效率。

　　(3)编写原子特征编码函数、键特征编码函数、分子指纹提取函数和数据集生成函数【参考示例代码 2.3】。原子特征编码函数名称为 create_atoms( ),该函数输入 RDKit 的分子表示 rdkit.Chem.rdchem.Mol 和初始化的原子特征字典,返回原子特征数组。键特征编码函数名称为 create_ijbonddict( ),该函数输入 RDKit 的分子表示 rdkit.Chem.rdchem.Mol 和初始化的键特征字典,返回化学键特征字典,包含键连接的原子类型和键类型。分子指纹提取函数名称为 extract_fingerprints( ),该函数输入指纹提取半径、原子特征数组、化学键特征字典、初始化的指纹字典和初始化的边特征字典,返回分子指纹数组。数据集生成函数名称为 create_dataset( ),该函数输入实验步骤 2(1)生成的 DataFrame 数据,返回用于图神经网络训练的数据集,包括分子的图表示(指纹和邻接矩阵)及对应的 $t_R$ 值。该函数调用了预定义的函数 create_atoms( )、create_ijbonddict( )和 extract_fingerprints( )。

　　(4)调用 create_dataset( )函数生成模型训练集、验证集和测试集。

**3. 构建图神经网络模型**

　　(1)继承 PyTorch 的基类 nn.Module,编写分子图神经网络模型类 MolecularGraphNeuralNetwork,它包含了填充函数、更新函数、池化函数、图神经网络层函数、多层感知机函数和前向传播函数【参考示例代码 3.1】。填充函数名称为 pad( ),该函数输入被填充前的矩阵和填充值,返回被填充后的矩阵。更新函数名为 update( ),该函数输入邻接矩阵、当前的特征向量和当前层数,返回新的特征向量。该函数对当前层的特征向量进行线性变换并通过激活函数,使用邻接矩阵聚合邻居节点的信息。将聚合后的特征向量与原特征向量相加,得到更新后的特征向量。池化函数包括求和函数 sum( )和求平均函数 mean( ),该函数输入节点特征向量集合,返回聚合后的图特征向量。图神经网络层函数名称为 gnn( ),该函数的输入是一个元组,包含四个元素:Smiles,一个包含 SMILES 字符串的列表,每个字符串表示一个分子。fingerprints,一个包含指纹(特征)向量的列表,每个向量表示一个分子的指纹向量。adjacencies,一个包含邻接矩阵的列表,每个矩阵表示一个分子的节点连接信息。molecular_sizes,一个包含每个分子节点数量的列表。该函数的输出为 SMILES 字符串和分子图特征向量。多层感知机函数名称为 mlp( ),该函数输入 GNN 提取的分子向量,输出预测的 $t_R$ 值。前向传播函数名称为 forward_regressor( ),该函数输入一个批次的数据和指示是否在训练模式下运行的布尔值,当进行模型测试时,输出 SMILES 字符串、预测的 $t_R$ 值和实验 $t_R$ 值;当进行模型训练时,返回 MSE 损失。

　　(2)编写训练器(Trainer)类和测试器(Tester)类,用于训练和评估 GNN 模型【参考示例代码 3.2】。训练器包含了训练函数 train( ),该函数输入训练数据集,调用 forward_regressor( )函数计算损失,调用 torch.optim 的 Adam 优化器反向传播计算梯度,并更新模型参数,输出总损失值。测试器包含了测试回归函数、平均绝对误差(mean absolute error, MAE)保存函数、预测结果保存函数和模型参数保存函数。测试回归函数名称为 test_regressor( ),该函数输入测试数据集,调用 forward_regressor( )函数进行预测,输出 MAE 和预测结果。平均绝对误差保存函数名称为 save_MAEs( ),该函数输入 MAE 和文件保存路径,将 MAE 写入指定路径文件中。预测结果保存函数名称为 save_predictions( ),该函数输入预测结果和文件保存路径,将预测结果写入指定路径文件中。模型参数保存函数名称为 save_model( ),该函数输入模型实例和文件保存路径,将模型参数保存到文件中。

（3）初始化模型训练的超参数，以及配置训练结果保存的路径【参考示例代码 3.3】。

（4）初始化分子图神经网络模型及其相关的训练器和测试器【参考示例代码 3.4】。通过 os.mkdir( )创建结果保存的文件夹，使用给定的参数 N、dim、layer_hidden 和 layer_output 初始化 MolecularGraphNeuralNetwork 模型，将模型实例传递给 Trainer 和 Tester 类进行训练和测试。

### 4. 模型的训练和评估

（1）设置文件路径并创建一个保存训练和测试结果的文件【参考示例代码 4.1】。

（2）模型的训练和评估，并在每个 epoch 结束时记录和打印相关的指标【参考示例代码 4.2】。调用 np.random.seed( )函数设置随机种子，以确保可重复的结果。调用 timeit.default_timer( )函数开始计时，以记录训练时间。训练过程在 iteration 个 epoch 内进行。每隔 decay_interval 个 epoch，衰减学习率为 lr * lr_decay。将模型设置为训练模式（model.train( )）并执行训练。在每个 epoch 结束时，将模型设置为评估模式（model.eval( )），并在训练集、验证集和测试集上评估模型的表现。记录训练损失、训练集 MAE、验证集 MAE 和测试集 MAE，保存每个 epoch 的结果到文件中，并打印每个 epoch 的结果。在第一个 epoch 结束后，调用 timeit.default_timer( )函数得到当前时间，并计算预计的总训练时间，打印信息。在训练过程中，如果当前 epoch 的验证集 MAE 优于之前的最佳 MAE（MAE_best），则保存模型并重置早停计数器。否则，增加早停计数器。如果早停计数器达到指定值（patience），则提前停止训练并打印相关结果。

### 5. 可视化模型训练过程及在测试集上的性能

（1）可视化训练过程中的损失曲线【参考示例代码 5.1】。调用 pd.read_table( )函数读取训练过程中的损失数据，调用 plt.plot( )函数绘制训练集、验证集和测试集的损失曲线。在图中添加标签、图例、坐标轴标签。调用 plt.savefig( )函数将表保存到指定路径，并以 300 dpi（dpi 为每英寸点数，1 英寸 = 2.54 cm）保存为 TIFF 格式。调用 plt.show( )函数展示。

（2）对训练集和测试集进行预测并保存预测结果【参考示例代码 5.2】。创建 MolecularGraphNeuralNetwork 模型实例，调用 torch.load( )函数从文件 file_model 加载保存的模型参数，并将其加载到模型中。设置模型为评估模式（model.eval( )），创建 Tester 类的实例，用于测试模型性能。调用 tester 实例中的 forward_regressor( )函数预测训练集和测试集的 $t_R$ 值，并将训练集和测试集的预测结果分别保存到指定文件。

（3）计算模型在测试集上的各种性能指标【参考示例代码 5.3】，包括决定系数（$R^2$）、平均绝对误差（MAE）、中位数绝对误差（median absolute error，MedAE）、中位数相对误差（median relative error，MedRE）和平均相对误差（mean relative error，MRE）。所有指标可使用 sklearn.metrics 模块中的相关函数计算。

（4）绘制测试集的预测 $t_R$ 与实际 $t_R$ 的对比图【参考示例代码 5.4】。使用 plt.plot( )函数绘制预测值（predict）与实验值（correct）的散点图。在图表中添加文本注释，包括 $R^2$、MAE、MedAE、MRE 和 MedRE。调用 plt.savefig( )函数将图保存到指定路径，并以 300 dpi 保存为 TIFF 格式。调用 plt.show( )函数展示。

### 五、注意事项

（1）在使用参考代码中的函数时，请仔细阅读每个函数的注释内容，充分理解函数的功能(输入和输出),以防出现错误使用函数导致结果错误的情况。

(2)在运行代码时,注意处理可能出现的异常。例如,检查文件读写操作是否成功,避免路径错误或权限问题导致的失败。

(3)确保代码和实验的复现性。例如,在划分训练集、验证集和测试集时设置随机种子以保证划分结果的一致性。

(4)示例代码中使用的参数(如 dim,layer_hidden,layer_output,batch_train,batch_test,lr,lr_decay,decay_interval,iteration,patience,$N$,save_path,dataname)应根据数据集和实验目标进行合理设置,理解每个参数的含义和影响是必要的。

## 六、数据处理与分析

(1)绘制训练过程中损失变化曲线图,并分析训练过程中的损失收敛情况。

(2)绘制并分析测试集上预测 $t_R$ 值与实际 $t_R$ 值的散点图,结合各种评价指标评估模型预测的准确性。

(3)加载训练后的模型,预测下列三个分子的 $t_R$ 值,这三个分子的 SMILES 字符串分别是 "CCSc1nc2c(s1)c(=O)n(-c1ccccc1)c(=O)n2CC(=O)NCc1ccccc1",

"O=C(NCCCN1CCCC1=O)c1ccc(-n2nnc3cccnc32)cc1",

"CCOC(=O)CC1=CC(SCC(=O)N(C)c2ccccc2)=Nc2ccccc2N1"。

## 七、思考题

(1)SMRT 数据集预处理步骤中为什么要删除未保留化合物,这一操作是否可以提高模型的训练效果和预测性能?

(2)结合训练过程中损失变化曲线,对比模型在训练集和测试集上的评价指标大小,判断这些指标之间是否存在明显差异。如果存在,可能的原因是什么?

(3)讨论不同超参数组合对模型性能的影响。是否有更优的超参数组合?

(4)SMRT 数据集中收录的 $t_R$ 值是在反相液相色谱条件下测得的,基于这个数据集训练的模型能否直接应用于其他色谱体系的 $t_R$ 值预测? 如果不能,可以采用怎样的策略?

## 八、知识拓展

实验 $t_R$ 通常采用反相液相色谱法(reversed-phase liquid chromatography,RPLC)和亲水相互作用液相色谱法(hydrophilic interaction liquid chromatography,HILIC)测量。目前,已经有一些公开可用的实验 $t_R$ 数据集。例如,SMRT 数据集是最大的实验 $t_R$ 数据集,它涵盖了在 RPLC 上分析的 80038 个小分子。RIKEN 数据集包含 852 种植物代谢物的 RPLC $t_R$。Fiehn HILIC 数据集包含了大约 1000 种主要代谢物和生物胺的 HILIC $t_R$。利用这些公开的数据集可以构建快速准确的 $t_R$ 预测模型,从而促进未知化合物的大规模结构分析。

在过去几十年中,由于缺乏具有实验 $t_R$ 的大规模数据集来训练模型,阻碍了用于 $t_R$ 预测的深度学习模型的发展。大部分方法利用较小的数据集,开发不同的机器学习方法来预测 $t_R$。它们通常利用分子的物理化学性质、分子描述符、分子指纹或它们的组合作为输入。最近,GNN 在各种化学预测问题上表现出卓越的性能。结合公开的大规模 SMRT 数据集,已经开发了许多先进的 GNN 模型,用于准确预测 $t_R$,如 GNN-RT、GNN-TL、DNNpwa、MDC-ANN

和 DeepGCN-RT 等。这些方法均以论文的形式在期刊上发表,感兴趣的学生可自行查阅。

### 九、参考文献

(中南大学　谢亭、卢红梅)

## 实验 9-9B　基于图神经网络预测能量、偶极矩、极化率等分子属性

### 一、实验目的

(1) 能够阐述图神经网络的基本原理,搭建简单的图神经网络。
(2) 能够完成分子基本属性如能量、HOMO、LUMO 等标量属性的预测任务。
(3) 能够完成分子张量属性(偶极矩、极化率等)的预测。
(4) 了解等变图神经网络在张量属性预测任务中的优势,把握领域前沿研究。

### 二、实验原理

分子属性是分子结构的低维表示,可以作为描述符关联分子特定的性质与功能。因此,分子属性预测是理论化学、化学信息学和药物发现等领域的核心任务之一。快速、准确地预测分子的属性对于理解和设计新分子具有极其重要的意义。然而,传统方法通常依赖复杂的化学实验和计算密集型的量子化学计算,这些方法耗时且成本高昂。近年来,图神经网络(GNN)(可参考 9.6.4 节)已在社会科学、交通、生物信息学等多个领域得到广泛的应用。由于 GNN 能够有效地处理图结构数据,十分适合表达与分析具有天然图结构的分子,如将分子中的原子作为节点,化学键作为边的分子图。因此,GNN 有望提供一种快速、简便的分子属性预测方法。GNN 可以分为递归图神经网络、卷积图神经网络、图自编码器等,其中以卷积图神经网络最为流行,也是本实验所使用的框架。其主要思想是通过汇总节点自身的特征 $h_i^l$ 和邻居的特征 $h_j^l$ 来生成下一层节点 $h_i^{l+1}$ 的特征表示,如图 9-9B-1 所示。具体来说,隐藏层第 $l+1$ 层的特征表示为

$$h_i^{l+1} = f\left(W^l \cdot \frac{\sum_{j \in N_i} h_j^l}{|N_i|} + B^l \cdot h_i^l\right) \tag{9.9B.1}$$

式中:$f$ 为传递方程,$N_i$ 为节点 $i$ 的邻居节点数,$W^l$ 和 $B^l$ 分别为第 $l$ 层可学习的权重。模型通过不断学习优化权重、拟合方程,最终实现分子属性的预测。

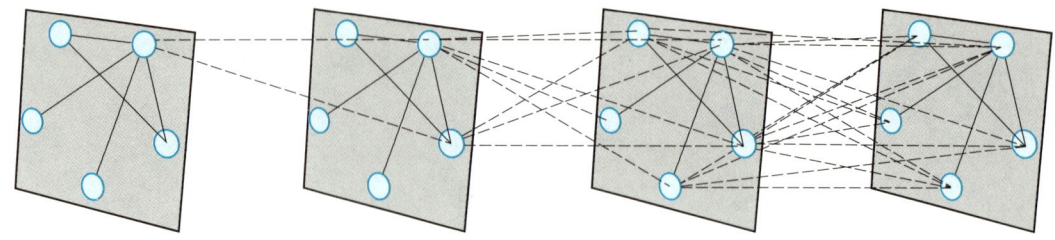

图 9-9B-1    卷积图神经网络消息传递示意图

对于具有三维立体结构的分子,所预测属性也有标量与张量之分。例如,熔点、沸点、溶解度、HOMO、LUMO、热力学中的各种能量等为标量,它们不随分子的旋转而发生变化;而偶极矩、极化率等为张量,有大小、方向且随分子的旋转而发生变化。这就涉及了两个重要的概念,即不变性和等变性。不变性是指经过旋转或平移操作前后,预测输出结果相同。这本质上是因为无论分子坐标进行何种旋转和平移操作,作为模型输入的分子图是不变的。这种不变性与分子的标量特性相符。例如,一个分子发生了旋转,其原子坐标发生变化,但其电子能量不发生变化。模型不变性的理论公式为

$$f(T(x)) = f(x) \tag{9.9B.2}$$

式中:$x$ 是输入数据,$f$ 表示模型,$T$ 表示对于输入数据进行的变换操作。SchNet、DimeNet、SphereNet 是不变性 GNN 模型的代表。

但模型的不变特性与分子的张量特性相悖。例如,一个分子在空间中旋转,其偶极矩和极化率必然也会随之相应变化,故不再适用于不变性模型。因此,在分子图输入进行相应变换的同时,模型的预测输出也会按照相同的规律进行变换,即模型等变性,其理论公式为

$$f(T(x)) = T^*(f(x)) \tag{9.9B.3}$$

式中:$T^*(f(x))$ 表示对于模型 $f$ 的输出应用与输入数据 $x$ 变换操作 $T$ 相对应的变换操作 $T^*$。以本实验中最终预测的拉曼光谱为例[可参考《化学测量学实验(中册)》的 8.1 节],任意一个振动模的极化率张量导数为 3×3 的矩阵。以第 $m$ 个振动模为例,不同朝向的分子极化率张量导数($\alpha_m^{new}$)应为原始朝向极化率张量导数($\alpha_m^{Init}$)通过旋转矩阵($\boldsymbol{R}$)变换后得来,而非不变的矩阵。对于该变换的矩阵表达式为

$$\alpha_m^{new} = \boldsymbol{R}^T \cdot \alpha_m^{Init} \cdot \boldsymbol{R} \tag{9.9B.4}$$

因此,将已知分子坐标进行一定旋转后重新作为输入,比较预测前后特征值的变化是判断模型是否具有等变性的最简便方法。

2021 年,Batzner 等人提出了等变消息传递模型 NequIP(neural equivariant interatomic potentials)。该模型使用高阶几何张量信息替代标量特征,进行消息传递和节点更新,在消息传递和节点更新的过程中保留分子的方向信息。最终实现了模型的等变性及对分子张量属性的预测。如图 9-9B-2 和图 9-9B-3 所示。

高精度预测分子的张量属性对于预测分子光谱极其重要(可阅读本实验的"知识拓展"部分)。例如,基于获得的完整 Hessian 矩阵可计算拉曼位移特征峰位置,结合获得的极化率张量导数,可以计算拉曼强度:

$$I_m = C(\omega_0 - \omega_i)^4 \frac{h}{\omega_i\left(1 - e^{\left(-\frac{hc\omega_i}{kT}\right)}\right)} S_m \tag{9.9B.5}$$

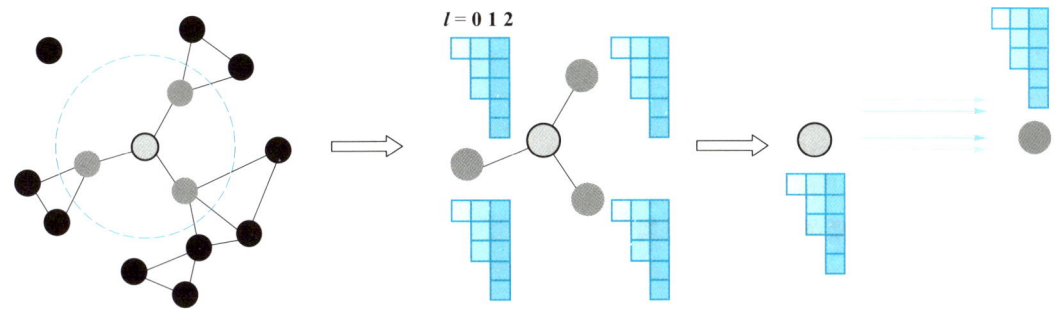

图 9-9B-2　原子的张量表示

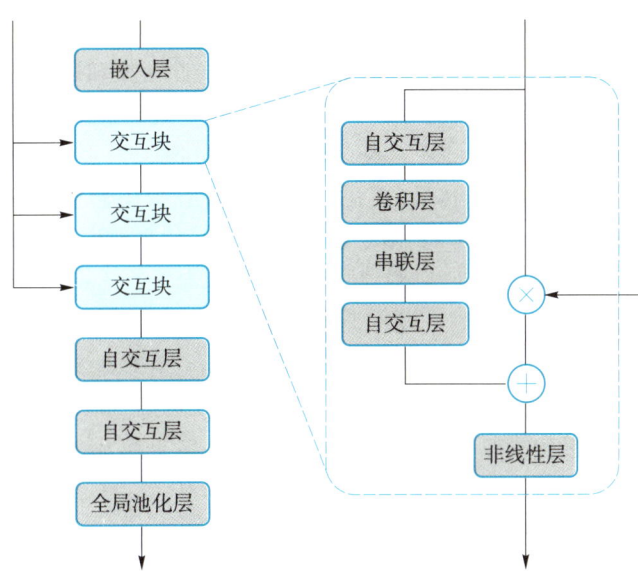

图 9-9B-3　NequIP 网络架构图

式中：$C$ 是系数，$h$ 是普朗克常量，$k$ 是玻耳兹曼常数，$T$ 是热力学温度，$\omega_0$ 和 $\omega_i$ 分别为入射光和拉曼散射光频率，$S_m$ 是拉曼活性。再进一步以洛伦兹展宽（也可尝试高斯展宽）绘制拉曼光谱：

$$\mathrm{Spectrum} = \frac{\mathrm{FWHM}}{2\pi}\frac{I_m}{(\omega-\omega_i)^2+0.25\times\mathrm{FWHM}^2} \qquad (9.9B.6)$$

式中：$\omega$ 为光谱点，$\omega_i$ 为拉曼位移，FWHM 为谱峰的半高全宽（半峰宽）。

## 三、硬件和软件

计算机；集成开发环境（Visual Studio Code/Jupyter Notebook）；Python 解释器（Python 3.10）；数据（QM9，QM9S，训练好的 pth 模拟参数）；示例代码（在 Jupyter Notebook 中运行，可扫描二维码下载实验步骤中相关示例代码）与参考示例。

实验 9-9B　示例代码与参考示例

## 四、实验步骤

### 1. 环境的部署

导入第三方包 Numpy、Rdkit、Matplotlib、Torch、Scipy、Sklearn、Torch_geometric、e3nn、Torch_scatter、tqdm、Pandas 和 os。

### 2. 基于 QM9 预测分子的标量属性

（1）通过 pandas 与 rdkit 读取 data 中的 QM9 数据集，并用 torch 将 QM9 数据集打包成 qm9.pt 文件【参考示例：数据准备.ipynb】。

（2）调用预定义的 load_qm9s( )函数读取其中 6 个物理量，并生成训练集和测试集；通过类 InvariantGNN 实现核心模型的搭建，采用两个 GCNConv 层对分子图的节点特征进行提取与变换，两个 Linear 层（lin1 与 lin2）对图向量进行非线性变换和回归预测，最终输出一个标量（如分子能量或偶极矩模长）。

（3）编辑函数 train(model, loader, optimizer, criterion, device)定义模型训练的逻辑与参数：将训练样本送入模型进行前向传播，使用 MSELoss 计算损失后执行反向传播更新参数。函数 test(model, loader, criterion, device)用于在测试集上评估当前模型性能。

（4）基于 main( )函数完成训练：首先通过命令行参数（argparse）配置实验超参数，如--epochs、--lr、--train_batch_size 等。观察训练与验证准确率的变化（根据情况停止训练并修改参数），直至达到训练目标，可视化 MSE 的变化并查看保存地址是否存在 best_ model.pt。

（5）模型训练完成后，通过函数 evaluate(test_loader, model, device)对测试集执行最终评估。该函数加载保存的最优模型权重（torch.load），并对每个样本进行预测，可视化收集的预测值与真实值。

### 3. 探索实验——基于 QM9S 预测分子的张量属性

（1）使用 load_qm9s 函数读取 QM9S 数据集，提取偶极矩与极化率数据【参考示例：QM9S 张量预测.ipynb】。

（2）构建面向张量性质预测任务的等变图神经网络，主体定义在 E3GNN 类中，包含输入、嵌入多个图神经网络层和最终输出模块。输入嵌入部分通过 Linear 层将节点的标量特征映射为带有对称结构的等变表示（irreps）；堆叠多个 E3GNNLayer，后通过另一个 FullyConnectedNet 网络进行变换；在理解训练不同维度张量所需的不可约表示后完成偶极矩和极化率 output_layer 和维度的设置。

（3）设置一系列关键的结构参数，如隐藏特征维度 hidden_dim、图神经网络层数 num_layers、输出维度 output_dim 等，通过 Trainer 类完成训练过程的调度与控制。在 Trainer 中，训练过程通过 train( )函数启动，可灵活设定训练轮次（epochs）、损失函数（如均方误差 MSE）、优化器（如 Adam）和学习率调度策略。

（4）在完成模型构建和训练参数配置后，调用 Trainer 类中的 train( )函数启动训练过程，观察训练与验证准确率的变化（根据情况停止训练并修改参数），调整模型结构参数（如 hidden_dim、num_layers）或优化超参数（如学习率、权重衰减等）以提升训练效果，查看保存地址是否存在 best _model_tensor.pt。

（5）模型训练完成后，通过 plot_predictions( )函数计算测试集数据结果，可视化准确率。对预测结果的坐标进行旋转，重新输入模型中，验证等变性模型是否成立。

**4. 拓展实验——计算并绘制拉曼光谱**

（1）读取 QM9S 数据集，提取 Hessian 矩阵（$H_{ii}$，$H_{ij}$）和极化率数据【参考示例：QM9S 张量预测.ipynb】

（2）基于训练的等变性 GNN 模型重新训练，通过 grad( ) 尝试基于训练好的模型计算极化率张量导数【参考示例：求导.ipynb】。

（3）基于 Matplotlib 绘制一个分子的拉曼光谱。

**5. 实验结束**

保存 Jupyter notebook，导出训练日志与模型参数一并上传到指定位置，关闭计算机。

## 五、注意事项

（1）在使用参考代码中的函数时，请仔细阅读每个函数的注释内容，充分理解函数的功能（输入和输出），以防出现错误使用函数导致结果错误的情况。

（2）示例代码中非函数部分的代码仅供参考，为帮助理解，部分代码存在错误，需结合对模型及原理的理解修改后方可正常运行。

（3）高阶任务难度较大，可根据学生掌握情况进行实操演练。

## 六、数据处理与分析

（1）选择 QM9 数据集 13 个属性中的 6 个，计算平均绝对误差（MAE），分析误差的来源。

（2）计算 QM9S 数据集预测极化率的 MAE，旋转分子作为输入验证等变形模型是否成立。

（3）绘制基于 GNN 模型预测的拉曼光谱图（属于高阶任务），并结合 Pearson 和 Spearman 相关系数评估相似度，统计所有光谱对的相关系数分布进行分析和讨论。

## 七、思考题

（1）如何评估 GNN 模型的泛化性能和迁移性能？如何提升？

（2）GNN 等变性模型的数学本质是什么？

（3）当前算法有哪些不足之处？

（4）结合 transformer 架构的图神经网络也已获得了非常广泛的应用，查阅文献设计一个这样的模型，实现上述任意一种张量属性的预测，从模型角度思考与课上等变网络产生性能差异的原因（参考示例 1：transformerGNN.ipynb；参考示例 2：qm9s-graph.ipynb）。

## 八、知识拓展

### 基于深度学习的振动光谱计算

在量化计算中，对给定的坐标进行结构优化，实际上是在分子的势能面上找到局部能量最低点，即自洽场迭代过程。而验证当前优化结构是否为局部最低点的一个办法就是计算 Hessian 矩阵是否存在虚频。Hessian 矩阵是理论计算中一个非常重要的概念，通常为体系能量对原子坐标的二阶偏导数矩阵：

$$H_{i,j} = \frac{\partial^2 E}{\partial \vartheta_i \partial \vartheta_j} \tag{9.9B.7}$$

式中：$E$ 是能量，$\partial \vartheta_i$，$\partial \vartheta_j$ 为笛卡儿坐标。$E$ 可以通过 GNN 模型预测，这就意味着可以将模

型当成一个隐式函数,直接对坐标求导求出 Hessian 矩阵,从而计算出谐振近似的振动频率。同理,红外和拉曼的强度分别表示为偶极矩($\mu$)和极化率($\alpha$)对分子坐标($R$)的偏导: $\dfrac{\partial \mu}{\partial R}$ 和 $\dfrac{\partial \alpha}{\partial R}$。由此推广,模型预测出公式中相应的物理量可望通过链式法则完成目标性质的预测,如求能量对不同物理量的偏导数可以得到一系列性质:

$$POI = \frac{\partial^{nF+nB+nI+nR} E}{\partial F^{nF} \partial B^{nB} \partial I^{nI} \partial R^{nR}} \tag{9.9B.8}$$

式中:POI(properties of interest)为感兴趣的性质,$F$ 为电场,$B$ 为磁场,$I$ 为核自旋磁矩。基于此,直接预测原子受力信息 $\dfrac{\partial E}{\partial R}$ 和能量信息也使得基于深度学习的分子动力学模拟成为可能。读者可自行查阅基于该思想的研究工作,如本节涉及的 Schnet、PaiNN、Detanet 均已在相关期刊上发表,其中 PaiNN 的架构图如图 9-9B-4 所示。

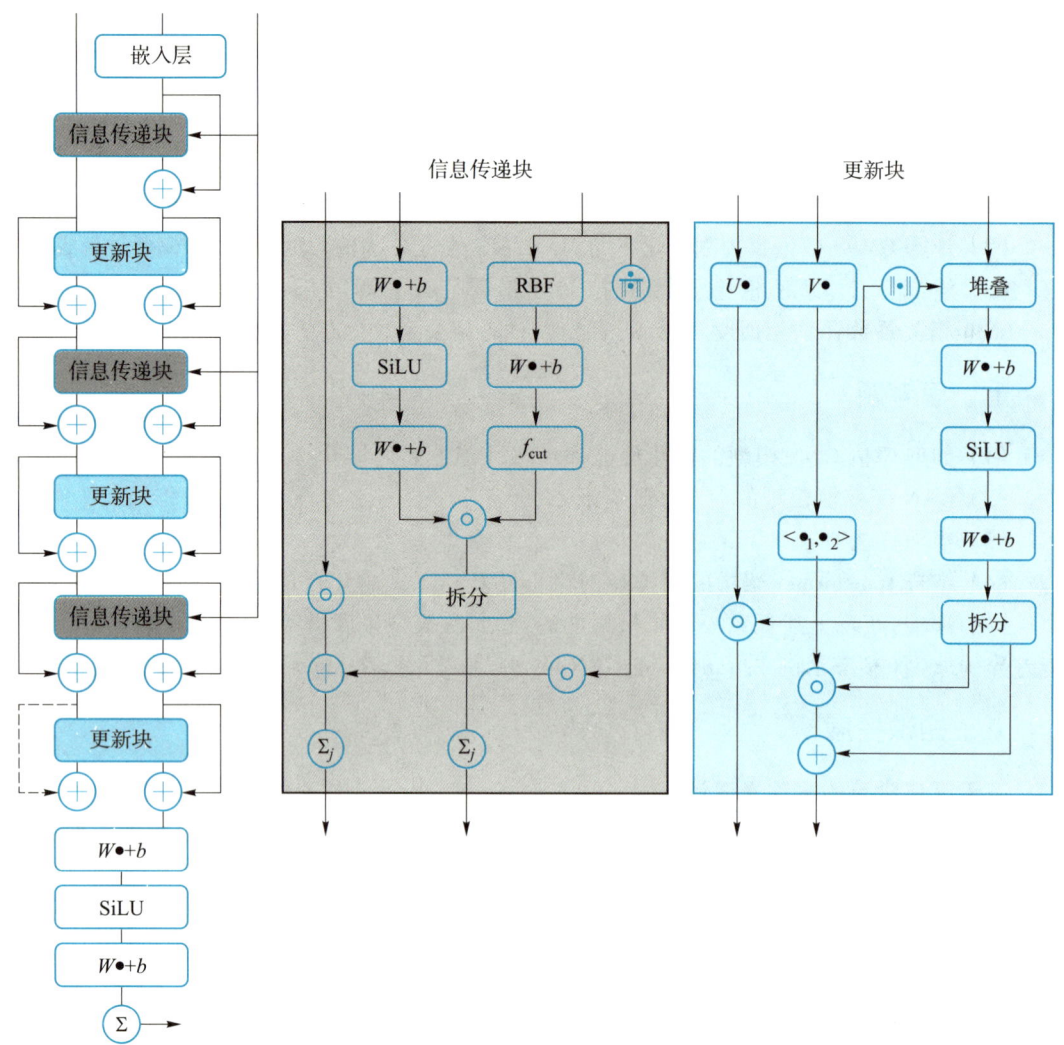

图 9-9B-4　PaiNN 网络架构图

## 九、参考文献

（厦门大学　马昊）

## 实验 9-9C　图神经网络预测离子迁移谱碰撞截面积

### 一、实验目的

（1）了解离子迁移谱和离子迁移谱-质谱的基本原理和应用。

（2）能阐述分子碰撞截面积的特点。

（3）能运用独热编码对加合离子及分子中原子和化学键的属性等进行编码。

（4）熟练使用 RDKit 获取分子中原子和化学键属性的方法，以及分子图的邻接矩阵、节点特征矩阵和边特征矩阵的构建。

（5）掌握通过图神经网络预测碰撞截面积的原理和方法。

### 二、实验原理

化合物鉴定是大规模非靶向分析中的主要瓶颈。离子迁移谱（ion mobility spectrometry，IMS）是一种基于气相离子在电场中运动时的迁移时间的差异来实现快速分离的检测仪器。对于漂移管离子迁移谱，碰撞截面积（collision cross section，CCS）可以通过一个基本方程直接从迁移时间测量中得到。对于其他 IMS 技术，CCS 可以通过适当的 CCS 校准来实验确定。CCS 是一种与离子大小、形状和电荷相关的理化性质，可以作为化合物鉴定的重要参数。离子迁移谱-质谱（IMS-MS）在质谱技术的基础上引入了新一维度的离子淌度分离，能够对检测到的分析物进行多维表征，对同分异构体的分离分析具有较好的应用前景。目前将 IMS-MS 应用于化合物鉴定的一个限制是缺乏参考 CCS 值。因此，通过深度学习等方法预测 CCS 值，对于辅助化合物鉴定具有重要意义。预测 CCS 值的完整工作流程可以通过 Python 编程语言实现。

独热编码将离散特征转换为机器学习算法易于处理的独立的二进制向量。电喷雾离子源产生的三种最常见的加合物离子分别是 $[M+H]^+$，$[M+Na]^+$ 和 $[M-H]^-$。因此，本次实验使用独热编码将 $[M+H]^+$，$[M+Na]^+$ 和 $[M-H]^-$ 分别转换为 $[1,0,0]$，$[0,1,0]$ 和 $[0,0,1]$。

RDKit 是一个开源的化学信息学工具包，可以用于分子的三维（three-dimensional，3D）构象生成和获取分子中原子和化学键的属性等。分子图将分子的原子和化学键分别视为节点和边。对于分子图,节点特征描述原子属性如元素符号、原子度(与其直接连接原子的数量)、半径、质量、原子是否在环上和 3D 坐标等。分子图的边特征描述化学键属性如键类型等。因此,分子图的邻接矩阵表示分子的任意两个原子之间的连接性,节点特征矩阵表示分子中所有原子的属性,边特征矩阵表示分子中所有边的属性。分子图的构建如图 9-9C-1 所示。

图神经网络(GNN)(可参考 9.6.4 节)是在卷积神经网络(CNN)无法有效处理图的任意大小和复杂结构时引入的一种神经网络。GNN 衍生出了许多强大的变体,如边条件卷积(edge-conditioned convolution,ECC)。ECC 将动态卷积核应用于图,能利用边的属性信息对局部图邻域进行卷积,可以有效地提取分子的拓扑结构信息。因此,本次实验选择 ECC 层作为构建基于 GNN 的 CCS 预测方法的核心模块。

最后一个 ECC 层的输出是一个有 $N$ 行 $F$ 列的矩阵,其中 $N$ 是分子图中节点的数目,$F$ 是所学到的节点特征的维度。为了解决 ECC 层的输出大小随图中节点数变化而变化的问题,在 ECC 层之后使用了全局求和池化层来将节点特征相加。因此,全局求和池化层的输出是一个由 $F$ 个元素组成的向量。

全连接层的每个神经元都与上一层的所有神经元相连接,常用于深度神经网络的最后几层。在本次实验中,分子图通过 ECC 层和全局求和池化层学习到的分子向量与加合离子向量拼接后输入全连接层来获得预测的 CCS 值。

### 三、硬件和软件

计算机;集成开发环境(Visual Studio Code/Jupyter Notebook);Python 解释器(Python 3.7);数据(SigmaCCS 开源的训练集、验证集和测试集,以及 3 个来自真实生物体系的分子);示例代码(在 Jupyter Notebook 中运行,可扫描二维码下载实验步骤中相关示例代码)。

实验 9-9C　示例代码

### 四、实验步骤

#### 1. 导入相关包,提供函数和创建类

(1)利用示例代码压缩包中提供的"environment.yml"文件建立 Python 环境。导入第三方包 pandas、NumPy、RDKit、Spektral、pickle、tqdm、TensorFlow、Wget、Matplotlib 和 scikit-learn【参考示例代码 1.1】。

(2)编写读取分子信息的函数和独热编码函数【参考示例代码 1.2】。读取分子信息的函数可事先提供,函数为 read_data( ),该函数输入为包含简化分子线性输入规范(simplified molecular input line entry system,SMILES),加合离子类型和实验 CCS 值的 CSV 文件,返回的是文件中所有分子的 SMILES,加合离子类型和实验 CCS 值。独热编码函数也可事先提供,函数为 one_of_k_encoding_unk( ),该函数可将离散特征转换为机器学习算法易于处理的二进制向量。

(3)创建存储训练集中加合离子类型集合,元素符号集合,最大的 3D 坐标和最小的 3D

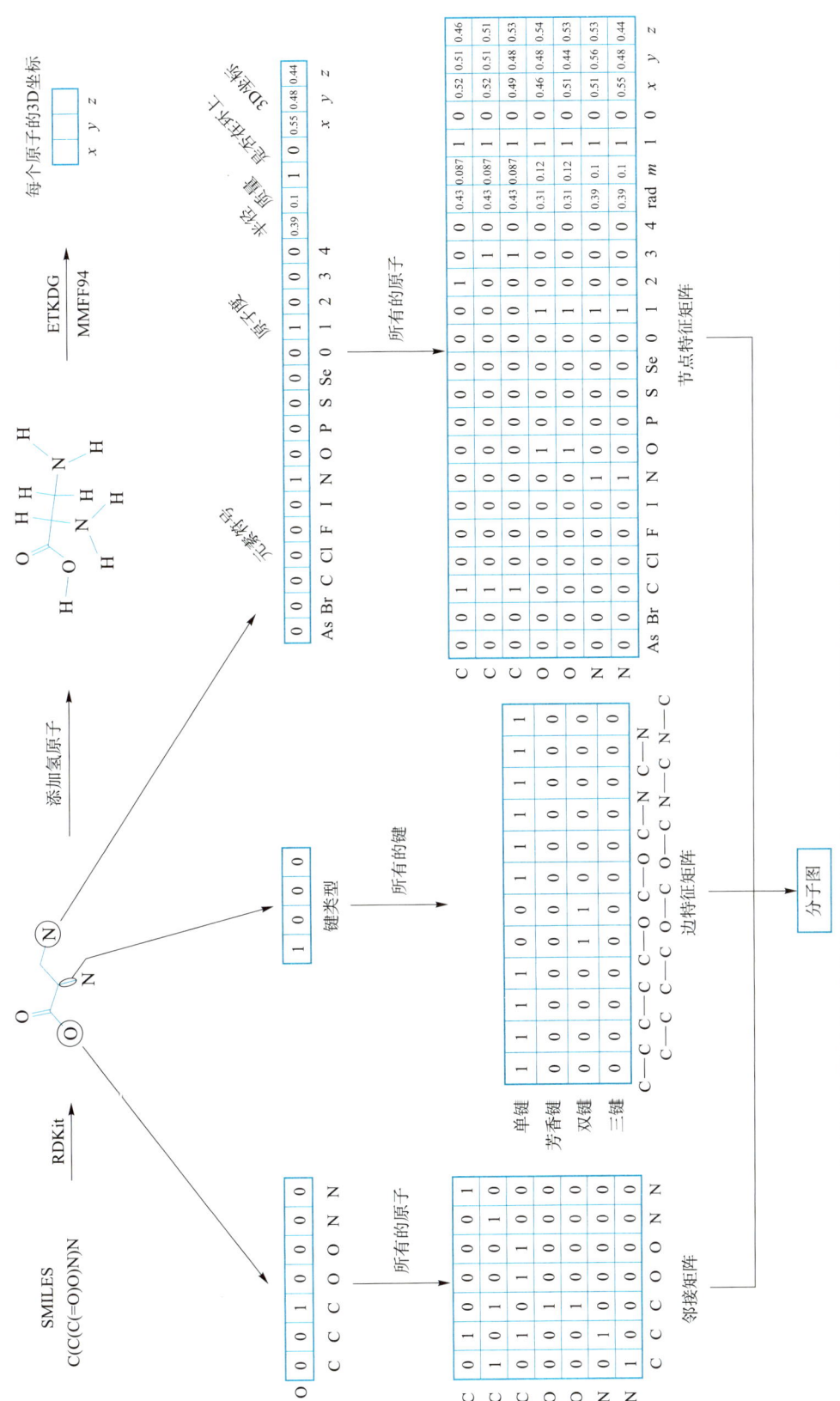

图9-9C-1 分子图的构建

分子中所有原子和键的属性分别被表示为节点特征矩阵和边特征矩阵，分子中各原子间的成键情况被表示为邻接矩阵

坐标等参数的类【参考示例代码 1.3】。

### 2. 构建邻接矩阵,节点特征矩阵和边特征矩阵

（1）编写使用 RDKit 获取分子中的原子属性函数【参考示例代码 2.1】。函数 Standardization( )可以进行数据的范围标度化,函数 GetSmilesAtomSet( )可以得到数据集中所有元素符号的集合,函数 Generating_coordinates( )使用 RDKit 中内置的 ETKDG 和 MMFF94 生成分子中原子的 3D 坐标,函数 atom_feature( )获取分子中原子的属性。在本次实验中,获取的原子属性包括元素符号、原子度（与其直接连接原子的数量）、半径、质量、原子是否在环上和 3D 坐标。

（2）编写使用 RDKit 获取分子中的化学键属性函数【参考示例代码 2.2】。函数 edge_feature( )获取分子中化学键的属性。本次实验获取的化学键属性是键类型。

（3）编写构建分子的邻接矩阵、边特征矩阵和节点特征矩阵的函数,以及创建存储分子图和实验 CCS 值的类【参考示例代码 2.3】。函数 convertToGraph( )为输入的数据集中的分子构建邻接矩阵,边特征矩阵和节点特征矩阵,MyDataset 类的用途是构建存储分子图和实验 CCS 值的类。

### 3. 模型架构

编写模型架构的实现函数【参考示例代码的步骤 3】。分子图通过其邻接矩阵、边特征矩阵和节点特征矩阵作为 ECC 层的输入。3 个 ECC 层和全局求和池化层从分子图中学习得到分子向量,离子的加合物类型使用独热编码转换为加合离子向量,分子向量与加合离子向量拼接后输入 7 个全连接层来获得 CCS 值。ECC 层和全连接层都具有 ReLU 激活函数。除最后 1 个全连接层外,其他层的权重都采用 L2 正则化。优化器是 Adam,损失函数是均方误差。模型架构的实现函数为 Mymodel( ),该函数输入为由邻接矩阵、边特征矩阵和节点特征矩阵组成的分子图及加合离子类型的集合,返回的是构建好的模型架构。

### 4. 下载数据和模型训练

（1）编写模型训练的函数【参考示例代码 4.1】。train( )函数中输入的是构建好的模型架构,分子图,加合离子类型,加合离子类型的集合,训练的 epoch 和训练的批次大小,返回的是训练好的模型。train( )函数的实现过程为:首先,随机打乱分子图数据集,然后加载分子图,再将每个分子的分子图与加合离子的独热编码进行拼接,最后输入构建好的模型中进行训练。Model_train( )函数调用 train( )函数实现了从读取 CSV 文件到模型训练的全过程。

（2）下载 SigmaCCS 开源的训练集和测试集分别用于训练模型和评估模型的性能【参考示例代码 4.2】。需要使用 SigmaCCS 的训练子集训练模型,验证子集优化超参数。为了保证训练集数据量相对较大,在优化好超参数后,将训练子集和验证子集合并为训练集来训练最终的模型并保存优化好的最终模型。模型的超参数如学习率、批次大小、epoch、ECC 层的层数、全连接层的层数等需要通过观察训练子集和验证子集的损失曲线及模型在验证子集上的性能来进行调整。根据损失曲线及在验证子集上最高的决定系数（$R^2$）和最低的中位相对误差（MedRE）来确定模型的超参数。

（3）输入训练集所在的文件路径,保存训练集中加合离子类型集合等参数的文件到指定路径和保存训练好的模型到指定路径,指定训练的 epoch 和训练的批次大小,通过调用 Model_train( )可进行最终的模型训练和保存训练好的最终模型【参考示例代码 4.3】。

**5. 加载模型,性能评估和绘制散点图**

(1) 编写加载模型和计算评价指标的函数【参考示例代码 5.1】。加载模型的函数为 load_Model_from_file( ),该函数输入的是训练好的模型所在的路径,返回的是加载好的模型。计算评价指标的函数为 Metrics( ),该函数输入的是实验 CCS 值和预测 CCS 值,返回的是决定系数和中位相对误差。

(2) 编写模型预测的函数【参考示例代码 5.2】。predict( )函数中输入的是加载好的模型,分子的加合离子类型,分子图和加合离子类型集合,返回的是 CCS 值预测结果。predict( )函数的实现过程为:加载分子图,再将每个分子的分子图与加合离子的独热编码进行拼接,最后输入训练好的模型中进行 CCS 预测。Model_prediction( )函数调用 predict( )函数实现了直接预测文件中分子的 CCS 值的全过程。

(3) 输入测试集或需要预测 CCS 值的文件路径,加合离子类型等参数的保存路径,训练好的模型保存路径和保存预测的 CCS 值的文件路径,通过调用 Model_prediction( )可使用模型进行 CCS 预测【参考示例代码 5.3】。

(4) 绘制测试集中实验 CCS 值与预测 CCS 值的散点图【参考示例代码 5.4】。绘制散点图的函数为 plt.scatter( )。

## 五、注意事项

(1) 在使用参考代码中的函数时,请仔细阅读每个函数的注释内容,充分理解函数的功能(输入和输出),以防出现错误使用函数导致结果错误的情况。

(2) 示例代码中函数和非函数部分的代码仅供参考,实际实验过程中需结合实际情况灵活改动。

(3) 在示例代码中,分子图的节点特征描述的原子属性是元素符号、原子度(与其直接连接原子的数量)、半径、质量、原子是否在环上和 3D 坐标。分子图的边特征描述的化学键属性是键类型。实际实验过程则需要通过增加重要的节点特征和边特征来构建分子图,优化超参数和训练模型,对优化好的最终模型进行性能评估。因此需参考示例代码并结合实验步骤完成分子图的构建、超参数优化、模型训练和性能评估过程。

## 六、数据处理与分析

(1) 对测试集中的分子进行 CCS 值预测,导出预测好的 CSV 文件。

(2) 计算评价指标。采用 $R^2$ 和 MedRE 对数据集中的预测结果进行性能评估,$R^2$ 和 MedRE 的公式如下:

$$R^2 = 1 - \frac{\sum_{i=1}^{n} (y_i - \hat{y}_i)^2}{\sum_{i=1}^{n} (y_i - \bar{y})^2} \tag{9.9C.1}$$

$$\text{MedRE} = \text{median}\left(\frac{|\hat{y}_i - y_i|}{y_i}\right) \tag{9.9C.2}$$

式(9.9C.1)和式(9.9C.2)中:$y_i$ 和 $\hat{y}_i$ 是第 $i$ 个分子的实验 CCS 值和预测 CCS 值,$\bar{y}$ 是数据集中实验 CCS 值的平均值,$n$ 是数据集中分子的数量。

（3）绘制出测试集中实验 CCS 值与预测 CCS 值的散点图。

（4）预测如图 9-9C-2 所示的三个来自真实生物体系的分子的 CCS 值，导出预测好的 CSV 文件。

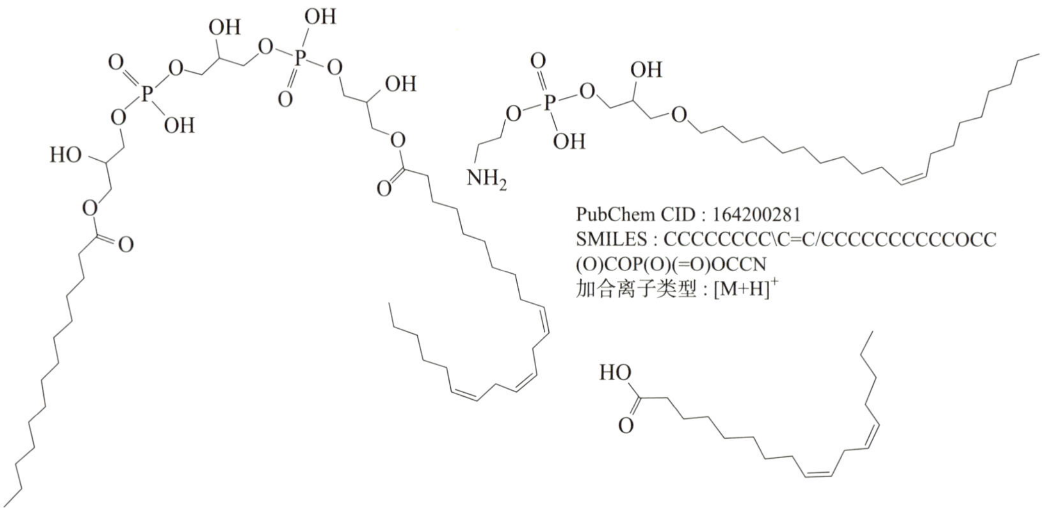

PubChem CID : 164200281
SMILES : CCCCCCCC\C=C/CCCCCCCCCCOCC(O)COP(O)(=O)OCCN
加合离子类型：[M+H]$^+$

PubChem CID : 165195772
SMILES : CCCCCCCCCCCCCC(=O)OCC(O)COP(O)(=O)OCC(O)COP(O)(=O)OCC(O)COC(=O)CCCCCCCC\C=C/C\C=C/C\C=C/CCCCC
加合离子类型：[M-H]$^-$

PubChem CID : 6431005
SMILES : CCCC\C=C/C\C=C/CCCCCCCC(O)=O
加合离子类型：[M-H]$^-$

图 9-9C-2　三个来自真实生物体系的分子

（5）提供能复现预测结果的 Jupyter Notebook 文件和训练好的模型，或上传到 GitHub/Gitee 代码库。

## 七、思考题

（1）全连接层作为 CCS 预测模型的最后几层，其作用是什么？

（2）在超参数优化过程中，epoch 设置得过大或者过小会对模型有什么影响？

（3）常用的超参数优化方法有哪些？它们的原理及优缺点分别是什么？

（4）基于图神经网络来预测分子的 CCS 值的优点有哪些？还可以在什么方面改进 CCS 预测模型来提升性能？

（5）使用独热编码对加合离子编码的优缺点是什么？

## 八、知识拓展

### 1. CCS 预测的先进方法

目前，大量研究致力于开发理论计算方法和基于机器学习的预测算法来获得分子的 CCS 值。基于机器学习的预测算法具有计算速度快、准确度高等优点，如 CCSbase。近年来，深度学习发展迅速，基于深度学习的 CCS 预测算法已经取得显著进展，如 DeepCCS、SigmaCCS、AllCCS2 和 GraphCCS。

CCSbase 用于预测 CCS 值的特征包括加合离子的质荷比，加合离子的独热编码及反映化学结构的大小、组成和拓扑结构的分子描述符。如图 9-9C-3 所示，CCSbase 首先使用 K-

均值聚类算法对分子的化学结构进行分类,然后为每个聚类训练一个特定的机器学习模型来预测分子的 CCS 值。DeepCCS 是基于 CNN 的预测算法,它将分子的 SMILES 进行独热编码转换为矩阵,然后使用 CNN 提取特征,将提取到的特征与加合离子的独热编码拼接后输入全连接层去预测分子的 CCS 值。AllCCS2 将 GNN 提取到的图特征、分子描述符及质谱特征拼接后输入全连接层去预测 CCS 值,实现了良好的性能。

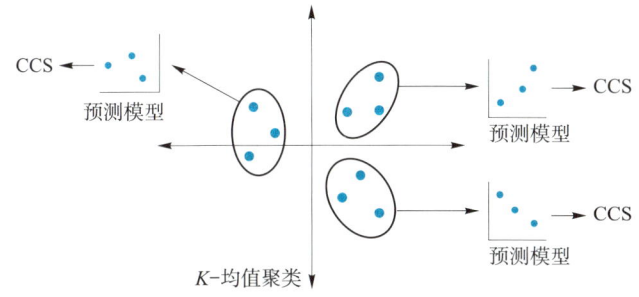

CCSbase先对化学分子进行无监督聚类后再分别对每个聚类训练特定的模型

**图 9-9C-3　CCSbase 的流程图**

CCS 预测准确性的不断提高离不开分析化学家的努力,但是已开发的 CCS 预测工具仍然需要在自动化程度和应用范围等方面进一步改进。相信在不久的将来,这些局限都将被逐渐解决。

**2. CCS 预测的实际应用**

化合物鉴定是大规模非靶向分析中的主要瓶颈。目前,研究工作者主要使用保留时间、一级质谱和二级质谱来鉴定未知的化合物。但对于结构非常相似的同分异构体,它们倾向于产生相似的碎片离子,从而导致难以通过一级质谱和二级质谱来区分。而且保留时间容易受流动相及色谱柱等的影响出现漂移。由 IMS 测得的 CCS 值具有很好的重现性,并且与离子大小、形状和电荷相关。它提供了一个额外的物理化学特性,能为化合物的鉴定提供新一维度的特征筛选,可用于提高化合物鉴定的准确性。但是通过实验测量 CCS 值来构建具有实用性的数据集所需的时间和精力是巨大的,因此是不现实的。CCS 预测工具能够以极低的成本获得较为准确的 CCS 值,可以建立大规模且具有实用性的 CCS 数据库。通过将研究工作者测量得到未知化合物的一级质谱、保留时间、CCS 值和二级质谱信息逐步与对应的一级质谱数据库、保留时间数据库、CCS 数据库和二级质谱数据库中的分子进行对比,可实现化合物的多维过滤乃至鉴定。

## 九、参考文献

（中南大学　廖宇璇、张志敏）

## 实验 9-10　基于双向全连接神经网络的电子轰击质谱预测与辅助结构鉴定

### 一、实验目的

（1）了解电子轰击质谱数据的结构特征。

（2）掌握通过全连接神经网络双向预测质谱的原理和方法。

（3）能熟练运用 NEIMS 进行 EI-MS 预测。

（4）学会使用 FastEI 进行谱匹配任务，对化合物结构进行鉴定。

### 二、实验原理

质谱（mass spectrometry，MS）技术是一种用于测量离子质荷比（$m/z$）的分析技术，基本原理是使样品中各组分在离子源中发生电离，生成不同 $m/z$ 的带电荷的离子，经加速电场的作用，形成离子束，进入质量分析器。在质量分析器中，再利用电场和磁场使发生相反的速度色散，将它们分别聚焦而得到质谱图，从而确定其质量。电子轰击（electron impact，EI）是质谱测定中常用的电离技术之一，又可以称为电子电离（electron ionization，EI）。电子轰击质谱（electron impact mass spectrometry，EI-MS）在气相化合物的鉴定中具有重要作用。在 EI 源中，样品分子在高能电子束的作用下发生电离，形成分子离子和碎片离子。由于离子是在高能电子的直接作用下形成的，非常稳定；同时，在气相中，分子的碎裂不受溶剂效应的影响，因此 EI-MS 中分子碎片的裂解模式通常更加清晰和一致，有助于结构分析。

2019 年，谷歌（Google）团队发布了用于预测电子轰击质谱（EI-MS）的神经电子电离质谱（neural electron-ionization mass spectrometry，NEIMS）模型。NEIMS 模型采用轻量级的神经网络架构，具有极快的预测速度，获得的预测质谱能显著提高谱匹配任务的准确性。NEIMS 模型根据质谱电离过程中产生碎片类型的特点，创新性地设计了双向预测模式，大大提高了预测质谱的准确性。NEIMS 模型的主要架构如图 9-10-1 所示。

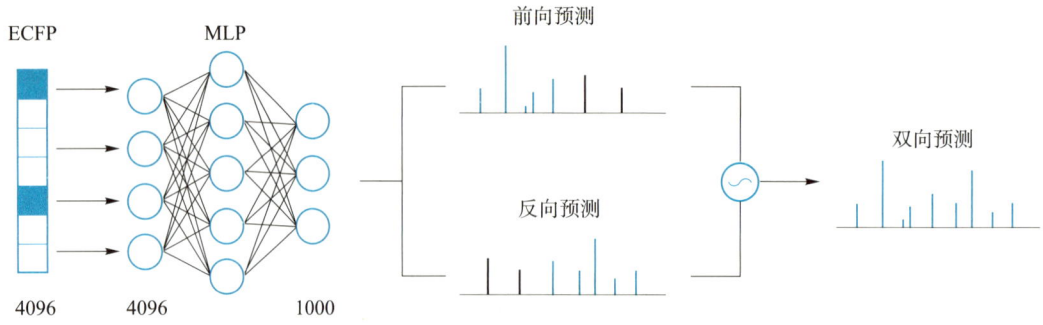

图 9-10-1　NEIMS 模型的主要架构

NEIMS 模型将长度为 4096、半径为 2 的扩展连通性指纹（extended connectivity fingerprints，ECFP）（可参考 9.3.2 节）作为输入，表示分子的化学结构；使用两个多层感知机（MLP）（可参考 9.6.2 节）作为主要的神经网络，分别代表前向预测和反向预测：前向预测

MLP 主要用于预测在电离过程中由小基团结构形成的带电碎片,表现为准确预测较小 $m/z$ 处的强度;反向预测 MLP 主要用于预测由小的中性损失导致的带电碎片,表现为准确预测较大 $m/z$ 处的强度;两个 MLP 都输出 1000 维的向量,代表 EI-MS 中 1~1000 整数质荷比上的强度。最后,通过一个门控机制,平衡两种预测模式的输出,生成最终的预测质谱。这种综合两种模式进行预测的方法,即为双向预测模式。通过这种方法,NEIMS 模型在保持神经网络整体简单性的同时,准确捕获了 EI-MS 中分子碎片的裂解模式,取得了优异的预测效果。

预测质谱的作用最终需要体现在谱匹配任务中,通过使用预测质谱扩充质谱库,提升谱匹配性能。召回率(Recall)是一个重要的谱匹配性能指标,Recall@$N$ 指在谱匹配的前 $N$ 个结果中出现正确结构的概率,常用的 Recall@$N$ 为 Recall@1、Recall@5、Recall@10 等。相等召回率下 $N$ 越小,或者相同 $N$ 时 Recall@$N$ 越高,说明谱匹配准确率越高。

FastEI 建立了一个百万级的预测 EI-MS 谱图库,还提出了一种超快速、准确的匹配方法,利用 Word2vec 谱嵌入大幅提高准确率,并利用分层导航小世界(hierarchical navigable small world,HNSW)图提高匹配速度。其使用实验室获得的参考质谱与 NEIMS 模型的预测质谱组成查询质谱库,获得了更好的谱匹配性能。通过使用 FastEI 进行谱匹配任务,观察 Recall,验证 NEIMS 模型对谱匹配任务性能的巨大提升。

## 三、硬件和软件

计算机;集成开发环境(Visual Studio Code/Jupyter Notebook/WSL);适用于 Linux 的 Windows 子系统 2(Windows subsystem for Linux 2,WSL 2);Ubuntu 系统(Ubuntu 18.04.6 LTS);Python 解释器(Python 3.7);数据(五氯苯分子结构文件和真实质谱数据,十个 NIST17 质谱库之外分子的 SMILES 和实验质谱数据);示例代码(在 Jupyter Notebook 中运行,可扫描二维码下载实验步骤中相关示例代码)。

 实验 9-10　示例代码

## 四、实验步骤

### 1. 配置项目和环境

(1)在 Windows 系统下的 Ubuntu 子系统中安装 NEIMS 模型的环境,包含 TensorFlow = 1.13.2、Matplotlib、RDKit 等第三方包【参考示例代码 1.1】。

(2)下载 NEIMS 项目(扫描示例代码二维码,解压缩即可获取)到 Windows 系统中,解压后将 NEIMS 项目复制到 Ubuntu 子系统中【参考示例代码 1.2】。

(3)将 NEIMS 项目中提供的预测模型参数下载到 Windows 系统中,解压,再将参数文件复制到 Ubuntu 子系统中,记录下参数文件地址【参考示例代码 1.3】。

### 2. EI-MS 预测

(1)激活 NEIMS 模型的环境,并导航到 NEIMS 项目文件夹中【参考示例代码 2.1】。

(2)在 Ubuntu 系统命令行中输入命令,进行质谱预测【参考示例代码 2.2】。

### 3. 辅助结构鉴定

（1）在 Windows 系统中安装 FastEI 模型环境，包含 RDKit 等第三方包【参考示例代码 3.1】。

（2）下载 FastEI 项目（扫描示例代码二维码，解压缩即可获取）到 Windows 系统中，解压【参考示例代码 3.2】。

（3）导入第三方包 pandas、NumPy、RDKit、tqdm 及一些 FastEI 模型中编写的包【参考示例代码 3.3】。

（4）将示例质谱数据从 CSV 文件转换为 MGF 文件【参考示例代码 3.4】。读取 CSV 文件中 10 个化合物的质谱数据，进行归一化和噪声过滤处理，保存为类 Spectrum，再通过函数进行转换。转换函数在 FastEI 中已提供，函数名称为 save_as_mgf( )。

（5）加载 FastEI 模型，将 MGF 质谱文件转换成 spectra Word2vec 嵌入【参考示例代码 3.5】。

（6）加载 HNSW 索引，对示例分子进行谱匹配【参考示例代码 3.6】。

（7）加载示例分子的 SMILES，并画出分子结构【参考示例代码 3.7】。

（8）根据谱匹配获得的索引，从 IN_SILICO_LIBRARY.db 中找到对应分子，得到分子结构【参考示例代码 3.8】。

## 五、注意事项

（1）配置 NEIMS 模型环境时，需要注意 TensorFlow 的版本，以防出现环境不兼容和模型功能异常的问题。

（2）在使用 Ubuntu 命令行时，需要注意命令行参数格式是否正确，如传入参数时等号后面不加空格等，否则会报错。

## 六、数据处理与分析

（1）根据质谱相似度公式，编写函数，计算提供的分子的真实质谱与预测质谱之间的相似度。

$$\text{Similarity}(\boldsymbol{I}_q, \boldsymbol{I}_l) = \frac{\displaystyle\sum_{k=1}^{M_{\max}} m_k \boldsymbol{I}_{qk}^{0.5} \cdot m_k \boldsymbol{I}_{lk}^{0.5}}{\displaystyle\sum_{k=1}^{M_q} (m_k \boldsymbol{I}_{qk}^{0.5})^2 \sum_{k=1}^{M_l} (m_k \boldsymbol{I}_{lk}^{0.5})^2}$$

式中：$\boldsymbol{I}_q$ 和 $\boldsymbol{I}_l$ 分别表示查询质谱和库质谱的峰强度的向量；$m_k$ 和 $I_k$ 是在 $m/z = k$ 处的质荷比和强度；$M_q$ 和 $M_l$ 是 $\boldsymbol{I}_q$ 和 $\boldsymbol{I}_l$ 中最大峰强度所对应的质荷比；并且 $M_{\max}$ 是 $M_q$ 和 $M_l$ 中较大的一个。

（2）绘制分子实验质谱和预测质谱对比图。

（3）通过 FastEI 对提供的 10 个实验质谱数据进行谱匹配任务，记录 Recall@1、Recall@5 及 Recall@10，评估 NEIMS 模型的预测效果。

## 七、思考题

（1）根据化学分子信息数据结构和人工智能模型新进展，思考可以如何设计新型模型用于预测质谱。

（2）目前有多种相似度公式用于表征质谱相似度，查阅使用较多的质谱相似度公式，它们之间有什么异同？

（3）还有一种鉴定化合物结构的方法是直接从质谱生成分子结构，但该方法的性能低于谱匹配的方法，思考直接从质谱生成分子结构会遇到哪些困难。

## 八、知识拓展

图神经网络（GNN）可用作分子结构信息编码器，能够很好地表示分子拓扑结构信息。分子拓扑结构信息对于预测质谱中的碎片离子具有极大的作用，近年来，将 GNN 作为预测质谱模型编码器的工作取得了不错的成果，如 RASSP、FraGNNet、MassFormer 等，这些模型均以论文的形式在期刊或网站上发表，感兴趣的学生可以自行查阅。其中，基于近似子集的快速谱预测（rapid approximate subset-based spectra prediction，RASSP）模型是最早一批使用 GNN 作为预测质谱模型编码器的模型，为后续各种预测质谱模型带来了启发与思考。这里简要介绍 RASSP 模型。

分子电离后产生许多带电碎片，这些碎片中的各个原子均包含在分子中。如果将分子看作一个集合，那么每个碎片即为一个"子集"。现已知不同元素的相对质量和同位素丰度，当枚举出一个分子所有可能产生的碎片，即获得了一系列质荷比，只要能够预测出所有碎片出现的概率，就可以绘制出预测质谱。RASSP 即是一个预测碎片出现概率，从而预测分子质谱的模型。

RASSP 用两种形式表示子集：一种是使用构成碎片的原子表示子集，另一种是使用碎片的化学式表示子集，这里用化学子式来代指碎片的化学式。因此，RASSP 由两个模型构成：原子子集模型（SubsetNet，RASSP：SN）和化学子式模型（FormulaNet，RASSP：FN）。

RASSP 先通过 GNN 对分子中各个原子进行信息聚合，得到更新后的原子嵌入。RASSP：SN 枚举该分子所有可能产生的碎片，并将碎片用独热编码（one-hot encoding）表示，每个维度都分别表示分子中某个原子是否存在，这个独热编码即为一个原子子集。对于每个原子子集，将其包含的原子的嵌入进行简单加和，即可得到该原子子集的嵌入，这个嵌入就包含了这一碎片的化学信息。将原子子集嵌入输入训练好的 MLP，输出一个标量，代表这个碎片的出现概率。当预测出所有碎片的概率后，将其与对应的质荷比组合，即可得到预测质谱。RASSP：SN 架构如图9-10-2 所示。

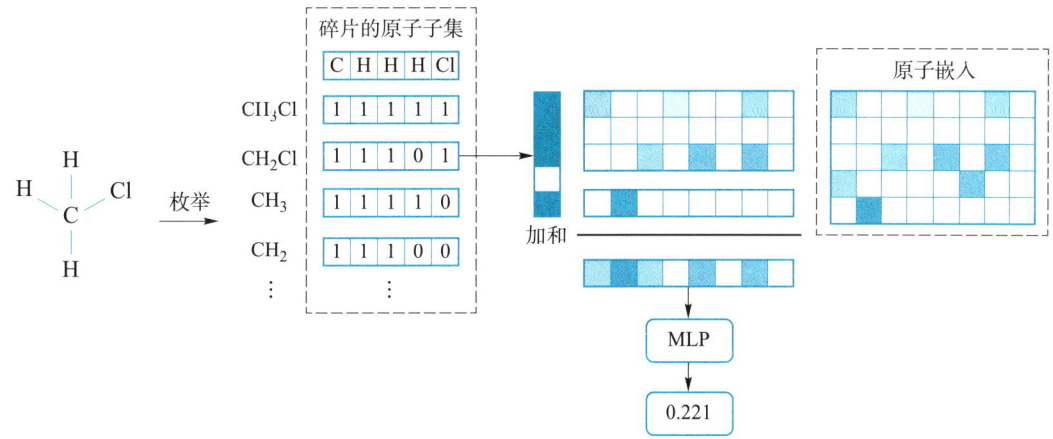

**图 9-10-2　RASSP：SN 架构示意图**

　　RASSP∶FN 的模型架构与 RASSP∶SN 大致相同,也是通过子集的嵌入来预测概率。但 RASSP∶FN 不枚举具体的碎片,而是根据分子的化学式枚举所有可能出现的化学子式,RASSP∶FN 架构如图9-10-3 所示。虽然不是所有的化学子式都有对应碎片,例如,在图 9-10-3 中枚举的化学式 $H_3Cl$,但分子在电离时可能发生各种重排反应,如氢重排、麦氏重排等,这些通过重排反应得到的分子碎片不能通过 RASSP∶SN 的原子子集枚举得到,但能在 RASSP∶FN 的化学子式枚举中被包含。化学子式用一个八维向量表示,每一个维度分别代表一种元素的原子的个数。化学子式不像原子子集能直接与原子嵌入对应,因为同一种元素可以对应多种不同性质的原子。为此,RASSP∶FN 采用 Transformer 的注意力机制进行处理,将化学子式表示作为查询向量 $Q$,原子嵌入作为键向量 $K$ 和值向量 $V$,根据不同的化学子式,对每个原子嵌入进行加权求和,得到该化学子式的嵌入。最后,将化学子式嵌入输入前馈层(feed-forward),输出概率。将概率与化学子式对应的质荷比组合,即可得到预测质谱。

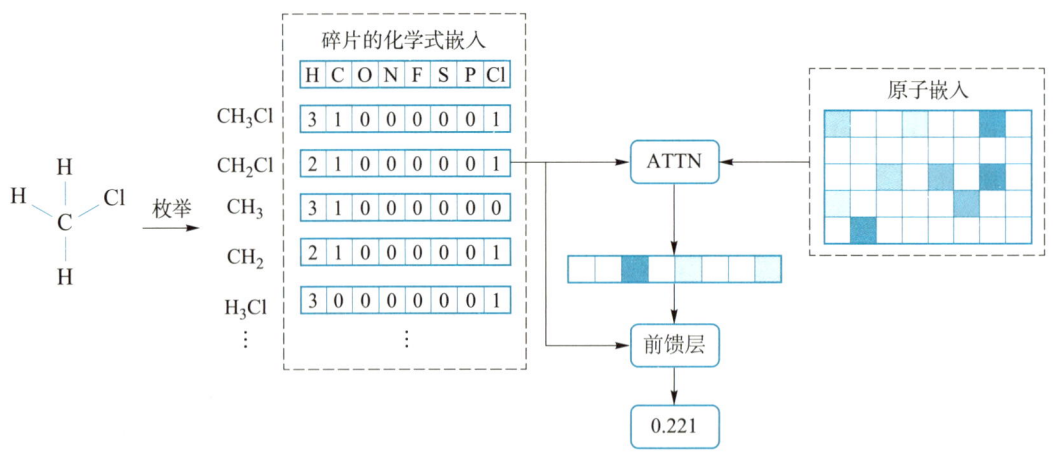

图 9-10-3　RASSP∶FN 架构示意图

## 九、参考文献

（中南大学　庄曜宇、杨琼、卢红梅）

# 第10章
# 物理化学测量实验

　　性质、结构和组成的测量构成了化学测量学的核心,物理化学测量实验模块侧重于物理化学性质的测量,是化学测量学的重要组成和分支。本模块基于原有"物理化学实验"的实验体系来构建,设计时紧扣前沿测量技术的发展,删除了陈旧的实验项目,并在内容、载体及教学方法上进行不同程度的创新,使之更加符合当前拔尖创新人才培养的需求。按照测量性质的不同,本模块分为4个方向:① 热力学性质测量,包含饱和蒸气压测量、燃烧热测量、相图测量和热分析测量4个知识点,不包含基础的平衡常数测量,共列入7个实验(其中3个为平行实验)。② 动力学性质测量,重点关注科研前沿相关的催化反应过程,包括多相催化反应动力学测量、均相催化反应动力学测量、光催化反应动力学测量、酶催化反应动力学测量、化学振荡反应动力学测量和非等温反应动力学测量6个知识点,不包含传统的简单级数化学反应测量。这是本模块研究重点,共列出10个实验(其中4个为平行实验)。③ 胶体和表界面性质测量,包含胶体性质测量、液体/固体表界面性质测量和固体材料孔结构参数测量3个知识点,均与当前测量前沿研究密切相关,共安排7个实验(其中3个为平行实验),在液体/固体表界面性质测量实验中引入了由我国科学家研发的入选2020年IUPAC化学十大新兴技术——液体门控技术。④ 分子结构性质测量,包含一个知识点——偶极矩测量,只列入1个实验,引入了DFT理论计算。

# 热力学性质测量

## 实验 10-1　纯液体饱和蒸气压的测量及应用

### 一、实验目的

　　(1) 能够使用静态法/动态法测量液体的饱和蒸气压和摩尔汽化热并阐述其基本原理。

　　(2) 能够合理搭建和使用真空系统、控温系统及气压计。

　　(3) 能够通过图解法求纯液体在所测温度范围内的平均摩尔汽化热及正常沸点,并合理分析实验结果。

　　(4) 能够分析解决生活、生产等领域中基于饱和蒸气压特性的应用问题。

### 二、实验原理

在密闭体系中,一定温度下,纯液体与气相达到平衡时的蒸气压强,称为该温度下液体的饱和蒸气压,它与液体的温度、压强和化学成分等因素密切相关。

饱和蒸气压是物质的基础热力学数据,它不仅在化学、化工领域,而且在无线电、电子、冶金、医药、环境工程乃至航空航天等多学科领域都具有重要的地位,是工程计算中必不可少的数据。例如,化学工业中,根据不同物质的饱和蒸气压,可以将其用于选择性提取、溶剂选择、精馏分离、减压蒸馏等;能源工业中进行能源需求预测;气象学中进行湿度计算和天气预测;农业中进行作物生长环境控制;医学中用于呼吸系统疾病治疗等;电子工业中用于了解电子设备工作环境的湿度要求,以保证设备的正常运行和延长使用寿命。同时,在科学研究中,饱和蒸气压数据有助于理解物质的性质和反应过程等。

饱和蒸气压与温度的关系可用克劳修斯-克拉佩龙方程式[式(10.1.1)]表示:

$$\frac{\mathrm{d}\ln p}{\mathrm{d}T} = \frac{\Delta_{\mathrm{vap}}H_{\mathrm{m}}}{RT^2} \tag{10.1.1}$$

式中:$\Delta_{\mathrm{vap}}H_{\mathrm{m}}$ 为摩尔汽化热,$R$ 为摩尔气体常数,$T$ 为热力学温度。如果温度变化不大,则 $\Delta_{\mathrm{vap}}H_{\mathrm{m}}$ 可视为常数。对式(10.1.1)作不定积分,可得

$$\ln p = -\frac{\Delta_{\mathrm{vap}}H_{\mathrm{m}}}{RT} + C \tag{10.1.2}$$

式中:$C$ 为积分常数,与蒸气压 $p$ 的单位有关。由此式可以看出,以 $\ln p$ 对 $1/T$ 作图,得到一条直线,直线的斜率为 $-\Delta_{\mathrm{vap}}H_{\mathrm{m}}/R$,由斜率可以求出液体的平均摩尔汽化热 $\Delta_{\mathrm{vap}}H_{\mathrm{m}}$。

饱和蒸气压的精确测量对于科学研究和工业生产至关重要。测定液体饱和蒸气压主要有饱和气流法、静态法和动态法三种。其中饱和气流法测量时,使干燥的惰性气流通过被测物质,并为被测物质所饱和,然后测定所通过的气体中被测物质蒸气的含量,就可根据分压定律算出此被测物质的饱和蒸气压。静态法是在某一温度下直接测量液体饱和蒸气压。动态法是在不同外界压强下测定其沸点。

本实验采用静态法测定液体的饱和蒸气压,所用液体饱和蒸气压测定装置如图 10-1-1 所示。平衡管由 A 球和 U 形管 B、C 组成,上部与数字测压计相通,而测压计通过缓冲瓶与

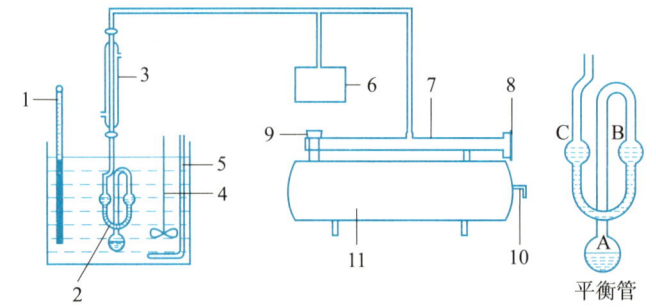

1—感温器;2—平衡管;3—冷凝管;4—搅拌器;5—加热管;6—数字测压计;
7—储气管;8—进气阀;9—调压阀;10—抽气阀(接真空泵);11—缓冲瓶

**图 10-1-1　液体饱和蒸气压测定装置**

真空泵相连接。平衡管内装有待测液体环己烷。一定温度下,若平衡管的 A 球内液体上方仅有被测物质环己烷的蒸气,那么 B 管液面上所受到的压强就是蒸气压。当这个压强与 C 管液面上的空气压强相平衡(B、C 管的液面齐平)时,就可以从数字测压计上测出此温度下的饱和蒸气压 $p_{蒸气}$。

## 三、仪器与试剂

### 1. 实验仪器

液体饱和蒸气压测定装置 1 套;数字测压计 1 台;恒温水浴 1 套;真空泵 1 台。

### 2. 试剂及耗材

环己烷(AR)。

## 四、实验步骤

### 1. 系统气密性检查

将冷凝管与自来水接通,以室内气压计读数为基准,对数字气压计进行校准,即在系统通大气的情况下按数字测压计的"置零"键,使读数为 0 kPa。关闭进气阀,开动真空泵抽气,打开抽气阀和调压阀,使系统减压至测压计读数约为 -85 kPa,关闭抽气阀,封闭系统。观察测压计读数,若在 5 min 之内测压计读数基本不变,表明系统不漏气。若系统漏气,则测压计上的读数会逐渐变小,这时仔细分段检查,找出漏气的原因,处理直至不漏气为止,才可以进行下一步实验。

### 2. 设定恒温水浴温度

将玻璃恒温水浴的控制器总开关打开,先开动搅拌以中等速度搅拌,再将温度指示控制器的开关打开,设置温度为 30 ℃(指定温度),此时水浴内的加热管便开始加热。待温度稳定后,恒温 5 min,此时即可进行蒸气压测定。

### 3. 测定环己烷的饱和蒸气压

开启抽气阀,缓慢抽气,使平衡管 A 球中溶解于液体内的空气和 A、B 空间内的空气呈气泡状通过 B、C 管中的液体逐个排出。抽气至液体出现轻微沸腾,当气泡呈连续状时,可认为空气被排除干净。当数字测压计显示压强 $p \leqslant -85$ kPa(以当前大气压校准归零后)时,确认已经将 A 球上方空气排尽后,关闭抽气阀和调压阀,使系统与真空泵隔绝,并关掉真空泵停止抽气。

缓慢打开进气阀,慢慢放进空气,注意不要让系统内放入的空气过多。当 B、C 管的液面缓慢到达同一水平面时,关闭进气阀,同时读出数字测压计的压强 $p$(读数最小精度为 0.1 kPa)及水浴的温度 $T$(小数点后第二位上下波动不大时,记录实际温度)。然后调节调压阀,缓缓减少系统内压强,使 C 管的液面高于 B 管的液面,此时等系统再平衡 5 min 后,缓缓放气,使得 B、C 管的液面再次达同一水平面,读出数字测压计的压强 $p$,即同一个温度条件下读两组数据,最后取平均值。

按以上实验步骤 2、3 的方法,每增加 6 ℃,测定相应温度下的环己烷蒸气压(读两次数值)。

实验全部完毕后,缓慢打开进气阀(数字测压计仅有微小示数变化)和调压阀,将空气慢慢放入系统,此时气泡缓慢穿过环己烷,而不致将环己烷倒灌到平衡管 A 球中。待系统恢复常压,关闭测压计。

## 五、注意事项

(1)实验中,饱和蒸气压的测量是系统与外界环境压强达到平衡的过程,所以测定时调节 B、C 管中液面应尽可能缓慢移动并维持平衡后进行读数,以保证测试数据的准确性。测试过程中温度波动应小于±0.1 ℃。

(2)升温过程中,环己烷的饱和蒸气压不断增大,所以也就应不断从进气阀中放入空气,否则容易出现暴沸,导致 U 形管中环己烷挥发过多,环己烷不易冷凝完全。但若放入空气的量太多,外压将会大于环己烷的蒸气压,此时需重新减少系统的压强(轻轻调节调压阀)。如不慎使空气倒灌入平衡管 A 球,则需重新抽真空后方能继续测定。

## 六、数据处理与分析

(1)以蒸气压 $p_{蒸气}$ 为纵轴,温度 $T$ 为横轴作图。

(2)根据式(10.1.2),以 $\ln p$ 对 $1/T$ 作图,可得一条直线,由斜率求出实验温度范围内环己烷的摩尔汽化热 $\Delta_{vap}H_m$。

(3)与环己烷的摩尔汽化热文献值(环己烷沸点温度 80.7 ℃ 时 $\Delta_{vap}H_m = 29.97 \ kJ \cdot mol^{-1}$ 和 25 ℃ 时 $\Delta_{vap}H_m = 33.01 \ kJ \cdot mol^{-1}$)比较,并计算误差。

## 七、思考题

(1)本次实验需要测量哪些实验数据?应注意哪些问题?为什么?

(2)简述缓冲瓶的工作原理。

(3)试分析调节平衡管液面水平时放气速度快慢对测得饱和蒸气压数值的影响。

(4)如何求被测液体在实验温度范围内的平均摩尔汽化热和正常沸点?

(5)液体的饱和蒸气压在生产、生活及实验室管理中都具有非常重要的应用,请分别举例说明并解释其原因。

(6)请对实验中可能产生的误差进行分析,如温度测量、压强测量、系统漏气等对测量结果有何影响,并分析减小相应误差的措施。

## 八、知识拓展

(1)已知乙酸丁酯的正常熔点和沸点分别为-77.9 ℃,126.11 ℃。试设计实验方案来获得乙酸丁酯的摩尔熔化热 $\Delta_{fus}H_m(T)$ 及摩尔汽化热 $\Delta_{vap}H_m(T)$ 数据,其中温度 $T = 30 \sim 130$ ℃。阐明实验原理,提出实验方法、实验步骤和数据处理方法。

(2)青藏铁路要穿越“千年冻土”区,只有解决“冻土层夏季融沉、冬季冻胀”的问题,才能保障路基坚固、稳定,确保安全。我国科技工作者创造性地解决了这一难题,其中一个关键措施是采用低温热棒技术。请结合所学内容解释并设计一种合理的低温热棒。

(3)根据液体饱和蒸气压的原理,一个正在蒸发的液滴,周围会有一个蒸气梯度分布(不同地方浓度不同)。那么在疏水低黏附表面上,相邻的等体积一滴水和一滴乙二醇水溶液会有什么现象?相邻两滴浓度相同和不同的乙二醇水溶液又有什么现象?请查阅相关文献,设计液滴驱动的方法并阐述其原理,并探究其潜在应用。

## 九、参考文献

（北京航空航天大学　田东亮、王哲）

# 实验 10-2A　煤热值的测量与煤质评价

## 一、实验目的

（1）能够阐明燃烧热的定义、恒压燃烧热与恒容燃烧热的差别及联系。

（2）能够阐明氧弹热量计的原理、构造及使用方法。

（3）能够用雷诺图解法校正温度改变值。

（4）能够使用氧弹热量计测量技术测定煤的燃烧热。

（5）能够使用近红外光谱技术评价煤质的重要指标。

## 二、实验原理

### 1. 燃烧热

标准摩尔燃烧焓是在指定温度 $T$ 下处于标准态的 1 mol 物质和氧气完全燃烧生成相同温度下的处于标准态的产物的焓变，通常称为燃烧热，以符号 $\Delta_c H_m^{\ominus}$ 表示，单位为 $kJ \cdot mol^{-1}$。符号中下标 c 表示燃烧，上标 $\ominus$ 为标准态符号，下标 m 表示反应进行了 1 mol 或 1 mol 物质燃烧。所谓完全燃烧（氧化）是指该化合物中的元素变为最稳定的指定氧化物或物质，在热化学中规定碳变成 $CO_2(g)$，氢变成 $H_2O(l)$，硫变成 $SO_2(g)$，氮变成 $N_2(g)$，氯变成 $HCl(aq)$。

燃烧热可以通过量热法测定，在恒容条件下测得的摩尔燃烧热称为恒容摩尔燃烧热 $Q_{V,m}$；在恒压条件下测得的摩尔燃烧热称为恒压摩尔燃烧热 $Q_{p,m}$。如果燃烧反应在恒温恒压、不做非体积功的条件下进行，则测得的恒压摩尔燃烧热在量值上等于恒压摩尔燃烧焓 $\Delta_c H_m$。如果恒压为标准压强，则该恒压摩尔燃烧焓为标准摩尔燃烧焓 $\Delta_c H_m^{\ominus}$。

有了化合物的燃烧焓数据就可以应用赫斯定律计算一些反应的焓变。例如，正丁烷异构化为异丁烷的标准摩尔反应焓变在实验室不能直接测定，因为异构化是一个平衡反应，不可能从纯正丁烷完全转化为纯异丁烷，但可以应用赫斯定律通过燃烧焓数据进行计算。通过燃烧热测定可以求得物质的标准摩尔燃烧焓，由此可以计算一些化合物的标准摩尔生成焓、化学反应的标准摩尔焓变、键能或共轭能等。

由热力学定律可知，$Q_V$ 等于体系热力学能变化 $\Delta_r U$；$Q_p$ 等于其焓变 $\Delta_r H$。若把参加反

应的气体和反应生成的气体都作为理想气体处理,则它们之间存在以下关系:

$$\Delta_r H = \Delta_r U + \Delta(pV) \qquad (10.2A.1)$$

$$Q_p = Q_V + \Delta n R T \qquad (10.2A.2)$$

式中:$\Delta n$ 为反应前后反应物和生成物中气体的物质的量之差;$R$ 为摩尔气体常数;$T$ 为反应时的热力学温度。

### 2. 煤的热值

煤燃烧产生的热能被广泛应用于工业、交通及生活等领域。煤的高位热值和低位热值是衡量煤质量的重要指标。

高位热值指的是煤在完全燃烧情况下,单位质量煤所放出的热量。该热值是在恒容条件下测得的。高位热值通常被用作表征煤的热值大小及煤的基价,因为它包括了煤中所有可燃成分的完全燃烧热量,但不包括燃烧过程中产生的水的汽化热。高位热值是煤炭质量分析的重要指标,对于煤炭的质量评价和能源利用具有重要意义。

低位热值指的是煤在空气中完全燃烧后产生的热量,扣除煤中水分(煤中有机质中的氢燃烧后生成的氧化水,以及煤中的游离水和化合水)的汽化热(蒸发热),剩下的实际可以使用的热量。低位热值是在恒压条件下测得的。

煤的高位热值和低位热值之间的差异主要在于水的存在形式和相应的热量计算。高位热值包括了所有可燃成分的燃烧热量,而低位热值则考虑了水分的影响,扣除了水分汽化所需的热量,因此在实际应用中,低位热值更能反映煤炭的实际能量利用效率。

### 3. 氧弹热量计

燃烧热的测定在热量计中进行。热量计的种类很多,本实验所用的氧弹热量计是一种环境恒温式的热量计。氧弹热量计测量装置如图 10-2A-1 所示,氧弹剖面图如图 10-2A-2 所示。

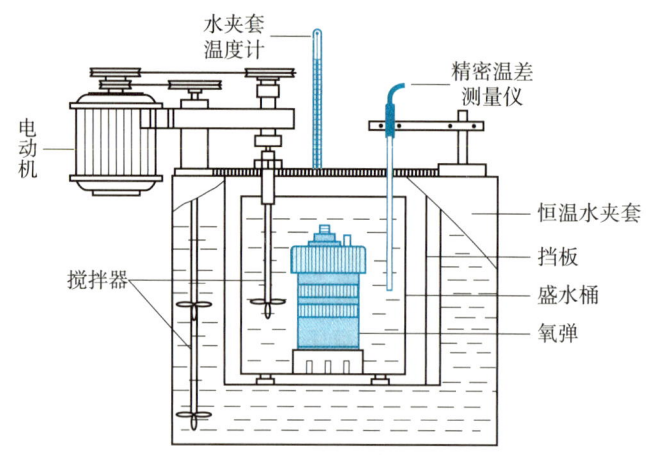

图 10-2A-1   氧弹热量计测量装置示意图

氧弹热量计的基本原理是能量守恒定律。样品完全燃烧后所释放的能量使得氧弹本身及其周围的介质和热量计有关附件的温度升高,则测量介质在燃烧前后体系温度的变化值,就可求算该样品的恒容燃烧热。其关系式如下:

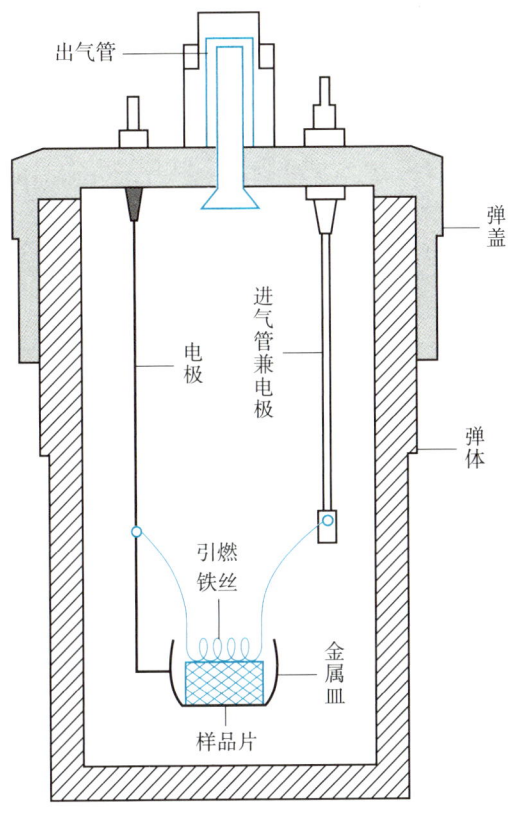

图 10-2A-2    氧弹剖面图

（图中标注文字：出气管、弹盖、弹体、电极、进气管兼电极、引燃铁丝、金属皿、样品片）

$$-\frac{m_{样}}{M}Q_{V,m} - l \cdot Q_l = (m_水 \times C_水 + C_计)\Delta T \qquad (10.2A.3)$$

式中：$m_{样}$ 和 $M$ 分别为样品的质量和摩尔质量；$Q_{V,m}$ 为样品的恒容摩尔燃烧热；$l$ 和 $Q_l$ 是引燃用铁丝的长度和单位长度燃烧热；$m_水$ 和 $C_水$ 是以水作为测量介质时，水的质量和比热容；$C_计$ 称为热量计的水当量，即除水之外，热量计升高 1 ℃所需的热量；$\Delta T$ 为样品燃烧前后水温的变化值。

为了保证样品完全燃烧，氧弹中须充以高压氧气或其他氧化剂。因此，氧弹应有很好的密封性能，耐高压且耐腐蚀。氧弹应放在一个与室温一致的恒温套壳中。盛水桶与套壳之间有一个高度抛光的挡板，以减少热辐射和空气的对流。

### 4. 雷诺温度校正图

热量计与周围环境的热交换无法完全避免，它对温度测量值的影响可用雷诺（Reynolds）温度校正图校正。具体方法为：称取适量待测物质，估计其燃烧后可使水温上升 1.5～2.0 ℃。预先调节水温使其低于室温 1.0 ℃左右。按操作步骤进行测定，根据燃烧前后观察所得一系列水温和时间数据作图，可得如图 10-2A-3 所示的曲线。图中 $H$ 点表明燃烧开始，热量传入介质；$D$ 点为观察到的最高温度值；从相当于室温的 $J$ 点作水平线交曲线于 $I$ 点，过 $I$ 点作垂线 $ab$，再将 $FH$ 线和 $GD$ 线分别延长并交 $ab$ 线于 $A$、$C$ 两点，其间的温度差值即为经过校正的 $\Delta T$。图中 $AA'$ 为开始燃烧到体系温度上升至室温这一段时间 $\Delta t_1$ 内，由环境辐射和搅拌引进的能量所造成的升温,应予以扣除。$CC'$ 是由室温升高到最高点 $D$ 这一段时间 $\Delta t_2$ 内,热量计向环境的热漏造成的温度降低,计算时必须考虑在内。故可认为,$A$、$C$ 两点的差值较客观地表示了样品燃烧引起的升温数值。

在某些情况下,热量计的绝热性能良好,热漏很小,而搅拌器功率较大,不断引进的能量使得曲线不出现极高温度点,如图 10-2A-4 所示。其校正方法与前述相似。

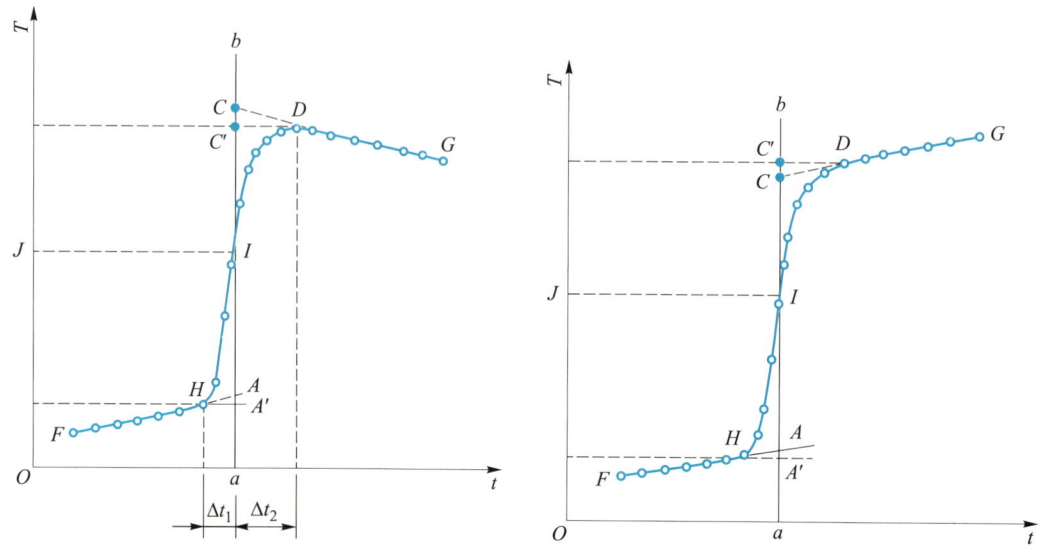

图 10-2A-3　绝热稍差情况下的雷诺温度校正图　　图 10-2A-4　绝热良好情况下的雷诺温度校正图

本实验采用数字式精密温差测量仪来测量温度差。

### 5. 近红外光谱技术评价煤质

随着国家对节能减排的要求越来越严格,热值、灰分、挥发分和固定碳等煤炭的质量指标不仅是热量指标的要求,也是环保的要求;煤炭的快速分析也是用煤单位多年探索的一项重要技术,传统煤炭热量分析主要采用热量计,灰分、挥发分和固定碳测定采用马弗炉,分析周期长,耗能大,分析步骤需要严格控制。很多燃煤企业多年来一直在探索利用激光、中子法等技术进行煤炭快速分析,但激光和中子法对仪器安全防护要求高,使用成本也很高。傅里叶近红外技术对煤炭的热值、灰分、挥发分、固定碳进行快速分析具有以下优点:

(1)分析速度快:任何样品的近红外光谱测试时间都可以在 1 min 内完成。

(2)样品处理简单:样品最多可能进行简单的物理处理,如磨粉等;无须进行化学处理。

(3)操作简单:样品无须称量等复杂的计量测试和化学处理;只需对样品进行简单的光谱扫描。

(4)人为操作误差小:无称量、稀释、定容等操作,避免了操作流程上带来的偶然误差。

(5)绿色环保:近红外测试过程无须化学试剂,无化学反应过程,无污染。

(6)能实现现场在线实时测试:采用在线近红外分析技术,可以实现实时在线分析。

从化学的观点分析,可以把煤分为有机组成和无机组成两部分:有机部分由复杂的高分子有机化合物组成,是煤炭的主要部分,也是可以利用的有益部分。该部分物质会在近红外光谱波段出现相应的光谱吸收信号。无机部分包括矿物质和水分等,一般不利于煤炭的利用。其中水分也会在近红外波段产出一定的光谱吸收特征,其他无机物会产生一个光谱背景信号,利用该信号也可以对某些物质进行定量表征。

图 10-2A-5 中的煤炭样品(褐煤)的近红外光谱中的光谱的特征吸收结构并不是十分丰富,在 $10000 \sim 7000\ \text{cm}^{-1}$ 的通道上几乎看不出光谱吸收信号,相比之下,$7000 \sim 4000\ \text{cm}^{-1}$ 通道上的信息比较丰富而且存在比较大的背景信号,该信号是由于无机物质存在而形成的。近红外光谱信号给出的信息可以用来对煤炭各个指标进行定量分析。光谱预处理完成之后,将样品分为两部分,一部分作为校正集来建立偏最小二乘法(PLS)预测模型,另外一部分作为预测集用来验证模型的预测能力。最终建立煤炭近红外漫反射光谱数据与各个指标间的 PLS 模型。将待测样品光谱数据输入模型,即可获取相应的热值及其他煤质相关指标。

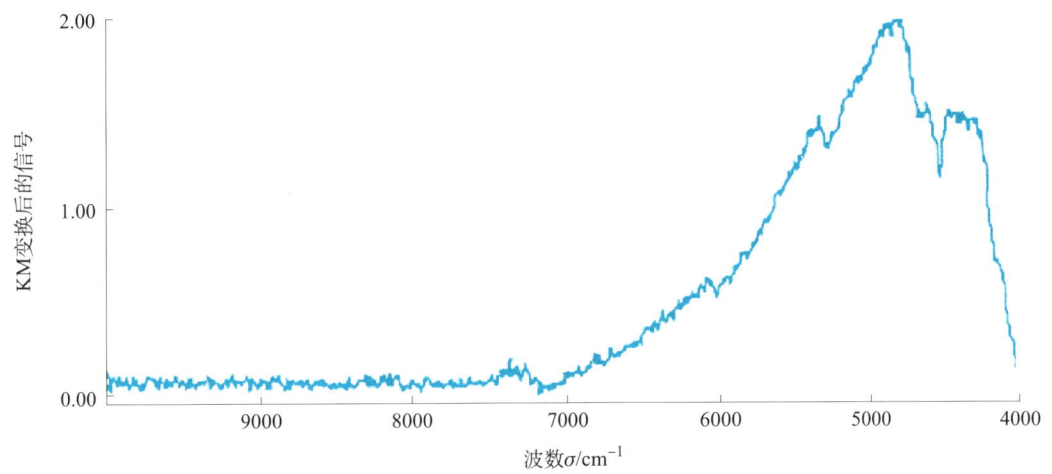

图 10-2A-5　褐煤近红外光谱经过 Kubelka Munk(简称 KM)变换后的信号

## 三、仪器与试剂

### 1. 实验仪器

氧弹热量计 1 套;傅里叶变换近红外光谱仪 1 台;精密温差测量仪 1 台;氧气钢瓶 1 个;万用表 1 台;案秤(10 kg)1 台;电子天平 1 台;塑料桶 1 个;直尺 1 把;剪刀 1 把,温度计(0 ~ 50 ℃)1 支。

### 2. 试剂及耗材

苯甲酸(AR);煤粉;引燃专用铁丝。

## 四、实验步骤

### 1. 实验前准备

用采集于热电厂化验室常规分析后的留样样品(样品已采用国标煤炭分析方法分析煤炭的高位热值、低位热值及灰分、挥发分和固定碳的含量)建模。采用 Sub IR 漫反射探头隔着样品杯的窗片对准样品采集近红外光谱测量样品的漫反射吸光度。光谱分辨率为 16 cm⁻¹,扫描 64 次,取平均光谱。扫描范围 12000 ~ 4000 cm⁻¹。每个样品扫描得到一张光谱。将原始光谱经过一阶导数处理得到一阶导数光谱。采用 6500~4000 cm$^{-1}$ 的光谱信息,利用 TQ Analyst TM 软件中的偏最小二乘法(PLS)建立煤炭高位热值、低位热值及灰分、挥发分和固定碳的含量依次作为因变量,煤炭近红外漫反射光谱数据作为自变量的一系列 PLS 模型。实验中学生将测好的煤炭近红外漫反射光谱数据代入模型即可得煤炭的各项指标。如果时间允许,可引导学生自行建模。

**2. 测定热量计的水当量**

测定燃烧热时需要知道热量计的热容,即水当量,而每套热量计的水当量不同,因此要事先测定。利用已知燃烧热的标准物质,可以测得热量计的水当量。水当量测定常以苯甲酸为标准物质。

(1)样品制作    用电子天平称取 1.0 g 左右的苯甲酸装入干净的压片模具中,在压片机上压制成圆片,如图 10-2A-6 所示。将样品退出模具,用镊子将样品在干净的称量纸上轻微振动,除去表面粉末后再用电子天平精确称量。

(2)装样并充氧气    拧开氧弹盖,将氧弹内壁擦干净,要特别注意电极下端的不锈钢丝的清洁程度。搁上金属小器皿,小心将样品片放置在小器皿中部。剪取 18 cm 长的引燃铁丝,在直径约 3 mm 的铁钉上,将引燃铁丝的中段绕成螺旋形 5~6 圈。将螺旋部分紧贴在样品片的表面,两端固定在电极上。注意引燃铁丝不能与金属器皿相接触。用万用电表检查两电极间电阻值,一般应不大于 20 Ω。旋紧氧弹盖,卸下进气管口的螺栓,换接上导气管接头。导气管的另一端与氧气钢瓶上的减压阀连接。打开钢瓶阀门,使氧弹中充入 2.5 MPa 的氧气。

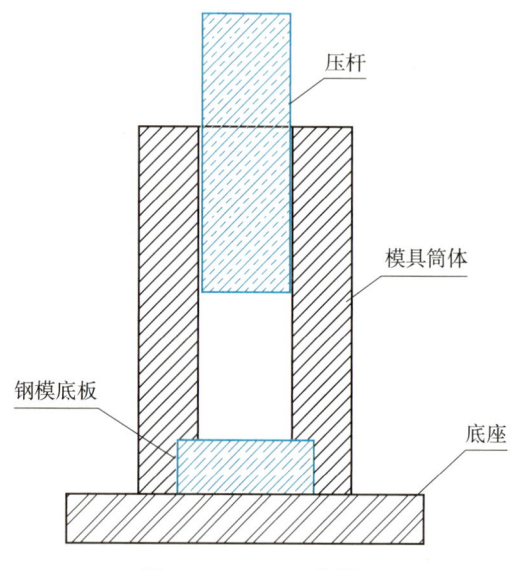

图 10-2A-6    压片模具

(压杆、模具筒体、钢模底板、底座)

关闭氧气瓶阀门,旋下导气管,放掉氧气表中的余气。将氧弹的进气螺栓旋上,再次用万用表检查两电极间的电阻。如阻值过大或电极与弹壁短路,则应放出氧气,开盖检查。

(3)测量    称取已被调节到低于室温 1.0 ℃ 左右的 3 kg 自来水于盛水桶内。将氧弹放入水桶中央,装好搅拌电动机,把氧弹两电极用导线与点火变压器相连接,盖上盖子后,先将数字式精密温差测量仪的探头插入恒温水夹套中测出环境温度(即雷诺温度校正图中的 $J$ 点),然后将其插入系统。开动搅拌电动机,待温度稳定上升后,每隔 1 min 读取一次温度(准确读至 0.001 ℃)。10~12 min 后,按下变压器上电键通电 4~5 s 点火。自按下电键后,温度读数改为每隔 15 s 一次,直至两次读数差值小于 0.005 ℃,读数间隔恢复为 1 min 一次,继续 10~12 min 方可停止实验。

关闭电源后,取出数字式精密温差测量仪的探头,再取出氧弹,打开氧弹出气口放出余气。旋开氧弹盖,检查样品燃烧是否完全。氧弹中应没有明显的燃烧残渣。若发现黑色残渣,则应重做实验。测量未燃烧的铁丝长度,并计算实际燃烧掉的铁丝长度。最后擦干氧弹和盛水桶。

样品点燃及燃烧完全,是本实验最重要的一步。

### 3. 煤粉燃烧热测定

称取煤粉样品 0.6~1.0 g,测量其燃烧热。

### 4. 近红外光谱技术评价煤质

(1)将煤粉样品倒入平底样品杯。

(2)采用 Sub IR 漫反射探头隔着样品杯的窗片对准样品采集近红外光谱,测量样品的漫反射吸光度:光谱分辨率为 16 cm$^{-1}$,扫描 64 次,取平均光谱,扫描光谱范围 12000~4000 cm$^{-1}$,每个样品扫描得到一张光谱。

(3)数据处理:将原始光谱经过一阶导数处理得到一阶导数光谱,采用 6500~4000 cm$^{-1}$ 的光谱信息,利用实验前建立的偏最小二乘法(PLS)模型得到煤炭样品的高位热值、低位热值及灰分、挥发分和固定碳的含量。

## 五、注意事项

(1)苯甲酸必须经过干燥,受潮样品不易燃烧且称量有误;压好的样品要求密实,否则在称量及燃烧样品时易造成样品散落,带来实验误差。

(2)检查氧弹内部是否干净;铁丝不可悬得太高,也不能接触器皿。

(3)充氧气之前旋紧氧弹的排气孔,防止漏气。严格按照氧气钢瓶操作步骤进行充氧气操作:减压阀门顺时针旋转为开启阀门,逆时针旋转为关闭阀门。

(4)用冰水将水温调节低于室温 0.5~1 ℃;盛水桶在热量计套桶里要垂直放稳;将氧弹放入盛水桶中时注意手不要沾上已称量的水。

(5)安装搅拌电动机时注意搅拌桨不能与周围的卡计发生碰撞,搅拌电动机须运转自如。

## 六、数据处理与分析

(1)苯甲酸的恒压摩尔燃烧热为 −3228.2 kJ·mol$^{-1}$,引燃铁丝的单位长度燃烧热值为 −2.9 J·cm$^{-1}$。

(2)分析比较不同样品的高位热值、低位热值、灰分、挥发分和固定碳指标差异。

(3)比较通过近红外光谱技术和量热法所得热值的差别并分析差异原因。

## 七、思考题

(1)实验中用热量计测得的热值是高位热值还是低位热值?为什么?

(2)在量热学测定中,还有哪些情况可能需要用到雷诺温度校正方法?

(3)为什么内桶的水温要比外桶的水温低?低多少合适?

(4)分析本实验中误差产生的主要原因。

(5)样品量对实验结果有什么影响?为什么过多或过少都会导致测量误差增大?

(6)近红外光谱技术评价煤质中,建模的样品数量对结果有何影响?

## 八、知识拓展

### 1. 不同产地生物质固体燃料的热值测定及质量分析

生物质固体燃料指的是利用农林废弃物,如秸秆、花生壳、甘蔗渣、木屑等,进行机械高温高压而成型的固体环保燃料,主要作为锅炉燃料,替代燃煤或燃油,进行清洁燃烧。使用生物质固体燃料不仅能节约不可再生的化石能源和降低企业能耗成本,而且由于生物质燃料中几乎不含硫磷,燃烧后灰渣极少,对环境的污染更小。

优质生物质固体燃料的纯度高,不含其他不产生热量的杂物,其含碳量为 75%~85%,灰分为 3%~6%,含水量为 1%~3%,燃烧热值在 $16.3~20.1~kJ \cdot g^{-1}$,经炭化后的燃烧热值可达 $29.3~33.4~kJ \cdot g^{-1}$。

生物质固体燃料的燃烧热值与其原料直接相关,由不同生物质及不同产地的同种生物质所制备的固体燃料,其燃烧热值有所不同。为了科学地开发这类生物质资源,应该根据生物质本身的特性进行分析研究,开发和设计出相对应的燃烧设备及技术,实现生物质资源的高效利用。因此,对生物质燃烧热的精确测定显得尤为重要,并可通过热值差异,结合灰分、水分含量等分析,对生物质固体燃料的质量进行分析。实验中根据样品干燥后的质量损失计算出全水分含量;以灼烧残留物的质量占样品质量的百分数作为灰分含量;采用氧弹热量计进行燃烧热值测定。测定时,应考虑 $HNO_3$ 生成对燃烧热的影响,并将其扣除。

#### 2. 燃料油燃烧热的测定及其结构预测

汽油、柴油及煤油等各类燃料油的热值是一个非常重要的指标,例如,航空煤油就对质量燃烧热和体积燃烧热有非常高的要求。因此燃烧热对各种燃料油的性能评价,具有非常重要的价值。

一般认为,物质的结构及化学键的差异会影响其燃烧热,因此可以根据物质所有化学键键能计算燃烧热;对于同系物,燃烧热随碳链增长呈有规律的增加,因此只需要将分子中主要结构视为一个大的取代基,相应同系物的燃烧热可以进行简单加和得到。由于异构烷烃更加复杂的空间构型,可通过建立相应的预测模型,对有机物分子结构及其燃烧热进行定量关联。通过分子结构可以预测化合物的宏观性质,同样通过宏观性质也可以来关联、预测化合物的分子结构。

### 九、参考文献

（中山大学　沈勇,厦门大学　张来英、袁汝明）

## 实验 10-2B　燃烧热的测定与苯共轭能计算

### 一、实验目的

（1）能够阐明燃烧热的定义、恒压燃烧热与恒容燃烧热的差别及联系。

（2）能够阐明氧弹热量计的原理、构造及使用方法。

（3）能够用雷诺图解法校正温度改变值。

（4）能够使用氧弹热量计测量技术,测定苯、环己烷和环己烯三种液体的燃烧热,计算不饱和官能团的共轭能。

## 二、实验原理

### 1.燃烧热、氧弹热量计及雷诺温度校正图

见平行实验 10-2A。

### 2.苯分子共轭能的计算

共轭能 $E_r$（resonance energy,或称稳定化能）,可以用来衡量一种共轭分子的稳定性。苯、环己烯和环己烷三种分子都含有碳六元环,环己烷和环己烯的摩尔燃烧热 $Q_{p,m}$ 的差值 $|\Delta E|$ 与环己烯上的孤立双键结构相关,它们之间存在下述关系:

$$|\Delta E| = |Q_{p,m,环己烷}| - |Q_{p,m,环己烯}| \qquad (10.2B.1)$$

如将环己烷与苯的经典定域结构相比较,两者燃烧热的差值似乎应等于 $3|\Delta E|$,但实验证明:

$$|Q_{p,m,环己烷}| - |Q_{p,m,苯}| > 3|\Delta E| \qquad (10.2B.2)$$

显然,这是因为共轭结构导致苯分子的能量降低,其差额正是苯分子的共轭能 $E_r$,即满足:

$$|Q_{p,m,环己烷}| - |Q_{p,m,苯}| - 3|\Delta E| = E_r \qquad (10.2B.3)$$

将式（10.2B.1）代入式（10.2B.3）,再根据 $\Delta H = Q_p = Q_V + \Delta nRT$,经整理可得到苯的共轭能与恒容摩尔燃烧热的关系式:

$$E_r = 3|Q_{V,m,环己烯}| - 2|Q_{V,m,环己烷}| - |Q_{V,m,苯}| \qquad (10.2B.4)$$

分别测定苯、环己烷和环己烯的恒容摩尔燃烧热后,按照上述方法即可计算得到共轭能,并与文献值进行比较。

## 三、仪器与试剂

### 1.实验仪器

氧弹热量计 1 套;精密温差测量仪 1 台;氧气钢瓶 1 个;万用表 1 台;案秤（10 kg）1 台;电子天平 1 台;塑料桶 1 个;直尺 1 把;剪刀 1 把,温度计（0~50 ℃）1 支。

### 2.试剂及耗材

苯甲酸（AR）;苯（AR）;环己烷（AR）;环己烯（AR）;引燃专用铁丝;明胶胶囊。

## 四、实验步骤

### 1.热量计水当量的测定

参见平行实验 10-2A。

### 2.液体燃烧热的测定

氧弹热量计测定可燃液体样品的燃烧热时采用精确称量的明胶胶囊作为样品管,并用内径比明胶胶囊外径大 0.5~1.0 mm 的薄壁软玻璃管套住,装样示意如图 10-2B-1 所示。明胶胶囊的平均燃烧热值应预先标定以便扣除。

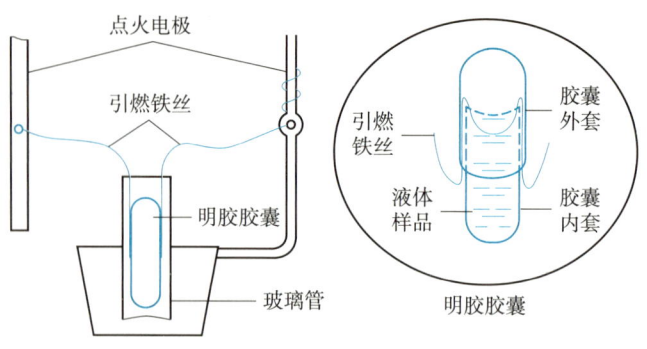

图 10-2B-1　胶囊套与玻璃管装样示意图

（1）明胶胶囊平均燃烧热值测定　取空明胶胶囊 4 粒，精确称量后与 0.5 g 左右精确称量的苯甲酸一起装入氧弹中，按上述方法，测定其平均燃烧热值。测定时需适当调整水介质起始温度。

（2）苯、环己烯和环己烷燃烧热的测定　称取 0.8 g 左右的液体样品，装入明胶胶囊中，并分别记录明胶胶囊与液体样品的精确质量，装样时注意避免明胶胶囊内留有过多空气。按上述方法分别测定苯、环己烷和环己烯的恒容摩尔燃烧热。

## 五、注意事项

（1）苯甲酸必须经过干燥，受潮样品不易燃烧且称量有误；压好的样品要求密实，否则在称量及燃烧样品时易造成样品散落，带来实验误差。

（2）检查氧弹内部是否干净；铁丝不可悬得太高，也不能接触器皿。

（3）充氧气之前旋紧氧弹的排气孔，防止漏气。严格按照氧气钢瓶操作步骤进行充氧气操作：减压阀门顺时针旋转为开启阀门，逆时针旋转为关闭阀门。

（4）用冰水将水温调节低于室温 0.5~1 ℃；盛水桶在热量计套桶里要垂直放稳；将氧弹放入盛水桶中时注意手不要沾上已称量的水。

（5）安装搅拌电动机时注意搅拌桨不能与周围的卡计发生碰撞，搅拌电动机须运转自如。

（6）在操作正常的情况下，根据误差分析，热量计的水当量和燃烧热两次测量所引起的燃烧热值相对误差约 1%，误差主要是由温度测量引进的。氧弹中的氮气部分燃烧，最后生成硝酸，每次测量引进的误差不及 0.1%，如实验条件控制相近时该项误差实际上基本抵消，故在教学实验中略去该步骤。尽管如此，由于燃烧热值绝对值通常达到几千千焦每摩尔，因此测量中微小的误差对燃烧热值的影响是很大的，从实验得到的值范围也比较宽。所以，这个实验要求学生必须特别细心和认真。

## 六、数据处理与分析

（1）苯甲酸的恒压摩尔燃烧热为 -3228.2 kJ·mol$^{-1}$，引燃铁丝的单位长度燃烧热值为 -2.9 J·cm$^{-1}$。

（2）作苯甲酸、明胶胶囊、苯、环己烷和环己烯雷诺温度校正图，由 $\Delta T$ 计算水当量和其他液体的恒容摩尔燃烧热 $Q_{V,m}$ 及苯的共轭能。

（3）通过查找文献，计算实验测得苯共轭能与文献值之间的相对误差。

（4）根据所用仪器的精度，正确表示测量结果，通过误差分析指出最大测量误差所在。

## 七、思考题

（1）固体样品为什么要压成片状？

（2）在量热学测定中，还有哪些情况可能需要用到雷诺温度校正方法？

（3）为什么内桶的水温要比外桶的水温低？低多少合适？

（4）分析本实验中误差产生的主要原因。

（5）样品量对实验结果有什么影响？为什么过多或过少都会导致测量误差增大？

（6）有些低热值煤或固体废料，要准确测定其燃烧热，该怎样进行实验？

## 八、知识拓展

（1）热化学实验常用的热量计有环境恒温式热量计和绝热式两种，本实验使用前者。氧弹中有的是浸在水中，有的则是挂在抽真空的套中（称为"无液"弹式热量计），其氧弹都是静止的。在此基础上发展了转弹热量计，它有许多优点。由于电子技术的迅速发展，热量计测量精度不断提高，燃烧样品的用量从原来的 1～2 g 减少到 10 mg 的高精度热量计已在科研中广泛使用。

对于挥发性足够大的物质（包括气体），不使用弹式热量计而使用火焰热量计。

（2）标定热量计的水当量，除用苯甲酸外，常用的标准物质还有丁二酸、噻蒽、4-氯苯甲酸、三羟甲基氨基甲烷、五氟苯甲酸、尿素、2,2,4-三甲基戊烷、4-氟苯甲酸等。

（3）以上测量没有考虑燃烧反应形成的酸（氧气中的氮气燃烧后与水蒸气反应生成硝酸）的生成热和溶解热，在精密测定中必须考虑这部分热效应校正。方法如下：在装氧弹时，预先在氧弹中加 5 mL 蒸馏水。燃烧后，将所生成的稀硝酸溶液倒出，再用少量蒸馏水洗涤氧弹内壁，一并收集到 150 mL 锥形瓶中。煮沸 5 min（以除去 $CO_2$），加入 2 滴 1% 酚酞溶液，用 $0.1000\ mol \cdot L^{-1}$ NaOH 溶液滴定至粉红色，记下消耗的 NaOH 溶液的体积，其放出的热值为 $5.983\ J \cdot mL^{-1}$ [按 NaOH（$0.1000\ mol \cdot L^{-1}$）溶液体积计]。由此可计算出氧气中含氮杂质氧化所产生的热效应。

（4）对其他热效应（如溶解热、中和热、化学反应热等）可用普通杜瓦瓶作为热量计，先用已知热效应的反应物体系求出热量计的水当量，然后对未知热效应的反应进行测定。对于吸热反应，可用电热补偿法直接求出反应热效应。

## 九、参考文献

（中山大学　沈勇，复旦大学　刘永梅）

# 实验 10-3A 物质受热过程的热分析测试

## 一、实验目的

（1）能够阐述热重分析和差示扫描量热分析的仪器结构和工作原理。
（2）能够使用热重分析仪测量不同物质的 TG 曲线。
（3）能够使用差示扫描量热仪测量不同物质的 DSC 曲线。
（4）能够结合 TG/DSC 曲线对物质受热过程进行定性和定量分析。

## 二、实验原理

热分析是在程序温度下，测量物质的物理性质与温度或时间关系的一类技术。热分析测量的物理性质包括质量、温度差、熔变、应力和应变等。按照测量性质的不同，热分析方法又有热重分析（thermogravimetric analysis，TGA）、差示扫描量热分析（differential scanning calorimetry，DSC）、差热分析（differential thermal analysis，DTA）和动态热机械分析（dynamic mechanical analysis，DMA）等方法。

TGA 是指在程序控制温度中测定样品质量和质量变化速率随温度变化关系的一种热分析技术。热重分析仪主要由温度控制系统、精密天平系统和质量数据实时采集系统构成，如图 10-3A-1 所示。根据样品在各温度区间的失重量，可以计算样品在各温度区间的失重率，以便了解样品的热稳定性、热分解温度、热分解速率、分解物成分和热分解动力学等性质。此外，通过分析数据进行物料衡算，还可以求解样品的热分解动力学和热分解化学过程。

DSC 是应用广泛的一种热分析技术，它是在程序控温下，通过测量样品和参比物之间的热流差随温度的变化，用以表征和分析样品的物理性质，包括样品的晶体熔融温度和熔融熵、结晶温度和结晶熵、玻璃化转变温度和比热容等参数。当样品发生熔融、结晶或二级相变时，样品会产生吸热或放热行为，DSC 能够跟踪这种变化行为，从而用来分析样品的玻璃化转变温度（$T_g$）、结晶温度（$T_c$）、晶体熔融温度（$T_m$）和比热容（$C$）等热性质。自 20 世纪 60 年代以来，DSC 已经成为研究材料结构和性能的一种重要技术手段，常用的热流型 DSC 的仪器结构与工作原理如图 10-3A-2 所示。

热流型 DSC 在程序控温过程中，给样品和参比物提供同样的加热功率。由热传导定律可知，由炉体流到样品坩埚的热流 $\phi_s$ 及由炉体流入参比坩埚的热流 $\phi_r$ 分别为

$$\phi_s = \frac{T_s - T_c}{R_{th}} \tag{10.3A.1}$$

$$\phi_r = \frac{T_r - T_c}{R_{th}} \tag{10.3A.2}$$

式中：$T_s$、$T_r$、$T_c$ 分别为样品温度、参比温度和炉体温度，$R_{th}$ 为热阻。DSC 检测信号 $\phi$ 为样品和参比物的热流之差。由于参比坩埚和样品坩埚相同，仪器两边具有对称性，因此可将 $\phi$ 简化为

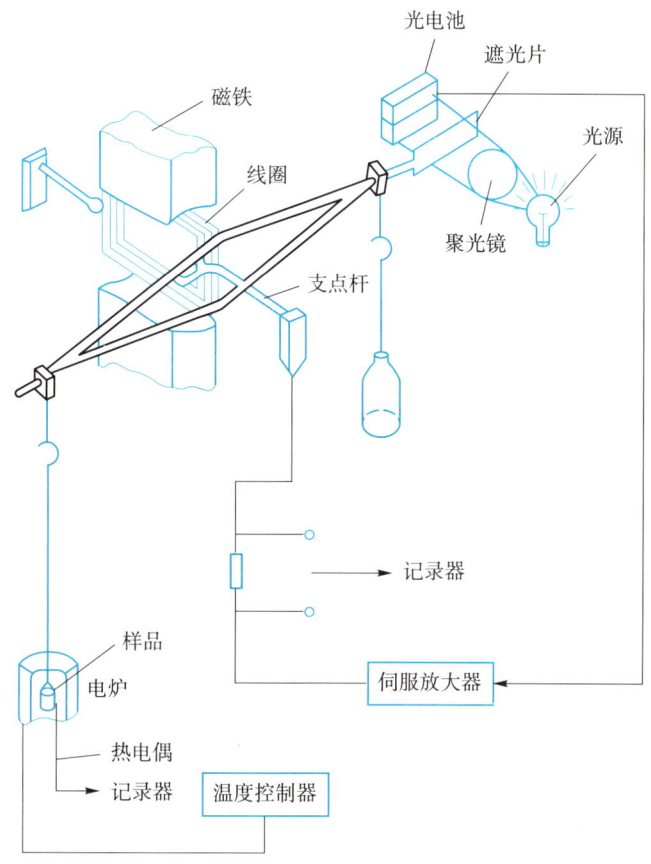

图 10-3A-1　TGA 仪器结构与工作原理图

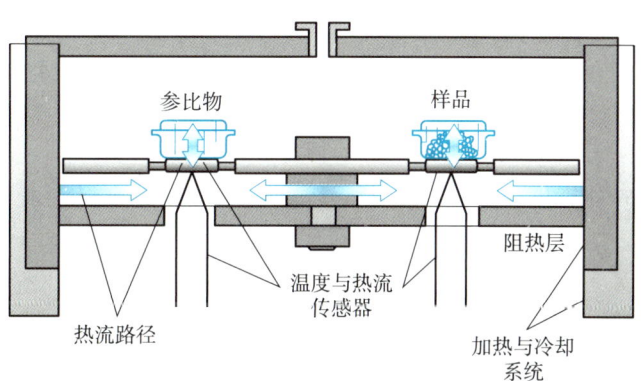

图 10-3A-2　热流型 DSC 仪器结构与工作原理图

$$\phi = \frac{T_s - T_r}{R_{th}} \qquad (10.3A.3)$$

检测信号 $\phi$ 与样品和参比物之间的温度差($T_s - T_r$)成正比。仪器根据实时检测的温度差计算出样品吸收或放出的热量。

样品中结晶在升温过程中发生结晶熔融行为,该过程会吸收热量。具有结晶性能的样品,熔融状态在降温过程中会发生结晶,放出热量。结晶是动力学过程,受升温和降温速率的影响。无定形高分子材料在从玻璃态向高弹态发生转变时,会发生玻璃化转变,样品玻璃态下的比热容和高弹态下的比热容有明显的差别。

### 三、仪器与试剂

#### 1. 实验仪器

TGA 仪 1 台,DSC 仪 1 台(或者包含 TGA 和 DSC 模块的热综合分析仪 1 台);分析天平1 台;压盖机 1 台;机械制冷机 1 台。

#### 2. 试剂及耗材

葡萄糖(AR);五水硫酸铜($CuSO_4 \cdot 5H_2O$,AR);草酸钙一水合物($CaC_2O_4 \cdot H_2O$,AR);陶瓷坩埚或铂金坩埚;铝坩埚;镊子;研钵;样品勺;针头;高纯氮气。

### 四、实验步骤

#### 1. TGA 测试

(1)开机   打开 TGA 主机,接通高纯氮气或需要的气体(如空气),根据仪器型号调节气体流量(如 100 mL·min$^{-1}$),如需要,开启制冷机,打开计算机进入程序控制页面。

(2)制样   打开炉体,将空坩埚轻轻放置到炉体中天平的样品托盘上,关闭炉体,待天平稳定 2~3 min 后,通过仪器控制系统调整天平上空坩埚的质量为零;打开炉体,取出空坩埚,称量 5.0~10.0 mg 样品放置于空坩埚中,样品的颗粒尺度尽量小,将装有样品的坩埚轻轻放置到炉体中天平的样品托盘上,关闭炉体。

(3)样品测量   在操作界面上描述气体类型和流量,天平示数稳定后,启动测试程序,测量样品的热失重过程。草酸钙一水合物测试温度范围 30~800 ℃,加热速率通常选择10 ℃·min$^{-1}$,根据研究需要,也可以选择 5 ℃·min$^{-1}$ 和 20 ℃·min$^{-1}$。热失重动力学研究需要选择更多的升温速率热失重曲线。

(4)关机   测试程序结束后,TGA 主机降温。根据仪器型号对打开炉体的温度要求(如低于 200 ℃),打开炉体,取走样品坩埚,依次关闭炉体、软件、TGA 主机、气体、计算机等。

#### 2. DSC 测试

(1)开机   打开计算机软件和 DSC 仪,接通高纯氮气,并根据仪器型号要求调节气体流量(如 50 mL·min$^{-1}$),打开制冷机。

(2)制样   称量 5.0~10.0 mg 样品(葡萄糖或五水硫酸铜),放到样品坩埚中,保持样品均匀平铺在坩埚底部,在坩埚盖上提前打孔,用压盖机将盖和盛有样品的坩埚压紧,保证坩埚内外在升温过程中压强平衡,然后将样品坩埚放置到 DSC 炉腔中的样品盘上,参比盘上放置一个同样结构的空坩埚。

(3)样品测量   打开仪器测试软件,设定实验参数和气体类型(氮气)。通常程序加热或降温速率为 10 ℃·min$^{-1}$,根据研究需要可选择更多的升温速率,如 5 ℃·min$^{-1}$ 和 20 ℃·min$^{-1}$。葡萄糖结晶行为测量:设置测试温度区间 40~160 ℃,编制循环升、降温测试程序,第一段程序升温速率为 10 ℃·min$^{-1}$,先由 40 ℃升温至 160 ℃,在 160 ℃保持 3~5 min,然后以10 ℃·min$^{-1}$降温至 40 ℃;第二段程序升温速率为 5 ℃·min$^{-1}$,先由 40 ℃升温至 160 ℃,在160 ℃保持 3~5 min,然后以 5 ℃·min$^{-1}$降温至 40 ℃。

五水硫酸铜测量:设置测试温度区间 30~350 ℃,升温速率为 10 ℃·min$^{-1}$。

(4)关机　测试程序结束后,DSC 主机降温,至冷却至室温,打开炉腔,取走样品坩埚,关闭炉腔、软件、DSC 主机、气体和计算机等。

## 五、注意事项

(1)TGA 测试过程中,要保证仪器操作台的平稳,微弱的振动会影响 TGA 测试数据的准确性和 TGA 曲线。

(2)DSC 样品测试制样很重要,要求样品尽量贴紧坩埚底部,保证样品与坩埚之间具有良好的接触。

(3)TGA 和 DSC 测试样品的质量一般在 5.0~10.0 mg,过多的样品或太少的样品都会影响样品测试的准确性。

(4)TGA 和 DSC 测试采用的升温速率和降温速率通常是 10 ℃·min$^{-1}$,升温速率和降温速率要根据研究内容进行科学的设置。

(5)实验过程中,仪器炉体温度高,不要触碰炉体、炉盖或刚从热炉体中拿出的样品。

## 六、数据处理与分析

(1)TGA 曲线分析　使用仪器软件分析样品失重量、失重温度和残炭率等,对热失重曲线进行一阶求导得到热失重速率曲线(DTG),分析最大失重速率温度。

结合草酸钙一水合物的化学分子式,计算各热分解阶段的分解产物,写出样品的热分解反应方程式。

(2)DSC 曲线分析　使用仪器软件分析葡萄糖的 DSC 测试曲线,得出不同温度速率扫描下结晶熔融的起始温度和焓变,降温过程中结晶起始温度和焓变,总结出其变化规律,通过熔融焓计算样品的纯度。

使用仪器软件分析五水硫酸铜结晶水的吸热峰温度及其焓变,说明五个结晶水在硫酸铜结晶结构中的差别。

## 七、思考题

(1)在程序控温下,TGA 和 DSC 测量样品的变量分别是什么?

(2)从 TGA 和 DSC 曲线中可得到哪些信息,影响 TGA 和 DSC 测量准确性的因素有哪些?

(3)DSC 测量中,样品的结晶和熔融这两个可逆过程的起始温度有什么差别,会受哪些因素影响?

(4)草酸钙一水合物在 30~800 ℃受热过程中,热分解的产物分别是什么?

## 八、知识拓展

根据仪器设计原理不同,DSC 分为热流型 DSC 和功率补偿型 DSC。热流型 DSC 检测样品侧和参比侧温度差,根据温度差计算样品热反应过程中的焓变。功率补偿型 DSC 通过及时补偿两侧加热功率使两侧温度差接近零,根据功率差直接计算焓变。在样品测试过程中,当样品发生吸放热反应时,功率补偿型 DSC 调整两侧的输入功率以保持两侧温度相等,两侧功率差的变化反映了样品吸放热的热量,记录当前温度与功率差得到样品的 DSC 曲线。

功率补偿型 DSC 主要由样品加热炉、参比物加热炉、炉温控制环路和功率补偿控制环路组成。每个加热炉带有炉体加热丝和补偿加热丝,炉体加热丝使样品炉、参比炉按一定速率升温或降温,补偿加热丝使两侧始终保持相同温度。补偿功率差包含样品与参比物的热容差导致的补偿功率差和样品产生热效应导致的补偿功率差。

### 九、参考文献

（山东大学    朱庆增、马继臻、程世博）

## 实验 10-3B    差热分析装置搭建及二元合金相变过程的测量分析

### 一、实验目的

（1）能够阐述差热分析仪的基本工作原理和仪器结构。

（2）能够利用实验室常见材料和组件搭建差热分析仪。

（3）能够使用差热分析仪进行铅锡合金相图的测量,能够根据拟合公式采用 Origin 等数据处理软件将温差热电势信号转换为温度值信号,对曲线进行滤波、平滑和拟合,以及差热分析曲线重要参数的提取,并进行相关图谱数据解析。

### 二、实验原理

差热分析(简称 DTA)技术的发明通常归功于法国的 Le Châtelier,不过实际上他并没有测量样品和参比物之间的温度差。1887 年,Le Châtelier 把一根 10%Pt/Rh-Pt 热电偶插入黏土样品中,以每 2 s 升温 4℃的速率加热样品,然后读取样品温度上升相等的数值时（大致对应相等的热电偶电势差值）所需要的时间。如果黏土样品在升温过程中没有热效应,则可以记录到几乎等时间间隔的一组信号;当黏土样品脱水吸热时,样品温度将滞后于炉温,则温度信号间的时间间隔将拉长;反之,则温度信号间的时间间隔将缩小。Le Châtelier 还采用某些物质的熔、沸点温度对仪器进行标定,这种方法在 DTA 及相关热分析技术中沿用至今。

从严格的意义上说,Le Châtelier 并没有对温度进行差分测量,因此他的实验方法的灵敏度不高。12 年后,英国的 Roberts-Austen 发表了奠定现代 DTA 技术基础的论文,如图 10-3B-1 所示,他将两根 Pt/Pt+10%Ir 热电偶反向连接,用高灵敏度的反射式伏特计 $G_2$ 测量两热电偶间的温差输出信号,测量样品为圆柱体的碳钢 C,在其中心钻出小孔,以便插入热电偶接点,参比物为相同尺寸的铜锌合金或耐火黏土 B,在其中心插入第二根热电偶的接点,样品和参比物一起放入管式炉 A 中程序升温,用一个灵敏度稍低的伏特计 $G_1$ 测量参比物的温度。Roberts-Austen 发明的 DTA 技术随即被广泛应用于碳钢相图的测定工作,尤其是对各种来源的铁轨性能的测量,极大推动了金属材料制造工艺的发展,为纪念他,把 $\gamma$-铁及其固溶体的金相组织命名为奥氏体。

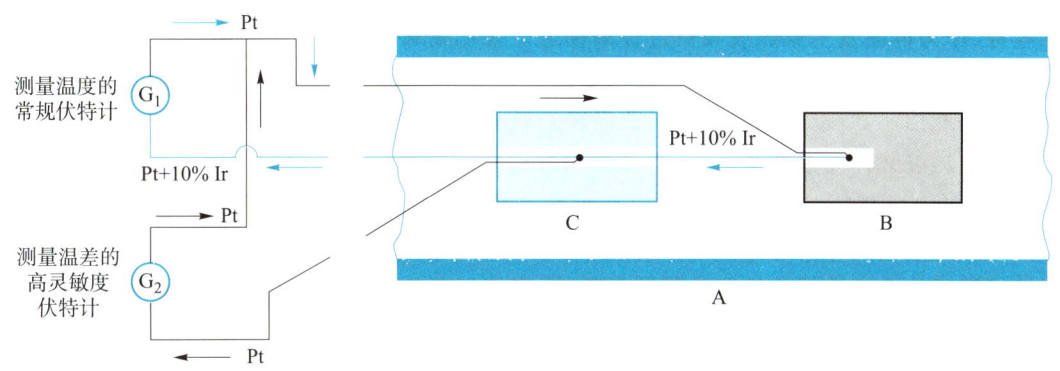

图 10-3B-1　Roberts-Austen 1899 年使用的 DTA 原型仪器的测量回路图

　　现代的 DTA 仪是一种精密、复杂的科研设备,但是利用一些常见的材料和组件,在实验室中也能够很快地组装出一台具有 DTA 功能的仪器。DTA 装置一般包括加热器、装样器、温度控制器、测温元件、温度温差信号采集器和采样计算机等。本实验选用常见的 K 型铠装热电偶作为测温元件;加热器选用外热式电烙铁芯(500 W),为双层陶瓷体,两层陶瓷体间缠绕电加热丝,无机氧化物固封,炉芯内孔直径约 2.5 cm,外径约 4 cm,高约 8 cm,如图 10-3B-2(a)所示;根据电烙铁芯尺寸,用 304 不锈钢材料加工制作了简单的装样器,图 10-3B-2(b)为装样器的剖面图和顶视图,上面的两个均衡分布的粗孔是放置样品和参比物的容器,样品可直接置于粗孔中,也可以装在 DTA 通用的刚玉坩埚或铝坩埚中,再放入粗孔中。使用时,加热器外部用保温带缠绕,起到绝热保温的作用,加热器上下部用耐火保温材料填充覆盖。

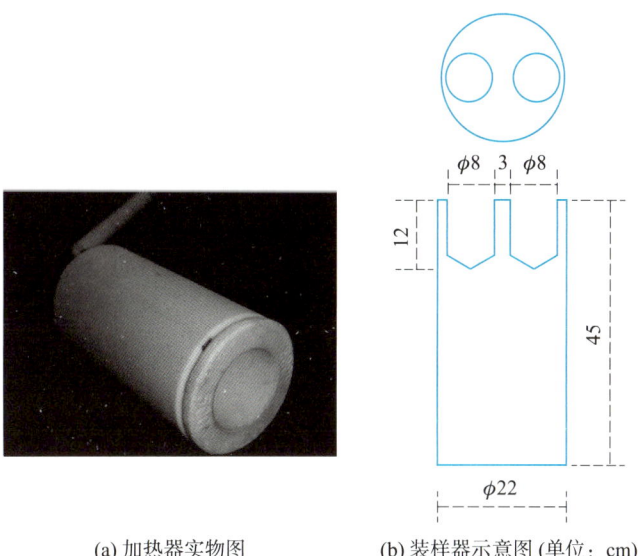

(a) 加热器实物图　　　　(b) 装样器示意图 (单位: cm)

图 10-3B-2　加热器实物图和装样器示意图

图 10-3B-3 是简易快速拆装式 DTA 装置的原理图,两支相同规格的 K 型热电偶分别插入样品和参比物中,第三支热电偶作为冷端热电偶插入冰水浴中,将这三支热电偶的负极端子引线连接起来。样品和参比物的热电偶按相反的极性串接,两支热电偶的正极之间的信号就能够显示样品和参比物之间的温度差。当样品和参比物处于同一温度时,它们的热电势相互抵消,数据显示为一条平缓的基线;当样品发生变化时,其产生的热效应将使样品温度偏离程序控制,从而与参比物温度产生明显的差异,这样就在两支热电偶之间产生温差热电势,作为样品发生放热或吸热过程的标志。参比物和冷端热电偶按相反的极性串接,两支热电偶的正极之间的信号就能够显示参比物的实际温度,该信号既作为控温反馈信号输入程序温度控制器,也作为线性升温数据输入数据采集仪。将参比物和冷端热电偶正极之间的温差热电势作为温度 $T$ 信号,将样品与参比物的热电偶正极之间的温差热电势作为温差 $\Delta T$ 信号,分别接入数据处理器中。K 型热电偶给出的温度 $T$ 信号是毫伏级的直流电压信号,温差 $\Delta T$ 信号是微伏级的直流电压信号,两者都非常容易采集和记录,数据采集系统可使用数字化色谱数据处理仪及其配套软件,直接记录热电偶给出的直流电压信号。

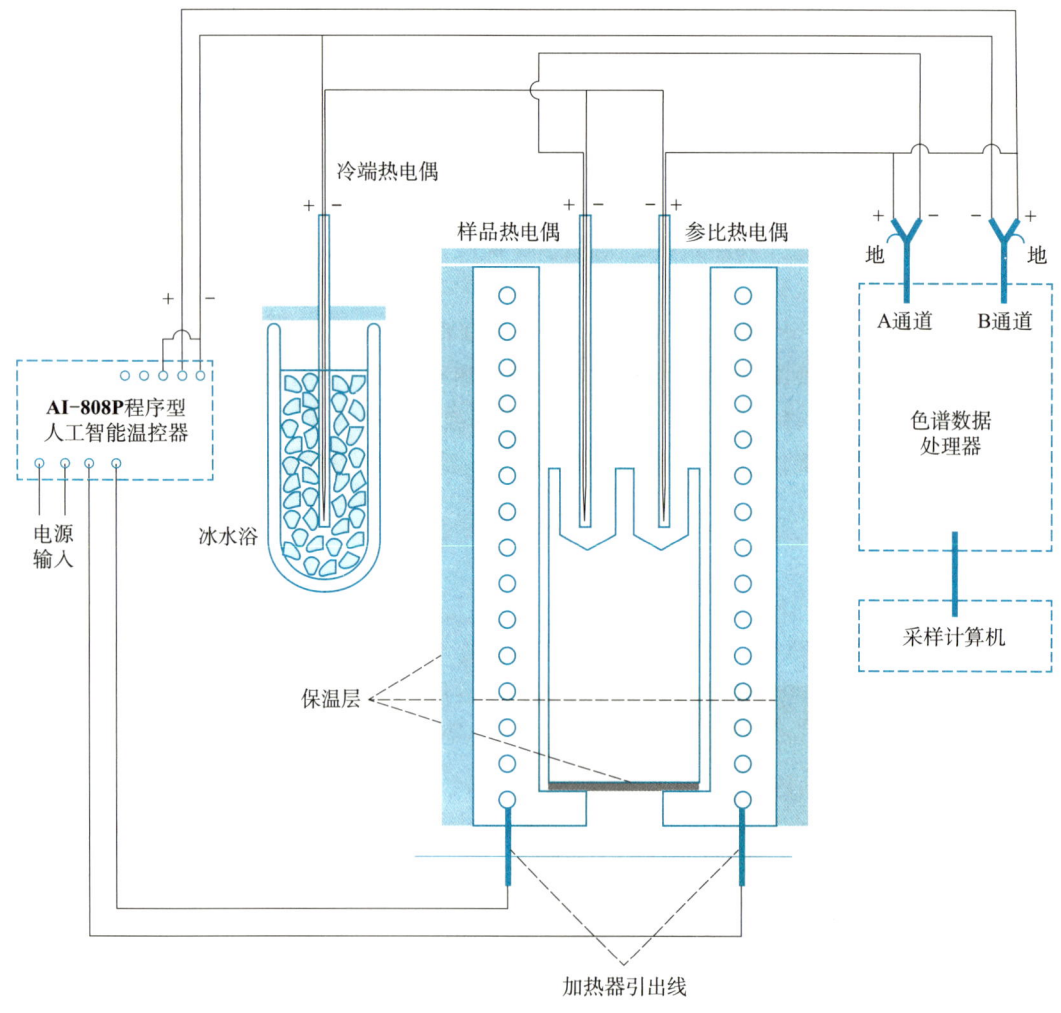

图 10-3B-3    简易快速拆装式 DTA 装置的原理图

### 三、仪器与试剂

#### 1. 实验仪器

微细铠装热电偶(型号:WRNK;分度号:K 型;精度:Ⅰ级;外径:$\Phi$ 1 mm)3 支;外热式电烙铁芯(500 W)1 个;装样器(自制,材质 304 不锈钢)1 个;玻璃棉保温带 1 根;AI-808P 程序型人工智能温控器 1 台;色谱数据处理工作站(双通道)1 套;计算机 1 台;保温杯 1 个;电线若干;鳄鱼夹若干;角勺 1 个;大镊子 1 支;剪刀 1 把;订书机 1 台;电吹风机 1 个;电子分析天平 1 台。

#### 2. 试剂及耗材

$CuSO_4 \cdot 5H_2O$(AR);$KNO_3$(AR);Pb(AR);Sn(AR);$\alpha$-$Al_2O_3$ 或沸石微粒。

### 四、实验步骤

#### 1. 组装 DTA 装置

用于组装 DTA 装置的主要部件和材料实物见图 10-3B-4,其中 A 为电烙铁芯,B 为不锈钢装样器,C 为 K 型铠装热电偶,D 为玻璃棉保温带,E 为程序温控仪,F 为色谱数据处理器。

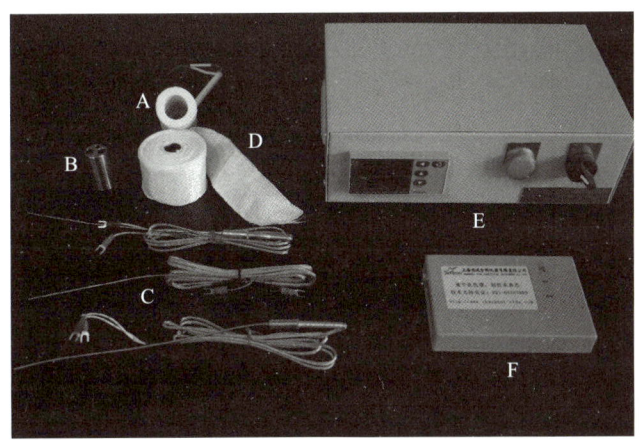

图 10-3B-4    组装 DTA 装置的主要部件和材料实物图

装置的组装步骤如下:

(1)用玻璃棉保温带均匀缠裹加热器外侧面,使保温层厚度约为 5 mm。取约 10 cm 保温带重叠 5 层左右,用订书机钉牢,并修剪至合适大小,放入加热器底部填塞孔洞。再取适量保温带,重叠 5 层左右,折成大于加热器上方开孔的形状,用订书机钉牢,作为加热器的保温顶盖。按照装样器二粗孔中心位置的间隔尺寸,在保温顶盖上钻出两个 1 mm 的小孔,以便热电偶穿过。

(2)按照装样器二粗孔中心位置的间隔尺寸,设法固定住两支热电偶的位置,最简单的方法是将其固定在一个橡胶塞上。操作时注意动作轻缓,以免热电偶被弯折损坏。

(3)在一个铁架台上自下而上依次夹持加热器、热电偶固定器。热电偶的引线较长较重,易导致热电偶偏移,可在热电偶固定器上端加装一个铁夹支撑引线。在保温杯中加入冰水摇匀,制成冰水浴,自顶盖孔中插入第三支热电偶作为冷端。

（4）用导线将加热器底部的两根引出线连接到 AI-808P 程序型人工智能温控器后面板上的输出端,引出线与导线的连接处用绝缘材料包裹,防止漏电短路。

（5）将三支热电偶的引线理顺,分清正负极(红色为正极,黑色为负极)。把热电偶固定器上的某一支热电偶作为样品热电偶,另一支作为参比热电偶,并在引线上做好标记。

（6）按图 10-3B-5 接线方式连接线路。

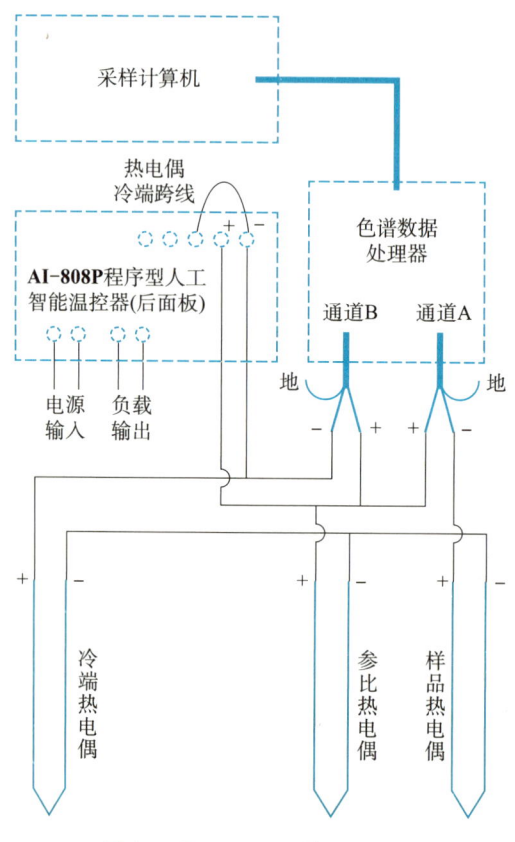

图 10-3B-5　DTA 装置接线图

三支热电偶的负极连接在一起。

样品热电偶的正极接入色谱数据处理器"通道 A"线缆的"−"端(黑色接头),参比热电偶的正极接入"通道 A"线缆的"＋"端(红色接头),此时在数据采集软件 A 窗口显示的信号是差分温度 $\Delta T$ 对应的温差热电势,吸热过程显示为正峰,放热过程显示为负峰,若将上述两个接线调换位置,则吸热为负峰,放热为正峰。

将色谱数据处理器"通道 B"线缆的"＋""−"端分别与参比热电偶的正极、冷端热电偶的正极连接,此时在数据采集软件 B 窗口显示的信号是参比温度 $T$ 对应的温差热电势(以冰水浴温度为参考点)。

将 AI-808P 程序型人工智能温控器后面板上热电偶"＋""−"接入端子(见面板标示)分别与参比热电偶的正极、冷端热电偶的正极连接,将温控器后面板上的外接补偿铜电阻两端子用跨线短路掉,如图 10-3B-5 所示,此时温控仪显示的温度即为参比热电偶的测量温度

（以冰水浴温度为参考点）。

用串口通信线将色谱数据处理器与采样计算机连接起来。

（7）在采样计算机上点击打开色谱数据处理器软件界面，设置必要的参数，将工作模式设置为两个采样窗口同步开始工作，点击开始键"▶"，即可同时采集温度 $T$ 和温差 $\Delta T$ 的热电势信号。

**2. 装置可靠性检查（选做）**

在装样器的一个孔中装入参比物（$\alpha$-$Al_2O_3$ 或沸石微粒），另一个孔中装入 $CuSO_4 \cdot 5H_2O$：参比物为 1：1 的混合物。把装样器小心地放入加热器中，抬升加热器，调整加热器与热电偶固定器之间的位置，使样品热电偶和参比热电偶插入相应的样品中（热电偶可插至容器孔底部凹坑，位置比较固定，防止加热过程中热电偶因应力作用发生位移，影响实验测量精度），盖上保温顶盖。

打开 AI-808P 程序型人工智能温控器电源开关，设置程序升温参数：假定升温过程由室温 30 ℃ 开始，以 5 ℃·$min^{-1}$ 升温速率，线性升温至 330 ℃，用时 60 min。设置方法如下：

（1）短按"◀"键进入设置，SV 窗口显示起始温度，按"◀"键移动位数，按"▲"或"▼"键增减数值，直至 SV 窗口显示 30.0 或 30。

（2）按"つ"键一次，SV 窗口显示设定升温时间，按"◀""▲"或"▼"键调整，直至 SV 窗口显示 60。

（3）按"つ"键一次，SV 窗口显示终止温度，按"◀""▲"或"▼"键调整，直至 SV 窗口显示 330.0 或 330。

（4）再按"つ"键检查后续设置段是否有以前遗留的程序设定，若有，将其消除或设置为安全程序（如 5 min 降低至室温，并保持 999 min）。

（5）设置完毕，退出设置界面：按住"◀"键后再按"つ"键，即可保存设置并退出，SV 窗口交替闪烁显示起始温度和"stop"。

检查冷端热电偶的冰水浴。在采样计算机上点击打开色谱数据处理器软件 A、B 通道信号采集窗口，点击开始键"▶"，开始记录基线。根据基线信号大小设置必要的参数："停止时间"设为 330 min，"显示时间"设为 200 min，"最小面积"设为 100 $cm^2$，A 通道纵坐标设为（基线值±0.2 mV），B 通道纵坐标设为 0~16 mV。实验过程中如信号超出设定范围，可以随时调整设置。

根据 B 窗口显示的热电势值 $\Delta V$，按拟合公式：

$$t/℃ = 24.47122 \, \Delta V/mV + 0.4581 \qquad (10.3B.1)$$

计算参比物的实际温度，并与温控器 PV 窗口显示的参比物温度值对比，两者不可相差过大。在 AI-808P 程序型人工智能温控器控制面板上，长按"▼"键 2 s，SV 窗口显示"run"后，设定升温程序启动，采样计算机同步记录参比温度和样品、参比物之间的差分温度对应的热电势值。测定完成后，长按"▲"键 2 s，运行程序关闭。打开保温顶盖，用电吹风机向加热器吹送冷风以加快冷却速率，准备下一次测定。

在采样计算机上点击 A、B 通道信号采集窗口的停止键"■"，返回软件主界面。在主界面上点击"载入 A 通道谱图"，保存该文件为 $\Delta T$-$t$ 关系；再点击"载入 B 通道谱图"，保存该文件为 $T$-$t$ 关系。

按上述同样方法和步骤，也可以通过硝酸钾（$KNO_3$）相变过程 DTA 曲线的测定来校验装置的可靠性。

### 3. 铅–锡合金样品的 DTA 曲线的测定和相图绘制

测定合金样品的 DTA 曲线的实验方法比较复杂,主要包括以下步骤:

(1)样品制备　用天平称取总质量 1.5 g 以下的 Pb、Sn 颗粒样品,装入装样器的一个装样孔中,另一个装样孔放入适量的纯 Pb 颗粒作为参比物(样品与参比物热容接近,基线漂移较小)。两者均以少量石墨粉覆盖,防止氧化。

将装样器放入加热器中,小心地插入参比热电偶,样品热电偶暂不插入。盖上保温顶盖。设定加热熔融控温程序:以 20 ℃·min$^{-1}$ 升温速率自室温升至 400 ℃,保温 15 min,然后以 5 ℃·min$^{-1}$ 降温速率缓慢降至 60 ℃以下(当降温速率变慢偏离线性后,可以吹冷风加速降温)。加热器升温超过 340 ℃后,可打开保温顶盖,用干净的铜棒快速搅拌样品使之混合均匀,然后将样品热电偶插入,随样品一起冷却凝结。

(2)升温和降温过程的 DTA 曲线测定　升温程序设定如下:

$$50\ ℃ \xrightarrow[\quad 6\ min \quad]{5\ ℃·min^{-1}} 80\ ℃ \xrightarrow{10\ min} 80\ ℃ \xrightarrow[\quad 48\ min \quad]{5\ ℃·min^{-1}} 320\ ℃ \xrightarrow{5\ min} 320\ ℃$$

测量方法如前所述,达到终止温度后拔出样品热电偶,停止加热,保存 $\Delta T$-$t$ 关系和 $T$-$t$ 关系数据。冷却加热器,参比热电偶可留在参比物中一起凝结,在下一次测量中继续充当参比物。

作为与步冷曲线法实验结果的对比,可以同时测定升温–降温两种过程的 DTA 曲线,程序设定如下:

$$50\ ℃ \xrightarrow[\quad 6\ min \quad]{5\ ℃·min^{-1}} 80\ ℃ \xrightarrow{10\ min} 80\ ℃ \xrightarrow[\quad 48\ min \quad]{5\ ℃·min^{-1}} 320\ ℃ \xrightarrow{10\ min} 320\ ℃$$

$$\xrightarrow[\quad 44\ min \quad]{5\ ℃·min^{-1}} 100\ ℃ \xrightarrow{5\ min} 30\ ℃ \xrightarrow{999\ min} 30\ ℃$$

升温段结束后可开启电吹风机(不要打开保温顶盖),以使得降温段的线性范围尽可能扩展至较低温度。测量结束后,须再次快速升温熔化样品,取出样品热电偶(终止温度超过样品熔点温度即可,不要超过纯 Pb 的熔点温度)。

可选实验项目:① 参比物种类对合金 DTA 曲线测量的影响;② 升温速率对合金 DTA 曲线测量的影响;③ 样品数量对测量结果的影响等。

## 五、注意事项

(1)务必注意待测样品和参比物的放置位置,避免放错而影响实验结果。

(2)注意反应过程中的温度控制,包括起始温度、升温速率、降温速率等。

(3)在处理重金属样品时请佩戴丁腈橡胶手套,尤其是铅。

(4)接线时注意防止短路和导线裸露漏电,切勿带电接线或拆装仪器。

(5)接触加热器应佩戴隔热手套,防止烫伤。

(6)使用过的合金块、固体废渣和碎屑请放入固体废弃物桶。

## 六、数据处理与分析

(1)用色谱数据处理器软件分别打开同一样品的 $\Delta T$-$t$ 关系和 $T$-$t$ 关系谱图,将数据导出为 Excel 文件。

(2)分别打开 $T$-$t$ 关系和 $\Delta T$-$t$ 关系的 Excel 文件,将温度和温差的热电势信号数据复制粘贴到同一个 Origin 软件的数据表格中,注意检查两列数据的对应性。根据式(10.3B.1)将温差热电势信号转换为温度值(℃)。

(3) 画出 $\Delta T - T$ DTA 测量曲线,经过平滑、滤波、多峰拟合等处理,得到理想的 DTA 曲线。由 DTA 曲线分析如下信息(参见"知识拓展"):

在 $CuSO_4 \cdot 5H_2O$ 脱水过程的 DTA 曲线上,得到脱水峰的数目、起峰温度和峰顶温度值,并查阅文献数据进行对比,指出测量条件对 $CuSO_4 \cdot 5H_2O$ 脱水过程 DTA 曲线形态的影响。

确定 $KNO_3$ 相变过程热效应的性质(吸热还是放热),相变过程的起峰温度和峰顶温度,以及测量条件对 DTA 曲线形态的影响。

在升温 DTA 曲线上确定 Pb-Sn 合金样品的液相线和固相线温度,并与相同组成样品的步冷曲线进行对比。比较升温 DTA 与降温 DTA 曲线的不同之处。

## 七、思考题

(1) 通过本实验,谈谈你对 DTA 实验方法的认识。

(2) 你对本实验有什么改进的建议和意见?

(3) 为什么几乎所有组成的 Pb-Sn 合金样品都能在升温 DTA 曲线上观察到共晶体(低共熔点混合物)熔化峰,而在降温曲线上却又都观察不到共晶体结晶峰?

(4) 本实验中,参比物的选择需要满足什么要求?举例说明还有什么其他物质可以作为参比物。

(5) 在做 DTA 实验时,温度范围选择的依据是什么?

## 八、知识拓展

### DTA 起始峰温的确定

准确判定 DTA 曲线上的出峰温度对于样品热性质的定性研究极其重要。与一般情况下以谱图的峰顶温度作为某个峰的特征指标的规律不同,在热分析中,一般以样品升温过程中的平均外推始点温度作为某个 DTA 峰的特征指标,因为实验证明这个点的温度值最接近热力学平衡温度。

以晶体样品熔融过程的 DTA 曲线来说明外推始点温度的概念,图 10-3B-6 是升温过程中发生固相→液相转变(熔融)过程的吸热峰,熔融峰温($T_{pm}$)取熔融峰顶温度,外推熔融起始温度($T_{im}$)是取低温侧基线向高温侧延长的直线和通过熔融峰低温侧曲线斜率最大点所引切线的交点的温度。同样地,外推熔融终止温度($T_{em}$)是取高温侧基线向低温侧延长的直线和通过熔融峰高温侧曲线斜率最大点所引切线的交点的温度。呈现两个以上独立熔融峰的,求出各自的 $T_{pm}$、$T_{im}$ 和 $T_{em}$。另外,熔融发生缓慢,熔融峰低温侧基线难以确定时,也可不求出 $T_{im}$。对于降温导致的结晶过程,同样可以确定外推结晶起始温度($T_{ic}$),即取高温侧基线向低温侧延长的直线和通过结晶峰高温侧曲线斜率最大点所引切线的交点的温度,只是由于液相→固相时,常常发生过冷现象,导致 $T_{ic}$ 偏离热力学平衡温度较大,同时程序降温控制相对困难一些,因此确定 DTA 峰温时仍然以升温外推始点温度为准。

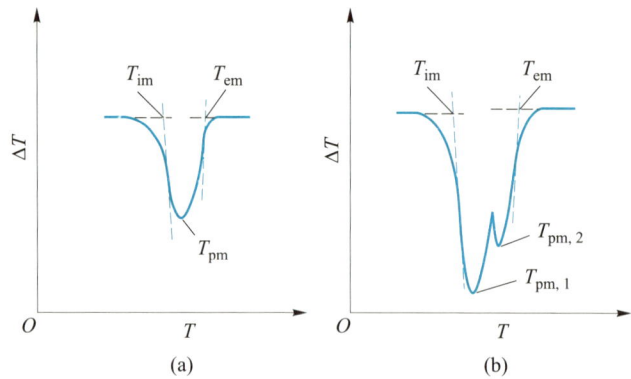

图 10-3B-6　升温过程 DTA 峰温的确定

## 九、参考文献

（同济大学　许新华、刘梅川、吴梅芬）

# 实验 10-4A　$CO_2$ 的 $pVT$ 关系测定及其在超临界萃取中的应用

## 一、实验目的

（1）能够阐述流体 $p$-$V$ 状态图和不同类型等温线的特征。
（2）能够阐述气体液化的条件和 $CO_2$ 的临界现象。
（3）能够使用压力计测定 $CO_2$ 的 $pVT$ 关系。
（4）能够运用超临界流体的性质指导工业生产。

## 二、实验原理

物质的分子热运动和分子间作用力使其呈现气体、液体和固体三种主要聚集状态,并表现出不同的宏观性质,其中之一就是 $pVT$ 关系,即一定数量物质的压强、体积和温度间的依赖关系。1662 年 R.Boyle 和 1676 年 E.Mariotte 分别根据实验现象,归纳得出低压气体恒温下压强与体积成反比关系,约 100 年后 J.L.Gay-Lussac 得出恒压下体积与温度成正比关系。1869 年,T.Andrews 对 $CO_2$ 液化进行系统测定,1881 年 J.D.van der Waals 提出著名的 van der Waals 状态方程,使人们对物质的状态及其变化有了比较全面的认识,从此 $pVT$ 关系的实验和理论研究不断深入发展。总体上,*pVT* 关系可以由三种方法得到:① 直接实验测定:将一定量的物质置于容器中,控制一定的温度和压强,平衡后测定体积;或者控制一定的温度和体积,平衡后测量其压强。② 经验半经验方法:建立具有一定理论基础或物理意义的各种状态方程(EOS),如 van der Waals 方程、Vrial 方程、Martin-Hou(侯虞钧)方程等。③ 理论方法。直至目前,*pVT* 关系仍然是研究的重点之一,超临界状态、电解质和高聚电解质溶液、高分子物质等的 *pVT* 关系受到格外关注。

　　对于物质的量确定的系统,当处于平衡状态时,其状态函数 $p$、$V_m$、$T$ 之间存在关系:$f(p, V_m, T) = 0$,该方程描述的物质状态图是以 $p$、$V_m$、$T$ 为坐标的立体曲面。在不同温度下截取恒温剖面,相交曲线投影在 $p$-$V_m$ 平面上,可以得到由一组恒温线组成的 $p$-$V_m$ 图,如图 10-4A-1 所示。它直观地表达了物质的 *pVT* 关系。

　　温度超过临界点温度时,等温线是一条平滑曲线;温度低于临界点温度时,等温线上有一水平线段,反映气-液相变化的特征,水平线段的两个端点(如 $C$ 和 $E$ 两点)分别代表互为共轭的饱和气体和饱和液体。饱和气体和饱和液体的体积随温度的变化在 $p$-$V_m$ 图上构成气液共存区的边界线,称双节线。随着温度升高,水平线段不断缩短,饱和气体线和饱和液体线最后汇于一点( * 点),即临界点(critical point)。临界点

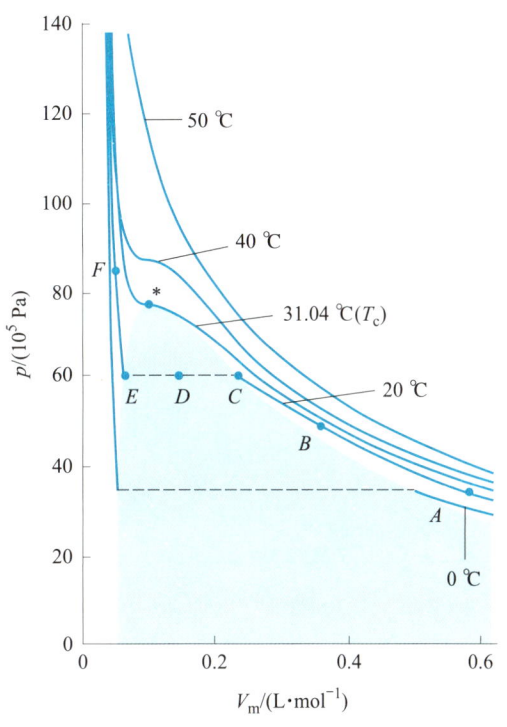

图 10-4A-1　CO₂ 的 $p$-$V_m$ 图

的温度、压强和体积分别称临界温度 $T_c$、临界压强 $p_c$ 和临界体积 $V_c$,是物质固有的特征参数。温度低于 $T_c$ 是气体液化的必要条件。温度和压强同时高于临界点的流体称为超临界流体(supercritical fluid,SCF),其应用技术是目前研究和应用的热点。

　　本实验测定 CO₂ 的一系列等温线,观测气-液相变和临界现象。实验装置如图 10-4A-2 所示,由活塞式压力计、超级恒温槽和试验台本体及其防护罩等几部分组成。试验台本体如图 10-4A-3 所示。

　　实验中由活塞式压力计送来的压力油进入高压容器和玻璃杯上半部,迫使水银进入预先装了 CO₂ 气体的承压玻璃管中,CO₂ 被压缩,其压强和容积通过活塞式压力计上的活塞杆的进、退来调节。温度由超级恒温槽供给的水套里的水温来调节。CO₂ 的压强由压力表读出。温度由插在恒温水套中的温度计(温度计应该事先校正)读出。CO₂ 体积由承压玻璃管内柱的高度变化来测量。

　　由于充进承压玻璃管内的 CO₂ 质量和玻璃管截面积不易测量,因此实验中采用间接办法来确定 CO₂ 的比体积(单位质量气体具有的体积)。假设 CO₂ 的比体积 $v$ 与其高度呈线性关系。已知 CO₂ 液体在 20 ℃,9.8 MPa 时的比体积 $v(20 ℃, 9.8 \text{ MPa}) = 0.00117 \text{ m}^3 \cdot \text{kg}^{-1}$,若实际测得在 20 ℃,9.8 MPa 时的 CO₂ 液柱高度 $\Delta h_0(\text{m})$,则

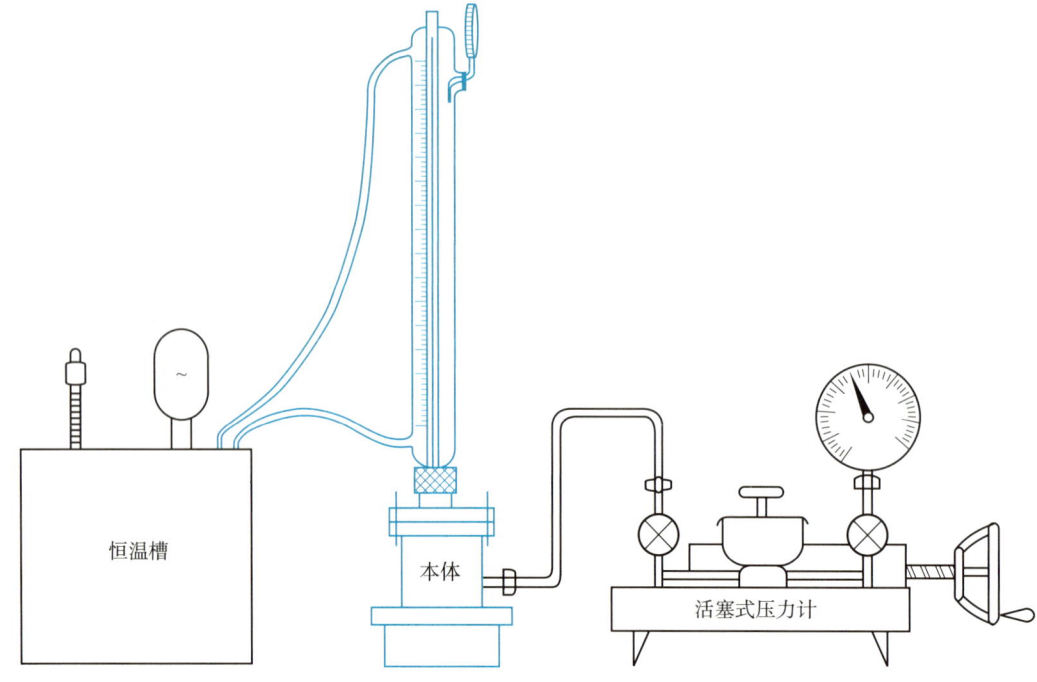

图 10-4A-2   实验装置图

$$v(20\ ℃,9.8\ \text{MPa}) = \Delta h_0 A/m$$
$$= 0.00117\ \text{m}^3 \cdot \text{kg}^{-1}$$

（10.4A.1）

$$m/A = \Delta h_0/0.00117\ \text{m}^3 \cdot \text{kg}^{-1} = K$$

（10.4A.2）

$K$ 为玻璃管内 $CO_2$ 的质面比常数（$\text{kg} \cdot \text{m}^{-2}$）。所以,实验温度、压强下 $CO_2$ 的比体积为

$$v = \Delta h/(m/A) = \Delta h/K \quad (10.4\text{A}.3)$$

式中:$\Delta h = h - h_0$。$h$ 为实验温度、压强下水银柱高度;$h_0$ 为承压玻璃内管顶端刻度。

$CO_2$ 的临界温度和临界压强分别为 $T_c = 31.04\ ℃$、$p_c = 7.38\ \text{MPa}$;在临界点处,因高温而膨胀的饱和液态 $CO_2$ 和因高压而压缩的饱和气体 $CO_2$ 的密度正好相等,此时液体和气体完全交融在一起,不存在相界面,系统变为一相。温度和压强值均超越此点的 $CO_2$ 为超临界 $CO_2$ 流体,其兼具气态与液态的双重特性:既具有液体一样的密度、溶解能力、传热系数等特征,又具有气体低黏度、高扩散性及高压缩性等特性。特别是,其扩散系数、传热系数、介电常数等物性参数在临

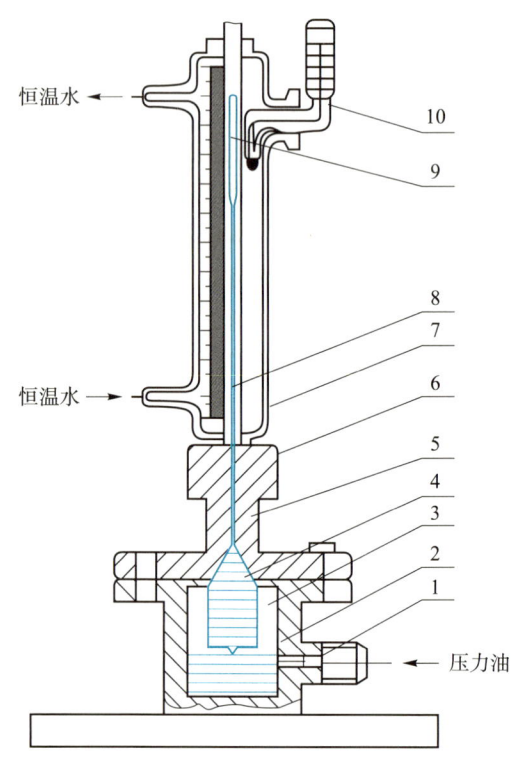

1—高压容器;2—玻璃杯;3—压力油;4—水银;
5—密封填料;6—填料压盖;7—恒温水套;
8—承压玻璃管;9—$CO_2$;10—温度计

图 10-4A-3   试验台本体示意图

界点附近对温度和压强特别敏感,易于调控改变。超临界 $CO_2$ 流体具有极高渗透溶解性、超高流动性和优异热传导性,在合成、萃取、制冷等领域展现出重要的应用价值。

## 三、仪器与试剂

### 1. 实验仪器

$pVT$ 关系测定实验装置 1 套(如图 10-4A-2 所示,由活塞式压力计、超级恒温槽和试验台本体及其防护罩等几部分组成);小型 $CO_2$ 超临界萃取仪 1 台。

### 2. 试剂及耗材

实验工质 $CO_2$(一般在仪器安装时事先充入);压力油;橘皮或玫瑰花等待萃取物。

## 四、实验步骤

### 1. 加压前的准备

(1)关闭压力表及其进入本体油路的两个阀门,开启活塞式压力计上油杯的进油阀。

(2)摇退活塞式压力计上的活塞螺杆,直至螺杆全部退出。这时,活塞式压力计油缸中抽满了油。

(3)先关闭油杯阀门,然后开启压力表和进入本体油路的两个阀门。

(4)摇进活塞螺杆,使本体充油。如此反复,直至压力表上有读数为止。

(5)再次检查油杯阀门是否关好,压力表及本体油路阀门是否开启。若均已调定后,即可进行实验。

### 2. 测定气-液相变等温线

(1)将超级恒温槽调定在 20 ℃,并保持恒温。

(2)从水夹套管上有刻度开始记录压强,当玻璃管内水银升起来后,应足够缓慢地摇进(退)活塞螺杆,以保证平衡。

(3)平衡后,记录该温度下的压强与水银高度。按照适当的压强间隔取 $h$ 值,直至压强 $p = 9.8$ MPa。将测得的实验数据填入表 10-4A-1。实验过程中,要注意加压后 $CO_2$ 的变化,仔细观察和测定 $CO_2$ 最初液化和完全液化时的压强和水银高度。特别要注意观察饱和气体与饱和液体之间的变化和液化、汽化等现象。

(4)重复实验,分别测定 23 ℃,25 ℃,27 ℃和 29 ℃时的实验数据。

### 3. 测定临界等温线,观察临界现象

(1)按上述方法和步骤测出临界等温线(通常需要逐步逼近才能得到),并在该曲线的拐点处找出临界压强 $p_c$ 和临界比体积 $v_c$,并将数据填入表 10-4A-1。

表 10-4A-1   $CO_2$ 等温实验测定 $p$-$V$ 关系的数据记录示例

| 20 ℃ | | | 31.1 ℃(临界温度) | | | 35 ℃ | | |
|---|---|---|---|---|---|---|---|---|
| $p$/MPa | $\Delta h$/cm | $v/(\mathrm{m}^3 \cdot \mathrm{kg}^{-1})$ | $p$/MPa | $\Delta h$/cm | $v/(\mathrm{m}^3 \cdot \mathrm{kg}^{-1})$ | $p$/MPa | $\Delta h$/cm | $v/(\mathrm{m}^3 \cdot \mathrm{kg}^{-1})$ |
| | | | | | | | | |
| | | | | | | | | |
| | | | | | | | | |
| | | | | | | | | |

（2）观察临界现象（可结合虚拟仿真实验中的微观动画图像）。

① 观察临界乳光现象：保持临界温度不变。摇进活塞杆至压强达 $p_c$ 附近，然后突然摇退活塞杆（注意勿使实验本体晃动！）降压。在此瞬间玻璃管内将出现圆锥状的乳白色的闪光现象，即临界乳光现象。这是 $CO_2$ 分子受重力场作用沿高度分布不均匀和光的散射造成的。可以反复几次来观察这一现象。

② 整体相变现象：由于在临界点时，饱和气体线和饱和液体线合于一点，汽化热等于零，所以这时气-液的相互转变不是像临界温度以下时那样逐渐积累，需要一定的时间，表现为渐变过程，而是当压强稍有变化时，气-液以突变的形式相互转化。

③ 气-液两相模糊不清现象：处于临界点的 $CO_2$，不能区别此时是气态还是液态。如果说它是气体，那么，这种气体是接近液态的气体；如果说它是液体，那么，这种液体又是接近气态的液体。因为这时是处于临界温度下的，如果按等温线过程来进行，使 $CO_2$ 压缩或膨胀，那么，管内看不到气-液变化现象。现在，系统按绝热过程来进行。首先在压强等于 7.64 MPa 附近，突然降压，$CO_2$ 状态点由等温线沿绝热线降到液相区，管内 $CO_2$ 出现了明显的液面。这就是说，如果这时管内的 $CO_2$ 是气体的话，那么，这种气体离液相区很接近，可以说是接近液态的气体；当系统在膨胀之后，突然压缩 $CO_2$ 时，这个液面又立即消失了。这就告诉我们，这时 $CO_2$ 液体离气相区也是非常接近的，可以说是接近气态的液体。这就是临界点附近出现饱和气-液相模糊不清现象的原因。

**4. 测定高于临界温度时的等温线**

按照实验步骤 2 的操作，分别记录温度 35 ℃、45 ℃ 下压强与水银高度，将测得的实验数据填入记录表 10-4A-1 中。要注意加压后 $CO_2$ 的变化，仔细观察，此处应没有液化现象的发生。

**5. 超临界 $CO_2$ 的萃取应用**

利用小型 $CO_2$ 超临界萃取仪萃取中药材或食材中有药用价值的活性组分，如橘子皮中的 D-柠檬烯或玫瑰花中的精油。萃取前，将 3~5 g 粉末状/碎片状待萃物装入样品仓并密封，然后通过管线将高压液体 $CO_2$ 引入直至完全浸没样品。萃取时，通常温度控制在 35 ℃ 左右，压强控制在 7.5~9.0 MPa，萃取时长 30~60 min。萃取结束后，缓慢泄压至常压，打开样品仓移除样品，残留的油状液体即为萃取产物。进一步借助质谱和红外光谱分析萃取产物。

## 五、注意事项

（1）因为活塞式压力计的油缸容量比主容器容量小，需要多次从油杯里抽油，再向主容器充油，才能在压力表上显示压强读数。活塞式压力计抽油、充油的操作过程非常重要，若操作失误，不但加不上压力，还会损坏实验设备。所以，要非常小心，必须在老师指导下认真掌握操作。

（2）此实验涉及高压条件，故加压时，压力表阀门必须处于打开状态，并随时观察压强表读数，加压压强不能超过 10 MPa，否则玻璃管有可能炸裂。实验时，实验台防护罩不能移开。

（3）抽油、充油过程中阀门的开关非常重要。若油杯的进油阀是开启的，则压力表及其进入本体油路的两个阀门是关闭的。

（4）摇进或摇退活塞式压力计上的活塞螺杆时勿使实验本体晃动。

（5）测量结束时，与加压时步骤相反，压力实验台活塞螺杆摇退，解除实验台压力，至表头示数接近零时，连通油杯，最后三个阀门都应处于打开状态。

（6）在开展超临界萃取操作时，应注意高压釜内压强不应超过仪器安全压强值。

## 六、数据处理与分析

（1）按表 10-4A-1 中的数据，在 $p$-$V_m$ 坐标系中画出等温线。

（2）将实验测得的与文献上的等温线比较，并分析它们之间的差异及其原因。

（3）将实验测得的饱和温度与饱和压强的对应值、表 10-4A-2 所列的温度-饱和蒸气压数据同时画在一张图上，比较并分析产生误差的原因。

表 10-4A-2　CO$_2$ 的饱和蒸气压数据

| 温度/ ℃ | 20.0 | 22.0 | 24.0 | 25.0 | 26.0 | 27.0 | 28.5 | 29.4 | 30.0 | 30.5 | 31.0 |
|---|---|---|---|---|---|---|---|---|---|---|---|
| 饱和蒸气压/ MPa | 5.730 | 6.001 | 6.285 | 6.432 | 6.581 | 6.734 | 6.945 | 7.113 | 7.211 | 7.294 | 7.376 |

（4）分析萃取产物的质谱和红外光谱图。

（5）将临界比体积 $v_c$ 的实验测定值，按理想气体状态方程和 van der Waals 方程理论计算值一并填入表 10-4A-3，并分析它们之间的差异及原因。

表 10-4A-3　临界比体积 $v_c$（单位：m$^3$·kg$^{-1}$）

| $v_c$（文献值） | $v_c$（实验值） | $v = RT_c/p_c$ | $v_c = 3RT_c/(8p_c)$ |
|---|---|---|---|
| 0.00216 | | | |

## 七、思考题

（1）使用活塞式压力计的过程中应注意哪些问题？

（2）等温线可以分为几种类型？各有怎样的特征？

（3）如何测得准确的相变点和临界点？

（4）临界点上是否存在气-液相界面？为什么会产生临界乳光现象？

（5）使实际气体液化的条件是什么？

（6）查阅资料，举例说明临界点的重要意义和超临界流体的应用。

## 八、知识拓展

物质的 $pVT$ 关系从理论上描述了气体的压强（$p$）、体积（$V$）和温度（$T$）之间的相互依赖规律，这三者之间的定量关系即所谓的状态方程。最简单的模型是理想气体状态方程（$pV = nRT$），适用于低压高温条件下的稀薄气体；而真实气体则需采用更复杂的方程，如范德华状态方程引入了分子间相互作用力（$a$）和分子体积（$b$）的修正，可以用于压强更高的气体；而立方型状态方程（如 Peng-Robinson 方程）则是通过引入对应状态原理和偏心因子修正提高了近临界区的计算精度；位力方程则以体积级数的形式逐步逼近真实气体的行为。这些理论通过参数化分子间相互作用和相态特征,为科学研究和工程设计提供了从理想近似到高精度计算的系统性方法。

物质的压强-体积-温度($pVT$)关系是物理化学中研究物质的热力学规律和应用的基础之一。但广泛温度、压强范围 $pVT$ 数据测定涉及高压过程,有危险,且学生无法观察相变的微观动态过程,宏观上也无法体验超临界大反应器的生产流程。因此,设计难以进行实体实验的高水平虚拟仿真实验有重要意义!

采用虚拟仿真和分子模拟技术,虚实结合,理实融合,成功设计开发了三个有机融合、层次递进的实验。以二氧化碳 $pVT$ 关系测定为主体,并提供肉眼无法观察到的气体液化过程及临界乳光现象的分子动力学轨迹,还拓展到超临界反应生产流程及冰晶构型相变图像,从实验室装置到万吨级无催化超临界反应装置,从宏观现象深化到相变的微观机理,延伸了实验的时间与空间。

相变及超临界技术虚拟仿真实验的讲义、教学引导视频及教学课件可分别扫描二维码10-4A-1 至二维码 10-4A-3 进行学习。(对于不具备实验条件的院校可采用本虚拟仿真实验。)

 二维码 10-4A-1    相变及超临界技术虚拟仿真实验讲义

 二维码 10-4A-2    相变及超临界技术虚拟仿真实验教学引导视频

 二维码 10-4A-3    相变及超临界技术虚拟仿真实验教学课件

## 九、参考文献

(浙江大学    刘迎春、方文军,北京师范大学    李运超)

# 实验 10-4B　双液系气液平衡相图的绘制及应用

## 一、实验目的

（1）能够阐述挥发性二组分系统相图的相关理论知识,应用相律分析物态变化规律。

（2）能够使用回流冷凝法绘制双液系在常压下气液平衡相图,运用相图指导液体纯化,树立绿色化学意识。

（3）能够正确使用沸点仪测定双组分液体的沸点及正常沸点。

（4）能够利用阿贝折射仪、气相色谱仪等手段测量液体的组成。

## 二、实验原理

溶液的沸点是指其蒸气压和外压相等时所对应的平衡温度,其中外压为一个大气压时所对应的沸点称为正常沸点。由于不同溶液蒸气压与其组成之间偏离拉乌尔定律（Raoult's law）的程度不同,在定压下完全互溶双液系的沸点和组成关系,通常存在以下三种情况,如图 10-4B-1 所示:① 偏离不大的体系,即在全部组成范围内溶液沸点介于两纯组分沸点之间,如丙酮-苯、乙醇-正丙醇等;② 存在最大负偏差的体系,即在某一组成时溶液有最高恒沸点,如氯化氢-水、丙酮-氯仿等;③ 存在最大正偏差的体系,即在某一组成时溶液有最低恒沸点,如苯-乙醇、乙醇-水等。完全互溶双液系沸点-组成图（又称 $T$-$x$ 相图）可反映在气液两相平衡时沸点和两相组成之间的关系,它对了解这一体系的挥发行为和指导其分馏都有帮助。

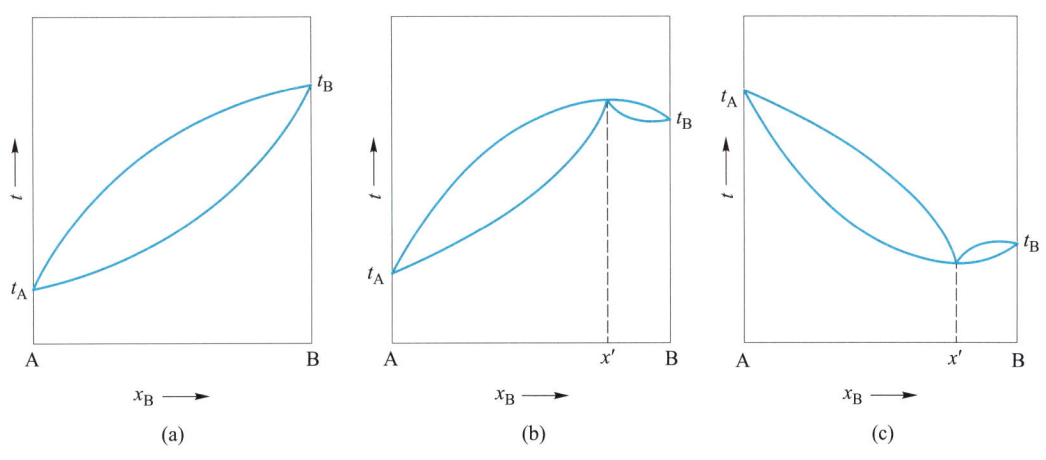

图 10-4B-1　不同类型双液系的沸点-组成图

从相律 $f = C - \Phi + 2$ 来看,当压强恒定时,纯液体的沸点有确定值（即 $f^* = 0$）。对于二组分系统（$C = 2$）,当压强恒定时,在气液两相共存区域内（$\Phi = 2$）,其自由度 $f^* = 1$,即其组成和沸点相互关联。若压强和温度同时确定,则在该区域内两相组成（相点）也确定（如图 10-4B-2 中的 $b'$ 和 $b$）;根据杠杆原理,两相的相对量也可确定 $\left( \dfrac{n_g}{n_1} = \dfrac{\overline{ob}}{\overline{ob'}} \right)$。当总组成（物系点,如图 10-4B-2 中的 $o$)一定时,利用回流的方法保持气液两相相对量一定,则系统温度就恒定。待两相平衡后,取出两相样品,用物理方法或化学方法分析两相的组成,即可得到该温度下气液两相平衡组成。如此,测定一系列不同配比溶液的沸点及气、液两相的组成,分别按气相点和液相点连成气相线和液相线,即可得到沸点-组成($T-x$)图。

测绘这类相图时,需同时测定溶液的沸点和平衡组成。准确测试液体沸点,需要使用沸点仪以减少过热现象和分馏效应等带来的误差。本实验所用沸点仪如图 10-4B-3 所示,是一只带有回流冷凝管的长颈圆底烧瓶。冷凝管底部有一球形小室 B,用以收集冷凝下来的气相样品;液相样品则从烧瓶支管 A 处抽取;图中 C 是电热丝,直接浸在溶液中加热溶液,这样可以减少溶液沸腾时的过热现象,防止暴沸。因为溶液的某些特征物理参数(如折射率、色谱峰的峰面积)与组成相关,获得相应的工作曲线,即可用内插法或归一法得到溶液的组成。

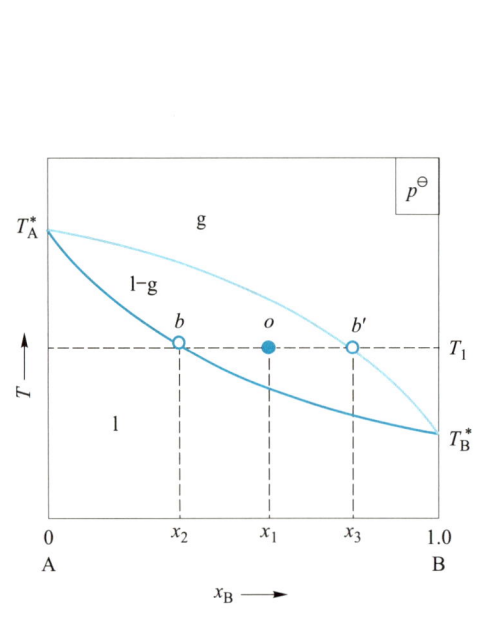

图 10-4B-2　典型双液系相图中温度
和组成的关联

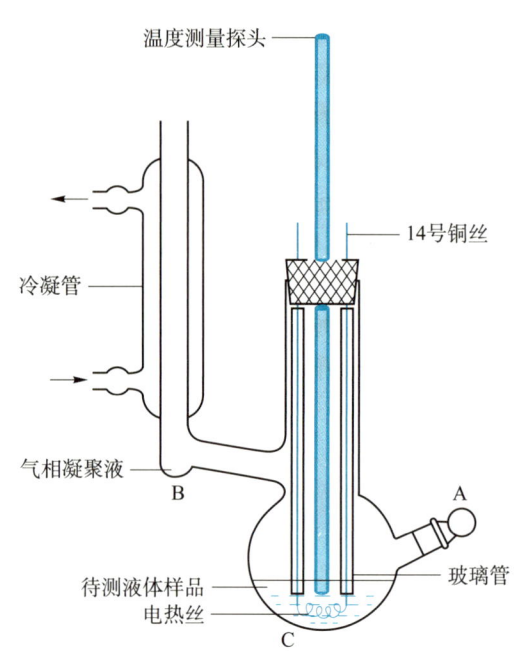

图 10-4B-3　沸点仪示意图

## 三、仪器与试剂

### 1. 实验仪器

沸点仪 1 套(包括带有回流冷凝管的长颈圆底烧瓶 1 只、温控和测温系统 1 套、电热丝/电热棒 1 支、测温探头 1 支);阿贝折射仪 1 台或气相色谱仪 1 台;超级恒温槽 1 台;烧杯(50 mL)数只;滴管若干支;带盖小试管/试剂瓶若干支(拓展实验环节还需要分液漏斗、共沸精馏装置)。

### 2. 试剂及耗材

环己烷(AR);无水乙醇(AR);擦镜纸若干;冰若干(拓展实验环节还需要蒸馏水,CaO 等)。

## 四、实验步骤

### 1. 工作曲线绘制

（1）分别配制环己烷摩尔分数为 0.10,0.20,0.30,0.40,0.50,0.60,0.70,0.80 和 0.90 的环己烷-乙醇溶液各 5.0 mL（或 10 mL）。计算所需环己烷和乙醇的质量,并用分析天平准确称量；为避免样品挥发带来的误差,称量应尽可能迅速；配制好的溶液应密封保存。

（2）调节超级恒温水浴温度至某一固定值（如 20 ℃,25 ℃,32 ℃）,使阿贝折射仪上的温度示数保持在固定值上下 0.2 ℃内。分别测定上述 9 个环己烷-乙醇溶液、无水乙醇及环己烷的折射率。

### 2. 安装沸点仪

根据图 10-4B-3 所示,将干净、干燥的沸点仪安装好。检查带有电热丝的软塞是否塞紧；电热丝要靠近烧瓶底部的中心。温度测量探头的位置应处在支管之下,但至少要高于电热丝 2 cm。

### 3. 测定无水乙醇/环己烷沸点

由支管加入 30 mL 无水乙醇/环己烷,使温度测量探头浸入液面下至少 2 cm；注意电热丝应完全浸没于溶液中。打开冷却水,接通电源。直流电源由零开始逐渐加大电压,使溶液缓慢加热。液体沸腾后,再调节电压和冷却水流量,使蒸气在冷凝管中回流的高度保持在 1.5 cm 左右；温度示数稳定后应再维持 5~10 min 以使体系平衡充分。在这过程中,不时将小球中凝聚的液体倾入烧瓶内,一般至少要倾倒 3 次；记录最终稳定后的温度值和大气压。

### 4. 取样分析

待温度稳定后,停止加热。用干燥滴管自冷凝管口伸入小球,吸取冷凝液少量,用另一支干燥滴管由支管吸取圆底烧瓶内的溶液少量,即获得平衡时气液两相样品。样品应分别密封储存并放在盛有冰水的小烧杯内,以防挥发。样品的转移要迅速,并应尽早测定其折射率或利用气相色谱法分析其组成。

### 5. 环己烷-乙醇系列溶液的测量

量取 30 mL 无水乙醇从支管加入沸点仪,用量筒依次量取 2 mL,5 mL,7 mL,14 mL 环己烷,每次加入环己烷后按照上述步骤测定乙醇-环己烷混合溶液的沸点及两相样品的折射率或色谱峰,进而获得左半相图数据。按照相同的步骤,右半相图则通过向 30 mL 环己烷溶液中逐步加入 1 mL,2 mL,3 mL,5 mL 乙醇进行测定。全部测定完成后将溶液倒入指定的废液瓶。

### 6. 绘制沸点-组成图

用所测实验原始数据绘制沸点-组成草图,依据数据规律性并与文献值比较后决定是否重新测定某些数据。

### 7. 设计混合液纯化方案

提供两个组成未知的环己烷-乙醇混合溶液（分别以环己烷和乙醇含量为主）,试确定其组成并根据相图设计提纯其乙醇组分的方案。

### 8. 拓展实验（选做）

结合文献,设计环己烷-乙醇废液纯化方案,实施废液提纯并计算回收率。以此来解决废液回收问题并培养学生"绿色"化学和可持续发展理念。

## 五、注意事项

（1）在通电时,两根导线间不得接触,以免造成短路。

（2）电热丝应完全浸没于样品中,以免裸露部分温度过高导致液体燃烧或暴沸。

（3）温度计需要和电热丝保持一定距离(2 cm 以上),以免带来温度误差甚至造成安全事故。

（4）沸点温度校正。

① 压强校正　在外压为 101.325 kPa 下测得的沸点称为正常沸点。通常外界压强并不恰好等于 101.325 kPa,因此,应对实验测得值作压强校正。校正公式是从特鲁顿(Trouton)规则及克劳修斯-克拉佩龙(Clausius-Clapeyron)方程推导而得。

$$\Delta t_{\text{压}} = \frac{(273.15 + t_A/\text{℃})}{10} \cdot \frac{(101.325 - p/\text{kPa})}{101.325} \qquad (10.4\text{B}.1)$$

② 温度校正　无论采用什么方法测量溶液温度,都需对温度示数作校正。若采用水银温度计测量,除温度计的零点和刻度校正外,还应作露茎校正。这是玻璃水银温度计未能完全置于被测体系而引起的(系统温度与环境温度相差较大)。根据玻璃与水银膨胀系数的差异,校正值计算式为

$$\Delta t_{\text{露}} = 1.6 \times 10^{-4} \cdot h \cdot (t_A - t_B) \qquad (10.4\text{B}.2)$$

式中:$t_A$ 为温度计实际示值,$t_B$ 为露茎部位的温度值,$h$ 为露出在体系外的水银柱长度,并以温度差值作为长度单位。

经校正后的体系正常沸点应为

$$t_{\text{沸}} = t_A + \Delta t_{\text{压}} + \Delta t_{\text{露}} \qquad (10.4\text{B}.3)$$

（5）测试无水乙醇/环己烷的沸点时,蒸馏瓶必须洗净而且烘干。

（6）当采用折射率确定溶液组成时,因其与温度有关,故测定时应将温度控制在指定值 ±0.2 ℃ 范围内。对挥发性溶液或吸水样品,加样品时动作要迅速,以防止挥发或吸收,影响折射率的测定结果。尽量选择折射率相差较大的液体组成双液系,以便准确测定其组成。

（7）当采用色谱法分析相组成时,应先探索并建立优化的分离方法(以两组分色谱峰完全分离为宜),所有样品应在同一台色谱仪上按照相同设置完成测试。

（8）安全与环保要求。加热溶剂时需佩戴护目镜和口罩,避免有机蒸气吸入;电加热丝功率需缓慢调节,以防止局部过热。为了安全起见,应配备合适的灭火设备。本实验最合适的灭火设备是灭火毯,如发生险情,应第一时间切断电源,着火部位迅速盖上灭火毯。本实验除沸点仪内溶液外,不允许在操作台上放置多余的有机溶剂;实验过程中废弃的液体药品,应回收至相应的废液回收器内。

## 六、数据处理与分析

（1）根据环己烷-乙醇的摩尔分数和固定温度下的折射率数据,绘制标准工作曲线,用内插法在标准工作曲线上找出各沸点下液相和气相组成。

（2）当采用色谱法分析相组成时,应首先根据已知组成的混合液,确定两组分的相对校

正因子,然后根据所测样品的峰面积,按照归一法确定各样品的质量分数进而获得其摩尔分数。

（3）以沸点（校正后值）为纵坐标、液相和气相的环己烷摩尔分数为横坐标,作温度-组成图。

（4）依据待测环己烷-乙醇混合溶液组成（物系点）与最低恒沸点组成相对位置,制订提纯其乙醇组分的方案。

## 七、思考题

（1）在建立折射率工作曲线时和沸点测定实验中所用不同浓度的环己烷-乙醇混合溶液,是否都需要精确配制? 为什么?

（2）在测定环己烷-乙醇系列混合溶液时,是否都需要把沸点仪吹干,再换上另一种液体或溶液?

（3）实验中气液两相何时达到平衡? 平衡时两相的温度和组成是否一致?

（4）本实验中气液两相是怎样达成平衡的? 如果冷凝管 B 处体积太大,对测量有何影响?

（5）收集气液两相样品时,在操作上应注意哪些事项? 讨论本实验主要误差来源。

## 八、知识拓展

平行、持续开展本实验将会产生大量的不同组成的环己烷-乙醇废液,若直接作为有机废液回收,不仅会造成环境污染、产生额外的处置费用,还会造成资源的严重浪费。因此可要求学生查阅相关文献,设计纯化方案以解决废液回收问题并培养学生"绿色"化学和可持续发展理念。请扫描二维码 10-4B-1 查看双液系实验的拓展阅读资料。

二维码 10-4B-1　双液系实验拓展阅读

## 九、参考文献

（北京师范大学　李运超、范楼珍）

# 动力学性质测量

## 实验 10-5A　贵金属上 CH₄ 催化氧化动力学的测试

### 一、实验目的

（1）通过学习和掌握真空技术，能够说明真空技术在科学研究、工业生产过程中的应用。

（2）能够通过压强法测定催化反应动力学，并说明其原理。

（3）能够测定影响 $CH_4$ 催化氧化动力学的主要因素，并说明贵金属表面 $CH_4$ 催化氧化机理。

（4）能够说明催化研究在能源、化工、环境、医药等领域的重要基础和应用意义。

### 二、实验原理

#### 1. 真空技术

"真空"这一术语源自拉丁文，其原意是虚无。其实，真空应理解为气体较稀薄的空间，即在指定的空间内低于一个大气压的气体状态统称为真空。真空状态下气体稀薄程度称为真空度，通常用压强值表示。

真空技术是一项基本实验技术。自从 1643 年托里拆利（E. Torricelli）做了著名的有关大气压实验，发现了真空现象以后，真空技术迅速发展。现在，真空科学与技术已经成为一门独立的前沿学科。随着表面科学、空间科学、高能粒子加速器、微电子学、薄膜技术、冶金工业及材料学等尖端科技的发展，真空技术在近代尖端科学技术中的地位越来越重要。

在真空中，气体分子密度低，在某些情况下，真空可以近似地看作没有气体"污染"的空间。真空中，气体分子或带电粒子的平均自由程为

$$\bar{\lambda} = \frac{kT}{\sqrt{2}\pi\sigma^2 p} \tag{10.5A.1}$$

式中：$\sigma$ 为分子直径，$p$ 为压强，$T$ 为气体温度，$k$ 为玻耳兹曼常数。

例如，室温下在压强为 $1.33\times10^{-7}$ Pa 时氮分子的平均自由程约为 50 km，电子和离子在气体中的平均自由程分别约为气体分子平均自由程的 5.7 倍和 1.4 倍。因此，除非在宇宙空间，几乎所有地面上体积有限的超高真空系统中，气体分子之间或气体分子与带电粒子之间的碰撞都可以近似忽略。故超高真空可以提供一个"原子清洁"的固体表面，可有足够的时间对表面进行实验研究。这是一项重大的技术突破，引发了表面科学研究的蓬勃发展。无论在表面结构、表面组分及表面能态等基础研究方面，还是在催化、腐蚀等应用领域，表面科学研究都取得了长足的发展。

低真空的获得常采用机械泵。机械泵是运用机械方法不断地抽吸、压缩、排出的装置，使被抽吸容器内气体的量不断减少而获得真空。它可以直接在大气压下开始工作，极限真空度一般为 0.0133～1.33 Pa；抽气速率与转速及空腔体积 $V$ 的大小有关，一般在每秒几升到每秒几十升之间。除机械泵外，高真空的获得还需油扩散泵、分子涡轮泵或离子泵等联合工作才能得到。

真空的测量可用热偶真空规、皮氏真空规、离子规等。热偶真空规是基于低气压下气体的热导率与气体压强间有依赖关系制成的低压测量器件，通常用于低真空的压强测量（13.3～0.133 Pa）。

**2. CH₄（或 CO）催化氧化反应动力学的基本原理**

化学动力学也称化学反应动力学，是研究化学过程进行的反应速率和反应机理的物理化学分支学科，它的研究对象是性质随时间而变化的非平衡的动态体系。它的主要研究领域包括：分子反应动力学、催化动力学、基元反应动力学、宏观动力学、微观动力学等，也可依不同化学分支分类为有机反应动力学及无机反应动力学。时间是化学动力学的一个重要变量，化学动力学往往是化工生产过程中的决定性因素。

体系的热力学研究并不涉及化学动力学的信息。例如，对以下反应：

$$2H_2(g) + O_2(g) \Longrightarrow 2H_2O(g) \qquad (10.5A.2)$$

尽管 H₂、O₂ 和 H₂O 的所有热力学性质都已准确知道，但只能预判 H₂ 和 O₂ 生成 H₂O 的可能性，而不能预判 H₂ 和 O₂ 在给定的条件下能以什么样的反应速率生成 H₂O，也不能提供 H₂ 分子和 O₂ 分子是通过哪些步骤结合为 H₂O 分子的信息。化学动力学与化学热力学不同，不是计算达到反应平衡时反应进行的程度或转化率，而是从一种动态的角度观察化学反应，研究反应系统转变所需要的时间，以及其中涉及的微观过程。

从化学动力学的原始实验数据——浓度 $c$ 与时间 $t$ 的关系出发，经过分析获得某些反应动力学参数——反应速率、反应速率常数 $k$、活化能 $E_a$、指前因子 $A$。反应速率常用单位时间内反应物浓度的减少或生成物浓度的增加来表示：$-\mathrm{d}c/\mathrm{d}t$，式中 $c$ 为 $t$ 时间反应物的浓度，负号表示反应物的浓度逐渐减少。对于基元反应，根据质量作用定律，反应速率与反应物浓度之间有下列关系：

$$-\mathrm{d}c/\mathrm{d}t = kc^n = A\exp(-E_a/RT)c^n \qquad (10.5A.3)$$

式中：$k$ 为反应速率常数，是指各反应物为单位浓度时的反应速率，量纲为 [浓度]$^{1-n}$[时间]$^{-1}$，其大小与反应温度有关 [$k = A\exp(-E_a/RT)$]。$k$ 值越大，表示反应物的活泼程度越大。$A$ 为指前因子，$E_a$ 为反应活化能。式中的 $n$ 为反应级数，是各反应物所有浓度项幂次方的总和，表示反应速率随反应物浓度的变化而改变的方式。

热力学给出了反应的方向和限度，但实际上却不一定发生，如合成氨、CO 氧化等反应。而催化剂通常能在热力学允许的条件下改变化学反应速率和产物选择性，在催化剂作用下进行的化学反应称为催化反应。可见，化学反应还存在一个现实性问题，即必须引入化学反应的速率和反应途径——反应机理。化学反应中，反应物分子原有的某些化学键，必须解离并形成新的化学键，这需要一定的活化能。在某些难以发生化学反应的体系中，加入催化剂可降低反应的活化能，因而能加速化学反应和控制产物的选择性及立体规整性，如图 10-5A-1 所示。

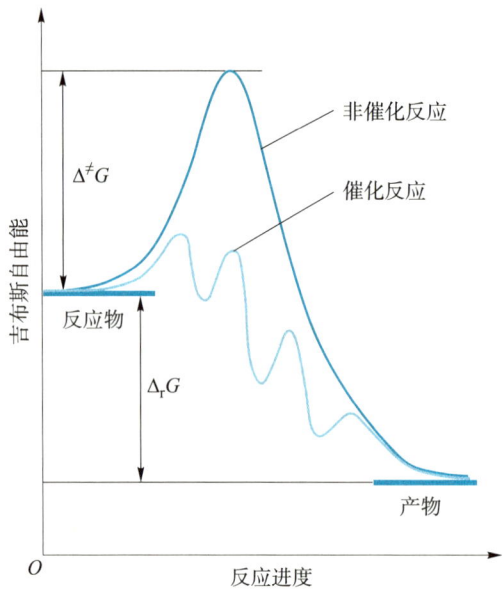

图 10-5A-1　催化剂在化学反应中的作用

又如,CO 催化氧化通常用贵金属(如钯、铂、铑等)作催化剂,其反应通常被认为是按 Langmuir-Hinshelwood 机理进行:

$$CO(g) + \frac{1}{2}O_2(g) \Longrightarrow CO_2(g) \tag{10.5A.4}$$

$$CO(g) \Longrightarrow CO(ads) \tag{10.5A.5}$$

$$O_2(g) \Longrightarrow 2O(ads) \tag{10.5A.6}$$

$$CO(ads) + O(ads) \xrightarrow{\text{速率控制步骤}} CO_2(ads) \xrightarrow{\text{快速}} CO_2(g) \tag{10.5A.7}$$

反应物 CO 分子的吸附和 $O_2$ 分子的解离吸附,以及产物 $CO_2$ 的脱附相对来讲是快速反应,而表面吸附的 CO 和 O 物种的反应是速率控制步骤。

因此,反应速率可表示为

$$r = k\theta_{CO}\theta_O \tag{10.5A.8}$$

式中:$\theta$ 为表面吸附物种的覆盖度。两种表面吸附物种是竞争吸附,且氧物种是解离吸附,故

$$\theta_{CO} = \frac{b_{CO}p_{CO}}{(1 + \sqrt{b_O p_{O_2}} + b_{CO}p_{CO})}$$

和

$$\theta_O = \frac{\sqrt{b_O p_{O_2}}}{(1 + \sqrt{b_O p_{O_2}} + b_{CO}p_{CO})} \tag{10.5A.9}$$

式中:$b$ 为平衡吸附常数、$p$ 为气体压强。将其代入速率公式(10.5A.8)中,得到

$$r = k\theta_{CO}\theta_O = \frac{kb_{CO}p_{CO}\sqrt{b_Op_{O_2}}}{\left(1+\sqrt{b_Op_{O_2}}+b_{CO}p_{CO}\right)^2} \tag{10.5A.10}$$

假设 CO 在表面是强吸附,特别是在计量化学反应条件下(CO:$O_2$ 为 2:1),实验证实催化剂表面主要是 CO 的吸附,因此有

$$b_{CO}p_{CO} \gg \left[1+\left(b_Op_{O_2}\right)^{1/2}\right] \tag{10.5A.11}$$

$$1+\left(b_Op_{O_2}\right)^{1/2}+b_{CO}p_{CO} \approx b_{CO}p_{CO} \tag{10.5A.12}$$

则
$$r \approx \frac{k\sqrt{b_Op_{O_2}}}{b_{CO}p_{CO}} = k'\frac{p_{O_2}^{1/2}}{p_{CO}} \tag{10.5A.13}$$

在本实验中,我们将测定不同反应条件下,反应的级数:

$$r = kp_{CO}^{\alpha}p_{O_2}^{\beta} \tag{10.5A.14}$$

同理,$CH_4$ 催化氧化在一定条件下有相似的级数关系:

$$r \approx kp_{CH_4}^{\alpha}p_{O_2}^{\beta} \tag{10.5A.15}$$

最后用所获得的固定 $O_2$ 分压、不同 $CH_4$ 分压时,反应的速率的对数和对应的 $CH_4$ 分压的对数作图[图 10-5A-2(a)],有

$$\ln r = \ln\left(kp_{CH_4}^{\alpha}p_{O_2}^{\beta}\right) = \ln\left(kp_{O_2}^{\beta}\right)+\alpha\ln\left(p_{CH_4}\right) \tag{10.5A.16}$$

其斜率即为该反应条件下对 $CH_4$ 的级数。

同理,固定 $CH_4$ 分压,改变 $O_2$ 分压,由反应速率的对数和对应的 $O_2$ 分压的对数作图[图 10-5A-2(b)],有

$$\ln r = \ln\left(kp_{CH_4}^{\alpha}p_{O_2}^{\beta}\right) = \ln\left(kp_{CH_4}^{\alpha}\right)+\beta\ln\left(p_{O_2}\right) \tag{10.5A.17}$$

其斜率即为该反应条件下对 $O_2$ 的级数。

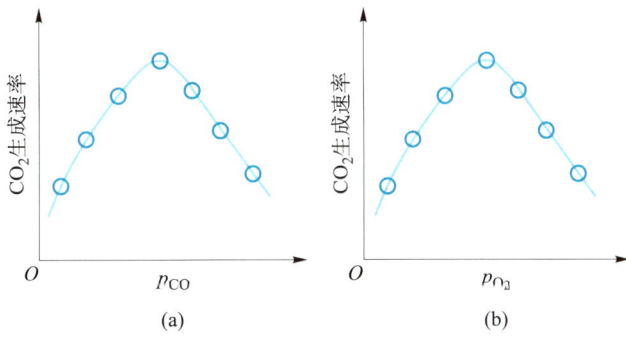

图 10-5A-2　产物生成速率和反应物分压的关系

从表观反应速率方程和阿伦尼乌斯公式可得

$$r = Ap_{CH_4}^{\alpha}p_{O_2}^{\beta}\exp\left(-E_a/RT\right) \tag{10.5A.18}$$

在相同 $CH_4$ 和 $O_2$ 分压下,不同反应温度进行实验,可以获得不同温度的反应速率。对式(10.5A.18)两边取对数,有

$$\ln r = \ln\left[Ap_{CH_4}^{\alpha}p_{O_2}^{\beta}\exp\left(-E_a/RT\right)\right] = \ln A'-\left(E_a/R\right)\left(1/T\right) \tag{10.5A.19}$$

以反应速率的对数和温度的倒数(1/T)作图,其斜率即为 $-E_a/R$,可以求得该反应条件下的

表观反应活化能,如图 10-5A-3。

### 3.压强法测定催化反应动力学的原理

动力学测试关键是获得原始实验数据——浓度 $c$ 与时间 $t$ 的关系,进而经过分析获得反应动力学参数——反应速率、反应速率常数 $k$、活化能 $E_a$、指前因子 $A$。对于一些特定反应,浓度与时间关系的测定可以用压强与时间的关系代替。

对于 CO 氧化反应 [反应式(10.5A.4)]:一分子的 CO 和半分子的 $O_2$ 反应生成一分子的产物 $CO_2$,也即随着反应的进行物质的量减少。如果在一个封闭、固定体积的体系中进行反应,则随反应的进行体系的压强减少,反

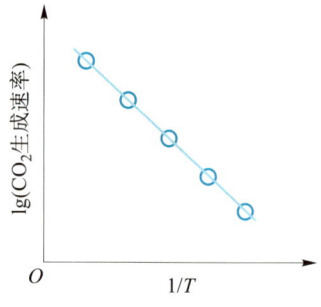

图 10-5A-3  产物生成速率的对数与反应温度的倒数关系图

应速率可表示为:$r = 2dp_{total}/dt$。图 10-5A-4 为一个典型实验例子,图中 TOF 为转化频率(turnover frequency)。

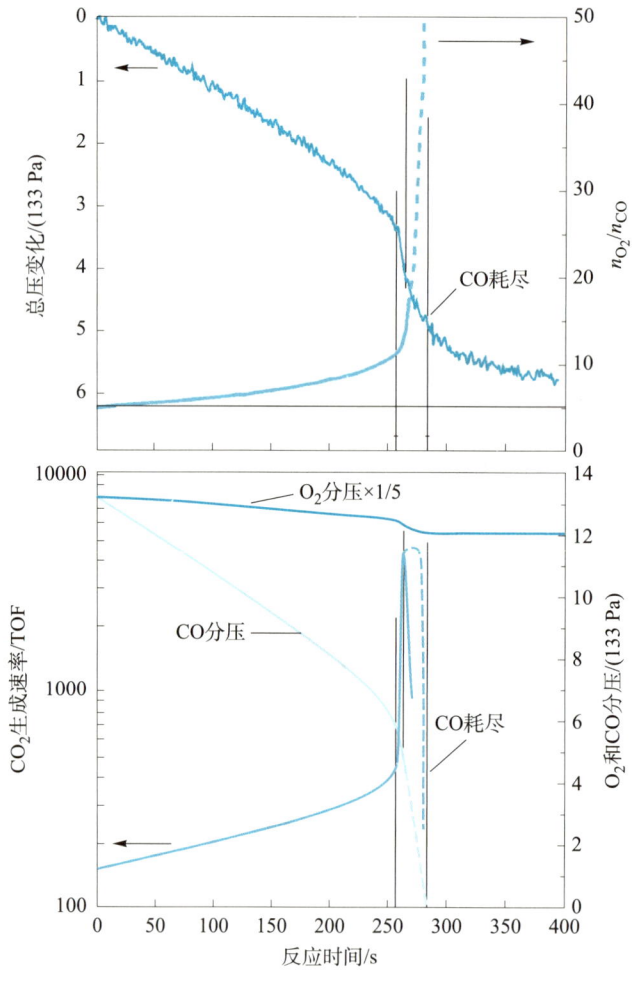

图 10-5A-4  CO 催化氧化过程中的总压、$O_2$ 和 CO 分压,$O_2$ 和 CO 物质的量比($n_{O_2}/n_{CO}$),$CO_2$ 生成速率随反应时间的变化图

对于甲烷氧化反应：

$$CH_4 + 2O_2 \Longrightarrow CO_2 + 2H_2O \tag{10.5A.20}$$

反应前后分子数没有变化,通过液氮冷阱,将生成的 $CO_2$ 和 $H_2O$ 除去。在液氮温度 $CH_4$ 和 $O_2$ 有一定的饱和蒸气压,可以控制其在饱和蒸气压下反应,则

$$r \approx \frac{1}{3} dp_{\text{total}} / dt \tag{10.5A.21}$$

## 三、仪器与试剂

### 1. 实验仪器

实验装置如图 10-5A-5 所示,主要由真空系统、反应容器和压强测定仪器组成。

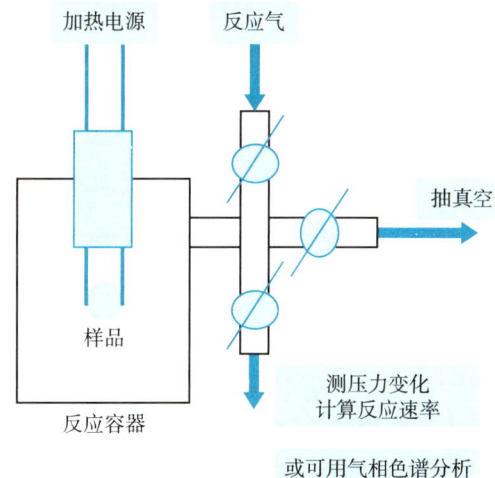

图 10-5A-5　实验装置示意图

### 2. 试剂及耗材

贵金属 Pd、Pt 多晶片、高纯 $CH_4$ 和 $O_2$。

## 四、实验步骤

### 1. 测定 CH₄ 分压对反应速率的影响,测定 CH₄ 反应级数

(1) 在反应容器中充入一定压强的 $O_2$ 气体(600~1300 Pa),再充入一定压强的 $CH_4$ 气体(1200 Pa,800 Pa,400 Pa,200 Pa,100 Pa),启动压强测定软件,调节显示的电压和时间范围。待压强平衡后开始对催化剂样品通电加热,通过调节电流的大小控制催化剂的反应温度(Pd 催化剂 250~300 ℃,Pt 催化剂 350~500 ℃),催化剂样品(Pd 和 Pt 多晶金属片)实时温度通过焊接在样品上的 C 型热电偶测量。细心控制在一定的恒定温度 3~5 min,以在压强-时间曲线上观测到一段线性区间,该区间的斜率即是该条件下的反应速率(Pa·min⁻¹)。停止加热,抽空反应器中的气体。

(2) 充入相同压强的 $O_2$ 气体,再充入不同压强的 $CH_4$ 气体,按照同样步骤进行反应,

共进行 4~6 次。

**2. 测定 O₂ 分压对反应速率的影响, 测定 O₂ 反应级数**

（1）在反应容器中充入一定压强的 $CH_4$ 气体, 再充入一定压强的 $O_2$ 气体, 启动压强测定软件, 调节显示的电压和时间范围。待压强平衡后开始对催化剂样品通电加热, 通过调节电流的大小控制催化剂的反应温度, 催化剂样品的实时温度由直接焊接在样品表面的 C 型热电偶测量。细心控制在一定的恒定温度 3~5 min, 以在压强-时间曲线上观测到一段线性区间, 该区间的斜率即是该条件下的反应速率（$Pa \cdot min^{-1}$）。停止加热, 抽空反应器中的气体。重复上述过程, 做不同氧分压的实验。

（2）或基于 $CH_4$ 的凝固点为 $-182.5\ ℃$, 在液氮沸点温度下是固态, 有一定的饱和蒸气压, 充入足量的 $CH_4$（饱和）, 由其固气平衡可以维持稳定的 $CH_4$ 分压（约 1300 Pa）, 再充入约 100 Pa $O_2$, 进行实验。然后依次增加 $O_2$ 分压至约 200 Pa, 400 Pa, 800 Pa, 1200 Pa, 各做一次实验。

**3. 测定反应温度对反应速率的影响, 测定反应活化能（$E_a$）**

与实验步骤 2 类同, 在反应容器中充入一定压强的 $O_2$（600 ~ 1200 Pa）和 $CH_4$（600 ~ 1200 Pa, 或过量至饱和 1300 Pa）气体, 进行实验。

充入相同压强的 $O_2$ 和 $CH_4$ 气体, 控制实验温度比前次高约 10 ℃ 进行反应。改变 3~5 个温度, 重复之前实验。

## 五、注意事项

（1）清洁催化剂样品表面, 通入一定量的 $O_2$（800~1200 Pa）, 加热以除去表面积炭或吸附杂质。在该过程同时标定计算机获取信号（mV）和压强（Pa）的关系, 用于数据处理。

（2）每次反应时的温度控制要尽量稳定, 小心调整加热电流大小。

（3）实验中直接获得的反应速率为 $Pa \cdot min^{-1}$ 或 $Torr \cdot min^{-1}$, 需要通过计算 Pd 和 Pt 片的表面原子个数、单位压强（已知容器体积）的气体分子数估算催化反应速率［TOF: 反应物（或生成产物）分子数/（表面中心位×时间）］。

（4）直流电源开启前要确认电流旋钮是逆时针到底的（电流输出最小状态）。

（5）反应器容积的标定和高纯反应气的制备等通常在实验前准备。

（6）对不同催化剂、在不同反应温度和不同压强区间反应级数可能不同。

## 六、数据处理与分析

（1）标定测定信号（mV）与实际压强（Pa）的关系。

（2）将每组实验数据的 mV 换算成 Pa。

（3）由每组实验的压强对反应时间作图, 在合适区间取线性线段的斜率（$Pa \cdot min^{-1}$）。

（4）将每组实验获得的斜率（$Pa \cdot min^{-1}$）换算成 TOF［$CH_4$ 分子/（催化中心·min）］。

（5）分别以反应速率的对数对甲烷分压的对数、氧气分压的对数和温度（K）的倒数作图, 求出对甲烷、氧气的反应级数和反应活化能。

（6）根据 Pd 和 Pt 催化剂上的不同结果讨论不同贵金属的影响。

### 七、思考题

（1）采用压强法测定催化反应动力学有何要求？对于反应前后气相物质的物质的量没有变化的反应可如何处理？

（2）$CH_4$ 催化氧化反应在不同催化剂表面、不同反应温度和 $n_{CH_4}/n_{O_2}$ 下对 $CH_4$ 或 $O_2$ 分压依赖性为何不同？

（3）采用压强法测定催化反应动力学时应注意什么？

### 八、参考文献

（厦门大学　陈明树）

## 实验 10-5B　杂多酸的制备、负载、表征及催化性能研究

### 一、实验目的

（1）能够通过乙醚萃取法制备 12-钨杂多酸。
（2）能够阐述 12-杂多酸的常见晶体结构模型。
（3）能够掌握负载 12-钨硅酸的常见制备方法，能够利用浸渍法制备硅负载钨硅酸。
（4）能够对杂多酸的催化性能进行评价。

### 二、实验原理

钒（Ⅴ）、铌（Nb）、钨（W）和钼（Mo）在化学性质上的显著特点之一是在一定条件下易自聚或与其他元素聚合，形成多酸或多酸盐。由同种含氧酸分子缩水而成的酸称同多酸，由不同种类的含氧酸分子缩水而成的酸称杂多酸，其中的 $H^+$ 被金属离子取代后形成的盐称杂多酸盐。杂多酸是具有均匀强度的质子酸，通常由不同的金属含氧酸根在酸化加热条件下缩合而成。杂多酸的基本结构是在中心原子周围，由 $[MO_6]$ 八面体和 $[MO_4]$ 四面体通过共角、共边，或者共面连接生成的结构不同的多阴离子结构，如图 10-5B-1 所示。

以钨为例，在碱性溶液中 W（Ⅵ）以正钨酸根离子 $WO_4^{2-}$ 存在，随着溶液 pH 减小，$WO_4^{2-}$ 逐渐聚合成多酸根离子，见表 10-5B-1。

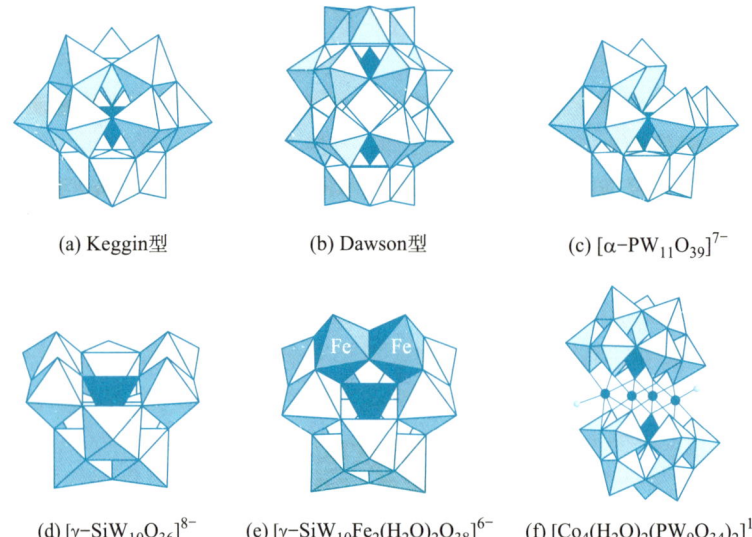

(a) Keggin型          (b) Dawson型          (c) $[\alpha\text{-}PW_{11}O_{39}]^{7-}$

(d) $[\gamma\text{-}SiW_{10}O_{36}]^{8-}$    (e) $[\gamma\text{-}SiW_{10}Fe_2(H_2O)_2O_{38}]^{6-}$    (f) $[Co_4(H_2O)_2(PW_9O_{34})_2]^{10-}$

图 10-5B-1    杂多酸阴离子结构示意图

表 10-5B-1    正钨酸根离子在不同的酸性环境下生成多酸阴离子

| $n_{H^+}/n_{WO_4^{2-}}$(物质的量之比) | 同多酸阴离子 | |
| --- | --- | --- |
| | 化学式 | 中文名 |
| 1.14 | $[W_7O_{24}]^{6-}$ | 仲钨酸根(A)离子 |
| 1.17 | $[W_{12}O_{42}H_2]^{10-}$ | 仲钨酸根(B)离子 |
| 1.50 | $\alpha\text{-}[H_2W_{12}O_{40}]^{6-}$ | 钨酸根离子 |
| 1.60 | $[W_{10}O_{32}]^{4-}$ | 十钨酸根离子 |
| …… | | |

在上述酸化过程中,加入一定量的硅酸盐,则可生成有确定组成的钨杂多酸根离子如 $[SiW_{12}O_{40}]^{4-}$ 等。12-钨杂多酸阴离子 $[X^{n+}W_{12}O_{40}]^{(8-n)-}$ 的晶体结构称为 Keggin 型结构(图 10-5B-1)。$[SiW_{12}O_{40}]^{4-}$ 是一类具有 Keggin 型结构的杂多化合物的典型代表,它是每三个 $[WO_6]$ 八面体两两共边形成一组共顶三聚体,四组这样的三聚体又各通过其他 6 个顶点两两共顶相连构成如图 10-5B-1 所示的多面体结构。处于中心的硅原子则分别与 4 组三聚体的 4 个共顶氧原子连接,形成 $SiO_4$ 四面体,$SiO_4$ 四面体具有 α、β、γ 三种异构体。

W、P、Si 等元素的简单化合物在溶液中经过酸化缩合便可生成相应的 12-钨磷酸根离子和 12-钨硅酸根离子:

$$12WO_4^{2-}+HPO_4^{2-}+23H^+ \longrightarrow [PW_{12}O_{40}]^{3-}+12H_2O \qquad (10.5B.1)$$

$$12WO_4^{2-}+SiO_3^{2-}+22H^+ \longrightarrow [SiW_{12}O_{40}]^{4-}+11H_2O \qquad (10.5B.2)$$

在反应过程中,$H^+$ 与 $WO_4^{2-}$ 中的氧结合形成 $H_2O$ 分子,从而使钨原子之间通过共享氧原子的配位形成多核簇状结构的杂多阴离子,该阴离子与反荷离子 $H^+$ 结合则得到相应的杂多酸。

本实验利用钨硅酸在强酸溶液中易与乙醚生成加合物而被乙醚萃取的性质来制备 12-钨硅酸。向反应体系中加入乙醚并酸化,经乙醚萃取后液体分三层:上层是溶有少量杂多酸的醚,中间是氯化钠、盐酸和其他物质的水溶液,下层是油状的杂多酸醚合物。

杂多酸不仅具有酸性可以进行中和反应,可用标准碱进行滴定;而且具有氧化还原性,在紫外光作用下可以发生单电子或多电子还原反应,在紫外区(260 nm)有特征吸收峰,这就是电子由配位氧原子向中心钨原子迁移的电荷迁移峰。

杂多酸是一种多功能的新型催化剂,稳定性好,可用作均相及非均相反应的催化剂,甚至可用作相转移催化剂,对环境无污染,是一类大有前途的绿色催化剂,它可用于芳烃烷基化和脱烷基反应、酯化反应、脱水/化合反应、氧化还原反应及开环、缩合、加成和醚化反应等。

乙酸正丁酯是无色透明液体,是重要的有机溶剂、萃取剂和脱水剂,在工业上有着广泛的用途,主要用于火棉胶,硝化纤维、清漆、人造革、医药、塑料及香料工业中。在传统工业中,一般采用硫酸催化法生产,该工艺存在污染环境、设备腐蚀严重等弊端。由于各国对环境和安全不断提高要求,国内外都在探索酯化反应的最佳催化剂。

浓硫酸催化法的传统酯化反应存在副反应多、选择性低,污染腐蚀严重等诸多弊端,对操作人员的安全生产存在潜在的威胁。杂多酸均相催化酯化反应虽然具有活性高、选择性好和操作条件温和等优点,但也存在着生产能力低、工艺设备庞大、催化剂的分离和回收再利用困难等缺点。将杂多酸固定在某一载体上形成的负载型杂多酸催化剂,解决了催化剂的回收和循环使用问题,已成为杂多酸催化剂应用中的研究和开发热点。已经研究过的杂多酸的载体有活性炭、分子筛、离子交换树脂和氧化物($SiO_2$、$Al_2O_3$、$TiO_2$ 等)。目前,负载型杂多酸催化剂通常是将 Keggin 型结构的杂多酸 $H_x[XM_{12}O_{40}]$(如钨磷酸、钼磷酸、钨硅酸)负载在活性炭、膨润土、硅藻土、二氧化硅、分子筛等载体上,应用于气-固或液-固多相酯化反应。负载制备方法主要有浸渍法和回流吸附法。

本实验采用乙醚萃取法制备具有 Keggin 型结构的 12-钨硅酸。在此基础上,选择 $SiO_2$ 为载体,采用饱和浸渍法作为负载方法,制备负载型杂多酸催化剂,考察其对于有机酯化反应的催化活性,分别研究酸醇物质的量比、催化剂用量、反应时间对酯化率的影响,采用正交试验法优化出催化剂的最佳反应条件。利用气相色谱仪检测反应的转化率。

## 三、仪器与试剂

### 1. 实验仪器

红外光谱仪 1 台;X 射线粉末衍射仪 1 台;气相色谱-质谱联用仪 1 台;分析天平 1 台;磁力加热搅拌器 1 台;三颈烧瓶(100 mL)1 只;滴液漏斗 1 个;分液漏斗 1 个;三角漏斗 1 个;培养皿若干;铁圈及铁架台 1 套;温度计 1 支;圆底烧瓶(50 mL)1 个;小坩埚、烧杯若干。

### 2. 试剂及耗材

二水合钨酸钠(AR);硅酸钠(AR);盐酸(AR);乙醚(AR);二氧化硅(AR);乙酸(AR);正丁醇(AR);环己烷(AR);滤纸;pH 试纸。

## 四、实验步骤

### 1. 12-钨硅酸的制备

称取 25 g 二水合钨酸钠置于 100 mL 三颈烧瓶内,加入 50 mL 蒸馏水搅拌至澄清(如有浑浊可加热至 50 ℃左右),然后缓慢加入硅酸钠水溶液(1.2 g 硅酸钠+10 mL 水)。将混合物加热至沸并保持微沸,用滴液漏斗慢慢滴加浓盐酸。开始滴入浓盐酸时,局部有副产物黄钨酸沉淀出现,不断搅拌使沉淀溶解。继续滴入浓盐酸,至反应液 pH 为 1~2,所用浓盐酸 10~15 mL(此过程约 30 min)。反应液如有浑浊需要趁热过滤,将混合物冷却。

将冷却后的混合液转移至分液漏斗,缓慢加入 15 mL 乙醚,再加入 8 mL 浓盐酸一起振荡,分离出底层油状的乙醚配合物。再用 10 mL 水、3 mL 浓盐酸及 3 mL 乙醚萃取所得油状配合物,放出下层液相到培养皿中,放入烘箱 45 ℃ 缓慢烘干,得到无色透明的晶体,称量。对合成产品进行红外光谱、X 射线粉末衍射分析。

**2. 浸渍法制备二氧化硅负载型钨硅酸**

用分析天平称取 2 g 自制的钨硅酸于坩埚中,再加 5 mL 水混合成溶液,随后用分析天平称取 2 倍杂多酸质量的二氧化硅放入坩埚中浸渍,搅拌 0.5 h 后于 120 ℃ 下在烘箱中干燥 4 h,然后在 220 ℃ 下焙烧 1.5 h,得到负载型杂多酸盐。对合成产品进行红外光谱、X 射线粉末衍射分析。

**3. 催化合成乙酸正丁酯的研究(探讨催化剂用量等因素对催化产率的影响)**

将一定量的正丁醇、冰醋酸、催化剂及环己烷加入三颈烧瓶中,瓶口安装分水器和回流冷凝管。充分加热回流,保持分水器中水层液面低于支管 0.5 cm。回流一定时间后,停止反应,冷却至室温。取出少量上清液,利用气相色谱-质谱联用仪分析产物并计算产率。

(1)组一:酸醇比对催化产率的影响(表 10-5B-2)。

将 10 mL 正丁醇和一定量的冰醋酸加入 50 mL 圆底烧瓶内,加入 6 mL 环己烷为带水剂,然后加入 1 g 负载钨硅酸作为催化剂,回流反应 60 min,停止反应,冷却至室温。取出少量有机液,利用气相色谱-质谱联用仪检测反应的催化产率。

反应过程中,其他条件不变,探讨酸醇比对催化产率的影响。

表 10-5B-2　酸醇比对催化产率的影响

| 酸醇比(物质的量比) | 1.2∶1 | 1∶1 | 0.8∶1 | 0.6∶1 |
|---|---|---|---|---|
| 冰醋酸用量/mL | | | | |
| 催化产率 | | | | |

(2)组二:催化剂用量对催化产率的影响(表 10-5B-3)。

将 10 mL 正丁醇和 6.4 mL 冰醋酸(酸醇物质的量比 1∶1)加入圆底烧瓶内,加入 6 mL 环己烷为带水剂,然后加入一定量的钨硅酸作为催化剂,回流反应 60 min,停止反应,冷却至室温。取出少量有机液,利用气相色谱-质谱联用仪分析产物并计算催化产率。

反应过程中,其他条件不变,探讨催化剂用量对催化产率的影响。

表 10-5B-3　催化剂用量对催化产率的影响

| 催化剂用量/g | 0 | 0.4 | 0.8 | 1.2 |
|---|---|---|---|---|
| 催化产率 | | | | |

(3)组三:反应时间对催化产率的影响(表 10-5B-4)。

将 10 mL 正丁醇和 6.4 mL 冰醋酸(酸醇物质的量比 1∶1)加入圆底烧瓶内,加入 6 mL 环己烷为带水剂,然后加入 1 g 钨硅酸作为催化剂,回流反应一段时间,停止反应,冷却至室温。取出少量有机液,利用气相色谱-质谱联用仪分析产物并计算催化产率。

反应过程中,其他条件不变,探讨反应时间对催化产率的影响。

表 10-5B-4　反应时间对催化产率的影响

| 反应时间/min | 20 | 40 | 50 | 60 |
|---|---|---|---|---|
| 催化产率 | | | | |

## 五、注意事项

（1）在高浓度盐酸中，以 $[C_2H_5\!-\!OH^+\!-\!C_2H_5]$ 形式存在的乙醚与钨硅酸阴离子缔合成盐，外观呈油状，其相对密度较大，以第三相沉于容器底部。酸度降低（如加水）时，缔合盐被破坏，杂多酸随即析出。

（2）制备 12-钨硅酸滴加浓盐酸时，若滴加速度过快，则反应液中会生成大量难溶的副产物黄钨酸沉淀。

（3）使用水热合成法合成多酸配位聚合物会有一定量杂质生成，应尽量将杂质挑出，使后续表征及检测数据更为准确。

（4）大型仪器操作须注意安全规范。

## 六、数据处理与分析

（1）对所合成产品进行红外、X 射线粉末衍射分析；通过红外分析确认钨硅酸中的特征官能团；利用 X 射线粉末衍射分析确认化合物的特征衍射峰。

（2）对所合成负载型催化剂进行红外、X 射线粉末衍射分析结构表征；红外谱图中，确认负载催化剂的特征化学键；X 射线粉末衍射分析图谱中，确认含有 $SiO_2$ 载体的特征衍射峰和钨硅酸的特征衍射峰。

（3）根据气相色谱-质谱联用仪的图谱数据计算不同酸醇物质的量比、催化剂用量和反应时间下催化产率，分析和总结影响乙酸正丁酯催化产率的因素。

## 七、思考题

（1）12-钨硅酸较易被还原为"杂多蓝"，因此在制备过程中要注意哪些问题？

（2）通过实验总结"乙醚萃取法"制多酸的方法。

（3）查阅文献列举另外一种 $SiO_2$ 负载钨硅酸的制备方法。

（4）查阅文献，阐述影响酯化反应效率的各种因素。

## 八、参考文献

（华东师范大学　孙茜、程爱玲）

# 实验 10-5C   催化剂的酸性及其催化乙醇脱水 反应性能研究

## 一、实验目的

(1) 能够利用流动法测定乙醇脱水的反应速率常数和活化能。
(2) 能够对实验数据进行处理和分析,进一步评价催化剂对乙醇脱水反应的催化性能。
(3) 能够表征催化剂的酸性,阐述其对乙醇脱水反应催化性能的影响。
(4) 能够认识到催化剂对我国经济发展及国防安全所发挥的重要作用。

## 二、实验原理

流动法是使反应物连续稳定地流经反应器,在反应器中发生反应,离开反应器后反应停止,然后分析产物种类及数量的一种实验方法。由于与工业连续生产相类似,流动法在探讨反应速率、研究反应机理的动力学实验及催化剂活性测定实验中,有着极为广泛的应用。稳定流动系统反应的动力学公式与静止系统的动力学公式有所不同。当稳定流动系统反应达到稳定状态后,反应物的浓度就不随时间变化。根据反应区域体积的大小及流入和流出反应器的流体流速和组成,即可算出反应速率。改变流体的流速或其组分浓度,就可以测定反应的级数和速率常数。

如果反应在圆柱形反应管内进行,催化剂层的总长度是 $l$,反应管的横截面积是 $S$,只有在催化剂层中才能进行反应。假设反应 $A \longrightarrow B$ 是零级反应,反应速率常数为 $k$。在反应物接触催化剂之前,反应物 A 的分压为 $p_{A0}$,反应物接触到催化剂之后开始反应,随着反应物 A 流经催化剂层,其分压逐渐变小。设在某一小薄层催化剂 $dl$ 前反应物 A 的分压为 $p_A$,当反应物通过 $dl$ 之后,分压变为 $p_A - dp_A$,如图 10-5C-1 所示。

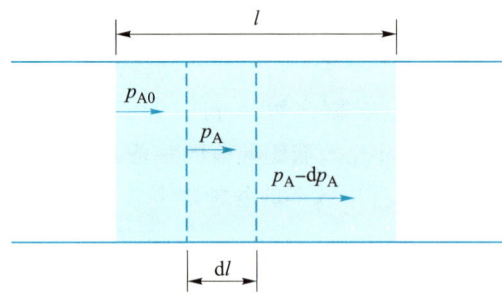

图 10-5C-1   反应物分压随流经催化剂层长度的变化图

如果是在静止系统,则零级反应的动力学公式为

$$r = -dp_A/dt = k \tag{10.5C.1}$$

在流动系统中反应物以稳定的流量流过催化剂层,流量(单位时间内流过的体积)为 $q_V$,在一小薄层催化剂内,反应物与催化剂接触的时间为 $dt$,则有

$$dt = dV/q_V \tag{10.5C.2}$$

式中:$dV$ 为一个 $dl$ 薄层催化剂的体积。而

$$dV = Sdl \tag{10.5C.3}$$

将式（10.5C.2）及式（10.5C.3）代入式（10.5C.1），则得

$$-\mathrm{d}p_A = k\frac{S}{q_V}\mathrm{d}l \tag{10.5C.4}$$

将式（10.5C.4）积分，$p_A$ 的积分区间由 $p_{A0}$ 到 $p_A$，$l$ 的积分区间由 0 到 $l$，将结果整理，得

$$k = \frac{q_V}{Sl}(p_{A0} - p_A) \tag{10.5C.5}$$

这就是稳定流动系统中零级反应的速率公式。

乙醇在酸性催化剂（如 Hβ 沸石）上可通过分子内或分子间脱水生成乙烯或乙醚，其中低温下主要生成乙醚，高温下主要生成乙烯，其反应级数随实验条件的不同会发生变化。若乙醇分压较大或在催化剂表面发生强吸附，这两个反应可以近似当作平行零级反应处理。通过气相色谱法对反应后流出的气流进行测定，可由式（10.5C.5）计算反应总速率常数 $k$。为了计算方便，可以将式（10.5C.5）稍加变换。设 $n_A$ 为单位时间加入乙醇的物质的量 $n_B$ 与载气 $N_2$ 的物质的量 $n_D$ 之和，$V_0$ 为催化剂的体积，可得

$$q_V = n_A RT/p \tag{10.5C.6}$$

式中：$q_V$ 为反应温度 $T$ 和反应压强 $p$ 下的流量。

$$Sl = V_0 \tag{10.5C.7}$$

则式（10.5C.5）中，$p_{A0}$ 和 $p_A$ 可根据道尔顿（Dalton）分压定律计算，得到

$$p_{A0} - p_A = \left(\frac{n_B}{n_A} - \frac{n_B - n_1 - 2n_2}{n_A + n_1}\right)p \tag{10.5C.8}$$

式中：$n_1$ 和 $n_2$ 分别为单位时间生成乙烯和乙醚的物质的量。

将式（10.5C.6）~式（10.5C.8）代入式（10.5C.5）中，合并常数，则得

$$k = \frac{n_A RT}{V_0}\left(\frac{n_B}{n_A} - \frac{n_B - n_1 - 2n_2}{n_A + n_1}\right) \tag{10.5C.9}$$

对于同级平行反应而言，总反应速率常数 $k$ 等于各个平行反应速率常数之和，并且当各产物的起始浓度为零时，在任一瞬间，各产物产率之比等于速率常数之比。可得

$$k = k_1 + k_2 \tag{10.5C.10}$$

$$\frac{k_1}{k_2} = \frac{Y_1}{Y_2} \tag{10.5C.11}$$

式中：$k_1$ 和 $k_2$ 分别为生成乙烯和乙醚反应的速率常数，$Y_1$ 和 $Y_2$ 分别为乙烯和乙醚的收率，可从反应后气相色谱图中数据求出。联合式（10.5C.10）和式（10.5C.11）即可求出不同温度下生成乙烯和乙醚两个反应的速率常数。再通过阿伦尼乌斯公式（10.5C.12），分别以 $\ln k_1$ 和 $\ln k_2$ 对 $1/T$ 作图，从拟合直线的斜率即可求算各自反应的活化能。

$$\ln k = -\frac{E_a}{RT} + \ln A \tag{10.5C.12}$$

式中：$R$ 为气体常数，$E_a$ 和 $A$ 分别为反应的活化能和指前因子。

### 三、仪器与试剂

#### 1. 实验仪器

多相催化反应评价装置 1 套(图 10-5C-2);气相色谱仪 1 台(配备 SE-54 毛细管柱、FID 检测器);氢气发生器 1 台;空气发生器 1 台;微量注射泵 1 台;微量注射器(100 μL) 1 支;化学吸附仪 1 台(选做)。

#### 2. 试剂及耗材

无水乙醇(AR);Hβ 沸石(或其他酸性催化剂);柠檬酸(AR);石英砂(AR);高纯氮气 (99.999%);10% 氨气-氮气混合气。

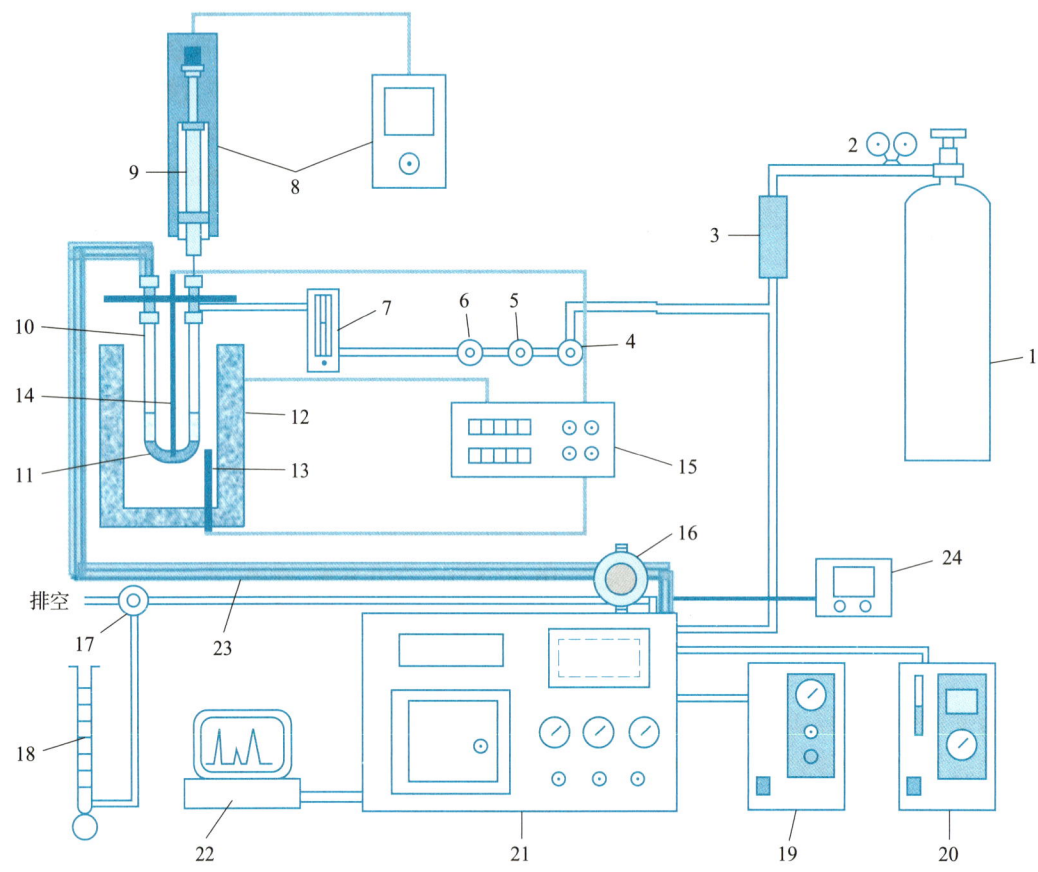

1—氮气钢瓶;2—减压阀;3—净化管;4—开关阀;5—稳压阀;6—调流阀;7—转子流量计;
8—微量注射泵;9—微量注射器;10—反应管;11—催化剂床;12—加热炉;13—控温热电偶;
14—测温热电偶;15—数显式温度控制及测定系统;16—六通阀;17—三通切换阀;
18—皂膜流量计;19—空气发生器;20—氢气发生器;21—气相色谱仪;22—色谱工作站;
23—加热带;24—加热带温度控制器

图 10-5C-2    流动法实验装置示意图

### 四、实验步骤

#### 1. Hβ 沸石改性(选做)

称量 1.0 g $n_{\text{SiO}_2}/n_{\text{Al}_2\text{O}_3}=25$ 的 Hβ 沸石 2 份,分别与不同浓度(0.5 mol·L$^{-1}$ 和 1.0 mol·L$^{-1}$)柠

檬酸各 20 mL 混合,在 85 ℃ 回流搅拌条件下脱铝 3.0 h。反应结束后,将沸石粉末用去离子水洗涤、抽滤至滤液中性后,于烘箱中 110 ℃ 烘干,再于马弗炉中以 10 ℃·min$^{-1}$ 的速度升温至 500 ℃,在 500 ℃ 下焙烧 2.0 h。

### 2. Hβ 沸石催化乙醇脱水反应

(1)实验准备。Hβ 沸石为粉末状态,在装入反应管前,需要压片、造粒、过筛,选取 20~40 目颗粒进行反应。将空反应管接入实验装置,打开氮气钢瓶,调节减压阀输出表压为 0.3 MPa;打开开关阀 4,调节稳压阀 5,使表压显示为 0.1 MPa;调节调流阀 6,使转子流量计显示约为 50 mL·min$^{-1}$,用肥皂水涂抹在各连接处,检查气路是否漏气,若有漏气则需要进行处理。

(2)催化剂的活化。准确称取约 50 mg Hβ 沸石催化剂颗粒(20~40 目),通过专用漏斗装入干净的玻璃 U 形反应管底部,两端各填约 0.40 g 石英砂(10~20 目),接入反应装置中。调节载气流量为 50 mL·min$^{-1}$,催化剂床以 10 ℃·min$^{-1}$ 的速度升温至 500 ℃,在 500 ℃ 下活化 1.0 h。

(3)催化反应的测定。催化剂活化结束后,将反应起始温度设置为 120 ℃,管道加热带温度设置为 120 ℃,待温度稳定后,以 2.0 μL·min$^{-1}$ 的流量输进乙醇,反应 10 min 后,通过在线气相色谱仪分析产物组成。升高反应温度,同样方法再分别测定 4~8 个不同温度时的反应结果,温度间隔为 10 ℃。

### 3. 改性 Hβ 沸石催化乙醇脱水反应(选做)

更换催化剂为柠檬酸改性 Hβ 沸石,进行催化剂的活化和催化反应的测定,考察催化剂的酸性对乙醇脱水反应性能的影响。

### 4. 改性前后 Hβ 沸石的酸性质表征(选做)

采用 NH$_3$-TPD 法表征柠檬酸改性前后 Hβ 沸石的酸性质。将催化剂粉末压片、造粒、筛分,取 20-40 目颗粒。准确称取 100 mg 待测样品颗粒,装入石英反应管中,小心插入热电偶。在 30 mL·min$^{-1}$ N$_2$ 流量下,以 10 ℃·min$^{-1}$ 的速度升温至 500 ℃,在该温度保持 0.5 h,然后降温至 100 ℃ 并保持恒温,向石英管中通入流量为 30 mL·min$^{-1}$ 的 10% NH$_3$-N$_2$ 混合气 20 min 至 NH$_3$ 吸附饱和;切换至 30 mL·min$^{-1}$ N$_2$ 吹扫 20 min,待基线平直后,从 100 ℃ 以 10 ℃·min$^{-1}$ 的速度升温至 500 ℃,记录在程序升温脱附过程中的电信号。

## 五、注意事项

(1)系统必须不漏气。

(2)在实验过程中,测温热电偶必须处于催化剂床层位置,而控温热电偶位置固定不变。

(3)氮气的流量及液态反应物的进样流量在实验过程中必须保持稳定。

(4)反应管与气相色谱仪之间的管道需要通过加热带维持较高的温度,以免沸点较低的原料或产物在管道中冷凝改变气相组成。

(5)反应实验结束后,关闭气相色谱仪、加热带控温和注射泵电源,移出乙醇微量注射器,在反应温度下用载气吹扫 15 min 后,关炉体加热电源和气源。

(6)在活化时升温速率不能太快,以免造成 Hβ 沸石结构坍塌改变其酸性。

## 六、数据处理与分析

（1）根据 $n_B = q_{V,C_2H_5OH}\rho/M$ 求出单位时间通入反应物乙醇的物质的量 $n_B$。式中 $q_{V,C_2H_5OH}$、$\rho$、$M$ 分别为乙醇进样流量（mL·min$^{-1}$）、乙醇在进样温度时的密度（g·mL$^{-1}$）和乙醇的摩尔质量（g·mol$^{-1}$）。单位时间通入载气 N$_2$ 的物质的量 $n_D$ 由载气氮气的流量 $q_{V,N_2}$ 代入 $n_D = q_{V,N_2}p/(RT)$ 求出。

（2）从各组分色谱峰面积，根据相关定义求出在选择的反应条件下乙醇脱水的转化率（$C$）、选择性（$S$）和产物收率（$Y$）及接触时间、空速、时空收率，并绘制转化率、收率随温度变化关系图。相关名词可查看本实验"知识拓展"。

其中从色谱峰面积计算转化率 $C$、收率 $Y$ 和选择性 $S$ 的公式为

$$C_{C_2H_5OH} = \left(1 - \frac{f_{C_2H_5OH}A_{C_2H_5OH}}{f_{C_2H_4}A_{C_2H_4} + f_{C_2H_5OH}A_{C_2H_5OH} + 2f_{C_4H_{10}O}A_{C_4H_{10}O}}\right) \times 100\% \tag{10.5C.13}$$

$$Y_{C_2H_4} = \frac{f_{C_2H_4}A_{C_2H_4}}{f_{C_2H_4}A_{C_2H_4} + f_{C_2H_5OH}A_{C_2H_5OH} + 2f_{C_4H_{10}O}A_{C_4H_{10}O}} \times 100\% \tag{10.5C.14}$$

$$Y_{C_4H_{10}O} = \frac{2f_{C_4H_{10}O}A_{C_4H_{10}O}}{f_{C_2H_4}A_{C_2H_4} + f_{C_2H_5OH}A_{C_2H_5OH} + 2f_{C_4H_{10}O}A_{C_4H_{10}O}} \times 100\% \tag{10.5C.15}$$

$$S_{C_2H_4} = \frac{f_{C_2H_4}A_{C_2H_4}}{f_{C_2H_4}A_{C_2H_4} + 2f_{C_4H_{10}O}A_{C_4H_{10}O}} \times 100\% \tag{10.5C.16}$$

$$S_{C_4H_{10}O} = \frac{2f_{C_4H_{10}O}A_{C_4H_{10}O}}{f_{C_2H_4}A_{C_2H_4} + 2f_{C_4H_{10}O}A_{C_4H_{10}O}} \times 100\% \tag{10.5C.17}$$

式中：$A$ 为峰面积，$f$ 为相对摩尔校正因子。以 C$_2$H$_5$OH（乙醇）为 1 计，C$_2$H$_4$（乙烯）和 C$_4$H$_{10}$O（乙醚）的相对摩尔校正因子分别为 0.74 和 0.47。

（3）根据式（10.5C.9）计算各温度下的催化反应总速率常数 $k$，其中 $n_1$ 和 $n_2$ 可从乙烯和乙醚收率来计算，再根据式（10.5C.10）和式（10.5C.11），求出对应生成乙烯和乙醚的速率常数 $k_1$ 和 $k_2$。

（4）以 $\ln k_1$ 和 $\ln k_2$ 分别对 $1/T$ 作图，从斜率求出乙醇脱水生成乙烯和乙醚两个反应的活化能 $E_{a,1}$ 和 $E_{a,2}$。

（5）（选做）以电信号（mV）对 $T$ 作图，比较 Hβ 沸石经过不同浓度柠檬酸改性后，酸强度和酸量的变化。

## 七、思考题

（1）转子流量计和皂膜流量计两者有何异同？
（2）流动法测定催化剂活性的特点是什么？有哪些注意事项？
（3）（选做）如何表征催化剂的酸性质？根据实验结果总结其对乙醇脱水反应性能的影响。

## 八、知识拓展

（1）评价催化剂的性能主要有以下几个指标和参数。

转化率：

$$转化率=\frac{已经转化的反应物的物质的量}{进入反应器的反应物的物质的量}\times100\%\qquad(10.5C.18)$$

选择性：

$$选择性=\frac{转化为目标产物的反应物的物质的量}{已经转化的反应物的物质的量}\times100\%\qquad(10.5C.19)$$

收率：

$$收率=\frac{转化为目标产物的反应物的物质的量}{进入反应器的反应物的物质的量}\times100\%\qquad(10.5C.20)$$

时空收率：单位时间内单位体积(或质量)催化剂上得到的目标产物的量。

空速：反应条件下单位时间内流过单位体积(或质量)催化剂的反应物的体积(或质量)。

接触时间：反应物与催化剂接触的平均时间,是空速的倒数。

(2) 评价催化剂活性的方法很多,大体上可以把催化剂活性测定方法分为两大类,即流动法和静态法。静态法的反应系统是封闭的,反应物一次性加入反应器,进行连续反应。流动法的反应系统是开放的,反应物连续或者半连续进入催化反应器,离开催化反应器即停止反应。半连续法为某些气-液-固三相反应所用,原料气体连续进出,而原料液体和催化剂固体则相对封闭。流动法中,用于固定床催化剂测定的有一般流动法、流动循环法(无梯度法)、催化色谱法等。催化剂评价方法本质是对工业催化反应的模拟。而由于工业生产中的催化反应多为连续流动系统,所以一般流动法应用最广。流动循环法、催化色谱法和静态法主要用于研究反应动力学和反应机理。

## 九、参考文献

(南京大学　淳远,大连理工大学　田福平)

# 实验 10-5D　Ru/CNT 的制备及其催化生物质平台
# 分子糠醛选择转化性能的测试

## 一、实验目的

(1) 能够利用干法合成和等体积浸渍法制备负载型金属催化剂,并阐述负载型金属催化剂制备和表征的常用方法。

(2) 能够评价催化剂对生物质平台分子的加氢性能,并阐述其基本原理。

（3）能够开展多相反应中催化反应动力学研究,求算反应速率和表观活化能。

## 二、实验原理

生物质,尤其是植物类生物质,作为自然界最为丰富的可再生碳资源,可通过光合作用合成,每年全球产量高达 1700 亿吨。高效利用生物质生产燃料或化学品不仅有助于缓解对化石资源的过度依赖,也能降低温室气体(如 $CO_2$)对环境的影响。生物质高值化利用的一条重要途径是将组分复杂的生物质大分子先经过水解、脱水等反应解聚为一些重要平台分子(如单糖或糠醛等),然后再进一步转化平台分子制备特定化学品。其中,生物质平台分子糠醛(furfural)催化转化反应制呋喃化学品是生物质高值化利用的一个典型代表,颇受关注。

糠醛分子由一个呋喃环和一个醛基构成。因官能团反应活性不同,糠醛加氢可以发生在醛基或呋喃环上,甚至在氢解反应条件下,醛基碳氧键还会发生断裂。因此,根据生产需求对糠醛选择性加氢将产生许多不同的化合物,如糠醇、呋喃、二氢呋喃、四氢呋喃、四氢糠醛、四氢糠醇等,如图 10-5D-1 所示。然而,反应路线多且复杂导致选择性获得某一特定产物具有较大困难。克服这一困难需要合理设计合成高效稳定的催化剂。

图 10-5D-1 糠醛加氢反应产物

金属催化剂(如 Ru、Pt、Pd 等)在不饱和化学键的加氢反应中往往有较高的活性,所以被广泛应用于羰基(C═O)和烯烃(C═C)的加氢反应。为提高催化剂中金属的利用效率并降低成本,金属组分通常被高度分散于载体之上。一般较理想的载体需要具有较大的比表面积,可以锚定金属纳米颗粒、团簇或单原子。碳纳米管(carbon nanotubes,CNTs)是由 $sp^2$ 杂化碳构成的类石墨平面卷曲而成的纳米级管状材料。这类纳米碳材料具有一些独特的物化性质,诸如高的机械强度、类石墨结构的管壁、$sp^2$ 杂化碳构成的表面、纳米级的管腔、优良的导电导热性能。这些特点使得碳纳米管可作为催化剂的优良载体。此外,用具有氧化功能的浓酸处理 CNTs 还可以在其表面制造众多含氧官能团(如羧基、羟基、酯基等),这些基团通过配位作用锚定金属前驱体,实现活性位的高效分散。

反应动力学的研究通常可求解反应的速率及表观活化能。对比不同金属催化剂上的反应速率和表观活化能可以比较催化剂间的性能差异。以 Ru 金属催化剂催化转化糠醛选择加氢制糠醇为例[反应式(10.5D.1)],异丙醇既作为还原剂为糠醛转化提供氢源,还作为反应介质使催化剂和反应物充分接触。

$$（10.5D.1）$$

糠醛的转化率和不同产物选择性分别根据式(10.5D.2)和式(10.5D.3)进行计算:

$$转化率 = \left(1 - \frac{n_t}{n_0}\right) \times 100\% \tag{10.5D.2}$$

$$不同产物选择性 = \frac{n_i}{\sum\limits_{i=1}^{n} n_i} \times 100\% \tag{10.5D.3}$$

式中：$n_0$ 为糠醛的初始物质的量（mol），$n_t$ 为反应时间 $t$ 后糠醛物质的量（mol），$n_i$ 为产物 $i$ 的物质的量（mol）。

在一定条件下，糠醛加氢反应近似作为一级反应处理，并基于表面吸附的反应动力学模型，催化剂上糠醛的反应速率为

$$r = kc_A \tag{10.5D.4}$$

反应速率与速率常数呈正相关，对其取对数后，$\ln r = \ln k + \ln c_A$。根据阿伦尼乌斯方程：

$$\ln k = \ln A - \frac{E_a}{RT} \tag{10.5D.5}$$

可知，反应速率与反应的表观活化能也呈正相关，当 $c_A$ 恒定时：

$$\ln r = -\frac{E_a}{RT} + C \tag{10.5D.6}$$

式中：$k$ 为表观反应速率常数，$c_A$ 为糠醛的浓度，$R$ 是摩尔气体常数，$T$ 是热力学温度（K），$E_a$ 是反应的表观活化能，$A$ 为指前因子，$C$ 为一常数。

结合式（10.5D.6），在相同糠醛浓度时测定不同反应温度下的反应速率，绘制 $\ln r - 1/T$ 关系图即可求出该反应的表观活化能。

### 三、仪器与试剂

#### 1. 实验仪器

圆底烧瓶（100 mL）1 个；三颈烧瓶（25 mL）1 个；布氏漏斗（80 mm）1 个；抽滤瓶（1.0 L）1 个；容量瓶（10 mL）1 个；量筒（10 mL）1 个；蛇形冷凝管 1 个；玛瑙研钵；真空泵；水浴锅；低温恒温槽；烘箱；管式炉；气氛炉；气相色谱仪。

#### 2. 试剂及耗材

碳纳米管（CNTs）；硫酸（98%）；硝酸（65%）；乙酰丙酮钌（AR）；异丙醇（AR）；糠醛（AR）；糠醇（AR）；乙酸乙酯（AR）；氢氧化钠（AR）；氮气（99.9%）；氢氩混合气（5% 氢气，95% 氩气）。

### 四、实验步骤

#### 1. 碳纳米管的处理

配制体积比为 3：1 的浓硫酸和浓硝酸混合溶液 50 mL 于圆底烧瓶中，加入 500 mg 的 CNTs，然后在 40 ℃ 水浴中超声 3 h。冷却至室温后，用 500 mL 去离子水稀释，然后用孔隙度为 0.65 μm 的滤纸过滤，洗涤，直至滤液呈中性，最后在 60 ℃ 条件下真空干燥 2 h，得到官能团化的 CNTs（$f$-CNTs）。

#### 2. 催化剂的制备

利用干法制备 Ru/CNTs 催化剂，以等体积浸渍法制备对比催化剂 Ru/SiO$_2$。

（1）Ru/CNTs 催化剂的制备    称取 130 mg 乙酰丙酮钌和 500 mg 官能团化的 CNTs,加入研钵中,研磨 13~15 min 将两者混合均匀,然后转移至坩埚,并置于马弗炉中,在氮气氛围下以 10 ℃·min⁻¹ 的升温速率,从室温加热至 350 ℃ 并保持 3 h(图 10-5D-2)。随后,样品转移至还原管中,并置于气氛炉中,在氢氩混合气氛围下以 5.0 ℃·min⁻¹ 的升温速率,从室温加热至 400 ℃ 并保持 3 h,制得催化剂。

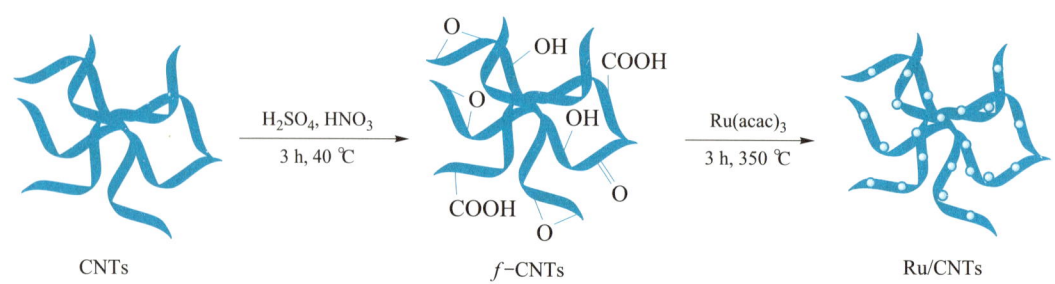

图 10-5D-2    制备 Ru/CNTs 催化剂的示意图

（2）Ru/SiO₂ 催化剂的制备(选做)    称取 130 mg 乙酰丙酮钌超声分散于 1.0 mL 的丙酮中,加入 500 mg SiO₂,浸渍 2 h,然后将混合物在 60 ℃ 烘箱中干燥,并转入马弗炉中,在氮气氛围以 10 ℃·min⁻¹ 的升温速率,从室温加热至 350 ℃ 并保持 3 h。

### 3. 糠醛的催化加氢反应测试

（1）催化反应的测试    称取 5.0 mg Ru/CNTs 加入 25 mL 三颈烧瓶,并移取 5.0 mL 浓度为 0.004 mol·L⁻¹ 的氢氧化钠异丙醇溶液于烧瓶内,加入磁子搅拌。接着将糠醛(1.0 mmol)加入该烧瓶,接上冷凝管,并通入氮气(10 mL·min⁻¹),在 40 ℃ 下反应 10 min。反应结束,通过离心将催化剂从反应溶液中分离,然后将此反应后的溶液转移至 10 mL 容量瓶中,加入乙酸乙酯定容。同样方法测试并收集反应 20 min 和 30 min 后的反应溶液。

分别改变反应温度为 50 ℃,60 ℃ 和 70 ℃,同样方法测试并收集反应不同时间后的反应混合物。

（2）产物的分析    将定容后的反应溶液用气相色谱仪分析以确定反应转化率、产物选择性和反应速率。气相色谱仪配备 Restek-5 毛细管柱(直径 0.32 mm,长 60 m)和氢火焰离子化检测器(flame ionization detector,FID),氮气作为载气。色谱分析条件:初始柱温设置为 60 ℃,以 10 ℃·min⁻¹ 的速率升至 150 ℃,然后再以 40 ℃·min⁻¹ 的速率增加到 220 ℃。分析过程中,FID 和进样口温度分别保持在 150 ℃ 和 250 ℃。

（3）标准曲线的绘制    分别配制 5.0 g·L⁻¹,10 g·L⁻¹,20 g·L⁻¹ 的糠醛和 2.5 g·L⁻¹,5.0 g·L⁻¹,10 g·L⁻¹ 糠醇的乙酸乙酯溶液,通过微量注射器移取 1.0 μL 标样进行气相色谱分析,并根据测试结果分别绘制糠醛和糠醇的标准曲线。

## 五、注意事项

（1）实验中糠醛纯度有要求,需要分析纯(AR)及以上。

（2）使用浓硫酸和浓硝酸时,穿戴耐酸手套(如丁基橡胶手套)、护目镜、防溅面罩及实验服,并在通风柜中操作。

（3）由于每次反应中氢氧化钠的加入量少,因此可预先配制浓度为 0.0040 mol·L$^{-1}$ 的氢氧化钠异丙醇溶液,然后定量移取 5.0 mL 使用。

（4）反应测试过程中,需要低温冷凝回流,并通入惰性气体（如氮气流速 10 mL·min$^{-1}$）,保证反应气氛无氧,避免反应物糠醛和产物糠醇的氧化反应。

（5）所使用的反应器确保冲洗干净,实验过程中磁力搅拌子位置及速度需要保持一致。

（6）进行色谱分析时,待测溶液必须要用 0.22 μm 有机滤膜过滤后进样,以防色谱柱堵塞。

## 六、数据处理与分析

（1）记录催化剂用量、糠醛用量、反应温度和时间。

（2）利用气相色谱仪分析所配制的标准样品糠醛和糠醇,根据标准样品的物质的量和对应的色谱峰面积计算校正因子,并绘制标准曲线。

（3）记录反应后糠醛、糠醇及其他产物的色谱峰面积,并根据标准曲线计算反应的转化率、产物的选择性和产率。

（4）记录不同反应温度下糠醛的转化量,并计算相应的反应速率 $r$。

（5）以 $\ln r$ 对 $1/T$ 作图,并计算催化剂上糠醛加氢反应的表观活化能 $E_a$。

（6）将以上的测量及计算数据记录在表 10-5D-1 中。

表 10-5D-1　糠醛选择加氢转化制糠醇数据记录表

| $T$/K | $t$/s | 糠醛转化率/% | 糠醇选择性/% | 反应速率 $r$/(mol·L$^{-1}$·s$^{-1}$) | $\ln r$ |
|---|---|---|---|---|---|
| 313 | | | | | |
| 323 | | | | | |
| 333 | | | | | |
| 343 | | | | | |

## 七、思考题

（1）糠醛加氢反应中为什么要加入催化剂?

（2）负载型金属催化剂中,金属和载体分别有什么作用?

（3）测定反应速率和表观活化能有哪些注意事项?

## 八、参考文献

（厦门大学　谢顺吉、邓卫平）

## 实验 10-6    一级可逆-连续反应动力学: 谷胱甘肽还原 Cr(Ⅵ)

### 一、实验目的

（1）能够用紫外-可见光谱仪跟踪具有双指数时间依赖关系的化学反应进程。

（2）能够使用线性回归拟合方法和非线性回归拟合方法对数据进行处理,并分析非线性回归拟合结果的合理性。

（3）能够操作酶制剂。

### 二、实验原理

#### 1. 反应机理

许多化学反应并不能简单地用一级反应或二级反应进行描述,这些反应被划入复杂反应的范畴,如可逆的多步骤连续反应:

$$R \underset{k_{-1}}{\overset{k_1}{\rightleftharpoons}} I \xrightarrow{k_2} P \tag{10.6.1}$$

反应物 R 可逆地生成中间产物 I,然后 I 不可逆地转化为产物 P。该机理中每一步基元反应都是一级反应,与三个物种 R、I 和 P 相关的联合反应速率方程组为

$$-\frac{d[R]}{dt} = k_1[R] - k_{-1}[I] \tag{10.6.2}$$

$$\frac{d[I]}{dt} = k_1[R] - k_{-1}[I] - k_2[I] \tag{10.6.3}$$

$$\frac{d[P]}{dt} = k_2[I] \tag{10.6.4}$$

假定反应开始时仅有反应物 R,即

$$[R]_{t=0} = [R]_0, \quad [I]_{t=0} = 0, \quad [P]_{t=0} = 0 \tag{10.6.5}$$

该反应随时间演化的动力学行为取决于三个反应速率常数 $k_1$、$k_{-1}$ 和 $k_2$ 的相对大小。求解上述微分方程组可以得到反应物 R、中间物 I 和产物 P 的浓度与时间的关系,分别为

$$[R] = [R]_0 \frac{\lambda_2 - k_1}{\lambda_2 - \lambda_1}(e^{-\lambda_1 t} + \alpha e^{-\lambda_2 t}) \tag{10.6.6}$$

$$[I] = \frac{k_1[R]_0}{\lambda_2 - \lambda_1}(e^{-\lambda_1 t} - e^{-\lambda_2 t}) \tag{10.6.7}$$

$$[P] = [R]_0 - [R] - [I] = [R]_0\left(1 + \frac{\lambda_1 e^{-\lambda_2 t} - \lambda_2 e^{-\lambda_1 t}}{\lambda_2 - \lambda_1}\right) \tag{10.6.8}$$

式(10.6.6)中的参数 $\alpha$ 的表达式为

$$\alpha = \frac{k_1 - \lambda_1}{\lambda_2 - k_1} \tag{10.6.9}$$

[P]的表达式也可以通过将式(10.6.7)代入式(10.6.4)后积分得到,结果与式(10.6.8)相

同。因此,一级可逆-连续反应过程中反应物 R 浓度随时间变化关系呈现为双 e 指数衰减函数。上述动力学方程的详细推导过程请扫描二维码 10-6-1 查看。

二维码 10-6-1 动力学方程的详细推导过程

对于式(10.6.6)中的参数 $\lambda_1$、$\lambda_2$ 和 $\alpha$,可以将实验数据通过"指数剥离法"(exponential stripping method)进行计算,也可以采用非线性回归拟合的方法得到。三个动力学速率常数 $k_1$、$k_{-1}$ 和 $k_2$ 可由参数 $\lambda_1$、$\lambda_2$ 和 $\alpha$ 通过下面方程得到:

$$k_1 = \frac{\alpha\lambda_2 + \lambda_1}{\alpha + 1}, \quad k_2 = \frac{\lambda_1\lambda_2}{k_1}, \quad k_{-1} = \lambda_1 + \lambda_2 - k_1 - k_2 \tag{10.6.10}$$

由式(10.6.6)和式(10.6.10)可知,速率常数 $k_1$、$k_{-1}$ 和 $k_2$ 的确定取决于参数 $\lambda_1$、$\lambda_2$ 的相对差异和参数 $\alpha$ 的大小。如果 $\lambda_1$、$\lambda_2$ 之间的差别很小,以及 $\alpha$ 非常大(或非常小),都可能使得式(10.6.6)变成单 e 指数衰减函数,此时由于信息不足,将无法给出 $k_1$、$k_{-1}$ 和 $k_2$ 的具体数值。因此,本实验中必须选择合适的反应条件,使得反应物浓度-时间关系满足双 e 指数衰减的规律。

### 2. 指数剥离法

将式(10.6.6)改写为

$$[\text{R}] = B(\text{e}^{-\lambda_1 t} + \alpha\text{e}^{-\lambda_2 t}) \tag{10.6.11}$$

式中:$B = [\text{R}]_0(\lambda_2 - k_1)/(\lambda_2 - \lambda_1)$。

因为 $\lambda_1 < \lambda_2$,所以式(10.6.11)右边括号中的第二项,即 $\text{e}^{-\lambda_2 t}$,会更快地衰减,当反应时间足够长以后,$[\text{R}]$ 的变化将趋向于一个单 e 指数慢速衰减函数,即 $\text{e}^{-\lambda_1 t}$。因此,在某个时刻 $t'$ 后,式(10.6.11)将变成如下形式:

$$[\text{R}]_{t>t'} \approx [\text{R}]_慢 = B\text{e}^{-\lambda_1 t} \tag{10.6.12}$$

式(10.6.12)两边取对数后得到

$$\ln[\text{R}]_慢 = \ln B - \lambda_1 t = g_1 - \lambda_1 t \tag{10.6.13}$$

式中:$g_1 = \ln B$。由此可见,可以通过对 $\ln[\text{R}]-t$ 曲线的直线部分进行线性拟合,测算出参数 $g_1$、$\lambda_1$ 和 $B$ 等。

现在,如果将式(10.6.12)描述的"慢速衰减"函数从实验测定的 $[\text{R}]-t$ 关系中扣除,则剩下的就是"快速衰减"函数,即

$$[\text{R}]_快 = [\text{R}] - [\text{R}]_慢 = B\alpha\text{e}^{-\lambda_2 t} \tag{10.6.14}$$

式(10.6.14)两边取对数后得到

$$\ln[\text{R}]_快 = \ln\{[\text{R}] - [\text{R}]_慢\} = \ln(B\alpha) - \lambda_2 t = g_2 - \lambda_2 t \tag{10.6.15}$$

式中:$g_2 = \ln(B\alpha)$。通过对 $\ln\{[\text{R}] - [\text{R}]_慢\}-t$ 关系进行线性拟合,可以测算出参数 $g_2$、$\lambda_2$ 和 $B\alpha$ 等,而参数 $\alpha$ 可以通过下面关系计算:

$$\alpha = \text{e}^{g_2 - g_1} \tag{10.6.16}$$

一旦由实验数据测算出参数 $\lambda_1$、$\lambda_2$ 和 $\alpha$,就可以通过式(10.6.10)计算出速率常数 $k_1$、$k_{-1}$ 和 $k_2$。

指数剥离法的处理过程如图 10-6-1 所示,实线是实验测定曲线,对实线$t>t'$部分进行线性拟合并外推到 $t=0$,得到慢速衰减线(虚线 $a$);注意快速衰减线(虚线 $b$)不是实线与虚线 $a$ 直接相减得到的:

$$\ln[R]_{快} = \ln\{[R]_{实验} - [R]_{慢}\} \neq \ln[R]_{实验} - \ln[R]_{慢} \qquad (10.6.17)$$

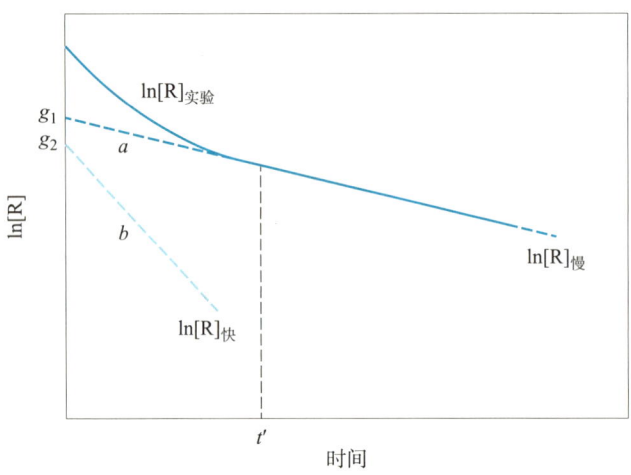

图 10-6-1　指数剥离法示意图

对实验数据进行非线性回归分析,是获得速率常数 $k_1$、$k_{-1}$ 和 $k_2$ 的更为严格的方法。式 (10.6.11) 含有四个参数 $B$、$\lambda_1$、$\lambda_2$ 和 $\alpha$,用该式对实验测量的 $[R]$-$t$ 曲线进行拟合,可以得到"最优化"的参数 $\lambda_1$、$\lambda_2$ 和 $\alpha$。对于多参数非线性方程,拟合计算必须借助适当的科学计算软件完成,并且应对需要拟合的参数赋予初始值。理想化的非线性回归分析过程是在由拟合参数决定的误差复平面上寻找全局极小值(global minimum),无论参数初值如何选择,都能回归到同一套最优化参数。但是,实际操作中非线性回归分析有可能陷入误差复平面上的局域极小值(local minimum),所获得的参数与最优化结果相去甚远。图 10-6-2 表示一个单参数误差曲线上全局极小值与局域极小值的分布,若有 $N$ 个参数,则误差复平面将是($N+1$)维。克服非线性回归分析陷入局域极小值困境的方法之一是指定拟合参数的初值,且使得拟合参数初值尽可能合理地接近最优化结果。在本实验中,可以选择指数剥离法

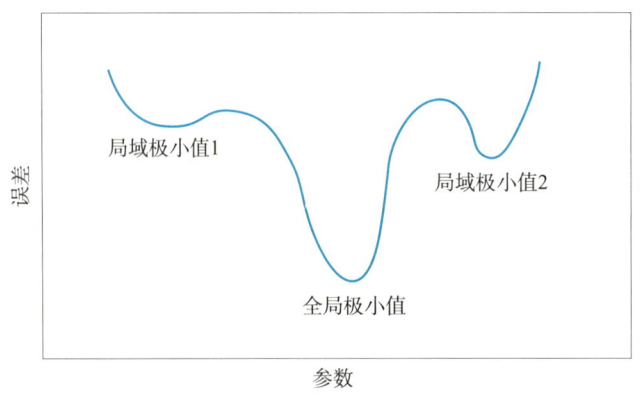

图 10-6-2　单一参数的拟合误差函数曲线

获得的结果作为拟合参数初值。

### 3. 动力学实验及测量技术

本实验研究在 pH 近中性条件下谷胱甘肽与 Cr(Ⅵ)之间氧化还原反应的动力学行为。谷胱甘肽(glutathione)是由谷氨酸、半胱氨酸和甘氨酸结合,含有 γ-酰胺键和巯基的三肽(tripeptide),IUPAC 命名为

(2S)-2-amino-5-[[(2R)-1-(carboxymethylamino)-1-oxo-3-sulfanylpropan-2-yl]amino]-5-oxopentanoic acid

别名为 γ-L-Glutamyl-L-cysteinylglycine。由于半胱氨酸基团上的巯基为活性基团,故谷胱甘肽常简写为 GSH。谷胱甘肽存在于身体的几乎每一个细胞,能帮助保持正常的免疫系统的功能,易与某些药物(如扑热息痛)、毒素(如自由基、碘乙酸、芥子气,铅、汞、砷等)等结合,具有抗氧化作用和整合解毒作用。

谷胱甘肽有还原型(L-glutathione reduced)和氧化型(L-glutathione oxidized)两种形式,在生理条件下以还原型谷胱甘肽占绝大多数(>95%)。氧化型谷胱甘肽是由两分子 GSH 氧化脱氢后以二硫键(—S—S—)相连形成的,具有二硫醚结构,IUPAC 命名为

(2S)-2-amino-5-[[(2R)-3-[[(2R)-2-[[(4S)-4-amino-4-carboxybutanoyl]amino]-3-(carboxymethylamino)-3-oxopropyl]disulfanyl]-1-(carboxymethylamino)-1-oxopropan-2-yl]amino]-5-oxopentanoic acid

别名为 glutathione disulfide,简写为 GSSG。GSH 和 GSSG 的结构见图 10-6-3,谷胱甘肽还原酶可以催化两者间的互变。

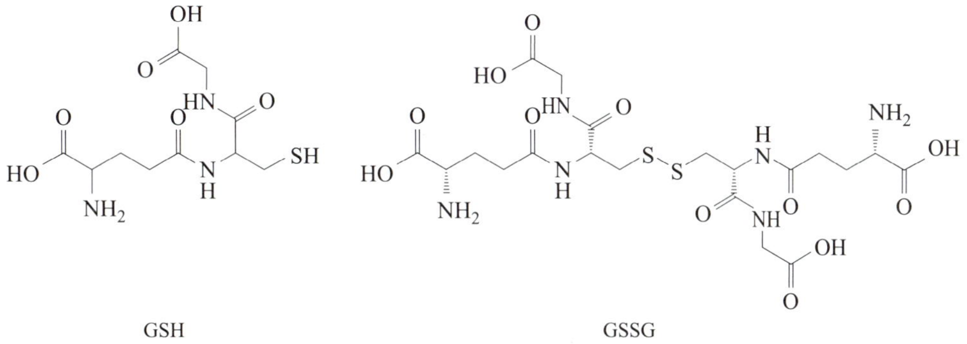

**图 10-6-3　还原型和氧化型谷胱甘肽的结构式**

两个 GSH 分子在六价铬 Cr(Ⅵ)作用下会通过巯基连接起来,并被氧化成 GSSG,同时 Cr(Ⅵ)被转化为 Cr(Ⅲ),反应方程式为

$$2CrO_4^{2-}+6GSH+10H^+ \longrightarrow 2Cr^{3+}+3GSSG+8H_2O \qquad (10.6.18)$$

由于 Cr(Ⅵ)能够通过反应式(10.6.18)改变生物体内 GSH/GSSG 的比例,从而干扰 GSH 参与的抗氧化作用和整合解毒作用,这被认为是六价铬引起生物毒性和致癌性的原因之一,因此对该反应的动力学和反应机理进行过广泛深入的研究。

反应式(10.6.18)的机理比较复杂,在不同的实验条件下可能存在多种反应中间体和预平衡步骤,如 $CrO_4^{2-}$ 与 $Cr_2O_7^{2-}$ 之间的转化平衡、$CrO_4^{2-}$ 与 $HCrO_4^-$ 之间的水解平衡,以及 $CrO_4^{2-}$ 与缓冲溶液的相互作用等,但是反应机理的关键在于两个步骤:首先是 $CrO_4^{2-}$ 与一个 GSH

分子可逆地生成铬（Ⅵ）硫酯中间体［chromium（Ⅵ）thioester intermediate］，接着该中间体再与另一个 GSH 分子发生氧化还原反应（期间还会经历多个非控速、快速反应步骤），最终生成产物 Cr（Ⅲ）和 GSSG。机理表示如下：

$$CrO_4^{2-} + GSH \rightleftharpoons CrO_4^{2-}—GSH（硫酯） \tag{10.6.19}$$

$$硫酯 + GSH \longrightarrow \cdots \longrightarrow GSSG + Cr^{3+} \tag{10.6.20}$$

当 GSH 和 H$^+$ 过量时，式（10.6.19）和式（10.6.20）所示的两个动力学重要步骤都是准一级反应，因此可以利用前面讨论的一级可逆连续反应机理来描述这两个反应，在这里，R、I 和 P 分别是六价铬 Cr（Ⅵ）、铬硫酯 Cr（Ⅵ）-GSH 和三价铬 Cr（Ⅲ）。

　　谷胱甘肽还原六价铬的反应可以非常方便地用光谱法进行研究，因为 Cr（Ⅵ）（反应物 R）和铬硫酯（中间体 I）的吸收光谱有很大的差别。根据朗伯-比尔定律，物质的物质的量浓度 $c$ 与吸光度 $A$ 之间存在线性关系，在给定波长 $\lambda$，可以写出：

$$A_\lambda = \kappa_\lambda c l \tag{10.6.21}$$

式中：$\kappa_\lambda$ 是摩尔吸光系数，$l$ 是吸收池的光程长度。在本实验中，Cr（Ⅵ）浓度与时间的关系可以在波长 370 nm 测量吸光度进行跟踪，而铬硫酯中间体浓度的起伏则可以在波长 430 nm 进行跟踪测量。当然，如果要定量测定中间体的浓度，则必须对 430 nm 处的吸光度进行校正，因为 Cr（Ⅵ）在这个波长同样存在一个很小的吸光度。

　　在计算实验结果时，并不需要将吸光度换算成浓度。如果采用指数剥离法，利用式（10.6.13）、式（10.6.15）、式（10.6.16）计算参数 $\lambda_1$、$\lambda_2$ 和 $\alpha$ 时，用吸光度 $A_{370}$ 直接代替相应方程中的［R］，对实验结果没有任何影响。如果采用非线性拟合，利用式（10.6.11）获得参数 $\lambda_1$、$\lambda_2$ 和 $\alpha$，用 $A_{370}$ 代替［R］仅仅影响到参数 $B$ 的拟合值，也不会对实验结果产生任何影响。注意参数 $\lambda_1$、$\lambda_2$ 的量纲都是"时间$^{-1}$"，具体单位与实验时间的单位相同，而参数 $\alpha$ 为量纲一的量。

### 三、仪器与试剂

#### 1. 实验仪器

TU-1901 紫外-可见光谱仪 1 台；PTC-2 帕尔帖恒温控制器 1 台；pH 计 1 台；石英比色皿（带盖，光径 10 mm）2 个；刻度移液管（0.5 mL）2 支，（5 mL）2 支。

以下部分共同使用：容量瓶（25 mL、100 mL、250 mL）各 1 个；定容移液管（5 mL）2 支；烧杯（250 mL）1 个；滴管若干。

#### 2. 试剂及耗材

重铬酸钾（AR）；盐酸（AR）；氢氧化钠（AR）；磷酸氢二钾（AR）；谷胱甘肽；pH 缓冲溶液（pH = 4.01、6.86、9.18）。

### 四、实验步骤

#### 1. 溶液配制

Cr（Ⅵ）溶液：将分析纯重铬酸钾放在 110 ℃ 烘箱内烘 2 h，取出后放在干燥器内冷却至室温。准确称取 0.5884 g 重铬酸钾（分子量 294.19），用少量水溶解后定量移入 250 mL 容量瓶中，加水稀释至刻度摇匀备用，$K_2Cr_2O_7$ 浓度为 $8.0 \times 10^{-3} \ mol \cdot L^{-1}$。实验时，准确移取 5 mL 该溶液于 25 mL 容量瓶中，加水稀释至刻度摇匀，配制成浓度为 $1.6 \times 10^{-3} \ mol \cdot L^{-1}$ 的 $K_2Cr_2O_7$ 溶液。

GSH 溶液:谷胱甘肽溶液在空气中会缓慢氧化分解,因此必须在实验当天现场配制使用。准确称取谷胱甘肽 0.2458 g(分子量 307.32),用少量水溶解后定量移入 100 mL 容量瓶中,加水稀释至刻度摇匀,GSH 浓度为 $8.0 \times 10^{-3}$ mol·$L^{-1}$。配制好的 GSH 溶液放入冷藏箱中保存。

按常规方法配制 1 mol·$L^{-1}$ HCl 溶液、1 mol·$L^{-1}$ NaOH 溶液和 0.4 mol·$L^{-1}$ $K_2HPO_4$ 溶液。

### 2. 调节 GSH 反应液的 pH

用标准 pH 缓冲溶液标定 pH 计。在 250 mL 烧杯中放入 100 mL GSH 溶液、20 mL $K_2HPO_4$ 溶液和 30 mL HCl 溶液,混合均匀。在溶液中放入 pH 电极,测量溶液的 pH,逐滴加入 1 mol·$L^{-1}$ HCl(或 NaOH)溶液,直至溶液的 pH 达到 6.0。

以上实验步骤 1、2 配制的溶液均为各实验小组共同使用。

### 3. 吸光度校零

光谱仪通电预热 30 min,打开帕尔帖恒温控制器,设定循环恒温液温度为 20~25 ℃。取 2 个光程为 10 mm 的带盖石英比色皿,分别放入样品支架和参比支架,进行空池校正。校正完成后,样品池与参比池不可混淆。

在样品池和参比池中分别注入 3 mL 经过 pH 调节的 GSH 反应液,然后放入对应的支架上恒温 10 min。设定光谱仪测定波长为 370 nm,并在此波长将光谱仪校零。

### 4. Cr(Ⅵ) 吸光度-时间关系($A_{370}$-$t$)测定

将样品池取出,迅速向样品池中注入 0.2 mL(200 μL)Cr(Ⅵ)溶液,同时开始数据采集。盖上池盖,反复颠倒样品池几次,使溶液混匀,马上将样品池放入样品支架中,继续数据采集,直至 60 min。

### 5. 改变 Cr(Ⅵ) 浓度

注入 Cr(Ⅵ)溶液数量为 0.1 mL(100 μL),其他操作不变,重复实验步骤 4。

### 6. 铬硫酯吸光度-时间关系($A_{430}$-$t$)测定

重复实验步骤 3、4(参比池及其溶液可不换),光谱仪测定波长设定为 430 nm。

注意:三次测量吸光度-时间曲线时,加入 Cr(Ⅵ)溶液的操作时间应尽量一致。所有的时间扫描测量均采用相同的采样时间间隔,以便数据校正。

## 五、注意事项

(1)在实验室中请穿戴实验服和防护目镜或面罩。

(2)重铬酸钾为高毒性氧化剂,在处理含铬样品时必须佩戴丁腈橡胶手套。

(3)GSH 反应液需要现配现用,低温保存,避免其被氧化。

(4)进行光谱测量时,务必分清样品支架和参比支架,避免混淆。

(5)含铬溶液和酸碱溶液刺激皮肤,如发生皮肤沾染,请用水冲洗沾染部位 10 min 以上。

(6)含铬溶液必须倒入指定的重金属废液回收桶,离开实验室前务必洗手。

## 六、数据处理与分析

(1)采用实验步骤 4 的数据,注意将数据采集开始至样品池重新插入样品支架这段时间内的吸光度值删除。以 $\ln A_{370}-t$ 作图,在衰减曲线上找到线性部分开始的时间点 $t'$(参见图 10-6-1)。根据式(10.6.13),对 $\ln A_{370}-t$ 曲线上 $t>t'$ 部分进行线性拟合,得到参数 $g_1$ 和 $\lambda_1$。

(2)对于 $t<t'$ 部分,取时间 0~$t'$ 前 75% 的数据,以 $\ln[A_{370}-(e^{g_1}\cdot e^{-\lambda_1 t})]-t$ 作图。根据式(10.6.15),对所得曲线进行线性拟合,得到参数 $g_2$ 和 $\lambda_2$。

(3)根据式(10.6.16),计算参数 $\alpha$。

(4)以 $A_{370}-t$ 作图,根据式(10.6.11),对所得曲线进行非线性回归拟合,得到参数 $B$、$\lambda_1$、$\lambda_2$ 和 $\alpha$。参数 $B$ 的拟合初值可取为 $e^{g_1}$,其他参数初值参考上述指数剥离法结果。

(5)分别以指数剥离法和非线性回归拟合法得到的参数,根据式(10.6.10)计算三个反应速率常数 $k_1$、$k_{-1}$ 和 $k_2$,根据拟合处理给出的偏差,用误差传递理论计算这三个速率常数的偏差。

(6)将实验步骤 5 的数据按照上述(1)~(5)的方法同样处理,讨论所得结果的可靠性。

(7)中间体铬硫酯浓度与时间关系的处理:

首先校正波长 430 nm 处测定的吸光度 $A_{430}$,以扣除 Cr(Ⅵ)在该波长处的影响。以实验步骤 4 中加入 Cr(Ⅵ)溶液后测得的第一个吸光度值作为 370 nm 处的初始吸光度 $A_{370}^0$;同样地,以实验步骤 6 中加入 Cr(Ⅵ)溶液后测得的第一个吸光度值作为 430 nm 处的初始吸光度 $A_{430}^0$。中间体铬硫酯在 430 nm 处的吸光度校正值可以表示为

$$A_{430}^{校正}=A_{430}-A_{370}\cdot\frac{A_{430}^0}{A_{370}^0} \tag{10.6.22}$$

以 $A_{430}^{校正}-t$ 作图,可以观察到铬硫酯浓度随时间变化先上升、然后下降的规律。根据式(10.6.7),中间体浓度与时间的关系可以表示为

$$[\mathrm{I}]=B'(e^{-\lambda_1 t}-e^{-\lambda_2 t}) \tag{10.6.23}$$

式中:$B'=k_1[\mathrm{R}]_0/(\lambda_2-\lambda_1)$。根据式(10.6.23)对 $A_{430}^{校正}-t$ 曲线进行非线性回归拟合,参数 $\lambda_1$、$\lambda_2$ 的拟合初值可取前面的拟合计算结果;参数 $B'$ 的拟合初值可以由第(4)步拟合计算的参数 $B$,按照式(10.6.11)和式(10.6.23)关于 $B$、$B'$ 的定义,以及式(10.6.10)中关于 $k_1$ 的表达式,计算得到

$$B'=\kappa' B\frac{\alpha\lambda_2+\lambda_1}{\lambda_2-\lambda_1} \tag{10.6.24}$$

式中:$\kappa'$ 是中间体铬硫酯在 430 nm 处摩尔吸光系数与反应物 Cr(Ⅵ)在 370 nm 处摩尔吸光系数之比,作为计算拟合初值之用,不要求非常精确时,可以将 $\kappa'$ 当作 1。据此,由非线性回归拟合可以得到拟合参数 $\lambda_1$、$\lambda_2$,并与 370 nm 测量拟合的结果进行比较。

## 七、思考题

(1)在光谱测定过程中,波长选择的依据是什么?

(2)反应过程中,GSH 反应液的 pH 很重要,请分析 pH 过高或过低对反应过程有何影响。

(3)尝试在非线性回归拟合中,有意偏离被优化的拟合初值,观察是否会使拟合结果跌

入"局域极小值"的陷阱。

## 八、参考文献

（同济大学　许新华、刘梅川、史慧杰）

# 实验 10-7A　棱台形 TiO₂ 合成和助剂可控修饰及光催化有机污染物降解动力学测试

## 一、实验目的

（1）能够说明光催化反应的基本原理。

（2）能够使用光沉积法制备助剂负载型催化剂。

（3）能够对光催化剂降解有机污染物的性能进行评价,并计算光催化降解反应的反应速率常数,判断反应级数。

## 二、实验原理

太阳能是丰富、清洁、可免费使用的一次能源。据测算,辐射到地球表面的太阳能约为 $3.0\times10^{21}$ kJ·a⁻¹。地球表面可接收太阳能中,仅 0.1% 被植物吸收参与光合作用（$3.0\times10^{18}$ kJ·a⁻¹）,而被人类直接利用的太阳能更少。2019 年人类社会活动消耗总能量约为 $5.84\times10^{17}$ kJ,仅为地面可接收太阳能的 0.02%。因此,发展太阳能高效利用方法是解决当前能源短缺、环境污染的有效手段,具有巨大的发展空间。

水分解为氢气和氧气是热力学不利的反应,需外界输入能量驱动,如光能或电能等。1972 年日本学者 Fujishima 和 Honda 在《自然》上发表了关于 TiO₂ 电极上光分解水制氢的论文,这标志着光催化新时代的开始。随着化石资源日益枯竭和全球 CO₂ 问题日益严峻,进入 21 世纪后光催化已引起了更为广泛的关注。当前,光催化研究主要包括光催化制 H₂、放出 O₂、还原 CO₂、无机或有机物污染物降解和化学合成等方向。

如图 10-7A-1 所示,光催化反应一般包括以下三个过程:

① 当入射光光子能量 $h\nu$ 大于半导体的带隙能（bandgap energy）时,电子会被激发,从价带（valence band, VB）跃迁到导带（conduction band, CB）,这时在导带和价带位置上分别产生光生电子和空穴。

② 在光催化反应中,光生电子和空穴主要经历以下竞争过程:(ii)a 是光生电子和空穴迁移到半导体表面,而 (ii)b 表示光生电子和空穴重新相遇而复合,通过辐射复合（发光）或

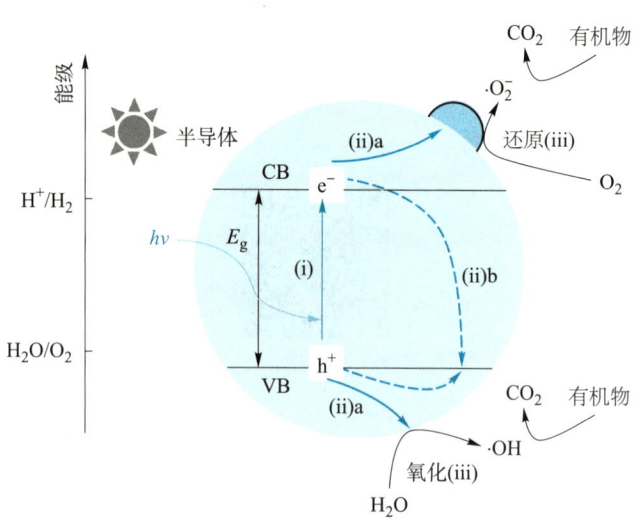

图 10-7A-1 光催化反应机理示意图

无辐射复合(产热)的方式耗散能量,称为去激化过程,这对光催化反应是不利的。

③ 光生电子和空穴从体相迁移到半导体表面后与半导体表面吸附的物种发生还原和氧化过程。

根据光催化基本原理(图 10-7A-1)中涉及的几个过程,可以总结出以下提高光催化反应效率的方法。过程(i)取决于半导体的能带结构。半导体的能带结构决定了其氧化还原能力的强弱,进而影响其光催化反应活性。通过调整半导体的导带电位,使其高于(更负)反应电子受主物种的相关电位;调整半导体的价带位能,使其低于(更正)反应电子供主物种的相关电位,使材料与反应相匹配。对于过程(ii),光生电子和空穴的复合速率一般极快(为 $10^{-6} \sim 10^{-15}$ s)。提高光催化反应效率的关键在于促进光生电子-空穴分离,提高电荷迁移速率,减少光生电子-空穴的复合。目前,提高电荷分离效率主要包括改变半导体晶相结构和粒子尺寸、添加助催化剂、半导体复合及碳-半导体复合等方式。过程(iii)涉及表面化学反应,其关键在于提高光催化剂对反应物的吸附并降低反应活化能,使用合适的助催化剂并增加反应活性位的数量,同时还要抑制逆反应进行。目前绝大多数光催化剂都存在量子效率低的问题,如何设计催化剂通过三个过程综合提高反应的量子效率是光催化研究的关键。

助催化剂的修饰不仅能够提高光生电子和空穴的分离效率,而且能够降低表面反应的活化能。光沉积法是实现助剂可控修饰和精准落位的重要手段。可利用光还原沉积法在半导体的还原活性位点沉积还原反应助催化剂,如 Pt、Pd 等;利用光氧化沉积法在半导体的氧化活性位点沉积氧化反应助催化剂,如 $MnO_x$、$RuO_2$ 等,进而有效促进光催化反应的进行。此外,光生电子和空穴在具有特定暴露晶面的半导体材料的不同晶面上发生特异性富集,因此利用光沉积法还可以实现在半导体的不同晶面修饰特定助催化剂。如图 10-7A-2 所示,棱台形的 $TiO_2$ 的{101}晶面有利于光生电子的富集,因此可以在其表面光还原沉积 Pt 助催化剂;{001}晶面有利于光生空穴的富集,因此可以在其表面光氧化沉积 $MnO_x$ 助催化剂。光沉积原理如式(10.7A.1)和式(10.7A.2)所示:

$$Pt^{4+}+4e^- \longrightarrow Pt^0 \tag{10.7A.1}$$

$$Mn^{2+}+2H_2O+2h^+ \longrightarrow MnO_2+4H^+ \tag{10.7A.2}$$

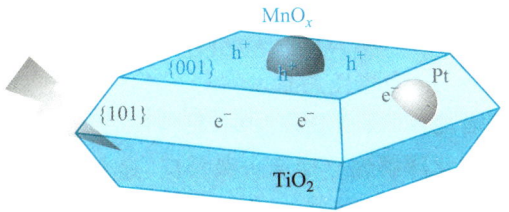

图 10-7A-2　$MnO_x$-Pt/$TiO_2$ 催化剂示意图

　　光催化反应是实现污染物降解的一种重要方法。光催化有机污染物降解的原理主要有两种：① 光生电子与 $O_2$ 分子结合，生成具有强氧化性的 $\cdot O^{2-}$，进而将有机物分子氧化成 $CO_2$ 等；② 光生空穴先氧化 $H_2O$ 分子，生成具有强氧化性的 $\cdot OH$，进而将有机物分子氧化成 $CO_2$ 等。

　　光催化有机污染物降解的反应动力学可根据以下模型进行反应速率常数和反应级数的求解。以反应物 A 通过光催化反应过程生成产物 B 为例［式（10.7A.3）］，基于表面吸附的反应动力学模型，吸附于催化剂表面的反应物 A 转化为 B 的反应速率 $r=kc_s$，式中 $k$ 为表面反应速率常数；$c_s$ 为 A 在表面的吸附浓度。

$$A \xrightarrow{h\nu} B \tag{10.7A.3}$$

反应物 A 在固体表面的吸附遵循 Langmuir 吸附时：

$$c_s = \theta_a \times c_m = \frac{K_a c_a}{1+K_a c_a} \times c_m \tag{10.7A.4}$$

式中：$\theta_a$ 为 A 的表面覆盖率；$c_m$ 为 A 在表面的饱和吸附浓度；$K_a$ 为 A 在固体表面的吸附平衡常数；$c_a$ 为 A 的(溶液)浓度。反应速率可以表达为

$$r = kc_s = k\frac{K_a c_a}{1+K_a c_a} \times c_m = k'\frac{K_a c_a}{1+K_a c_a} \tag{10.7A.5}$$

反应速率 $r$ 与反应速率常数 $k(k')$、表面吸附平衡常数 $K_a$、反应物浓度 $c_a$ 相关。

　　(1) 当表面吸附强($K_a$ 较大)或反应初期(反应物浓度 $c$ 较大)时，即 $K_a c_a \gg 1$ 时，反应速率方程可以简化为

$$r = k = -\frac{dc}{dt} \tag{10.7A.6}$$

可得

$$c_t = c_0 - kt \tag{10.7A.7}$$

可知 $c_t$(或 $A_t$，$A_t$ 为时间 $t$ 时的吸光度)与 $t$ 为负斜率线性关系，$r$ 为零级反应。

　　(2) 当表面吸附弱或反应物浓度很低时，即 $K_a$ 或 $c_a$ 很小时，$K_a c_a \ll 1$，反应速率方程可以简化为

$$r \approx k'K_a c_a = k''c_a \tag{10.7A.8}$$

$r$ 为一级反应，浓度高，反应速率快。由

$$-\frac{dc_a}{dt} = r = k''c_a \tag{10.7A.9}$$

可得

$$\ln(c_0/c_t) = k''t \tag{10.7A.10}$$

则

$$\ln(1/c_t) = k''t + \ln(1/c_0) \tag{10.7A.11}$$

即 $\ln(1/c_t)$ 也就是 $\ln(1/A_t)$ 与 $t$ 为线性关系。

（3）反应速率介于两者之间,反应级数为 0~1,反应物浓度大,光催化降解速率接近零级反应;反应物浓度小,光催化降解速率接近一级反应;递变过程为分数级反应。

### 三、仪器与试剂

#### 1. 实验仪器

水热反应釜 1 套;搅拌器 1 台;离心机 1 台;氙灯光源 1 台;低温恒温仪 1 台;光催化反应器 1 台;紫外-可见分光光度计 1 台;移液枪 1 支。

#### 2. 试剂及耗材

硫酸氧钛（AR,$TiOSO_4 \cdot H_2SO_4$,分子量为 258）;氢氟酸水溶液（质量分数为 40%）;甲醇（AR）;乙醇（AR）;氯铂酸水溶液（质量浓度为 3.77 mg Pt·$mL^{-1}$）;硫酸锰（AR）;碘酸钠（AR）;甲基橙（AR）。

### 四、实验步骤

#### 1. 棱台形 $TiO_2$ 的制备（选做）

棱台形 $TiO_2$ 通过溶剂热法进行制备。

（1）称取 310 mg 硫酸氧钛加入 120 mL 浓度为 120 mmol·$L^{-1}$ 的氢氟酸水溶液中,搅拌至完全溶解,得到无色透明溶液。

（2）将上述溶液转移至 250 mL 水热反应釜内衬中,180 ℃ 水热 12 h。

（3）水热反应结束后,离心收集产物并用去离子水洗涤 3 次以除去可溶性离子杂质。然后将样品放入烘箱、80 ℃ 下干燥 12 h。

（4）最后,将制备好的 $TiO_2$ 晶体粉末样品在 600 ℃ 空气气氛下焙烧 2 h,待样品冷却至室温,即得棱台形 $TiO_2$ 催化剂。

#### 2. 不同晶面上助剂的选择性修饰

利用原位光沉积的方法制备 $MnO_x$-$Pt/TiO_2$ 催化剂。以原位光还原沉积的方法在棱台形 $TiO_2$ 的{101}晶面表面修饰 Pt 助催化剂,以光氧化沉积的方法在棱台形 $TiO_2$ 的{001}晶面表面修饰 $MnO_x$ 助催化剂。

（1）$Pt/TiO_2$ 催化剂的制备　称取 5.0 mg $TiO_2$ 超声分散在 30 mL 甲基橙反应溶液中,加入 Pt 含量为 3.77 mg·$mL^{-1}$ 的氯铂酸溶液 10 μL（如果是 10 mg $TiO_2$,则加入氢铂酸溶液 20 μL）,超声或搅拌 10 min,待溶液均匀分散开,放在氙灯下进行光沉积 8 min,即得 0.75%（质量分数）$Pt/TiO_2$ 催化剂。

（2）$MnO_x$-$Pt/TiO_2$ 催化剂的制备（选做）　通过实验步骤 2（1）中的方法,将甲基橙溶液换成水溶液,等比例 5~10 倍放大制备 $Pt/TiO_2$ 催化剂。离心洗涤干燥后,取 20 mg $Pt/TiO_2$ 超声分散于 50 mL 0.050 mol·$L^{-1}$ 碘酸钠水溶液中,向溶液中加入 20 μL 0.10 mol·$L^{-1}$ 硫酸锰溶液,在搅拌条件下光照 8 min;将得到的沉淀用去离子水洗涤,离心分离,60 ℃ 下干燥 12 h,即得 0.55% MnO$_x$-0.75%(质量分数)Pt/TiO$_2$ 催化剂。

### 3. 光催化污染物降解

在进行光催化污染物降解实验之前,要先测量甲基橙的吸光度-浓度工作曲线。根据公式:

$$A = \ln(1/T) = \ln(I_0/I_t) = \varepsilon c_a d \tag{10.7A.12}$$

可知吸光度 $A$ 与浓度 $c_a$ 成正比,式中:$T$ 为透过率,$I_0$ 为入射光强度,$I_t$ 为出射光强度,$\varepsilon$ 为摩尔吸光系数,$d$ 为光程。使用分光光度计测量甲基橙的特征光谱,确定甲基橙的特征吸收波长。然后分别配制 $1.0~\text{mg}\cdot\text{L}^{-1}$,$2.0~\text{mg}\cdot\text{L}^{-1}$,$5.0~\text{mg}\cdot\text{L}^{-1}$,$10~\text{mg}\cdot\text{L}^{-1}$,$15~\text{mg}\cdot\text{L}^{-1}$,$20~\text{mg}\cdot\text{L}^{-1}$ 的甲基橙水溶液,并在特征吸收波长处分别测量其吸光度,绘制浓度-吸光度曲线。

光催化污染物降解在光催化反应系统中进行,如图 10-7A-3 所示,该反应系统包括电源控制器、光催化反应器和低温恒温槽。

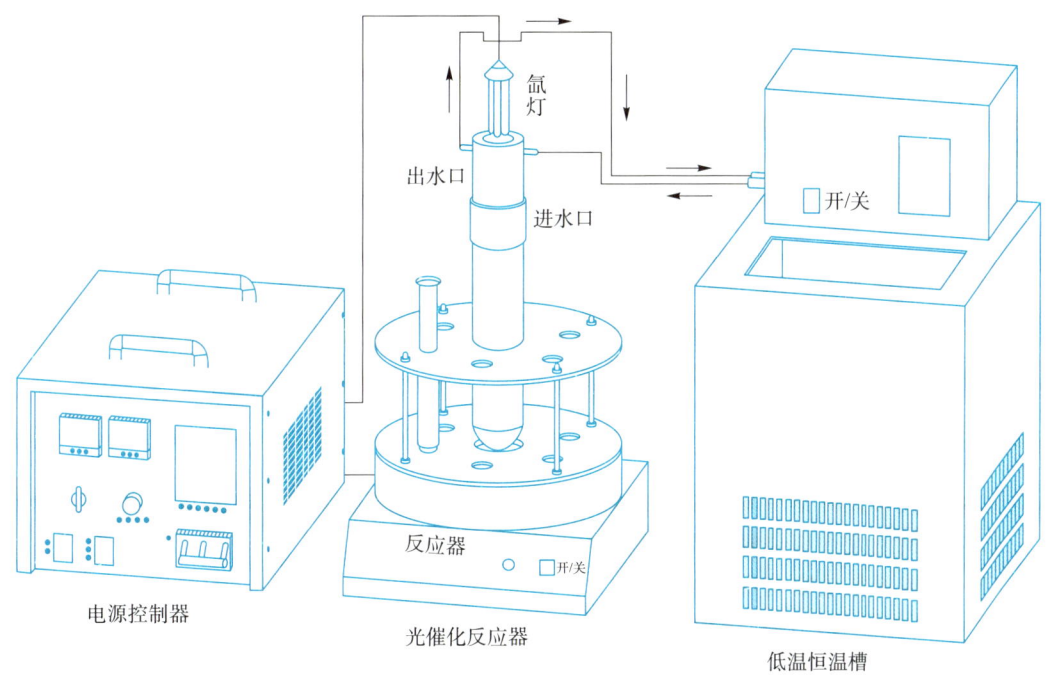

出水口
进水口
氙灯
开/关
反应器
开/关
电源控制器
光催化反应器
低温恒温槽

**图 10-7A-3  光催化污染物降解反应系统示意图**

取 30 mL 质量浓度为 $5.0~\text{mg}\cdot\text{L}^{-1}$ 的甲基橙水溶液置于反应管中,加入 5.0 mg TiO$_2$ 催化剂,加入磁子,先避光搅拌 10 min,将催化剂均匀分散开,使甲基橙在催化剂的表面达到吸附/脱附平衡。取 2.0 mL 溶液,用滤头过滤催化剂,然后测定溶液吸光度,此时为溶液的初始吸光度 $A_0$。放入光催化反应器中,边搅拌边光照,记录不同光反应时间下的溶液吸光度 $A$。每隔 5 min 取 2.0 mL 溶液,过滤溶液并测定吸光度,反应 30 min 后停止实验。

同上,测定 Pt/TiO$_2$(5.0 mg)光催化降解低浓度($5.0~\text{mg}\cdot\text{L}^{-1}$)甲基橙的性能。称取 5.0 mg TiO$_2$ 超声分散在 30 mL 质量浓度为 $5.0~\text{mg}\cdot\text{L}^{-1}$ 甲基橙反应溶液中,加入 Pt 含量为 $3.77~\text{mg}\cdot\text{mL}^{-1}$ 的氯铂酸溶液 10 μL。先避光搅拌 10 min。放入光催化反应器中,边搅拌边光照。前 8 min 为原位光沉积修饰 Pt 助剂的过程,测试并记录光沉积后的吸光度。此后每隔 5 min 取 2.0 mL 溶液测定吸光度,反应 30 min 后停止实验。

同上,测定 Pt/TiO$_2$(10 mg)光催化降解高质量浓度(20 mg·L$^{-1}$)甲基橙的性能。称取 10 mg TiO$_2$ 超声分散在 30 mL 质量浓度为 20 mg·L$^{-1}$ 甲基橙反应溶液中,加入 Pt 含量为 3.77 mg·mL$^{-1}$ 的氯铂酸溶液 20 μL。先避光搅拌 10 min。放入光催化反应器中,边搅拌边光照。前 8 min 为原位光沉积修饰 Pt 助剂的过程,测试并记录光沉积后的吸光度。此后每隔 10 min 取 2.0 mL 溶液测定吸光度,反应 60 min 后停止实验。

### 五、注意事项

(1)紫外-可见分光光度计、光催化反应器需要提前开启预热,开启光催化反应器前需打开冷却水,待仪器稳定再进行测试。

(2)使用氙灯光源时,应佩戴防护墨镜、尽量避免眼睛直视光源。

(3)测定溶液吸光度时,待仪器数值稳定再读取记录。且每次更换溶液测试时,都需用去离子水洗涤比色皿 2~3 次,除去水分,再进行下一次测试。

(4)氢氟酸是一种高度危险的化学品,它可以迅速穿透皮肤并导致严重的化学烧伤。在处理氢氟酸时,需穿戴耐酸的手套、防护眼镜、实验服,并在通风柜内进行操作。注意,溶液配制不能在玻璃仪器中进行,必须用耐氢氟酸的容器配制,如聚四氟乙烯内衬。

### 六、数据处理与分析

(1)记录吸光度,计算浓度 $c_t$,并计算降解率 $n_t$ 和降解半衰期 $t_{1/2}$。

(2)作图:$c$-$t$,$\ln(1/c)$-$t$,判断反应级数,并计算光催化降解反应的反应速率常数 $k$。

(3)对比 TiO$_2$ 和 Pt/TiO$_2$ 的性能差异。

### 七、思考题

(1)在光催化降解甲基橙实验过程中,影响甲基橙降解速率的主要因素有哪些?

(2)如何确定光催化降解甲基橙的反应级数?

(3)反应级数受哪些因素影响?

(4)在 MnO$_x$-Pt/TiO$_2$ 催化剂的制备过程中,Pt 和 MnO$_x$ 光沉积的先后顺序对其在催化剂表面的落位是否有影响?为什么?

### 八、参考文献

(厦门大学　谢顺吉、吴雪娇)

# 实验 10-7B　CdS 纳米光催化剂合成、表征及光催化产氢耦合有机物选择氧化性能测试

## 一、实验目的

（1）能够阐述光催化反应的基本原理，加深对光催化这一前沿热点研究领域的了解和认识。

（2）能够使用光沉积法制备助剂负载型光催化剂，并说明其原理。

（3）能够评价 CdS 纳米光催化剂光催化产氢和甲醇氧化偶联制乙二醇的性能，并计算光催化反应的表观活化能等动力学数据。

## 二、实验原理

太阳能具有洁净性、普遍性、安全性等突出特点，是最引人注目的可再生能源。太阳能的开发利用是解决能源危机和环境污染的重要途径之一。光催化是一种直接利用光能进行催化反应的新兴技术，通过该技术能够将太阳能直接转化为化学能，有望缓解能源与环境问题。半导体光催化剂是目前最常用的光催化剂。因此光催化反应研究通常基于半导体能带理论。半导体光催化反应机理大致可分为以下三个主要的步骤，如图 10-7B-1 所示：（i）半导体受光激发生成光生电子-空穴对。当半导体吸收能量大于半导体带隙能（$E_g$）的光子时，电子将会被激发，从价带（VB）跃迁到导带（CB），并在导带和价带位置上分别产生光生电子和空穴。（ii）半导体中光生电子-空穴对分离并迁移。受光激发产生的光生电子-空穴对发生分离并迁移到催化剂表面，但绝大部分光生电子和空穴在迁移过程中被缺陷捕获或复合。（iii）载流子（光生电子和空穴）参与表面反应。光生电子和空穴迁移到催化剂表面可同吸附在催化剂表面的物种分别发生还原反应和氧化反应。

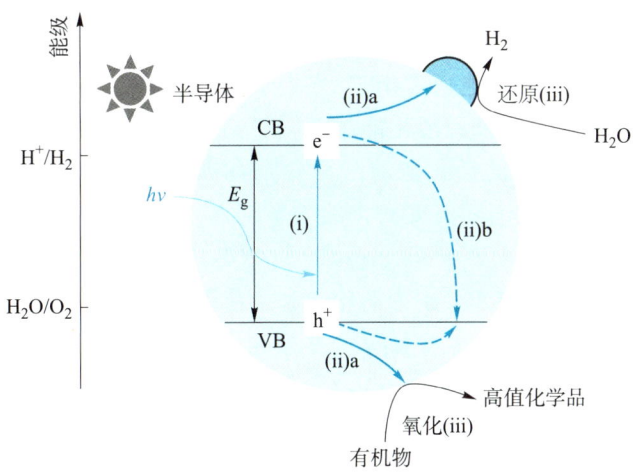

**图 10-7B-1　光催化反应机理示意图**

氢能作为二次能源，具有清洁、高效等诸多优点，而利用太阳能实施光解水制氢则是氢气来源最环保和最可持续的方法之一。光催化剂通常为半导体催化剂。要实现光分解水必

须满足如下基本条件：

① 半导体带隙能必须大于水的分解电压理论值 1.23 V。

② 半导体导带电位比氢气的标准电极电势（$H^+/H_2$）（0 V vs. NHE，pH = 0）更负（能级更高），价带电位比氧气的标准电极电势（$O_2/H_2O$）（1.23 V vs. NHE，pH = 0）更正（能级更低）。

③ 光提供的光子能量应该大于半导体的带隙能 $E_g$。

在满足以上基本条件的情况下，半导体催化剂的光生电子便能如图 10-7B-1 中过程（iii）一样将水中的 $H^+$ 还原为 $H_2$。$TiO_2$ 的带隙能约为 3.2 eV，CdS 的带隙能约为 2.4 eV，两者分别为研究得最多的紫外光和可见光催化剂。

光生电子和空穴的复合速率一般极快（为 $10^{-6} \sim 10^{-15}$ s），半导体受光激发后的电子和空穴绝大部分又会在迁移到表面之前重新复合，这是光催化分解水产氢效率低的主要原因之一。在半导体表面进行助催化剂的修饰可以促进光生电子-空穴分离，提高电荷迁移速率，从而提高光催化制氢效率。并且，使用合适的助催化剂可增加反应活性位的数量，抑制逆反应进行，降低表面反应的活化能。光沉积是实现助催化剂可控修饰和精准落位的重要手段。利用光还原沉积法在半导体的还原活性位点沉积还原反应助催化剂，如 Pt、Ni 等；利用光氧化沉积法在半导体的氧化活性位点沉积氧化反应助催化剂，如 $MnO_x$、$RuO_2$ 等，进而有效促进光催化反应的进行。光沉积原理如下式所示：

$$Ni^{2+} + 2e^- \longrightarrow Ni^0; \quad Mn^{2+} + 2H_2O + 2h^+ \longrightarrow MnO_2 + 4H^+ \tag{10.7B.1}$$

在反应体系中加入还原性的物质作为空穴牺牲剂，可拉动还原端产氢反应的进行。例如，将适量的甲醇作为空穴牺牲剂加入 $Pt/TiO_2$ 光解水的光催化体系，在大大提高光解水产氢效率的同时还能氧化甲醇制备甲醛；而在 CdS 基材料催化的光解水产氢体系中加入甲醇作为空穴牺牲剂，能够显著提高氢气生成速率，同时甲醇发生氧化偶联制得高附加值的乙二醇，反应原理如下：

$$2CH_3OH + 2h^+ \longrightarrow HOCH_2CH_2OH + 2H^+; \quad 2H^+ + 2e^- \longrightarrow H_2 \tag{10.7B.2}$$

活化能被用来定义一个化学反应发生所需克服的能垒，能够用来表示一个化学反应发生所需最小能量。反应活化能通常用 $E_a$ 来表示，单位为 $kJ \cdot mol^{-1}$。活化能大小能够显著影响其化学反应速率，一般来说活化能越低，反应速率则越快，因此通过降低活化能可以加快反应速率。本实验中的活化能通过阿伦尼乌斯方程进行求解。阿伦尼乌斯方程能够反映化学反应速率常数 $k$ 随温度变化的关系，公式具体为

$$k = A \exp(-E_a/RT) \tag{10.7B.3}$$

式中：$k$ 为反应速率常数；$E_a$ 和 $A$ 分别为活化能和指前因子，是化学动力学研究中极为重要的两个参数；$T$ 为热力学温度，单位为 K；$R$ 为摩尔气体常数，$R = 8.314$ $J \cdot mol^{-1} \cdot K^{-1}$。通过换算，公式可以写成：$\ln k = \ln A - E_a/RT$，其中 $\ln k$ 与 $-1/T$ 为线性关系，斜率为 $E_a/R$，截距为 $\ln A$。通过测试不同温度下的 $k$ 值，并将 $\ln k$ 对 $-1/T$ 作图，从拟合直线的斜率即可求出对应反应的 $E_a$ 值。

对于可以同时发生的反应，活化能越大则速率常数的相对温度系数也越大，即相关反应的反应速率对温度变化越敏感。在相同温度区间，升温对活化能较高的反应更有利。因此，测定各产物生成表观活化能，能够为优化反应条件和提高目标产物选择性提供参考。

### 三、仪器与试剂

#### 1. 实验仪器

水热反应釜 1 套;搅拌器 4 个;氙灯光源 2 个;多通道 LED 灯光源 1 个;光功率计 1 台;光催化反应器 4 个;茄形光催化反应器 1 个;快速气相色谱仪 1 台;液相色谱仪 1 台。

#### 2. 试剂及耗材

四水硝酸镉(AR);二水乙酸镉(AR);硫脲(AR);无水乙二胺(AR);甲醇(AR);乙醇(AR);硝酸镍(AR)。

### 四、实验步骤

#### 1. CdS 纳米棒的制备(选做)

CdS 纳米棒通过溶剂热法进行制备。

(1)称取 1.9 g 四水硝酸镉和 1.4 g 硫脲,将其分散在 50 mL 无水乙二胺中。

(2)搅拌 30 min 后,将上述悬浊液转移至 100 mL 聚四氟乙烯内衬的反应釜中,并在 180 ℃下反应 24 h。

(3)反应结束后,用乙醇和水分别洗涤、离心三次,60 ℃下真空干燥 1 h。

(4)充分研磨均匀,即得黄色的 CdS 纳米棒催化剂。

#### 2. CdS 纳米片的制备(选做)

CdS 纳米片通过溶剂热法进行制备。

(1)称取 0.41 g 二水乙酸镉和 0.46 g 硫脲置于 100 mL 烧杯中,再加入 60 mL 无水乙二胺,搅拌 30 min。

(2)将烧杯中悬浊液转移至 100 mL 聚四氟乙烯内衬的反应釜中,并在 100 ℃下反应 8 h。

(3)反应结束并冷却至室温后,将得到的黄色沉淀用乙醇和超纯水分别离心、洗涤三次,60 ℃下真空干燥 1 h。

(4)充分研磨均匀,即得黄色的 CdS 纳米片催化剂。

#### 3. 镍负载的 CdS 催化剂的制备

Ni/CdS 催化剂通过光沉积法进行制备。

(1)称取 100 mg CdS 纳米棒或 CdS 纳米片并加至 95 mL 茄形光催化反应器中,加入 20 mL 水和 10 mL 甲醇,以及 100 μL Ni 含量为 10 mg·mL$^{-1}$ 的硝酸镍溶液。

(2)将反应器密封,并进行超声、抽真空,然后将反应器置于 300 W 氙灯(400~780 nm)下,在搅拌条件下光照 30 min。

(3)用超纯水和乙醇洗涤、离心、60 ℃下真空干燥 1 h 后,可得到镍负载的 CdS 催化剂。

#### 4. 光催化产氢耦合甲醇选择氧化性能测试

(1)光催化产氢性能的测试  光催化制氢反应在石英光化学反应系统中进行,该系统包括光源、反应器、气氛控制系统和色谱采样分析系统,如图 10-7B-2 所示。其中光源为 300 W 氙灯(400~780 nm)。称取 10 mg Ni/CdS 催化剂超声分散于 1.0 mL 水和 4.0 mL 甲醇的混合溶液中,并利用抽真空和通氮气的方法除去反应系统中的氧气,然后密封光照反应 1 h。产生 H$_2$ 的量由快速气相色谱仪分析。

（2）产氢反应量子效率的测试　称取 20 mg Ni/CdS 催化剂超声分散于 1.0 mL 水和 4.0 mL 甲醇的混合溶液中,并利用抽真空和通氮气的方法除去反应系统中的氧气,然后密封在 LED 灯下光照反应 1 h。产生 $H_2$ 的量由快速气相色谱仪分析。利用光功率计测试光照强度 $I$,并量取光照面积 $S$。光源分两组:一组选用波长 365 nm 的 LED 灯光源,一组选用波长 395 nm 的 LED 灯光源。

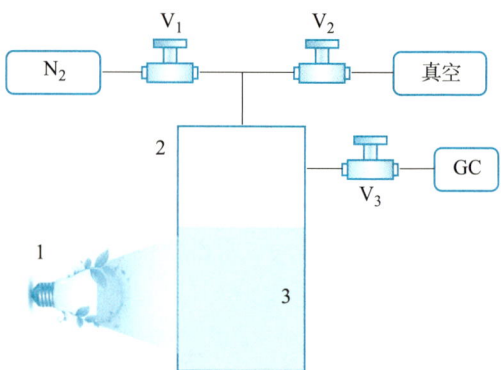

1—氙灯光源；2—石英光化学反应器；
3—催化剂和反应溶液；$V_1$,$V_2$,$V_3$—截止阀

图 10-7B-2　光催化产氢反应系统示意图

（3）甲醇选择氧化性能测试　实验步骤 4（1）结束后,通过滤膜将反应溶液中的催化剂过滤后,通过液相色谱对甲醇氧化的可能液相产物甲醛、甲酸、乙二醇进行定量分析。

（4）不同反应温度对催化性能的影响　实验步骤同 4（1）和 4（3）,用恒温循环水对光催化反应温度进行控制,考察不同反应温度（10 ℃,20 ℃,40 ℃,60 ℃）对催化活性及产物选择性的影响,进行动力学分析,加深对催化反应的认识。

（5）反应级数测试（选做）　反应级数测试的操作步骤,除了将反应底物从 1.0 mL 水和 4.0 mL 甲醇的混合溶液替换为 5.0 mL 不同浓度的甲醇水溶液（0.50 mol·$L^{-1}$,1.0 mol·$L^{-1}$,1.5 mol·$L^{-1}$,2.0 mol·$L^{-1}$,2.5 mol·$L^{-1}$）,其他实验步骤与 4（1）和 4（3）相同,由此得到不同甲醇浓度下的乙二醇和甲醛的生成速率,从而判定反应级数。

## 五、注意事项

（1）硫化镉合成中所使用的乙二胺试剂不能潮解、变质。

（2）在使用氙灯和 LED 灯光源时,应佩戴防护墨镜,避免眼睛直视光源。

（3）所合成的催化剂需要在真空或惰性气氛环境中进行保存。

（4）进行对比实验时,反应的搅拌速度、反应器与光源的距离、光照强度需要保持一致。

## 六、数据处理与分析

（1）记录催化剂用量、反应时间和氢气的生成量,计算氢气的生成速率（μmol·$g^{-1}$·$h^{-1}$）。

（2）记录光照强度 $I$、光照面积 $S$ 和反应时间 $t$,并通过式（10.7B.4）计算反应的量子效率 $\eta$。式中:$R(\mathrm{electron})$ 为生成氢气所需电子的物质的量;$N_A$ 为阿伏伽德罗常数;$E_\lambda = hc/\lambda$ 为单个光子的能量,$h$ 为普朗克常量,$c$ 为光速,$\lambda$ 为光照波长。

$$\eta = \frac{R(\mathrm{electron}) \times N_A}{I(\mathrm{W/cm^2}) \times S(\mathrm{cm^2}) \times t(\mathrm{s}) / E_\lambda(\mathrm{J})} \times 100\% \qquad (10.7B.4)$$

（3）根据产物的生成速率计算得到不同温度下甲醇的反应速率 $k$,根据阿伦尼乌斯方程,将 $\ln k$ 对 $-1/T$ 作图,其中 $\ln k$ 对 $-1/T$ 为线性关系,斜率为 $E_a/R$,通过换算即可测出对应反应的 $E_a$ 值。

（4）对比 CdS 和 Ni/CdS 的性能差异。

(5)(选做)根据不同甲醇浓度 $c$ 下产物(乙二醇和甲醛)的生成速率 $r$,将 $\ln r$ 对 $\ln c$ 作图,$\ln r$ 对 $\ln c$ 为线性关系,通过斜率判断反应级数,乙二醇经碳碳偶联反应生成,更接近二级反应,甲醛接近一级反应。

## 七、思考题

(1)在光催化产氢实验过程中,影响催化剂氢气生成速率的主要因素有哪些?
(2)测定光催化反应量子效率应注意什么?
(3)反应温度为何会影响光催化反应活性和产物选择性?

## 八、参考文献

(厦门大学　谢顺吉)

# 实验 10-8　酶反应:α-糜蛋白酶催化有机酯水解反应动力学

## 一、实验目的

(1)能够说明酶催化反应的基本概念,阐述关于酶及其反应的专业术语。
(2)能够使用预平衡态近似、稳态近似等方法处理复杂酶催化反应动力学方程。
(3)能够使用分光光度法测定酶催化反应速率。

## 二、实验原理

### 1. α-糜蛋白酶的催化活性

α-糜蛋白酶是一种分子质量为 24800 D 的蛋白质,这里"D"是表示生物大分子质量的单位,即"道尔顿(Dalton)",对于分子而言,一个分子的质量用道尔顿单位表示时,其值相当于分子量。α-糜蛋白酶分子由三条肽链(A、B、C 链)通过双硫键连接在一起,通过空间中盘旋折叠,在每个分子上形成一个活性中心,活性中心由组氨酸 His57、天冬氨酸 Asp102、甘氨酸 Gly133 和丝氨酸 Ser195 组成。糜蛋白酶优先水解含芳香族氨基酸残基(如酪氨酸、色氨酸和苯丙氨酸等)提供羧基的肽键。

有机酯的官能团结构与肽键有类似之处,因此在体外实验中 α-糜蛋白酶也能够催化特定的酯类化合物的水解反应。本实验用紫外-可见分光光度法研究底物三甲基乙酸对硝基苯酯(4-nitrophenyl-trimethylacetate,S)在 α-糜蛋白酶(α-chymotrypsin,E)的催化下水解生成对硝基苯酚(4-nitrophenol,$P_1$)和三甲基乙酸(trimethylacetic acid,$P_2$)的反应过程。该反应在 pH≈8 的碱性缓冲水溶液中进行,生成的产物以其共轭碱的形式存在。反应方程式如图 10-8-1 所示。

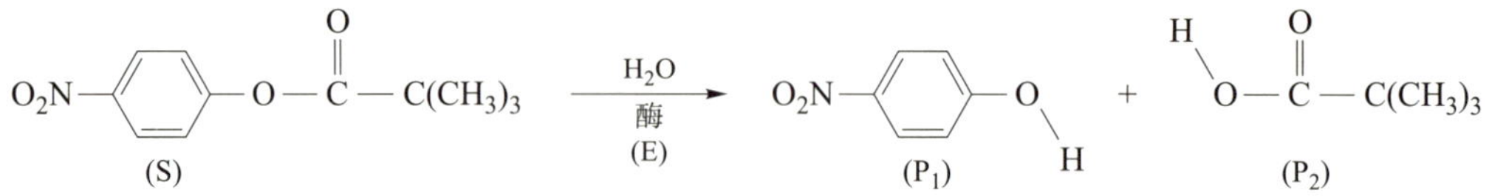

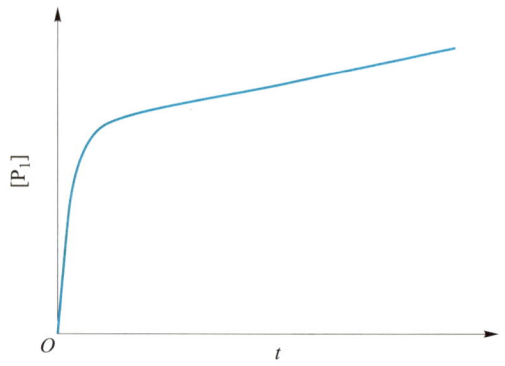

**图 10-8-1　三甲基乙酸对硝基苯酯酶催化分解反应**

选用三甲基乙酸对硝基苯酯作为底物主要是因为:① 叔丁基基团的空间位阻效应降低了反应速率,使得反应能够在较长时间内完成,便于测量;② 产物 $P_1$ 在可见光区显色(呈现明显的黄色,吸收波长约为 400 nm),便于使用分光光度法进行实验测量;③ 对硝基苯基团是非极性的疏水基团,满足 α-糜蛋白酶对底物结构的要求。

实验测得,当酶与底物混合后,产物 $P_1$ 立刻有"爆发性"的增长,然后 $P_1$ 的浓度进入平缓增长期,如图 10-8-2 所示。对于该

**图 10-8-2　α-糜蛋白酶催化水解三甲基乙酸对硝基苯酯生成对硝基苯酚的浓度-时间曲线**

反应,可以设想以下三种反应机理,其动力学方程的求解过程请扫描二维码 10-8-1 查看。

二维码 10-8-1　动力学方程的求解过程

(1) 反应机理 I　假设本实验反应的第一步是底物 S 与酶 E 可逆结合为酶-底物络合物 ES,第二步是该络合物分解为产物 P($P_1$、$P_2$)和酶 E,且酶-底物络合物分解为产物的反应步骤为控速步骤,则底物、酶的可逆结合反应达成平衡,适用平衡态近似。反应机理如图 10-8-3 所示。

$$E + S \underset{k_{-1}}{\overset{k_1}{\rightleftharpoons}} ES \overset{k_2}{\longrightarrow} P + E$$

**图 10-8-3　反应机理 I:酶、底物及酶-底物络合物达成预平衡**

若底物起始浓度远远大于酶浓度,即$[S]_0 \gg [E]_0$,则在短时间内底物浓度可以视为常数:$[S] = [S]_0$。反应机理 I 得到的产物浓度随时间变化方程为

$$[P] = \left(\frac{k_2 [E]_0}{1 + K/[S]_0}\right) t = Ct \qquad (10.8.1)$$

式(10.8.1)说明产物浓度随时间线性增长,反应速率为常数 $C$,该反应为零级反应。这显然

不符合实验事实,说明采用平衡态近似法是不准确的。

（2）反应机理Ⅱ　不考虑反应机理Ⅰ中第一步反应的预平衡假设,并保留底物浓度远远大于酶浓度的假设,即$[S]_0 \gg [E]_0$,该机理得到的产物浓度随时间变化方程为

$$[P] = \left(\frac{k_2 X}{Y}\right) t - \left(\frac{k_2 X}{Y^2}\right)(1 - e^{-Yt})$$

（10.8.2）

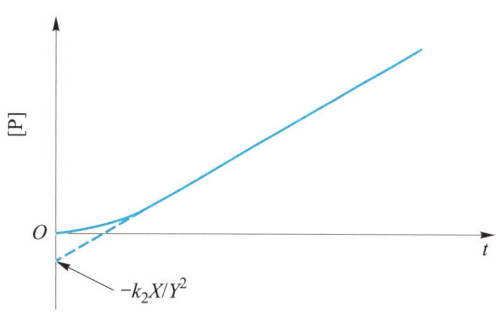

图 10-8-4　反应机理Ⅱ导出的产物浓度-时间曲线

其函数曲线图形如图 10-8-4 所示。对式（10.8.2）讨论如下:

① 当经过一段时间后,式（10.8.2）右边第二项趋向定值$(-k_2 X/Y^2)$,此时产物浓度与反应时间呈线性关系,再次表现为零级反应的特征。

② 反应开始阶段,产物浓度增加缓慢,随后反应速率逐步增大并达到恒定（零级反应）。

③ 反应的零级反应部分外推截距为$(-k_2 X/Y^2)$,而 $t \to 0$ 时的$[P]$-$t$ 曲线斜率为 0。

酶反应最终将达到稳定速率 $r$,此时

$$r = \frac{d[P]}{dt} = \frac{k_2 X}{Y} = \frac{k_1 k_2 [E]_0 [S]_0}{k_{-1} + k_2 + k_1 [S]_0} = \frac{k_2 [E]_0 [S]_0}{K_M + [S]_0}$$

（10.8.3）

式中:$K_M = (k_{-1} + k_2)/k_1$,称为米氏常数。式（10.8.3）右边的项就是零级反应部分的反应速率常数,该方程即为 Michaelis-Menton 方程,也可以由稳态近似法导出。

（3）反应机理Ⅲ　反应机理Ⅱ仍然不能解释实验事实,因为产物并不是在开始阶段缓慢增长,然后达到一个稳定的生成速率的。相反地,产物首先是爆发性增长,然后才达到一个稳定的生成速率,这个现象与传统的酶催化反应机理（Michaelis-Menton 机理）并不完全一致。Bender 及其同事详细研究了上述酶催化反应动力学,提出如图 10-8-5 所示反应机理。

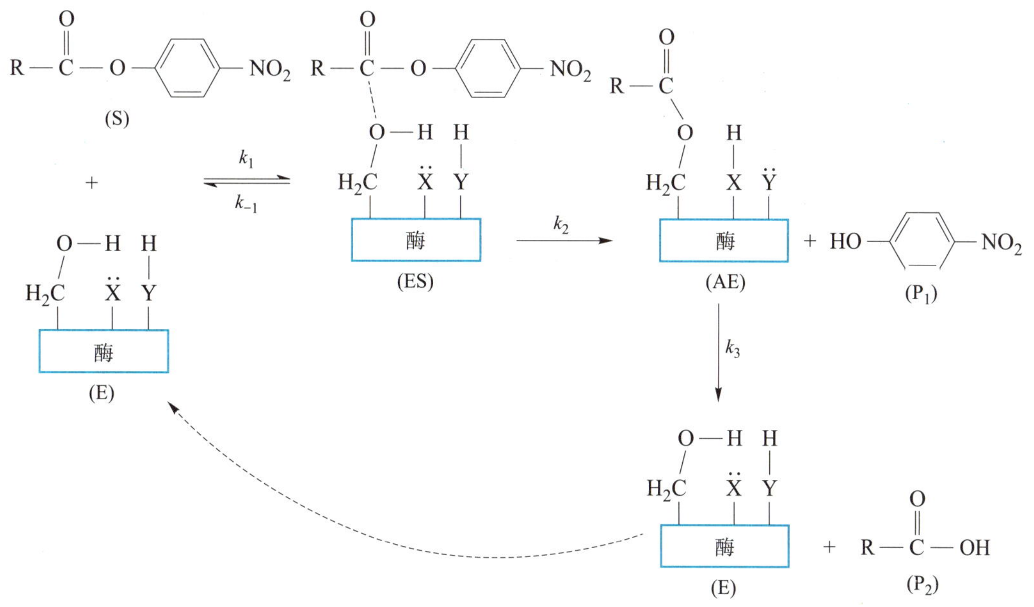

图 10-8-5　α-糜蛋白酶催化三甲基乙酸对硝基苯酯水解反应机理

第一步:在快速预平衡条件下,酯(S)与酶(E)形成可逆的络合物(ES)。

第二步:酯与酶的活性位结合,导致酶的乙酰化(AE),同时释放出对硝基苯酚离子(P₁)。

第三步:乙酰化酶(AE)发生去乙酰化反应,释放出三甲基乙酸根离子(P₂),重新生成活性酶(E),再次催化另一个酯分子的水解反应。

上述机理的动力学过程可以表达如下:

$$E+S \underset{k_{-1}}{\overset{k_1}{\rightleftharpoons}} ES \qquad 可逆酶-底物键合$$

$$ES \overset{k_2}{\longrightarrow} P_1 + AE \qquad 酶乙酰化$$

$$AE \overset{k_3}{\longrightarrow} P_2 + E \qquad 酶去乙酰化$$

式中:AE 表示乙酰化酶(acylenzyme)。在这个机理中,虽然产物 P₁ 早于 P₂ 被释放出来,但是最后一步基元反应才是最重要的,因为这一步释放出活性酶。

假设 $[S]_0 \gg [E]_0$,因为 P₁ 是分光光度法的检测对象,所以可找出 $[P_1]$ 与时间 $t$ 之间的关系。该机理得到的产物浓度随时间变化的方程为

$$[P_1] = Xt + Y(1 - e^{-Bt}) \tag{10.8.4}$$

式中

$$X = k_2 \left( \frac{[E]_0 - A/B}{1 + K/[S]_0} \right) \tag{10.8.5}$$

$$Y = \frac{k_2(A/B)}{B(1 + K/[S]_0)} \tag{10.8.6}$$

$$A = \frac{k_2[E]_0}{1 + K/[S]_0}, \quad B = \frac{k_2}{1 + K/[S]_0} + k_3 \tag{10.8.7}$$

式(10.8.4)的曲线图形与图 10-8-2 相同。因此,反应机理 Ⅲ 得到的动力学方程符合实验测量的结果。

原则上,对一组 $[P_1]$-$t$ 实验数据用式(10.8.4)进行拟合,得到三个参数 $X$、$Y$、$B$,然后通过式(10.8.5)~式(10.8.7),就可以计算出酶催化反应的动力学参数 $k_2$、$k_3$ 和 $K$,但是在实际计算中非常困难。

**2. 反应动力学参数计算**

底物同时进行着酶催化水解反应和非催化水解反应,这两个反应都产生 P₁,能够被光谱仪检测。当计算酶催化动力学参数时,必须先扣除非催化水解反应的"空白"数据。

α-糜蛋白酶并不是纯净物质,而是含有杂质,其整体浓度并不等于酶的物质的量浓度。假定实验中通过称量获得的初始酶整体浓度为 $[E]_{0,bulk}$,而初始的活性酶(纯酶)浓度为 $[E]_{0,act}$,则有

$$[E]_{0,act} = p[E]_{0,bulk}$$

式中:$p$ 是粗酶原料的纯度(%)。通过动力学测量,可以估算 $p$ 值。

如果固定粗酶浓度 $[E]_{0,bulk}$,然后测定一系列初始浓度 $[S]_0$ 下的 $[P_1]$-$t$ 关系曲线,通过曲线拟合就得到了一系列 $X$、$Y$、$B$ 参数。首先考虑 $X$,将式(10.8.7)中关于 $A$、$B$ 的定义代入式(10.8.5),按照 Michaelis-Menton 方程的形式整理得到

$$X = \left\{ \left( \frac{k_2 k_3}{k_2 + k_3} \right) [E]_{0,\text{act}} [S]_0 \right\} \Big/ \left\{ [S]_0 + \left( K \frac{k_3}{k_2 + k_3} \right) \right\} \tag{10.8.8}$$

$X$ 的量纲是"浓度·时间$^{-1}$"(如 $\text{mol·L}^{-1}\text{·s}^{-1}$),与反应速率量纲相同。令

$$k_{\text{cat}} = \frac{k_2 k_3}{k_2 + k_3}, \quad K_{\text{M}} = K \frac{k_3}{k_2 + k_3}$$

式(10.8.8)变形为米氏方程的形式:

$$X = \frac{k_{\text{cat}} [E]_{0,\text{act}} [S]_0}{[S]_0 + K_{\text{M}}} \tag{10.8.9}$$

将式(10.8.9)写成双倒数方程的形式:

$$\frac{1}{X} = \frac{1}{k_{\text{cat}} [E]_{0,\text{act}}} + \frac{K_{\text{M}}}{k_{\text{cat}} [E]_{0,\text{act}}} \cdot \frac{1}{[S]_0} \tag{10.8.10}$$

以 $1/X$-$1/[S]_0$ 作图得一直线,由直线的斜率和截距之比可以计算出表观米氏常数 $K_{\text{M}}$;如果已知活性酶浓度 $[E]_{0,\text{act}}$,就可以计算出 $k_{\text{cat}}$,其量纲是"时间$^{-1}$"。

在 $[S]_0 \gg K_{\text{M}}$ 条件下,式(10.8.9)可以简化为

$$X = k_{\text{cat}} [E]_{0,\text{act}} \tag{10.8.11}$$

如果已知活性酶浓度 $[E]_{0,\text{act}}$,就可以由 $X$ 直接计算出 $k_{\text{cat}}$。

为了计算出 α-糜蛋白酶的纯度 $p$,利用参数 $Y$。将式(10.8.7)中关于 $A$、$B$ 的定义代入式(10.8.6),并重排得到

$$Y = [E]_{0,\text{cat}} \left( \frac{k_2}{k_2 + k_3} \right)^2 \Big/ \left( 1 + \frac{K_{\text{M}}}{[S]_0} \right)^2 \tag{10.8.12}$$

利用实验条件 $[S]_0 \gg K_{\text{M}}$,并考虑近似条件 $k_2 \gg k_3$,式(10.8.12)简化为

$$Y = [E]_{0,\text{cat}} \tag{10.8.13}$$

即由参数 $Y$ 可以直接得到活性酶浓度 $[E]_{0,\text{act}}$,将其代入式(10.8.11)中,就可计算出 $k_{\text{cat}}$。也可以利用式(10.8.10)计算得到 $k_{\text{cat}}$ 和表观米氏常数 $K_{\text{M}}$。若考虑不等式 $k_2 \gg k_3$,则 $k_{\text{cat}} \approx k_3$。

即使不考虑不等式导致的方程简化,依然能够通过式(10.8.12)变换为双倒数方程形式得到

$$\frac{1}{\sqrt{Y}} = \frac{k_2 + k_3}{k_2 \sqrt{[E]_{0,\text{act}}}} + \frac{K_{\text{M}}(k_2 + k_3)}{k_2 \sqrt{[E]_{0,\text{act}}}} \cdot \frac{1}{[S]_0} \tag{10.8.14}$$

显然以 $1/Y^{1/2}$-$1/[S]_0$ 作图将得到一直线,拟合可得相应的斜率和截距,并计算出表观米氏常数 $K_{\text{M}}$,该值可以与通过式(10.8.10)计算的结果相对照。

为了计算其他几个动力学参数,将式(10.8.7)定义的 $B$ 参数重新表达为

$$B = \frac{k_2}{1 + K/[S]_0} + k_3 = \frac{(k_2 + k_3)[S]_0 + k_3 K}{[S]_0 + K} \approx \frac{(k_2 + k_3)[S]_0}{[S]_0 + K}$$

式中最后的近似使用了条件 $[S]_0 \gg K_{\text{M}}$,即 $(k_2 + k_3)[S]_0 \gg k_3 K$。将上式也表达成双倒数形式:

$$\frac{1}{B} = \frac{1}{k_2 + k_3} + \left( \frac{K}{k_2 + k_3} \right) \cdot \frac{1}{[S]_0} \tag{10.8.15}$$

以 $1/B$-$1/[S]_0$ 作图得到一直线,由直线的斜率和截距可以求出 $k_2 + k_3$ 和 $K$ 的值。将 $k_2 + k_3$ 的

值代入 $k_{cat}$ 表达式中,可以得到 $k_2 k_3$ 的值,解联立方程可以分别计算出反应速率常数 $k_2$ 和 $k_3$。

如果没有在不同底物浓度下测出 $B$ 值,则可以采用近似条件 $k_2 \gg k_3$ 和 $[S]_0 \ll K$ 得到

$$[B] = \frac{k_2}{K}[S]_0 \tag{10.8.16}$$

### 三、仪器与试剂

#### 1. 实验仪器

TU-1901 紫外-可见分光光度计 1 台;PTC-2 帕尔帖恒温控制器 1 台;石英比色皿(带盖,光程 10 mm)2 只;容量瓶(25 mL、50 mL)各 1 只;色谱进样瓶 1 只;液相色谱进样针(100 μL、250 μL)各 1 支;移液管若干。

#### 2. 试剂及耗材

α-糜蛋白酶(800 USP.U·mg$^{-1}$);三甲基乙酸对硝基苯酯(>98%);对硝基苯酚(AR);三(羟甲基)氨基甲烷(TRIS)(标准缓冲物质,>99.9%);乙腈(AR);盐酸(AR)。

### 四、实验步骤

#### 1. 溶液配制

(1) TRIS 缓冲溶液    0.01 mol·L$^{-1}$,pH = 8.5。准确称取 1.2114 g TRIS,加入 800 mL 水溶解,用 6 mol·L$^{-1}$ 盐酸调节 pH 至 8.5,移入 1000 mL 容量瓶中用水定容。

(2) 乙酸-乙酸钠缓冲溶液    乙酸、乙酸钠浓度均为 0.2 mol·L$^{-1}$,pH ≈ 4.6。

(3) 底物(三甲基乙酸对硝基苯酯)溶液    $3.4 \times 10^{-3}$ mol·L$^{-1}$,乙腈溶液,10~25 mL 均可。准确称取 0.0190 g 三甲基乙酸对硝基苯酯,在 25 mL 容量瓶中用乙腈定容。

(4) α-糜蛋白酶溶液    准确称取 50 mg α-糜蛋白酶干粉,在色谱进样瓶中用 1 mL 水溶解,溶液置于冰水浴中冷藏备用。

(5) 对硝基苯酚溶液    准确称取 0.0487 g 对硝基苯酚,在 250 mL 容量瓶中用 TRIS 缓冲溶液定容,再取该溶液 1 mL 用 TRIS 缓冲溶液定容至 50 mL,该溶液对硝基苯酚浓度 2.8×10$^{-5}$ mol·L$^{-1}$,用作测定对硝基苯酚的摩尔吸光系数。

#### 2. 动力学测量

注意事项:所有"时间扫描"模式测定实验必须以相同的时间间隔采样读数,包括"空白";光谱读数记录开始时间为样品加入混合时刻,不是比色皿插入样品池的时刻,光谱数据取稳定吸光度曲线段,舍弃读数记录开始阶段的不规则曲线段。

(1) 实验准备    紫外-可见分光光度计开机预热 30 min,调节帕尔帖恒温控制器循环液温度为 25 ℃,在两个石英比色皿中均加入 TRIS 缓冲溶液进行仪器检零操作。

(2) 测定对硝基苯酚的摩尔吸光系数    采用"光度测量"模式,调节光谱仪吸收波长为 400 nm,以 TRIS 缓冲溶液为参比,测定对硝基苯酚溶液的吸光度。

(3) 空白反应吸光度曲线测量    采用"时间扫描"模式,调节分光光度计吸收波长为 400 nm,以 TRIS 缓冲溶液为参比,在测量比色皿加入 3 mL TRIS 缓冲溶液,用液相色谱进样针加入 100 μL 三甲基乙酸对硝基苯酯溶液,比色皿盖上盖子上下翻动摇匀后,放入恒温池架,读数记录至少 30 min。

(4) 酶催化反应吸光度曲线测量    采用"时间扫描"模式,调节分光光度计吸收波长为

400 nm，以 TRIS 缓冲溶液为参比，在测量比色皿加入 3 mL TRIS 缓冲溶液，用液相色谱进样针加入 40 μL 三甲基乙酸对硝基苯酯溶液，比色皿盖上盖子上下翻动摇匀，再用液相色谱进样针（换针，不要与底物互相沾污！）加入 80 μL α-糜蛋白酶溶液，加盖摇匀后放入恒温池架，读数记录至少 30 min。

将三甲基乙酸对硝基苯酯溶液的数量依次增加为 50 μL，60 μL，70 μL，90 μL，100 μL，其他条件不变，重复上述酶催化反应吸光度曲线测量过程。实验过程中，应将已测得的吸光度曲线叠加在一张图谱上，观察其强度是否与浓度成正相关，如不符合，则应重新测量。

若实验课时不足以完成全部测量，建议测定加入三甲基乙酸对硝基苯酯溶液数量为 60~90 μL 的样品，极端情况下可以仅测定加入三甲基乙酸对硝基苯酯溶液数量为 90 μL 的样品。

## 五、注意事项

（1）在处理样品和溶液（尤其是乙腈和盐酸）时请佩戴丁腈橡胶手套。

（2）所有"时间扫描"模式测定实验必须以相同的时间间隔采样读数，包括"空白"；光谱读数记录开始时间为样品加入混合时刻，不是比色皿插入样品池的时刻，光谱数据取稳定吸光度曲线段，舍弃读数记录开始阶段的不规则曲线段。

（3）配制好的 α-糜蛋白酶溶液必须置于冰水浴中保存，避免失活变性。

（4）加入底物后，需要充分摇匀。在加入酶溶液时，必须换针，避免交叉污染。

（5）使用过的溶液请倒入指定的废液回收桶。

## 六、数据处理与分析

（1）计算对硝基苯酚的摩尔吸光系数，计算各样品酯的初始浓度 $[S]_0$。

（2）扣除非催化反应"空白"本底。将初始浓度为 $[S]_0$ 的酶催化反应吸光度-时间曲线与非催化"空白"反应吸光度-时间曲线对应值相减。扣除"空白"本底时要注意先做相应的浓度校正，比如"空白"实验用 100 μL 酯，酶催化实验时用 60 μL 酯，则"空白"本底的吸光度要先乘以（60/100）的因子，然后再扣除。

（3）用预先测定过的对硝基苯酚离子的摩尔吸光系数，将扣除本底后的吸光度值换算为产物 $P_1$ 的浓度值。

（4）在 Origin 软件中将各初始浓度为 $[S]_0$ 样品的 $[P_1]$-$t$ 数据输入，作图，用自定义方程：

$$[P_1] = Xt + Y(1 - e^{-Bt})$$

进行非线性拟合，求出拟合参数 $X$、$Y$、$B$，其中 $X$ 的量纲为 $[浓度] \cdot [时间]^{-1}$，$Y$ 的量纲为 $[浓度]$，$B$ 的量纲为 $[时间]^{-1}$。

（5）将拟合数据列表 $[S_0, X, Y, B]$。

（6）观察 $Y$ 的值是否基本恒定，根据式（10.8.13），用 $Y$ 的平均值计算初始的活性酶（纯酶）浓度 $[E]_{0,\text{act}}$，计算酶的纯度。

（7）根据式（10.8.10），以 $1/X$-$1/[S]_0$ 作图，进行直线拟合，获得表观米氏常数 $K_M$ 和酶催化反应速率常数 $k_{\text{cat}}$。根据式（10.8.14）进行类似处理，得到 $K_M$。对这两种方法获得的参数进行比较，评价数据偏差的来源。

（8）根据式（10.8.15），以 $1/B-1/[S]_0$ 作图，进行直线拟合，得到基元反应速率常数之和 $(k_2+k_3)$ 和酶−底物络合物可逆分解反应平衡常数 $K$。将参数 $(k_2+k_3)$ 和 $K$ 代入 $K_M$ 的表达式中，计算 $k_2$ 和 $k_3$ 的值；同样将参数 $(k_2+k_3)$ 和 $K$ 代入 $k_{cat}$ 的表达式中，再次计算 $k_2$ 和 $k_3$ 的值；比较这两种方法计算得到的 $k_2$ 和 $k_3$ 的差别。

（9）分析获得的参数是否符合不等式：$[S]_0 \gg K_M$ 和 $k_2 \gg k_3$，以及 $k_{cat} \gg k_3$ 且略小于 $k_2$。

（10）若未获得不同底物浓度下的实验数据，则可根据式（10.8.11）、式（10.8.13）和式（10.8.16），计算得到 $[E]_{0,act}$、$k_{cat}$ 和 $k_2/K$，并估算 $K_M$ 和 $k_3$。

### 七、思考题

（1）酶反应的 Michaelis−Menton 方程中，哪一步是控速步骤？该假设是否符合化学反应的基本原理？

（2）在光谱测定过程中，为什么必须以相同的时间间隔采样读数？

（3）本实验所用到的参比溶液为 TRIS 缓冲溶液，可否使用纯水或乙酸−乙酸钠缓冲溶液作为参比溶液？TRIS 缓冲溶液在实验中所起的作用是什么？

### 八、参考文献

（同济大学 许新华、刘梅川、张亚男）

## 实验 10−9 BZ 振荡反应的研究

### 一、实验目的

（1）能够阐述 BZ 振荡反应的基本原理。
（2）能够利用电动势法测量 BZ 振荡反应的诱导期和活化能。
（3）能够对 BZ 振荡反应的机理开展研究。
（4）能够运用耗散结构相关原理去认识世界、改造世界。

### 二、实验原理

大量实验研究表明，在开放和远离平衡的条件下，由于反应系统内部的非线性动力学机制的作用，系统可以形成和维持宏观时空有序的结构，即耗散结构。BZ 振荡反应具有耗散结构的特征，是一种典型的耗散结构，它是由 Belousov 和 Zhabotinsky 发现和发展并因而得名。BZ 振荡反应是指在酸性介质中，有机化合物在有（或无）金属离子催化的条件下，由溴酸盐氧化构成的反应系统。在反应过程中这个系统的某些中间组分的浓度发生周期性变化,外观表现为反应溶液颜色的交替变化,即发生化学振荡现象。

1972 年,R. J. Field、E. Körös、R. M. Noyes 等通过实验对 BZ 振荡反应进行了解释,其主要思想为:系统中存在着两个受溴离子浓度控制的 A 和 B 过程,当[Br$^-$]高于临界浓度[Br$^-$]$_{crit}$时发生 A 过程,当[Br$^-$]低于[Br$^-$]$_{crit}$时发生 B 过程。也就是说[Br$^-$]起着开关作用,它控制着从 A 到 B 过程、再由 B 到 A 过程的转变。A 过程中发生的化学反应消耗 Br$^-$,但同时进行的 Br$^-$再生反应可以补充 Br$^-$,维持[Br$^-$]处于较高数值。A 过程进行到后期[Br$^-$]降低,低于[Br$^-$]$_{crit}$时,B 过程发生。在 B 过程中,通过自催化将 Ce$^{3+}$氧化为 Ce$^{4+}$,进而又带动 Br$^-$再生反应。B 过程进行到后期,[Br$^-$]高于[Br$^-$]$_{crit}$,A 过程再次发生。这样系统就在 A 过程与 B 过程间往复振荡。下面用 BrO$_3^-$-Ce$^{4+}$-CH$_2$(COOH)$_2$-H$_2$SO$_4$ 系统为例加以说明。

当[Br$^-$]足够高时,发生下列 A 过程:

$$BrO_3^- + Br^- + 2H^+ \xrightarrow{k_1} HBrO_2 + HOBr \tag{10.9.1}$$

$$HBrO_2 + Br^- + H^+ \xrightarrow{k_2} 2HOBr \tag{10.9.2}$$

$$HOBr + Br^- + H^+ \xrightarrow{k_3} Br_2 + H_2O \tag{10.9.3}$$

$$Br_2 + CH_2(COOH)_2 \xrightarrow{k_4} BrCH(COOH)_2 + H^+ + Br^- \tag{10.9.4}$$

式(10.9.1)是速率控制步骤,当 HBrO$_2$ 达到稳态时,有

$$[HBrO_2] = \frac{k_1}{k_2}[BrO_3^-][H^+] \tag{10.9.5}$$

当[Br$^-$]较低时,Ce$^{3+}$被氧化发生下列 B 过程:

$$BrO_3^- + HBrO_2 + H^+ \xrightarrow{k_5} 2BrO_2 + H_2O \tag{10.9.6}$$

$$BrO_2 + Ce^{3+} + H^+ \xrightarrow{k_6} HBrO_2 + Ce^{4+} \tag{10.9.7}$$

$$2HBrO_2 \xrightarrow{k_7} BrO_3^- + HOBr + H^+ \tag{10.9.8}$$

反应式(10.9.6)是速率控制步骤,经反应式(10.9.6)和反应式(10.9.7)将自催化产生 HBrO$_2$,自催化是 BZ 振荡反应中必不可少的步骤,否则该振荡不能发生。达到稳态时,有

$$[HBrO_2] \approx \frac{k_5}{2k_7}[BrO_3^-][H^+] \tag{10.9.9}$$

由反应式(10.9.2)和反应式(10.9.6)可以看出:Br$^-$ 和 BrO$_3^-$ 是竞争 HBrO$_2$ 的。当 $k_2[Br^-] > k_5[BrO_3^-]$时,自催化过程不可能发生。Br$^-$ 的临界浓度为

$$[Br^-]_{crit} = \frac{k_5}{k_2}[BrO_3^-] = 5 \times 10^{-6}[BrO_3^-] \tag{10.9.10}$$

Br$^-$ 的再生可通过下列过程实现:

$$4Ce^{4+} + BrCH(COOH)_2 + H_2O + HOBr \xrightarrow{k_8} 2Br^- + 4Ce^{3+} + 3CO_2 + 6H^+ \tag{10.9.11}$$

该系统的总反应为

$$2H^+ + 2BrO_3^- + 3CH_2(COOH)_2 \longrightarrow 2BrCH(COOH)_2 + 3CO_2 + 4H_2O \tag{10.9.12}$$

BZ 振荡反应的振荡现象可以通过多种方法检测,如观察溶液颜色的变化,测定吸光度随时间的变化,测定电导随时间的变化及测定电势随时间的变化等。本实验采用测定系统的电势随时间的变化来研究整个化学振荡过程,实验装置示意图如图 10-9-1 所示。实验测得的是系统的综合电势,其中主要是 $Ce^{4+}/Ce^{3+}$ 电对的电势。$E-t$ 曲线反映了系统中化学振荡控制物种的浓度随时间变化的规律,如图 10-9-2 所示。

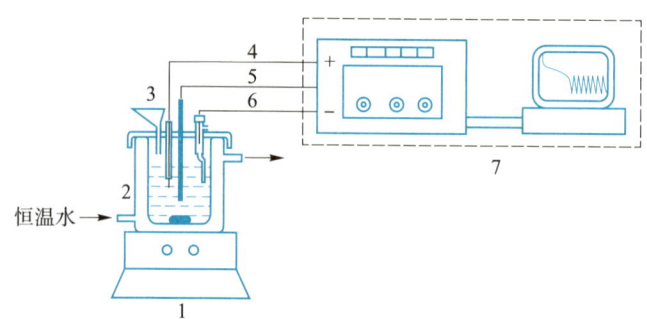

1—磁力搅拌器;2—夹套式反应器;3—漏斗;4—Pt电极;
5—温度传感器;6—汞-硫酸亚汞电极;7—电势检测装置

图 10-9-1    BZ 振荡反应实验装置示意图

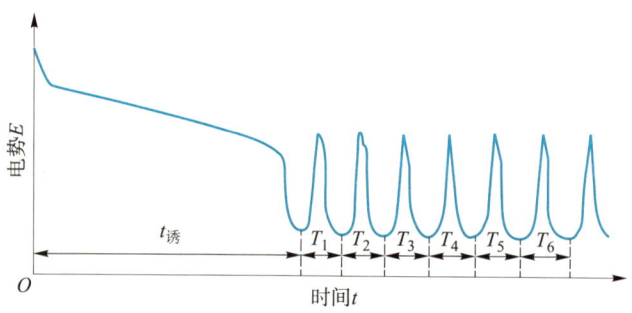

图 10-9-2    $E-t$ 曲线图

BZ 振荡反应的诱导期 $t_{诱}$ 与反应速率常数成反比,根据阿伦尼乌斯方程即得

$$\ln \frac{1}{t_{诱}} = C - \frac{E_{表}}{RT} \tag{10.9.13}$$

式中:$E_{表}$ 为诱导期的表观活化能,$C$ 为常数。以 $\ln \dfrac{1}{t_{诱}}$ 对 $\dfrac{1}{T}$ 作图,从拟合直线的斜率即可求出诱导期时反应活化能数值。

## 三、仪器与试剂

### 1. 实验仪器

电势测量装置(或电化学工作站)1 台;反应器(25 mL)1 个;低温恒温槽 1 台;磁力搅拌器 1 台;计算机 1 台;铂电极 1 支;汞-硫酸亚汞电极 1 支(甘汞电极用 1 mol·L$^{-1}$ 硫酸作液接制得)。

## 2. 试剂及耗材

溴酸钾（AR）；溴化钾（AR）；丙二酸（AR）；丙二酸溶液（$0.45\ mol \cdot L^{-1}$）；溴酸钾溶液（$0.25\ mol \cdot L^{-1}$）；硝酸铈铵溶液（$4.00 \times 10^{-3}\ mol \cdot L^{-1}$）；硫酸（$3.00\ mol \cdot L^{-1}$）；试亚铁灵溶液（$0.025\ mol \cdot L^{-1}$）。

## 四、实验步骤

### 1. 研究温度变化对 BZ 振荡反应的影响

（1）把电极、温度传感器和计算机连接到电势测量装置相应的接口上。

（2）打开低温恒温槽，设定温度为 30 ℃。开启计算机和装置，启动软件。

（3）洗涤反应器，在反应器中加入 5.00 mL 溴酸钾溶液、5.00 mL 丙二酸溶液、5.00 mL 硫酸，搅拌下恒温 5 min；另取 5.00 mL 硝酸铈铵溶液，在恒温槽中单独恒温 5 min。

（4）恒温结束，开启数据采集，并将 5.00 mL 硝酸铈铵溶液加入反应器中，系统自动记录电势随时间变化的实验数据并显示图形。当开始振荡并记录三个以上的反应波形后，停止数据采集并保存文件。

（5）分别改变温度为 35 ℃，40 ℃，45 ℃，50 ℃，重复步骤（3）和（4）。

### 2. 研究不同物种浓度变化对 BZ 振荡反应的影响

在一定温度下，逐步改变其中一种原料的浓度，测量电势随时间的变化曲线。

### 3. 研究其他条件变化对 BZ 振荡反应的影响

通过改变搅拌速率或单独恒温样品的种类，外加不同浓度 $Br^-$、$Cl^-$ 或 $Ag^+$ 等条件，测量电势随时间的变化曲线。

### 4. 观察溴化钾-溴酸钾-丙二酸-硫酸系统中加入试亚铁灵溶液后的颜色变化及时空有序现象（同心圆实验）

（1）配制（a），（b）和（c）三种溶液。

（a）取 0.5 g 溴酸钾，加入 1.00 mL $3.00\ mol \cdot L^{-1}$ 硫酸和 5.00 mL 水，在热水浴中溶解。

（b）取 0.05 g 溴化钾溶解在 1.00 mL 水中。

（c）取 0.1 g 丙二酸溶解在 1.00 mL 水中。

（2）在通风柜中混合（a）、（b）和（c）三种溶液，几分钟后，溶液呈无色。再加 1.00 mL $0.025\ mol \cdot L^{-1}$ 试亚铁灵溶液后充分混合。

（3）把溶液注入一个直径为 9 cm 的培养皿中，加上盖。此时溶液呈均匀红色。几分钟后，溶液出现蓝色斑点，并成环状向外扩展，形成各种同心圆状花纹。

## 五、注意事项

（1）实验中溴酸钾试剂纯度有要求，需要分析纯及以上。

（2）不能直接使用甘汞电极进行测量，需用 $1.0\ mol \cdot L^{-1}$ 硫酸作液接，以免氯离子的引入影响溴元素的循环。

（3）硝酸铈铵可用硫酸铈铵替代，溴化钾可用溴化钠替代。配制 $4.00 \times 10^{-3}\ mol \cdot L^{-1}$ 硝酸铈铵溶液时，一定要在 $0.20\ mol \cdot L^{-1}$ 硫酸介质中配制，防止发生水解呈浑浊。

（4）所使用的反应器一定要冲洗干净，实验过程中磁力搅拌子位置及速度需要保持一致。

## 六、数据处理与分析

（1）从 $E-t$ 图中获得 $t_{诱}$ 和 $t_{周期}$，根据 $t_{诱}$ 与温度数据作 $\ln\dfrac{1}{t_{诱}}-\dfrac{1}{T}$ 图，从拟合直线斜率求出诱导期表观活化能 $E_{表}$。

（2）绘制不同温度及所研究反应条件下电势随时间的变化曲线，并将诱导期、周期等数据列表，结合图形和数据对反应机理进行分析和讨论。

## 七、思考题

（1）本实验记录的电势主要代表什么？与能斯特方程求得的电势有什么不同？

（2）BZ 振荡系统中哪一步反应对化学振荡行为最为关键？为什么？

（3）结合热力学第二定律讨论 BZ 振荡系统的熵变化。

## 八、知识拓展

### 1. 自催化反应

在给定条件下的反应系统，反应开始后逐渐形成并积累了某种产物或中间体，这些产物具有催化功能，使反应经过一段诱导期后出现反应大大加速的现象，这种作用称为自（动）催化作用。其特征之一是存在着初始的诱导期。

大多数自动氧化过程都存在自催化作用。油脂腐败、橡胶变质及塑料制品的老化等均属于包含链反应的自动氧化过程，反应开始时进行很慢，但都会被其自身所产生的自由基所加速。

### 2. 化学振荡

有些自催化反应有可能使反应系统中某些物质的浓度随时间（或空间）发生周期性的变化，即发生化学振荡，而化学振荡反应的必要条件之一是该反应必须是自催化反应。化学振荡现象的发生必须满足如下几个条件：① 反应必须是敞开系统且远离平衡态，即 $\Delta_r G_m$ 为较负的值；② 反应历程中应包含自催化的步骤；③ 系统中必须有两个稳定态存在。

不少模型用于研究化学振荡的反应机理，下面介绍洛特卡-沃尔特拉的自催化模型。

$$A+X \xrightarrow{k_1} 2X \quad r_1=-\frac{d[A]}{dt}=k_1[A][X] \tag{10.9.14}$$

$$X+Y \xrightarrow{k_2} 2Y \quad r_2=-\frac{d[X]}{dt}=k_2[X][Y] \tag{10.9.15}$$

$$Y \xrightarrow{k_2} E \quad r_3=\frac{d[E]}{dt}=k_3[Y] \tag{10.9.16}$$

其净反应是 $A \longrightarrow E$。对这一组微分方程求解得

$$k_2[X]-k_3\ln[X]+k_2[Y]-k_1[A]\ln[Y]=常数 \tag{10.9.17}$$

式（10.9.17）的具体解可用两种方法表示，一种是用 $[X]$ 和 $[Y]$ 对时间 $t$ 作图，如图 10-9-3 所示，其浓度随时间呈周期性变化；另一种是以 $[Y]$ 对 $[X]$ 作图，得反应轨迹曲线，如图 10-9-4 所示，为一封闭椭圆曲线。反应轨迹曲线为封闭曲线，则 X 和 Y 的浓度就能沿曲线稳定地周期变化，反应变化呈振荡现象。

中间产物 X、Y（它们同时也是反应物）浓度的周期性变化可解释为：反应开始时其速率可能并不快，但由于反应式（10.9.14）生成了 X，而 X 又能自催化反应式（10.9.14），所以 [X]骤增，随着 X 的生成，使反应式（10.9.15）发生。开始 Y 的量可能是很少的，故反应式（10.9.15）较慢，但反应式（10.9.15）生成的 Y 又能自催化反应式（10.9.15），使 Y 的量骤增。但是增加 Y 的同时是要消耗 X 的，则反应式（10.9.14）的速率下降，生成 X 的量下降，而 X 量的下降又导致反应式（10.9.15）速率变慢。随着 Y 量变少，消耗 X 的量也减少，从而使 X 的量再次增加，如此反复进行，表现为 X、Y 浓度的周期变化。浓度最高值、最低值所在的点对应着两个稳定态。

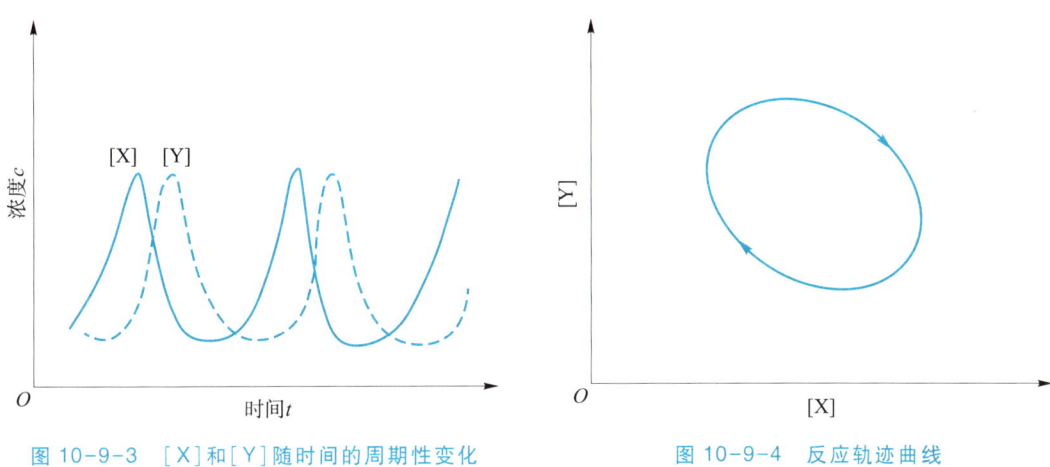

图 10-9-3　[X]和[Y]随时间的周期性变化　　　图 10-9-4　反应轨迹曲线

### 3. BZ 振荡反应的实际应用

BZ 振荡反应在分析化学、临床诊断、生命科学研究及工业生产中都有应用。其应用于分析检测的依据是待测物质对振荡反应产生干扰，某些待测物质与振荡系统中的组分反应，从而引起反应系统中组分浓度的改变，进而引起振幅和振荡周期的改变。由于这些改变与待测物质的浓度有线性关系，因此可用于确定待测物质的浓度。研究表明：健康人与疾病患者的尿样对 BZ 振荡系统的影响也不同，且各种疾病患者尿样对振荡系统的影响也不同。因此应用 BZ 振荡来检测人体尿样化学成分，具有快速、方便、简单易行的特点。另外，利用胶体上的 BZ 振荡反应可发明药物配送的装置，利用前沿聚合可用来合成新的物质等。

## 九、参考文献

（南京大学　淳远）

## 实验 10-10    非等温法测量固体热分解过程的动力学参数

### 一、实验目的

（1）能够阐述化学反应动力学的相关概念、动力学方程、速率常数、指前因子、活化能、阿伦尼乌斯方程等基础知识。

（2）能够使用热分析技术通过非等温法测量化学反应动力学曲线，通过解析动力学曲线求速率常数和活化能，并说明其原理。

（3）能够说明等温法和非等温法测量动力学参数的原理和优缺点。

（4）能够使用 TG/DSC-MS 联用热分析技术对实验图谱进行定性和定量分析，并说明其工作原理。

### 二、实验原理

经典热力学解决的是在给定条件下物理变化和化学反应能否进行、进行的方向和限度等问题，只考虑始态与终态间的差别，不考虑变化过程的细节，如反应速率、反应机理等问题。化学反应动力学主要研究热力学上可以进行的化学反应的反应速率、各种因素（如温度、浓度、压强、催化剂、介质和分子结构等）对反应速率的影响、动力学理论、反应机理等。了解从反应物到生成物所经过的具体历程（化学反应机理），可掌握化学反应的本质，可更好地驾驭反应使之为人类服务。

研究化学反应动力学，首先需要采用物理或化学方法测量在反应过程中反应物和生成物的浓度随时间变化的化学反应动力学曲线。化学方法较烦琐且耗时较长。物理方法是用仪器监测某一与物质浓度呈线性关系的物理量在反应过程中的变化来定量或半定量地获得在反应过程中某物质的浓度随时间变化的数据，常用的物理量有压强、体积、质量、旋光度、折射率、电导率、电动势、介电常数、黏度、热导率等，可根据待测物理量的不同选用合适的方法和仪器，如光谱、色谱、质谱、色谱-质谱联用、电导率仪、折射仪、红外光谱仪、核磁共振仪、热分析仪等仪器。物理方法的优点是可用原位方法实时监测化学反应过程中物理量的变化情况，而不干扰反应的进行。

测量不同温度 $T$ 下的化学反应动力学曲线，可求得化学反应的速率常数 $k(T)$、活化能 $E_a$ 和指前因子 $A$。通常采用等温法和非等温法来测量。

等温法一般需要测 5 个以上温度的化学反应动力学曲线，得到相应的化学反应速率常数 $k$，进而用阿伦尼乌斯不定积分式：

$$\ln k = \ln A - \frac{E_a}{RT} \tag{10.10.1}$$

用 $\ln k$ 对 $\frac{1}{T}$ 作图，进一步得到活化能 $E_a$ 和指前因子 $A$，但该方法较为费时费力。

非等温法则是通过测量在程序升温过程中物理量（如质量、焓变等）随温度或时间的动态变化曲线，运用适当的模型求得反应级数 $n$、活化能 $E_a$、指前因子 $A$ 和速率常数 $k$，并推测反应机理，该方法具有快捷简便的优点。非等温法的典型代表有热重（TG）法和差示扫描量热(DSC)法等方法,优点是样品用量少、快速高效、可获得动力学参数和反应机理等信息。TG 法是测定样品在一定气氛和程序升温度条件下其质量随温度(或时间)变化的一种热分析技术。DSC 法是通过差动热量补偿原理测定样品在一定的气氛和加热条件下变化时的热效应的一种热分析技术。TG-DSC 技术广泛应用于化学化工、物理、石油、冶金、生物化学、地球化学、能源、医药食品、材料等领域,如物质的玻璃化温度和居里点测定、材料使用寿命预测、晶体的相变测定、功能材料及药物的分析鉴定和热稳定性研究、进出口商品检验、各种材料或产品的成分和纯度分析、固相化学过程的热力学和动力学研究等。TG、DSC 和其他常见的单纯的热化学分析技术如差热分析(DTA)等一样,都只能反映样品在热化学变化中某个数量性质(如质量、熔变、温差等)随温度改变而产生的变化,并不能直接准确说明过程中具体发生了什么化学变化。质谱(MS)法是将气态样品经过离子源,产生分子正离子或碎片正离子,再被电场加速,最后在质量分析器中按质荷比大小进行分离、记录并获得 MS 图的一种分析技术。MS 法可对气相反应物和产物进行原位实时的分析。若将 TG/DSC 与 MS 联用,则可同时发挥多种实验技术的用途,从而客观准确地认识反应过程并可对反应机理进行解释和研究。

利用 TG/DSC-MS 联用仪(图 10-10-1)获得待测量固体样品在一定气氛和程序升温条件下的 TG、DSC 和 MS 随温度(或时间)变化的曲线和数据,借助综合热分析仪提供的常规数据分析软件和热分析仪厂商提供的配套动力学分析软件,不但可以根据 TG 或 DSC 数据分析反应过程,还可以利用仪器所带软件便捷地求出化学反应动力学参数,如反应级数 $n$、

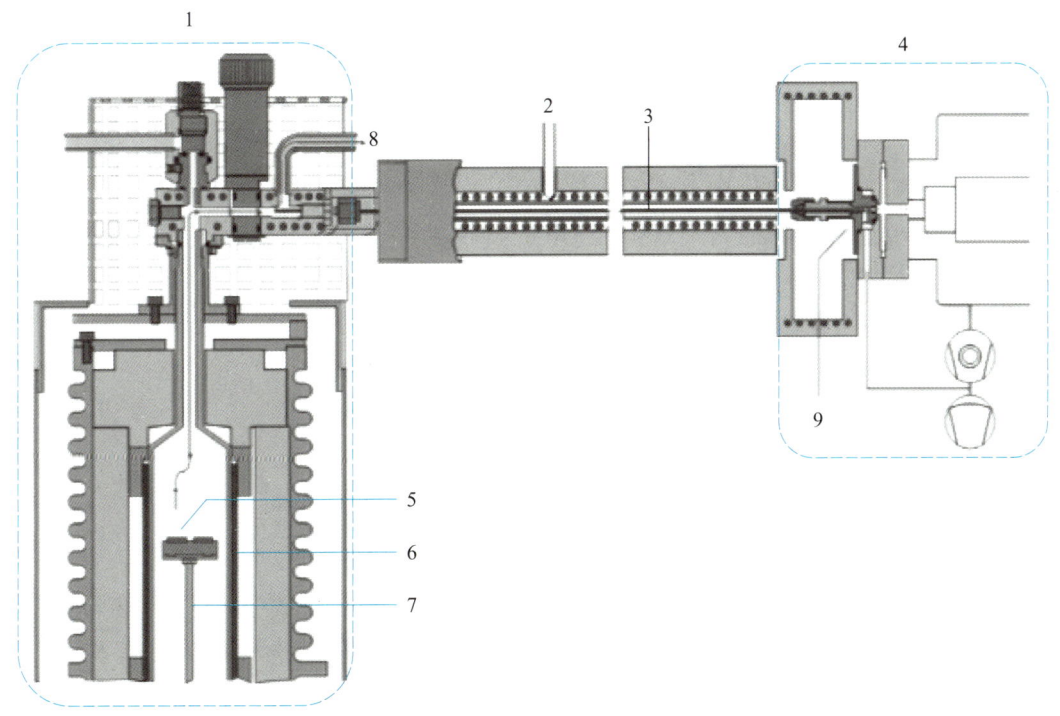

1—TG/DSC;2—热电偶;3—气体传输毛细管;4—四级杆质谱仪;5—坩埚;6—加热炉;
7—样品杆;8—出气口;9—气体进样系统

**图 10-10-1　TG/DSC-MS 联用仪示意图**

活化能 $E_a$、指前因子 $A$ 和速率常数 $k$ 等参数,结合 MS 数据和反应动力学模型,还可推测反应机理。

人们已发展多种利用一条或多条热分析曲线求算化学反应动力学参数的方法,包括单一热分析曲线的 Coats 法、Freeman-Carroll 法和 Friedman 法,多条热分析曲线的 Kissinger 法和 Flynn-Wall-Ozawa 法等。本实验主要采用单一热分析曲线的 Coats 法处理数据,其他方法见本实验"知识拓展"。以 TG 数据为例,设某一化合物在程序升温过程中发生化学变化,其速率方程为

$$\frac{\mathrm{d}\alpha}{\mathrm{d}t} = kf(\alpha) = A\exp\left(-\frac{E_a}{RT}\right)f(\alpha) \tag{10.10.2}$$

式中:$\alpha$ 为物质转化率$\left(\alpha = \dfrac{W_0 - W_x}{W_0 - W_\infty}\right)$;$f(\alpha)$ 为机理模型函数,取决于化学变化的性质与反应机理。对于简单 $n$ 级数反应:

$$f(\alpha) = (1-\alpha)^n \tag{10.10.3}$$

则有

$$\frac{\mathrm{d}\alpha}{\mathrm{d}t} = kf(\alpha) = A\exp\left(-\frac{E_a}{RT}\right)(1-\alpha)^n \tag{10.10.4}$$

考虑程序升温速率:

$$\beta = \frac{\mathrm{d}T}{\mathrm{d}t} \tag{10.10.5}$$

可用转化率与温度的关系来表示速率方程:

$$\frac{\mathrm{d}\alpha}{\mathrm{d}T} = \frac{kf(\alpha)}{\beta} = \frac{A}{\beta}\exp\left(-\frac{E_a}{RT}\right)(1-\alpha)^n \tag{10.10.6}$$

这就是求解化学反应动力学参数的基本公式,如进一步作微分或积分,则可导出各种不同形式的动力学方程。Coats 等人对式(10.10.6)进行积分,并作一些近似处理,若 $20 \leqslant \dfrac{E_a}{RT} \leqslant 60$,则得到如下结果:

当 $n = 1$ 时,

$$\ln\left[-\frac{\ln(1-\alpha)}{T^2}\right] = \ln\left[\frac{AR}{E_a\beta}\left(1-\frac{2RT}{E_a}\right)\right] - \frac{E_a}{RT} \tag{10.10.7}$$

当 $n \neq 1$ 时,

$$\ln\left[\frac{1-(1-\alpha)^{1-n}}{(1-n)T^2}\right] = \ln\left[\frac{AR}{E_a\beta}\left(1-\frac{2RT}{E_a}\right)\right] - \frac{E_a}{RT} \tag{10.10.8}$$

由 TG 实验数据求得每个变化过程一系列 $T$ 所对应的 $\alpha$ 值,尝试用不同的 $n$ 值,用上述线性关系作图,由最佳线性关系确定反应级数 $n$,由该直线的斜率得到活化能 $E_a$;由式(10.10.7)或式(10.10.8)和式(10.10.1)分别计算得到指前因子 $A$ 和速率常数 $k$。

该方法在推导数据处理公式时要解速率微分方程,倘若速率方程不是一个简单的 $n$ 次函数,那么这步处理的复杂程度和工作量是十分巨大的,目前无论对于经典处理方法或程序化都很难实现。故该方法比较适合处理简单级数过程。

### 三、仪器与试剂

#### 1. 实验仪器

精密电子天平 1 台(精度 0.01 mg);综合热分析仪 1 台;质谱仪 1 台;热分析仪配套动力学分析软件 1 套。

#### 2. 试剂及耗材

可热分解的化合物一种或多种[一水草酸钙(AR)、五水硫酸铜(AR)、白云石等,本实验以一水草酸钙为例];α-氧化铝(AR);高纯氩气钢瓶 1 个;氩气减压器 1 个。

### 四、实验步骤

(1) 开启总电源和循环冷却水电源,设置水温为 28 ℃。

(2) 打开高纯氩气钢瓶总阀,调节减压器分阀至出口表压为 0.15 MPa。

(3) 当循环冷却水稳定到 28 ℃ 后,开启 TG/DSC 仪和 MS 仪电源,开启热质联用仪的毛细管连接装置的加热开关,设定 MS 仪和采样口温度为 200 ℃,设置毛细管连接装置加热温度为 180 ℃,启动加热。

(4) 启动热分析仪实时测量程序和 MS 程序。检查氩气正常后,在"诊断"栏—"气体开关"选项中选中保护气(气路 2)和吹扫气(气路 3),调节保护气流量为 15 mL·min$^{-1}$,吹扫气流量为 30 mL·min$^{-1}$。等待 MS 仪、采样口和毛细管连接装置的温度达到设定温度。待质量读数稳定后,将质量清零。

(5) 升起炉体,在新坩埚中准确称取 10 mg 左右 α-氧化铝,小心放入 TG/DSC 仪器支架的参比侧;在另一坩埚中准确称取 10 mg 左右一水草酸钙样品,小心放入 TG/DSC 仪器支架的样品侧;放下炉体。

(6) 关闭两个吹扫气和保护气与大气的连通旋钮,打开真空泵抽气阀门抽至系统压强到 0.1 Pa 以下,停止抽气,回填氩气使气压略正后停止充气,重复抽气-充气三次后,打开保护气、吹扫气与大气的连通旋钮,等待质量稳定。

(7) 设定 MS 仪参数。设定待检测物种 $H_2O$、CO 和 $CO_2$ 及其碎片的质荷比($m/z$ = 1,2,16,17,18,28,32 和 44),启动 MS 仪,等待热分析仪的触发指令。

(8) 设定热分析仪参数:起始温度为 30 ℃,等温时间为 20 min,升温速率为 10 ℃·min$^{-1}$,终点温度为 950 ℃,保护温度为 960 ℃(以防止因超温造成仪器损伤),在外挂设备对话框中选择"MS"。待质量稳定后(60 s 内在最后一位没有变化),将质量输入仪器的质量对话框中。

(9) 启动测量程序,利用 MS 界面监测程序升温过程气态反应物和产物的 MS 谱数据,通过 TG/DSC 界面测定程序升温过程的 TG 和 DSC 数据。

(10) 如采用一条热分析曲线求算化学反应动力学参数的方法,跳过此步。如采用多条热分析曲线求算化学反应动力学参数的方法,则需待仪器冷却到室温后,取出坩埚,重复实验步骤(5)~(9),将升温速率依次改为 5 ℃·min$^{-1}$,15 ℃·min$^{-1}$,20 ℃·min$^{-1}$ 和 25 ℃·min$^{-1}$,分别测得在这 4 个升温速率下样品的 TG、DSC 和 MS 数据。

(11) 等待仪器冷却到室温后,导出数据,依次关闭真空泵、载气、热分析仪和 MS 仪、循环水、电源。

### 五、注意事项

（1）打开综合热分析仪后,须待仪器稳定后方可进行操作。

（2）测试过程中,炉体温度降至 100 ℃ 以下才能升起炉体。

（3）测试完成后,需等待炉体冷却到室温后才能关闭冷却系统和载气。

### 六、数据处理与分析

（1）运用热分析仪器厂商的数据分析软件解析 TG、DSC 和 MS 图,定性和定量解析一水草酸钙热分解过程,写出每一步变化的起始和终点温度、失重率、焓变和方程式。

（2）运用热分析仪配套的动力学分析软件对 TG 或 DSC 数据进行处理,求解一水草酸钙热分解过程中其中一步或多步变化的反应级数 $n$、活化能 $E_a$、指前因子 $A$ 和速率常数 $k$。处理方法参见本实验"实验原理"和"知识拓展"。

### 七、思考题

（1）在惰性气氛和空气气氛下测得一水草酸钙热分解过程的 TG、DSC 和 MS 图有何异同? 为什么?

（2）如何由 DSC 测定结果求反应 $CO(g) + \frac{1}{2}O_2(g) \Longrightarrow CO_2(g)$ 的 $\Delta_r H_m$?

（3）运用热分析动力学软件求算反应级数 $n$、活化能 $E_a$、指前因子 $A$ 和速率常数 $k$ 时,若作线性拟合时线性相关系数低,请分析原因,并提出解决方案。

### 八、知识拓展

其他几种常用求算化学反应动力学参数的方法:

（1）Freeman-Carroll 法　对某固体 A 热分解反应,假定有气态产物,则有

$$A(s) \longrightarrow B(s) + C(g)$$

反应物 A 的反应速率为

$$-\frac{dx}{dt} = kx^n \tag{10.10.9}$$

式中:$x$ 为时间 $t$ 时 A 的浓度。

将阿伦尼乌斯方程代入式（10.10.9）,得

$$k = A\exp\left(-\frac{E_a}{RT}\right) = -\frac{dx}{dt}x^{-n} \tag{10.10.10}$$

对式（10.10.10）的对数形式微分,然后积分,得

$$-\frac{E_a}{R} \cdot d\left(\frac{1}{T}\right) = d\ln\left(-\frac{dx}{dt}\right) - n\,d\ln x \tag{10.10.11}$$

$$\frac{-E_a}{R}\Delta\left(\frac{1}{T}\right) = \Delta\ln\left(-\frac{dx}{dt}\right) - n\Delta\ln x \tag{10.10.12}$$

将式（10.10.12）两边除以 $\Delta\ln x$ 得

$$\frac{-\dfrac{E_a}{R}\cdot\Delta\left(\dfrac{1}{T}\right)}{\Delta\ln x}=\frac{\Delta\ln\left(-\dfrac{dx}{dt}\right)}{\Delta\ln x}-n \tag{10.10.13}$$

假定以 $n_0$ 表示热重分析前物质 A 的物质的量，$n_t$ 是时间 $t$ 时 A 的物质的量，$m_c$ 是 TG 分析反应终了时总的质量变化，$m$ 是时间 $t$ 时的质量变化，根据物质的量和质量的关系：

$$-\frac{dn_t}{dt}=-\frac{n_0}{m_c}\cdot\frac{dm}{dt} \tag{10.10.14}$$

$$m_r=m_c-m \tag{10.10.15}$$

将式（10.10.14）和式（10.10.15）代入式（10.10.13）得

$$\frac{-\dfrac{E_a}{R}\Delta\left(\dfrac{1}{T}\right)}{\Delta\ln m_r}=\frac{\Delta\ln\dfrac{dm}{dt}}{\Delta\ln m_r}-n \tag{10.10.16}$$

式中：$\Delta\left(\dfrac{1}{T}\right)$ 为 TG 曲线上所取点之间温度倒数 $\dfrac{1}{T}$ 之差，$m_r$ 为 TG 曲线上所取点之间失重差

值，$\dfrac{dm}{dt}$ 为 TG 曲线上所取各点的切线斜率。如果以 $\dfrac{\Delta\ln\dfrac{dm}{dt}}{\Delta\ln m_r}$ 对 $\dfrac{\Delta\left(\dfrac{1}{T}\right)}{\Delta\ln m_r}$ 作图，由直线斜率可得活

化能 $E_a$，由截距可得反应级数 $n$。但由于选取的实验点不同，温度间隔不同，所作的一系列

$\dfrac{\Delta\ln\dfrac{dm}{dt}}{\Delta\ln m_r}$ 对 $\dfrac{\Delta\left(\dfrac{1}{T}\right)}{\Delta\ln m_r}$ 直线会出现较大偏差，得不到准确的活化能及反应级数。而 Coats 采用尝

试法避免了上述的问题，线性也较好。

经典方法求算反应动力学结果涉及大量的作图和运算，处理数据极为烦琐，误差比较大。现代热分析仪一般都提供有图谱和数据处理软件，具有精确和便捷的优点，常采用 Friedman 法、Kissinger 法和 Flynn-Wall-Ozawa 法等方法。

（2）Friedman 法　　与 Freeman-Carroll 法基本类似。根据式（10.10.5）和式（10.10.10）可得

$$A\exp\left(-\frac{E_a}{RT}\right)=-\beta\left(\frac{dx}{dT}\right)x^{-n} \tag{10.10.17}$$

速率方程更一般性的写法为

$$\frac{d\alpha}{dt}=-\frac{dx}{dt}=kf(\alpha) \tag{10.10.18}$$

即对于任何一种反应机理，总有相应的机理模型函数 $f(\alpha)$ 表示，式中 $\alpha$ 为物质转化率。合并式（10.10.17）和式（10.10.18）得

$$A\exp\left(-\frac{E_a}{RT}\right)=\beta\left(\frac{d\alpha}{dT}\right)\frac{1}{f(\alpha)} \tag{10.10.19}$$

整理可得

$$\ln\left[\beta\left(\frac{d\alpha}{dT}\right)\right]=\ln\left[Af(\alpha)\right]-\frac{E_a}{RT} \tag{10.10.20}$$

$\dfrac{\mathrm{d}\alpha}{\mathrm{d}T}$、$\alpha$、$T$ 都是可以测量的,$\beta$ 是给定的升温速率,因此只要尝试不同的反应机理,就可以得出相应的活化能和指前因子,然后根据拟合的相关系数,就能判断到底是哪一种机理。这与经典处理方法相比,工作量很大,但是其容易程序化,做成数据处理软件后就可化难为易,可以进行较为复杂的机理的拟合,这是该法的最大优点。

（3）Kissinger 法  根据式（10.10.2）和式（10.10.5）可知

$$\frac{\mathrm{d}\alpha}{\mathrm{d}T} = \frac{A}{\beta}\exp\left(-\frac{E_a}{RT}\right)f(\alpha) \tag{10.10.21}$$

将式（10.10.21）两边对 $T$ 微分可以得到

$$\frac{\mathrm{d}^2\alpha}{\mathrm{d}T^2} = \frac{A}{\beta}\exp\left(-\frac{E_a}{RT}\right)f(\alpha)\left[\frac{E_a}{RT^2} + \frac{A}{\beta}\exp\left(-\frac{E_a}{RT}\right)\frac{\dfrac{\mathrm{d}f(\alpha)}{\mathrm{d}T}}{\dfrac{\mathrm{d}\alpha}{\mathrm{d}T}}\right] \tag{10.10.22}$$

在 DTG、DSC、DTA 曲线的峰温 $T_p$ 处,反应速率达到最大,$\alpha = \alpha_p$,得

$$\left(\frac{\mathrm{d}^2\alpha}{\mathrm{d}T^2}\right)_{T_p,\ \alpha_p} = 0 \tag{10.10.23}$$

则

$$\frac{E_a}{RT_p^2} + \frac{A}{\beta}\exp\left(-\frac{E_a}{RT_p}\right)\frac{\dfrac{\mathrm{d}f(\alpha)}{\mathrm{d}T}}{\dfrac{\mathrm{d}\alpha}{\mathrm{d}T}} = 0 \tag{10.10.24}$$

$$\frac{\beta}{T_p^2} = -\frac{AR}{E_a}\exp\left(-\frac{E_a}{RT_p}\right)\frac{\dfrac{\mathrm{d}f(\alpha)}{\mathrm{d}T}}{\dfrac{\mathrm{d}\alpha}{\mathrm{d}T}} \tag{10.10.25}$$

式（10.10.25）两边取对数,得

$$\ln\frac{\beta}{T_p^2} = \ln\frac{AR}{E_a} - \frac{E_a}{RT_p} + \ln\left[-\frac{\dfrac{\mathrm{d}f(\alpha)}{\mathrm{d}T}}{\dfrac{\mathrm{d}\alpha}{\mathrm{d}T}}\right] \tag{10.10.26}$$

式中:$T_p$ 是 DTG 曲线的峰值温度。利用在不同升温速率下 DTG 曲线的峰值数据,作 $\ln\dfrac{\beta}{T_p^2} - \dfrac{1}{T_p}$ 图,进行线性拟合,即可得活化能 $E_a$,结合机理模型函数 $f(\alpha)$ 的具体表达式可得指前因子 $A$。

（4）Flynn-Wall-Ozawa 法  固相热分解反应,利用该法对处于相同物质转化率 $\alpha$、不同升温速率 $\beta$ 下的 TG/DSC 数据进行处理,求算活化能 $E_a$ 和指前因子 $A$:

$$\ln\beta = \ln\frac{AE_a}{R} - \ln g(\alpha) - \frac{1.052E_a}{RT} - 5.3305 \tag{10.10.27}$$

$$g(\alpha) = \int\frac{\mathrm{d}\alpha}{f(\alpha)} \tag{10.10.28}$$

根据机理模型函数 $f(\alpha)$,可计算机理模型积分函数 $g(\alpha)$。原则上,作 $\ln\beta-\dfrac{1}{T}$ 图,根据其斜率和截距,可求出活化能 $E_a$ 和指前因子 $A$。如果在不同转化率 $\alpha$ 下 $E_a$ 值相同,则说明该反应仅是一步反应;如果在不同转化率 $\alpha$ 下 $E_a$ 值不同,则说明该反应是多步反应,通过尝试不同的机理模型函数 $f(\alpha)$ 或机理模型的积分函数 $g(\alpha)$,使某 $f(\alpha)$ 或 $g(\alpha)$ 下 $E_a$ 值不随物质转化率 $\alpha$ 变化,则可确定该机理模型是合理的,进而可求得指前因子 $A$。

### 九、参考文献

（南京大学　王喜章、淳远）

# 胶体和表界面性质测量

## 实验 10-11A　硫黄溶胶制备及其 ζ 电势的测定

### 一、实验目的

（1）能够使用更换溶剂法制备硫黄溶胶。

（2）能够使用粒度仪测定溶胶 ζ 电势,并阐述溶胶的电学性质。

（3）能够运用 DLVO 理论探讨电解质溶液或表面活性剂对 ζ 电势数值及胶体稳定性的影响。

（4）能够结合粒度分析阐述胶体的聚沉影响因素,加深对胶体性能的理解。

### 二、实验原理

硫黄在水中的溶解度很小,在乙醇中则有一定的溶解度。若将适量的硫黄乙醇溶液滴加入水中,溶质硫黄将以分子聚集体的形式析出,这些微小颗粒均匀分散于水中,能形成较为稳定的硫黄溶胶。此种制备溶胶的方法称为更换溶剂法,所形成的硫黄溶胶为憎液溶胶。

在上述制备的硫黄溶胶中,硫黄微颗粒因具有较高的表面能和表面活性,通过发生表面吸附,可降低其自身和溶胶的自由能。非极性、疏水的单质硫在含有少量乙醇的水溶液中,倾向于优先吸附乙醇分子。硫黄微颗粒吸附乙醇分子一端疏水性的乙烷基,而乙醇分子另一端亲水性的羟基则易与邻近的水分子形成氢键。显然,通过这种方式,可明显降低溶胶体系的吉布斯自由能,使原本疏水的硫黄颗粒能均匀分散于水中,形成较为稳定的溶胶。因此,乙醇可以充当硫黄溶胶的稳定剂。

上述形成的硫黄溶胶是负电性溶胶。导致硫黄胶粒带电的可能原因是:硫黄微颗粒因布朗运动,与介电常数较大的水分子发生持续的摩擦和极性诱导;硫黄颗粒表面吸附物质的解离;硫黄颗粒表面吸附离子或偶极分子。

若在硫黄溶胶中加入适量的表面活性剂,由于表面活性离子有显著的亲油、亲水性,它更容易吸附于硫黄颗粒的表面,从而影响溶胶的界面电性质和分散稳定性。若改为在硫黄溶胶中加入电解质,则也会影响溶胶的界面电性质和分散稳定性。另外,有些高价反离子的加入(如 $Fe^{3+}$ 等),可在胶粒表面发生特性吸附,甚至能改变硫黄溶胶的电性,并使其发生不规则聚沉。表面活性剂和电解质对溶胶分散稳定性的影响具有双重性:加入适量的表面活性剂或电解质,可提高溶胶的稳定性;加过量后,则会破坏溶胶的稳定性。

通常可用胶体 $\zeta$ 电势绝对值的大小来衡量溶胶的分散稳定性。对于靠静电稳定的憎液胶体,存在一个临界 $\zeta$ 电势,当胶体的 $\zeta$ 电势的绝对值小于 $\zeta_c$ 电势时,胶体的稳定性较差,易发生聚沉。多数胶体的 $\zeta$ 值在 $25 \sim 30$ mV。通过测定含不同浓度电解质或表面活性剂的硫黄溶胶的 $\zeta$ 电势,可得到稳定剂的浓度与溶胶 $\zeta$ 电势的关系。由这些结果,可以确定制备稳定硫黄溶胶所需的稳定剂的合适浓度,可以分析、探讨硫黄胶粒表面的吸附情况和稳定剂浓度对溶胶分散稳定性的影响,获得更多有关硫黄溶胶界面电学性质的知识。

## 三、仪器与试剂

### 1. 实验仪器

具备粒径分析和 $\zeta$ 电势测量的激光粒度仪 1 台,超声波仪 1 台;超级恒温槽 1 台;烧杯(50 mL)8 只;移液枪(1 mL、2 mL)各 1 支;量筒(25 mL)2 只;玻璃滴管若干支。

### 2. 试剂及耗材

硫黄粉(CP);无水乙醇(AR);氯化钾(CP);氯化钠(CP);氯化镁(CP);氯化铁(CP);十二烷基苯磺酸钠(SDBS,AR);十六烷基三甲基溴化铵(CTAB,AR);擦镜纸。

分别配制 $0.1 \text{ mol} \cdot \text{L}^{-1}$ 氯化钠溶液、氯化镁溶液和氯化铁溶液,$1.0 \text{ g} \cdot \text{L}^{-1}$ CTAB 溶液和 SDBS 溶液。

## 四、实验步骤

### 1. 膨润土-水分散体系 $\zeta$ 电势的测定

在盛有 20 mL 浓度为 $10^{-3} \text{ mol} \cdot \text{L}^{-1}$ 氯化钾溶液的烧杯中,加入少许膨润土。将该烧杯置于超声波仪中,超声振荡 $2 \sim 3$ min,使膨润土均匀分散。按仪器的操作说明,测定膨润土分散体系的 $\zeta$ 电势。膨润土的主要矿物成分是蒙脱石,分散于水溶液中有较稳定的 $\zeta$ 电势。

### 2. 硫黄溶胶的制备及其 $\zeta$ 电势测定

取适量硫黄粉放入小烧杯中,加入一定量无水乙醇搅拌、溶解,硫黄粉仍有少量剩余。将该烧杯放在 60 ℃ 的恒温槽水浴中,约 15 min 后,振荡烧杯数次,待溶液澄清后,用移液枪分别吸取硫黄乙醇清液 0.25 mL,0.5 mL,0.75 mL,1.0 mL,1.25 mL 和 1.5 mL,加入烧杯中,并使用量筒或移液枪向每个烧杯中继续添加蒸馏水,直至总体积为 20 mL。超声振荡 $3 \sim 5$

min,使胶体分散均匀。在激光粒度仪上测定各硫黄溶胶的 ζ 电势,并确定 ζ 电势绝对值最大时所需滴加的硫黄乙醇溶液的量 $x$ mL。

(注意:以下实验取 1 mL 硫黄乙醇溶液。)

**3. 含电解质硫黄溶胶的 ζ 电势测定**

分别取浓度为 $5 \times 10^{-5}$ $mol \cdot L^{-1}$,$1.0 \times 10^{-4}$ $mol \cdot L^{-1}$,$5.0 \times 10^{-4}$ $mol \cdot L^{-1}$,$1.0 \times 10^{-3}$ $mol \cdot L^{-1}$,$5.0 \times 10^{-3}$ $mol \cdot L^{-1}$,$0.01$ $mol \cdot L^{-1}$ 的氯化钠溶液、氯化镁溶液和浓度为 $1.0 \times 10^{-5}$ $mol \cdot L^{-1}$,$5 \times 10^{-5}$ $mol \cdot L^{-1}$,$1.0 \times 10^{-4}$ $mol \cdot L^{-1}$,$5.0 \times 10^{-4}$ $mol \cdot L^{-1}$,$1.0 \times 10^{-3}$ $mol \cdot L^{-1}$,$5.0 \times 10^{-3}$ $mol \cdot L^{-1}$ 的氯化铁溶液各 15 mL 放入不同的烧杯,再分别加入 1 mL 硫黄乙醇溶液,加水定容至 20 mL,振荡,使胶体分散均匀。测定各溶胶的 ζ 电势。

**4. 含表面活性剂硫黄溶胶的 ζ 电势测定**

(1)分别取质量浓度为 $0.001$ $g \cdot L^{-1}$,$0.01$ $g \cdot L^{-1}$,$0.05$ $g \cdot L^{-1}$,$0.20$ $g \cdot L^{-1}$,$1.0$ $g \cdot L^{-1}$ 的 CTAB 溶液 15 mL 放入不同的烧杯,再分别加入 1 mL 硫黄乙醇溶液,加蒸馏水定容至 20 mL,振荡,使胶体分散均匀。测定各溶胶的 ζ 电势及平均粒径大小。

(2)分别取质量浓度为 $0.001$ $g \cdot L^{-1}$,$0.01$ $g \cdot L^{-1}$,$0.05$ $g \cdot L^{-1}$,$0.20$ $g \cdot L^{-1}$,$1.0$ $g \cdot L^{-1}$ 的 SDBS 溶液 15 mL 放入不同的烧杯,再分别加入 1 mL 硫黄乙醇溶液,加蒸馏水定容至 20 mL,振荡,使胶体分散均匀。测定各溶胶的 ζ 电势及平均粒径大小。

## 五、注意事项

(1)用于配制胶体的烧杯一定要洁净,避免杂质对测试数据的准确性产生影响。

(2)测定含同种稳定剂的溶胶时,需要按浓度从稀到浓的顺序进行。随 $Fe^{3+}$ 或 CTAB 浓度增加,硫黄溶胶的 ζ 电势会由负变正,注意观察符号的变化。

(3)激光粒度仪测量时,每次加入胶体前,都应清洗比色皿和 U 形池 3 次,并保持 U 形池中没有气泡。

## 六、数据处理与分析

将实验测定的 ζ 电势-浓度数据列表并作图(ζ 电势-浓度),对所得实验结果进行讨论。

(1)膨润土-水分散体系的 ζ 电势。

(2)滴加不同量的硫黄乙醇溶液所形成各硫黄溶胶的 ζ 电势。分析硫黄胶粒表面的吸附情况,说明为何滴加 $x$ mL 硫黄乙醇溶液时,溶胶的 ζ 电势的绝对值最大。

(3)不同浓度的氯化钠溶液、氯化镁溶液和氯化铁溶液为稳定剂的各硫黄溶胶的 ζ 电势。总结各电解质浓度与溶胶 ζ 电势的关系,比较它们的差异,并分析产生差异的原因。

(4)不同浓度表面活性剂溶液为稳定剂的各硫黄溶胶的 ζ 电势。总结各表面活性剂浓度与溶胶 ζ 电势的关系,比较它们的差异,分析产生差异的原因和硫黄胶粒表面的吸附情况。

## 七、思考题

(1)为什么由滴加不同量硫黄乙醇溶液制备所得的硫黄溶胶的 ζ 电势是不同的?

(2)试用扩散双电层的 Stern 模型,讨论在不同条件下制备所得的硫黄胶粒带电的原因。

（3）试分析本实验制备的各硫黄溶胶胶粒表面的吸附情况。

（4）试讨论 $Fe^{3+}$ 的浓度对硫黄胶粒的表面吸附及溶胶 $\zeta$ 电势的影响。$Fe^{3+}$ 是否有可能与硫生成表面硫化物？试设计可证明这一事实的简单实验。

（5）硫黄溶胶具有一定的杀菌作用。若将它用作杀菌剂,应如何选择合适的表面活性剂作为稳定剂,以及确定其浓度？试设计需做哪些实验。

## 八、参考文献

（华东师范大学　孙茜）

# 实验 10-11B　金纳米胶粒的制备及性质测量

## 一、实验目的

（1）能够用化学还原法制备金纳米胶粒。

（2）能够用 Zeta 电位仪测定金纳米胶粒的 $\zeta$ 电势,说明金纳米胶粒的电学性质。

（3）能够根据不同条件下金纳米胶粒 $\zeta$ 电势,说明电解质溶液或稳定剂对金纳米胶粒分散稳定影响的成因。

（4）能够结合粒度分布及紫外-可见图谱归纳总结粒径对金纳米胶粒稳定性的影响。

## 二、实验原理

纳米材料(nano material)又称为超微颗粒材料,是指在三维空间中至少有一维尺寸在 1~100 nm 范围的材料,粒子尺寸大小属于胶体粒子的范畴。纳米粒子处于原子簇和宏观物体之间的过渡区内,介于微观系统和宏观系统之间,由数目不多的原子或分子组成的系统。因此它们既可以被认为是非典型的微观系统也可以被认为是非典型的宏观系统。纳米粒子区别于宏观物体结构的特点是,表面积比例大,表面原子没有长程有序和短程有序的非晶层。然而粒子内部的原子可能呈现出有序的排列。由于粒子直径小,表面曲率大,内部会产生很高的吉布斯自由能,因此会导致粒子内部结构发生某种形变,表现出特殊的表面效应、量子尺寸效应、小尺寸效应、宏观量子隧道效应等独特的性质。

贵金属纳米粒子因独特的光学性质和电学性质,在信息存储、催化、光吸收、发光、医药等领域表现出巨大的应用潜力,引起了研究者的高度关注。当贵金属(主要指 Pd,Pt,Au)纳米粒子被入射光照射时,其核外电子云在电磁场的激发下将会发生振荡,产生局域表面等离子体(localized surface plasmon，LSP)，从而激发电磁场，对入射光进行散射(当然也存在粒子对入射光的吸收)。当入射光频率处于某一特定值时，会出现局域表面等离子体共振(localized surface plasmon resonance，LSPR)现象。纳米粒子的 LSPR 共振频率的峰位和强度受到纳米粒子的多个参数如介电函数、尺寸、形状、分布及周围环境的介电性质等影响。

研究表明，金纳米粒子会与一定波长范围内的光发生表面等离子体共振现象，Mie 等人最早对此现象提出了理论定量描述，当总能级一定时，纳米粒子越小其相邻能级间的能级差则越大，金属纳米粒子的吸收峰位置也随之蓝移;反之，随着纳米粒子尺寸的增大，吸收峰的位置红移。在此之后的研究对上述理论进行完善，表明金纳米粒子对光的吸收不仅与粒子的尺寸密切相关，还与粒子的形状有关。当金纳米粒子的粒径、形状和表面修饰的稳定剂不同时，它的表面等离子体共振吸收也会随之发生改变。金纳米粒子水溶液的颜色反映的是表面等离子体共振峰的位置，不同的颜色表明金纳米粒子表面等离子体共振峰位置不同，从而使得金纳米粒子溶液呈现出颜色效应。有研究表明金纳米粒子表面等离子体共振的主要特征吸收带在 520 nm 附近，吸收波长随金纳米粒子直径增大而增加，当粒径由小变大时，表观颜色依次从淡橙色(<5 nm)、葡萄酒红色(5~20 nm)向深红色(20~40 nm)、蓝色(>60 nm)变化。若金纳米粒子颗粒聚集，则吸收峰变宽，颜色也发生变化，变为紫色、紫罗蓝色或黑色等。当金纳米粒子的粒径小于 3 nm 时，随着粒径的减小，吸收带逐渐变宽;而当粒径小于 2 nm 时，表面等离子共振吸收峰会消失;粒径为 1.1~1.9 nm 的金纳米粒子的跃迁是不连续的。因此，可以通过紫外-可见分光光度计来测定金纳米粒子的吸收峰，进而确定金纳米粒子的尺寸大小及其分散聚集情况，因此成为测定纳米颗粒尺寸的一种常用辅助工具。

目前，金纳米胶粒的制备方法较多，主要分为化学法和物理法，报道最多的是还原剂还原氯金酸制备金纳米胶粒，典型代表是 Faraday 用磷作为还原剂，在溶液中加热还原 $[AuCl_4]$ 制得金溶胶。随后，在世界各国化学工作者的不懈努力下，越来越多的可以作为还原剂的物质被报道出来，如柠檬酸钠作还原剂制备出粒径为 8~60 nm 的金纳米粒子，抗坏血酸作还原剂制备出纳米粒子的大小为 8~13 nm，硼氢化钠作还原剂制备的粒子的大小为 2~5 nm。其中制备金纳米粒子最经典的方法之一是利用柠檬酸钠(sodium citrate)还原氯金酸(HAuCl$_4$)，如反应式(10.11B.1)所示，这种方法被称为 Frens 法，在制备过程中柠檬酸钠既充当了还原剂又充当了稳定剂。Frens 方法的显著优点是可以通过简单地调节反应物比例得到不同尺寸的金纳米粒子，因此 Frens 方法是目前制备金纳米粒子最为广泛采用的方法之一。Turkevich 等人就是利用了此方法制备了金纳米粒子，并且研究了 HAuCl$_4$ 被柠檬酸钠还原时的化学反应机理及金纳米粒子的成核和生长的过程，同时提出了关于在柠檬酸钠的降解过程中存在中间产物丙酮二羧酸的假设。后来 Smith 等研究了柠檬酸根在金纳米粒子表面的吸附模型，并且推出了最优模型，即相邻两个羧酸根通过配位作用吸附在金纳米粒子表面，另外一个羧酸根向外伸展在溶液中，使金纳米粒子表面带负电荷，并且通过静电排斥作用而稳定分散。

$$HAuCl_4 \xrightarrow[\triangle]{\text{柠檬酸钠}} Au + 4Cl^- + H^+ \qquad (10.11B.1)$$

金纳米粒子是双电层结构。其中心是一个基础金核(原子金 Au)，金核外部包围着正负两种离子的双电层，紧连在金核表面的是内层负离子，在胶体溶液中分散着外层的 H$^+$。

由于相同电荷的互相排斥,金纳米粒子保持稳定状态。金纳米胶粒的表面 $\zeta$ 电势是影响其稳定性的重要性质。金纳米胶粒的 $\zeta$ 电势越高则越稳定。如在溶胶中加入较多电解质,胶粒的反离子浓度增大,会使 $\zeta$ 电势下降,双电层变薄;反离子价数越高则 $\zeta$ 电势下降越显著。$\zeta$ 电势下降到某一程度,胶粒会因碰撞、黏附而聚沉。用不同的配体对金纳米粒子的表面进行修饰,可以得到带有不同功能的金纳米粒子,实现金纳米粒子的功能化。虽然有些配体不能使溶胶稳定存在,甚至金纳米粒子的稳定性在它经过某些配体修饰后会显著降低,但这些表面配体却为实现纳米粒子的表面功能化,以及研究粒子的表面化学反应提供了丰富的手段,并且在固定和组装金纳米粒子及其应用方面都具有重要的意义。

因此通过测定含不同浓度电解质或稳定剂的金纳米胶粒的 $\zeta$ 电势,可得到电解质浓度、稳定剂种类与金纳米胶粒 $\zeta$ 电势的关系。由这些结果,可以确定制备稳定金纳米粒子所需的电解质浓度、稳定剂种类,可以分析、探讨金纳米胶粒表面的吸附情况和稳定剂浓度对溶胶分散稳定性的影响,获得较多有关金纳米胶粒界面电性质的知识。

### 三、仪器与试剂

#### 1. 实验仪器

Zeta 电位仪 1 套(计算机 1 台,样品测试皿);紫外-可见光谱仪 1 台;磁力搅拌器 1 台;油浴 1 套;茄形瓶(100 mL)1 个;移液管(1 mL,5mL,10mL)各 1 支;量筒(50 mL)1 只;小烧杯若干;玻璃滴管若干支。

#### 2. 试剂与耗材

氯金酸溶液(10 mg·mL$^{-1}$);聚乙烯醇溶液(PVA,5 mg·mL$^{-1}$);柠檬酸钠溶液(1%,质量分数);NaCl(AR);透析膜(D7000)。

### 四、实验步骤

#### 1. 金纳米胶粒的制备

在 100 mL 的茄形瓶中,加入 50 mL 去离子水、1 mL 氯金酸溶液,放在油浴中加热至沸腾,快速加入 1 mL 柠檬酸钠溶液,继续搅拌 10 min,自然冷却至室温。取 5 mL 新鲜制备的金纳米胶粒于透析膜袋中,置于盛放去离子水的 500 mL 大烧杯中,小心搅拌透析纯化三次。

#### 2. 金纳米胶粒的 $\zeta$ 电势测定

按仪器的操作说明,测定新鲜制备金纳米胶粒和透析纯化后金纳米胶粒的 $\zeta$ 电势。测试完毕后,按照仪器操作说明,测试相应金纳米胶粒的粒径分布。

#### 3. 测定含电解质的金纳米胶粒的 $\zeta$ 电势

分别取浓度为 $5 \times 10^{-5}$ mol·L$^{-1}$,$1.0 \times 10^{-4}$ mol·L$^{-1}$,$5.0 \times 10^{-4}$ mol·L$^{-1}$,$1.0 \times 10^{-3}$ mol·L$^{-1}$,$5.0 \times 10^{-3}$ mol·L$^{-1}$,0.01 mol·L$^{-1}$ 的 NaCl 溶液各 15 mL 放入不同的烧杯,再分别加入 1 mL 金纳米胶粒溶液,混合均匀。测定各溶胶的 $\zeta$ 电势及其粒径分布。

#### 4. 金纳米胶粒的紫外-可见光谱测定

将前述各样,取一定量稀释后的金纳米溶胶置于石英样品池中,进行紫外-可见光谱分析。紫外波长扫描范围为 200~900 nm。

#### 5. 不同条件下金纳米溶胶的制备及 $\zeta$ 电势测定

(1)在上述金纳米胶粒制备过程中,固定氯金酸溶液体积 1 mL,油浴加热溶液至沸腾,调变柠檬酸钠溶液体积分别为 1.5 mL,0.75 mL,0.5 mL,0.25 mL 条件下,制备金纳米胶粒,自然冷却至室温。分别测定各溶胶的 $\zeta$ 电势。

（2）在上述金纳米胶粒制备过程中,固定氯金酸溶液体积 1 mL,分别加入 12.5 g·L$^{-1}$ PVA 溶液 1 mL 或 5 mL 或 10 mL,油浴加热溶液至沸腾,快速加入柠檬酸钠溶液 1 mL,制备金纳米溶胶,自然冷却至室温。分别测定各金纳米胶粒的 $\zeta$ 电势。

## 五、注意事项

（1）金纳米胶粒对光比较敏感,整个制备与纯化过程中,应用铝箔包裹玻璃器皿,避光操作。

（2）样品 $\zeta$ 电势、粒度分布和紫外-可见光谱测定时,可按从稀到浓的顺序测定。在每次加入溶胶前,都应润洗样品池 3 次。

（3）测定含不同稳定剂的溶胶时,每次都应先用蒸馏水冲洗样品池,再用待测溶胶润洗3 次。

## 六、数据处理与分析

（1）比较透析纯化与未纯化金纳米溶胶的 $\zeta$ 电势差异,并分析原因。

（2）分析不同浓度的 NaCl 溶液中金纳米溶胶体系的 $\zeta$ 电势,分析电解质浓度与溶胶 $\zeta$ 电势的关系,比较它们的差异,并分析产生差异的原因。

（3）比较加入不同浓度稳定剂时各金纳米溶胶体系的 $\zeta$ 电势。总结稳定剂浓度与溶胶 $\zeta$ 电势的关系,比较它们的差异,分析产生差异的原因和金纳米胶粒表面的吸附情况。

（4）比较分析不同制备条件对金纳米胶粒粒径影响,及其紫外-可见图谱的差异。

## 七、思考题

（1）为什么不同条件下制备的金纳米胶粒呈现不同颜色?

（2）为什么透析纯化后的金纳米胶粒体系颜色会加深?

（3）不同浓度电解质溶液中,金纳米胶粒的 $\zeta$ 电势差异的原因是什么? 对其稳定性会有什么影响?

（4）絮凝后的金纳米胶粒,还可以再分散吗? 为什么?

## 八、知识拓展

金具有较低的熔点,金的熔点为 1065 ℃,并且由于纳米效应的影响,2 nm 大小的金熔点为 300 ℃ 左右,因此想制备小尺寸、高分散和高稳定性的金催化剂具有一定难度,这也是为什么金的催化活性发现得晚的原因。虽然早在 1972 年,Bond 就指出金作为合金或是助剂有利于提高催化剂对某些反应的活性,预测了金的高活性,但直到 20 世纪 80 年代才有人制备出小尺寸的金纳米催化剂。随后的三十年,随着对金的深入了解和设备进步,越来越多的方法应用于制备金纳米颗粒,并且取得较好的结果,可用各种方法制备均匀分布的小尺寸纳米金负载在载体上。必须指出,虽然不同方法可得到粒径相同的金颗粒,但是不同制备过程,对于金的电子性质和金与载体的相互作用程度等都会有很大差别,催化活性也有很大区别。目前文献报道的负载型金催化剂制备大多采用 HAuCl$_4$ 为金源的湿化学法。

大量研究表明,金颗粒尺寸、几何形貌及电子状态,以及载体与金间的相互作用是影响负载金催化剂活性的主要因素,这主要是当金颗粒大小达到纳米尺度时,会展现出独特的纳米尺寸效应,一个重要特征就是表面积大幅度提升,外部原子比例随之增大,同时由于内外引力不平衡,导致外部原子具有更高活性,颗粒表面出现缺陷。在各种制备方法中,溶胶沉积法因其独特优势,一直被研究者广泛关注。溶胶沉积法是在保护剂的作用下,在硼氢化钠、甲酸、水合肼等中,先制备出金纳米颗粒的溶胶,然后再加入载体,将金颗粒吸附或是沉积在载体上,也叫溶胶固定法。该方法的优点是:对于金胶粒的大小可控,同时制备出的金的分散性也很高。该方法制备过程中需要注意的是还原剂的选取、保护剂的选择及用量的控制。制备过程中,随着金纳米粒子的粒径和形态的改变,溶液的颜色也会发生相应的改变,金纳米粒子的小尺寸效应使其电子运动范围只能在微粒表面与入射光发生共振,从而产生局部等离子共振现象,且该现象强烈依赖于金纳米粒子的形态,不同形态产生的等离子共振方向不同,在紫外-可见光谱上就会呈现出不同的差异,因此可通过紫外-可见光谱大致判断金纳米胶粒的尺寸分布。

本实验中制备的金胶粒可以调变还原剂的种类、稳定剂的种类,可以调变金纳米胶粒的尺寸。也可以将制备好的金纳米胶粒通过溶胶沉积法,制备负载金催化剂,用于各类催化反应。

## 九、参考文献

（复旦大学　刘永梅）

# 实验 10-12A　功能性固体材料孔结构参数的测量

## 一、实验目的

（1）能够使用比表面积及孔隙度分析仪测量固体的比表面积、孔结构参数,并阐述其工作原理。

（2）能够从比表面积、孔体积、孔径分布等信息剖析固体材料的结构性质,并为设计合成功能孔材料及实际拓展应用提供理论指导。

## 二、实验原理

处于固体表面的原子,由于周围原子对它的作用力不对称,即表面原子所受的力不饱和,具有剩余力场,因而可以自发吸附气体或液体分子覆盖其表面,以降低表面吉布斯自由能。一些具有较大比表面积的功能性多孔固体材料(如活性炭、分子筛等)可广泛用于吸附、催化等领域,其性能往往和比表面积、孔体积(也称孔容)和孔径分布等孔结构参数有直接的关系。因此,固体孔结构参数的测定是评价功能性固体材料吸附、催化等性能的基础。

要获得固体材料的孔结构参数,需要先进行吸附/脱附等温测量。吸附能力的大小通常用吸附量表示,即单位质量的吸附剂所吸附气体的体积或物质的量,单位分别为 $cm^3 \cdot g^{-1}$ STP(需要折算到 0 ℃和 101.325 kPa 下体积)或 $mmol \cdot g^{-1}$。对于一个给定的系统,达到平衡时吸附量与温度及气体的压强有关,当温度一定时,吸附量是压强的函数,二者关系用图形表示即为吸附等温线。

根据国际纯粹与应用化学联合会(International Union of Pure and Applied Chemistry,简称 IUPAC)的分类,吸附等温线分为 6 种不同类型,如图 10-12A-1 所示,与固体材料的表面性质和孔结构紧密关联。微孔材料(孔径小于 2 nm,如沸石和活性炭)的吸附等温线为I型;大孔材料(孔径大于 50 nm)的吸附等温线通常为 II 型,若其与吸附质相互作用很弱,则吸附等温线为 III 型;介孔材料(孔径处于 2~50 nm 之间,包括 MCM-41、MCM-48 和 SBA 系列介孔分子筛、硅胶等)的吸附等温线多呈现为 IV 型;对于和吸附质相互作用很弱的微孔或者介孔材料,其吸附等温线为 V 型;一定条件下,具有规整孔结构的超微孔固体(孔径小于 0.7 nm)的吸附等温线为VI型,呈台阶状,如 $C_2HCl_3$、$C_2Cl_4$ 和 $C_6D_6$ 在 Silicate-I 上的吸附。吸附等温线和脱附等温线有可能重合,也有可能分离并形成环状,称为滞后环,如图 10-12A-1 中 IV 和 V 所示。形成滞后环是介孔材料的特征之一。有序介孔材料(如 SBA-15)的滞后环通常呈现为平行四边形

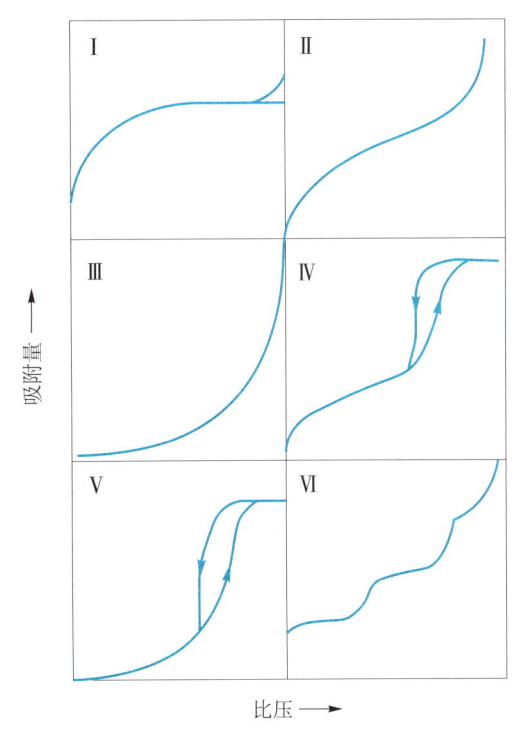

图 10-12A-1 常见的吸附等温线类型

结构,可作为判断是否形成该类材料的证据之一。

比表面积是指单位质量固体材料所具有的表面积,单位为 $m^2 \cdot g^{-1}$,是固体材料最重要的孔结构参数之一。测量比表面积的理论基础是 Brunauer、Emmett 和 Teller 三人提出的多分子层吸附理论及他们提出的 BET 公式。式(10.12A.1)为以吸附气体体积表示的BET 公式:

$$\frac{p/p_s}{V(1-p/p_s)} = \frac{1}{V_mC} + \frac{C-1}{V_mC} \cdot \frac{p}{p_s}$$

(10.12A.1)

式中:$V$ 代表平衡压强 $p$ 时吸附的气体体积(以 0 ℃和 101.325 kPa 下体积计算,单位为 $cm^3$);$V_m$ 代表在固体表面上铺满单分子层时所吸附气体的体积;$p_s$ 为吸附平衡温度下吸附质的饱和蒸气压;$C$ 是与吸附热有关的常数;$p/p_s$ 称为吸附比压。BET 公式推导时有两

个假定:①固体表面均匀,被吸附分子之间无相互作用;②发生了多分子层吸附,并且第一层吸附与第二层吸附相互作用的对象不同,因而吸附热也不同,第二层及以后各层的吸附热接近于凝聚热。为了满足多层吸附的条件,BET 公式通常适用于 0.05~0.35 的比压范围。以 $\dfrac{p/p_s}{V(1-p/p_s)}$ 对 $p/p_s$ 作图,从拟合直线的斜率和截距可算出 $V_m$ 数值,再通过式(10.12A.2)即可求得固体材料的比表面积。

$$S = \frac{A_m N_A V_m}{2.24 \times 10^4 \times m} \tag{10.12A.2}$$

式中:$S$ 为比表面积;$N_A$ 为阿伏伽德罗常数;$m$ 为样品的质量,单位为 g;$A_m$ 为吸附质分子的截面积,单位为 $m^2$。

孔径分布也是固体材料一个非常重要的性质,目前已建立了多种测量孔径分布的方法。BJH 方法是一种基于 Kelvin 毛细管凝聚理论发展出的孔径分布计算模型,适用于分析 2~50 nm 的介孔材料,是目前使用时间最长、被普遍接受的孔径分布计算模型之一。该方法处理时,通过 Kelvin 方程由平衡压强求出对应每个压强下吸附剂的孔径,再将压强降低时氮气吸附体积的变化与两个因素关联:① 高、低两个压强对应孔径尺寸范围内孔隙中毛细管凝聚物的脱除;② 脱除了毛细管凝聚物后的孔壁上多层吸附膜的变薄。最终通过一系列转化获得孔径分布曲线,通常以 $dV/\mathrm{dlg}\,D$ 对孔径 $D$ 作图呈现。

此外,孔体积、微孔体积和微孔比表面积(通过 $t$-plot 方法计算)、介孔体积和介孔比表面积(通过 BJH 方法计算)、平均孔径等也是一些重要的孔结构参数,其测试原理参考相关的资料。

测量吸附等温线的方法有容量法、重量法、流动吸附色谱法等。其中容量法是在一定体积内改变吸附质的压强,测定固体物质在指定温度下的吸附平衡压强,由吸附前后压强的改变值算出平衡吸附量,从而获得吸附等温线。当比压接近于 1 时,再逐步降低平衡压强,测得脱附等温线。全自动比表面积及孔隙度分析仪主要基于容量法来设计,是一类在科研中广泛应用的固体表面分析仪器。市场上的比表面积及孔隙度分析仪的种类繁多,图 10-12A-2 显示了 Tristar Ⅱ 3020 型全自动比表面积及孔隙度分析仪的气路图,该仪器可以同时进行 3 个样品的测量。从测试结果报告中可以直接获得吸附/脱附等温线及 BET 比表面积、Langmuir 比表面积、BJH 吸附/脱附孔容和孔径分布、总孔容、微孔孔容和面积、平均孔大小等孔结构参数信息。

### 三、仪器与试剂

#### 1. 实验仪器

全自动比表面积及孔隙度分析仪 1 套[建议使用具有三个及以上独立分析站的仪器,如 Tristar Ⅱ 3020 型,已含氮气钢瓶 1 个,氦气钢瓶 1 个,计算机 1 台,气体净化装置(脱气站)1 套,液氮冷阱 1 只,具塞样品管 6 支,等温夹套 3 支,液氮高度测量棒 1 个、堵头 3 个];烘箱 1 台。

#### 2. 试剂及耗材

活性炭;金红石;锐钛矿;Y 型沸石(NaY);介孔分子筛(SBA-15);γ-氧化铝;液氮。(也可以结合本校开设的其他实验,从微孔沸石、介孔分子筛、碳材料、催化剂或催化剂载体

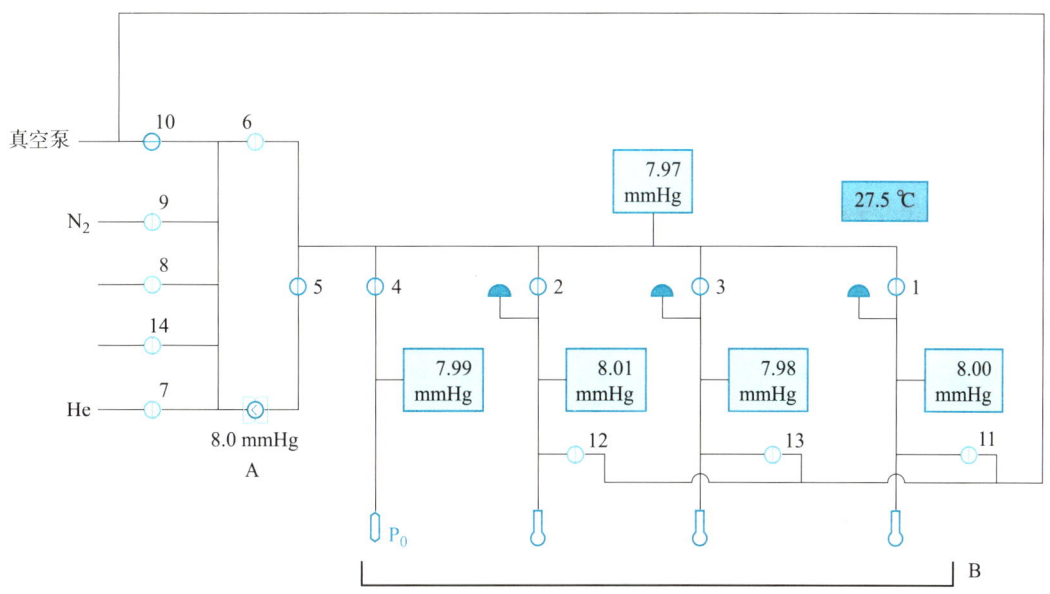

1~14—电磁阀；A—伺服阀；B—液氮冷阱

**图 10-12A-2 Tristar Ⅱ 3020 型全自动比表面积及孔隙度分析仪的气路图**

等功能性固体材料中选择合适的样品。)

## 四、实验步骤

### 1. 样品活化

（1）取一支干净的样品管（已编号），盖上对应橡胶塞，在电子天平上准确称量空管质量。加入约 0.1 g 活性炭后，将样品管放入脱气站炉体中，连接其中一个气路接口。

（2）同样方法准确称量另外五支样品管，分别装入 0.1 g 左右金红石、锐钛矿、NaY、SBA-15 和 γ-氧化铝样品，接入脱气站中。

（3）打开脱气站电源开关，连通真空泵，设定终态温度为 350 ℃，开始抽真空加热以活化样品。其中用于比表面积测量的活性炭、金红石和锐钛矿在 350 ℃ 活化 2 h，用于孔结构参数测量的 NaY、SBA-15 和 γ-氧化铝样品在 350 ℃ 活化 4 h。

（4）样品活化结束，冷至室温后分别回气保护，盖上对应橡胶塞，准确称量其质量（该质量与空管质量的差值即为活化后样品的质量）。

### 2. 比表面积测量

（1）将用于比表面积测量的三支样品管套上等温夹套后，分别接入分析站三个端口中。

（2）在液氮冷阱中装入液氮至合适位置，放入分析站升降台上。

（3）打开计算机中的 Tristar Ⅱ 3020 软件，点击主界面上"File"→"New Sample"，进入参数设置界面。通过点击"Replace All"调入已编辑好的 BET 比表面积测试方法文件（也可以直接手动设置分析条件），然后在相应位置填写样品名称和质量，保存后退出。按同样方法建立另外两个样品的测试方法，保存为不同的名称。

（4）通过点击"Unit 1"→"Sample Analysis"，进入分析界面，分别调入已编辑好三个样品的方法文件,点击"Start"开始分析样品。

(5) 比表面积测试约需 1.5 h。测试结束后,待样品管温度恢复至室温,取下样品管。

**3. 孔结构参数测量**

(1) 将用于孔结构参数测量的三支样品管套上等温夹套后,分别接入分析站三个端口中。

(2) 点击 Tristar Ⅱ 3020 软件主界面上"File"→"New Sample",进入参数设置界面。通过点击"Replace All"调入已编辑好的孔结构参数测试方法文件(也可以手动设置分析条件),在相应位置填写样品名称和质量,分别建立三个样品的方法文件。然后在分析界面中调入编辑好的方法文件进行孔结构参数测量。孔结构参数测试通常需要 6~12 h。

**4. 测试报告**

测试结束,在主界面上点击"Report"→"Start Report",找到对应的样品文件,选择所需列出的信息,即可显示样品的测试报告。

**5. 关机**

将脱气站上温度设置为室温,关闭脱气站电源和真空泵。

从分析站端口取下样品管,并接上专用堵头。样品回收,清洗样品管,烘干备用。实验结束通常不需要关闭软件和分析站。若长时间不用,先关闭软件,再关闭计算机,最后关闭仪器主机和油泵。

## 五、注意事项

(1) 进行分析实验时,应将罩门关闭以保证安全;升降台下不能放杂物。

(2) 本实验所用氮气与氦气都要求高纯,如存在杂质对结果会产生影响,特别对死体积的影响更为明显。

(3) 装样品管时要套上等温夹套,以避免测量时液氮挥发导致样品管温度发生变化。

(4) 液氮冷阱中液氮高度应处于合适的位置,可通过配备的专用检测棒测量。长时间使用,杜瓦瓶中会累积冰,累积到一定程度应将冰除去,清洗杜瓦瓶。

(5) 使用液氮时,操作要小心,戴上专用防护手套,防止液氮泼在手上而冻伤。

(6) 脱气站活化时,一开始抽气速率不能太快,防止粉状样品被带入脱气站管道之中。

(7) 如果样品中含水量较多,需要先将样品在烘箱中 100 ℃或合适温度下预先除水再接入脱气站,防止水在样品管壁冷凝。如果样品在水热处理时容易坍塌,则可以先将温度设定至 90 ℃,在该温度下活化 0.5~1 h 后,再升至 350 ℃活化 2~4 h。如果样品热稳定性较差,则应设置较低的处理温度,以免因样品受热分解带来影响。如果时间充足,则活化时间可以进一步延长。

## 六、数据处理与分析

(1) 对于比表面积测试样品,从测试报告中找到不同 $p/p_s$ 下的吸附量 $V$,计算 $\dfrac{p/p_s}{V(1-p/p_s)}$ 数值并对 $p/p_s$ 作图,从拟合直线斜率与截距数值计算饱和吸附量 $V_m$,再利用式(10.12A.2)算出样品的比表面积 $S$(注:饱和吸附量 $V_m$ 已经是单位质量吸附剂上吸附的体积,计算时不要再除以吸附剂质量 $m$;氮气分子的截面积为 $1.62×10^{-17}\ m^2$),并和测试报告结果进行比较。

（2）对于孔结构参数测试样品，根据测试报告中"Isotherm Tabular Report"数据，绘制吸附/脱附等温线图；根据"BJH Adsorption d$V$/dlg $D$ Pore Volume"数据，绘制孔径分布曲线图。

（3）从测试报告中，找出并记录样品的 BET 比表面积、微孔面积、孔体积、微孔体积等数据。

（4）根据以上结果，分析上述功能性固体材料的孔结构。

## 七、思考题

（1）为什么要测定死体积？测定死体积时为什么要使用氦气？

（2）为什么在测试前要进行脱气处理？

（3）从测试结果中可获得哪些信息？这些信息对功能性材料的研制有何指导意义？

## 八、知识拓展

（1）对于微孔材料，不能采用 BJH 法进行孔径分布测量，通常采用 Horvath-Kawazoe 法进行处理。该方法主要基于①依照吸附压强大于或小于对应的孔尺寸的一定值，微孔完全充满或完全倒空；②吸附相表现为二维理想气体等假定，从分析狭缝型微孔上吸附分子接收的平均势能与自由能变化的关系，推导出填充压强与有效孔径的关系，再以 d$V$/d$w$ 对孔隙宽度 $w$ 作图，获得微孔分布曲线。由于微孔分布主要集中在低比压区域，需要在比压低于 0.1 时测量足够多的数据，因而对实验条件和仪器性能要求很高，建议使用 ASAP2020 Plus 型或其他类似型号比表面积及孔隙度分析仪测量。

（2）吸附/脱附等温线上滞后环产生的原因归结为孔的作用。压强增加时，吸附剂进入孔中，所受阻力较小，容易进行；当压强下降时，吸附剂从孔中脱附出来，所受阻力较大，需要更低的压强下才能完全脱附，这就产生了滞后环。根据 IUPAC 的建议，滞后环分为 5 类共 6 种形状，如图 10-12A-3 所示，每一种滞后环与特定的孔结构相关。H1 型滞后环通常出现在孔径分布集中的均一介孔材料上，如有序介孔硅（MCM-41，MCM-48，SBA-15）、可控孔的玻璃和有序介孔碳材料。由于孔隙网络效应被削弱，在吸附分支上延迟的凝聚效应形成陡峭狭窄的滞后环；出现 H2 型滞后环的材料孔结构比较复杂，其中孔隙网络效应影响明显。H2（a）型滞后环的脱附分支非常陡峭，主要归因于窄孔径处的孔堵塞/渗透或者空穴效应引发的挥发。H2（a）型滞后环常见于硅凝胶、多孔玻璃及一些有序介孔材料（如 SBA-16 和 KIT-5 多孔硅）。H2（b）型滞后环也和孔道阻塞有关，但相对于 H2（a）型来说，孔径宽度的尺寸分布要宽得多，常见于介孔二氧化硅泡沫和一些经过水热处理后的有序介孔硅材料；H3 型滞后环有两个显著的特征：①吸附分支类似于 Ⅱ 型等温吸附线；②脱附分支的卜限通常位于引发空穴效应的 $p/p_s$ 处。H3 型滞后环通常出现在片状颗粒的非刚性聚集体材料上（如黏土），如果孔道的网络结构由大孔组成，并且没有被孔凝聚物完全填充，则也会出现这种滞后环；H4 型滞后环和 H3 型有些相似，但是其吸附分支是 Ⅰ 型和 Ⅱ 型吸附等温线的组合，在低 $p/p_s$ 处有明显的吸附，与微孔填充有关。H4 型滞后环通常出现在沸石的聚集晶体、一些介孔沸石和微孔-介孔碳材料上；H5 型滞后环不常见，但它具有独特的形状，与同时具有开放和部分阻塞的两种介孔的孔道结构有关（如插入六边形模板的二氧化硅）。H3、H4 和 H5 型滞后环脱附分支都会出现急剧下降段。通常位于较窄的比压范围，与吸附质类别和吸附温度有关，例如，对于氮气在-196 ℃下的吸附，陡降段出现在比压 $p/p_s$=0.4~0.5。

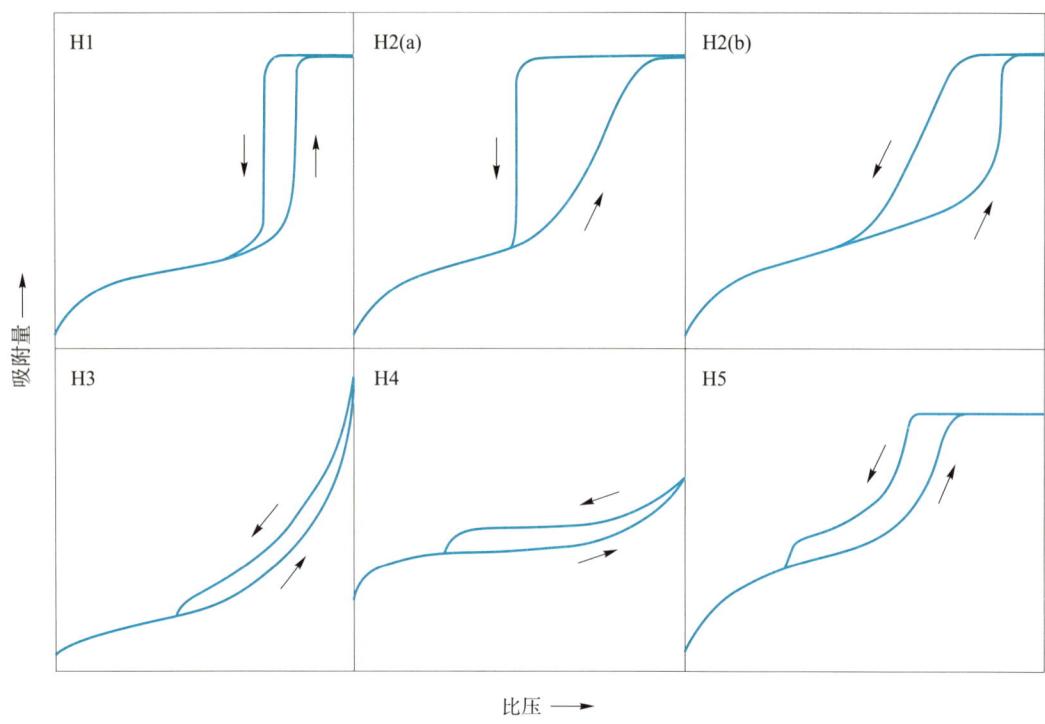

图 10-12A-3　滞后环的类型

## 九、参考文献

（南京大学　淳远、王喜章，复旦大学　刘永梅）

## 实验 10-12B　多孔/层状材料对水中染料污染物的吸附性能研究

### 一、实验目的

（1）能够阐述当前工业应用和科学研究中涉及的多孔/层状吸附材料的种类，以及固体自溶液中吸附的现象和原理。

（2）能够说明采用分光光度法研究吸附剂对水溶液中染料污染物吸附的实验方法原理，树立绿色环保意识。

（3）能够将固体自溶液中吸附的原理应用于研究累托石对水中亚甲基蓝吸附的热力学、动力学性质。

（4）能够结合吸附剂及吸附质分子的结构特征，计算吸附剂的比表面积，并分析和预测不同吸附材料对不同类型染料污染物吸附的效果，将理论应用于解决实际问题。

## 二、实验原理

多孔或层状固体具有高的比表面积，常被用作吸附剂、催化剂载体等。多孔或层状吸附材料的种类很多，包括天然和人工合成材料，按照成分可分为无机材料，如碳材料（包括活性炭、生物炭、碳纳米管、活性碳纤维、石墨烯等）、黏土（具有层状结构的含水铝硅酸盐天然矿物，有高岭土、蒙脱石和硅藻土等）、沸石分子筛（具有笼状结构的结晶铝硅酸盐矿物，有天然沸石和人工沸石）、硅胶（即硅酸凝胶，具有开放的多孔结构的非晶态二氧化硅）、层状双金属氢氧化物（layered double hydroxide，LDHs）等；多孔有机框架材料（porous organic frameworks，POFs），其又可分为共价有机框架（covalent organic frameworks，COFs）、共轭微孔聚合物（conjugated micro porouspolymers，CMPs）和超高交联聚合物（hypercrosslinked polymers，HCPs）等；有机-无机杂化多孔材料，如金属有机框架（metal-organic frameworks，MOFs），有机多孔材料与无机层状材料复合的杂化材料等。

固体表面的吸附在生产、生活和科学实验中有着广泛的应用。其中，固体自溶液中的吸附是一个重要方面，它在织物的染色、离子交换、糖液的脱色、水的净化、色层分离和胶体的稳定等许多工业领域和科研中有着重要的应用。由于溶剂的存在，固体自溶液中的吸附比固体对气体的吸附复杂得多，受许多因素的影响，如吸附剂孔径的大小、被吸附分子的大小、温度、吸附剂-吸附质-溶剂三者的相对极性及吸附剂的表面化学性质等。

累托石是一种具有层状铝硅酸盐结构的黏土矿物，因为晶体构造层间含水及阳离子 $Na^+$ 或 $Ca^{2+}$，具有很强的吸附力和阳离子交换能力。亚甲基蓝（methylene blue），化学名称 3,7-双（二甲氨基）吩噻嗪-5-鎓氯化物，被广泛应用于化学指示剂、染料、生物染色剂和药物等方面。累托石层状结构图及亚甲基蓝性状和结构式可扫描二维码 10-12B-1 查看。作为水溶性阳离子染料的代表化合物，亚甲基蓝色度高，水溶液呈碱性，有毒，对环境污染严重，而且几乎不能被生物降解。"绿水青山就是金山银山"，水体中亚甲基蓝的减害处理是工业印染废水处理的一个很重要的课题。累托石对亚甲基蓝具有较好的吸附作用。在本实验中，通过累托石对亚甲基蓝吸附热力学、动力学实验研究，使学生掌握多孔/层状固体吸附剂对染料污染物吸附研究的基本方法。

二维码 10-12B-1　累托石层状结构图及亚甲基蓝性状和结构式

### 1. 固体自溶液中的吸附热力学研究——吸附等温线

固体自溶液中对溶质的吸附量，可根据吸附前后溶液浓度的变化来计算：

$$q_e = \frac{(\rho_0 - \rho_e)V}{m} \tag{10.12B.1}$$

式中:$\rho_0$ 和 $\rho_e$ 分别为溶液的初始浓度和吸附平衡后的浓度[①],单位为 mg·L$^{-1}$;$q_e$ 为单位质量的吸附剂在溶液平衡浓度为 $\rho_e$ 时的吸附量,单位为 mg·g$^{-1}$;$V$ 为溶液体积,单位为 L;$m$ 为吸附剂的质量,单位为 g。

在恒温恒压下,测定吸附量随浓度的变化关系,作图,即可得到吸附等温线。吸附等温线因体系不同而有多种形式。当吸附等温线与气体吸附的 I 型等温线类似时,如图 10-12B-1 所示,为单分子层吸附。人们常用 Langmuir 吸附等温式和 Freundlich 吸附等温式来描述具有这种等温线特征的固体自溶液吸附行为。

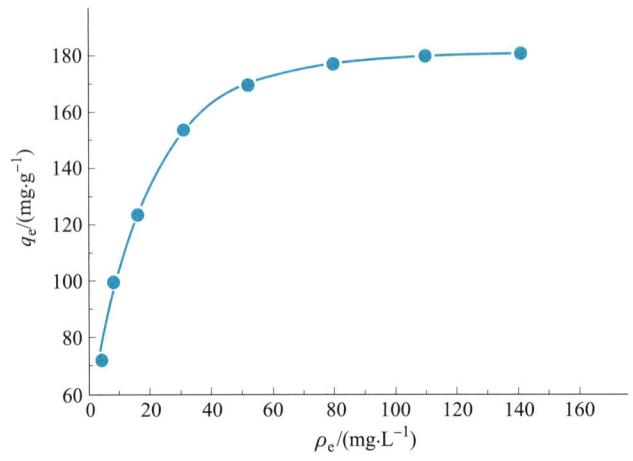

图 10-12B-1 固体自溶液中的吸附 I 型吸附等温线图

Langmuir 吸附等温式是应用最为广泛的单分子层吸附公式,方程的常用形式和线性形式为

$$q_e = \frac{Q_{max}K_L\rho_e}{1+K_L\rho_e} \qquad (10.12B.2)$$

$$\frac{\rho_e}{q_e} = \frac{1}{K_LQ_{max}} + \frac{\rho_e}{Q_{max}} \qquad (10.12B.3)$$

式中:$Q_{max}$ 为饱和吸附量,单位为 mg·g$^{-1}$,是表征材料吸附功能的一个重要指标;$K_L$ 为 Langmuir 常数,单位为 L·mg$^{-1}$。

Freundlich 吸附等温式是一个在研究固体自溶液吸附时应用更为广泛的公式,它适用于不均一吸附剂表面的非理想吸附,其公式的常用形式及线性方程形式为

$$q_e = K_F\rho_e^{1/n} \qquad (10.12B.4)$$

$$\ln q_e = \ln K_F + \frac{\ln \rho_e}{n} \qquad (10.12B.5)$$

式中:$n$ 为量纲一的与吸附强度有关的系数;$K_F$ 为 Freundlich 吸附平衡常数,代表吸附能力大小。

在稀溶液中,累托石对亚甲基蓝的吸附一般在 15 min 即可达 90% 以上的吸附率,在较短时间内即可达到吸附平衡,且等温线为 I 型等温线。通过测定一定温度下累托石对不同浓度亚甲基蓝水溶液吸附平衡时的溶液浓度 $\rho_e$ 和吸附量 $q_e$,作 $(\rho_e/q_e)$-$\rho_e$ 图,利用式

---

① 在固体自溶液中吸附的相关科学研究中常用质量浓度 $\rho$(mg·L$^{-1}$)表示溶液浓度,因此本实验也采用该形式。

（10.12B.3）拟合实验数据，即可得到该温度下累托石对亚甲基蓝的 Langmuir 吸附等温式；作 $\ln q_e$-$\ln \rho_e$ 图，利用式（10.12B.5）拟合实验数据，则可得到该温度下累托石对亚甲基蓝的 Freundlich 吸附等温式。利用吸附等温式可以更好地分析累托石对亚甲基蓝的吸附规律。

**2. 固体自溶液吸附的动力学**

溶液中的吸附动力学是一个较复杂的过程，吸附质从液相中被吸附到吸附剂颗粒中，可以分为吸附剂周围流体界膜中吸附质的迁移（外扩散）、吸附剂颗粒内扩散和吸附剂内的吸附反应等几个过程。吸附动力学主要用来描述吸附剂吸附溶质的快慢，可通过动力学模型对数据进行拟合，推断其吸附机理。

固体吸附剂对溶液中溶质的吸附动力学过程可用准一级、准二级、Elovich 模型、Weber-Morris 粒子内扩散等模型来描述，其中准一级、准二级速率方程最为常用。

其中，准一级吸附模型如下：

$$\frac{\mathrm{d}q_t}{\mathrm{d}t} = k(q_e - q_t) \qquad (10.12B.6)$$

式中：$q_t$，$q_e$ 分别为 $t$ 时刻和平衡时的吸附量，单位为 $\mathrm{mg \cdot g^{-1}}$；$t$ 为对应的反应时间，单位为 $\min$；$k$ 为吸附速率常数，单位为 $\min^{-1}$。将式（10.12B.6）积分可得

$$\ln(q_e - q_t) = \ln q_e - kt \qquad (10.12B.7)$$

准二级吸附模型如下：

$$\frac{\mathrm{d}q_t}{\mathrm{d}t} = k(q_e - q_t)^2 \qquad (10.12B.8)$$

式中：$q_t$，$q_e$ 分别为 $t$ 时刻和平衡时的吸附量，单位为 $\mathrm{mg \cdot g^{-1}}$；$t$ 为对应的反应时间，单位为 $\min$；$k$ 为吸附速率常数，单位为 $\mathrm{mg^{-1} \cdot g \cdot min^{-1}}$。将式（10.12B.8）积分可得

$$\frac{t}{q_t} = \frac{1}{kq_e^2} + \frac{t}{q_e} \qquad (10.12B.9)$$

研究固体吸附质吸附溶剂的动力学时，把一定量的固体吸附剂加入具有一定初始浓度的溶液中，测定一系列时刻对应的吸附量及吸附平衡后的吸附量，作 $\ln(q_e - q_t)$-$t$ 图和 $t/q_t$-$t$ 图，分别用式（10.12B.7）和式（10.12B.9）对实验数据进行拟合，可通过实验数据与理论公式的吻合度判断反应适合的动力学模型，同时可求取速率常数和平衡吸附量，进而确定出反应的速率方程。

**3. 固液吸附法测定固体比表面积**

若在一定温度下，固体吸附剂对溶液中溶质的吸附可用 Langmuir 吸附等温式进行描述，表明固体对溶质的吸附为单分子层吸附。若已知吸附质分子的截面积 $A_m$，则可利用吸附等温线测定实验所得的饱和吸附量 $Q_{\max}$，通过下述公式计算出吸附剂的比表面积。

$$S = \frac{Q_{\max} N_A A_m}{1000 M} \qquad (10.12B.10)$$

式中：$S$ 为吸附剂的比表面积，单位为 $\mathrm{m^2 \cdot g^{-1}}$；$N_A$ 为阿伏伽德罗常数；$A_m$ 为吸附质的分子截面积，单位为 $\mathrm{m^2}$；$M$ 为吸附质的摩尔质量，单位为 $\mathrm{g \cdot mol^{-1}}$。

常温下累托石对亚甲基蓝稀溶液的吸附符合 Langmuir 单分子层吸附，据文献可知亚甲基蓝的分子截面积 $A_m = 1.52 \times 10^{-18} \ \mathrm{m^2}$，亚甲基蓝的摩尔质量 $M = 373.9 \ \mathrm{g \cdot mol^{-1}}$，则可由式（10.12B.10）计算出吸附剂累托石的比表面积 $a_s$。

**4. 利用分光光度法测量累托石对水溶液中亚甲基蓝的吸附**

累托石对亚甲基蓝的吸附可用简单的分光光度法测量。在一定浓度范围内,亚甲基蓝水溶液的浓度和溶液的吸光度值成正比。实验时,先配制不同浓度的亚甲基蓝溶液,用分光光度计测定其特征吸收峰处(662 nm)的吸光度值(以蒸馏水为空白试剂),作出吸光度随浓度变化的标准曲线并拟合其方程。在实验中,即可通过测量溶液的吸光度值,求取亚甲基蓝溶液的浓度值。

## 三、仪器与试剂

**1. 实验仪器**

紫外–可见分光光度计(配 1 cm 口径比色皿)1 台;台式电动离心机(4000 r·min⁻¹)1 台;水浴恒温振荡器(公用);电子天平(精度 0.1 mg,公用);带盖玻璃瓶(20 mL)21 只;移液管(20 mL)6 支,移液管(1 mL)4 支;试管 6 支;离心管 3 支;容量瓶(10 mL)4 个;带塞锥形瓶(250 mL);量筒(250 mL);一次性注射器(5 mL)、滤膜(0.22 μm)、胶头滴管若干;不锈钢药匙;称量纸;洗耳球。

**2. 试剂及耗材**

累托石矿粉(300 目,使用前于 400 ℃ 高温煅烧 6~8 h);亚甲基蓝标准溶液 1 套(浓度分别为 0 mmol·L⁻¹,0.010 mmol·L⁻¹,0.015 mmol·L⁻¹,0.020 mmol·L⁻¹,0.025 mmol·L⁻¹,0.030 mmol·L⁻¹,0.035 mmol·L⁻¹,0.040 mmol·L⁻¹);亚甲基蓝待测溶液(浓度分别为 0.1 mmol·L⁻¹,0.2 mmol·L⁻¹,0.3 mmol·L⁻¹,0.4 mmol·L⁻¹,0.5 mmol·L⁻¹,0.6 mmol·L⁻¹);甲基橙溶液(0.2 mmol·L⁻¹);活性炭(AR,200 目);蒸馏水;无水乙醇(AR)。

## 四、实验步骤

**1. 标准曲线的测定**

打开分光光度计电源,等待仪器自检完毕,即可使用。在仪器操作面板上选择"光度测量",设置测量波长为 662 nm,分析数据值为"吸光度"。以蒸馏水为参比溶液,用分光光度计依次由稀到浓测定标准溶液在 662 nm 处的吸光度值。

**2. 吸附等温线的测定**

(1) 接通水浴恒温振荡器的电源,设定振荡器温度为 30 ℃,调节振荡器为振荡模式,转速 300 r·min⁻¹。

(2) 用 20 mL 移液管分别将浓度为 0.1 mmol·L⁻¹,0.2 mmol·L⁻¹,0.3 mmol·L⁻¹,0.4 mmol·L⁻¹,0.5 mmol·L⁻¹,0.6 mmol·L⁻¹ 的亚甲基蓝待测溶液移入 6 只 20 mL 的玻璃瓶中。准确称量 6 份 6.0~7.0 mg 的累托石样品,分别加入上述玻璃瓶中,盖紧瓶盖,并将称量数据记录下来。

(3) 将上述玻璃瓶放入振荡器中进行恒温、振荡 1 h。

(4) 取出玻璃瓶,用注射器分别抽取 3~5 mL 吸附后的溶液,在注射器前端安上滤膜,将滤液分别注射入不同的试管中并依浓度由小到大依次标记为 1—6 号。

(5) 测定上述滤液在 662 nm 处的吸光度值并记录。若浓度太高超出量程,则视情况可稀释 10 的整数倍分之一后进行测量,记录稀释及测定情况。

(6) 为减少实验误差,重复上述实验步骤测试两次并取平均。注意在称量时尽量保证每个初始浓度对应的三次累托石质量相同。

#### 3. 吸附动力学的测定

（1）在 250 mL 锥形瓶中加入 200.00 mL 初始浓度为 0.2 mmol·L$^{-1}$ 亚甲基蓝溶液，用胶塞塞紧瓶口，放入上述调节好的振荡器中进行恒温。

（2）准确称取 90.0 mg 累托石，暂停振荡，迅速将累托石加入恒温好的 200.00 mL 亚甲基蓝溶液中，快速塞住塞子，同时开始计时，开启振荡。

（3）当反应进行到 5 min 时，立刻用注射器取出约 3 mL 样品溶液，在注射器前端安上滤膜，将滤液注射入分光光度计样品池中，用分光光度计测定其在 662 nm 处吸光度值。

（4）之后每隔一定时间（10 min，15 min，20 min，25 min，30 min）按上述实验步骤 3（3）操作测定取出液在 662 nm 处的吸光度值。

#### 4. 吸附效果对比实验

（1）取 3 只 20 mL 玻璃瓶，在 2 只玻璃瓶中分别加入 20 mL 浓度为 0.2 mmol·L$^{-1}$ 亚甲基蓝溶液，另外 1 只加入 20 mL 0.2 mmol·L$^{-1}$ 甲基橙溶液。

（2）分别准确称取两份 7.0 mg 累托石和一份 7.0 mg 的活性炭。将两份累托石分别加入 1 瓶亚甲基蓝溶液和 1 瓶甲基橙溶液中；在另 1 只玻璃瓶中加入活性炭，将瓶盖盖好，放入温度为 40 ℃、转速为 300 r·min$^{-1}$ 的振荡器中吸附 1 h，拿出。

（3）分别将上述溶液移至离心管中，以 4000 r·min$^{-1}$ 的转速离心 30 min，观察并比较反应前后溶液的颜色变化。记录所得实验现象，检索文献分析产生上述实验现象的原因。

实验结束后，关闭分光光度计、振荡器、离心机电源，将废液倒入废液缸中，清洗反应中用到的玻璃仪器，整理好实验台。

### 五、注意事项

（1）每个样品测量完吸光度，需用蒸馏水、无水乙醇将样品池清洗干净，并用吹风机吹干。

（2）热力学实验中用到玻璃容器较多，需将玻璃瓶、试管、容量瓶做好标记以示区别，并准确记录不同玻璃瓶中加入累托石的样品量。

（3）在进行动力学实验时，操作一定要迅速平稳。

（4）使用离心机离心对比样品时，须注意对称放入离心管，盖好机器上盖后才可开启离心操作，离心结束待仪器平稳后方可拿出样品，操作过程中应当密切关注离心机的运行状况，不得随意离开。

### 六、数据处理与分析

#### 1. 标准曲线的绘制

将标准样品的吸光度值随浓度的变化数据记录在表 10-12B-1 中，根据实验数据绘制出标准曲线并拟合出吸光度和浓度的线性关系。

表 10-12B-1　标准溶液浓度及其在 662 nm 波长下吸光度值（参比液体：蒸馏水）

| 标准溶液浓度 $c$/（mmol·L$^{-1}$） | 0 | 0.010 | 0.015 | 0.020 | 0.025 | 0.030 | 0.035 | 0.040 |
|---|---|---|---|---|---|---|---|---|
| 吸光度值 $A$ | | | | | | | | |

**2. 吸附等温线的测定**

（1）将 30 ℃下累托石对不同初始浓度亚甲基蓝溶液吸附平衡时的吸附量测定结果列于表 10-12B-2 中。

表 10-12B-2　30 ℃累托石对不同初始浓度亚甲基蓝溶液的吸附量表

| 初始浓度 $c_0$/ （mmol·L$^{-1}$） | 累托石质量 $m$/g | 平衡后吸光度值 $A$ | 平衡浓度 $c_e$/ （mmol·L$^{-1}$） | 平衡质量浓度 $\rho_e$/ （mg·L$^{-1}$） | 平衡吸附量 $q_e$/ （mg·g$^{-1}$） | $\ln \rho_e$ | $\ln q_e$ |
|---|---|---|---|---|---|---|---|
| 0.1 | | | | | | | |
| 0.2 | | | | | | | |
| 0.3 | | | | | | | |
| 0.4 | | | | | | | |
| 0.5 | | | | | | | |
| 0.6 | | | | | | | |

注：亚甲基蓝摩尔质量 $M = 373.9$ g·mol$^{-1}$，$q_e = (c_0 - c_e)VM/m$。

（2）根据表 10-12B-2 中数据，作 $q_e$-$\rho_e$ 图，即 30 ℃下累托石对亚甲基蓝的吸附等温线。

（3）作（$\rho_e/q_e$）-$\rho_e$ 图和 $\ln q_e$-$\ln \rho_e$ 图，分别用式（10.12B.3）和式（10.12B.5）拟合 30 ℃下累托石对亚甲基蓝的吸附等温线实验数据，得出 30 ℃下累托石对亚甲基蓝的 Langmuir 吸附等温式和 Freundlich 吸附等温式。

**3. 吸附动力学研究**

（1）将 30 ℃下不同反应时间累托石对亚甲基蓝的吸附量实验数值列于表 10-12B-3 中。

表 10-12B-3　30 ℃下累托石对亚甲基蓝吸附量随时间的变化表

溶液初始浓度 $c_0 = 0.2$ mmol·L$^{-1}$；累托石的质量 $m = $ ＿＿＿ g；溶液总体积 $V = $ ＿＿＿ L

| 时刻 $t$/ min | 溶液吸光度值 $A$ | 溶液浓度 $c_t$/ （mmol·L$^{-1}$） | 溶液质量浓度 $\rho_t$/ （mg·L$^{-1}$） | 吸附量 $q_t$/ （mg·g$^{-1}$） | （$t/q_t$）/ （min·g·mg$^{-1}$） |
|---|---|---|---|---|---|
| 5 | | | | | |
| 10 | | | | | |
| 15 | | | | | |
| 20 | | | | | |
| 25 | | | | | |
| 30 | | | | | |

注：吸附量 $q_t = (c_0 - c_t)VM/m$。

（2）作 $t/q_t$-$t$ 图，用式（10.12B.9）对实验数据进行拟合，同时求取速率常数和平衡吸附量，确定出反应的速率方程。

（3）将动力学实验拟合所得的平衡吸附量与热力学实验中溶液初始浓度 $c_0 = 0.2$ mmol·L$^{-1}$ 的平衡吸附量进行比较。

**4. 吸附剂比表面积的计算及吸附效果对比分析**

（1）利用所得 Langmuir 吸附等温式中的饱和吸附量 $Q_{max}$，由式（10.12B.10）计算累托石的比表面积。

（2）记录对比实验中三个样品瓶吸附前后的颜色变化（使用手机拍照记录现象更佳）。检索文献资料，将吸附理论与多孔/层状材料及吸附质分子的结构和分子特征相结合，分析实验现象的产生原因。

## 七、思考题

（1）从实验结果看，Langmuir 吸附等温式和 Freundlich 吸附等温式哪个能更好地描述累托石对水中亚甲基蓝的吸附行为？若吸附行为可较好地符合 Langmuir 吸附等温式，则反映出该吸附行为具有哪些显著特征？

（2）如何判断是否可用准一级吸附动力学模型描述累托石对水中亚甲基蓝的吸附行为？请用本实验的数据进行分析说明。

（3）查阅文献分析累托石对亚甲基蓝吸附的可能的作用机制。试分析推测层状双金属氢氧化物（LDHs）是否会对亚甲基蓝产生良好的吸附作用？

## 八、知识拓展

### 1. Elovich 模型和 Weber-Morris 粒子内扩散模型

在吸附动力学研究中，常会用到 Elovich 模型和 Weber-Morris 粒子内扩散模型对动力学数据进行分析。

Elovich 模型如下：

$$q_t = \frac{1}{\beta}\ln(1+\alpha\beta t) \tag{10.12B.11}$$

Weber-Morris 粒子内扩散模型如下：

$$q_t = k_p t^{1/2} + c \tag{10.12B.12}$$

式中：$q_t$ 表示接触时间为 $t(\min)$ 时的吸附容量，单位为 $mg\cdot g^{-1}$；$\alpha$ 为初始吸附速率常数，单位为 $mg^{-1}\cdot g\cdot min^{-1}$；$\beta$ 为解吸常数，单位为 $mg\cdot g^{-1}$，与化学吸附的表面覆盖范围和活化能有关；$k_p$ 表示粒子内扩散模型的速率常数，单位为 $mg\cdot g^{-1}\cdot min^{-0.5}$；$c$ 表示粒子内扩散的截距，单位为 $mg\cdot g^{-1}$。

若吸附动力学行为可用 Elovich 模型描述，则表明吸附是发生在非均匀固体表面的活化能变化较大的吸附。而在用粒子内扩散模型拟合动力学数据时，$q_t$ 与 $t^{1/2}$ 进行线性拟合，如果直线通过原点，则说明粒子内扩散是控制吸附过程的控速步骤；如果不通过原点，则表明吸附过程受其他吸附阶段的共同影响。

### 2. 吸附热力学函数 $\Delta G_m$、$\Delta H_m$、$\Delta S_m$ 的计算

对吸附热力学函数 $\Delta G_m$、$\Delta H_m$、$\Delta S_m$ 的计算，不仅可以得到吸附过程前后吸附剂本身能量变化的数据，同时也为人们了解吸附机理提供了更多有益的信息。可利用热力学关系式（10.12B.13）—式（10.12B.15）计算吸附过程发生前后体系状态函数的改变 $\Delta G_m$、$\Delta H_m$、$\Delta S_m$。其中式（10.12B.15）由范托夫等压方程推导而来，引入 $\Delta H_m$ 视为常数条件，因此在实际应用中须注意实验温度变化范围不要太大，以保证 $\Delta H_m$ 近似为常数。

$$\Delta G_m = -RT\ln K \tag{10.12B.13}$$

$$\Delta G_m = \Delta H_m - T\Delta S_m \tag{10.12B.14}$$

$$\ln K = -\frac{\Delta H_{\mathrm{m}}}{RT} + \frac{\Delta S_{\mathrm{m}}}{R} \qquad (10.12\mathrm{B}.15)$$

式中:$K$ 为吸附平衡常数,可用 Langmuir 吸附等温式中的吸附常数 $K_{\mathrm{L}}$,或 Freundlich 吸附等温式中的吸附平衡常数 $K_{\mathrm{F}}$ 替代;$\Delta G_{\mathrm{m}}$ 是摩尔吉布斯自由能的变化量,单位为 $\mathrm{kJ \cdot mol^{-1}}$;$\Delta H_{\mathrm{m}}$ 是吸附前后的摩尔焓变,单位为 $\mathrm{kJ \cdot mol^{-1}}$;$\Delta S_{\mathrm{m}}$ 是吸附前后的摩尔熵变,单位为 $\mathrm{J \cdot mol^{-1} \cdot K^{-1}}$;$R$ 为摩尔气体常数,为 $8.314 \ \mathrm{J \cdot mol^{-1} \cdot K^{-1}}$;$T$ 为吸附体系的温度,单位为 K。

实验时,测定出一定压强、不同温度下的吸附平衡常数 $K$,进而可通过上述公式求出 $\Delta G_{\mathrm{m}}$、$\Delta H_{\mathrm{m}}$、$\Delta S_{\mathrm{m}}$。

## 九、参考文献

(天津大学　朱莉娜、邱丽娟)

# 实验 10-13A　液体门控机制及基本性质测定

## 一、实验目的

(1) 能够阐述毛细作用原理及液体门控机制。

(2) 能够对液体门控系统中的流体输运行为开展研究。

(3) 能够说明基本的跨膜压强测量原理,并测量液体门控膜系统的跨膜压强阈值,能够阐述液体门控系统中多孔固体和门控液体的基本性质与液门开关行为的关系。

## 二、实验原理

### 1. 毛细作用与液体门控机制

毛细作用是指由于附加压强引起的管内外液面存在高度差的现象。将毛细管插入液体后,如果液体能润湿毛细管壁,且接触角 $\theta < 90°$,则会形成凹液面,导致管内液面上升;反之,则液面下降。以图 10-13A-1 中的凹液面为例,当液面上升至平衡时,管中上升液柱的静压强 $\Delta p$ 等于弯曲表面上的附加压强 $p_{\mathrm{s}}$。

$$p_{\mathrm{s}} = \frac{2\gamma \cos \theta}{R} \qquad (10.13\mathrm{A}.1)$$

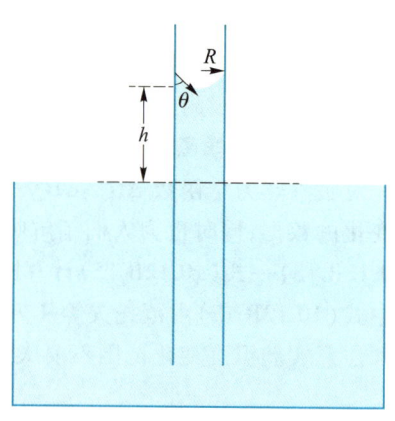

图 10-13A-1　毛细作用示意图

$$\Delta p = p_{s} = \frac{2\gamma\cos\theta}{R} = \rho g h \qquad (10.13A.2)$$

式中:$\gamma$ 为液体表面张力,$\theta$ 为凹液面夹角,$R$ 为毛细管半径,$\rho$ 为液体的密度,$g$ 为重力加速度,$h$ 为液柱上升的高度。

　　受人体肺泡结构的启发,我国科学家提出了"液体门控技术"。这种技术的原理是模仿肺泡的功能,利用毛细作用使液体能够稳定、可逆地密封小孔,使其处于闭合状态,并在压强作用下迅速重新配置,生成内壁衬有液体的开启小孔。由液体形成一种闭合状态的液体门,其中门控液体作为无缺陷结构与功能的材料,使"液体门"在外部阈值压强控制下迅速可逆开启,实现对不同流体的门控功能。由此发展出的一类新技术在物质检测、空气净化、多相分离、乳化等领域具有广泛的应用前景。2020 年,国际纯粹与应用化学联合会(IUPAC)将"液体门控技术"评为年度全球化学领域十大新兴技术之一。液体门控基本原理请扫描二维码 10-13A-1 查看。基于该技术开发的固液复合材料称为液体门控系统,该系统中的毛细孔道内液体也会出现类似毛细管的凹凸液面,描述其弯曲表面上附加压强的基本公式是杨-拉普拉斯(Young-Laplace)公式:

$$p_{s} = \gamma\left(\frac{1}{R_{1}} + \frac{1}{R_{2}}\right) \qquad (10.13A.3)$$

式中:$R_{1}$ 和 $R_{2}$ 为主要曲率半径。毛细作用作为液体门控系统的重要理论基石,不但为深入揭示液体门控的原理与机制提供了基础,而且为探究系统中流体的输运行为给予了重要理论依据。

二维码 10-13A-1　液体门控基本原理

　　液体门控系统由多孔固体和功能门控液体构成,将固体多孔基质浸润在功能液体中,形成具有液体门控功能的液基材料,具有门控开关行为。与固体门控系统中气体输运无阻力不同,液体门控系统中液体输运需要克服阻力,输运流体均需在一定压强作用下使门控液体表面变形才能通过液体门控膜,如图 10-13A-2 所示。在这一过程中,输运流体需要克服毛细力跨膜输运所需的最小压强,即临界压强($p_{crit}$,跨膜压强阈值,即单位面积上的跨膜压力阈值)。当施加的压强($\Delta p$)小于临界压强($\Delta p < p_{crit}$)时,液体门处于关闭状态,输运流体无法通过;反之,一旦施加的压强大于临界压强($\Delta p > p_{crit}$),液体门将被打开,输运流体会跨膜流动。如果撤掉施加的压强,则门控液体将发生重构,并重新填满固体孔道的孔隙,液体门再次关闭,输运流体无法通过。

### 2. 液体门控系统中的流体输运行为

　　液体门控系统中的流体输运行为受到三种基本单元(多孔固体、门控液体和输运流体)之间在微孔限域多相界面上产生的不同界面性质的影响。对于液体门控系统,当输运流体为气体时,其跨膜压强阈值 $p_{crit}$ 主要与拉普拉斯压强有关,根据杨-拉普拉斯方程,得

$$p_{crit} = p_{in} - p_{out} = \gamma\left(\frac{1}{R_{1}} + \frac{1}{R_{2}}\right) \qquad (10.13A.4)$$

式中:$p_{in}$ 为流入膜系统的压强,$p_{out}$ 为流出膜系统的压强。当弯曲液面为球形时,$R_{1} = R_{2} = R$,

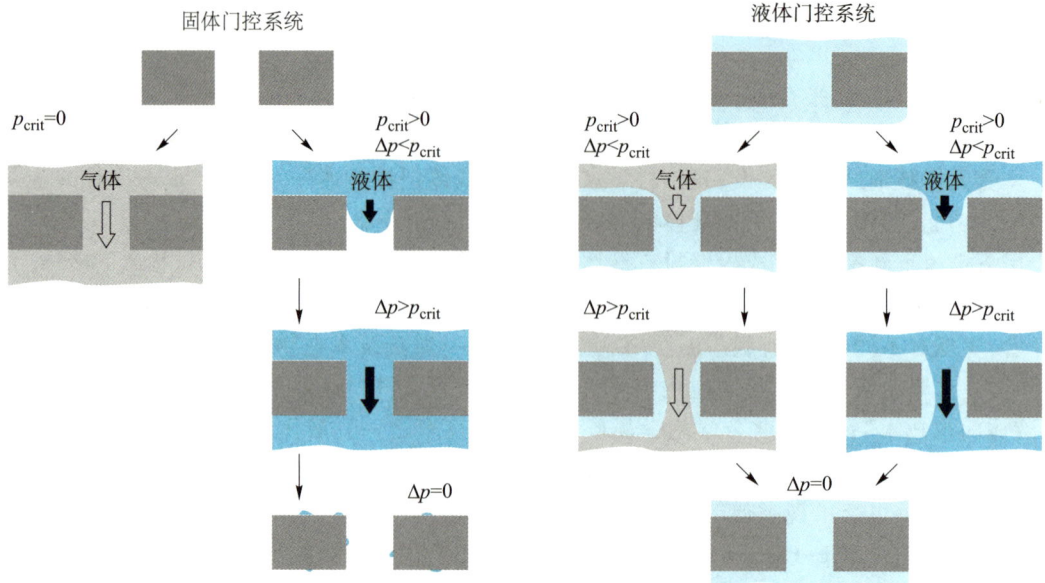

固体门控系统　　　　　　　　　　液体门控系统

图 10-13A-2　固体门控系统与液体门控系统的机制对比示意图

则可以简化为

$$p_{crit} = \gamma \left( \frac{1}{R} + \frac{1}{R} \right) = \frac{2\gamma}{R} \qquad (10.13A.5)$$

当输运流体为液体时,根据达西定律(描述流体在多孔介质中流动的基本定律),跨膜压强阈值 $p_{crit}$ 与流速 $Q$ 相关,有

$$Q = \frac{kA_{tot}p_{crit}}{\mu L} \qquad (10.13A.6)$$

式中:$k$ 为渗透率,$A_{tot}$ 为横截面面积,$\mu$ 为动力学黏度,$L$ 代表多孔基底厚度。而为了计算液体跨膜输运时的渗透率,需要建立微观模型。当假设多孔基质内所有的孔道均为圆柱管道,根据哈根-泊肃叶方程(描述黏性不可压缩流体在水平圆管中做定常层流运动时,流量与压力降、管道半径及流体黏度等因素之间的关系),依赖于流速 $Q_i$ 的跨膜压强阈值可以表示为

$$Q_i = \frac{A_i d_i^2 p_{crit}}{32\mu L_a} \qquad (10.13A.7)$$

式中:$A_i$ 为横截面面积,$d_i$ 为微孔道孔径,$\mu$ 为动力学黏度,$L_a$ 为实际孔道长度。整个多孔固体基质的流速可以由单个微通道流速累积得到:

$$Q = \sum_i^n Q_i \rightarrow \frac{kA_{tot}p_{crit}}{\mu L} = \frac{p_{crit}}{32\mu L_a} \sum_i^n A_i d_i^2 \qquad (10.13A.8)$$

式中:渗透率 $k$ 为

$$k = \frac{L}{32A_{tot}L_a} \sum_i^n A_i d_i^2 \qquad (10.13A.9)$$

对于多孔固体基质,孔隙率 $\varphi$ 为

$$\varphi = \frac{\sum_i^n A_i L_a}{A_{tot} L} = \frac{\tau \sum_i^n A_i}{A_{tot}} \qquad (10.13A.10)$$

此外,将孔径的弯曲度 $\tau$ 定义为

$$\tau = \frac{L_a}{L} \qquad (10.13A.11)$$

对于多孔固体基质,所有微孔道孔径可以等效等于平均孔径 $\bar{d}$:

$$\bar{d} = d_i \qquad (10.13A.12)$$

将式(10.13A.9)与式(10.13A.12)结合,则渗透率的表达式为

$$k = \frac{L}{32 A_{tot} L_a} \sum_i^n A_i d_i^2 = \frac{\bar{d}^2}{32} \left( \frac{L}{L_a} \right)^2 \frac{\sum_i^n A_i L_a}{A_{tot} L} = \frac{\bar{d}^2}{32\tau^2} \varphi \qquad (10.13A.13)$$

式(10.13A.13)表明,在传输过程中,渗透率与输运压强无关,为一恒定值,而这一结果并不适用于真实的物质跨膜输运过程。这是因为真实膜系统的孔径并不存在一定的概率分布,不能直接将平均孔径用于计算。而若液体门控系统打开后孔径的概率分布服从关系式:

$$d_{s-1} \sim \text{Prob}(d_{s-1}) \qquad (10.13A.14)$$

同时,由于毛细力的存在,能够发生渗透的孔径需要满足关系式:

$$d_{s-1} \geqslant 4\gamma_{l-l} / \Delta p \qquad (10.13A.15)$$

式中:$\gamma_{l-l}$ 为液液界面张力。由于只有孔径高于一定值的孔道才能发生渗透,因此式(10.13A.13)中孔径的平方可以用期望平方(假设孔径分布为正态分布)计算,即

$$\bar{d}_{s-1}^2 = E(d^2) = \int_{\frac{4\gamma}{\Delta p}}^{+\infty} x^2 f(x)\, dx = \int_{\frac{4\gamma}{\Delta p}}^{+\infty} \frac{x^2}{\sigma\sqrt{2\pi}} e^{-\frac{(x-d)^2}{2\sigma^2}}\, dx \qquad (10.13A.16)$$

式中:$\sigma$ 代表标准偏差。因此与跨膜压强阈值 $p_{crit}$ 相关的渗透率可以表示为

$$k_{s-1} = \frac{\bar{d}_{s-1}^2}{32\tau^2} \varphi = \frac{\varphi}{32\tau^2} \int_{\frac{4\gamma_{l-l}}{\Delta p}}^{+\infty} \frac{x^2}{\sigma\sqrt{2\pi}} e^{-\frac{(x-d_{s-1})^2}{2\sigma^2}}\, dx \qquad (10.13A.17)$$

## 三、仪器与试剂

### 1. 实验仪器

具备跨膜压强测量与分析功能的液体门控压强阈值仪 1 台;液体门控表面张力测量模块 1 套;移液器(量程:10~100 μL)1 个。

### 2. 试剂及耗材

去离子水;乙醇水溶液(乙醇体积分数:0%,20%,40%,60%,80% 和 100%);亲水尼龙膜(孔径:1 μm,5 μm 和 8 μm);表面皿若干。

## 四、实验步骤

### 1. 液体门控系统的构筑及跨膜压强阈值测量

(1) 液体门控系统的构筑　用移液器移取 50 μL 目标门控液体(如去离子水或乙醇水溶液)滴加于尼龙膜表面,使尼龙膜完全被门控液体浸润,静置 3 min 后取出。注意:若无移液器精确定量时,可选取充分浸润门控液体的加液方式。请扫描二维码 10-13A-2 查看液

体门控压强阈值仪操作(视频)。

二维码 10-13A-2 液体门控压强阈值仪操作(视频)

（2）跨膜压强阈值测量 将浸润了门控液体的多孔固体膜材料装入仪器的膜夹具内(详见液体门控压强阈值仪 GIFT-001E 使用说明)。根据仪器系统设定,依次选择或输入压强传感器型号、材料性质参数(包括门控液体、固体膜材料、孔径及参比孔径,如图 10-13A-3 所示)和注射单元参数(包括输运流体、流量和参比流量,如图 10-13A-4 所示)。然后,选择相对应的测试方案组,依次进行实验。最后,根据系统设定,将测试结果上传至数据分析平台,等待分析结果,并将相关流体跨膜压强阈值数据和结论记录在实验记录本中。

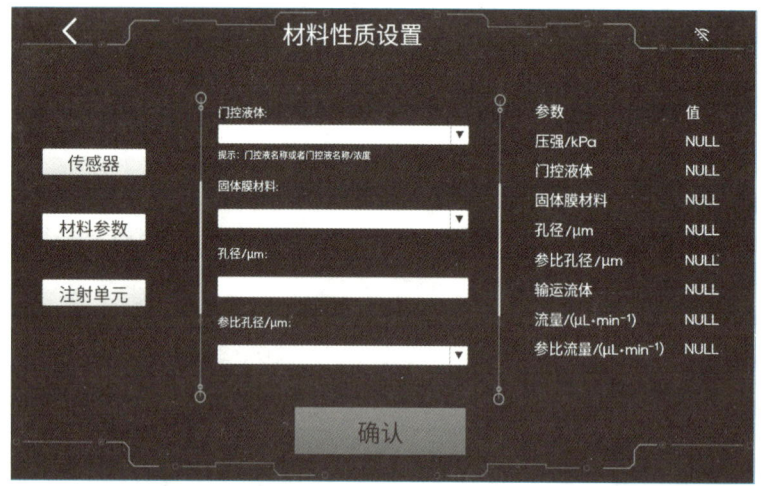

图 10-13A-3 液体门控压强阈值仪的"材料性质设置"界面

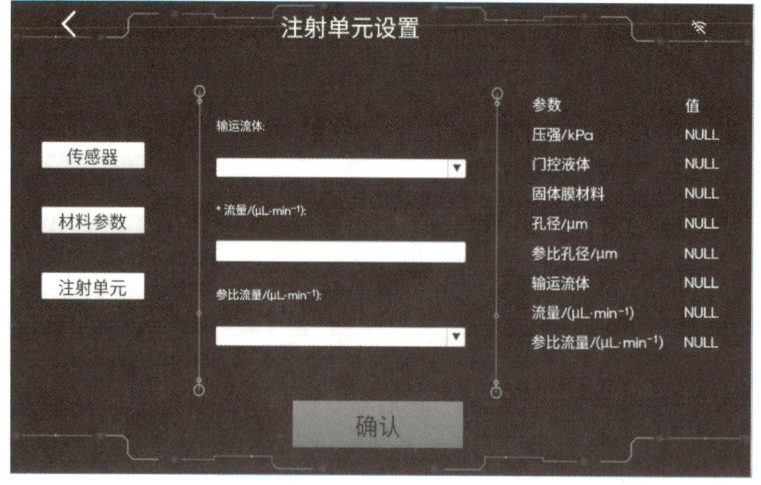

图 10-13A-4 液体门控压强阈值仪的"注射单元设置"界面

为充分了解液体门控系统中的门控行为,设定对照组:选择未浸润门控液体的尼龙膜(孔径:5 μm);实验组:选择离子水-尼龙膜液体门控系统。选择量程 0~100 kPa 的压强传感器。传输流体为空气,设定流速为 4 mL·min$^{-1}$。记录测试得到的相应系统的气体跨膜压强阈值数据及结果。

### 2. 流速对液体门控系统的跨膜压强阈值的影响

选取孔径为 5 μm 的尼龙膜,充分浸润去离子水门控液体,静置 3 min 后取出,完成去离子水-尼龙膜液体门控系统的搭建。

将上述液体门控系统置于仪器膜夹具中,选择量程为 0~100 kPa 的压强传感器。传输流体为空气,流速依次设定为 2 mL·min$^{-1}$,4 mL·min$^{-1}$,6 mL·min$^{-1}$,8 mL·min$^{-1}$ 和 10 mL·min$^{-1}$。记录测试得到的相应系统的气体跨膜压强阈值数据及结果。

### 3. 多孔固体膜材料孔径对液体门控系统的跨膜压强阈值的影响

选取不同孔径的尼龙膜(孔径分别为 1 μm,5 μm 和 8 μm),依次充分浸润去离子水的门控液体,静置 3 min 后取出,完成不同孔径下的去离子水-尼龙膜液体门控系统的搭建。

将上述液体门控系统置于仪器膜夹具中,选择量程为 0~100 kPa 的压强传感器。传输流体为空气,流速设定为 4 mL·min$^{-1}$。记录测试得到的不同孔径下相应系统的气体跨膜压强阈值数据及结果。

### 4. 不同表面张力的门控液体对液体门控系统的跨膜压强阈值的影响

用去离子水配制一系列乙醇水溶液,乙醇体积分数分别为 0%,20%,40%,60%,80% 和 100%,作为门控液体。通过液体门控表面张力测量模块依次测得不同乙醇水溶液的表面张力数值。选取孔径为 5 μm 的尼龙膜,将其浸润在上述系列乙醇水溶液中,静置 3 min 后取出,完成不同表面张力下的乙醇水溶液-尼龙膜液体门控系统的搭建。注意:使用乙醇水溶液时,需要控制操作时长,尽可能降低溶液中乙醇的挥发引起的测试误差。

将上述液体门控系统置于仪器膜夹具中,选择量程为 0~100 kPa 的压强传感器。传输流体为空气,流速设定为 4 mL·min$^{-1}$。记录测试得到的不同表面张力下相应系统的气体跨膜压强阈值数据及结果。

### 5. 门控液体的量对液体门控系统的门控行为的影响

选取孔径为 5 μm 的尼龙膜,分别移取 10 μL,30 μL 和 50 μL 体积的去离子水于尼龙膜表面,静置 3 min 后取出,完成含不同量的门控液体的去离子水-尼龙膜液体门控系统的搭建。

将上述液体门控系统置于仪器膜夹具中,选择量程为 0~100 kPa 的压强传感器。传输流体为空气,流速设定为 4 mL·min$^{-1}$。记录测试得到的不同门控液体量下相应系统的气体跨膜压强阈值数据及结果。

### 6. 液体门控系统的稳定性探究

在实验步骤 1 搭建的去离子水-尼龙膜液体门控系统基础上,连续三次测量系统的门控压强-时间响应曲线,比较每次获得的气体跨膜压强阈值差异,讨论测量的系统的稳定性并记录测试数据及结果。

## 五、注意事项

(1)选取的功能液体要确保和固体多孔膜有良好的亲和性。

(2)在门控液体浸润多孔固体膜时,需要严格控制目标门控液体的浸润时间,以保证采集的跨膜压强数据的准确性。

（3）跨膜压强测试过程中首先要检测气路是否漏气，要确保整套装置的气密性，尤其是膜材料的封装步骤。

（4）注射器推注过程中需要注意注射器的位置和夹持状态，保证始终处于有流体推注和稳定推注过程。

## 六、数据处理与分析

（1）去离子水-尼龙膜液体门控系统的跨膜压强阈值测量结果　记录一系列去离子水-尼龙膜液体门控系统的气体跨膜压强阈值于表 10-13A-1 中，并讨论多孔固体系统（对照组）与液体门控系统（实验组）的门控行为及流速和多孔固体膜材料孔径对其的影响。

表 10-13A-1　去离子水-尼龙膜液体门控系统的跨膜压强阈值测量数据

| 组别 | 对照组 | 实验组 | | | |
|---|---|---|---|---|---|
| 流速/($mL \cdot min^{-1}$) | 2 | 4 | 6 | 8 | 10 |
| 跨膜压强阈值/kPa | | | | | |
| 膜孔/$\mu m$ | 1 | 5 | 8 | 8 | 8 |
| 跨膜压强阈值/kPa | | | | | |

（2）不同表面张力的门控液体的系统跨膜压强阈值测试结果　记录一系列乙醇水溶液的表面张力值和构筑的乙醇水溶液-尼龙膜液体门控系统的气体跨膜压强阈值于表 10-13A-2 中，讨论不同表面张力的门控液体对该系统的门控开关行为的影响。

表 10-13A-2　不同表面张力的门控液体的系统跨膜压强阈值测试数据

| 乙醇体积分数/% | 0 | 20 | 40 | 60 | 80 | 100 |
|---|---|---|---|---|---|---|
| 表面张力/($mN \cdot m^{-1}$) | | | | | | |
| 跨膜压强阈值/kPa | | | | | | |

（3）不同门控液体量的系统跨膜压强阈值测试结果　记录在不同门控液体量下的液体门控系统的气体跨膜压强阈值于表 10-13A-3 中，讨论门控液体的量对液体门控系统的门控开关行为的影响。

表 10-13A-3　不同门控液体量的系统跨膜压强阈值测试数据

| 门控液体的量/$\mu L$ | 10 | 30 | 50 |
|---|---|---|---|
| 跨膜压强阈值/kPa | | | |

（4）液体门控系统的稳定性测试结果　记录液体门控系统的输运气体多次跨膜压强阈值结果于表 10-13A-4 中，通过对比分析讨论如何构建稳定的液体门控系统。

表 10-13A-4　液体门控系统的稳定性测试数据

| 测试组别 | 1 | 2 | 3 |
|---|---|---|---|
| 跨膜压强阈值/kPa | | | |

## 七、思考题

（1）液体门控系统有哪些特点？简述它与多孔固体系统的不同。

（2）若选择不同材质的多孔膜，系统的跨膜压强阈值是否有变化？结合液体门控机制讨论门控液体的表面张力如何影响跨膜压强阈值（液体门开关行为）的变化。

（3）与输运气体的液体门控系统相比，若输运流体为液体，则系统的跨膜压强阈值将如何变化？与输运气体体系相比有什么不同，为什么？

## 八、知识拓展

### 1. 界面基础知识

黏湿过程：是指液体与固体从不接触到接触，使部分气液界面和气固界面转变成新的液固界面的过程。

浸湿过程：是在恒温恒压可逆情况下，将具有单位表面积的固体浸入液体中，气固界面转变为液固界面的过程。

铺展过程：是指液体滴到固体表面上后，新生的液固界面取代气固界面的过程。在这一过程中，液固界面的增加导致气液界面的面积也相应增加。

达西定律：描述饱和多孔材料中液体的渗流速度 $Q$ 与液体压强降 $\Delta p$ 之间的线性关系，如图 10-13A-5 所示，又称线性渗流定律。其数学表达式为

$$Q = \frac{kA_{\text{tot}}\Delta p}{\mu L} \qquad (10.13A.18)$$

式中：$k$ 称为渗透率，$\mu$ 为液体的黏滞系数，$A_{\text{tot}}$ 为体系横截面积，$L$ 为液体流过多孔材料的有效长度。

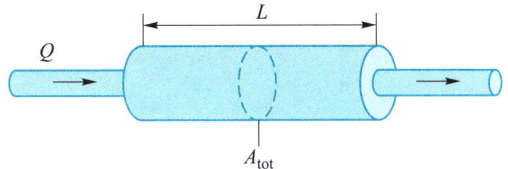

图 10-13A-5　达西定律图示

哈根-泊肃叶定律：流体在水平圆管中做层流运动时，如图 10-13A-6 所示，体积流量 $Q$ 与管子两端的压强差 $\Delta p$，管的直径 $d$，长度 $L$，以及流体的黏滞系数 $\mu$ 之间的关系。其数学表达式为

$$Q = \frac{\pi r^4 \Delta p}{8\mu L} = \frac{Ad^2\Delta p}{32\mu L} \qquad (10.13A.19)$$

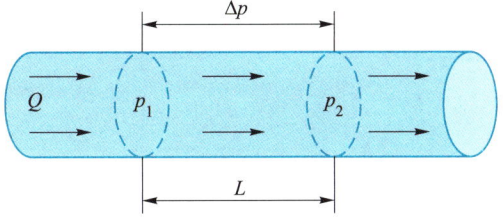

图 10-13A-6　哈根-泊肃叶定律图示

### 2. 液体门控压强阈值仪 GIFT-001E 简介

液体门控压强阈值仪,型号 GIFT-001E,结构组成如图 10-13A-7 所示。其工作原理是将流体跨膜压强传感器接入多相流体输运系统和被测样的膜封装系统之间,实时记录流体通过注射泵注射进入管道时膜封装系统前端的内部压强变化。当测试结束后,数据可以被直接导出或传送至数据库终端进行进一步的智能优化和分析处理。

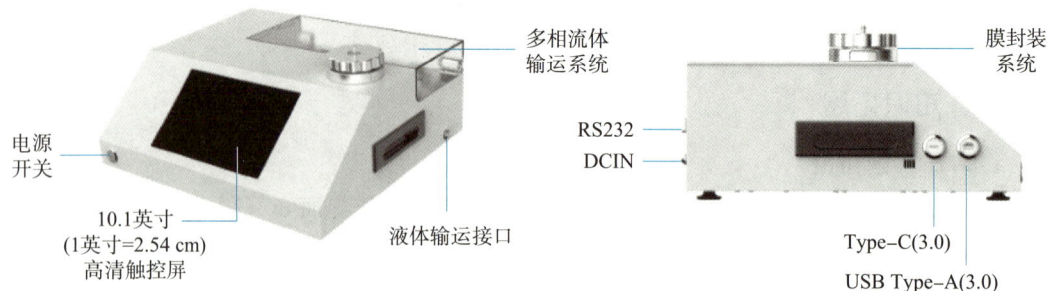

图 10-13A-7    液体门控压强阈值仪(GIFT-001E)结构示意图

在基于人工智能的数据智能分析方面,该仪器具备数据持久化存储、异常值检测、特征数据提取和变量分析等特殊功能。设备采集的跨膜压强实验数据可以通过网络上传至数据采集管理系统,以进行长期的数据比对和分析。异常值的检测是基于时间序列的异常检测,利用时间序列分算法将实验数据分解成不同项,通过这些项来描述变化趋势并检测异常值。特征数据的提取目的是根据跨膜压强变化的趋势,利用实验数据中的关键特征点来描述液体门控系统的门控开关行为状态。在特征数据提取完成后,这些变量信息可以传入深度学习神经网络进行训练,从而获取变量和流体跨膜压强阈值之间的关系,并推测在某个未知变量值下系统的流体跨膜压强阈值。

## 九、参考文献

(厦门大学    侯旭、樊漪)

## 实验 10-13B    超浸润表面的制备及其界面性质

### 一、实验目的

(1)能用接触角解释液体在固体表面的润湿过程和特殊浸润现象。

(2)能够用接触角/界面张力测量仪测定接触角和表面张力,以及用全自动张力/黏附力测量仪测定黏附力。

（3）能够使用超浸润表面研究的一般方法解决实际问题,具备提出、分析、分解和解决复杂问题的能力和创新意识。

## 二、实验原理

润湿是固-气界面被固-液界面所取代的过程,是自然界和生产过程中普遍存在的现象。当将液体滴在固体表面上,由于性质不同,有的会铺展开来,有的则黏附在表面上成为平凸透镜状,这种现象称为润湿作用,前者称为铺展润湿,后者称为黏附润湿,如图 10-13B-1 所示。如果液体不黏附而保持椭球状,则称为不润湿。此外,如果是能被液体润湿的固体完全浸入液体之中,则称为浸湿。

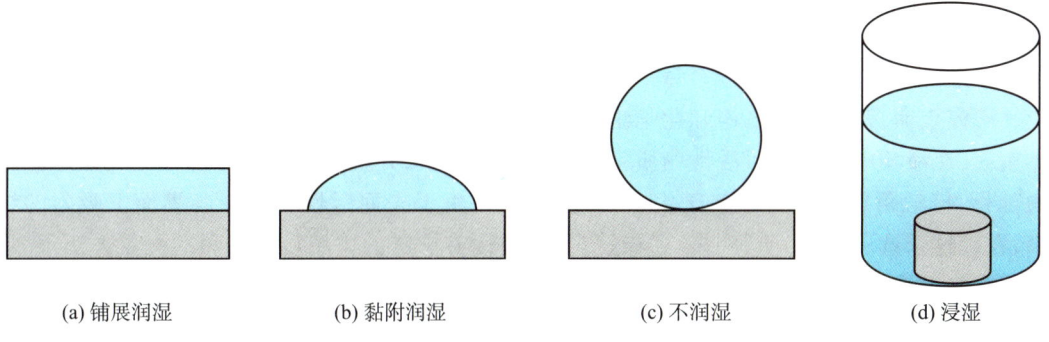

(a) 铺展润湿　　　　(b) 黏附润湿　　　　(c) 不润湿　　　　(d) 浸湿

图 10-13B-1　各种类型的润湿

当液体与固体接触后,体系的自由能降低。因此,液体在固体上润湿程度的大小可用这一过程自由能降低的多少来衡量。在恒温恒压下,当液滴放置在固体平面上时,液滴能自动地在固体表面铺展开来,或者以与固体表面成一定角度的形式存在,如图 10-13B-2 所示。

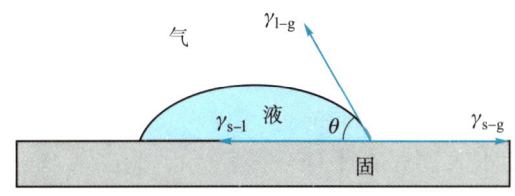

图 10-13B-2　接触角示意图

假设不同的界面间力可用在界面之间的界面张力来表示,则当液滴在固体平面上处于平衡位置时,这些界面张力在水平方向上的分力之和应等于零,这个平衡关系就是著名的 Young 方程,即

$$\gamma_{s-g} = \gamma_{s-l} + \gamma_{l-g}\cos\theta \tag{10.13B.1}$$

式中:$\gamma_{s-g}$,$\gamma_{l-g}$,$\gamma_{s-l}$分别为固-气、液-气和固-液界面张力;$\theta$ 是在固、气、液三相交界处自固体界面经液体内部到气液界面的夹角,称为接触角,大小为 0~180°。接触角是反映物质与液体润湿性关系的重要参数。

在恒温恒压下,黏附润湿、铺展润湿过程发生的热力学条件分别是

黏附润湿 $\qquad W_a = \gamma_{s-g} - \gamma_{s-1} + \gamma_{1-g} \geqslant 0$ （10.13B.2）

铺展润湿 $\qquad S = \gamma_{s-g} - \gamma_{s-1} - \gamma_{1-g} \geqslant 0$ （10.13B.3）

式中：$W_a$ 和 $S$ 分别为黏附润湿、铺展润湿过程的黏附功和铺展系数。

若将式（10.13B.1）代入式（10.13B.2）和式（10.13B.3），分别得

$$W_a = \gamma_{s-g} + \gamma_{1-g} - \gamma_{s-1} = \gamma_{1-g}(1 + \cos\theta)$$ （10.13B.4）

$$S = \gamma_{s-g} - \gamma_{s-1} - \gamma_{1-g} = \gamma_{1-g}(\cos\theta - 1)$$ （10.13B.5）

以上式子说明，只要测定了三种界面张力和接触角，便可以计算出黏附功、铺展系数，进而据此来判断各种润湿现象。还可以看到，接触角的数据也能作为判别润湿情况的依据。通常把 $\theta = 90°$ 作为润湿与否的界限，当 $\theta > 90°$，称为不润湿（疏水），当 $\theta < 90°$ 时，称为润湿（亲水），$\theta$ 越小润湿性能越好；当 $\theta = 0°$ 时，液体在固体表面上铺展，固体被完全润湿。通常把 $\theta > 150°$ 的表面称为超疏水表面，$\theta < 5°$ 的表面称为超亲水表面，这一类表面统称为超浸润表面。如出淤泥而不染的荷叶、水上芭蕾选手水黾、捕虫小能手猪笼草等，这些都是具有超浸润特性的自然界代表，自然界每一种超浸润表面的特性都给超浸润材料的研究带来启迪。

研究表明，表面粗糙结构和化学组成是决定和影响接触角的主要因素。对于一定的固体表面，在液相中加入表面活性物质常可改善润湿性质，并且随着液体和固体表面接触时间的延长，接触角有逐渐变小趋于定值的趋势，这是由于表面活性物质在各界面上吸附的结果，在矿物浮选、注水采油、洗涤、印染、焊接等方面有广泛的应用。接触角的测定方法很多，根据直接测定的物理量分为四大类：角度测量法、长度测量法、力测量法和透射测量法。其中，液滴角度测量法（简称量角法）是最常用的，也是最直接的一类方法。本实验所用的仪器 JC2000D5M 接触角测量仪就可以采取量角法进行接触角的测定。

一般认为，接触角越大其表面疏水性也就越高，但是由于液体在固体表面具有一定的黏滞行为，在很多情况下单纯用静态接触角来衡量固体表面的浸润性是远远不够的。基于此，人们又提出了固体表面的动态接触角，即滚动角。滚动角定义为前进接触角（简称前进角，$\theta_a$）与后退接触角（简称后退角，$\theta_r$）之差，如图 10–13B–3 所示，滚动角的大小反映了液体在一个固体表面的滞后现象。因此，对于一个具有良好自清洁性能的超疏水表面，应该既具有较大的静态接触角，又具有较小的滚动角。

同时，对于超疏水表面，存在着不同的黏附行为，这是由于超疏水表面存在不同的浸润状态，主要有两种，即 Wenzel 状态和 Cassie 状态，如图 10–13B–4 所示，分别

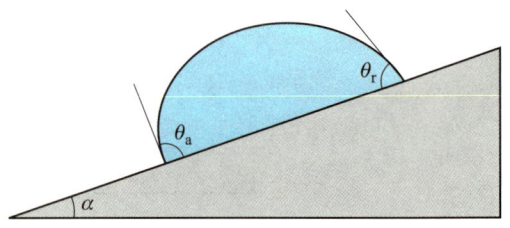

图 10–13B–3　滚动角示意图

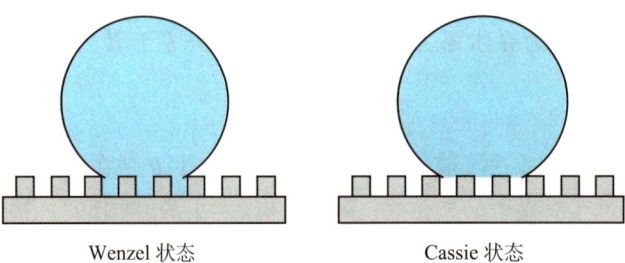

Wenzel 状态　　　　　　　　Cassie 状态

图 10–13B–4　超疏水表面两种基本浸润状态

对应表面高黏附和低黏附的液滴滚动行为。为了衡量表面的动态润湿行为,往往需要测试液体在表面的滚动角和黏附力。本实验通过黏附力测量仪测试表面液体的动态浸润行为。

### 三、仪器与试剂

#### 1. 实验仪器

接触角/界面张力测量仪 1 台;JK99M 全自动张力黏附力测量仪 1 台;超声波清洗器 1 台;显微镜 1 台;微量注射器 1 支;镊子 2 个;烧杯(150 mL)5 个;烧杯(100 mL 氟硅烷溶液专用)1 个。

#### 2. 试剂及耗材

蒸馏水;乙醇(AR);氟硅烷(AR);盐酸(AR);氢氧化钠(AR);过硫酸铵(AR);金属铜片(1.5 cm×3 cm)4 片;表面刻蚀沟槽的铜片 5 片;铜网(100~500 目中选用一种,1.5 cm×3 cm)4 片;砂纸 1 张;滤纸;自备具有特殊浸润性的生物表面。

### 四、实验步骤

#### 1. 平滑铜片/铜网和具有微纳米结构的铜片/铜网表面制备

(1) 平滑铜片的处理　将 4 片铜片在 1.0 mol·L$^{-1}$盐酸中超声波清洗 10 min,去除铜片表面氧化物。然后,依次用去离子水和乙醇清洗铜片,干燥后得到清洁的表面平滑铜片。

(2) 具有微纳米结构铜片的制备　取 2 片清洗过的表面平滑的铜片,采用氨碱溶液腐蚀法在平滑铜片表面制备微纳米结构。具体方法如下:

首先,取 50 mL 约 6 mol·L$^{-1}$的氢氧化钠溶液和 50 mL 约 0.6 mol·L$^{-1}$的过硫酸铵溶液,混合配制成 100 mL 氨碱溶液。将清洁的平滑铜片置于其中,于常温下反应 10 min。然后,将反应完成的铜片从混合溶液中取出,再用去离子水进行冲洗,最后经干燥后得到表面具有微纳米结构的铜片(可以通过扫描电子显微镜等手段进行表征)。

(3) 采用上面实验步骤 1 之(1)和(2),分别处理 4 片 100~500 目的铜网(本实验以 120 目网孔的铜网为代表),得到铜丝表面光滑和铜丝表面具有微纳米结构的铜网。

#### 2. 氟硅烷修饰的平滑铜片/铜网和微纳米结构铜片/铜网

首先,在 100 mL 的烧杯中配制氟硅烷质量分数约为 0.5% 的乙醇溶液 50 mL,将平滑铜片/铜网和具有微纳米结构铜片/铜网各 1 片置于氟硅烷乙醇溶液中,静置 5 min 后取出,经干燥后得到氟硅烷修饰的平滑铜片/铜网和微纳米结构铜片/铜网。

#### 3. 测试水滴在氟硅烷修饰平滑铜片/铜网和具有粗糙结构的铜片/铜网前后表面接触角

分别取以上经实验步骤 1 和 2 制备得到的平滑铜片/铜网、微纳米结构铜片/铜网和经氟硅烷修饰的铜片/铜网进行接触角测试,每个表面选取 3 个点进行测试,然后取接触角平均值。再以平滑铜片为代表,分别采用 1 μL,2 μL,5 μL,10 μL,15 μL,20 μL 的水滴进行测试。观察并记录水滴在不同固体表面的接触角测量数据。

#### 4. 测试上述氟硅烷修饰的微纳米结构铜片/铜网表面的滚动角和黏附力

分别取以上经实验步骤 2 制备得到的经氟硅烷修饰的微纳米结构铜片/铜网进行滚动角和不同压缩距离的黏附力测试(0.1 mm,0.2 mm,0.3 mm)。观察并记录水滴在氟硅烷修饰的不同固体表面滚动角和黏附力测量数据。

**5. 测试水在沟槽结构铜片表面的各向异性浸润行为**

取清洗处理过的平滑铜片,采用激光刻蚀的方法在表面制备平行沟槽,改变沟槽数量(密度),观察并记录有不同沟槽数量和间距的铜片表面液滴的浸润程度,分析比较平行和垂直于沟槽的浸润性差异(样品已经制备好,可以直接使用,使用完毕后需要放回原处,以备后面继续使用)。

**6. 测试水在具有特殊浸润性的生物表面浸润程度**

选自备的、具有特殊浸润性的生物表面,测试其静态接触角及滚动角和黏附力,观察并分析其表面浸润性与表面结构的关系。

## 五、注意事项

(1)配制氟硅烷乙醇溶液、氨碱溶液时需全程佩戴手套和口罩,做好防护,并且在通风柜中进行。

(2)配制氟硅烷乙醇溶液时要使用专用烧杯,不得与其他实验烧杯及容器混用,以免造成样品污染,影响实验结果。

(3)制备微纳米结构材料过程中,需要在通风柜中进行,注意将清洁的平滑铜片置于氨碱溶液腐蚀过程中不要叠放,以免反应不充分;同时,反应过程中不要搅拌溶液。

(4)接触角测量和滚动角测量过程中,要确保固体表面平整,水滴应均匀地滴在固体表面上,避免掉落和黏附拉伸影响测量结果;水滴的大小应适中($2\sim5~\mu L$),过大或过小都会影响测量结果;测量时应避免外界干扰,如风、震动等;为了结果的准确性,建议进行多次测量并取平均值。

(5)黏附力测量过程中,要确保固体表面平整,仪器样品台上升速度设置为 $0.005~\mathrm{mm\cdot s^{-1}}$ 左右,过大或过小对测试曲线有较大影响;测量时应避免外界干扰,如风、震动等。

## 六、数据处理与分析

(1)讨论测试水滴大小(体积)与所测接触角度数的关系,确定测量所需的最佳液滴大小。

(2)结合扫描电子显微镜表征平滑铜片/铜网、微纳米结构铜片/铜网表面结构,比较水滴在经氟硅烷修饰前后的平滑铜片/铜网、微纳米结构铜片/铜网表面的接触角、滚动角和黏附力测试结果,分析表面结构和表面能对接触角、滚动角和黏附力的影响。

(3)改变铜片表面沟槽数量和间距,观察表面液滴的浸润程度和方向,分析比较平行和垂直于沟槽的浸润性差异。同时,分析液滴大小及占据位置对浸润程度的影响。

(4)根据前面得到的表面结构和表面能对接触角、滚动角和黏附力的影响规律,分析自备的、具有特殊浸润性的生物表面静、动态浸润性与表面结构与表面能之间的关系,分析和预测超浸润表面设计与制备的关键。

## 七、思考题

(1)氨碱溶液的配制过程中需要注意什么?氢氧化钠溶液和过硫酸铵溶液按照什么顺序进行混合?

(2)液体在固体表面的接触角与哪些因素有关?

(3)在本实验中,滴到固体表面上的液滴的大小对所测接触角度数是否有影响?为什么?

（4）实验中滴到固体表面上的液滴的平衡时间对接触角大小是否有影响？

## 八、知识拓展

（1）测试不同浓度十二烷基硫酸钠溶液在铜片上的接触角及表面张力值,用所测得的数值对其浓度作图,根据其表面张力曲线了解表面活性剂的特性。

（2）印刷涉及图文区和非图文区,请结合超浸润表面设计液体印刷中的印版并说明原理。

## 九、参考文献

（北京航空航天大学　田东亮、王哲）

# 实验 10-14　偶极诱导液体门控可视化物质检测

## 一、实验目的

（1）能够阐述溶液界面吸附基本原理及表面活性剂溶液的界面行为调控机制。

（2）能够利用表面活性剂溶液实现液体门控系统检测金属阳离子。

（3）能够使用液体门控技术进行可视化物质检测,并说明其工作原理。

## 二、实验原理

### 1. 溶液的界面吸附

当在溶剂中加入溶质后,会使表面张力发生改变,因而溶质在溶液的界面层（表面层）中出现相对浓集和贫化的现象,这种现象称为溶液的界面吸附。溶质发生浓集的现象称为正吸附,而溶质发生贫化的现象称为负吸附。

依据吉布斯的界面理论,如图 10-14-1 所示,假定一个实际体系由 $\alpha$ 和 $\beta$ 两相组成,两相的交界面（相界面,表示为 $\sigma$）只有面积而没有体积,但具有热力学性质。根据吉布斯吸附等温式,在恒温、恒压下,假想体系中的 $\sigma$

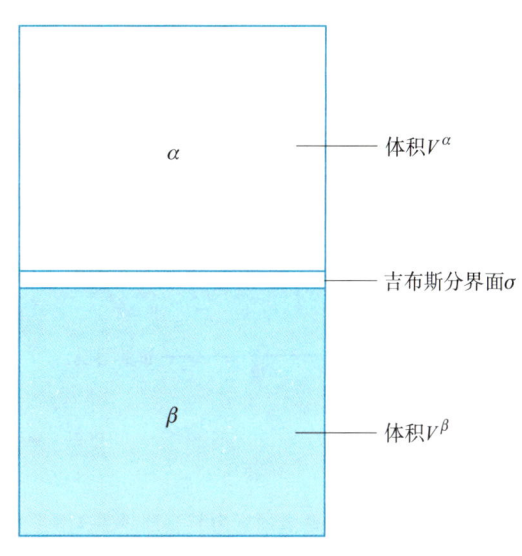

图 10-14-1　吉布斯的界面理论示意图

分界面从某一状态 1 可逆地变到状态 2,对于二组分体系(溶剂为组分 1,溶质为组分 2),如果 $\alpha$ 相是理想稀释溶液,则加入的溶质(组分 2)的浓度 $c_2$ 与其表面过剩浓度 $\Gamma_2$ 有如下关系:

$$\Gamma_2 = -\frac{c_2}{RT}\left(\frac{\partial \gamma}{\partial c_2}\right)_T \tag{10.14.1}$$

式中:$R$ 为摩尔气体常数,$T$ 为热力学温度,$\gamma$ 为溶液的表面张力。根据式(10.14.1),如果加入溶质能降低表面张力,$\frac{\partial \gamma}{\partial c_2}<0$,则 $\Gamma_2>0$,发生正吸附;反之,若加入溶质能使表面张力增加,$\frac{\partial \gamma}{\partial c_2}>0$,则 $\Gamma_2<0$,发生负吸附。

在现有的水溶液体系中,可以观察到三种类型溶质的溶液表面张力-溶质浓度变化曲线,如图 10-14-2 所示。Ⅰ类溶质:使溶液表面张力随溶质浓度的增加而升高,大多数无机盐类在水中的行为属于此类。在无机盐水溶液中,带异号电荷的离子间相互作用的机会在体相中比在界面相中多,导致界面相中离子数量减少,故产生负吸附现象。Ⅱ类溶质:使溶液表面张力随溶质浓度的增加而逐渐降低,大多数水溶性有机化合物通常属于此类。水溶性有机化合物含有极性部分(如—OH 和—COOH)和非极性部分(碳氢链),倾向于聚集在界面层中。它们的极性部分朝向体相中的极性水分子,而非极性部分倾向于离开体相溶液,在界面层中形成分子的定向排列,导致正吸附而降低表面张力。Ⅲ类溶质:与Ⅱ类溶质相似,但溶液表面张力在溶质浓度稍有增加时就迅速降低。Ⅲ类溶质在界面上的吸附作用最强,能显著地降低表面张力,该类溶质常被称为表面活性剂。

**2. 表面活性剂溶液的界面行为及其调控**

表面活性剂分子是一类具有特殊结构的化学分子,拥有亲水的头基(极性基)和疏水的长链烷烃尾巴(亲油性或憎水性基)。当它们进入水溶液后,由于双重结构特性,分子首先分布在两相界面上。但随着分子浓度的增加(即超过临界胶束浓度,CMC),两相界面被占满,进而在溶液中形成团簇结构,如图 10-14-3 所示。

除此之外,相关实验结果表明,当溶液中含有无机化合物、有机化合物或与表面活性剂

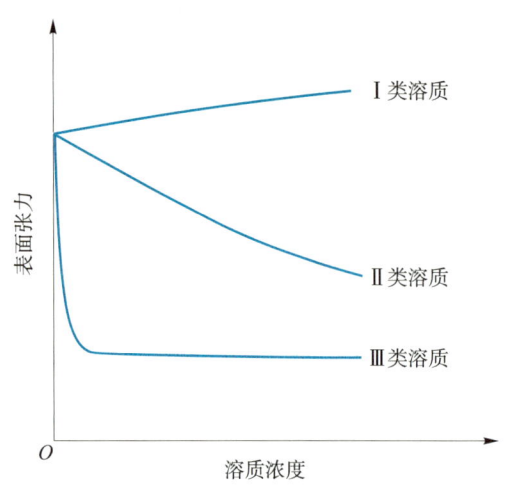

图 10-14-2　溶液表面张力与溶质浓度关系

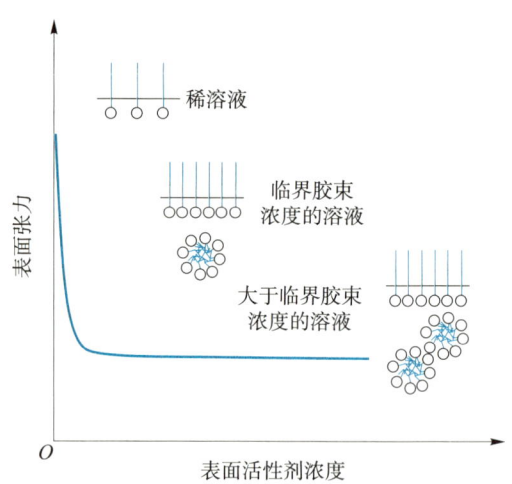

图 10-14-3　溶液表面张力与表面活性剂浓度的关系,以及对应表面活性剂的分子排布

分子发生作用的添加物时,表面活性剂分子在界面的排布形式会发生变化,最明显的特征是溶液的表面张力的改变。例如,当溶液中添加金属阳离子时,溶液的表面张力会随着添加物浓度的增加而呈现线性下降的趋势;而当添加有机化合物(如乙醇)时,溶液的表面张力会随着浓度的增加而呈现先增加后降低的非线性关系。这是由于添加物与表面活性剂分子间的偶极诱导相互作用影响了表面活性剂分子的电子排布,进而影响其亲疏水性。

### 3. 液体门控可视化物质检测

在液体门控系统中,界面张力是门控液体的重要物理化学性质之一,是构建基于界面分子设计的功能性液体门控系统的前提。由于门控液体与输运流体间的表界面张力作用,输运流体在跨膜过程中需要克服不同大小的压强阈值。理论上,当输运流体是气体时,需要克服门控液体在固体多孔膜孔隙内受到的毛细力,受拉普拉斯压强影响。根据杨-拉普拉斯方程,气体的跨膜压强阈值 $p_{crit}$ 为

$$p_{crit} = \frac{4\gamma_{l-g}}{d_e} \tag{10.14.2}$$

式中,$\gamma_{l-g}$ 为门控液体的表面张力,$d_e$ 为多孔固体膜的平均有效孔径。对于含表面活性剂溶液作为门控液体的液体门控系统,因表面张力 $\gamma_{l-g}$ 与表面活性剂浓度 $c$(当 $c<$ CMC)遵循 Emiempirical szyszkowski 方程:

$$\gamma_{l-g} = \gamma_0 \left[ 1 - B\ln\left(1 + \frac{c}{A}\right) \right] \tag{10.14.3}$$

因此,系统中气体的跨膜压强阈值 $p_{crit}$ 与表面活性剂浓度 $c$(当 $c<$ CMC)则有如下关系:

$$p_{crit} = 4k\gamma_0 d_e^{-1} \left[ 1 - B\ln\left(1 + \frac{c}{A}\right) \right] \tag{10.14.4}$$

式中:$\gamma_0$ 为水的表面张力,$\gamma_0 = 72$ mN·m$^{-1}$(25 ℃),$A$ 为与溶液中的化合物相关的常数,$B$ 为与表面活性剂种类相关的常数,$k$ 为与表面活性剂种类相关的常数。

由于门控液体的表面张力正相关于液体门控系统的气体跨膜压强阈值,我国科学家提出了一种基于检测物质诱导表面活性剂分子偶极矩改变,进而引起门控液体的表面张力改变的液体门控物质检测的新方法。这种方法可以用于被检测物质的成分和浓度信息。例如,在含十二烷基苯磺酸钠(SDBS)分子的液体门控系统中,对于金属阳离子,系统的气体跨膜压强阈值会随着添加金属阳离子浓度的增加呈现线性下降的趋势。如表 10-14-1 所示,高价金属阳离子的气体跨膜压强阈值扰动因子(正相关于压强阈值的变化)明显高于一价离子,$Ca^{2+}$ 的降低效果是其中最明显的。此外,对于有机溶剂类添加物,如乙醇,系统的气体跨膜压强阈值则随着其浓度的增加呈现先增后降的非线性关系,如图 10-14-4 所示。

**表 10-14-1  金属阳离子引起的液体门控系统的气体跨膜压强阈值变化扰动结果**

| 金属阳离子 | 扰动系数 | 金属阳离子 | 扰动系数 |
|---|---|---|---|
| $Li^+$ | −0.004 | $Ba^{2+}$ | 0.104 |
| $Na^+$ | 0.040 | $Cu^{2+}$ | 0.115 |
| $K^+$ | 0.038 | $Zn^{2+}$ | 0.140 |
| $Mg^{2+}$ | 0.150 | $Cd^{2+}$ | 0.152 |
| $Ca^{2+}$ | 0.219 | $Al^{3+}$ | 0.172 |
| $Sr^{2+}$ | 0.170 | $Fe^{3+}$ | 0.075 |

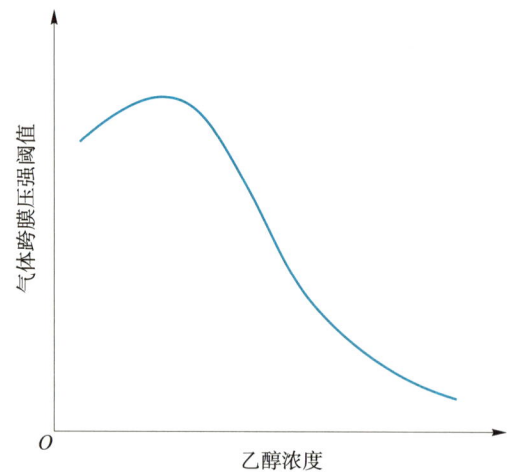

图 10-14-4　乙醇浓度对液体门控系统的门控行为影响

以含 SDBS 分子的液体门控系统为例,二价金属阳离子 $Ca^{2+}$ 的检测效果最为明显。这种物质检测方法可以通过可视化方式实现,具体原理如图 10-14-5 所示。当检测物 $Ca^{2+}$ 加入系统中时,它会引起液体门控系统一侧的气体释放,从而推动系统另一侧的标记液滴移动。这一过程可视化地显示了检测物的种类和浓度信息。

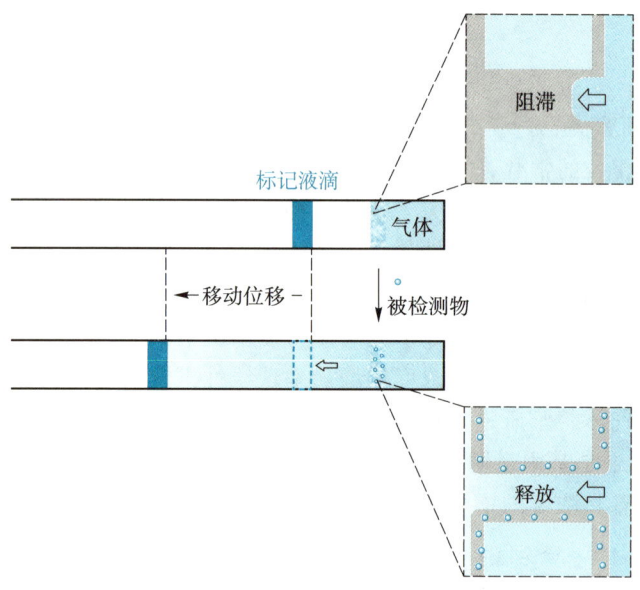

图 10-14-5　液体门控可视化物质检测原理图

## 三、仪器与试剂

### 1. 实验仪器

具备跨膜压强测量与分析功能的液体门控压强阈值仪 1 台;液体门控表面张力测量模块 1 套;液体门控可视化检测模块 1 套;移液器(量程 10~100 μL)1 个。

### 2.试剂及耗材

去离子水;SDBS 溶液(浓度分别为 $0.5\times10^{-3}$ mol·L$^{-1}$,$1\times10^{-3}$ mol·L$^{-1}$,$2\times10^{-3}$ mol·L$^{-1}$,$3\times10^{-3}$ mol·L$^{-1}$,$4\times10^{-3}$ mol·L$^{-1}$,$5\times10^{-3}$ mol·L$^{-1}$ 和 $7\times10^{-3}$ mol·L$^{-1}$);SDBS–NaCl 溶液(浓度为 $4\times10^{-3}$ mol·L$^{-1}$ SDBS,$0.5\times10^{-3}$ mol·L$^{-1}$ NaCl);SDBS–CaCl$_2$ 溶液(浓度为 $4\times10^{-3}$ mol·L$^{-1}$ SDBS,$0.5\times10^{-3}$ mol·L$^{-1}$ CaCl$_2$);亲水尼龙膜(孔径 1 μm 和 5 μm);表面皿若干。

## 四、实验步骤

### 1.液体门控技术测定 SDBS 表面活性剂的 CMC 值

本实验基于液体门控压强阈值仪的使用(可扫描二维码 10-14-1 查看操作视频,或者详见液体门控压强阈值仪 GIFT-001E 的使用说明)。首先需要通过液体门控表面张力测量模块测定不同浓度的 SDBS 溶液的表面张力。

二维码 10-14-1　液体门控压强阈值仪操作(视频)

含表面活性剂分子的液体门控系统搭建:用移液器移取 50 μL 目标 SDBS 溶液(浓度分别为 $0.5\times10^{-3}$ mol·L$^{-1}$,$1\times10^{-3}$ mol·L$^{-1}$,$2\times10^{-3}$ mol·L$^{-1}$,$3\times10^{-3}$ mol·L$^{-1}$,$4\times10^{-3}$ mol·L$^{-1}$,$5\times10^{-3}$ mol·L$^{-1}$ 和 $7\times10^{-3}$ mol·L$^{-1}$)滴加于孔径为 5 μm 的尼龙膜表面,使尼龙膜完全被门控液体浸润,静置 3 min 后取出,完成不同 SDBS 浓度下表面活性剂溶液–尼龙膜液体门控系统的搭建。注意:若无移液器精确定量时,可选取充分浸润门控液体的加液方式。

系统的跨膜压强阈值测量:将上述液体门控系统置于仪器膜夹具中,选择量程为 0~100 kPa 的压强传感器。传输流体为空气,流速设定为 4 mL·min$^{-1}$。记录测试得到的相应系统的气体跨膜压强阈值数据及结果。

### 2.金属阳离子对含 SDBS 分子的液体门控系统的气体跨膜压强阈值影响

选取孔径为 5 μm 的尼龙膜,依次用移液器移取 50 μL 目标门控溶液 SDBS–NaCl 溶液或 SDBS–CaCl$_2$ 溶液于尼龙膜表面,使尼龙膜完全被门控液体浸润,静置 3 min 后取出。将上述液体门控系统置于仪器膜夹具中,选择量程为 0~100 kPa 的压强传感器。传输流体为空气,流速设定为 4 mL·min$^{-1}$。记录测试得到的相应系统的气体跨膜压强阈值数据及结果。

### 3.金属阳离子的液体门控可视化物质检测

搭建液体门控可视化检测模块。首先将浸润 $4\times10^{-3}$ mol·L$^{-1}$ SDBS 溶液的尼龙膜(孔径 1 μm)放置于仪器的膜夹具中,设置如实验步骤 1 所示的实验参数开始实验,记录得到的跨膜压强阈值 $p_{crit}$。接着,释放系统内气体,归零注射单元,重复推注气体至系统实时压强值到达($p_{crit}-8$ kPa)后,点击"暂停系统加压(即压强保持)"按钮,使系统保持在该压强值。进而打开分析物注射通道,将 SDBS–NaCl 溶液由分析物进口推入,之后关闭通道,观察液体门控系统另一侧标记物的移动状况,记录测试得到的标记物移动的位移信息。(注意:8 kPa 为经验值,在实验中需要根据所选材料体系和实验参数适当增加或降低。)

同样地,重复上述操作,将 SDBS–CaCl$_2$ 溶液由分析物进口加入。

## 五、注意事项

（1）在门控液体浸润多孔固体膜时，需要严格控制目标门控液体的浸润时间，以保证采集的跨膜压强数据的准确性。

（2）跨膜压强测试过程中首先要检测气路是否漏气，要确保整套装置的气密性，尤其是膜材料的封装步骤。

（3）注射器推注过程中需要注意注射器的位置和夹持状态，保证始终处于有流体推注和稳定推注过程。

## 六、数据处理与分析

（1）表面活性剂 CMC 值的测试结果　记录不同浓度的 SDBS 门控液体的表面张力及其搭建的液体门控系统的气体跨膜压强阈值于表 10-14-2 中，并讨论表面活性剂的 CMC 值与液体门控系统的气体跨膜压强阈值关系。

表 10-14-2　表面活性剂 CMC 值的测试数据

| SDBS 浓度/($10^{-3}$ mol·$L^{-1}$) | 0.5 | 1 | 2 | 3 | 4 | 5 | 7 |
|---|---|---|---|---|---|---|---|
| 表面张力/(mN·$m^{-1}$) | | | | | | | |
| 跨膜压强阈值/kPa | | | | | | | |

SDBS 表面活性剂的 CMC 值：_____

（2）不同金属阳离子作用下的系统气体跨膜压强阈值的测试结果　记录不同金属阳离子的系统跨膜压强阈值于表 10-14-3 中，讨论金属阳离子对含 SDBS 表面活性剂分子的液体门控系统的门控行为影响。

表 10-14-3　不同金属阳离子作用下的系统气体跨膜压强阈值的测试数据

| 金属阳离子类型 | $Na^+$ | $Ca^{2+}$ |
|---|---|---|
| 跨膜压强阈值/kPa | | |

（3）被检测物含金属阳离子的液体门控可视化检测结果　记录标记物移动数据于表 10-14-4 中，对比讨论液体门控技术检测金属阳离子 $Na^+$ 和 $Ca^{2+}$ 的差异化原因。

表 10-14-4　被检测物含金属阳离子的液体门控可视化检测数据

| 分析物 | 移动位移/mm |
|---|---|
| NaCl | |
| $CaCl_2$ | |

## 七、思考题

（1）在纯水门控液体中增加 I 类和 II 类溶质分子，系统的气体跨膜临界压强阈值将有何种变化？简述加入 SDBS 表面活性剂分子引起的系统气体跨膜压强阈值变化原理。

（2）简述液体门控可视化物质检测特点，并讨论它与其他类型物质检测方法的不同之处。

（3）液体门控技术在物质检测中的应用有何优势？如何进一步优化该技术？

## 八、参考文献

（厦门大学　侯旭、樊漪）

# 分子结构性质测量

## 实验 10-15　溶液法测定极性分子的偶极矩及其密度泛函理论计算

### 一、实验目的

（1）能够用溶液法测量极性分子在非极性溶剂中的偶极矩并阐述其基本原理。

（2）能够用阿贝折射仪、精密电容测定仪和密度计分别测量液体的折射率、相对介电常数和密度，并阐述其工作原理。

（3）能够利用密度泛函理论（DFT）计算分子的偶极矩，分析与实验值的差异并解释其原因。

### 二、实验原理

#### 1. 偶极矩与极化度

分子结构可近似看成由电子云和分子骨架（包括原子核及内层电子）构成。由于分子空间构型不同，其正、负电荷中心不一定重合，因此将正、负电荷中心重合的分子称为非极性分子，反之称为极性分子。

1912 年，德拜（Debye）提出"偶极矩"的概念来度量分子极性的大小，以 $q$ 代表正、负电荷中心所带的电荷量，$d$ 代表正、负电荷中心之间的距离，则分子的偶极矩 $\mu$ 定义为

$$\mu = q \cdot d \qquad (10.15.1)$$

$\mu$ 是一个矢量，其方向规定为从正电荷中心到负电荷中心，如图 10-15-1 所示。因分子中原子核间距的数量级为 $10^{-10}$ m，电荷的数量级为 $10^{-20}$ C，则偶极矩 SI 单位的数量级为 $10^{-30}$ C·m。

偶极矩是物理学中的重要物理量，常用来判断分子的空间构型。通过偶极矩的测定还可以了解分子的结构，如分子的电

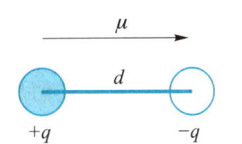

图 10-15-1　偶极矩示意图

子云分布、分子的对称性等结构特性。

极性分子具有的偶极矩又称永久偶极矩,在没有外电场存在时,由于分子的热运动,偶极矩指向各个方向的机会相同,故偶极矩的统计值为零。但在均匀外电场的作用下,偶极矩会趋向电场方向排列,这时就称这些分子被极化了,极化的程度可用摩尔取向极化度 $P_{取向}$ 来衡量。

$P_{取向}$ 与永久偶极矩 $\mu$ 的平方成正比,其关系为

$$P_{取向} = \frac{4}{9}\pi N_A \frac{\mu^2}{k_B T} \tag{10.15.2}$$

式中: $N_A$ 为阿伏伽德罗常数( $6.02 \times 10^{23} mol^{-1}$ ), $k_B$ 为玻耳兹曼常数( $1.38 \times 10^{-23} J \cdot K^{-1}$ ), $T$ 为热力学温度(K)。

实际上,在外电场的作用下,不论是极性分子还是非极性分子都会发生电子云对分子骨架的相对移动,分子骨架也会发生变形,这种现象称为诱导极化或变形极化,用摩尔变形极化度 $P_{变形}$ 来衡量。显然, $P_{变形}$ 由电子极化度 $P_{电子}$ 和原子极化度 $P_{原子}$ 组成,与外电场强度成正比,而与温度无关。因此极性分子的摩尔极化度由三部分组成,即

$$P = P_{取向} + P_{电子} + P_{原子} \tag{10.15.3}$$

在交变电场中,极性分子的极化情况则与交变电场的频率有关,有以下三种情况:

① 低频( $<10^{10} s^{-1}$ )或静电场中,有

$$P = P_{取向} + P_{电子} + P_{原子}$$

② 中频( $10^{12} \sim 10^{14} s^{-1}$ )即红外光频率下,由于极性分子来不及沿电场取向,故

$$P_{取向} = 0, \qquad P = P_{电子} + P_{原子}$$

③ 高频电场( $>10^{15} s^{-1}$ )即紫外光和可见光频率下,极性分子的取向运动和分子骨架变形都跟不上电场的变化,则

$$P_{取向} = 0, \qquad P_{原子} = 0, \qquad P = P_{电子}$$

因此,原则上只要在低频电场测得极性分子的摩尔极化度 $P$ ,中频电场(红外光频率)下测得摩尔变形极化度 $P_{变形}$( $P_{电子} + P_{原子}$ ),二者相减即可得到摩尔取向极化度 $P_{取向}$ ,即

$$P_{取向} = P - P_{变形} = P - (P_{电子} + P_{原子}) \tag{10.15.4}$$

由克劳修斯-莫索蒂-德拜(Clausius-Mosotti-Debye)方程可知,分子的摩尔极化度 $P$ 与分子的相对介电常数 $\varepsilon_r$ 、摩尔质量 $M$ 和密度 $\rho$ 有关,即

$$P = \frac{\varepsilon_r - 1}{\varepsilon_r + 2} \cdot \frac{M}{\rho} \tag{10.15.5}$$

但该方程是假定分子间无相互作用而推导得到的,仅适用于分子间无相互作用力的情况,因此只能用于气体或无限稀释的非极性溶剂的溶液。根据溶液中分子摩尔极化度的加和性,此时分子的摩尔极化度近似为无限稀释溶液中溶质的摩尔极化度 $P_2^\infty$ ,即

$$P \cong P_2^\infty = \lim_{x_2 \to 0} P_2 = \frac{3\alpha\varepsilon_{r1}}{(\varepsilon_{r1}+2)^2} \cdot \frac{M_1}{\rho_1} + \frac{\varepsilon_{r1}-1}{\varepsilon_{r1}+2} \cdot \frac{M_2 - \beta M_1}{\rho_1} \tag{10.15.6}$$

式中: $\varepsilon_{r1}, \rho_1, M_1$ 分别为溶剂的相对介电常数、密度和摩尔质量; $M_2$ 为溶质的摩尔质量。 $\alpha$ 和 $\beta$ 满足稀溶液近似公式:

$$\varepsilon_{r溶} = \varepsilon_{r1}(1 + \alpha x_2) \tag{10.15.7}$$

$$\rho_溶 = \rho_1(1 + \beta x_2) \tag{10.15.8}$$

式中：$\varepsilon_{r溶}$，$\rho_{溶}$ 分别为溶液的相对介电常数和密度；$x_2$ 为溶质的摩尔分数。

由于在中频电场中测 $P_{变形}$ 较难，所以一般在高频电场中测 $P_{电子}$。根据光的电磁理论，在同一频率的高频电场作用下，透明物质的相对介电常数 $\varepsilon_r$ 与折射率 $n$ 的关系为

$$\varepsilon_r = n^2 \tag{10.15.9}$$

一般地，用摩尔折射度 $R_2$ 来表示高频区测得的摩尔极化度，因为此时 $P_{取向} = 0$，$P_{原子} = 0$，则

$$P_{电子} = R_2 = \frac{n^2 - 1}{n^2 + 2} \cdot \frac{M}{\rho} \tag{10.15.10}$$

同样地，从式（10.15.10）可以推导出无限稀释时溶质的摩尔折射度的公式：

$$P_{电子} = R_2^{\infty} = \lim_{x_2 \to 0} R_2 = \frac{n_1^2 - 1}{n_1^2 + 2} \cdot \frac{M_2 - \beta M_1}{\rho_1} + \frac{6 n_1^2 M_1 \gamma}{(n_1^2 + 2)^2 \cdot \rho_1} \tag{10.15.11}$$

式中：$\gamma$ 也满足稀溶液近似公式，则

$$n_{溶} = n_1 (1 + \gamma x_2) \tag{10.15.12}$$

式中：$n_{溶}$ 为溶液的折射率，$n_1$ 为溶剂的折射率，$x_2$ 为溶质的摩尔分数。

由此可得

$$P_{取向} + P_{原子} = P - P_{电子} = P_2^{\infty} - R_2^{\infty} \tag{10.15.13}$$

考虑到原子极化度 $P_{原子}$ 通常只有电子极化度 $P_{电子}$ 的 $5\% \sim 10\%$，而 $P_{取向} \gg P_{电子}$，故 $P_{原子}$ 可以忽略。

将式（10.15.2）代入式（10.15.13）可得

$$P_{取向} = P_2^{\infty} - R_2^{\infty} = \frac{4}{9} \pi N_A \frac{\mu^2}{k_B T} \tag{10.15.14}$$

式（10.15.14）的意义在于将物质分子的微观性质偶极矩与它的宏观性质（相对介电常数、密度和折射率）联系起来了。这样，极性分子的永久偶极矩就可以用下面的简化式计算：

$$\mu = 0.04274 \times 10^{-30} \sqrt{(P_2^{\infty} - R_2^{\infty}) T} \, (\text{C} \cdot \text{m}) = 0.0128 \sqrt{(P_2^{\infty} - R_2^{\infty}) T} \, (\text{D}) \tag{10.15.15}$$

式中：$P_2^{\infty}$ 和 $R_2^{\infty}$ 的单位为 $\text{cm}^3 \cdot \text{mol}^{-1}$，$T$ 为热力学温度（K）。

在某些情况下，若需要考虑 $P_{原子}$ 的影响，则只需对 $R_2^{\infty}$ 做部分修正即可。

需要指出的是，上述用溶液法测得的偶极矩与气相测得的真实值间存在偏差，造成此现象的原因是非极性溶剂与极性溶质分子间存在相互作用，即溶剂化作用。这种偏差称为溶液法测量偶极矩的"溶剂效应"。罗斯（Ross）和萨克（Sack）等人曾对溶剂效应开展了研究，并推导出校正公式，可查阅有关资料。

此外，测定偶极矩的实验方法还有温度法、分子束法、分子光谱法等。

**2. 相对介电常数的测定**

相对介电常数是通过测量电容而计算得到的。

电容池两极间为真空时和充满某物质时的电容分别为 $C_0$ 和 $C$，则该物质的相对介电常数 $\varepsilon_r$ 为

$$\varepsilon_r = \frac{C}{C_0} \tag{10.15.16}$$

用小电容测量仪测量电容时，实际测得的电容 $C'$ 应是电容池两极间的电容 $C$ 和整个测试系统中的分布电容 $C_d$ 并联而成，即

$$C' = C + C_d \tag{10.15.17}$$

分布电容 $C_d$ 对同一台仪器而言为定值,它与仪器的性质有关,亦称为仪器的本底值,在计算时应扣除。实验中可用已知相对介电常数的标准物质(本实验用环己烷)与空气分别进行测定,其实测值 $C'$ 可表示如下:

$$C'_标 = C_标 + C_d \tag{10.15.18}$$

$$C'_空 = C_空 + C_d \tag{10.15.19}$$

由于 $C_空$ 可近似看作与真空电容 $C_0$ 相等,则将式(10.15.16)代入式(10.15.18)和式(10.15.19)可得

$$C'_标 = \varepsilon_{r标} C_0 + C_d \tag{10.15.20}$$

$$C'_空 = C_0 + C_d \tag{10.15.21}$$

由以上两式可得

$$C_d = \frac{C'_空 \varepsilon_{r标} - C'_标}{\varepsilon_{r标} - 1} \tag{10.15.22}$$

$$C_0 = \frac{C'_标 - C'_空}{\varepsilon_{r标} - 1} \tag{10.15.23}$$

式中标准物质环己烷的相对介电常数与温度的关系为

$$\varepsilon_{r标} = 2.023 - 0.00160(T/\mathrm{K} - 293.15) \tag{10.15.24}$$

结合以上各式即可求得溶液的相对介电常数:

$$\varepsilon_{r溶} = \frac{C'_溶 - C_d}{C_0} \tag{10.15.25}$$

### 三、仪器与试剂

#### 1. 实验仪器

数字阿贝折射仪 1 台;PGM-Ⅲ型精密电容测定仪 1 台;电容池 1 只;超级恒温水浴 1 套;振荡管式恒温液体密度计 1 台或奥斯瓦尔德-斯普林格(Ostwald-Sprengel)密度管或比重瓶(5 mL)1 个;电吹风机 1 个;容量瓶(25 mL,5 mL)各 5 个;烧杯(50 mL)5 个;刻度移液管(10 mL)1 支;吸量管(2 mL)1 支;滴管 5 支。

#### 2. 试剂及耗材

乙酸乙酯(AR);环己烷(AR);丙酮(AR)。

#### 3. 硬件和软件

计算工作站 1 台;高斯(Gaussian)计算软件;GaussView 可视化软件。

### 四、实验步骤

#### 1. 溶液的配制

在容量瓶中用称重法配制五种浓度的乙酸乙酯-环己烷溶液,其摩尔分数分别为 0.01、0.05、0.10、0.15、0.20,操作时注意防止溶质、溶剂的挥发和吸收极性较大的水汽。

#### 2. 折射率的测定

在(25±0.1) ℃下,用阿贝折射仪测定环己烷及各配制溶液的折射率,每个溶液测量三次,取平均值。

**3. 测电容求相对介电常数（PGM-Ⅲ型精密电容测定仪）**

（1）准备。接通精密电容测定仪电源，打开后面板电源开关，预热 5 min；将电容池与超级恒温水浴（25±0.1 ℃）连接。

（2）通过"调节旋钮"选择"电容测试"，按下旋钮进入电容测试模式。

（3）拔下电容池"外电极 C1"插座一端的测试线，旋转电容测定仪上的"调节旋钮"，将光标移至"清零"，按下调节旋钮，以清除仪表系统零位漂移，显示器显示"00.00"。

（4）用电吹风机将电容池两极间的间隙吹干，将电容池的两个电极分别插入电容测定仪前面板"C1"插座、"C2"插座，显示稳定后的值即为空气的电容 $C'_{空}$。重复测量两次，取平均值。

（5）打开电容池盖，将纯环己烷滴加至电容池的聚四氟乙烯白色小杯内刻度处，盖好电容池盖，恒温 10 min 后，测量电容值。然后打开电容池盖，取出聚四氟乙烯白色小杯，将环己烷倒出至回收瓶中，用电吹风机吹干后重新装样并测量电容值。两次测量值之差应小于 0.05 pF，否则要重新测量，取两次测量的平均值即为 $C'_{标}$。

（6）将环己烷换成待测液，重复上述操作，则可测得各溶液的电容值 $C'_{溶}$。

**4. 溶液密度的测定**

方法 1：以蒸馏水为标样，利用振荡管式恒温液体密度计测量溶液的密度，仪器的使用方法请参见知识拓展"恒温液体密度计操作说明"。

方法 2：以蒸馏水为标样，用密度管测定溶液的密度，仪器的使用方法请参见知识拓展"奥斯瓦尔德-斯普林格密度管操作说明"。

方法 3：以蒸馏水为标样，用小容量的比重瓶（5 mL）测定溶液的密度。

方法 4：用吸量管准确移取 2 mL 溶液于 5 mL 干燥的容量瓶中，精确称量溶液的质量，进而计算出各溶液的密度。

**5. DFT 计算（选做）**

有关 DFT 的介绍和 Gaussian 程序、GaussView 软件的使用方法请参见《化学测量学实验》（中册）"模块 8：计算化学实验 8.1　计算化学基础理论及 8.2　计算相关软件介绍。"

（1）乙酸乙酯有顺反异构体，在 GaussView 软件中建模，直接调用 Gaussian 程序，利用 DFT 的三参数杂化法（B3LYP），计算基组分别为 6-31g(d)、6-311++G(3df,2p)，分别计算乙酸乙酯的两种构型在气相及在环己烷（采用 SCIPCM 溶剂模型）中的偶极矩。

（2）方法和基组的选择对偶极矩的计算数值有较大影响，有条件的话，分别用不同的方法和基组、不同的溶剂模型计算乙酸乙酯的偶极矩，研究其对计算结果的影响，探索如何选择计算条件才能使理论计算值和实验值更吻合。

## 五、注意事项

（1）乙酸乙酯和环己烷易挥发，配制溶液及测定时动作应迅速，以免影响浓度进而带来误差。

（2）为防止混入或吸收极性较大的水，配制溶液的器具必须干燥且密封，溶液应透明不发生浑浊，配好后干燥保存。

（3）测电容时，每换一种溶液电极间的缝隙务必用电吹风机吹干；样品不可多加，否则会腐蚀密封材料。

（4）电容池各部件的连接应注意绝缘。

（5）用比重瓶测定溶液密度的方法虽然简单,但是由于比重瓶的毛细管是敞口的,不适于测定挥发性液体的密度,因此可在毛细管口用乳胶头加封提高实验的准确度。

（6）DFT 计算时,需在优化构型的基础上计算乙酸乙酯的偶极矩。

## 六、数据处理与分析

（1）按照溶液配制的实测质量,计算 5 个溶液溶质的摩尔分数 $x_2$。

（2）计算 $C_0$ 和 $C_d$ 和 5 个溶液的相对介电常数 $\varepsilon_{r溶}$。

（3）分别作 $\rho_{溶}$-$x_2$ 图,$\varepsilon_{r溶}$-$x_2$ 图及 $n_{溶}$-$x_2$ 图,由直线斜率求出 $\alpha$、$\beta$ 和 $\gamma$ 值。

（4）将有关数据代入式（10.15.6）和式（10.15.11）,计算 $P_2^{\infty}$ 和 $R_2^{\infty}$。

（5）将 $P_2^{\infty}$ 和 $R_2^{\infty}$ 的值代入式（10.15.15）,计算乙酸乙酯在环己烷中的偶极矩的实验值 $\mu_{实验,环己烷}$。

（6）将乙酸乙酯在环己烷中的偶极矩的实验值 $\mu_{实验,环己烷}$ 分别与在气相和环己烷中的理论计算值（$\mu_{理论,气相}$,$\mu_{理论,环己烷}$）及文献值（$\mu_{文献,气相}=1.78\ \mathrm{D}$[①]）对照,计算误差并进行分析。能否根据计算结果确定乙酸乙酯的稳定存在形式?

## 七、思考题

（1）用溶液法测定分子的摩尔极化度和摩尔折射度时,为何要外推至无限稀释? 若为极性溶剂,本实验原理是否仍适用?

（2）如何利用溶液法测量偶极矩的"溶剂效应"来研究极性溶质分子与非极性溶剂的相互作用?

（3）导致偶极矩的实验测定值与理论计算值、文献值之间误差的原因有哪些? 如何改进?

（4）实际上,测量过程中并未涉及化学反应,那么用过的溶液能否直接再利用? 试讨论将实验产生的废液回收再利用的方法。

## 八、知识拓展

**1. 振荡管式恒温液体密度计操作说明**

（1）恒温。打开仪器电源开关,设置恒温槽温度,预热 30 min。

（2）仪器校准。压紧导液管,振荡管内注满蒸馏水（不能有气泡）,按下"标准水校准"键,仪器自动进行校准。

（3）待测液体密度测量。用注射器吸入待测液体,打开进液泵压管装置,向振荡管道内逐步注入待测液体,每次几毫升,直至相邻两次读数一致。恒温一段时间,待温度达到设定温度且读数稳定后,记录待测液体密度。

具体操作细节和注意事项可扫描二维码 10-15-1 查看。

二维码 10-15-1    振荡管式恒温液体密度计操作说明

---

① D（德拜）也为偶极矩的单位,1 D $= 3.34\times10^{-30}$ C·m。

### 2. 奥斯瓦尔德-斯普林格密度管操作说明

如图 10-15-2 所示,将密度管洗净干燥后称量,记为 $m_0$,然后取下磨口小帽,用针筒注入蒸馏水并定容,放置于小烧杯中再称量,记为 $m_1$。

同样,按上述方法测定待测液体的质量,记为 $m_2$。则待测溶液的密度为

$$\rho_2 = \frac{m_2 - m_0}{m_1 - m_0} \times \rho_1 \qquad (10.15.26)$$

式中:$\rho_1$ 为蒸馏水的密度($g \cdot cm^{-3}$),其与温度的关系为

$$\rho_1 / g \cdot cm^{-3} = 1.01699 - \frac{14.290}{940 - 9(T/K - 273.15)} \qquad (10.15.27)$$

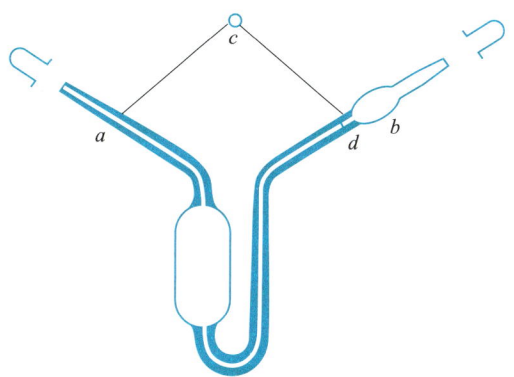

**图 10-15-2　测定易挥发性液体的密度管**

### 3. 其他

偶极矩是物理化学实验研究的一个课题,它对判断分子的键构型,考察键的旋转,研究分子的电性及计算其他物理化学性质等方面起着重要的作用。偶极矩一般是通过测定相对介电常数、密度、折射率和浓度计算得到的。对相对介电常数的测定除电桥法外,其他还有拍频法和谐振法等,对于气体和电导率很小的液体以拍频法为好;对于电导率很大的液体使用谐振法较为合适;对于有适中电导率的液体使用电桥法较为理想,虽然电桥法不如拍频法和谐振法精确,但设备简单经济。

## 九、参考文献

(苏州大学　孙如)

# 第11章
# 高分子物理实验

高分子物理作为一门科学,其核心在于理解和控制高分子的结构与性能的关系。高分子物理实验旨在通过实验教学使学生掌握高分子物理领域内的主要研究方法与实验技能,深化理解高分子的结构与性能间的内在联系和基本规律,为今后的学习和研究打下坚实基础。本模块整体上涵盖了高分子科学研究中的一系列关键方法,包括高分子链结构、凝聚态结构、分子运动及热学性能、力学性能等的表征,并展示这些方法如何帮助科学家和工程师更好地理解和利用高分子材料,以系统性地培养学生的高分子科学研究、开发与应用能力。

## 高分子一级结构（近程结构）的表征

### 实验 11-1　高分子化合物分子结构和化学组成的谱学表征

#### 一、实验目的

（1）掌握红外光谱和核磁共振波谱分析方法及其用于高分子表征的基本原理。

（2）能够独立操作红外光谱仪和核磁共振波谱仪。

（3）能够制作高分子样品,并测试获得其红外光谱和核磁共振波谱。

（4）能够通过解析高分子样品的红外光谱和核磁共振波谱的谱图,分析其分子结构和化学组成。

#### 二、实验原理

谱学表征主要是以电磁学理论为基础,以物质与电磁波相互作用为条件,建立物质分子结构与电磁辐射之间的相互关系,从而进行物质分子结构的分析和鉴定。谱学分析方法包括核磁共振（NMR）波谱、红外光谱（IR）、拉曼光谱（Raman spectroscopy）、X 射线光电子能谱（XPS）、紫外-可见分光光度法（UV-Vis）等。其中,红外光谱和核磁共振波谱作为物质分子结构和化学组成表征的基本手段,在高分子领域具有广泛的应用。

## 1. 红外光谱原理

当红外辐射通过样品时,由于样品的分子结构不同,其分子振动能级跃迁在不同波长(波数)处产生选择性吸收;由此,以波数或波长为横坐标,以透过率或吸光度为纵坐标描绘成谱图,可以得到样品的特征吸收曲线,即为红外光谱。利用红外光谱中吸收峰的位置、形状和相对强度,可以判断或鉴别样品的官能团或结构。

红外光谱仪的主要组成部件包括:① 光源:提供稳定、高强度、连续波长的红外光,通常使用能斯特灯、碳化硅或涂有稀土化合物的镍铬旋状灯丝;② 单色器:用于将复色光变为单色光或选定波长的光,根据分光装置的不同,分为色散型和干涉型;③ 样品室:用于放置样品的光学室,样品可以是固体、液体或气体;④ 检测器:用于测量透过样品后的红外辐射强度,一般分为热检测器和光检测器两大类;⑤ 计算机处理信息系统:用于记录和分析收集到的光谱数据。根据光源波长范围的不同,可分为近、中及远红外光谱仪。其中,中红外光谱仪 $(2.5 \sim 25~\mu m, 4000 \sim 400~cm^{-1})$ 能很好地反映分子内部所进行的各种物理过程及分子结构方面的特征,对解决分子结构和化学组成中的各种问题较为有效,在物质分子结构表征中的应用较为广泛。

## 2. 核磁共振波谱原理

核自旋量子数不为 0 的原子核在外加磁场的作用下会发生能级裂分,若用与该能级裂分能量相匹配的电磁波对原子核进行辐照,则原子核将会吸收能量从低能级跃迁到高能级,实现共振跃迁。这一现象即为核磁共振。特定原子核的共振频率由外加磁场决定,但实际化合物中,即使同一种原子核,在不同的化学环境下,它们的共振频率略有差异,其原因是外围基团的电子运动所产生的磁场起了屏蔽作用。核的外围环境不同,就有不同的屏蔽效果、不同的共振频率,在核磁共振谱图的不同位置出现共振峰,以“化学位移”来表示。由于核的化学位移反映了核的化学环境,因此可作为鉴别或测定化合物结构的重要依据。此外,核磁共振谱图中谱峰面积、耦合裂分等可以进一步提供化合物的结构信息。

核磁共振波谱仪的主要组成部件包括:① 磁体:提供强而均匀的磁场。大部分现代核磁共振波谱仪配置的是超导磁体,超导磁体中通有电流的超导线圈被密封在液氦容器中,外部再用液氮冷却。磁体中心即磁场最强最均匀的位置,则留有空腔用于放置核磁共振探头和样品。② 谱仪控制台:核磁共振波谱仪的中央控制单元,内含用于生成脉冲序列及采集和处理数据的精密电子设备。③ 探头:装载样品的核心部件,探头内部包含了样品腔、射频线圈及与线圈相连的谐振电路。能够在样品周围产生均匀的射频脉冲,并有效接收信号。

## 3. 高分子化合物分子结构和化学组成的谱学表征

高分子化合物是由很大数目的结构单元以共价键结合而成,其相对分子量高达几万至几百万不等。这些结构单元可以是一种(均聚物),如聚甲基丙烯酸甲酯(PMMA,分子结构示意图如图 11-1-1 所示);也可以是几种(共聚物),如甲基丙烯酸甲酯-苯乙烯共聚物(PMMA-co-PS,分子结构示意如图 11-1-2 所示)。巨大的分子量与分子尺寸赋予这类化合物以特殊的物理与化学性质,使其在现代社会中占据着重要地位。高分子化合物的结构和组成对由其制备的材料性能具有决定性的影响,通过合理设计和控制高分子化合物的结构和组成,可以实现对其性能的调控和优化,从而满足不同领域的需求。

(1) 高分子化合物分子结构的表征　　高分子化合物分子结构包括近程结构(一级结构)、远程结构(二级结构)和聚集态结构(三级结构及以上),其中高分子的近程结构包括高

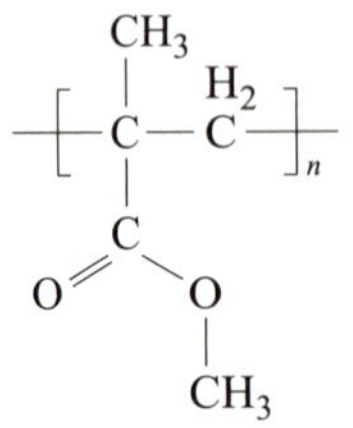

图 11-1-1    PMMA 分子结构示意图 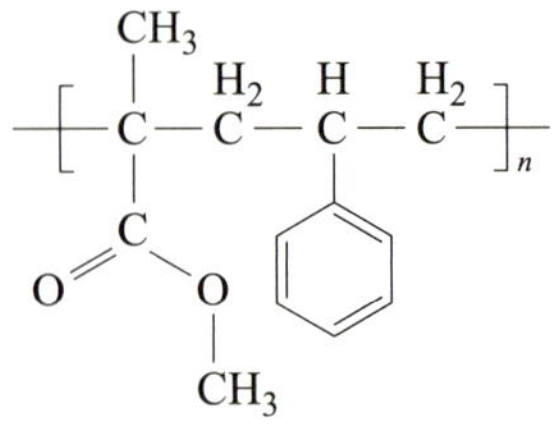          图 11-1-2    PMMA-co-PS 分子结构示意图

分子重复单元的化学结构和立体结构两个方面。其中化学结构是指分子链中的原子种类、原子排列、取代基和端基的种类、支链的类型和长度等。立体结构又称为构型,是指分子链中某一原子(或取代基)在空间的排列,包括几何异构和旋光异构等,它反映了分子中原子(或取代基)的空间排列的差异。常用表征高分子化合物分子结构的谱学技术包括红外光谱、核磁共振波谱和拉曼光谱等,这些技术可以确定官能团的存在和化学结构,以及立体结构和分子间相互作用。下面以 PMMA 和 PMMA-Co-PS 为例,介绍红外光谱和核磁共振氢谱在高分子分子结构表征中的应用。

在 PMMA 高分子链中,不对称碳原子的构型都相同时为全同立体结构[也称全同立构或等规立构,含有 100% 全同立构三单元组 mm,结构见图 11-1-3(a)],以特定的方式交替排列时为间同立体结构[也称间同立构或间规立构,含有 100% 间同立构三单元组 rr,结构见图 11-1-3(b)],当主链中不对称碳原子的构型不同且排列也不规则时为无规立体结构[也称无规立构或异规立构,含有部分无规立构三单元组 mr,结构见图 11-1-3(c)]。不同立构三单元组在红外光谱和核磁共振氢谱中都有特征吸收峰和化学位移。PMMA 分子结构中含有的主要官能团有酯羰基(—C =O),醚键(C—O—C),另外甲基(—CH$_3$)和亚甲基(—CH$_2$—)在红外光谱中均有特征吸收峰,如图 11-1-4 所示。1730 cm$^{-1}$ 为羰基 C =O 伸缩振动,1271 cm$^{-1}$ 和 1240 cm$^{-1}$、1192 cm$^{-1}$ 和 1148 cm$^{-1}$,两组双峰是 C—O—C 伸缩振动吸收。1485 cm$^{-1}$ 和 1448 cm$^{-1}$ 这组双峰,前者为 O—CH$_3$ 中与氧原子相连的—CH$_3$ 的不对称弯曲振动,后者为其对称弯曲振动。1066 cm$^{-1}$ 是 PMMA 分子链中间规立体结构片段的特征吸收峰。当样品中含有氢原子时,核磁共振氢谱常被用来确定分子的结构。PMMA 分子结构中有—OCH$_3$,—CH$_3$ 和—CH$_2$—三种含氢基团,三种基团在核磁共振氢谱中对应的化学位移各不相同(图 11-1-5)。与电负性大的氧原子相连的甲氧基基团,具有较大的化学位移

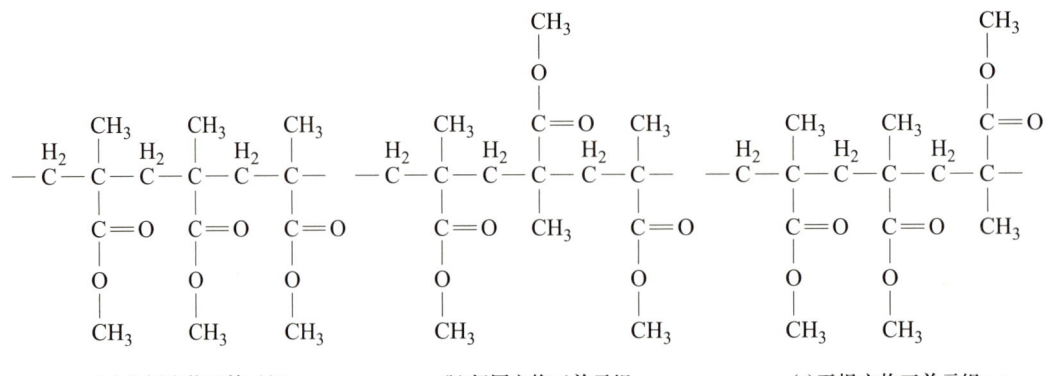

(a)全同立构三单元组mm          (b)间同立构三单元组rr          (c)无规立构三单元组mr

图 11-1-3    聚甲基丙烯酸甲酯的三种立体结构片段

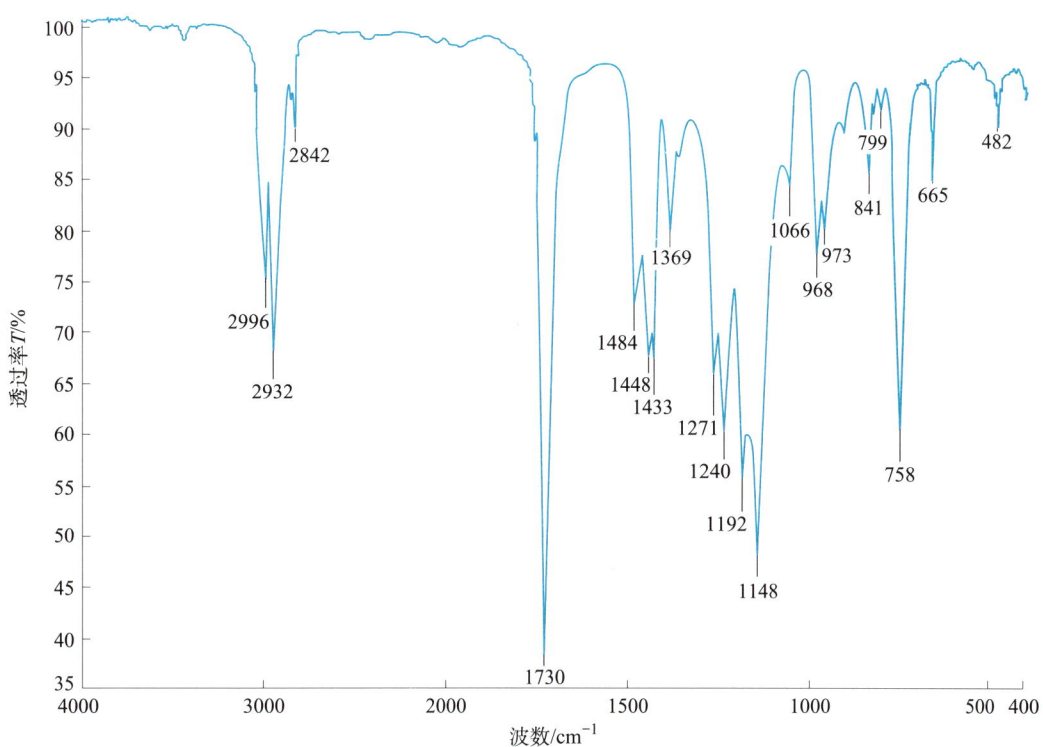

图 11-1-4　某一聚甲基丙烯酸甲酯样品的红外光谱

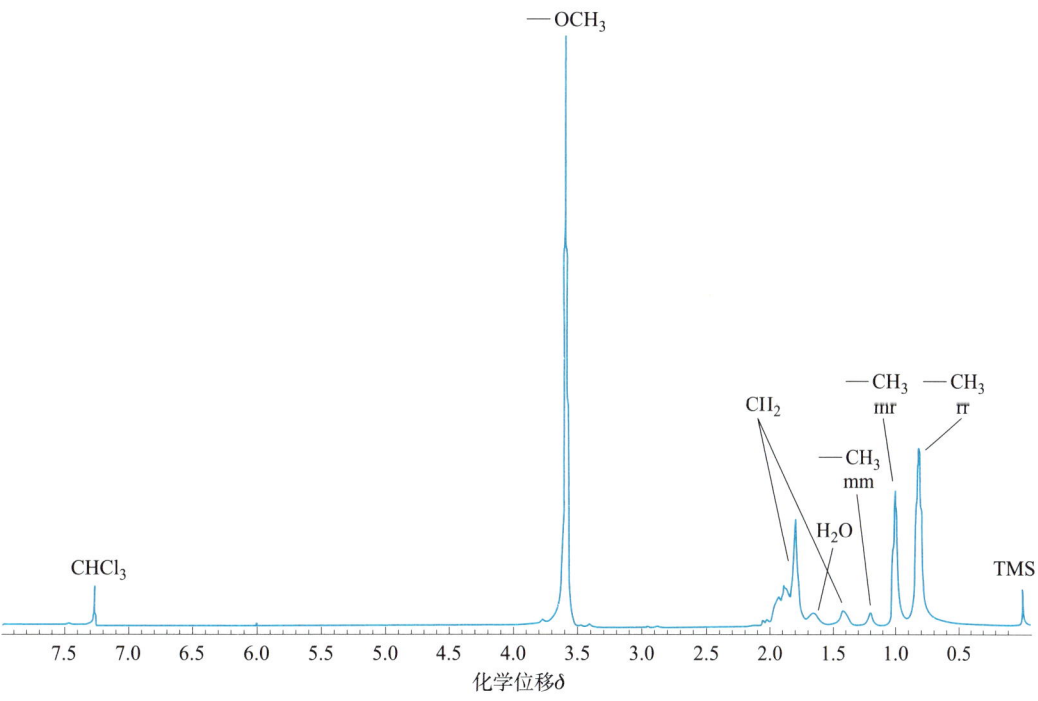

图 11-1-5　某一聚甲基丙烯酸甲酯样品的核磁共振氢谱（溶剂:氘代氯仿）

值,$\delta = 3.60$ 较强单峰归属为甲氧基基团中氢原子。—$CH_3$ 的化学位移值最小,且因立体结构不同,其氢原子化学位移有差异。$\delta = 1.213$、$1.020$、$0.833$ 分别是全同立构 mm 片段中—$CH_3$,无规立构 mr 片段中—$CH_3$ 和间同立构 rr 片段中—$CH_3$ 氢化学位移,根据峰积分面积可以算出三种立体结构的相对含量。图 11–1–5 显示 mr 和 rr 甲基具有较高强度,表明了该 PMMA 样品主要立体结构为间同和无规立体结构。

（2）高分子化合物化学组成的测定　高分子化学组成表征方法主要包括化学分析、仪器分析及其他特定的表征技术。其中,仪器分析法是根据聚合物中的特定官能团在一定条件下的响应来判断其结构和数量,具有高灵敏度、低取样量、快速分析等优点。常用的现代分析设备有红外光谱、紫外–可见吸收光谱、拉曼光谱、核磁共振波谱、X 射线衍射等。

核磁共振波谱具有较易定量分析的优势,主要体现在能够提供样品中某一特定原子的各种化学状态或物理状态的直接信息,并可以进行定量数据的获取,而这些数据并不需要纯物质的校正。当原子核处于特定外加磁场中时,原子核会发生能级间的跃迁,产生共振吸收信号。这个过程中,共振吸收的原子核数目决定了共振吸收峰的强度,因此峰的积分面积可反映参与共振的原子核的总数。通过分析这些信号积分,可以得出分子中各原子及组成的官能团数目,从而实现定量分析。PMMA-co-PS 结构中既包含 PMMA 结构信息又包含 PS 结构信息（分子结构见图 11–1–2）,由于 MMA 中甲氧基和苯乙烯基（St）中苯环氢的化学位移相互独立,如图 11–1–6 所示,因而可以对共聚物中苯乙烯单元的苯环氢特征信号（—$C_6H_5$,$\delta = 6.3 \sim 7.3$）和甲基丙烯酸甲酯中的甲氧基氢特征信号（—$OCH_3$,$\delta \approx 3.60$）分别

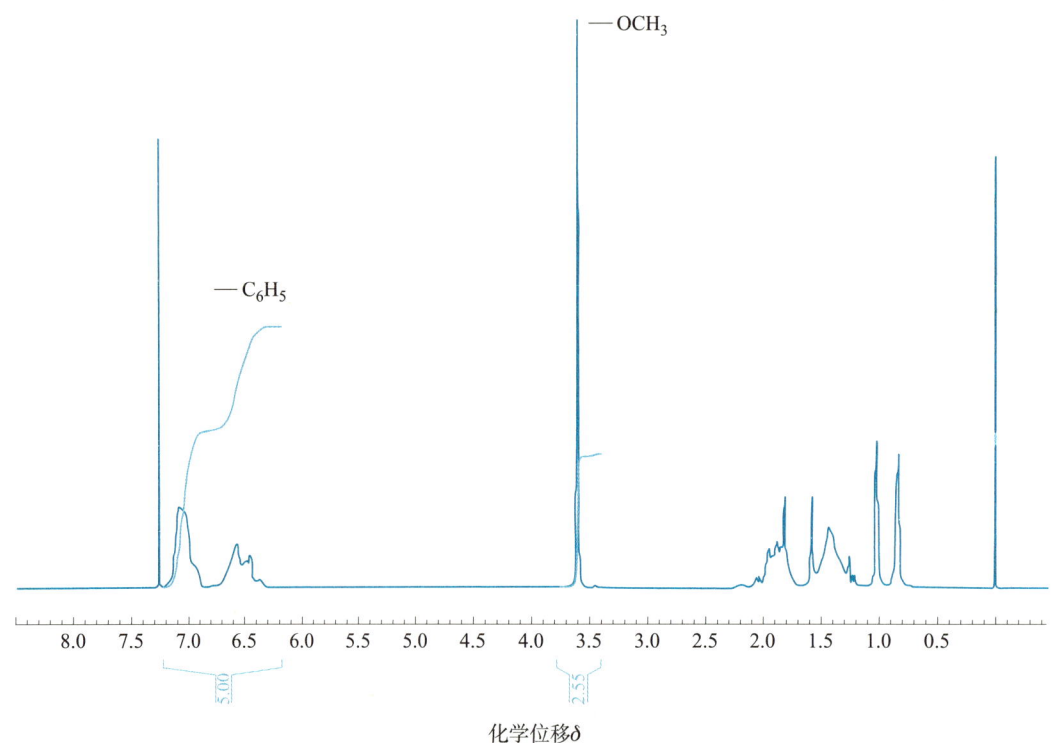

图 11–1–6　某一 PMMA-co-PS 样品的核磁共振氢谱（溶剂：氘代氯仿）

进行积分,计算得到共聚物中两种共聚单元的组成比,从而确定其化学组成。图 11-1-6 所示样品,甲氧基和苯环积分面积分别为 2.55 和 5.00,由于两基团中所含氢原子的数量分别为 3 和 5,因而甲氧基和苯环的相对含量比值为 $(2.55 \div 3)/(5.00 \div 5) = 0.85$,所以 PMMA-co-PS 共聚物中共聚单体 MMA 和 St 的摩尔组成比为 0.85。

　　红外光谱选择定量吸收峰的原则是彼此互不干扰且均为特征吸收峰,同时吸收强度又不能太弱,因此一般都选择指纹区($400 \sim 1500$ cm$^{-1}$)的特征吸收峰。PMMA-co-PS 聚合物分子链中,—C—O—C(约 1242 cm$^{-1}$)和苯环邻位取代(约 699 cm$^{-1}$)相对独立,可以作为 MMA 和 St 组成定量的特征吸收峰(图 11-1-7)。虽然红外光谱作为定量分析手段在科学研究中的应用不多,但对于同一系列高分子,特别是不溶性样品,红外光谱化学组成定量分析结果具有重要的参考价值,可以与核磁共振波谱定量结果相互验证和补充。

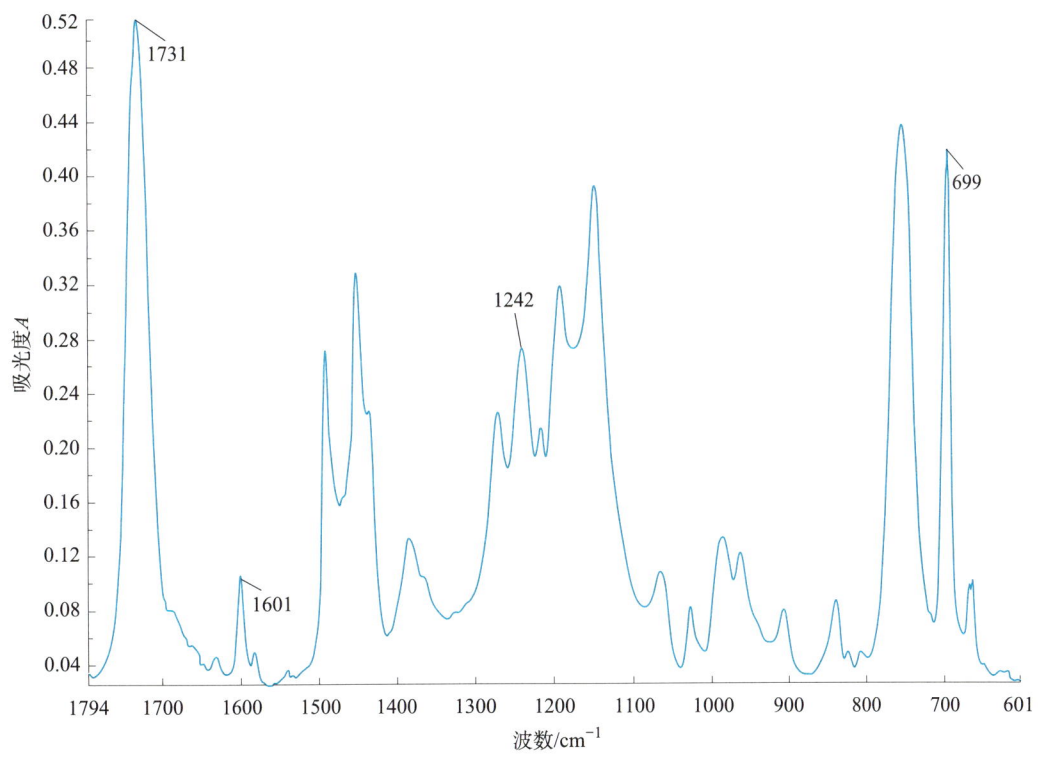

图 11-1-7　某一 PMMA-co-PS 样品的红外光谱

## 三、仪器与试剂

### 1. 实验仪器

红外光谱仪(近中红外波段、配有衰减全反射 ATR 附件)1 台;核磁共振波谱仪(400 MHz 及以上)1 台;红外灯;压片机;红外制样模具。

### 2. 试剂及耗材

聚甲基丙烯酸甲酯(PMMA)均聚物、聚苯乙烯(PS)、甲基丙烯酸甲酯-苯乙烯共聚物(PMMA-co-PS),商业化产品或实验室自制;苯乙烯(St)、甲基丙烯酸甲酯(MMA)、氯仿、乙醇、四氢呋喃,分析纯,无须纯化直接使用;溴化钾粉末,光谱纯;氘代氯仿,99.9%;核磁管

（φ5 mm）；一次性吸管；脱脂棉；称量纸；药匙。

### 四、实验步骤

#### 1. 红外光谱实验

（1）测试样品制备　对于高分子化合物，红外光谱测试制样可以采用三种方式：（a）和溴化钾按照一定比例混合压片，溴化钾起到辅助成片及稀释剂作用；（b）溶解于易挥发溶剂，滴到另外准备好的空白溴化钾压片上（溶液法）；（c）衰减全反射法（ATR 法），放在样品台上直接测试。由于本实验中，MMA 和 St 均为液体，并且 PMMA 和溴化钾难以通过研磨混合均匀，所以本实验中制样采用溶液法和 ATR 法。

① 空白溴化钾压片　取适量溴化钾粉末加入干净研钵中，在红外灯烘照下研磨至颗粒大小为 200 目左右，外观为白色细粉。将研磨后溴化钾装入制样模具中，压力机下 1 min 左右取出。压出的溴化钾片应完整无缺损，厚度合适，透明均匀，不能有白色斑点。

② 样品制备　溶液法：分别称取 20 mg PMMA、PS 和 PMMA-co-PS 溶于 2 mL 氯仿中，待完全溶解后（约 0.5 h），于通风柜内取 50 μL 聚合物氯仿溶液分别滴在空白溴化钾片上，置于通风柜内待溶剂完全挥发后用于测试。ATR 法：分别取少量 PMMA、PS 和 PMMA-co-PS 放在样品台上，直接测试。

（2）采集红外光谱图。

① 设置测试条件，扫描范围 400~4000 cm⁻¹，分辨率 4 cm⁻¹，扫描次数 16 次。

② 扫描背景，溶液法以空白溴化钾片为背景，ATR 法以空气为背景。

③ 放置样品，溶液法将样品装入样品架，然后放入样品室；ATR 法直接将样品放到样品台上，压杆施加合适压力。

④ 测试样品，扫描分别得到三个样品 PMMA、PS 和 PMMA-co-PS 的红外光谱图，要求基线平整，吸收峰透过率在 30%~70%（参见图 11-1-4），达不到标准重新制样。

#### 2. 核磁共振波谱实验

（1）测试样品制备　称取 PMMA、PS 和 PMMA-co-PS 各约 10 mg，转入干燥洁净的核磁管中，分别加入 0.6 mL 氘代氯仿溶剂，封上核磁管盖，待完全溶解（约 0.5 h）后测试。

（2）采集核磁共振氢谱图。

① 将核磁管插入转子，放入量规后将核磁管轻轻向下推至适当位置。

② 从量规内取出核磁管，启动气流将核磁管送入探头。

③ 设置核磁共振氢谱实验参数。

④ 锁场，调节相位。

⑤ 调谐匹配，氘梯度匀场。

⑥ 试扫描一次，观察谱图的线型、分辨率，优化采样参数。

⑦ 多次扫描，保存数据。

⑧ 启动气流将核磁管吹出。

#### 3. 探索实验

（1）将聚甲基丙烯酸甲酯溶解于不同溶剂（如乙醇、四氢呋喃）或相应氘代试剂中，测试其红外光谱和核磁共振氢谱，观察溶剂对样品红外吸收峰和核磁共振化学位移的影响。

（2）取不同量聚甲基丙烯酸甲酯溶解于一定量溶剂中,测试红外光谱和核磁共振氢谱,考察溶液浓度对样品红外吸收峰和核磁共振化学位移的影响。

#### 4. 拓展实验

（1）测试苯乙烯和甲基丙烯酸甲酯单体的红外光谱和核磁共振氢谱。

（2）将两种单体按照一定比例混合,测试混合物的红外光谱和核磁共振氢谱。

（3）根据高分子化学组成的测试方法,计算混合物中两单体相对含量。

（4）将计算结果与实际混合组成比较,如果存在误差,试分析原因。

#### 5. 实验结束

取出样品,放入专用废弃物收集处。红外光谱实验结束后,清洁制样模具、ATR 样品台,关闭红外灯,溴化钾放入干燥器;核磁共振波谱实验结束后,取下转子放入转子盒,收好未用的氘代试剂和核磁管。

### 五、注意事项

（1）溴化钾使用前需要干燥,涉及氯仿等溶剂的操作须在通风柜里进行。

（2）红外光谱实验时,压片过程严格按照规程操作,防止夹伤手指。在进行核磁共振波谱实验时,不携带磁性物品靠近超导磁体,打开氘代氯仿安瓿瓶时做好防护,规范操作,防止划伤手部。

（3）实验全程听从任课老师安排,不乱动仪器设备。

（4）实验产生的废弃物（包括玻璃器皿、一次性吸管等）放入指定收集点。

### 六、数据处理与分析

（1）红外谱图,进行基线校正、平滑及标峰处理,打印谱图。

（2）核磁共振氢谱,调节谱图相位,校准基线,标峰及定义积分范围,打印谱图。

（3）对采集的谱图进行谱峰归属分析。

（4）高分子分子结构的表征。根据 PMMA 红外光谱和核磁共振氢谱,给出聚合物所含主要官能团。根据立体结构片段特征峰面积,计算出各结构含量（%）。

（5）高分子化学组成的表征。对比 PS 和 PMMA 红外光谱和核磁共振氢谱,在 PMMA-co-PS 谱图中找出共聚单体 MMA 和 St 特征红外吸收峰和核磁共振化学位移,对峰进行面积积分,计算共聚物中两单体摩尔组成比。

### 七、思考题

（1）核磁共振化学位移是否随外加磁场的强度变化而改变? 说明理由。

（2）试分析影响核磁共振氢谱定量计算准确性的因素。

（3）红外光谱制样时,为何需要在红外灯下烘烤?

（4）比较两种制样方法得到的红外光谱。如有差别,请分析原因。

（5）试比较红外光谱和核磁共振波谱两种技术在高分子结构表征中的优势和局限性。

## 八、参考文献

（上海交通大学 陈燕、郑永丽）

# 高分子的分子量及分子量分布的表征

## 实验 11-2A 稀溶液黏度法测定高分子的分子量

### 一、实验目的

（1）掌握稀溶液黏度法表征高分子分子量的基本原理。

（2）掌握测定聚合物稀溶液相对黏度的实验技术，包括搭建恒温槽装置和选取乌氏黏度计。

（3）基于量变引起质变的哲学思考，理解高分子分子量的统计平均意义。

### 二、实验原理

#### 1. 高分子的分子量大且具有多分散性

高分子由很大数目（$10^3 \sim 10^5$）的重复结构单元所组成，其中每个结构单元相当于一个小分子，结构单元间以化学键连接成高分子。基于聚合反应的概率观点，从小分子的单体合成分子量巨大的高分子所生成的高分子分子量不可能是均一的，这就有了高分子的分子量分布和多分散性问题。因此采用统计的方法来表征合成高分子的分子量，通常包含数均分子量、重均分子量和黏均分子量等常用的平均分子量。本实验将介绍黏均分子量的测定方法。

#### 2. 稀溶液黏度法是一种测定高分子分子量的相对方法

采用稀溶液黏度法测定高分子的分子量，所用仪器设备简单，操作便利，适用的分子量范围大，又有相当好的实验精确度，因此黏度法是一种广泛应用的测定分子量的方法。但它测定的是相对分子量，非绝对分子量，因为特性黏数-分子量经验关系式是要预先用分子量的绝对测定方法来校正的，本方法也就可以适用于各种分子量范围。需注意的是在不同分子量范围内，可能要用不同的经验方程式。

### 3. 乌氏黏度计测定原理

（1）假设促使液体流动的力全部用以克服液体对流动的黏滞阻力。液体的流动是分子在外力作用下进行不可逆位移的过程。液体分子间存在着相互作用力,因此当液体流动时,分子间就产生反抗其相对位移的摩擦力(内摩擦力),液体的黏度就是液体分子间这种内摩擦力的表现。

依照牛顿(Newton)的黏性流动定律,当两层流动液体面间(设面积为 $A$)由于液体分子间的内摩擦产生流速梯度 $\dfrac{\delta v}{\delta z}$ 时,如图 11-2A-1 所示,液体对流动的黏性阻力是

$$f = A\eta \frac{\delta v}{\delta z} \tag{11.2A.1}$$

式中: $\eta$ 是液体的黏度,单位是 Pa·s。

当液体在半径为 $R$、长度为 $L$ 的毛细管中流动时,如图 11-2A-2 所示,如果在毛细管两端间的压力差为 $p$,并且假使促进液体流动的力( $\pi R^2 p$ )全部用以克服液体对流动的黏性阻力。那么在离轴 $r$ 和 $(r+\mathrm{d}r)$ 的两圆柱面间的流动服从下列方程式:

$$\pi r^2 p + 2\pi r L\eta \frac{\mathrm{d}v}{\mathrm{d}r} = 0 \tag{11.2A.2}$$

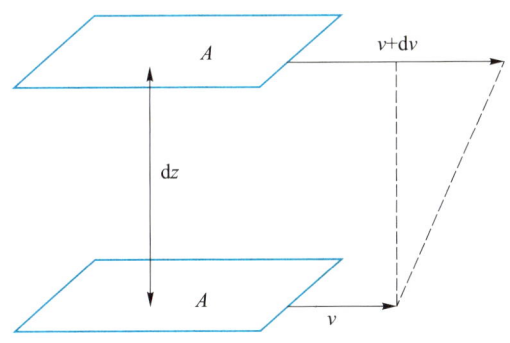

图 11-2A-1　液体的流动示意图

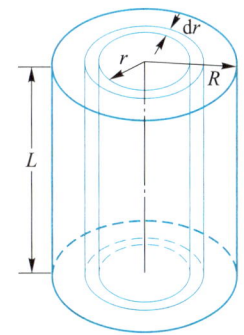

图 11-2A-2　液体在毛细管中流动示意图

式(11.2A.2)就规定了液体在毛细管中流动时的流速分布 $v(r)$。假如液体可以润湿管壁,管壁与液体间没有滑动,则 $v(R)=0$,那么

$$v(r) = \int_R^r \frac{\mathrm{d}v}{\mathrm{d}r}\mathrm{d}r = -\frac{p}{2L\eta}\int_R^r r\mathrm{d}r = \frac{p}{4L\eta}(R^2 - r^2) \tag{11.2A.3}$$

所以平均流出容速[设在时间 $t(\mathrm{s})$ 内流出液体的体积是 $V$]为

$$\frac{V}{t} = \int_0^R 2\pi r v\mathrm{d}r = \frac{\pi p}{2L\eta}\int_0^R r(R^2 - r^2)\mathrm{d}r = \frac{\pi p R^4}{8L\eta} \tag{11.2A.4}$$

则液体的黏度可表示为

$$\eta = \frac{\pi p R^4}{8LV}t \tag{11.2A.5}$$

液体黏度的绝对值测定是很困难的,所以一般都测定液体的相对黏度。在用稀溶液黏

度法表征高分子分子量时,也只要测定不同浓度($c$)①稀溶液的相对黏度。

（2）测定高分子溶液的黏度以乌氏黏度计（即 Ubbe-lohde 稀释黏度计）最为合适,如图 11-2A-3 所示。将液体自 $L$ 管加入,在 $M$ 管将液体吸至 $E$ 线以上后,任其流下,这样促使流动的力,就是液柱高 $h$ 的压力,$h$ 值在 $h_E$ 和 $h_F$ 间逐渐改变,并且假设促使液体流动的力全部用于克服内摩擦力,即认为液体在流动时没有消耗能量（一般选择纯溶剂流出时间大于 100 s 的黏度计,就可以略去流动时能量损耗的主要部分——动能消耗的影响）。这样式（11.2A.5）即为

$$\eta = \frac{\pi g h \rho R^4 t}{8LV} \qquad (11.2A.6)$$

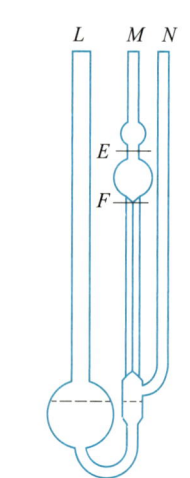

图 11-2A-3　乌氏黏度计示意图

式中:$g$ 为重力加速度,$h$ 为流经毛细管的液柱的平均高度,$\rho$ 为所测液体的密度,$t$ 为液面从 $E$ 线流到 $F$ 线所需的时间（流出时间）。令 $A = \frac{\pi g h R^4}{8LV}$,显然 $A$ 是由黏度计所决定的常数,与液体性质无关。则高分子溶液的黏度:

$$\eta = A\rho t \qquad (11.2A.7)$$

纯溶剂的黏度:

$$\eta_0 = A\rho_0 t_0 \qquad (11.2A.8)$$

当测定的溶液很稀时,$\rho \approx \rho_0$,所以,溶液的相对黏度为

$$\eta_r = \frac{\eta}{\eta_0} \approx \frac{t}{t_0} \qquad (11.2A.9)$$

这样只要在同一温度下测定纯溶剂和不同浓度 $c$ 的聚合物溶液流经 $ab$ 线的时间 $t_0$ 和 $t$（$t_1$、$t_2$、$t_3$、$t_4$、$t_5$）就可算出不同浓度溶液对溶剂的相对黏度 $\eta_r$。

测定不同浓度溶液的相对黏度,最简便且适用的方法是在黏度计中逐渐稀释（详见实验步骤）,可以节省许多实验操作,故采用气承悬液柱式的稀释黏度计最为合适,因为液体的流出时间与黏度计中液体体积无关。

**4. 稀溶液黏度法表征高分子分子量的基本原理**

（1）高分子溶液黏度与浓度的关系　高分子溶液的黏度一般比纯溶剂的黏度要大一些。溶液黏度增加的倍数为增比黏度 $\eta_{sp} = \frac{\eta - \eta_0}{\eta_0} = \eta_r - 1$。而 $\frac{\eta_{sp}}{c}$ 称为比浓黏度,$\frac{\ln \eta_r}{c}$ 称为比浓对数黏度。

$\frac{\eta_{sp}}{c}$ 和 $\frac{\ln \eta_r}{c}$ 都随溶液浓度改变而改变。当浓度 $c$ 不大时,有

$$\frac{\ln \eta_r}{c} = \frac{\ln(1+\eta_{sp})}{c} = \frac{\eta_{sp}}{c}\left(1 - \frac{1}{2}\eta_{sp} + \frac{1}{3}\eta_{sp}^2 - \cdots\right) \qquad (11.2A.10)$$

---

① 在高分子物理中,常将质量浓度称为浓度,用 $c$ 表示,常用单位为 $g \cdot mL^{-1}$。

则有

$$\lim_{c \to 0} \frac{\ln \eta_r}{c} = \lim_{c \to 0} \frac{\eta_{sp}}{c} \qquad (11.2A.11)$$

令

$$\lim_{c \to 0} \frac{\ln \eta_r}{c} = \lim_{c \to 0} \frac{\eta_{sp}}{c} \equiv [\eta] \qquad (11.2A.12)$$

这个 $c \to 0$ 时的外推值 $[\eta]$ 称为高分子的特性黏数,其单位为 $mL \cdot g^{-1}$ 或 $dL \cdot g^{-1}$,与溶液浓度的单位相对应。对于给定的体系,特性黏数随分子量增加而增加,因此其值可作为分子量的量度。

从溶液的比浓黏度 $\dfrac{\eta_{sp}}{c}$ 和比浓对数黏度 $\dfrac{\ln \eta_r}{c}$ 求取高分子的特性黏数 $[\eta]$ 需要有适合的依赖关系。通常只有通过线性的外推,才能得到可靠的外推值。表达溶液黏度的浓度依赖性的经验方程式很多,常用如下两个经验方程式,即 Huggins 方程式:

$$\frac{\eta_{sp}}{c} = [\eta] + k[\eta]^2 c \qquad (11.2A.13)$$

和 Kraemer 方程式:

$$\frac{\ln \eta_r}{c} = [\eta] - \beta[\eta]^2 c \qquad (11.2A.14)$$

式(11.2A.13)和式(11.2A.14)中,$k$ 和 $\beta$ 均为常数。用 $\dfrac{\eta_{sp}}{c}$ 对 $c$ 和 $\dfrac{\ln \eta_r}{c}$ 对 $c$ 作图,外推到 $c \to 0$ 所得的截距,应重合于一点,即 $[\eta]$ 值,如图 11-2A-4 所示。

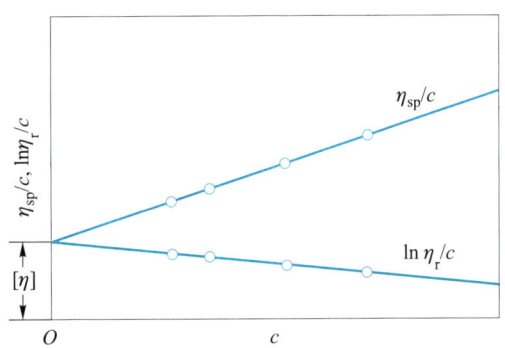

图 11-2A-4　比浓黏度和比浓对数黏度对浓度的作图

需要注意的是,有的溶液比浓对数黏度与浓度的关系并不呈线性关系,尤其在浓度较高时,发生偏离(向下弯曲或向上弯曲)。当出现这种情况时,建议使用式(11.2A.13)求取 $[\eta]$ 值。

(2)特性黏数与分子量的关系　当确定了高分子的特性黏数 $[\eta]$,就可根据特性黏数与分子量的关系式求取高分子的分子量 $M$。有时也直接用 $[\eta]$ 值来表示 $M$ 的大小。

在早期工作中,人们就从理论上得出,特性黏数与分子量的关系式取决于高分子在溶液中的形态。在溶液内高分子线团如果蜷得很紧,在流动时线团内的溶剂分子随着高分子一起流动,则高分子的特性黏数与分子量的平方根成正比,$[\eta] \propto M^{1/2}$;假如线团松懈,在流动时线团内的溶剂分子是完全自由的,那么高分子的特性黏数应与分子量成正比,$[\eta] \propto M$。目前常用一个包含两个参数的 Mark-Houwink-Sakurada 经验式表示特性黏数与分子量的关系:

$$[\eta] = KM^{\alpha} \tag{11.2A.15}$$

式中:参数 $K$、$\alpha$ 值需经测定分子量的绝对方法校正后才可使用。校正方法是,先将高分子按分子量分级,测定各级分的特性黏数 $[\eta]$ 和平均分子量 $M$,以 lg $[\eta]$ 对 lg $M$ 作图,假如 $\alpha$ 是常数,lg $[\eta]$-lg $M$ 的作图是直线,其斜率就是 $\alpha$,截距是 lg $K$。假如在实验的分子量范围内,$\alpha$ 不是常数,那么就从 lg $[\eta]$-lg $M$ 作图的曲线上求取各段分子量范围内适用的 $K$、$\alpha$ 值。对于常见的聚合物溶液体系,$K$、$\alpha$ 值可以从有关手册中查到。对于大部分高分子溶液来说,$\alpha$ 的数值为 0.5~1.0。

由于高分子的特性黏数和分子量的关系式,视高分子在溶液中的形态而异,而高分子的形态是高分子链段间和高分子-溶剂分子间相互作用力的反映,因此 $[\eta]$-$M$ 关系式随所用溶剂、测定温度不同而不同。根据 Flory 特性黏数方程式 $[\eta] = \phi \dfrac{(\overline{h^2})^{3/2}}{M}$,这里 $\overline{h^2}$ 是高分子链的均方末端距,$\phi$ 是一个与高分子、溶剂及温度无关的通用常数。在 $\theta$ 溶液中,高分子链单元间无远程相互作用,高分子尺寸恰好不受溶剂的影响,线团处于一种无扰态,呈高斯无规线团形态,均方末端距 $h^2 = \overline{h_0^2} \propto M$,在这种情况下,$[\eta]$-$M$ 关系式可写成

$$[\eta]_{\theta} = KM^{1/2} \tag{11.2A.16}$$

如无规聚甲基丙烯酸甲酯-乙腈溶液在 45 ℃($\theta$ 温度)时,$[\eta]$-$M$ 关系为 $[\eta] = 0.048M^{0.50}$($mL \cdot g^{-1}$),无规聚甲基丙烯酸甲酯-氯丁烷溶液在 35.4 ℃($\theta$ 温度)时,$[\eta]$-$M$ 关系式为 $[\eta] = 0.0505M^{0.50}$($mL \cdot g^{-1}$)。而在其他情况下,$\overline{h^2} \neq \overline{h_0^2}$,定义扩张因子 $\chi \equiv (\overline{h^2}/\overline{h_0^2})^{1/2}$,则有

$$[\eta] = \phi \dfrac{\left(\overline{h_0^2} \chi^2\right)^{3/2}}{M} = \phi \left(\dfrac{\overline{h_0^2}}{M}\right)^{3/2} M^{1/2} \chi^3 \tag{11.2A.17}$$

$\overline{h_0^2}/M$ 是常数,再根据 Flory 导出的 $\chi^5 - \chi^3 = 2c_M \psi_1 (1-\theta/T) M^{1/2}$ 可知,$\chi$ 依赖于 $M$,因此 $[\eta]$-$M$ 关系式仍可写成式(11.2A.15)的形式,其中的 $\alpha$ 值主要反映了 $\chi$ 对 $M$ 的依赖性。如无规聚甲基丙烯酸甲酯-丙酮溶液在 25 ℃(良溶剂条件)时,$[\eta]$-$M$ 关系式中 $\alpha = 0.69 > 0.50$。这里高分子线团扩张,排除体积效应较大,这是由于良溶剂分子与高分子链单元间的相互作用克服了链单元间的吸引力(高分子间的内聚力),溶剂的作用使同一高分子链的链单元间呈现相斥的力。而当溶剂为不良溶剂时,排斥体积则减小,线团收缩。如 25 ℃ 时无规聚甲基丙烯酸甲酯在乙腈和氯丁烷中的 $\alpha$ 值分别为 0.33 和 0.38,均小于 0.50。

注意:式(11.2A.15)所表示的 $[\eta]$ 和 $M$ 间的函数形式,不能认为是有基础意义的,只能看作在一定分子量范围内,$[\eta]$ 和 $M$ 间联系关系的近似内插公式。在某些情况下,其他函数形式可能更好地表达实验数据。如聚环氧乙烷-水溶液在 25 ℃ 时,$[\eta]$-$M$ 关系式为 $[\eta] = 2.0 + 0.016M^{0.76}$,聚乙酸乙烯酯-丙酮溶液在 30 ℃ 时,$[\eta]$-$M$ 关系式为 $[\eta] = 0.097M^{0.50} + 0.00723M^{0.90}$。

### 三、仪器与试剂

#### 1. 实验仪器

乌氏黏度计一个；恒温水槽一套；秒表一块；其他玻璃仪器（5 mL、10 mL 移液管各一支；25 mL、50 mL 容量瓶各一个；熔砂漏斗两个，50 mL 烧杯等）。

#### 2. 试剂及耗材

聚环氧乙烷；蒸馏水。

### 四、实验步骤

#### 1. 玻璃仪器的洗涤

先用经熔砂漏斗滤过的水洗涤黏度计，倒挂干燥后，用新鲜温热的铬酸洗液（滤过）浸泡黏度计数小时后，再用蒸馏水（经熔砂漏斗滤过的）洗净，干燥后待用。

其他如容量瓶、移液管也需无尘洗涤，干燥后待用。

#### 2. 高分子溶液的配制

准确称取聚环氧乙烷 0.4~0.5 g，在烧杯中用少量水（10~15 mL）使其全部溶解，移入 25 mL 容量瓶中，用水洗涤烧杯 3~4 次，洗液一并转入容量瓶中，并稍稍摇晃作初步混匀，然后将容量瓶置于恒温水槽（30±0.05）℃中恒温，用水稀释至刻度，摇匀溶液，再用熔砂漏斗将溶液滤入另一只 25 mL 的无尘干燥的容量瓶中，放入恒温水槽中恒温待用。盛有无尘溶剂（经熔砂漏斗过滤）的容量瓶也放入恒温水槽中恒温待用。

#### 3. 溶液流出时间的测定

在黏度计的 $M$、$N$ 管上小心地接入乳胶管，用固定夹夹住黏度计的 $L$ 管，并将黏度计垂直放入恒温水槽，使水面浸没 $E$ 线上方的小球，用移液管从 $L$ 管注入 10 mL 溶液，恒温 10 min 后，用乳胶管夹夹住 $N$ 管上的乳胶管，在 $M$ 管乳胶管上接上注射器，缓慢抽气，待液面升到 $E$ 线上方的小球一半时停止抽气，先拔下注射器，而后放开 $N$ 管的夹子，让空气进入大球，使毛细管内溶液与 $L$ 管下端的球分开，此时液面缓慢下降，用秒表记下液面从 $E$ 线流到 $F$ 线的时间，重复测三次，每次所测的时间相差不超过 0.2 s，取其平均值，作为 $t_1$。

然后再移取 5 mL 溶剂注入黏度计，将它充分混合均匀，这时溶液浓度为原始溶液浓度的 2/3，再用同样方法测定 $t_2$。

用同样操作方法再分别加入 5 mL、10 mL 和 10 mL 溶剂，使溶液浓度分别为原始溶液的 1/2、1/3 和 1/4，测定各自的流出时间 $t_3$、$t_4$ 和 $t_5$。

#### 4. 纯溶剂流出时间的测定

将黏度计中的溶液倒出，用无尘溶剂（本实验中溶剂是水）洗涤黏度计数遍，测定纯溶剂的流出时间 $t_0$。

### 五、数据处理与分析

黏度计号：_____    毛细管内径：_____ mm    温度：_____ ℃    溶剂：_____

聚环氧乙烷质量：_____ g    原始溶液浓度 $c_0$：_____ g·mL$^{-1}$

纯溶剂流出时间：(1)_____ s；(2)_____ s；(3)_____ s

取平均值 $t_0 =$ _____ s

为作图方便,若原始溶液浓度为 $c_0$,稀释后溶液浓度为 $c$,$c=c_0c'$,$c'$ 为稀释后溶液的相对浓度。那么原始溶液的相对浓度 $c'=1$,依次加入 5 mL、5 mL、10 mL 和 10 mL 溶剂的溶液的相对浓度分别为 2/3、1/2、1/3 和 1/4。

以 $\eta_{sp}/c'$ 和 $\ln \eta_r/c'$ 分别对 $c'$ 作图,即

$$\frac{\eta_{sp}}{c'}=[\eta]c_0+k[\eta]^2c_0^2c' \qquad (11.2A.18)$$

$$\frac{\ln \eta_r}{c'}=[\eta]c_0-\beta[\eta]^2c_0^2c' \qquad (11.2A.19)$$

作图时可以在横坐标上以坐标纸的 12 格作为相对浓度 $c'=1$,即原始溶液,则其他溶液就位于 8、6、4 和 3 格处,外推得到截距 $A$,$A=[\eta]c_0$。那么,$[\eta]=\dfrac{A}{c_0}$。

将得到的 $[\eta]$ 值代入 $[\eta]=KM^\alpha$,算出聚合物的黏均分子量 $\overline{M}_\eta=([\eta]/K)^{1/\alpha}$。

从 Polymer Handbook 查到:聚环氧乙烷-水溶液,在 30 ℃时,$K=0.0125$ mL·g$^{-1}$,$\alpha=0.78$。将数据记录于表 11-2A-1。

表 11-2A-1　不同浓度的高分子溶液的黏度数据

| 加入溶剂的量/mL | 相对浓度 $c'$ | 流出时间/s | | | | $\eta_r$ | $\eta_{sp}$ | $\eta_{sp}/c'$ | $\ln \eta_r/c'$ |
| --- | --- | --- | --- | --- | --- | --- | --- | --- | --- |
| | | 第一次 | 第二次 | 第三次 | 平均值 | | | | |
| 0 | 1 | | | | $t_1=$ | | | | |
| 5 | 2/3 | | | | $t_2=$ | | | | |
| 5 | 1/2 | | | | $t_3=$ | | | | |
| 10 | 1/3 | | | | $t_4=$ | | | | |
| 10 | 1/4 | | | | $t_5=$ | | | | |

## 六、注意事项

(1)本实验假设:促使液体流动的力全部用以克服液体对流动的黏滞阻力,实际上液体在流出毛细管时获得了一部分动能,这部分用于使液体获得动能的压力消耗,须予以校正,即动能校正。

(2)一般都选择纯溶剂流出时间大于 100 s 的黏度计,动能校正项对相对黏度的影响很小,往往可以忽略。

(3)黏度计和待测液体的洁净是实验成功的关键。由于黏度计内毛细管细小,很小的杂质如灰尘、纤维等都能阻塞毛细管或影响液体的流动,使测定的流出时间不可靠,所以放入黏度计的液体必须经熔砂漏斗滤过。

(4)使用乌氏黏度计时,要在同一支黏度计内测定一系列浓度成简单比例关系的溶液的流出时间,每次吸取和加入的液体的体积要很准确。

(5)在每次加入溶剂稀释溶液时,必须将黏度计内的液体混合均匀,还要将溶液吸到 $E$ 线上方的小球内两次,润洗毛细管,否则溶液流出时间的重复性差。

(6)本实验是在同一支黏度计内测定一系列浓度成简单比例关系的溶液的流出时间

后,再测溶剂的流出时间。这是因为考虑到高分子溶液流过毛细管后,常会有高分子吸附在毛细管管壁,所以相当于高分子溶液流过了较细的毛细管,为了得到高分子溶液真实的相对黏度,后测纯溶剂的流出时间,这样,纯溶剂流过的也是较细的毛细管,消除了高分子在毛细管上的吸附对结果的影响。

（7）配制铬酸洗液时,务必注意规范操作,并做好安全防护。

### 七、思考题

（1）从手册上查 $K$、$\alpha$ 值时要注意什么？

（2）能否先测纯溶剂的流出时间再测溶液的流出时间？如果这样做,对实验结果有何影响？

（3）配制高分子溶液时,选择多大浓度较为适宜？还要考虑哪些因素？

### 八、参考文献

（中国科学技术大学　朱平平）

## 实验 11-2B　激光光散射法测定聚合物的绝对分子量

### 一、实验目的

（1）掌握激光光散射法测定聚合物绝对分子量的基本原理。

（2）掌握激光光散射法的实验步骤。

（3）学会实验数据处理获得高分子的重均分子量（$M_w$）、$z$-均回转半径（$R_{g,z}$）和第二位力系数（$A_2$）。

### 二、实验原理

在稀溶液中,根据 Clausius-Mossoti 公式,可将难以测量的粒子极化率 $\alpha$ 转化成容易测量的折光指数 $n$：

$$\alpha = \frac{n_0}{2\pi} \cdot \frac{\mathrm{d}n}{\mathrm{d}c} \cdot \frac{M}{N_A} \tag{11.2B.1}$$

式中：$n_0$ 是纯溶剂的折光指数,$M$ 为粒子的分子量,$N_A$ 为阿伏伽德罗常数,$c(=MN/VN_A)$ 为质量浓度。值得一提的是 $\mathrm{d}n/\mathrm{d}c$,即溶液折光指数 $n$ 对溶液质量浓度 $c$ 的导数,称为折光指数增量,可以用专有仪器测定,或者从相关手册中查到。当 $\mathrm{d}n/\mathrm{d}c = 0$ 时,预示体系中测不到反映溶质结构信息的光散射信号。

对于 $dn/dc \neq 0$ 的单组分体系,它的光散射强度可采取瑞利散射公式表示:

$$R_\theta = \frac{I_s}{I_0} r^2 = \frac{4\varPi^2 n^2 \left(\dfrac{dn}{dc}\right)^2}{N_A \lambda^4} \cdot cM = KcM \qquad (11.2B.2)$$

式中:$K$ 称为光学常数,$R_\theta$ 为瑞利比,$I_s$ 为单位体积溶液中粒子的散射光强,$I_0$ 为入射光强,$\lambda$ 为激光在真空中的波长,$r$ 为散射中心与散射光强测量点之间的距离。由式(11.2B.2)可知,粒子的散射光强与它的分子量 $M$ 和浓度 $c$ 相关,光学常数 $K$ 的表达式如下:

$$K = \frac{4\pi^2 n^2}{N_A \lambda^4} \left(\frac{dn}{dc}\right)^2 \qquad (11.2B.3)$$

若忽略由溶剂自身密度涨落引起的散射,根据涨落理论,单位体积溶液中粒子的散射光强 $I_s$ 仅与光学常数 $K$、质量浓度 $c$ 和渗透压 $\varPi$ 相关,并遵循如下关系式:

$$I_s r^2 = Kc \frac{RTI_0}{\dfrac{\partial \varPi}{\partial c}} \qquad (11.2B.4)$$

根据 van't Hoff 关系式:

$$\frac{\partial \varPi}{\partial c} = RT \left(\frac{1}{M} + 2A_2 c + \cdots\right) \qquad (11.2B.5)$$

式中:$A_2$ 用来定量描述溶剂-溶质之间的相互作用。将式(11.2B.5)代入式(11.2B.4)中,可以得到

$$\frac{Kc}{R_\theta} = \frac{1}{M} + 2A_2 c \qquad (11.2B.6)$$

式(11.2B.6)中只有 2 个未知数 $M$ 和 $A_2$。理论上只要测量 2 个不同浓度溶液的散射光强 $I_s$,就可以计算得到粒子的绝对分子量 $M$ 和第二位力系数 $A_2$。式(11.2B.6)适用于描述小粒子(粒子尺寸小于入射波长的 $\dfrac{1}{20}$ 或聚合物分子量小于 $10^5$ 时)在稀溶液中的散射行为,散射强度没有散射角依赖性。

当高分子的尺寸较大时,同一高分子内部不同重复单元的散射光会发生干涉现象,导致散射光强出现散射角度的依赖性,如图 11-2B-1 所示,从光强角度依赖性数据可以反推粒

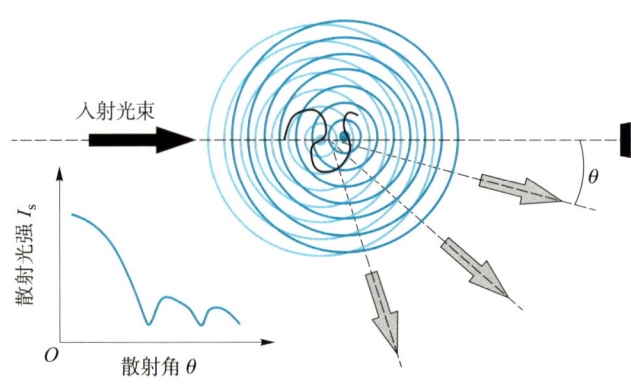

图 11-2B-1　散射光强的角度依赖性

子的尺寸和形状。具体做法是在式(11.2B.6)的基础上,引入与散射角度相关的形状因子(form factor)$P$,其中包含粒子的尺寸和结构信息。

在光散射中,习惯上使用散射矢量 $q$ 表示散射角。$q$ 定义为散射光波矢量与入射光波矢量的差,它与散射角度 $\theta$ 之间的数值关系为

$$q = \frac{4\pi n}{\lambda} \sin\left(\frac{\theta}{2}\right) \tag{11.2B.7}$$

由式(11.2B.7)可知,$q$ 的单位为长度的倒数。在波长和溶液体系固定的前提下,$q$ 是由散射角 $\theta$ 决定的变量,此时形状因子可相应地记为 $P(q)$。经 $P(q)$ 修正后的散射光强公式为

$$\frac{Kc}{R_\theta} = \frac{1}{MP(q)} + 2A_2 c \tag{11.2B.8}$$

对于小粒子而言,$P(q)=1$,与散射角度无关。用 $R_g$ 来描述高分子的尺寸,当 $qR_g<1$ 时:

$$\frac{1}{P(q)} \approx 1 + \frac{1}{3}q^2 R_g^2 \tag{11.2B.9}$$

将式(11.2B.9)代入式(11.2B.8)中,可得到

$$\frac{Kc}{R_\theta} = \frac{1}{M}\left(1 + \frac{1}{3}q^2 R_g^2\right) + 2A_2 c \tag{11.2B.10}$$

式(11.2B.10)是经典的静态光散射方程。通过配制若干不同浓度的样品,测定每个样品的散射光强随散射角度的变化,利用式(11.2B.10)就可以得到样品的分子量 $M$,$R_g$ 及 $A_2$。需要强调的是,对于具有一定多分散度的高分子样品,静态光散射测定的是绝对“重均”分子量($M_w$)和“$z$-均”回转半径($R_{g,z}$),式(11.2B.10)可改写为

$$\frac{Kc}{R_\theta} = \frac{1}{M_w}\left(1 + \frac{1}{3}q^2 R_{g,z}^2\right) + 2A_2 c \tag{11.2B.11}$$

值得注意的是,对于关联分子量和回转半径的研究,如确定二者的标度关系,必须采用分子量分布尽可能窄的样品,测得的光散射数据才有分析处理的意义。

由于每一台光散射仪的探测器面积和探测器到样品的距离都可能不同,激光束的粗细和样品池的大小也可能存在差异,因此对于同一个样品,每台光散射仪得到的信号都可能是不同的。仪器测得的光强,必须要转化为绝对散射光强,才可以进行下一步计算。在实际操作中,常用瑞利比 $R_\theta$ 代替 $I_s$,并考虑以下这些影响因素:

第一步,偏振校正。取决于样品的性质,散射光的偏振方向会发生变化,且会影响散射光强的大小。偏振的校正较复杂,目前绝大多数光散射仪均使用 vv 偏振散射设计,即入射光与观测的散射光都是垂直偏振光,相应的散射光强标记为 $R_{vv}$(角标 vv 常常被省略,如未特殊指明,$R_\theta$ 即为 $R_{vv}$,式(11.2B.6)—式(11.2B.11)中的 $R_\theta$ 均为 $R_{vv}$)。

第二步,散射体积校正。常见的散射仪器一般用小孔和狭缝来限制检测器接收的散射光。激光束中被小孔或狭缝截留的光路在空间中所占的体积称为散射体积,如图 11-2B-2 所示。对于同一个体系,散射体积越大,测得的散射光越强。在激光光束和小孔或狭缝固定的情况下,散射体积与散射角 $\theta$(入射光矢量与散射光矢量的夹角)存在 $\sin\theta$ 的定量关系。因此在静态光散射实验中,在 $\theta$ 角测定的散射光强需要进行 $\sin\theta$ 的校正。

第三步,净剩光强校正。式(11.2B.11)中的光强是散射粒子自身的光强,在溶液中又称

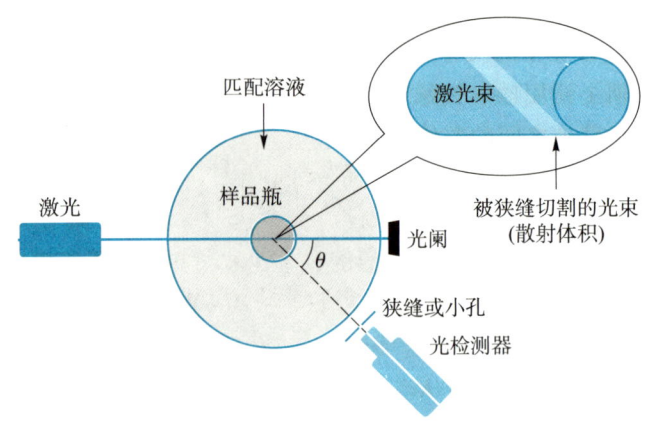

图 11-2B-2　激光散射装置的结构示意图

净剩光强,即溶液的散射光强 $I_{\text{solution}}$ 减去溶剂的散射光强 $I_{\text{solvent}}$。

在实验中,以瑞利比 $R_{vv}$ 已知的标准溶剂(常用苯、甲苯)为参照,在同一台散射仪器上进行样品的测量是最常用的做法。例如,温度为 $T$ 时,样品在 $\theta$ 角的瑞利比 $R_{vv}^{T}$ 通过式(11.2B.12)计算得到

$$R_{vv}^{T} = I_{vv}^{T} \cdot \frac{R_{vv,\text{standard}}^{25}}{I_{vv,\text{standard}}^{25}} \cdot \left(\frac{n^{T}}{n_{\text{standard}}^{25}}\right)^{x=1,2} \tag{11.2B.12}$$

式中:$I_{vv}^{T}$、$R_{vv}^{T}$、$n^{T}$ 分别为样品在温度 $T$ 下的净剩光强、瑞利比和折光指数(注意:在稀溶液条件下,此处的折光指数常用溶剂在实验激光波长下的折光指数代替),$I_{vv,\text{standard}}^{25}$、$R_{vv,\text{standard}}^{25}$ 和 $n_{\text{standard}}^{25}$ 分别为标准溶剂在 25 ℃ 的散射光强、瑞利比和折光指数(同样的,折光指数的测量波长为实验激光波长),也可以选用其他温度的配套数值。当样品溶液和标准试剂的折光指数不同时,也需要进行校正。狭缝和小孔所对应的指数分别为 1 和 2。甲苯是目前最常用的标准试剂,25 ℃ 和 632.8 nm 波长下的瑞利比为 $8.70 \times 10^{-6}$ cm$^{-1}$。甲苯与苯在不同波长和温度下的瑞利比、折光指数可以从参考文献中查阅。

将散射光强用瑞利比 $R_{vv}$ 表示后,式(11.2B.11)可改写为

$$\frac{Kc}{R_{vv}} = \frac{1}{M_w}\left(1 + \frac{1}{3}q^2 R_{g,z}^2\right) + 2A_2 c \tag{11.2B.13}$$

通常测量高聚物多个浓度溶液在不同散射角度下的 $R_{vv}$ 值,将 $Kc/R_{vv}$ 对 $c$ 和 $\sin^2\dfrac{\theta}{2}$ 作图,从拟合直线的截距和斜率中分别求得 $M_w$、$R_{g,z}$ 和 $A_2$ 值。

## 三、仪器与试剂

### 1. 实验仪器

激光光散射仪(如 ALV/CGS-3,He-Ne 激光,$\lambda = 632.8$ nm);示差折光仪(具有与激光光散射仪相同的波长);折光指数仪(波长可调)。

### 2. 试剂及耗材

普鲁兰聚糖(pullulan)样品;蒸馏水;丙酮、甲苯。

## 四、实验步骤

（1）样品溶液制备　将普鲁兰聚糖样品溶解于蒸馏水中,配制成 $1mg \cdot cm^{-3}$ 的溶液,并稀释成至少 5 个不同浓度的高分子溶液备用。

（2）折光指数增量 $dn/dc$ 的测量　用示差折射仪在一定波长（与激光光散射仪的激光波长相同）下,25 ℃测量高分子各浓度溶液的折射率,并绘制溶液浓度与折射率的直线图,其斜率即为 $dn/dc$ 值。

（3）光学除尘。

① 对散射池、移液管的除尘采用丙酮浴装置,利用蒸发后再冷凝的丙酮连续性地对倒置样品瓶或移液管的内部和外部进行多次冲洗约 1h。除尽灰尘的样品瓶用锡箔纸封口并倒置保存于干净的干燥器中备用。

② 对溶剂（包括熏蒸的甲苯）和高分子溶液,采用过滤法将溶液直接过滤到光学除尘的散射池中。

（4）光散射仪校正。

① 将光学除尘的甲苯小心地注入散射池中,避免产生气泡和杂质,确保甲苯均匀充满散射池。

② 将散射池置于光散射仪的样品架中,恒温 30 min 后,测量不同角度下甲苯的光散射强度,由光散射仪自动采集和记录数据。

③ 利用测量得到的甲苯光散射强度数据和已知的甲苯折光指数（在散射仪的激光波长条件下测量）等参数,计算光散射仪的校正因子,以备后续利用聚合物的光散射强度数据。根据式（11.2B.12）计算聚合物的瑞利比（仪器根据采集数据自动计算）。

（5）静态激光光散射测量。

① 在 ALV/CGS-3 型激光光散射仪上,以 632 nm He-Ne 激光为光源,分别测量溶剂和各浓度聚合物溶液在多个角度（通常 15°~150°,间隔 15°）、25 ℃下的散射光强度。

② 根据式（11.2B.13）作聚合物浓度及角度的双重外推至零浓度及零角度点（Zimm 图）,获得聚合物的 $M_w$、$R_g$、$A_2$ 值。

## 五、注意事项

（1）准确配制溶液。

（2）过滤溶剂和样品溶液时,选择合适的滤膜孔径。

（3）测试时注意溶液的清洁度,避免粉尘污染。

（4）理解测量结果的偏差来源,如浓度、聚集、构象差异等。

## 六、数据处理与分析

根据式（11.2B.13）绘制 Zimm 图是静态光散射最常用的数据处理方法。这是一个初学者经常会出错的处理过程,其中最关键的是各物理量单位的转化,简单的处理方式是采用非国际单位:$q$ 以 nm 作为长度单位,其他所有物理量的长度单位均转化为 cm。光学常数 $K$ 和质量浓度的单位则分别为 $cm^2 \cdot g^{-2} \cdot mol$ 和 $g \cdot cm^{-3}$。在绘制 Zimm 图时,如果数据点偏离了线性,则可以从样品是否多分散、是否聚集及是否满足 $qR_g < 1$ 等方面进行分析。

尺寸小于激光波长 $\frac{1}{20}$ 的粒子通常不会出现散射角度的光强依赖性,不需要做角度扫描。

为了尽量降低灰尘对散射实验的影响,一般选择 90° 进行各浓度溶液的测量,然后直接运用式(11.2B.6)计算 $M_w$ 和 $A_2$。

如果实验中只关注回转半径,且要求的准确度不高,则可选择一个较低的样品浓度进行角度扫描,不需要 $\mathrm{d}n/\mathrm{d}c$ 的测量。

具体处理如下:取 $x$ 列为散射角度 $\theta$,$y$ 列为光强值 $I$ 原始数据,将 $x$ 列转换为 $q^2$,单位为 $\mathrm{nm}^{-2}$,将 $y$ 值转换为 $(I-I_{\mathrm{solvent}})\cdot\sin\theta$(即只做净剩光强校正与散射体积校正),单位任意;将 $x$ 和 $1/y$ 作图,线性拟合,取 3 倍斜率/截取,并开平方,即得到 $R_g$,单位为 nm。

### 七、思考题

(1) 为什么需要进行光学除尘?

(2) 影响激光光散射法测分子量的因素有哪些?

(3) 为什么激光光散射测得的分子量是重均分子量?

### 八、参考文献

(武汉大学　许小娟、周金平)

## 实验 11-2C　体积排除色谱法测定聚合物的分子量及分子量分布

### 一、实验目的

(1) 掌握体积排除色谱(size exclusion chromatography,SEC)法测定聚合物分子量及分子量分布的基本原理。

(2) 了解 SEC 仪器构造,掌握 SEC 的操作步骤。

(3) 掌握 SEC 数据处理方法。

### 二、实验原理

SEC 的分离机理认为在多孔填料(其孔径大小有一定的分布,并与待分离的聚合物分子尺寸可比拟的凝胶或多孔微球)充填的色谱柱中引入聚合物溶液,用溶剂淋洗,体系处于扩散平衡的状态。聚合物分子在柱内流动过程中,不同大小的分子向填料孔洞渗透的程度不同,大分子能渗透进去的孔洞数目比小分子少,有些孔洞即使大小分子都能渗透进去,但大分子能渗透的深度较浅。溶质分子的体积越小,渗透进去的概率越大,随着溶剂流动,它在柱中保留的时间越长。如果分子的尺寸超过填料孔的尺寸时,则完全不能渗透进孔中,只能随着溶剂从填料的粒间空隙中最先淋出。当具有一定分子量分布的聚合物溶液通过柱子时,较小的分子在柱中保留的时间比大分子保留的时间长,于是整个样品即按分子尺寸由大到小的顺序依次流出,如图 11-2C-1 所示。

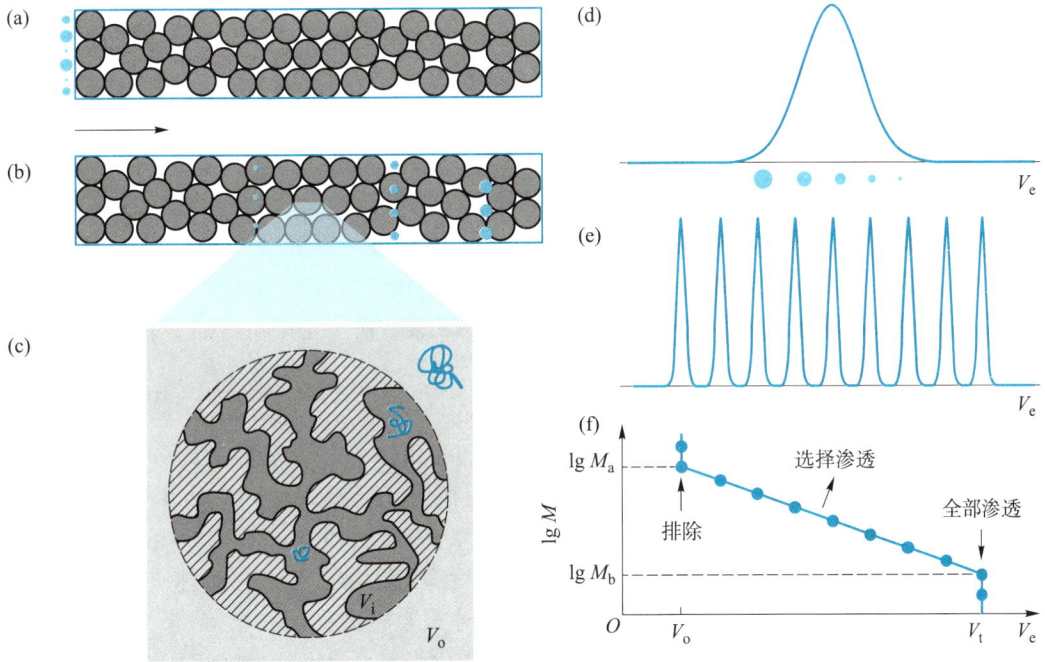

(a) 将不同分子大小的聚合物样品注入SEC柱; (b) 较大的聚合物分子比较小的聚合物分子在柱中移动得快;
(c) 更大的聚合物线团被排除; (d) 多分散样品色谱图; (e) 窄分布聚合物标准品的色谱图分布图;
(f) 色谱柱的校准曲线及分离范围

图 11-2C-1　SEC 的分离机理示意图

色谱柱总体积为 $V_t$,填料骨架体积为 $V_g$,填料中孔洞总体积为 $V_i$,填料粒间体积为 $V_0$,则

$$V_t = V_g + V_0 + V_i \tag{11.2C.1}$$

$V_0$ 和 $V_i$ 之和构成柱内的空间。溶剂分子体积远小于孔的尺寸,在柱内的整个空间($V_0 + V_i$)活动;高分子的体积若比孔的尺寸大,填料中任何孔均不能进入,则只能在填料粒间流过,其淋出体积是 $V_0$;高分子的体积若足够小,如同溶剂分子尺寸,则所有的填料孔均可以进出,其淋出体积为($V_0 + V_i$);高分子的体积若是中等大小的尺寸,则它只能在填料孔 $V_i$ 的一部分孔中进出,其淋出体积 $V_e$ 为

$$V_e = V_0 + KV_i \tag{11.2C.2}$$

式中:$K$ 为分配系数,其数值 $0 \leqslant K \leqslant 1$,与聚合物分子尺寸大小和在填料孔内、外的浓度比有关。当聚合物分子完全排除时,$K=0$;在完全渗透时,$K=1$。当 $K=0$ 时,$V_e = V_0$,此处所对应的聚合物分子量是该色谱柱的渗透极限(PL),商品 SEC 仪器的 PL 常用聚苯乙烯的分子量

表示。聚合物分子量超过 PL 值时,只能在 $V_0$ 以前被淋洗出来,没有分离效果。

$V_0$ 和 $V_g$ 对分离作用没有贡献,应设法减小;$V_i$ 是分离的基础,其值越大柱子分离效果越好。制备孔容大、能承受压力、粒度小、分布均匀、外形规则(球形)的多孔填料,让其尽可能紧密装填以提高分离能力。柱效的高低,常采用理论塔板数($N$)和分离度($R$)来作定性的描述。测定 $N$ 的方法可以用小分子物质作出色谱图,从图中求得流出体积 $V_e$ 和峰宽 $W$,以下式计算 $N$ 值:$N=(4V_e/W)^2$,$N$ 值越大,意味着柱子的效率越高。分离度 $R$ 的计算为 $R=\dfrac{2(V_{e,2}-V_{e,1})}{W_1+W_2}$,"1""2"分别代表分子量不同的两种标准样品,$V_{e,1}$、$V_{e,2}$、$W_1$、$W_2$ 分别为两种标准样品的淋出体积和峰宽,若 $R \geqslant 1$,则完全分离。

上面阐述的 SEC 分离机理只有在流速很低、溶剂黏度很小、没有吸附、扩散处于平衡的特殊条件下成立,否则会得出不合理的结果。

由实验测的聚合物 SEC 谱图,可通过直接法和间接法测定聚合物分子量。直接法是指 SEC 仪和黏度计或光散射仪联用;而最常用的间接法则用一系列分子量已知的窄分布的(分子量比较均一)聚合物标准样品(水溶性标准样品常用窄分布的普鲁兰聚糖,油溶性标准样品常用窄分布的聚苯乙烯),求得其各自的淋出体积 $V_e$,在一定的分子量范围($M_b \sim M_a$),$\lg M$ 与 $V_e$ 满足如下线性关系[图 11-2C-1(f)]:

$$\lg M = A - BV_e \tag{11.2C.3}$$

当 $\lg M > \lg M_a$ 时,曲线与纵轴平行,表明此时的流出体积($V_0$)和样品的分子量无关,$V_0$ 即为柱中填料的粒间体积,$M_a$ 就是这种填料的渗透极限。当 $\lg M < \lg M_b$ 时,$V_e$ 对 $M$ 的依赖不敏感,没有实用价值。在 $\lg M_a$ 和 $\lg M_b$ 点之间为一直线,即式(11.2C.3)表达的校正曲线。式中:$A$、$B$ 为常数,与仪器参数、填料和实验温度、流速、溶剂等操作条件有关,$B$ 是曲线斜率,是柱子性能的重要参数,$B$ 数值越小,柱子的分辨率越高。

上述校正的校准曲线只能用于与聚合物标准品化学结构相同的聚合物,若待分析样品的结构不同于标准物质,则需用普适校准线。SEC 法是按分子尺寸大小分离的,即淋出体积与分子体积有关,利用 Flory 的黏度公式:

$$[\eta] = \phi' \frac{R^3}{M}, \quad [\eta]M = \phi' R^3 \tag{11.2C.4}$$

式中:$R$ 为分子的等效球体半径。$[\eta]M$ 是体积量纲,称为流体力学体积。众多的实验中得出 $[\eta]M$ 的对数与 $V_e$ 呈线性关系,且这种关系对绝大多数聚合物具有普适性,普适校准曲线为

$$\lg [\eta]M = A' - B'V_e \tag{11.2C.5}$$

在相同的淋洗体积时,待测聚合物与标准样品具有相同的流体力学体积,即

$$[\eta]_1 M_1 = [\eta]_2 M_2 \tag{11.2C.6}$$

式中:下标 1 和 2 分别代表标准样品和待测样品。若它们的 Mark-Houwink 方程分别为

$$[\eta]_1 = K_1 M_1^{\alpha_1} \tag{11.2C.7}$$

$$[\eta]_2 = K_2 M_2^{\alpha_2} \tag{11.2C.8}$$

则可得

$$M_2 = \left(\frac{K_1}{K_2}\right)^{\frac{1}{\alpha_2+1}} \times M_1^{\frac{\alpha_1+1}{\alpha_2+1}} \tag{11.2C.9}$$

或 
$$\lg M_2 = \frac{1}{\alpha_2 + 1}\lg \frac{K_1}{K_2} + \frac{\alpha_1 + 1}{\alpha_2 + 1}\lg M_1 \qquad (11.2C.10)$$

将式(11.2C.3)代入式(11.2C.10),即得待测样品的标准曲线方程:

$$\lg M_2 = \frac{1}{\alpha_2 + 1}\lg \frac{K_1}{K_2} + \frac{\alpha_1 + 1}{\alpha_2 + 1}A - \frac{\alpha_1 + 1}{\alpha_2 + 1}BV_e = A' - B'V_e \qquad (11.2C.11)$$

$K_1$、$K_2$、$\alpha_1$、$\alpha_2$ 可以从手册查到,从而由第一种聚合物的 $M - V_e$ 校正曲线,换算成第二种聚合物的 $M - V_e$ 曲线,即从聚合物标样作出的 $M - V_e$ 校正曲线,可以换算成各种聚合物的校正曲线。

### 三、仪器与试剂

#### 1. 实验仪器

Waters−510 型液相色谱仪(含浓度检测器示差折光指数仪);色谱柱(Shodex Ohpak SB−804,分子量线性分析范围:$1.0 \times 10^5 \sim 1.0 \times 10^6$);电子天平。

#### 2. 试剂及耗材

普鲁兰聚糖(pullulan);普鲁兰聚糖标准样品($1.0 \times 10^5 \sim 1.0 \times 10^6$ 分子量范围内的 $5 \sim 6$ 个标准样品);蒸馏水。

### 四、实验步骤

(1)流动相的准备   使用 Millipore 蒸馏水,经 0.1 μm 的膜过滤后备用。

(2)溶液配制   分别称取普鲁兰聚糖标准样品及待测普鲁兰聚糖样品 5 mg,溶解于 5 mL Millipore 蒸馏水中,配制成浓度为 1 mg·cm$^{-3}$ 的溶液。待样品完全溶解后,经 0.45 μm 的过滤头过滤备用。

(3)Waters−510 型液相色谱仪的启动。

① 将经过脱气的蒸馏水倒入色谱仪的溶剂瓶,色谱仪出口接上回收瓶。

② 打开泵,从小到大调节流量,最后流速稳定在 1.0 mL·min$^{-1}$。

③ 打开示差折光检测器,根据仪器操作规程,使淋洗液回流通过参比池,进样前再将流路切换回原位。

④ 打开计算机,联机记录。

(4)进样   待记录的基线稳定后,迅速将进样器旋钮旋至"LOAD"位,用进样注射器吸取样品 50 μL,并注入进样器(进样环体积为 50 μL,注意排除气泡),然后迅速将进样器旋钮旋至"INJECT"位,即进样完成,系统同时作进样记录。某样品测试完成(不再出峰时)后,可按前面步骤再进其他样品溶液。

(5)实验结束,应清洗进样器,再依次关机。

### 五、注意事项

(1)色谱柱使用前需彻底进行溶剂交换,保证最佳分离效果。

(2)启动 SEC 系统前对流动相需充分抽真空,防止空气溶解进入流动相。

(3)标准样品和待测样品需溶于相同的溶剂,浓度适中。

（4）进样量不宜过大,防止样品过量导致峰变宽或拖尾。

（5）柱温保持恒定。

## 六、数据处理

（1）SEC 谱图的归一化处理　如果仪器和测试条件不变,那么实验得到的谱图可作为样品之间分子量分布的一种直观比较。一般地,应将原始谱图进行"归一化"后再比较。所谓"归一化",就是把原始谱图的纵坐标转换为质量分数,以便于比较不同的实验结果和简化计算。具体做法:确定色谱图的基线后,把色谱峰下的淋出体积等分为 20 个计算点。记录这些计算点处的纵坐标高度 $H_i$（它正比于待测样品的质量浓度）。把所有的 $H_i$ 加和后得到 $\Sigma H_i$（它正比于待测样品的总质量浓度）。那么,$H_i/\Sigma H_i$ 就等于各计算点处的组分占总样品的质量分数,以 $H_i/\Sigma H_i$ 对 $V_e$（或 $\lg M$）作图就得归一化的 SEC 图。

（2）计算 $\overline{M}_w$、$\overline{M}_n$、$\overline{M}_\eta$ 及分散度 $d$　令

$$W_i = H_i/\Sigma H_i$$

按定义有 $\overline{M}_w = \Sigma M_i W_i$；$\overline{M}_n = \left( \Sigma \dfrac{W_i}{M_i} \right)^{-1}$；$\overline{M}_\eta = \left( \Sigma W_i M_i^\alpha \right)^{\frac{1}{\alpha}}$；$d = \dfrac{\overline{M}_w}{\overline{M}_n}$。

计算所需的 $M_i$ 值可由校正曲线查得。

## 七、思考题

（1）色谱柱是如何将聚合物分级的? 影响柱效的因素有哪些?

（2）本实验中校准曲线的线性关系,在色谱柱重装或换柱时能否再使用?

（3）SEC 法的溶剂选择有什么要求?

（4）相同分子量的支化和线型聚合物分子哪个先流出色谱柱?

（5）为什么 SEC 测得的分子量是相对分子量,而光散射测得的分子量是绝对分子量?

（6）SEC 测得的分子量与激光光散射法的测量结果相比有何差异,为什么?

（7）聚合物分子量越高,SEC 与激光光散射法测量结果差异越大,为什么?

## 八、参考文献

（武汉大学　许小娟、周金平）

# 实验 11-2D　基于沉淀-溶解平衡的逐步沉淀分级法

## 一、实验目的

（1）了解沉淀分级法的意义,掌握基于沉淀-溶解平衡的逐步沉淀分级法的基本原理。

（2）掌握沉淀分级法的操作方法,并用逐步沉淀分级法对聚甲基丙烯酸甲酯进行分级。学会选取合适的分级体系的原则和方法,并了解提高分级效率的措施。

（3）掌握分级数据的处理方法,并对数据处理进行评价。

## 二、实验原理

### 1. 沉淀-溶解平衡

高分子溶液是真溶液,是热力学平衡体系。分子量是影响高分子溶解度的主要因素。当溶液条件发生改变,如在溶剂中逐步滴加沉淀剂或温度逐渐降低时,由于溶剂分子对高分子的作用可能不足以克服高分子间的内聚力,因此高分子将凝聚起来,直至形成沉淀从溶液中分离出来。又因为高分子间的内聚能取决于分子量,分子量越大,内聚能越大。所以逐步加入沉淀剂或逐步降温时,分子量大的分子由于分子间的凝聚力大,首先从溶液中分离出来。然后是高分子按照分子量由大到小的次序从溶液中逐渐分离出来。经过多次沉淀-溶解平衡,就形成多个级分。

### 2. 沉淀分级法的基本原理

高分子溶液在一定条件下溶液分成两相,一相是凝液相,高分子的含量较高,溶剂含量很少,称为浓相;另一相为很稀的溶液相,称为稀相。平衡时,溶剂分子和高分子在浓相和稀相中的化学位分别两两相等,即

$$\begin{cases} \mu_1' = \mu_1'' \\ \mu_2' = \mu_2'' \end{cases} \tag{11.2D.1}$$

这里下标 1 和 2 分别表示溶液中溶剂（第一组分）和高分子（第二组分）,上标"′"和"″"分别表示稀相和浓相,如 $\mu_1'$ 表示稀相中溶剂的化学位。式（11.2D.1）也可改写为

$$\begin{cases} \Delta\mu_1' = \Delta\mu_1'' \\ \Delta\mu_2' = \Delta\mu_2'' \end{cases} \tag{11.2D.2}$$

这里 $\Delta\mu_1'$、$\Delta\mu_1''$ 分别为稀相、浓相中溶剂的偏微摩尔混合自由能（又称为高分子溶液的稀释自由能）,$\Delta\mu_2'$、$\Delta\mu_2''$ 分别为稀相、浓相中高分子的偏微摩尔混合自由能。晶格模型理论给出了相应的表达式,例如:

$$\Delta\mu_1 = RT\left[ \ln \varphi_1 + \left( 1 - \frac{1}{x} \right)\varphi_2 + \chi_1\varphi_2^2 \right] \tag{11.2D.3}$$

或

$$\Delta\mu_1 = RT\left[ \ln (1 - \varphi_2) + \left( 1 - \frac{1}{x} \right)\varphi_2 + \chi_1\varphi_2^2 \right] \tag{11.2D.4}$$

这里 $x$ 为高分子的聚合度,$\varphi_1$、$\varphi_2$ 分别是溶剂、高分子在溶液中各占的体积分数。显然 $\Delta\mu_1$ 与 $x$、$\chi_1$ 和 $\varphi_2$ 有关。

高分子溶液相分离的临界条件为

$$(\partial\Delta\mu_1/\partial\varphi_2)_{T,p} = 0$$
$$(\partial^2\Delta\mu_1/\partial\varphi_2^2)_{T,p} = 0 \tag{11.2D.5}$$

将式(11.2D.3)代入,得

$$\frac{1}{1-\varphi_2} - \left(1-\frac{1}{x}\right) - 2\chi_1^*\varphi_2 = 0$$

$$\frac{1}{(1-\varphi_2)^2} - 2\chi_1^* = 0 \tag{11.2D.6}$$

由此求得

$$\chi_1^* = \frac{1}{2}\left(1+\frac{1}{\sqrt{x}}\right)^2$$

$$\varphi_2^* = \frac{1}{1+\sqrt{x}} \tag{11.2D.7}$$

可见,$\chi_1^*$ 随 $x$ 的增加(也即随分子量的增加)而减小,当 $x\to\infty$ 时,$\chi_1^*$ 值近似为 0.5。即分子量越大,$\chi_1^*$ 值越小。

利用 $\chi_1^*$ 的分子量依赖性,向高分子溶液中逐步加入沉淀剂,改变了高分子-混合溶剂(溶剂+沉淀剂)的 $\chi_1^*$ 值,使其逐渐增大,高分子的溶剂化程度随之逐渐减小;同时分子量越大,高分子的内聚力也越大,因此当高分子-溶剂分子间的相互作用不足以克服高分子的内聚力时,高分子链将凝聚起来,直至形成沉淀从溶液中分离出来。所以首先是分子量大的组分从溶液中分离出来,分子量较小的组分需要到沉淀剂含量更高、$\chi_1^*$ 值变得更大时才能分离出来。这就是加入沉淀剂的沉淀分级法的基本原理。

此外,也可采用溶解分级法。它是沉淀分级的逆过程,利用逐步提高溶剂能力或逐步升高温度的方法来提取聚合物。本实验采用加入沉淀剂的逐步沉淀分级法。

### 3. 沉淀分级法的分级效率

对于多分散聚合物的溶液,用 $\Delta\mu_x'$、$\Delta\mu_x''$ 分别表示聚合度为 $x$ 的组分在稀相、浓相中的偏微摩尔混合自由能,达到相平衡时必须满足:

$$\begin{cases} \Delta\mu_1' = \Delta\mu_1'' \\ \Delta\mu_x' = \Delta\mu_x'' \end{cases} \tag{11.2D.8}$$

即

$$\ln\varphi_x' + (1-x) + \varphi_2'x\left(1-\frac{1}{\overline{x_n}'}\right) + \chi_1 x(1-\varphi_2')^2$$

$$= \ln\varphi_x'' + (1-x) + \varphi_2''x\left(1-\frac{1}{\overline{x_n}''}\right) + \chi_1 x(1-\varphi_2'')^2 \tag{11.2D.9}$$

$$\ln\left(\frac{\varphi_x''}{\varphi_x'}\right) = x\left\{\varphi_2'\left(1-\frac{1}{\overline{x_n}'}\right) - \varphi_2''\left(1-\frac{1}{\overline{x_n}''}\right) + \chi_1\left[(1-\varphi_2')^2 - (1-\varphi_2'')^2\right]\right\} \tag{11.2D.10}$$

这里 $\varphi_2'$、$\varphi_2''$ 表示高分子在稀相、浓相中各占的体积分数,$\varphi_x'$、$\varphi_x''$ 则表示高分子中聚合度为 $x$ 的组分在稀相、浓相中各占的体积分数,$\bar{x}_n'$、$\bar{x}_n''$ 分别为稀相、浓相中高分子的数均聚合度,令 $\sigma = \varphi_2'\left(1-\dfrac{1}{x_n'}\right) - \varphi_2''\left(1-\dfrac{1}{x_n''}\right) + \chi_1\left[(1-\varphi_2')^2 - (1-\varphi_2'')^2\right]$,对于特定的相分离条件,$\sigma$ 为一常值,则可把式(11.2D.10)改写为

$$\frac{\varphi_x''}{\varphi_x'} = \mathrm{e}^{\sigma x} \tag{11.2D.11}$$

即 $\varphi_x''/\varphi_x'$ 随 $x$ 是按照指数函数而增加的。也就是说,分子量大的组分集中在浓相,而在稀相中分子量小的占多数,分级的基础就是利用了高分子在两相中分配的分子量依赖性。但是达不到理想的分级,两相中高分子的分子量没有明确的界限,即无法把分子量大于某一定值的聚合物从混合物中完全分离出来,因此不能得到分子量均一的级分,每个级分都有一定的分子量分布,而且得到的级分分子量是相互交叠的。

假设两相平衡时稀相和浓相的体积分别为 $V'$ 和 $V''$,聚合度为 $x$ 的组分在稀相和浓相中所占的质量分别为 $m_x'$、$m_x''$,聚合物的密度为 $\rho_P$,则有

$$\begin{cases} m_x' = \varphi_x' \cdot V' \cdot \rho_P \\ m_x'' = \varphi_x'' \cdot V'' \cdot \rho_P \end{cases} \tag{11.2D.12}$$

聚合度为 $x$ 的组分在稀相和浓相中所占的质量分数 $f_x'$、$f_x''$ 分别为

$$\begin{cases} f_x' = \dfrac{m_x'}{m_x' + m_x''} = \dfrac{1}{1 + R\mathrm{e}^{\sigma x}} \\ f_x'' = \dfrac{m_x''}{m_x' + m_x''} = \dfrac{R\mathrm{e}^{\sigma x}}{1 + R\mathrm{e}^{\sigma x}} \end{cases} \tag{11.2D.13}$$

式中:$R = \dfrac{V''}{V'}$。根据式(11.2D.13),当 $x \to \infty$ 时,$f_x' \to 0$,$f_x'' \to 1$,即分子量大的组分主要在浓相,在稀相中分子量小的占多数,与由式(11.2D.11)得到的结论一致;而当 $x \to 0$ 时,$f_x'' \to \dfrac{R}{1+R}$,表明分子量很小的组分在浓相中仍有一定的含量,但 $R$ 值越小,含量越少,所以常要降低分级溶液的浓度,使 $R$ 值减小,分级效率提高。

由式(11.2D.13)可得 $f_x''/f_x' = R\mathrm{e}^{\sigma x}$,三元体系(高分子+溶剂+沉淀剂)的相分离也有类似的关系式 $f_x''/f_x' = Q\mathrm{e}^{\sigma x}$,只是 $Q$ 与 $R$ 的意义有所不同。

## 三、仪器与试剂

### 1. 实验仪器

恒温水槽一套(包括水槽、搅拌器、加热器、控温仪、温度计等);3000 mL 三颈烧瓶两只;50 mL 滴液漏斗;搅拌器;量筒;锥形瓶;2#熔砂漏斗;吸滤瓶;水浴锅等。

### 2. 试剂及耗材

聚甲基丙烯酸甲酯;蒸馏水;丙酮。

## 四、实验步骤

### 1. 溶解样品

称取 15 g 聚甲基丙烯酸甲酯于锥形瓶中,加入 500 mL 丙酮,由于聚合物的溶解过程须经过溶胀阶段,速度较慢,可置于 50 ℃ 水浴中使其溶解。待聚合物全部溶解后,用 2#熔砂漏斗将溶液过滤到 3000 mL 的三颈烧瓶中,锥形瓶中的残留液用丙酮清洗,清洗后的溶液也并入三颈烧瓶,再往烧瓶中补加溶剂至溶液总体积为 1500 mL,将溶液充分混合均匀。

### 2. 滴加沉淀剂

将三颈烧瓶放入 25 ℃ 恒温水槽,中间的颈中装入配有玻璃搅拌棒的搅拌器,另一颈中装入 50 mL 的滴液漏斗,开动电动机搅拌溶液,搅拌速度不宜太快,以防止溶液中的高分子受强烈的机械摩擦而降解。自滴管慢慢地滴加蒸馏水,调节搅拌速度和滴液速度以避免产生沉淀。当加至 200 mL 左右时,接近沉淀点,改用丙酮–水(体积比 1∶1)的混合液,并降低滴入速度,当溶液出现微弱浑浊时停止加沉淀剂,将三颈烧瓶取出,放到 50 ℃ 水浴中摇晃使沉淀重新溶解,澄清后再将三颈烧瓶放回 25 ℃ 恒温水槽,静置。

### 3. 制取第一级分

上述溶液静置 24~48 h,沉淀在瓶底沉积成较紧密的固体,将上层清液倾倒至另一三颈烧瓶作为母液。向留有沉淀的三颈烧瓶中加入适量丙酮,使沉淀溶解,将沉淀溶解后形成的溶液倒入大量蒸馏水中,并不断搅拌使成棉絮状沉淀,过滤,并用蒸馏水洗涤沉淀,滤液并入母液,把得到的沉淀放到通风柜中晾干,然后再放到 50 ℃ 真空烘箱中烘至恒重,这就制备了第一级分,称出其质量。

### 4. 制取其他级分

再将盛有母液的三颈烧瓶放入 25 ℃ 恒温水槽,重复上面的滴加沉淀剂和制取级分的操作,这样依次得到分子量由大到小的各个级分(有时可能次序颠倒,尤其是第一、第二级分)。分级过程中由于沉淀剂的不断加入,溶液体积越来越大,溶液越来越稀,而溶液中高分子的分子量越来越小,到制备最后一个级分时即使加入大量沉淀剂也很难将最后一个级分沉淀下来,须先减压蒸馏减少溶剂的量,使溶液体积浓缩到 300 mL 以下后,再加入大量蒸馏水,使级分沉淀下来,经过滤、洗涤、晾干、真空干燥,得到最后一个级分。

## 五、注意事项

(1)根据式(11.2D.13),通过降低体系的浓度,减少浓稀相体积比 $R$,可减小 $f_x''(x \to 0)$,提高分级效率。

(2)不过溶液也不能太稀,因为溶液太稀,溶液量很大,给操作带来麻烦。

(3)通常溶液的起始浓度控制在 1%(即 1g/100 mL)左右。

(4)通常第一、第二级分的分级效率较低。可能的原因是:① 开始分级时聚合物浓度最大;② 起初聚合物沉淀时要携带很多低分子量组分,尤其是第一个级分的制备较难控制;③ 分子量越高,混合溶剂中沉淀点的分子量依赖性越小。

## 六、数据处理与分析

(1)称量各个级分,并测定它们的特性黏数,计算黏均分子量。原始样品的特性黏数

$[\eta] = \sum_i (f_i[\eta]_i)$，其中 $f_i$ 是各个级分的质量分数，$[\eta]_i$ 为各个级分的特性黏数。上式可以用来检验分级过程中有无降解。各级分质量之和与原样品质量的差为分级损耗，计算质量分数时将分级损耗按分数平均分摊到各个级分上。

（2）测出各个级分的平均分子量（重均分子量或上面已测出的黏均分子量）和质量后，以各级分的质量分数对分子量作图，得阶梯形的曲线。这是由于进行分级时分成的级分只有有限个，这样级分分子量之间显然不可能连续，所以只能得到阶梯形曲线。

（3）再从阶梯形分布曲线得到分子量分布曲线，可采用的方法有两种：习惯法和中点连线近似法，分述如下。

① 习惯法 这是一种作图法，基于两个基本假定：每一级分的分子量分布对应于它的平均分子量；相邻级分的分子量分布没有交叠。根据这两个假定，通过阶梯形分级曲线各个梯级高度的中点，连成一光滑曲线，即为聚合物分子量的累积质量分布曲线。累积质量分数可写为

$$I_i = \frac{1}{2}f_j + \sum_{i=1}^{j-1} f_i \qquad (11.2D.14)$$

由该曲线上各点斜率可得聚合物分子量的质量微分分布曲线。

但是实际分级中，级分仍有相当宽的分子量分布，而且各级分的分子量分布又相互交叠着，所以习惯法处理得不甚合理，得到的曲线只能大体上反映样品中分子量分布的宽度、分布的对称性和分子量集中的范围。

② 中点连线近似法 这一方法也有两个基本假定：一是每一级分的分子量分布都能用函数来表示：

$$f(M) = yzM^{z-1}e^{-yM^z} \qquad (11.2D.15)$$

$$I(M) = 1 - e^{-yM^z} \qquad (11.2D.16)$$

另一假定是在各级分累积质量分数 $I(M) = 0.5$ 处的分子量为此级分的重均或黏均分子量。假设 $I(M) = 0.5$ 处的分子量为此级分的重均分子量，即

$$M_{1/2} = \overline{M}_w = y^{-1/z} \Gamma\left(1 + \frac{1}{z}\right) \qquad (11.2D.17)$$

$$yM_{1/2}^z = y\,\overline{M}_w^z = y\left[y^{-1/z}\Gamma\left(1 + \frac{1}{z}\right)\right]^z = \left[\Gamma\left(1 + \frac{1}{z}\right)\right]^z = 0.693 \qquad (11.2D.18)$$

由式（11.2D.18）可求出 $z$ 值，再把测得的 $\overline{M}_w$ 代入式（11.2D.17）求出 $y$ 值。

如 $I(M) = 0.5$ 处的分子量为该级分的黏均分子量，即

$$M_{1/2} = \overline{M}_\eta = y^{-1/z}\left[\Gamma\left(1 + \frac{a}{z}\right)\right]^{1/a} \qquad (11.2D.19)$$

$$yM_{1/2}^z = y\,\overline{M}_\eta^z = y\left[y^{-1/z}\Gamma\left(1 + \frac{a}{z}\right)^{1/a}\right]^z = \left[\Gamma\left(1 + \frac{a}{z}\right)\right]^{z/a} = 0.693 \qquad (11.2D.20)$$

由式（11.2D.20）可求出 $z$ 值，再把测得的 $\overline{M}_\eta$ 代入式（11.2D.19）求出 $y$ 值。

将各个级分的分子量分布函数（或曲线）加和即得待测样品的分子量分布函数（或曲线）。

由于从函数计算的每一级分的累积分布曲线接近对应于级分平均分子量（$\overline{M}_i$）的一条直线，因此，通过每一级分的 $M$ 轴上的 $\frac{1}{2}\overline{M}_i$ 与级分的累积质量分数 $I(M) = 0.5$ 处画一连

线,近似地作为级分的分子量累积质量分布曲线,然后把各个级分分布曲线加和求得原聚合物样品的分子量分布曲线。由于此法考虑到级分分子量的交叠,因此能得到比习惯法更好的结果。

### 七、思考题

(1)应用分级的方法测定聚合物的分子量分布时,能否直接用实验所得的各个级分的质量分数对每个级分的平均分子量作图得到该聚合物的分子量分布曲线?为什么?

(2)在进行结晶聚合物的逐步沉淀分级时,在沉淀剂比例小的混合溶剂中或较高温度下析出的级分肯定是分子量大的组分吗?为什么?

(3)为什么在滴加沉淀剂使溶液出现微弱浑浊后,要再在50 ℃水浴中使溶液重新变清(沉淀溶解)后再放回原温度下静置?

### 八、参考文献

(中国科学技术大学    朱平平)

# 高分子二级结构（远程结构）的表征

## 实验 11-3A    高分子的构象、形态及尺寸的模拟与计算

### 一、实验目的

(1)通过用软件直接构建("合成")不同长度的高分子链,并实现形态、尺寸的变化,掌握高分子链形态变化的自发性、以不同程度蜷曲的特性(即柔性)等主要知识点。

(2)通过对不同链长高分子的尺寸进行模拟计算,借助于无规行走模型和自回避行走模型,对高分子尺寸的统计平均值与链长的标度关系进行计算,掌握排除体积效应的重要意义。

(3)通过分子水平上的虚拟仿真实验,深刻理解高分子结构与小分子结构的本质不同,以及研究要点和研究方法的差异。

(4)通过与线下宏观性质测定项目相结合,进一步加深对高分子微观结构与宏观性质之间紧密联系的全面而系统的认识。

## 二、实验原理

### 1. 高分子形态

小分子化合物不存在什么形态的问题,高分子化合物由于是由成千上万个链单元以化学键连接而成的,主链上单键的内旋转使得链单元在空间的排布不断发生改变,就有了链的形态问题,如图 11-3A-1 所示。例如,碳链高分子在内旋转时,相邻的 3 个 C—C 单键呈反式、左旁式和右旁式 3 种构象时位能最低,构象最稳定,这 3 种构象的分子又称为内旋转异构体。以此推算,对于一根主链含有 10000 个 C—C 单键的碳链高分子,可能的异构体数目为 $3^{9998}$($\approx 10^{4770}$),几乎是天文数字。在高分子链的构象发生变化时,链的尺寸也随之变化,因此除用经典的物理化学方法研究高分子链的化学结构外,还需要对高分子链的构象、形态、尺寸等做统计性的描述。

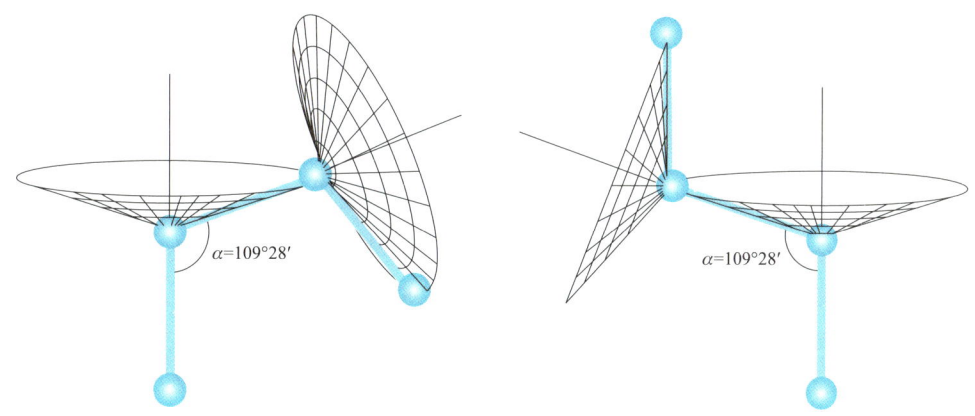

**图 11-3A-1　主链上 C—C 单键的内旋转**

### 2. 高分子链的柔性

很容易想象,如果所有相邻的 3 个 C—C 单键都取反式的构象,则高分子链是一条呈锯齿形的伸直链,然而高分子链取这种形态的概率极小。这是因为反式与左旁式、右旁式的能量相差不多,相邻键取什么构象的概率差别也就不大,而热运动使得主链上单键的内旋转很容易发生,这几种基本构象之间可以通过单键内旋转来实现转换,这样在某一时刻必有部分相邻的 3 个 C—C 单键取左旁式、右旁式构象,实际的分子链必然是蜷曲的,其尺寸(如末端距,即链两端之间的直线距离)要比伸直链小得多。内旋转越自由,蜷曲的程度越大,尺寸就越小。这种高分子链以不同程度蜷曲的特性称为柔性。由统计规律可知,不受外力作用的孤立分子链呈伸直构象的概率极小,而呈蜷曲的构象的概率极大,使构象熵趋于最大。

柔性是由量变到质变在高分子结构上的重要表现,它是高分子特有的,是高分子许多特性的根本。高分子链的柔性在力学性能上的突出反映就是高分子独有的高弹性。在不大的外力作用下,高分子链通过主链上单键的内旋转改变构象来适应外力作用,即从蜷曲状态逐渐伸展开来,在宏观上表现为高弹形变;除去外力,高分子链又自发地从伸展状态恢复到蜷曲状态。

### 3. 高分子链形态和尺寸的模型描述

决定形态的重要因素是高分子链的化学结构和链单元间的相互作用,溶液中高分子链的形态还受溶剂和温度的影响。不同条件下高分子链的形态差别较大,需用不同的模型来描述。

　　一个不存在链单元间相互作用的孤立高分子链的形态模型是无规行走(random walk,简称 RW)。对于无规行走链,如图 11-3A-2(a)所示,假定在走完前一步后,下一步走向任何方向都是等概率的,因此链的均方末端距 $\overline{h^2}$ 和均方回转半径 $\overline{R^2}$ 与步数(代表链长)$N$ 成正比,$\overline{h^2_{RW}} \propto N$,$\overline{R^2_{RW}} \propto N$,这一结果与空间维数无关,对于一维、二维、三维甚至更高的维数都能成立。

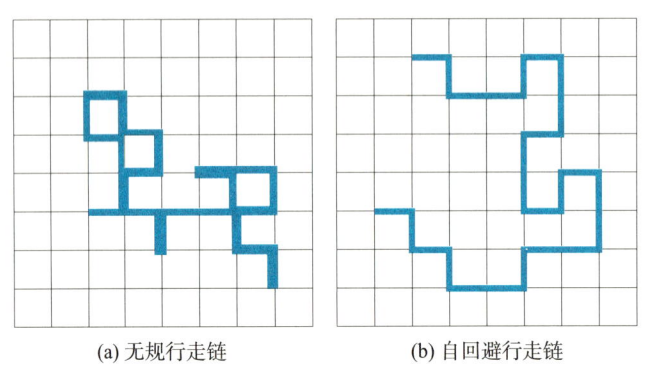

(a) 无规行走链　　　　　　　　(b) 自回避行走链

图 11-3A-2　高分子链形态的模型描述

　　与无规行走链不同,如果存在链单元间的远程相互作用和排除体积效应,则要用自回避行走(self avoiding walk,简称 SAW)模型。自回避行走链在走完前一步后,下一步走向任何方向虽然是等概率的,但是必须回避以前已经走过的地方,任何两个链单元不可能占据同一个位置,如图 11-3A-2(b)所示。显然 SAW 链的尺寸比 RW 链扩张了,$\overline{h^2}$ 和均方回转半径 $\overline{R^2}$ 与 $N$ 应具有大于一次方的关系,$\overline{h^2}_{SAW} \propto N^{2\nu}$,$\overline{R^2}_{SAW} \propto N^{2\nu}(\nu > 1/2)$。

　　诺贝尔物理学奖获得者 de Gennes 等采用了临界现象的理论处理方法,得出 $\nu$ 与晶格维数 $d$ 有关:

$$\nu = 3/(d+2) \tag{11.3A.1}$$

　　理论上,晶格可以是一维、二维、三维或四维等。当 $d=1$ 时,$\nu=1$,$\overline{h^2} \propto N^2$,显然,在一维晶格中只有这种可能性;当 $d=2$ 时,$\nu=0.75$,$\overline{h^2} \propto N^{1.5}$,这是二维单分子层情况;当 $d=3$ 时,$\nu=0.6$,$\overline{h^2} \propto N^{1.2}$,这与诺贝尔物理学奖获得者 P. J. Flory 的理论及实验结果都相符;当 $d=4$ 时,$\nu=0.5$,$\overline{h^2} \propto N$,这表明高分子链单元的排布恰好可以用"无规行走"模型描述,不存在链单元间的远程相互作用,也就不必考虑回避问题。可见链单元间的远程相互作用和排除体积效应随着空间维数的增大而逐渐减小,当 $d=4$ 时,这些影响都不再存在,所以又可以说自回避行走的极限维数是 4。

　　然而,上述用二维单分子层检验 de Gennes 提出的均方末端距 $\overline{h^2}$、均方回转半径 $\overline{R^2}$ 与 $N$ 的标度关系是不实际的,这是因为单分子层与它的支撑相存在的相互作用对单分子层中高分子链形态的影响不能忽视,所以,$\overline{h^2} \propto N^{1.5}$、$\overline{R^2} \propto N^{1.5}$ 较难用实验验证,但可以尝试用计算机方法来模拟。本实验就是应用项目组自编的改进型四位置模型,模拟二维空间中的 SAW、RW 链,并确定上述 $\overline{h^2}$ 和 $\overline{R^2}$ 与 $N$ 的标度关系。

### 4. 自编的改进型四位置模型

　　四位置模型及键长涨落算法是由 Carmesin 和 Kremer 提出的,用于二维格子中,每个链单元的中心位于格子的中心,要用四个格点才能表示这个链单元,比较复杂,算法程序编写烦琐。

改进型四位置模型则是以格点作为链单元的中心,一根链单元只对应一个格点,即四个相邻格子的共同格点,每个链单元的位置用一个格点表示,简化了算法程序的编写。改进后的模型仍具有原四位置模型的优点,即在对 SAW 链进行抽样时只需检验体积排除条件和键长条件是否满足,如果都满足,键就不可能相交,也就没有必要检验键是否相交。具体算法如下:

(1) 预先设定一条聚合度为 $N$ 的高分子链的初始构象,可假设是一条沿着格线的直链,键长为 2 或 3。

(2) 随机选择高分子链的某一链单元。

(3) 产生该链单元的新位置,即从与该单元相邻的 8 个格点中随机选择一个格点作为该链单元的新位置。

(4) 键长条件检验。计算新位置与原链单元前后键接的链单元之间的距离,如果这一距离在键长范围内,继续下一步;否则,原构象再参加一次统计后回到步骤(2)。

(5) 体积排除条件检验。检查在与该链单元新位置邻近的 8 个格点中除原链单元外,是否有其他链单元,如果有,则不满足体积排除条件,原构象再参加一次统计后回到步骤(2)。

(6) 产生新构象和高分子链。将该单元迁移至新位置,使得高分子链的构象改变,新构象参与统计后回到步骤(2)。

上述步骤循环往复,直到达到所要求的统计精度。模拟 RW 链比较简单,只要满足键长条件而不需考虑排除体积效应,在上述步骤中去掉第(5)步即可。值得注意的是,在本实验中,计算数目过少,采样间隔过大,会导致实验过程中获得的有效样本数目减少,造成计算得到的统计平均结果不可靠。在实验过程中,应该设置较大的计算数目(如 1000000),以及合适的采样间隔(如 50),以确保抽样结果的分布更可靠。

## 三、硬件和软件

(1) 计算机。

(2) 虚拟仿真实验软件:本实验软件由科研成果转化而成,为自主研发,是分子水平上的虚拟仿真实验。访问路径如下:点击"实验空间—国家虚拟仿真实验教学项目共享服务平台",用关键词"分子水平上的虚拟仿真实验"搜索,即可访问本项目。

## 四、实验步骤

### 1. 构建伸直状的无规行走链

打开模拟软件,在界面上选择"无规行走(RW)链",并在"计算的链长"中输入拟构建的分子链长度,在"计算数目"中输入需要计算的变化次数,在"采样间隔"中输入采样频率,点击"计算",观察计算进度条,跟踪和判断计算进度。

### 2. 观察无规行走链的构象变化

计算完成后,软件界面中间显示出的即为最初始的设定长度的直链无规链。通过(反复)点击"下一步",可以依次观察到进行了设定观察间隔步数变化后的无规链的构象。点击"上一步",可以回退观察上一步的采样构象。在"样本"对话框中输入某一数字,即可观察指定顺序的无规行走链的构象。

**3. 得到并导出无规行走链的均方末端距及均方回转半径**

计算完成后,软件界面的"均方末端距"及"均方回转半径"对话框即给出对应长度的无规行走链的均方末端距及均方回转半径。点击"导出",即可将计算的链长及对应的均方末端距及均方回转半径数值导入计算界面右侧的计算表格。

**4. 循环 1~3 步**

输入不同的链长,观察不同长度的无规行走链的构象变化并得到对应的均方末端距及均方回转半径。如果计算的链长与某一次(之前计算的)相同,那么导出的结果将会覆盖之前的计算结果。

**5. 在界面上选择"自回避行走(SAW)链"**

在"计算的链长"中输入需要构建的分子链长度,在"计算数目"中输入需要计算的变化次数,在"采样间隔"中输入采样频率,点击"计算",观察计算进度条,跟踪和判断计算进度。计算完成后,观察自回避行走链的分子构象变化,如图 11-3A-3 所示,并与相同长度的无规行走链构象进行对比。导出该长度自回避行走链的均方末端距及均方回转半径,与相同长度的无规行走链计算结果对比。

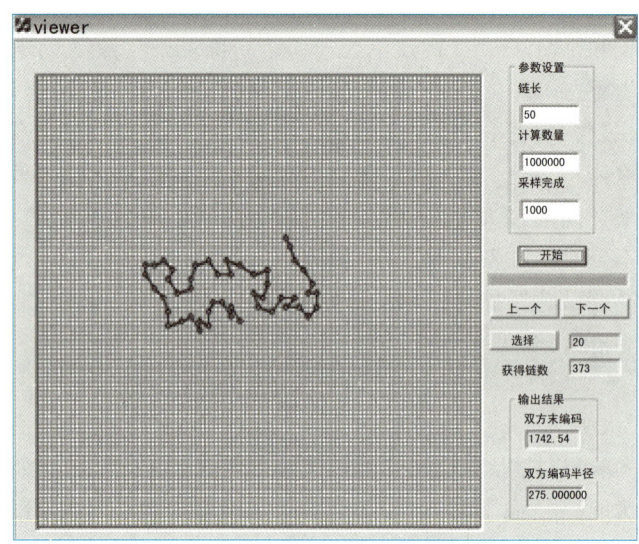

图 11-3A-3　某一形态的自回避行走链

**6. 输入不同的链长循环计算**

得到不同链长的自回避行走链的构象变化及对应的均方末端距及均方回转半径。

**7. 获得无规行走链及自回避行走链的均方末端距随链长的变化关系图**

对所有设定长度的无规行走链及自回避行走链,计算完成并导出结果后,在得到的数据表格中选择"均方末端距"并点击"生成数据点",即可得到无规行走链及自回避行走链的均方末端距随链长的变化关系图。

**8. 均方末端距对链长的双对数作图**

点击数据图下方的"拟合"按钮,软件即给出无规行走链及自回避行走链的均方末端距与链长之间的双对数拟合直线,并在各自的位置给出拟合结果,如图 11-3A-4(a)所示。记录并对比两者之间的差别。

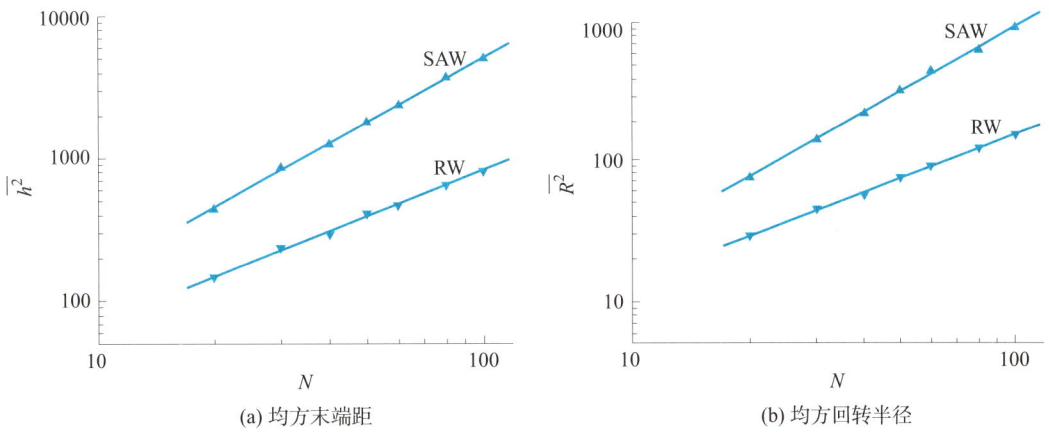

(a) 均方末端距　　　　　　　　　　　　(b) 均方回转半径

图 11-3A-4　RW 链和 SAW 链的统计计算尺寸对链长的双对数作图

**9. 获得无规行走链及自回避行走链的均方回转半径随链长的变化关系图**

在得到的数据表格中选择"均方回转半径"并点击"生成数据点",即可得到无规行走链及自回避行走链的均方回转半径随链长的变化关系图。

**10. 均方回转半径对链长的双对数作图**

点击数据图下方的"拟合"按钮,软件即给出无规行走链及自回避行走链的均方回转半径与链长之间的双对数拟合直线,并在各自的位置给出拟合结果,如图 11-3A-4(b)所示。记录并对比两者之间的差别。

## 五、数据处理与分析

将实验数据记录于表 11-3A-1。

表 11-3A-1　不同链长高分子的均方末端距和均方回转半径

| 链长 $N$ | 计算数目 | 采样间隔 | 获得链数 | $\overline{h_{\mathrm{SAW}}^2}$ | $\overline{R_{\mathrm{SAW}}^2}$ | $\overline{h_{\mathrm{RW}}^2}$ | $\overline{R_{\mathrm{RW}}^2}$ |
|---|---|---|---|---|---|---|---|
|  |  |  |  |  |  |  |  |
|  |  |  |  |  |  |  |  |
|  |  |  |  |  |  |  |  |
|  |  |  |  |  |  |  |  |
|  |  |  |  |  |  |  |  |
|  |  |  |  |  |  |  |  |

数据处理如下:

(1) 在对数坐标系下以自回避行走链的 $\overline{h^2}$ 对相应的 $N$ 作图,求得斜率,即为 $\overline{h_{\mathrm{SAW}}^2}$ 对 $N$ 的标度律,再与理论值比较。

(附上 $\lg \overline{h_{\mathrm{SAW}}^2}$ -$\lg N$ 的作图)

(2) 在对数坐标系下以自回避行走链的 $\overline{R^2}$ 对相应的 $N$ 作图,求得斜率,即为 $\overline{R_{\mathrm{SAW}}^2}$ 对 $N$

的标度律,再与理论值比较。

（附上 lg $\overline{R^2_{SAW}}$-lg $N$ 的作图）

（3）在对数坐标系下以无规行走链的 $\overline{h^2}$ 对相应的 $N$ 作图,求得斜率,即为 $\overline{h^2_{RW}}$ 对 $N$ 的标度律,再与理论值比较。

（附上 lg $\overline{h^2_{RW}}$-lg $N$ 的作图）

（4）在对数坐标系下以无规行走链的 $\overline{R^2}$ 对相应的 $N$ 作图,求得斜率,即为 $\overline{R^2_{RW}}$ 对 $N$ 的标度律,再与理论值比较。

（附上 lg $\overline{R^2_{RW}}$-lg $N$ 的作图）

## 六、思考题

（1）改进的四位置模型与原四位置模型相比有哪些优点？

（2）描述一个在良溶剂中的高分子链形态要用哪种模型？而 $\theta$ 溶剂中的高分子链形态又有何特征？需用哪种模型描述？

（3）根据 de Gennes 理论,三维空间中 $\overline{h^2}$、$\overline{R^2}$ 与 $N$ 的幂律关系与二维空间相比有何不同？

（4）影响高分子链形态的因素有哪些？结合本实验结果和所学高分子物理知识进行讨论。

## 七、参考文献

（中国科学技术大学 朱平平）

## 实验 11-3B Monte Carlo 方法模拟高分子链穿越纳米管道的过程

### 一、实验目的

（1）了解键涨落算法的基本原理。

（2）观察受限空间中的高分子链穿越纳米管道的动力学过程;探究高分子链长和管道长度对穿越过程的影响。加深理解构象熵这一概念在高分子物理课程学习中的特殊重要性。

（3）通过分子水平上的虚拟仿真实验,深刻理解高分子结构与小分子结构的本质不同,以及研究要点和研究方法的差异。

## 二、实验原理

### 1. 高分子链的构象熵及其重要性

研究受限空间中高分子在纳米管道的穿越对理解和掌握生命体系中不断发生的物理化学过程有着非常重要的意义。例如,蛋白质分子穿越细胞膜完成新陈代谢的过程,RNA 分子穿越细胞核膜完成遗传信息的复制和传递过程,病毒的 DNA 分子进入寄主细胞使得寄主细胞被感染的过程等。

在研究受限空间中高分子穿越纳米管道过程中,熵起着非常重要作用,由此导致高分子自发地从熵受限的区域迁移到受限程度较低或完全不受限的区域。如果两块受限程度不同的区域 A 和 B 通过一个管道相连接,如图 11-3B-1 所示,则高分子从区域 A 加入管道以后,高分子的构象熵会不断地减小,由此导致自由能的升高。当高分子完全穿越纳米管道后,高分子的构象熵又会进一步增加,导致自由能的减小。由于区域 A 比区域 B 更加受限,因此高分子在区域 B 的自由能要低于在区域 A 的自由能。由此可见高分子在从区域 A 自发迁移到区域 B 时要越过如图 11-3B-2 所示的自由能壁垒,与化学反应过程非常相似。由于高分子穿越自由能壁垒对应的是能量升高的过程,因此高分子成功穿越的概率很低。如果把高分子从开始穿越到最终又回到起点的时间定义为 $\tau_{\text{trap}}$,则自由能壁垒 $\Delta E$ 越大,$\tau_{\text{trap}}$ 越长。如果把高分子穿越管道的过程与化学反应过程相类比,则 $\tau_{\text{trap}}$ 与化学反应速率常数 $k$ 之间满足关系:$\tau_{\text{trap}} \sim k^{-1}$。根据阿伦尼乌斯(Arrhenius)方程,化学反应速率常数 $k$ 与反应活化能 $\Delta E$ 之间满足关系:$k \sim \mathrm{e}^{-\Delta E/RT}$。由此得到 $\tau_{\text{trap}}$ 与自由能壁垒 $\Delta E$ 之间满足关系:$\lg \tau_{\text{trap}} \sim \Delta E$。随着受限程度的不同,高分子穿越纳米管道对应的自由能壁垒 $\Delta E$ 也有所不同,因此通过测定 $\tau_{\text{trap}}$,就可以详细讨论受限程度对高分子穿越纳米管道动力学行为的影响。

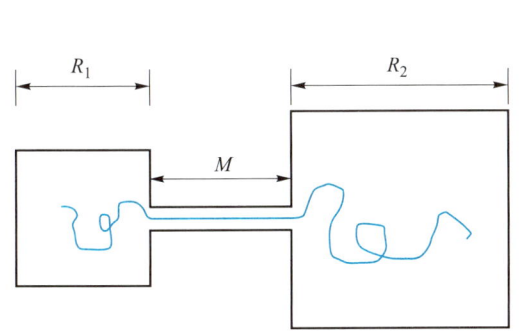

图 11-3B-1　受限空间中的高分子链
穿越纳米管道的过程示意图

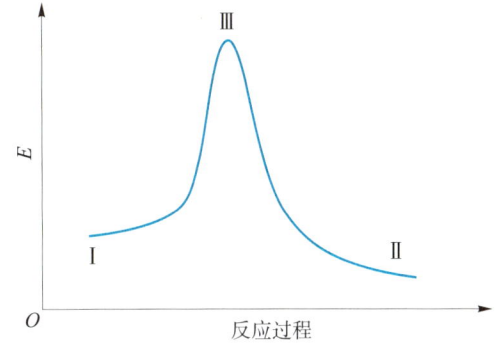

图 11-3B-2　高分子链穿越纳米管道
过程中自由能的变化

### 2. 键涨落算法的基本原理

本实验利用计算机模拟中的键涨落模型(bond fluctuation model,BFM)研究受限空间中高分子穿越纳米管道的动力学过程。在二维键涨落模型中,高分子链的一个链单元同时占据相邻的 4( $=2^2$ )个格点,中心的坐标为链单元的位置,如图 11-3B-3(a)所示。为了满足体积排斥效应,每个格点最多只能由一个链单元所占据,任意单体之间的距离不得小于 2 倍格点的边长。键接单体之间的键长允许在一定的长度范围内波动,但是不得大于或等于 4

倍格点的边长。这样,满足上述条件的下列键矢量 **B** 可以以坐标轴为对称轴作对称操作:

$$B = P(2,0) \cup P(2,1) \cup P(2,2) \cup P(3,0) \cup P(3,1) \cup P(3,2) \qquad (11.3B.1)$$

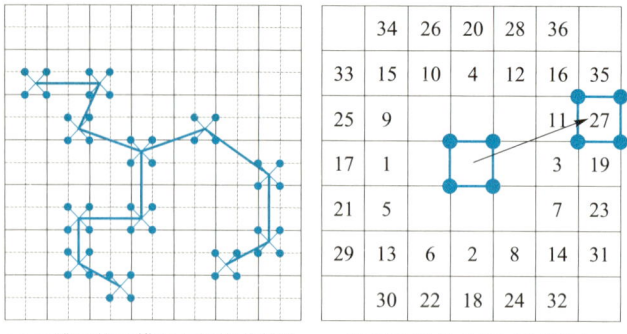

(a) 二维四格子模型和键涨落算法    (b) 键接链单元的36种键矢量

图 11-3B-3    二维键涨落模型

因此,**B** 中一共包含了 36 种键矢量,如图 11-3B-3(b)所示,并存在 6 个可能的键长值 $b$:

$$b = 2, \sqrt{5}, \sqrt{8}, 3, \sqrt{10}, \sqrt{13} \qquad (11.3B.2)$$

链的运动及新的链构象的生成过程如下:

(1)预先设定一初始构象。链单元之间的位置要满足体积排斥效应,同时键接链单元之间的键矢量和键长也分别满足式(11.3B.1)和式(11.3B.2)的限制条件。

(2)随机选择一个链单元,同时随机选择其四个相邻位置之一,让其作一单位格点长度的跳跃。

(3)检查跳跃后产生的新构象是否同时满足体积排斥效应和键长限制条件。

(4)若新的构象不能同时满足体积排斥效应和键长限制条件,则原构象再参加一次统计,然后回到(2)。

(5)若新的构象同时满足体积排斥效应和键长限制条件,则新的构象产生并参加统计,然后再回到(2)。

需要指出的是,在满足上述体积排斥效应要求和键长范围限制下的单体跳跃运动可以自动避免在链的运动过程中出现链交叠的情况,这样就不需要时时检验链交叠这一烦琐的步骤,因而大大提高了计算效率和速度。

在模拟高分子链的动力学行为时,需要记录统计量的时间变化情况。模拟中的时间用 Monte Carlo 步长(step size)来度量,具体定义为当体系中的单体数目为 $N$ 时,用 $N$ 次试探运动作为一个 Monte Carlo 步长。Monte Carlo 步长有时也被称为 Monte Carlo 循环(Monte Carlo cycle)。

自编的 Monte Carlo 分子模拟软件,可以在计算机上直观地观察到受限空间中的单链高分子穿越纳米管道的具体过程,通过改变链长及管道长度可以研究受限程度对高分子穿越纳米管道动力学行为的影响。

### 三、硬件和软件

(1)计算机。

(2)虚拟仿真实验软件(见平行实验 11-3A):本实验软件由自身科研成果转化而成,

为自主研发,是分子水平上的虚拟仿真实验。

## 四、实验步骤

自编的受限空间中的高分子链穿越纳米管道的模拟软件实际上是由两个程序构成,第一个程序是计算程序,第二个程序是图形显示程序。在设置好计算参数(链长、管道长度、受限空间尺寸等)并完成模拟计算以后,打开图形显示窗口,点击 File→open,在弹出的对话框内,读入计算数据(site.dat),即可得到高分子链在穿越过程中的构象变化,如图 11-3B-4 所示。其中,"链长"表示模拟中高分子链的长度,"链数"则给出了采样得到的构象数。应当指出的是,由于穿越时间较长,因此在计算中的采样间隔为 100,因此整个穿越时间 ≈ 链数×100。点击"prev"或"next"可依次向前或向后观察高分子链穿越过程及在穿越过程中高分子链构象的变化。如果想快速得到某一编号的构象,则可以在两者之间的输入框中输入数字。注意所选择的结构编号不能超过"链数"按钮显示的值。

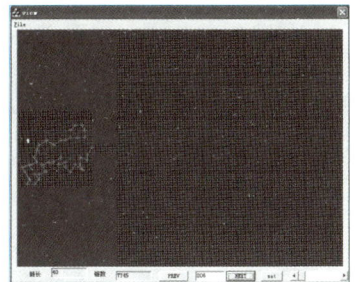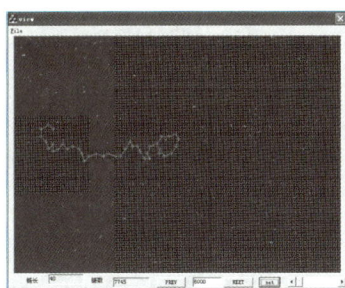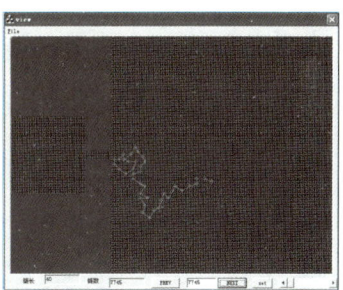

图 11-3B-4　让高分子链调整构象和穿越纳米管道的过程可视化

## 五、数据处理与分析

(1)将链长 $N$ 与 $\tau_{trap}$ 的实验数据记录在表 11-3B-1 中,讨论高分子链长 $N$ 对 $\tau_{trap}$ 的影响。

表 11-3B-1　链长 $N$ 与 $\tau_{trap}$ 的实验数据记录表

| $N$ | | | | | | |
|---|---|---|---|---|---|---|
| $\tau_{trap}$ | | | | | | |

以 $\tau_{trap}$ 对高分子链长 $N$ 作图,具体确定 $\tau_{trap}$ 与 $N$ 之间函数关系。

(2)将纳米管道长度 $M$ 与 $\tau_{trap}$ 的实验数据记录在表 11-3B-2 中,讨论不同纳米管道长度 $M$ 对 $\tau_{trap}$ 的影响。

表 11-3B-2　纳米管道长度 $M$ 与 $\tau_{trap}$ 的实验数据记录表

| $M$ | | | | | | |
|---|---|---|---|---|---|---|
| $\tau_{trap}$ | | | | | | |

以 $\tau_{trap}$ 对高分子链长 $N$ 作图,具体确定 $\tau_{trap}$ 与 $N$ 之间函数关系。

(3)根据(1)和(2)的实验结果确定自由能壁垒 $\Delta E$ 与高分子链长 $N$ 及纳米管道长度

$M$ 之间的函数关系。

### 六、思考题

（1）化学反应过程中有分子间的有效碰撞和无效碰撞,高分子穿越纳米管道的过程有成功穿越和不成功穿越,你在实验中是否观测到不成功穿越的过程？如何证实你的判断？

（2）高分子链长对 $\tau_{trap}$ 有何影响？为什么？

（3）管道长度对高分子链穿越过程有什么影响？为什么？

### 七、参考文献

（中国科学技术大学　杨海洋、朱平平）

# 高分子溶液性质的表征

## 实验 11-4A　高分子微球的粒度分布及表面电位表征

### 一、实验目的

（1）掌握高分子微球分散液的基本知识。

（2）掌握光散射法测定高分子微球的粒度分布、Zeta 电位的基本原理及实验技术,并能够独立操作光散射仪。

（3）掌握动态激光光散射法在 pH 响应高分子溶液研究中的运用。

### 二、实验原理

高分子微球分散液是高度分散的多相体系,是由高分子微球以溶胀或塌缩形式（即分散相）分散在另一种物质（连续相）中所构成的分散系统,又称胶状分散体系,或简称胶体。高分子微球分散液是热力学不稳定体系,但是有些体系可以在相当长的一段时间内稳定存在。根据 DLVO 理论,高分子微球等胶体粒子带电、溶剂化作用和布朗运动是体系得以稳定存在的三个重要原因。此外,高分子微球表面的悬挂链亦可成为胶体稳定的重要因素。

本实验主要关注高分子微球等胶体粒子的带电特点。胶体粒子之所以带电,主要有两个原因:① 胶体粒子的分子基团在溶液中发生解离;② 胶体粒子从溶液中选择性吸附某种离子。图 11-4A-1 中,表面电荷可看作胶体粒子的表面电荷;处在溶液中的带电胶体粒子,由于静电吸引力的作用,其表面的带电基团总是倾向于吸引溶液中带相反电荷的离子(即反离子)。然而,离子都具有热能,使之不停地运动。所以,这些离子一方面在静电作用下被吸引到胶体粒子表面,另一方面在热扩散的作用下远离胶体粒子表面,这两种作用的净效果是所有这些离子在胶体粒子表面获得某种平衡分布。为了研究反离子在分散相与连续相之间界面区域中的分布规律及由此导致的界面电势随距离的变化规律,人们提出了“双电层理论”。从早期的 Helmholtz 平行板电容器模型到 Gouy-Chapman 双电层模型,再到 Stern 扩散双电层模型,“双电层理论”被逐渐完善。

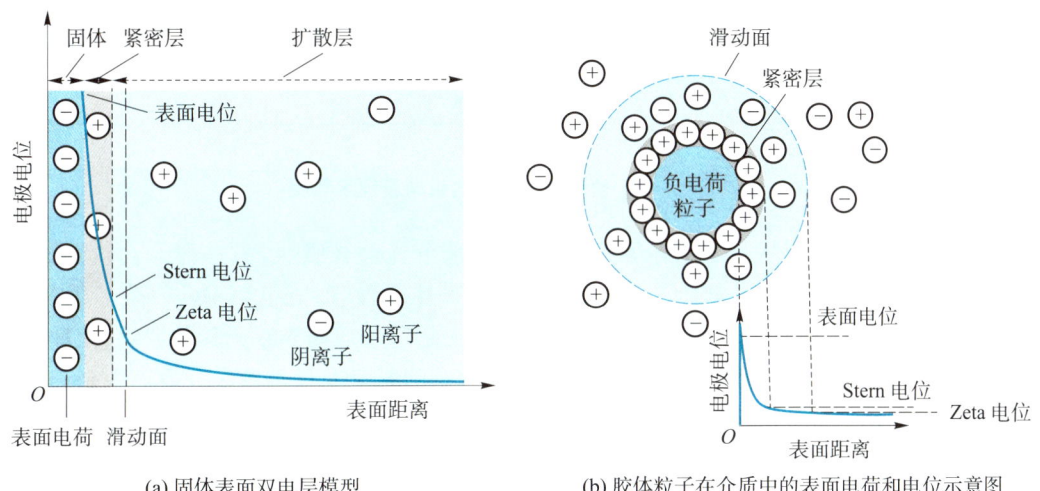

(a) 固体表面双电层模型　　　　　(b) 胶体粒子在介质中的表面电荷和电位示意图

图 11-4A-1　双电层理论

　　根据 Stern 双电层理论,可将双电层分为两部分,即紧密层(又称内层区,condensed layer;也称 Stern 层)和扩散层(又称外层分散区,diffuse layer)。一部分反离子由于电性吸引或非电性的范德华力等吸引作用而和表面紧密地结合在一起,构成紧密层;其余的离子则扩散地分布在溶液中,相对不那么紧密地与粒子相吸附,构成扩散层。由于带电表面的吸引作用,外层分散区中反离子的浓度远大于同号离子;离粒子表面越远,过剩的反离子越少,直至在溶液内部反离子的浓度与同号离子相等(即离子平衡处)。在扩散层内,有一个抽象边界,称为流体力学剪切面,或滑动面(slipping plane)。在这个边界上存在的电位,即滑动面相对于离子平衡处的电位,称为 Zeta 电位,可通过仪器实际测到。Zeta 电位可正可负,其绝对值的大小反映胶体粒子的带电程度。如果测量得到的 Zeta 电位是正值,就说明胶体粒子整体表现出来的是正电荷,称为胶体粒子表面带正电荷;若为负值,则说明胶体粒子整体表现出来的是负电荷,即胶体粒子表面带负电荷。Zeta 电位的绝对值越高,表明胶体粒子带电越多,其滑动面与溶液本体间的电位差越大,扩散层也越厚。当胶体粒子运动时,滑动面内的离子随着粒子运动,即滑动面内的离子和粒子形成相对稳定实体,但滑动面外的离子则不随粒子运动,因此 Zeta 电位也称为电动电位。

　　Zeta 电位的测量方法主要有电泳法、电渗法、流动电位法及超声波法,其中以电泳法应用最广。对于电泳法,目前最常见的 Zeta 电位测试仪器是基于动态光散射原理的纳米粒度仪。动态光散射(dynamic light scattering,DLS),也称光子相关光谱(photon correlation spectroscopy)或准弹性光散射(quasi-elastic scattering),是通过测量样品散射光强度起伏的变化来得出胶体粒子大小、Zeta电位等信息的一种方法,具有准确、快速等优点。动态光散射仪(常称纳米粒度仪)的结构原理图如图11-4A-2所示。

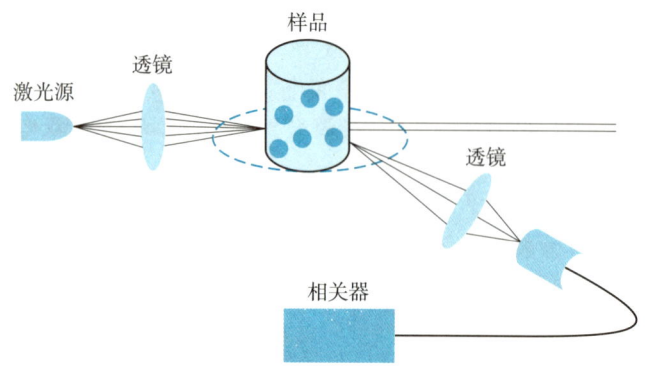

**图11-4A-2　动态光散射仪的结构原理示意图**

光在传播时若碰到高分子微球等胶体粒子,一部分光会被吸收,另一部分会被散射掉。如果高分子微球等胶体粒子静止不动,散射光发生弹性散射时,能量频率均不变。但是,分散液中高分子微球等胶体粒子不停地做布朗运动,正是这种运动导致光强的波动,使散射光产生多普勒频移。动态光散射方法就是根据这种微小的频率变化来测量分散液中高分子微球的扩散系数 $D$。根据 Stokes-Einstein 方程:

$$D = \frac{kT}{6\pi\eta R_{\rm h}} \tag{11.4A.1}$$

式中:$k$ 为玻耳兹曼常数,$T$ 为热力学温度,$\eta$ 为溶液的黏滞系数,当扩散系数 $D$ 一定时,由于实验样品溶剂、温度是确定的,扩散的快慢只与流体动力学半径 $R_{\rm h}$ 有关,由此可求出高分子微球的流体动力学半径 $R_{\rm h}$。在外加电场作用下,带电高分子微球发生定向移动;当光束照到高分子微球上时,就会引起光束频率或者相位发生变化,且高分子微球运动速度越快,光的频率或相位变化得也越快。因此,将光信号的频率变化与粒子运动速度联系起来,通过测量光的频率和相位的变化间接测量胶体粒子的电泳淌度,即可根据 Henry 方程求出 Zeta电位:

$$U_{\rm E} = \frac{2\varepsilon\zeta}{3\eta}g(\kappa\alpha) \tag{11.4A.2}$$

式中:$U_{\rm E}$ 为电泳淌度,$\zeta$ 为 Zeta 电位,$\varepsilon$ 为介电常数,$\eta$ 为黏度。Hückel 近似下,Henry 函数 $g(\kappa\alpha) = 1.0$,那么 $\zeta = 3\eta U_{\rm E}/(2\varepsilon)$;Smoluchowski 近似下,Henry 函数 $g(\kappa\alpha) = 1.5$,则有 $\zeta = \eta U_{\rm E}/\varepsilon$。

Zeta 电位的重要意义在于其绝对值与胶状分散体系的稳定性相关,它是对胶体粒子之间相互排斥或吸附的强度的度量。Zeta 电位的绝对值越高,体系越稳定;当 Zeta 电位的绝对值越低,胶体粒子越倾向于凝结或凝聚,即吸引力超过了排斥力。当 Zeta 电位绝对值为 $40\sim60$ mV 时,胶体具有较好的稳定性;为 $30\sim40$ mV 时,稳定性一般;为 $10\sim30$ mV 时,开始变得不稳定;为 $0\sim5$ mV 时,不稳定,胶体粒子快速凝结或凝聚。

Zeta 电位可因下列因素而变化:pH 的变化、溶液(分散剂)电导率的变化、特殊添加剂及其浓度的变化。本实验以羧基官能化聚苯乙烯微球为例,其制备聚合反应式如下:

当溶液中 pH 或电解质的浓度增大时,溶液中反离子的浓度加大,将压缩外层分散区,并把更多的反离子挤进滑动面以内,导致 Zeta 电位绝对值变小。当电解质浓度足够大时,可使 Zeta 电位降至零,此时的状态称为等电态。此外,反离子电荷分布也会影响该微球和外部溶液之间的渗透平衡,使粒子粒径发生变化。

## 三、仪器与试剂

### 1. 实验仪器

合成用:层析柱(125 mL)1 根;标准磨口三颈烧瓶(250 mL)1 只;球形冷凝器(300 mm)1 支;玻璃具塞 2 个;量筒(100 mL、5 mL)各 1 只;烧杯(800 mL、250 mL、5 mL)各 1 个;玻璃搅拌棒(250 mm)1 根;样品瓶(200 mL)1 个;磁子 1 个;恒温磁力搅拌器一套。

测试用:移液枪(100 μL)1 支;200 μL 移液枪头(盒装)一套;量筒(10 mL)1 支;样品瓶(20 mL)11 个;注射器(10 mL)11 个;水系针头式过滤器(0.8 μm)11 个;涡旋振荡器;pH 计;Zeta 电位及纳米粒度仪(配备钯电极)。

### 2. 试剂及耗材

合成用:苯乙烯(St);二乙烯基苯(DVB);α-甲基丙烯酸(MAA);过硫酸钾(KPS);碱性氧化铝(200~300 目);棉花;乙醇。

测试用:HCl 溶液(0.5 mol·L$^{-1}$);氢氧化钠;去离子水。

## 四、实验步骤

### 1. 高分子微球制备

(1) 单体纯化  选用以下任一种方法纯化苯乙烯单体:

① 将苯乙烯 2.00 g 置于分液漏斗中,加入 10% 氢氧化钠溶液 5.0 mL,剧烈摇荡。静置片刻,待液体分层后,弃去下层红色洗涤液。重复上述操作数次,直到洗涤液不显红色为止。用去离子水洗涤数次,至洗涤液呈中性为止。

② 将层析柱底用棉花塞紧,并将层析柱固定在铁架台上。从上端加入高度约 1.5 cm 的碱性氧化铝,用玻璃棒轻轻压实。在层析柱下端放置干净干燥的样品瓶,将苯乙烯 2.00 g 沿壁、一次倾入层析柱内。打开柱下旋塞,收集经纯化的苯乙烯。

(2) 羧基官能化聚苯乙烯微球的制备。

① 在装有搅拌器、冷凝器和温度计的三颈烧瓶中,加入 220.0 mL 去离子水,依次加入苯乙烯 3.0 mL、二乙烯基苯 30.0 μL、α-甲基丙烯酸 4.0 mL,氢氧化钠 3.0 g,调节搅拌速率

$900 \, r \cdot min^{-1}$ 搅拌 20 min,使单体液滴均匀分散。

② 称取过硫酸钾 0.12 g,溶解于 5.0 mL 蒸馏水中后,加入三颈烧瓶中。

③ 升温至 80.0 ℃,保温 5 h。撤去热源,在搅拌下冷却至 40 ℃ 以下。

④ 将所得微球分散液装入透析袋中(截留分子量为 14000),透析纯化,定容。

**2. 高分子微球粒度和 Zeta 电位的动态光散射表征**

(1) 清洗 11 个样品瓶,并使用去离子水冲洗三次。

(2) 取 6 个干净的样品瓶,分别加入微球分散液 0.1 mL、去离子水 10.0 mL,分别使用涡旋振荡器分散 1 min;用 $0.5 \, mol \cdot L^{-1}$ HCl 溶液调 pH,使得 6 个样品瓶中微球分散液 pH 分别为 4、5、6、7、8、9 左右。

(3) 使用干净的玻璃针筒注射器和针头式过滤器,过滤,除尘。

(4) 在 25.0 ℃ 条件下,测量不同 pH 微球分散液中的胶体粒子的粒度分布。

(5) 在 25.0 ℃ 条件下,测量不同 pH 微球分散液中的胶体粒子的 Zeta 电位。

**3. 微球/表面活性剂体系的 Zeta 电位的动态光散射表征**

(1) 取 5 个干净的样品瓶,分别加入胶体粒子分散液 0.1 mL、去离子水 10.0 mL。

(2) 分别加入不同体积的 CTAB 母液(可参考表 11-4A-1 进行配制),使得 CTAB 浓度分别为 $0 \, mol \cdot L^{-1}$、$5 \times 10^{-5} \, mol \cdot L^{-1}$、$1 \times 10^{-4} \, mol \cdot L^{-1}$、$3 \times 10^{-4} \, mol \cdot L^{-1}$、$5 \times 10^{-4} \, mol \cdot L^{-1}$、$9 \times 10^{-4} \, mol \cdot L^{-1}$。

表 11-4A-1　不同浓度的 CTAB 配制

| CTAB 母液的浓度 | 加入 CTAB 母液的体积 | | | |
| --- | --- | --- | --- | --- |
| | 0.1 mL | 0.3 mL | 0.5 mL | 1.0 mL |
| $1 \, mmol \cdot L^{-1}$ | 0 | | $5 \times 10^{-5} \, mol \cdot L^{-1}$ | |
| $10 \, mmol \cdot L^{-1}$ | $1 \times 10^{-4} \, mol \cdot L^{-1}$ | $3 \times 10^{-4} mol \cdot L^{-1}$ | $5 \times 10^{-4} \, mol \cdot L^{-1}$ | $9 \times 10^{-4} \, mol \cdot L^{-1}$ |

(3) 在 25.0 ℃ 条件下,测定胶体粒子的粒度分布和 Zeta 电位。

## 五、注意事项

(1) 在实验之前,通过查阅相关文献了解实验和仪器相关原理和步骤等,做好预习工作。

(2) 拓展了解高分子微球等领域的最新科研成果及发展方向。

(3) 制备实验需在通风柜中进行。在开始聚合的初期 0.5 h 里,需注意观察反应体系的颜色变化情况。

(4) 动态激光光散射法非常灵敏,所以对每一个细节的要求都很高。例如,样品池的内外表面不能粘有脏物,不能有手指印迹,溶液必须稀释到较稀浓度(稀溶液或极稀溶液)等。胶体粒度和 Zeta 电位均与温度、pH 等参数息息相关,应注意记录相应的实验条件。

(5) 在数据整理及实验报告撰写过程中,要求运用所学的相关基础知识解释实验现象,了解科研基本思路和方法。

## 六、数据处理与分析

(1) 以客观、准确的语言记录合成微球过程中的实验现象。

（2）采集不同 pH 下微球分散液样品的动态光散射测试数据,分别重新对数据进行作图处理,观察所制备样品的粒度分布、分散系数(PDI)等参数。

（3）以平均粒度为纵坐标、pH 为横坐标作图,观察 pH 对微球粒度的影响规律。

（4）以 Zeta 电位为纵坐标、pH 为横坐标作图,观察 pH 对微球 Zeta 电位的影响规律。

（5）分别以平均粒度和 Zeta 电位为纵坐标,以 CTAB 浓度为横坐标,作图观察 CTAB 浓度对微球平均粒度和 Zeta 电位的影响规律。

## 七、思考题

（1）如何减少灰尘等因素对动态光散射法表征结果的影响?

（2）本实验中羧基官能化聚苯乙烯微球的 Zeta 电位产生的原因是什么?

（3）pH 和 CTAB 浓度影响羧基官能化聚苯乙烯胶体粒子 Zeta 电位的原理是否相同?为什么?

## 八、知识拓展

### 1. 激光光散射分析法简介

光散射是一个每时每刻都发生在人们身边的物理现象,空气中的气体、灰尘、水等分子和颗粒散射入射太阳光,形成五彩斑斓的世界。

自量子力学问世以来,光的波粒二象性已逐渐地被广泛接受。如果将入射光当作一串众多平行地、连续不断地射入的"光(粒)子",当它们与液体中数目庞大的粒子弹性撞击(无能量吸收)时,因每个"光子"与每个粒子撞击的角度不同,光子就会散射到整个球面空间,形成散射光;另一方面,如果将入射光当作一个不断地向前传播的电磁波,则由于可见光的振动频率高达 $10^{15}$ Hz(每秒振动的次数),质量较大的原子核和分子几乎无法以此频率振动,处于相对静止状态。而质量较轻的电子则在该入射电磁场的作用下,沿着电磁波的振动方向不停地加速和减速,产生一个额外的诱导偶极矩。一个带电的粒子在加速或减速时会朝着整个球面空间发出(韧致辐射)电磁波,这就是散射光的来源。

利用这一物理现象,通过光和分子或粒子的相互作用,可窥探许多微观的分子参数和性质。在过去的三十多年里,由于激光、快电子、单光子检测器和计算机存储和运算能力的飞速发展,原本昂贵的研究型激光光散射仪逐渐地从专门的激光光散射实验室走进越来越多的大分子研究室,成为常规的实验仪器。今天,商品化的现代激光光散射仪一般都包括静态和动态光散射。

在静态激光光散射中,对一个给定浓度的大分子溶液或粒子分散液(以下将大分子也称为"粒子"),测量其在每个散射角度的时间平均散射光强。从该时间平均散射光强对角度的依赖性可得到粒子的重均摩尔质量、平均回转半径和溶液的二阶位力系数。在动态激光光散射里,散射光强在一个散射角度随时间的变化(涨落)可被一个单光子检测器捕获。信号经过放大和整形后,再利用一个数字时间相干仪得到(光强-光强)时间相关函数。

对一个多分散体系,通过分析所测的时间相关函数,可得体系(其中的大分子或粒子)的一个特征弛豫时间分布,在一定的条件下,该特征弛豫时间分布可转换成一个平动扩散系数分布,或进一步转换成一个流体力学半径分布。这也是为何市场上小型的单角度(通常为 90°)动态光散射仪常被称为粒度分析仪,或简称为粒度仪。

### 2. 动态激光光散射原理

动态激光光散射是动态地测量散射光强,而非静态地测量时间平均散射光强。当一束单一频率 $\omega$ 的激光被一个粒子弹性散射时,如果粒子不动,检测到的散射光频率就仍为 $\omega$。然而,每一个粒子在热能的搅动下不停地、无规地运动。依据多普勒效应,当该粒子朝向或背向检测器运动时,所测得的散射光频率就会稍微增加或减少一点($\Delta\omega$),其幅度随运动速度增加。粒子朝任意一个方向的运动都可被分解成平行和垂直检测方向的两个分量,与检测方向垂直的运动对散射光的频率毫无影响。由于粒子的运动方向无规、速度不定,即使入射光具有单一圆频率,散射光的圆频率呈现出一个在入射圆频率 $\Delta\omega=0$ 处对称的 Lorentz 分布,如图 11-4A-3 所示。

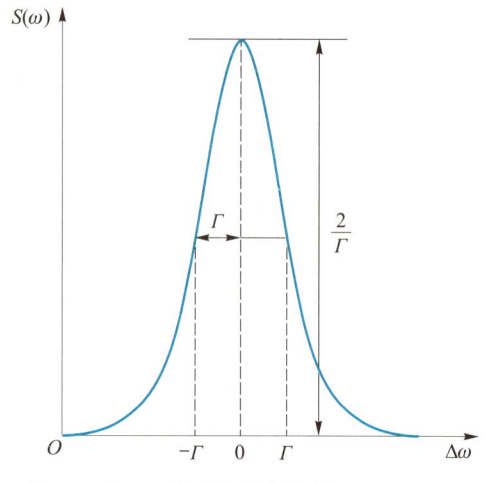

图 11-4A-3　散射光圆频率的 Lorentz 分布

具体的数学表达如下:

$$S(\omega) = \frac{2\Gamma}{\Gamma^2 + (\Delta\omega)^2}$$

式中:$S(\omega)$ 是一个功率分布函数,与散射光强有关。$\Gamma$ 常被称为线宽,描述粒子运动的频率变化,随粒子的运动速度增加。对多分散体系,一种粒子尺寸对应着一个 Lorenz 分布和一个线宽($\Gamma$)。峰下的面积对应着该尺寸粒子的数目,即在体系中的权重。实际测量的是一个分布(峰),其包含了体系中不同尺寸的粒子分别对应的经光强权重后的 Lorentz 分布。测量过程相于一个积分,其线宽对应的为光强平均线宽($\langle\Gamma\rangle$),权重为线宽的光强分布 $G(\Gamma)$,即

$$\langle\Gamma\rangle = \int_0^\infty \Gamma G(\Gamma)\,d\Gamma$$

在数学和物理上,频率和时间是共轭的。数学上可以严格证明动态激光光散射中希望获得的 Lorentz 功率分布函数 $[S(\omega)]$ 和散射电场的时间自相关函数 $[g^{(1)}(\tau) = \langle E_s^*(t) E_s^*(t+\tau)\rangle]$ 是一对 Fourier 共轭函数,可以测量 $g^{(1)}(\tau)$ 反演计算出 $S(\omega)$。

对于一个多分散样品:

$$g^{(1)}(\tau) = \int_0^\infty G(\Gamma)\exp(-\Gamma\tau)\,d\Gamma$$

式中:$\Gamma = q^2 D = \dfrac{1}{\tau_c}$,$\tau_c$ 是特征弛豫时间,代表粒子平均扩散一个 $1/g$ 距离时,散射光电场的位相就改变 $2\pi$,完成一次振荡对应的时间;$q = \dfrac{4\pi n}{\lambda}\sin\dfrac{\theta}{2}$。该式也为 Laplace 积分,通过对所测的 $g^{(1)}(\tau)$ 进行 Laplace 反演即可得到所需的线宽分布 $G(\Gamma)$。实验上无法直接测量 $g^{(1)}(\tau)$,光学实验测得的只是光强,而不是光的电场。如果体系内粒子的无规运动互相独立、密度涨落遵循 Gaussian 分布,则归一的散射电场时间自相关函数 $g^{(1)}(\tau)$ 与实验上测量

的散射光强时间自相关函数 $G^{(2)}(q,\tau)$ 关系为

$$G^{(2)}(q,\tau) \cong I(q)^2(1+\beta \mid g^{(1)}(q,\tau) \mid ^2)$$

式中: $I(q)$ 为时间平均散射光强; $\beta$ 是一个待测物理量,描述激光光散射仪的检测相关性。在一个动态激光光散射的测量中,一个又一个测得的 $G^{(2)}(q,\tau)$ 不断地叠加在一起,即一个对时间的统计平均过程。理论上,无规的噪声会在叠加的过程中互相抵消,不会随着测量时间增长,而真正的信息会随着测量时间增加。因此,为了提高信噪比,应充分地延长测量时间,而非数据分析的一些操作。对于极稀的大分子溶液,测量时间可达数小时甚至数天,这又要求溶液要绝对无尘。

一个散射体系的弛豫可源于各种不同的原因,如棒状粒子的转动、柔性链中各个链之间相对位置的涨落、带电粒子在水溶液中的长程相互作用、温度或浓度梯度引致的散射,等等。仅有当体系的弛豫可完全归于粒子或大分子的平动扩散时,可利用 $\Gamma = q^2 D$ 将 $\tau_c$ 和 $\Gamma$ 或它们的分布与平动扩散系数 $(D)$ 或平动扩散系数分布 $[G(D)]$ 关联。进而可利用 Stokes-Einstein 方程 $D = k_B T/(3\pi\eta d)$ (式中: $D$ 是被测颗粒的扩散系数, $T$ 是热力学温度, $\eta$ 是黏度, $d$ 是颗粒尺寸),将 $D$ 或 $G(D)$ 进一步转变成粒子或大分子的流体力学半径 $(R_h)$ 或其分布 $[f(R_h)]$ 。

## 九、参考文献

（厦门大学　吴伟泰、张来英）

# 实验 11-4B　自由基聚合制备的温敏性高分子微凝胶表征及其体积变化行为

## 一、实验目的

（1）掌握光散射法测定高分子微球粒度分布的基本原理。
（2）掌握光散射法测定高分子微球粒度分布的实验技术,并能够独立操作光散射仪。
（3）掌握动态激光光散射法在温度响应高分子溶液研究中的运用。
（4）掌握紫外-可见分光光度法在温度响应高分子溶液研究中的运用。

## 二、实验原理

高分子微凝胶的制备方法主要包括:单体聚合法、高分子交联法、纳微米制造加工法。其中,单体聚合法具有重要位置,主要分为均相、异相单体聚合法。均相单体聚合法往往要

求在极稀溶液中进行,其形成微凝胶的原理主要基于适当聚合后的高分子链可随溶剂性质变差而从一个溶胀的无规线团蜷缩成一个热力学稳定的单链小球;异相单体聚合法往往通过添加乳化剂来构建受限反应空间、避免长程网络结构以形成微凝胶。

温度响应高分子微凝胶主要使用异相单体聚合法,并可以通过含特定官能团单体的自由基聚合来制备。聚($N$-异丙基丙烯酰胺)[poly($N$-isopropylacrylamide),PNIPAM]是一种被誉为温度响应聚合物"黄金标准"的聚合物。通过 $N$-异丙基丙烯酰胺单体与适当交联剂等在引发剂引发下制备获得的 PNIPAM 微凝胶,是研究起步较早且受广泛关注的温度响应高分子微凝胶,其聚合反应式如下式:

在制备获得温度响应高分子微凝胶之后,可以通过测试不同温度下微凝胶的尺寸来表征温度响应微凝胶体积变化特性。由于温度响应微凝胶体积变化往往伴随着折射率等物理化学性质变化,也可以通过测试不同温度下微凝胶稀溶液透过率来反映温度响应微凝胶体积变化特性。本实验中,使用紫外-可见分光光度计测试微凝胶稀溶液透过率,并采用动态激光光散射仪器来测试微凝胶的尺寸和粒度分布。

动态激光光散射法(dynamic light scattering,DLS),也称光子相关光谱(photon correlation spectroscopy)或准弹性光散射(quasi-elastic scattering),是通过测量样品散射光强度起伏的变化来得出样品粒子大小信息的一种方法。DLS 方法测量粒子粒度,具有准确、快速、可重复性好等优点,已经成为纳米科技中比较常规的一种表征方法。

光在传播时若碰到粒子,一部分光会被吸收,另一部分光会被散射掉。如果粒子静止不动,散射光发生弹性散射时,能量频率均不变。但是,样品中的粒子不停地做布朗运动(Brownian motion),正是这种运动导致光强的波动,使散射光产生多普勒频移。动态激光光散射方法就是根据这种微小的频率变化来测量溶液中粒子的扩散系数 $D$。根据 Stokes-Einstein 方程:

$$D = \frac{kT}{3\pi\eta\langle D_{h}\rangle} \tag{11.4B.1}$$

式中:$k$ 为玻耳兹曼常数,$T$ 为热力学温度,$\eta$ 为溶液的黏滞系数。当扩散系数 $D$ 一定时,由于实验样品溶剂、温度是确定的,因此扩散的快慢只与平均流体动力学直径 $\langle D_{h}\rangle$ 有关,由此可求出粒子的平均流体动力学直径 $\langle D_{h}\rangle$。具体原理参见平行实验 11-4A。

### 三、仪器与试剂

#### 1. 实验仪器

恒温磁力搅拌器 1 套;标准磨口三颈烧瓶(100 mL)1 只;球形冷凝器(300 mm)1 支;磁子 2 个;玻璃具塞 1 个;橡胶塞 1 个;烧杯(5 mL)1 个;玻璃搅拌棒(250 mm)1 根;移液枪(1 mL)1 支;一次性滴管数只。

高速离心机;紫外-可见分光光度计;动态激光光散射仪器。

#### 2. 试剂及耗材

$N$-异丙基丙烯酰胺(NIPAM,需冷藏);$N,N$-亚甲基双丙烯酰胺(MBAAm,需冷藏);十二烷基硫酸钠(SDS);过硫酸钾。

### 四、实验步骤

#### 1. 温度响应高分子微凝胶的制备

(1) 在装有搅拌器、冷凝器和氮气连通器的三颈烧瓶中,加入 45.0 mL 去离子水,依次加入 $N$-异丙基丙烯酰胺 0.80 g、$N,N$-亚甲基双丙烯酰胺 0.05 g、十二烷基硫酸钠 0.03 g。仔细调节搅拌速率,使单体溶解。

(2) 在搅拌条件下,通氮气 30 min。

(3) 称取过硫酸钾 0.05 g,溶解于 5.0 mL 蒸馏水中。将该过硫酸钾溶液加入三颈烧瓶中。

(4) 升温至 80 ℃,保温 3 h。

(5) 冷却后,进行纯化:将样品移至离心管,用高速离心机进行离心分离;倒去上层清液,下层产物重新分散于 50.0 mL 去离子水中。如此反复三次。

#### 2. 温度响应高分子微凝胶的仪器表征

(1) 干净的样品瓶中,加入微凝胶分散液 0.5 mL 和去离子水 20.0 mL,使用涡旋振荡器分散 5 min,然后静置 30 min。

(2) 使用紫外-可见分光光度计测量微凝胶稀溶液的透过率。

(3) 使用干净的玻璃针筒注射器和针头式过滤器,过滤,除尘。使用动态激光光散射仪器测量微凝胶的尺寸和粒度分布。

### 五、注意事项

(1) 在实验之前,通过查阅相关文献了解实验和仪器相关原理和步骤等,做好预习工作。

(2) 拓展了解刺激响应高分子等领域的最新科研成果及发展方向。

(3) 制备实验需在通风柜中进行。在开始聚合的前 0.5 h 中,需注意观察反应体系的颜色变化情况。

(4) 动态激光光散射法非常灵敏,所以对每一个细节的要求都很高。例如,样品池的内外表面不能粘有脏物,不能有手指印迹,溶液必须稀释到较稀浓度(稀溶液或极稀溶液)等。

(5) 在数据整理及实验报告撰写过程中,要求运用所学的相关基础知识解释实验现象,了解科研基本思路和方法。

## 六、数据处理与分析

（1）用紫外-可见光分光光度计测试不同温度下的微凝胶稀溶液对 500 nm 波长的光的透射比，并估算微凝胶的体积相转变温度。

（2）用动态激光光散射仪器测试不同温度下的微凝胶稀溶液的微凝胶的尺寸，并估算微凝胶的体积相转变温度。

## 七、思考题

（1）化学合成实验中，加入十二烷基磺酸钠的作用是什么？

（2）简述化学合成反应体系颜色发生变化的原理。

（3）如何减少灰尘等因素对动态光散射法表征结果的影响？

（4）结合之前学习的化学知识，还有没有类似的单体，在聚合之后具有聚（$N$-异丙基丙烯酰胺）（PNIPAM）这样的响应性？

（5）这种温度响应高分子微凝胶有哪些潜在的应用？

## 八、知识拓展

高分子凝胶，一类具有交联网络结构、在溶剂中溶胀而不溶解的高分子材料，是软物质前沿探索对象之一。1935 年首次发现的微凝胶，被认为是聚合过程中的副产物；1949 年，Baker 以"Microgel, a new macromolecule"为题，报道了微凝胶，由此开启了对微凝胶的系统性研究。由于发现微凝胶的文献报道比纳米科学兴起时间更早等原因，"微"可能包含"微米"并泛指"微小"之意，故文献一般将尺寸在几纳米到几微米范围的三维交联网络聚合物结构统称为微凝胶。在纳微米科学爆炸式发展趋势下，将凝胶粒子粒度控制在纳微米级以制得微凝胶（IUPAC—2007 最新定义粒度在 0.1～100 μm），显得极为重要。高分子微凝胶可兼备宏观凝胶和胶体特性，吸水后柔软而富有弹性，与生物组织具有一定相似性，因而在食品、生物医药等方面得到广泛应用。

赋予高分子微凝胶智能响应特性是前沿热点之一。尤其受重视的是能够感受外界环境，并且随着外部刺激源的细微变化而发生自身体积变化的微凝胶，即刺激响应微凝胶。外部刺激源主要包括物理刺激、化学刺激和生物刺激三个方面：物理刺激主要是指能引起聚合物分子链之间相互作用和各种能量改变的一些物理因素，如温度、电场和磁场等；化学刺激是指能够在分子水平上改变聚合物分子链结构、改变聚合物分子链之间或聚合物分子链与溶剂之间相互作用的化学因素，如 pH、二氧化碳（$CO_2$）和氧化还原等；生物刺激则是指葡萄糖、酶蛋白质和核酸等生物分子。根据外部刺激源的不同，还可以将刺激响应微凝胶分为温度响应微凝胶、pH 响应微凝胶、$CO_2$ 响应微凝胶、葡萄糖响应微凝胶及其他响应微凝胶等。

刺激响应微凝胶体积变化往往伴随着网孔大小、吸附/解吸附、折射率等物理化学性质变化，可以促成特定环境控制物质输运和触发传感信号等，这就进一步拓宽了微凝胶应用领域，具有用于药物控释载体、生物传感器乃至软体机器人等的潜力。

## 九、参考文献

（厦门大学　吴伟泰、张来英）

## 实验 11-4C　可控聚合制备的温敏性高分子微凝胶表征及其温度响应特性

### 一、实验目的

（1）掌握可控/活性聚合的电化学调控方法。

（2）能够独立操作紫外-可见分光光度计、光散射仪。

（3）掌握紫外-可见分光光度法在温度响应高分子溶液研究中的运用。

（4）掌握动态激光光散射法在温度响应高分子溶液研究中的运用。

### 二、实验原理

原子转移自由基聚合（atom transfer radical polymerization，ATRP）是可控自由基聚合方法之一。它以有机卤化物为引发剂，卤化亚铜和有机配体形成的络合物为催化剂，通过引发剂与 $Cu^I\text{-}L^+$ 反应得到自由基 $R\cdot$，进而引发聚合反应得到链自由基 $R\text{—}M\cdot$，同时生成 $X\text{—}Cu^{II}L^+$；链自由基 $R\text{—}M\cdot$ 也可以与 $X\text{—}Cu^{II}L^+$ 发生链终止反应得到 $R\text{—}M\text{—}X$ 与 $Cu^I\text{—}L^+$。整个反应过程中，活性种 $R\text{—}M\cdot$ 与休眠种 $R\text{—}M\text{—}X$ 之间的相互转化始终存在，而 $Cu^I\text{—}L^+$ 和 $X\text{—}Cu^{II}L^+$ 之间的可逆转化有效降低了活性种 $R\text{—}M\cdot$ 的浓度，从而实现可控/活性聚合，如图 11-4C-1 所示。

$$Cu^I L^+ + R\text{—}X \underset{k_{deact}}{\overset{k_{act}}{\rightleftharpoons}} X\text{—}Cu^{II}L^+ + R\cdot \overset{k_p}{\curvearrowright} + 单体$$

双分子终止 $k_t$

图 11-4C-1　传统 ATRP 聚合机理示意图

　　然而，上述 ATRP 方法存在一系列的问题：反应中需保持 $Cu^I\text{—}L^+$ 为一定浓度，需在无氧体系中进行，需较大量的催化剂。为了解决这些问题，Matyjaszewski 课题组提出了一种改良的利用电子活化再生原子转移自由基聚合方法（atom transfer radical polymerization with activator generated by electron transfer, AGET-ATRP)。相较于传统 ATRP,其创新之处在于向体系中间歇性地加入了过量还原剂,不断还原 X—$Cu^{II}L^+$ 生成 $Cu^I—L^+$,有效降低了催化剂的使用量,使得反应可以在少量氧气存在的体系之中进行。

基于 AGET-ATRP,Matyjaszewski 课题组于 2011 年提出了一种新的 ATRP 方法,即电化学调控 ATRP(electrochemical atom transfer radical polymerization,e-ATRP)。如图 11-4C-2 所示,e-ATRP 方法使用电化学反应对 X—$Cu^{II}L^+$ 进行还原;相较于一般 ATRP 方法,e-ATRP 具有聚合速率可控性更好、催化剂用量更低、无需还原剂、更加环保等优点。在此工作的基础之上,Matyjaszewski 课题组进一步发展了可用于水相合成的 e-ATRP 方法。

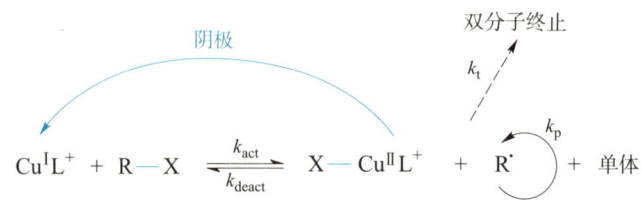

图 11-4C-2　e-ATRP 聚合机理示意图

本实验基于水相 e-ATRP 体系,以 $EO_2$ 为单体、PEGDMA 为交联剂,采用电化学方法,在水相体系中一锅制备一种具有温度响应特性的高分子微凝胶,反应机理如图 11-4C-3 所示。CuI 的配合物与 $EO_2$ 反应生成自由基,自身被氧化为 CuII。之后自由基引发链增长过程,同时与交联剂 PEGDMA 发生交联反应,形成交联的高分子微凝胶。同时,CuII 的配合物在阴极上发生还原反应,重新回到 CuI 继续产生自由基。以 α-溴苯乙酸乙酯为引发剂,通过其与 $[Cu^I(Me_6TREN)]^+$ 的反应得到自由基引发聚合反应,生成 $[Cu^{II}(Me_6TREN)]^+$。在整个反应过程中,$[Cu^I(Me_6TREN)]^+$ 与 $[Cu^{II}(Me_6TREN)]^+$ 之间的相互转化始终存在,有效降低了活性中心-自由基的浓度,同时通过电化学还原 $[Cu^{II}(Me_6TREN)]^+$ 的方法保证 $[Cu^I(Me_6TREN)]^+$ 始终保持在一定浓度,减少了催化剂的使用。

在制备获得温度响应高分子微凝胶之后,可以通过测试不同温度下微凝胶的尺寸来表征温度响应微凝胶体积变化特性。由于温度响应微凝胶体积变化往往伴随着折射率等物理化学性质变化,因此也可以通过测试不同温度下微凝胶稀溶液透过率来反映温度响应微凝胶体积变化特性。本实验中,使用紫外-可见分光光度计测试微凝胶稀溶液透过率,并采用动态激光光散射仪器来测试微凝胶的尺寸和粒度分布(具体原理参见平行实验 11-4A)。

## 三、仪器与试剂

### 1. 实验仪器

铂片电极;银/氯化银电极;铂丝电极;分析天平;磁力搅拌器;磁子;标准磨口四颈烧瓶(100 mL);橡胶塞;封口膜;10 mL 容量瓶 4 个;50 mL 容量瓶 1 个;25 mL 小烧杯 3 个;大烧杯;移液枪;滴管若干。电化学工作站;紫外-可见分光光度计;动态激光光散射仪器。

### 2. 试剂及耗材

2-甲基-2-丙烯酸-2-(2-甲氧基乙氧基)乙酯($EO_2$);聚乙二醇二甲基丙烯酸酯(PEGDMA);溴化铜(ALFA);三(2-二甲氨基乙基)胺($Me_6TREN$);α-溴苯乙酸乙酯;溴化钾;

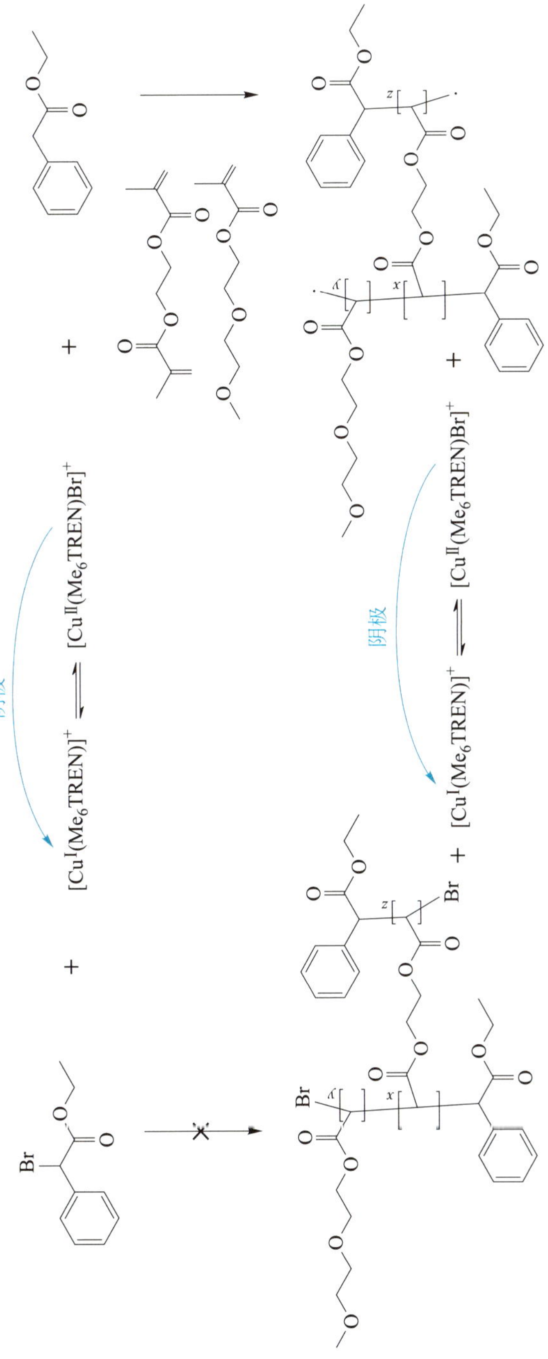

图 11-4C-3　本实验反应机理图

$N,N$-二甲基甲酰胺(DMF)。

### 四、实验步骤

#### 1. 电极反应液的配制

(1) 聚乙二醇二甲基丙烯酸酯溶液:用移液枪移取 90.0 μL PEGDMA 于 10 mL 容量瓶中,加入纯水定容至刻度线,贴上标签注明①。

(2) $Cu^{2+}$/$Me_6$TREN 溶液:称取 22.3 mg 溴化铜于 25 mL 小烧杯中,加入少量纯水搅拌溶解,再加入 30.0 μL $Me_6$TREN,搅拌,转移到 10 mL 容量瓶中,洗涤 2~3 次,将洗涤液并入容量瓶中,加入纯水定容至刻度线,贴上标签注明②。

(3) α-溴苯乙酸乙酯 DMF 溶液:用移液枪移取 36.0 μL α-溴苯乙酸乙酯于 10 mL 容量瓶中,加入 DMF 定容至刻度线,贴上标签注明③。

(4) 溴化钾溶液:称取 595.0 mg 溴化钾于 25 mL 小烧杯中,加入少量纯水搅拌溶解,转移到 10 mL 容量瓶中,洗涤 2~3 次,将洗涤液并入容量瓶中,加入纯水定容至刻度线,贴上标签注明④。

(5) 反应液:用移液枪移取 185.0 μL $EO_2$ 于 50 mL 容量瓶中,再加入 1.0 mL ①溶液、1.0 mL ②溶液、0.5 mL ③溶液和 20.0 μL ④溶液,加入纯水定容至刻度线,摇匀备用。

#### 2. 电极处理、装置搭建和电化学反应

(1) 铂电极的预处理:将铂电极置于热的(1+1)$HNO_3$溶液中浸泡,再用纯水冲洗干净,滤纸吸干备用。

(2) 用纯水冲洗参比电极和对电极,滤纸吸干备用。

(3) 在洗净干燥的四颈烧瓶中,加入配制好的反应液 25~30 mL,放入搅拌磁子,分别插入洗净的铂片电极(工作电极)、银/氯化银电极(参比电极)和对电极(注意:反应液要没过电极,搅拌磁子不能和电极碰撞),用封口膜缠紧三个电极对应的瓶口。

(4) 在四颈烧瓶的剩余一颈上装上橡胶塞,取一长针头插入反应液,针头另一端连接气路,先打开氮气钢瓶阀门,再缓慢打开气路阀门,控制气流大小进行鼓泡,通氮气 30 min。

(5) 打开电化学工作站,检测设备是否正常,接好电极与相应导线,进行循环伏安法(CV)测试,确定合适的反应电压。

(6) 设定反应电压为-0.5 V,开始反应,持续电解 1 h。反应结束,抽出通气针头,关闭气阀和气瓶,拆除导线和电极,倒出反应液备用。

#### 3. 表征和测试

(1) 干净的样品瓶中,加入微凝胶分散液 0.5 mL 和纯水 20.0 mL,使用涡旋振荡器分散5 min,然后静置 30 min。

(2) 用紫外-可见分光光度计测量不同温度下微凝胶稀溶液的吸光度。

(3) 用干净的玻璃针筒注射器和针头式过滤器,过滤、除尘。用动态激光光散射仪测量不同温度下微凝胶的尺寸和粒度分布。

### 五、注意事项

(1) 在实验之前,通过查阅相关文献了解实验和仪器相关原理和步骤等,做好预习工作。

（2）拓展了解可控/活性聚合、电合成、刺激响应高分子等领域的最新科研成果及发展方向。

（3）制备实验需在通风柜中进行。在开始聚合的初期 0.5 h 里,需注意观察反应体系的颜色变化情况。

（4）动态激光光散射法非常灵敏,所以对每一个细节的要求都很高。例如,样品池的内外表面不能粘有脏物,不能有手指印迹,溶液必须稀释到较稀浓度(稀溶液或极稀溶液)等。

（5）在数据整理及实验报告撰写过程中,要求运用所学的相关基础知识解释实验现象,了解科研基本思路和方法。

## 六、数据处理与分析

（1）用紫外-可见分光光度计测试不同温度下的微凝胶稀溶液对 500 nm 波长的光的透过率,并计算微凝胶的体积相转变温度。

（2）用动态激光光散射仪器测试不同温度下的微凝胶稀溶液的微凝胶的尺寸,并计算微凝胶的体积相转变温度。

## 七、思考题

（1）化学合成实验之前,为什么要确定合适的反应电压?
（2）简述电化学技术在 e-ATRP 原理中起到的关键作用。
（3）结合之前学习的化学知识,本实验可以拓展到其他哪些高分子的合成?
（4）还有哪些电化学技术可以用于控制反应?

## 八、参考文献

（厦门大学　吴伟泰、张来英）

## 实验 11-4D　智能玻璃的构建与表征

## 一、实验目的

（1）掌握可控/活性聚合的光调控方法。
（2）掌握高分子溶液性质的实验表征方法。
（3）能够独立操作紫外-可见分光光度计、凝胶渗透色谱、动态激光光散射仪。
（4）学习智能材料的科学研究过程,加深理解高分子的结构与性能关系。

## 二、实验原理

随着人们对室内居住环境舒适性追求的提高,改善居住者舒适度所需的能源消耗已经占全球能源使用量的 15%~20%,并且这一数字还在持续攀升。特别是空调的过度依赖导致了大量的电力消耗和相应的温室气体排放。节能建筑材料技术是一种保证居住环境舒适度的同时还降低能耗的可行方案之一,安装具有可逆光学特性的窗户可以使建筑物的冷却、加热和照明的能源消耗减少 50%,智能窗户由此应运而生。所谓智能窗户,是通过采取某种策略措施,使得窗户的透明度和隔热性能随环境的变化而变化。热致变色智能窗户是目前最为适合用于制备节能器件的智能窗户之一,可以在不额外损耗能源的情况下,随着环境温度变化而变色,实现智能隔热:在天气寒冷时,窗户玻璃变透明,太阳光可进入室内,供采光或取暖;而在天气炎热时,窗户玻璃变色,太阳光受到阻隔,起隔热作用。

聚($N$-异丙基丙烯酰胺)[poly($N$-isopropylacrylamide),PNIPAM]被誉为温敏型高分子"黄金标准",近年来引起了广泛关注。PNIPAM 分子链具有极性的酰胺基团和非极性的异丙基。在常温下,酰胺基团与水分子形成氢键,使得水溶液中 PNIPAM 分子链主要呈现无规卷曲的构象,溶液清澈透明;随着温度升高,酰胺基团与水分子间的氢键减弱,异丙基及疏水性主链之间的相互作用增强。当升温至最低临界共溶温度(lower critical solution temperature,LCST)(约 32 ℃)时,链内疏水相互作用占据主导,PNIPAM 分子链发生蜷曲,导致溶液变得浑浊。当温度再次降低时,PNIPAM 分子链可再次呈现无规卷曲的构象。因其优越的溶液性质和光学性能,PNIPAM 被大量报道用于热致变色智能窗户。

PNIPAM 可以通过传统的或可控自由基聚合制备,条件简单而不严苛。PNIPAM 的平均分子量对其溶液性质起着重要的影响:较低平均分子量的 PNIPAM 具有较短的链段长度,使得聚合物链段构象变化随温度改变较为明显,因而在温度响应特性上,表现出较高的灵敏度和快速的响应速度;反之,较高平均分子量的 PNIPAM 则具有较低的灵敏度和较慢的响应速度。此外,PNIPAM 的平均分子量还对其溶解度和稳定性有着重要影响。较低分子量的 PNIPAM 在溶液中溶解度较高,而较高分子量的 PNIPAM 则可能会出现溶解度降低的情况。对于凝胶态的 PNIPAM,较低分子量的 PNIPAM 凝胶通常较为松散且易于分散,而较高分子量的 PNIPAM 凝胶则较为致密和稳定。因此,在实际应用中,需要调控聚合反应,控制平均分子量,以实现所需的温度响应特性。

从聚合反应机理和动力学角度,根据 Flory 对聚合反应的分类,高分子的聚合合成方法主要可以分为链式聚合法和逐步聚合法。传统的自由基聚合反应一般由链引发、链增长、链终止等基元反应组成,并且存在着不可逆的链转移反应,其反应过程也难以控制,导致最终制得的高分子聚合物往往存在着聚合度低、分子量分布不均、高分子结构简单且难以控制等问题。为了解决传统自由基聚合过程中存在的问题,高分子科学家开发了原子转移自由基聚合(atom transfer radical polymerization,ATRP)、可逆加成-断裂转移聚合(reversible addition-fragmentation chain transfer polymerization,RAFT)、氮氧稳定自由基法(nitroxide-mediated free radical polymerization,NMRP)等多种活性可控自由基聚合方法。ATRP 是由过渡金属介导的一种常用方法,该方法简单且适用于多种聚合单体,其作用是平衡休眠物质(Pn—X)而使该过程失活,从而有效控制自由基浓度(Pn·),最大程度地减少自由基终止反应,从而有效地合成具有可控摩尔质量、窄分散性和链端官能化的聚合物。CuⅠ化合物是 ATRP 中最常用的催化剂,但也有研究报道了其他过渡金属如 Ru、Fe、Mo、Os 等催化 ATRP。活化过程中,低氧化态($Mt^n$)的过渡金属催化剂激活烷基卤化物,产生能够引发聚合的活性 $Pn\cdot$ 自由基,并转化为高氧化态($Mt^{n+1}$)的催化剂。单体加入后,催化剂在失活过程中立即转化为原来的状态(低氧化态),形成休眠的 Pn—X 组分,如图 11-4D-1 所示。随着研究深入开展,人们将 CuⅡ/CuⅠ 的氧化还原过程整合进 ATRP 过程中,保证原有 ATRP 的特点的同时,还可以降低重金属催化剂用量。这一氧化还原过程可以通过光、电等手段诱导发生,其中"光诱导"因其廉价、环境无害、时空可控等优势被广泛应用。

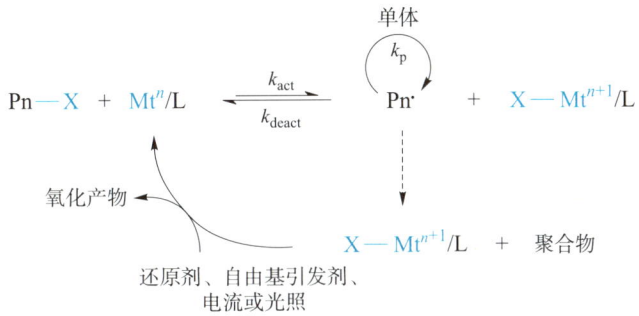

图 11-4D-1　ATRP 机理图

　　在制备获得温度响应高分子微凝胶之后,可以通过测试不同温度下微凝胶的尺寸来表征温度响应微凝胶体积变化特性。由于温度响应微凝胶体积变化往往伴随着折射率等物理化学性质变化,也可以通过测试不同温度下微凝胶稀溶液透过率来反映温度响应微凝胶体积变化特性。本实验中,使用紫外-可见分光光度计测试微凝胶稀溶液透过率,并采用动态激光光散射仪器来测试微凝胶的尺寸和粒度分布(具体原理参见平行实验 11-4A)。

### 三、仪器与试剂

#### 1. 实验仪器

凝胶渗透色谱仪;扫描电镜;激光光散射仪;紫外-可见分光光度计;傅里叶变换红外光谱仪。

#### 2. 试剂及耗材

$N$-异丙基丙烯酰胺(NIPAM);$N,N$-亚甲基双丙烯酰胺(BIS);α-溴苯乙酸乙酯(EBPA);二溴化铜($CuBr_2$);三[2-(二甲氨基)乙基]胺($Me_6TREN$);溴化钠(NaBr);十二烷基硫酸钠(SDS);2-羟基-4′-(2-羟乙氧基)-2-甲基苯丙酮(2959);丙烯酰胺。所用水为实验室自制超纯水,电阻率为 18.2 MΩ·cm(25 ℃)。

### 四、实验步骤

#### 1. PNIPAM 微凝胶的光控 ATRP 制备

依次称取 NaBr(1.410 g,13.678 mmol)、$CuBr_2$(0.021 g,95.8 μmol)、NIPAM(0.600 g,5.334 mmol)、BIS(0.010 g,69.4 μmol)、SDS(0.020 g,86.7 μmol)并加入三颈烧瓶(或圆底烧瓶)中;然后往三颈烧瓶中加入 48.0 mL 水,放入磁子,在磁力搅拌器下搅拌至溶液澄清。称

取 Me₆TREN(0.130 g,0.551 mmol)于小离心管中,用注射器注入烧瓶中,溶液变蓝;继续搅拌,称取引发剂 EBPA(0.059 g,0.241 mmol),用 2.0 mL DMF 溶解于小离心管中,用注射器注入烧瓶中。

烧瓶用橡胶塞密封,用氮气吹扫/抽气循环三次;置于紫外灯下,紫外照射反应 5 h($\lambda$ = 365 nm)。反应过程中,在适当时间用注射器从烧瓶中取样品约 2.5 mL 于小离心管中,并用锡纸包覆避光,以备后续进行分子量测量。关闭光源,终止反应。

将得到的最终产物于 2 L 的烧杯中进行透析,每隔 1 h 换水,共 3 次,透析至蓝色溶液变为透明的微凝胶分散液,转移至 50 mL 离心管储存,保存分析备用。

**2. 智能玻璃的制备**

将透析纯化后的样品分散液 15.000 g 和 15.000 g 水混合均匀加入 50 mL 离心管中,并向其中加入 6.060 g 丙烯酰胺、0.070 g BIS 交联剂和 0.036 g 光引发剂[2-羟基-4′-(2-羟乙氧基)-2-甲基苯丙酮],涡旋振荡使其溶解。

在准备好的模具中,用注射器沿壁缓慢注射上述混合液;将装有混合液的模具置于紫外灯下,光照反应约 45 min,模具夹层中液体明显凝胶固化。冷却至室温后,获得的"智能玻璃"呈澄清透明状。

**3. 表征与测试**

(1)微凝胶分子量测定 将聚合反应过程中每隔一段时间抽取的样品在冻干机中冷冻干燥,分别取 0.003 g 冻干样品于小离心管中,并加入 2.0 mL DMF 溶解制成 1.5 mg·mL⁻¹ 溶液。将配制好的样品溶液用孔径为 800 nm 的尼龙-66 有机相膜过滤,用配备有折射率检测器、DMF 色谱柱的凝胶渗透色谱仪检测分子量变化,可测量的分子量范围为 100 ~ 1000000。在 50 ℃下进行测量,1.0 mL·min⁻¹ 流速的 DMF 用作洗脱液。

(2)红外光谱表征 取 10.0 mL 透析纯化后的微凝胶样品于离心管中,冷冻干燥。冷冻干燥后的样品与 KBr 固体在玛瑙研钵中充分研磨,压片。使用傅里叶变换红外光谱仪进行测试,获得样品的 FTIR 谱图。

(3)微凝胶样品形貌表征 使用扫描电镜(场发射电子枪)表征微凝胶的形貌状态。将样品分散液滴于干净的单晶硅片上,置于电子干燥箱中干燥约 12 h,拍摄电镜图像。

(4)动态光散射测试 使用配有数字时间相关器和激光器(30 mW,637 nm)的广角激光光散射进行测试。以 5 ℃·min⁻¹ 的温度间隔从 25 ℃升高到 45 ℃进行测试。记录微凝胶在不同温度水溶液中的流体动力学直径,每个温度测试前孵育 5 min。

(5)紫外-可见分光光度计测试 使用配备了控温装置的紫外-可见分光光度计,将样品稀释液置于石英比色皿中进行测试,测试温度范围在 25 ~ 45 ℃,每个温度测试之前,样品孵育 5 min,在 500 nm 处测试样品分散液的吸光度或透过率。

## 五、注意事项

(1)在实验之前,通过查阅相关文献了解实验和仪器相关原理和步骤等,做好预习工作。

(2)拓展了解可控/活性聚合、刺激响应高分子等领域的最新科研成果及发展方向。

(3)制备实验需在通风柜中进行。在开始聚合的初期 0.5 h 内,需注意观察反应体系的颜色变化情况。

(4)动态激光光散射法非常灵敏,所以对每一个细节的要求都很高。例如,样品池的内外表面不能粘有脏物,不能有手指印迹,溶液必须稀释到较稀浓度(稀溶液或极稀溶液)等。

(5)在数据整理及实验报告撰写过程中,要求运用所学的相关基础知识解释实验现象,了解科研基本思路和方法。

## 六、数据处理与分析

(1)获取不同时间取样样品的重均分子量,作图分析不同时间取样样品的重均分子量变化情况,确认反应的可控性。

(2)对红外光谱特征峰进行归属,确认微凝胶的物质组成结构。

(3)获取微凝胶样品的扫描电镜图,分析微凝胶形貌。

(4)用动态激光光散射仪器测试不同温度下的微凝胶稀溶液的微凝胶的尺寸,并估算微凝胶的体积相转变温度。

(5)用紫外-可见分光光度计测试不同温度下的微凝胶稀溶液对 500 nm 波长的光的透过率,并估算微凝胶的体积相转变温度。

## 七、思考题

(1)高分子化学结构的常用表征方法有哪些?

(2)高分子平均分子量的常用表征方法有哪些?

(3)结合之前的高分子理论课程学习,本实验还可以拓展融入哪些高分子知识?

(4)本实验中,用光来控制 ATRP,而"智能玻璃"的状态也是使用光来控制的。是否有可能两者合二为一? 试简述如何设计实验。

(5)本实验只能通过透明和不透明状态来实现对太阳辐射的调节。有没有可能根据个人需求对建筑物所需的特定阳光波段进行智能控制? 试简述如何设计实验。

## 八、参考文献

(厦门大学　吴伟泰、张来英)

## 实验 11-4E　智能型药物控释可视化系统的构建与表征

### 一、实验目的

(1)掌握高分子溶液性质的实验表征方法。

（2）能够独立操作紫外-可见分光光度计、动态激光光散射仪。

（3）学习智能材料的科学研究过程，探究药物释放动力学的可视化实验方法，加深理解高分子的结构与性能关系。

## 二、实验原理

高分子水凝胶是一类具有三维交联网络并吸有水等溶剂的高分子材料，具有类似于生物组织的柔韧性等特性，因而可作为载体材料用于设计构建药物控释系统。尤其受到重视的是可感知外界环境（温度、pH、葡萄糖等）而自身产生物理化学性质变化的刺激响应高分子凝胶。对于由具有最低临界共溶温度（lower critical solution temperature，LCST）的高分子链构成的温敏性微凝胶，在对应于高分子链的 LCST 的温度附近，会发生温度响应体积相转变（volume phase transition，VPT），相应温度称为体积相转变温度（volume phase transition temperature，VPTT）。相比于宏观块状凝胶，颗粒尺寸为微纳米级的刺激响应高分子微凝胶具有响应快、易于施工等优势。本实验将聚焦温敏性微凝胶（为讨论方便，记为 $PEO_2$；如图 11-4E-1 所示），然后将其用作载体材料以设计构建智能型药物控释系统，并利用微凝胶低温溶胀、高温收缩的特性，实现药的装载、释放。为使药物释放过程"可视化"，本实验选用在可见光区存在明显吸收的抗癌药物盐酸阿霉素（doxorubicin，DOX·HCl）作为模型药物。

### 1. 温敏性微凝胶的自由基沉淀聚合法合成原理

从高分子化学知识角度来说，微凝胶可由单体在均相或微纳米多相环境中通过自由基聚合机理制备获得，如沉淀聚合、乳液聚合、微乳液聚合、无皂乳液聚合等，其合成关键在于如何抑制高分子链的过度聚合交联，以控制凝胶颗粒尺寸处于微纳米级。从胶体化学知识角度来说，微凝胶的聚合制备一般主要经历成核、生长过程。本实验采用沉淀聚合法（precipitation polymerization）来合成高分子微凝胶。沉淀聚合法是非均相聚合法，是指生成的聚合物不溶于其单体，或者单体和引发剂能溶于反应介质但生成的聚合物不能溶于反应介质，使得聚合物生成后从反应体系中沉淀出来的一种聚合方法。对于本实验的温敏性高分子微凝胶，将选用具有 LCST 的高分子的相应单体作为原料。在反应早期，该单体可聚合形成高分子链；当这些高分子链增长到一定长度时，由于反应温度高于高分子的 LCST，高分子链将蜷曲形成前驱体颗粒；由于范德华力等作用，这些前驱体颗粒在积累到一定浓度后发生聚集。前驱体颗粒及其聚集体的形成，叠加聚合反应，使得凝胶颗粒不断长大，直到达到平衡状态，形成稳定的、具有一定颗粒尺寸分布的微凝胶。如果有需要，通过适当调节单体、表面活性剂的种类和投料量等，可以调节微凝胶的尺寸。

在制备获得温敏性微凝胶之后，可以通过测试不同温度下微凝胶的尺寸来表征温度响应微凝胶体积变化特性。本实验中，采用动态激光光散射仪器来测试微凝胶的尺寸和粒度分布（具体原理参见实验 11-4A）。此外，由于温度响应微凝胶体积变化往往伴随着折射率等物理化学性质变化，也可以通过测试不同温度下微凝胶稀溶液透过率来反映温度响应微凝胶体积变化特性（参考实验 11-4B）。

### 2. 药物分子装载及其释放的原理

本实验将以上合成的温敏性微凝胶用作载体材料以设计构建智能型药物控释系统，利用微凝胶低温溶胀、高温收缩的特性，实现药物的装载、释放。在温度低于 VPTT 时，微凝胶

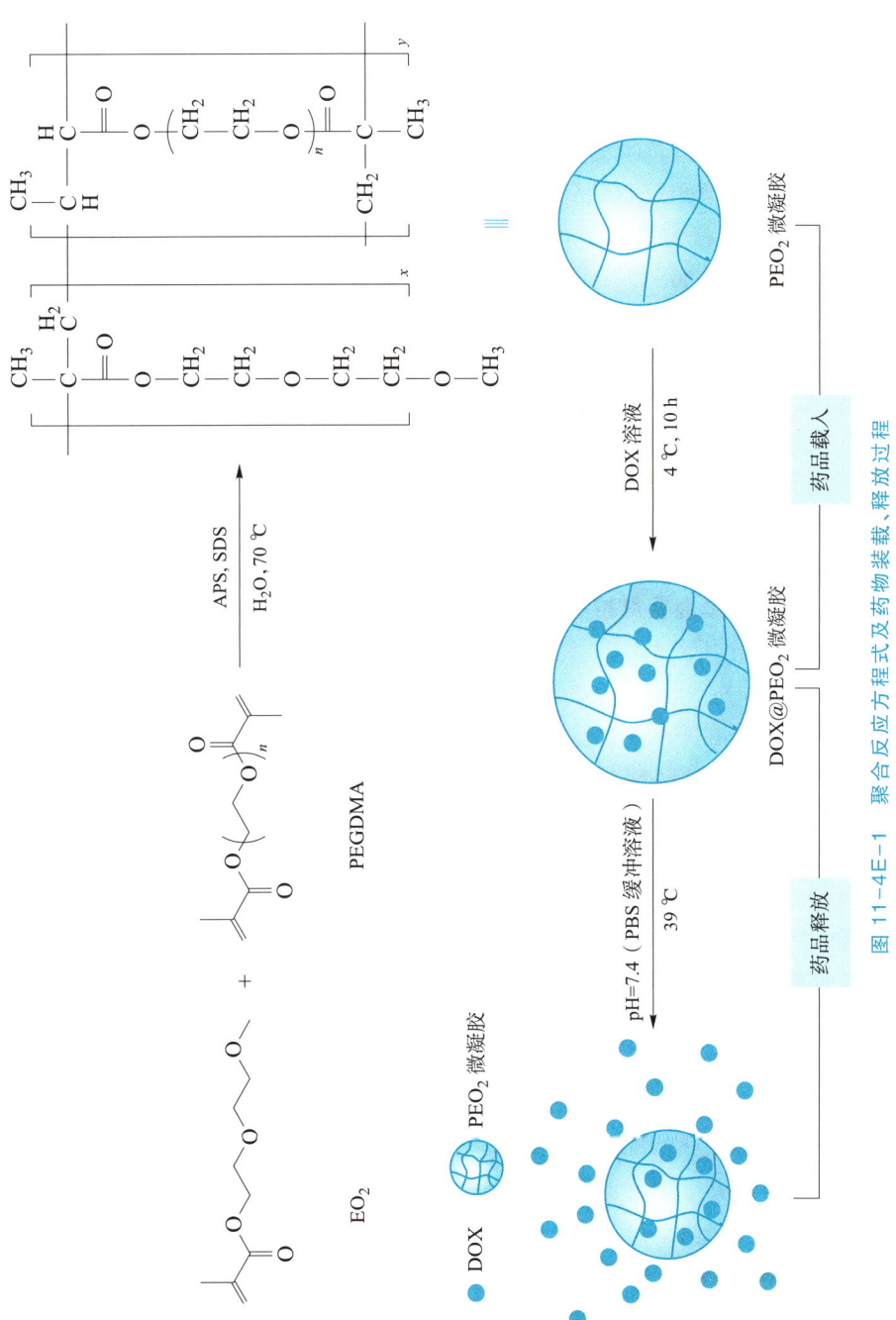

图 11-4E-1　聚合反应方程式及药物装载、释放过程

溶胀;当将溶胀的微凝胶置于一定浓度的药物分子溶液中时,由于药物分子在微凝胶内、外存在浓度差,药物分子可扩散进入微凝胶内部直至达到浓度平衡,实现药物分子的装载。在温度高于 VPTT 时,微凝胶收缩,收缩过程伴随高分子网络产生的"收缩力",药物分子将随同水一起被"挤出",从微凝胶内部扩散到外部溶液中,实现药物分子的释放。由于选取的模型药物分子 DOX 在可见光区存在吸收,因此在释放过程中可观察到溶液颜色的变化。

在"可视化"感性认识药物分子释放过程的基础上,本实验将进一步结合物理化学知识,理性分析药物分子释放过程的分子扩散机理。对于微凝胶等多孔聚合物中药物分子等生物活性物质的释放,在多数情况下,该释放符合 Fick 定律,其动力学过程可用 Higuchi 及其改进模型来描述。但当初始含药量大于药物的溶解度时,实验结果经常与 Higuchi 模型不一致,此时药物恒速释放,具有溶出控制的特征。Paul 等提出了一个简单的半经验指数方程:

$$M_t / M_\infty = kt^n \tag{11.4E.1}$$

式中:$M_t$ 和 $M_\infty$ 分别为时间 $t$ 时和无穷时的药物累积释放量;$k$ 为结构常数;$n$ 定义为扩散指数,其数值与释放机理有密切关系。一般情况下,当 $0 < n \leqslant 0.5$ 时,药物释放是以 Fick 扩散控制为主的过程;当 $0.5 < n < 1$ 时,是以 Fick 扩散和溶出机理共同控制的过程;当 $n = 1$ 时,则对应于溶出控制,药物以零级释放。在本实验中,根据物质吸光定律,可直接使用吸光度等代替 $M_t$ 和 $M_\infty$ 来进行拟合获得扩散指数 $n$,以从微观上了解药物分子的释放机理。

## 三、仪器与试剂

### 1. 实验仪器

紫外-可见分光光度计;动态激光光散射仪器。

1 只 1 mL 针筒;2 只 2 mL 针筒;电子天平;带有加热控温功能的磁力搅拌器;磁子;橡胶塞;封口膜;250 mL 三颈烧瓶;球形冷凝管;100 mL 量筒;油浴锅;烧瓶夹;冷凝管夹;2 只气球;1 个长针;2 个针头;称量纸;1 个 4 mL 离心管;50 mL 离心管若干;滴管若干;10 mL 量筒;锡纸;透析袋(MW = 14000);细绳;100 mL 烧杯;移液枪;1.5 mL 离心管若干。

### 2. 试剂及耗材

2-甲基-2-丙烯酸-2-(2-甲氧基乙氧基)乙酯($EO_2$);聚乙二醇二甲基丙烯酸酯(PEGDMA);过硫酸铵(APS);盐酸阿霉素(DOX·HCl);5 mmol·L$^{-1}$ 盐浓度的 pH = 7.4、pH = 8.0 的磷酸缓冲盐溶液(PBS;使用十二水合磷酸氢二钠、二水合磷酸二氢钠、氯化钠进行配制),均为分析纯。

## 四、实验步骤

### 1. 温敏性微凝胶 $PEO_2$ 的合成及动态光散射表征

(1)将 $EO_2$、PEGDMA 分别放置于电子天平上,用针筒分别从中抽取 1.882 g $EO_2$、0.110 g PEGDMA,加至已装有磁子、两端口用橡胶塞塞紧的 250 mL 三颈烧瓶中,再加入 100.0 mL 纯水。

(2)将三颈烧瓶浸入置于磁力搅拌器上的油浴锅中,装上球形冷凝管,固定反应装置,确保烧瓶内液面高度低于油浴液面,并对反应体系进行通氮气、排空气处理。

（3）将搅拌器温度设定为 70 ℃，保持加热 10 min，称取 0.046 g APS 于 4 mL 离心管中，加入 1.0 mL 纯水溶解，摇匀。取一只 2 mL 针管吸取离心管中配好的溶液，向反应体系缓慢、逐滴滴加。

（4）反应约 3 h。反应完毕后将溶液转移至离心管，离心、洗涤 2～3 次后撇去上清液，得乳白色 $PEO_2$ 微凝胶。

（5）取 200.0 μL 微凝胶分散液，用超纯水稀释至 10.0 mL 左右，并用涡旋振荡器混匀。用动态激光光散射仪测量不同温度下稀释分散液中微凝胶的流体力学直径 $\langle D_h \rangle$。

**2. 智能型药物控释系统 $DOX@PEO_2$ 的构建及药物释放过程表征**

（1）在避光条件下称取 5.0 mg DOX·HCl 于 50 mL 离心管中，加入 10.0 mL pH = 8.0 PBS 缓冲溶液，振荡，使药物完全溶解；再将离心后的沉淀加入装有药物溶液的离心管中，将离心管盖好并包上一层锡纸，放入冰箱冷藏保存 10 h。

（2）冷藏 10 h 后，将装有药物凝胶的离心管取出后进行离心，并用 pH = 8.0 PBS 缓冲溶液洗涤 2～3 次，以去除凝胶表面的药物。撇去上清液后得橘红色装载药物的 $DOX@PEO_2$。

（3）将 50～60 mL pH = 7.4 PBS 缓冲溶液加至 100 mL 烧杯，放置于磁力搅拌器上进行搅拌，设置温度为 39 ℃，转速为 600～650 r·min$^{-1}$。

（4）将 $DOX@PEO_2$ 装入透析袋后，置于上述烧杯中，每隔 30 min 或 1 h 用移液枪量取 1.0 mL 溶液于 1.5 mL 离心管中，同时向释放体系中补充 1.0 mL pH = 7.4 PBS 缓冲溶液。

（5）采用紫外-可见分光光度法，获得样品溶液在 300～700 nm 处的吸收光谱。

## 五、注意事项

（1）在实验之前，通过查阅相关文献了解实验和仪器相关原理和步骤等，做好预习工作。

（2）拓展了解刺激响应高分子、药物缓释等领域的最新科研成果及发展方向。

（3）制备实验需在通风柜中进行。在开始聚合的初期 0.5 h，需注意观察反应体系的颜色变化情况。

（4）动态激光光散射法对每一个细节的要求都很高。样品池的内外表面不能粘有脏物，不能有手指印迹，溶液必须稀释到较稀浓度（稀溶液或极稀溶液）等。

（5）在数据整理及实验报告撰写过程中，要求运用所学的相关基础知识解释实验现象，了解科研基本思路和方法。

## 六、数据处理与分析

（1）用动态激光光散射仪测量不同温度下稀释分散液中微凝胶的流体力学直径 $\langle D_h \rangle$，作图并估算微凝胶的体积相转变温度；用紫外-可见分光光度计测量不同温度下稀释分散液在 350 nm 波长处的吸光度，作图并估算微凝胶的体积相转变温度。对比分析两种方法估算得到的体积相转变温度。

（2）用紫外-可见分光光度计测量不同时间下溶液的吸光度并绘制药物释放曲线。

## 七、思考题

（1）化学合成实验中，温度设为 70 ℃ 的主要目的有哪些？

（2）在使用紫外-可见分光光度法表征微凝胶的体积相转变温度时,如果存在特征吸收峰并采用该吸收值进行表征实验,是否会影响实验结果?

（3）结合高分子凝胶等知识,简述分子扩散与药物释放的联系。

（4）这种基于高分子微凝胶的药物控释系统有哪些潜在的应用?

（5）结合之前学习的化学知识,本实验可以拓展到其他哪些可控系统的构建?

## 八、参考文献

（厦门大学　张来英、吴伟泰）

# 聚合物分子运动的表征

## 实验 11-5A　膨胀计法测定高聚物的玻璃化转变温度

### 一、实验目的

（1）掌握膨胀计法测定高聚物玻璃化转变温度的原理及其方法。

（2）基于升温速率对玻璃化转变温度的影响,加深对链段运动的动力学特征和松弛特性的理解。

（3）基于玻璃化转变的自由体积理论,理解自由体积概念在高分子学科中的重要性。

（4）通过高分子重要且特有的运动单元——链段运动的表征,进一步加深对高分子微观结构与宏观性质之间紧密联系的全面而系统的认识。

### 二、实验原理

#### 1. 玻璃化转变并不是高聚物特有的现象

玻璃化转变现象是普遍的,小分子物质也有。但是对于高聚物,玻璃化转变特指其玻璃态与高弹态之间的转变;对晶态高聚物,是指其中非晶部分的这种转变。发生玻璃化转变的温度称为玻璃化转变温度（glass-transition temperature, $T_g$）。实验说明,高弹态下高聚物的高弹形变与 $50 \sim 100$ 个主链上单键的内旋转相关,即与链段的运动相关,实际上玻璃化转变温度就是链段从冻结到运动（或反之）的一个转变温度,其高低与链段的大小、运动能力及特点直接相关,因此取决于高分子链的柔性及所有影响柔性的因素(自身结构、分子量、外界测试条件等)。

**2. 高聚物的玻璃化转变与高分子的链段运动相关**

对于高聚物,从整个高分子链和链段都不能运动的玻璃态(非晶态固体)到链间可相互滑移的黏流态(非晶态液体)的过程中,往往要经过一个链段开始运动但整链仍不能运动的高弹态,这是高聚物的特点,是由高分子结构及运动特点所决定的。链段是高分子特有的运动单元,链段运动是高分子特有的运动形式。

**3. 高聚物的玻璃化转变现象是一个复杂的现象**

高聚物的玻璃化转变本质至今还不完全了解。一种观点认为玻璃化转变本质上是动力学问题,是一个松弛过程。当外力作用时间(或实验观察时间、或实验时间)与高分子内部时间尺度同数量级时,即发生松弛转变。玻璃化转变就是外力作用时间与链段运动的松弛时间同数量级时的松弛转变。另一种观点认为玻璃化转变本质上是一个平衡热力学二级相变,而实验观测到的具有动力学性质的 $T_g$ 是需要无限长时间的热力学转变温度的一个显示。的确,从实验上来观察,确实只能发现玻璃化转变的速率特征,但是,认为玻璃化转变是一个平衡态热力学转变,并以此为基础作出的理论推导在解释玻璃化转变温度与共聚、增塑、交联等因素的关系上取得了满意的结果。实际上可以认为,这两种看来矛盾的观点很可能说明同一现象的不同方面,与其说是相互矛盾的,还不如说是相互补充的。

**4. 膨胀计法测定高聚物玻璃化转变温度的原理**

高聚物玻璃化转变的自由体积理论认为,在玻璃态下,由于链段运动被冻结,自由体积也被冻结,高聚物随温度升高而发生的膨胀只是由于正常的分子膨胀过程造成的;而在 $T_g$ 以上,除正常的分子膨胀过程外,还有自由体积的膨胀,因此高弹态的膨胀系数比玻璃态的膨胀系数大。通过测量聚合物比容(specific volume)随温度变化的转折点,可测量 $T_g$,如图 11-5A-2 所示。当自由体积分数达到一临界下限值(2.5%)时,链段运动正好能发生。由于在玻璃化转变时,除体膨胀系数外,高聚物的恒压热容也发生不连续的变化,而恒压热容恰好是吉布斯自由能的二阶偏导数。根据玻璃化转变的热力学理论,体系吉布斯自由能的一阶偏导数不连续的过程被称为一级转变,则二级转变可定义为体系吉布斯自由能的二阶偏导数发生不连续变化的过程。因此玻璃化转变有时也被称为二级转变,$T_g$ 被称为二级转变点。但是许多实验事实表明玻璃化转变过程没有达到真正的热力学平衡,$T_g$ 依赖于测定方法和升温(或降温)速率,如升温速率慢,$T_g$ 就较低;升温速率快,$T_g$ 就较高。即链段运动对外界变化的响应达不到平衡,是一个速率过程。这些是由于高分子运动特点所决定的,从分子运动观点看,高分子的运动单元在运动时所受到的内摩擦力较大,因此高分子的运动过程是一个松弛过程,即在一定的外界条件下,高聚物从一种平衡态,通过分子的运动,达到新的平衡态可能需要较长的时间,并且不同大小的运动单元具有不同的松弛时间。

## 三、仪器与试剂

**1. 实验仪器**

膨胀计;水浴装置[含加热器、温度计(量程 0~250 ℃)]。

### 2.试剂及耗材

颗粒状尼龙-6;丙三醇。

## 四、实验步骤

（1）在洁净干燥的膨胀计中,装入尼龙-6 颗粒,至膨胀计总体积的 4/5 左右。

（2）在膨胀计内加满介质丙三醇,用玻璃棒搅动或抽气,保证膨胀计内没有气泡,特别是尼龙-6 颗粒上没有吸附气泡。

（3）插入毛细管,使丙三醇的液面在毛细管下部,磨口接头用弹簧固定,如果毛细管内发现有气泡要重装。

（4）将装好的膨胀计浸入水浴中,控制水浴升温速率为 1 ℃ · min$^{-1}$。

（5）读取水浴温度和毛细管内丙三醇液面的高度(在 30~55 ℃ 每升温 1 ℃ 读数一次),直到约 55 ℃ 为止(每组 2 名学生配合完成)。

（6）将已装好样品的膨胀计(图 11-5A-1)经充分冷却后,重复步骤(4)和(5),但升温速率改为 2 ℃ · min$^{-1}$。

（7）用毛细管内液面高度对温度作图。从两直线段分别外延,交点即为该升温速率下尼龙-6 的玻璃化转变温度 $T_g$ 值。如图 11-5A-2 所示。

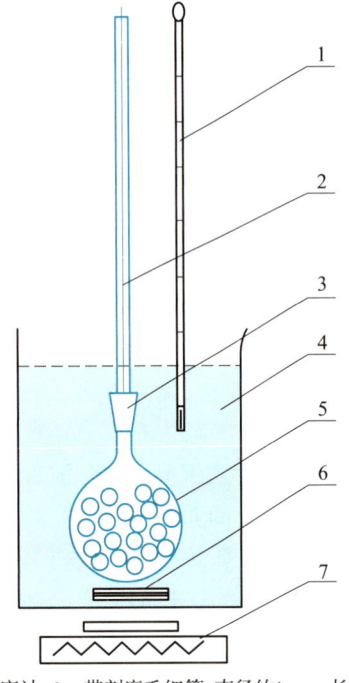

1—温度计;2—带刻度毛细管,直径约1 mm,长30 cm;
3—标准磨口;4—水浴;5—膨胀计,体积约10 mL;
6—磁子;7—磁力加热搅拌器

图 11-5A-1　膨胀计

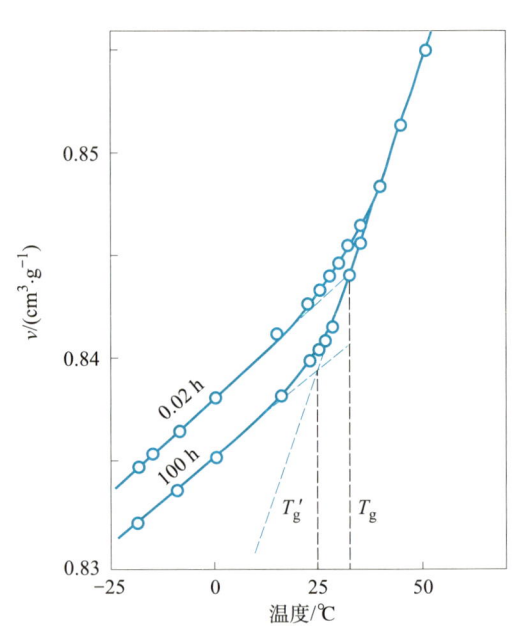

图 11-5A-2　聚合物的比容-温度曲线

## 五、注意事项

（1）本实验通过毛细管内液面高度的变化来反映高分子体积的变化,务必确保膨胀计内没有气泡,尤其是高分子颗粒表面不能有气泡。

(2)注意控制水浴温度的线性变化。

## 六、数据处理与分析

高分子:＿＿＿＿＿＿＿

(1)将第一次升温测试数据记录在表 11-5A-1 中。

表 11-5A-1　第一次升温测试数据记录表

起始时间:＿＿＿＿　　终止时间:＿＿＿＿

| 温度 $T/$ ℃ | | | | | | |
| --- | --- | --- | --- | --- | --- | --- |
| 高度 $h/$cm | | | | | | |
| 温度 $T/$ ℃ | | | | | | |
| 高度 $h/$cm | | | | | | |

计算升温速率:＿＿＿＿＿＿　　;以 $h$ 对 $T$ 作图,求取玻璃化转变温度, $T_g =$ ＿＿＿＿＿＿。
(附上 $h$-$T$ 的作图。)

(2)将第二次升温测试数据记录在表 11-5A-2 中。

表 11-5A-2　第二次升温测试数据记录表

起始时间:＿＿＿＿　　终止时间:＿＿＿＿

| 温度 $T/$ ℃ | | | | | | |
| --- | --- | --- | --- | --- | --- | --- |
| 高度 $h/$cm | | | | | | |
| 温度 $T/$ ℃ | | | | | | |
| 高度 $h/$cm | | | | | | |

计算升温速率:＿＿＿＿＿＿;以 $h$ 对 $T$ 作图,求取玻璃化转变温度, $T_g =$ ＿＿＿＿＿＿。
(附上 $h$-$T$ 的作图。)

## 七、思考题

(1)膨胀计法是一种测定高分子玻璃化转变温度的经典方法,试用玻璃化转变的自由体积理论简述其原理。

(2)为什么采用不同的升温速率测得的高分子玻璃化转变温度是不同的?这一实验事实说明了高分子运动的哪些特点?

(3)本课程还开设了采用差示扫描热量计、动态黏弹谱仪测定高分子玻璃化转变温度的实验,请简述你对高分子玻璃化转变的本质的认识。

## 八、参考文献

（中国科学技术大学   朱平平）

## 实验 11-5B   高分子溶液黏度及流动特性的黏度计测定

### 一、实验目的

（1）能够了解材料的黏度、弹性模量、损耗模量等流变特性。
（2）能够了解旋转流变仪的测试原理。
（3）能够掌握旋转流变仪的基本操作。
（4）了解甲基纤维素水溶液的凝胶-溶胶转变原理。

### 二、实验原理

黏度计（如旋转式、毛细管式）作为基础流变测量工具，主要用于表征牛顿流体在稳态剪切条件下的黏度参数（$\eta$）。其工作原理基于对单一剪切速率下剪切应力的线性响应测量，例如，通过固定转速转子产生的扭矩换算黏度值。这类设备凭借操作便捷、成本低廉的优势，在工业质量控制和简单流体（如润滑油、水基溶液）的快速检测中广泛应用。然而，传统黏度计的测试能力存在显著局限性：其一，其单点稳态剪切模式难以解析流体的时间依赖特性；其二，基于牛顿流体假设的测量框架难以准确捕捉非牛顿体系的复杂流变行为。因此，在现代流变学研究中，能够实现形变模式精密调控（涵盖剪切速率、振荡频率、应变振幅等多参数）并支持多维度流变性能表征的旋转流变仪，已成为深入解析材料黏弹响应、结构演化及工艺适应性的核心分析平台。

旋转流变仪是现代流变仪中的重要组成部分，它依靠旋转运动来产生简单剪切流动，可以用于快速确定材料的黏性、弹性等流变性能，其分类介绍的知识图谱如图 11-5B-1 所示。旋转流变仪一般通过一对夹具的相对运动来产生流动。引入流动的方法有两种：一种是驱动一个夹具，测量产生的力矩，这种方法最早是由 Couette 在 1888 年提出的，也称为应变控制型，即控制施加的应变，测量产生的应力；另一种是施加一定的力矩，测量产生的旋转速度，它是由 Searle 于 1912 年提出的，也称为应力控制型，即控制施加的应力，测量产生的应变。对于应变控制型流变仪，一般有两种施加应变及测量相应的应力的方法：一种是驱动一个夹具，并在同一夹具上测量应力，应用这种方法的流变仪有 Haake、Conraves、Ferranti-Shirley 和 Brookfield 流变仪；另一种是驱动一个夹具，在另一个夹具上测量应力,应用这种方法的流变仪包括 Weissenberg 和 Rheometrics 流变仪。对于应力控制型流变仪,一般是将力矩施加于一个夹具,并测量同一夹具的旋转速度。在 Searle 最初的设计中,施加力矩是通过重物和滑轮来实现的。现代的设备多采用电子拖曳电动机来产生力矩。一般商用应力控制型流变仪的力矩范围为 $10^{-7} \sim 10^{-1} \mathrm{N \cdot m}$,由此产生的可测量的剪切速率范围为 $10^{-6} \sim 10^{3} \mathrm{s}^{-1}$,实际的测量范围取决于夹具结构、物理尺寸和所测试材料的黏度。

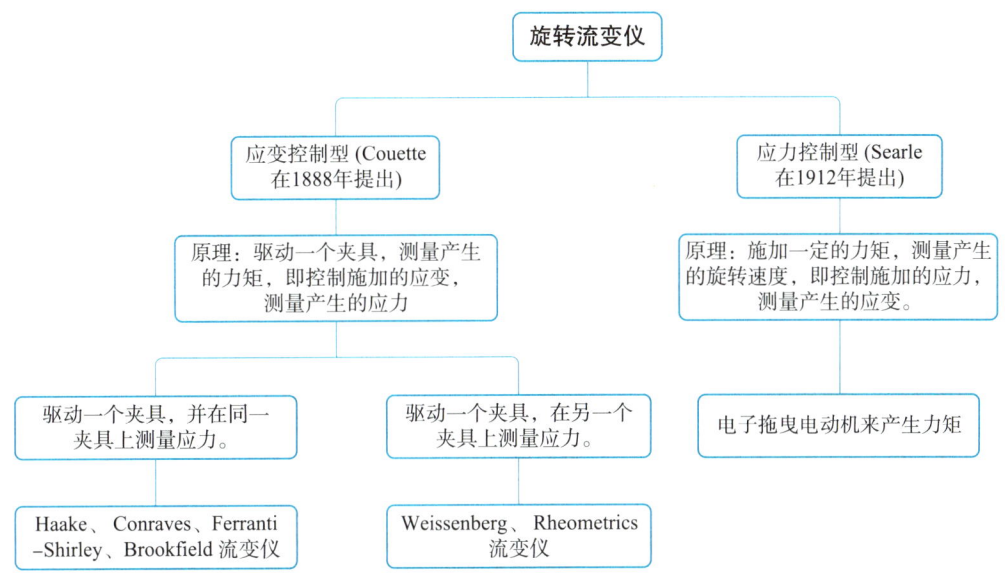

图 11-5B-1　旋转流变仪的分类介绍知识图谱

　　实际用于黏度及流变性能测量的几何结构有同轴圆筒(couette)、锥板和平行板等,其结构示意图如图 11-5B-2 所示,其特点如表 11-5B-1 所示。同轴圆筒可能是最早应用于测量黏度的旋转设备,当内、外筒间距很小时,同轴圆筒间产生的流动可以近似为简单剪切流动。因此同轴圆筒是测量中、低黏度均匀流体的最佳选择,但它不适用于聚合物熔体、糊剂和含有大颗粒的悬浮液。锥板结构是黏弹性流体流变学测量中使用最多的几何结构,锥板的顶角很小(通常<3°)。锥板结构是一种理想的测量结构,它主要的优点在于:剪切速率恒定,在确定流变学性质时不需要对流动动力学作任何假设;测试时仅需要很少量的样品;体系可以有极好的传热和温度控制;末端效应可以忽略,特别是在使用少量样品且在低速旋转的情况下。平行板结构,也主要用来熔体流变性能的测量。许多实验人员更喜欢使用锥板结构,这是因为平行板结构中流场的不均匀性。但是平行板结构也有很多优于锥板结构的方面:平行板间的距离可以调节到很小。小的间距抑制了二次流动,减少了惯性校正,并通过更好的传热减少了热效应。综合这些因素使得平行板结构可以在更高的剪切速率下使用;平行板结构可以更方便地安装光学设备和施加电磁场;对于填充体系,板间距可以根据填料的大小进行调整。因此平行板更适用于测量聚合物共混物和多相聚合物体系(复合物和共混物)的流变性能。

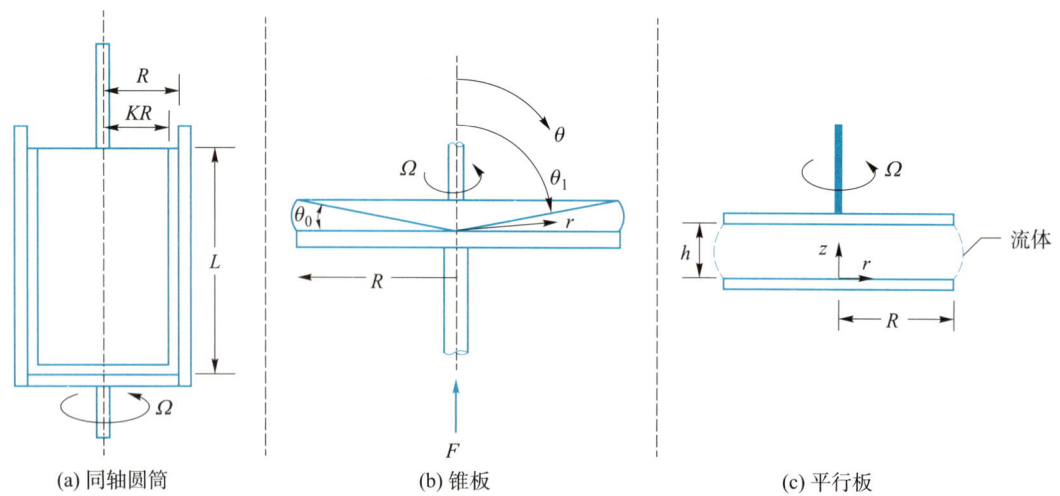

(a) 同轴圆筒                      (b) 锥板                      (c) 平行板

图 11-5B-2    同轴圆筒、锥板和平行板的结构示意图

表 11-5B-1    同轴圆筒、锥板、平行板的特点

| 几何结构 | 同轴圆筒 | 锥板 | 平行板 |
|---|---|---|---|
| 适用流体类型 | 中低黏度均匀流体 | 黏弹性流体 | 熔体、聚合物共混物和多相聚合物体系 |
| 优点 | 当内外筒间距很小时,可近似为简单剪切流动;适用于中低黏度均匀流体测量 | 剪切速率恒定;所需样品量少;传热和温度控制好;末端效应可忽略 | 平行板间距可调,小间距抑制二次流动,减少惯性校正,减少热效应;便于安装光学设备和施加电磁场;适用于填充体系,可调整板间距 |
| 缺点 | 不适用于聚合物熔体、糊剂和含有大颗粒的悬浮液 | 不适用于分散性尺寸较大的多相体系 | 应变速率、剪切速率不恒定 |

甲基纤维素(methylcellulose,MC)是纤维素甲基化改性的产物,是人们制得的最早的纤维素醚(1905 年),其分子结构示意图如图 11-5B-3 所示。早在 1935 年, Hyemnan 等就报道过,甲基纤维素溶液在加热时能形成凝胶。随后 Sakrar 详细地报道了这种凝胶状态与其溶液状态是完全可逆的,加热后形成的凝胶在温度冷却至室温时,又能完全恢复至溶液状态。正是甲基纤维素所具有的上述独特的凝胶化特性,使其作为一种交联剂和增稠剂,在制药、食品、化妆品、陶瓷加工和涂料等方面得到了极其广泛的运用。人们通过大量实验揭示了甲基纤维素水溶液凝胶-溶胶转变的机制。甲基纤维素在低温条件下能完全溶于水,是由于水分子通过与甲基纤维素链上的羟基之间的氢键作用在甲基纤维素链上的甲基取代基周围形成溶剂笼(水化层),使甲基纤维素分子不发生聚集因而形成溶液。当温度升高时,由水分子形成的溶剂笼结构被破坏,甲基纤维素链上暴露出来的甲基通过疏水相互作用结合在一起,形成疏水性微区,甲基纤维素分子间因而形成网络结构,并最终形成凝胶。随着温度降低,溶剂笼结构重新在甲基周围形成,网络结构被破坏,凝胶又转变为溶液。

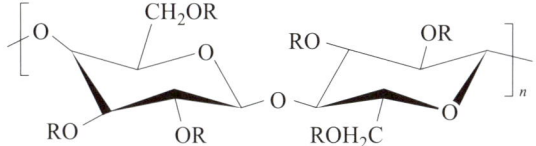

图 11-5B-3　甲基纤维素分子结构示意图

甲基纤维素水溶液体系的凝胶-溶胶转变行为除了对温度敏感,其他很多因素如甲基纤维素的分子量及其取代度,甲基纤维素水溶液的浓度、外加磁场、共溶剂、盐及表面活性剂的存在也会对其产生比较大的影响。在本实验中,利用旋转流变仪分别测量含有氯化钠和十二烷基硫酸钠的甲基纤维素水溶液的黏度、弹性模量($G'$)、损耗模量($G''$)等流变特性。通过测试固定应变和角频率下的温度扫描,探究甲基纤维素水溶液的凝胶-溶胶现象(弹性模量 $G'$>损耗模量 $G''$ 时,溶液体系处于凝胶状态;弹性模量 $G'$<损耗模量 $G''$ 时,溶液体系处于溶胶状态),以及分别探究盐和表面活性剂对其凝胶-溶胶转变点的影响。

## 三、仪器与试剂

### 1. 实验仪器
分析天平;旋转流变仪;磁力搅拌器。

### 2. 试剂及耗材
甲基纤维素;氯化钠;十二烷基硫酸钠;去离子水。

## 四、实验步骤

### 1. 含不同组分甲基纤维素水溶液的配制
称取一定量的甲基纤维素加入 70 ℃去离子水中,搅拌分散均匀,放置在 20 ℃的冰箱中保持至少 24 h 以上,以保证溶液均匀稳定。将溶液移至容量瓶中定容以得到需要的浓度。在实验中保持甲基纤维素水溶液的质量分数 2% 不变。称取一定质量的 NaCl 溶液或十二烷基硫酸钠水溶液加入甲基纤维素水溶液中,搅拌溶解,即可得到一定浓度的含盐/表面活性剂水溶液。

### 2. 不同组分甲基纤维素水溶液的流变学测试
实验中采用锥板式体系,锥板的直径为 40 mm,锥角为 1°。通过测试固定应变和角频率下,在 20~80 ℃ 温度范围的温度扫描(升温速率 1 ℃·min$^{-1}$,角频率 $\omega$ 为 1 rad·s$^{-1}$,应变固定为 1%),测定不同样品体系的储能模量 $G'$ 及损耗模量 $G''$ 随温度的变化。

分别在 25 ℃ 和 60 ℃ 下,通过测试固定应变下不同频率的黏度扫描(应变固定为 1%,频率范围为 0.01~100 s$^{-1}$),测定不同样品体系的黏度 $\eta$ 随频率的变化。

## 五、注意事项

(1)在配制含盐/表面活性剂水溶液时,需要先分别配制高浓度的甲基纤维素水溶液、盐溶液和表面活性剂溶液,通过两种溶液混合得到含有不同盐/表面活性剂的质量分数 2% 甲基纤维素水溶液。不能直接将盐或表面活性剂加入质量分数 2% 甲基纤维素水溶液中,防止局部浓度过高而出现盐析效应。

（2）测试过程中，为了防止样品的溶剂挥发，测试过程中在锥板夹层样品的外表面覆盖一层很薄的硅油。

（3）为了保证所有的测试都处于线性黏弹区（即 $G'$ 和 $G''$ 与应力的大小无关），需要设定足够低的应力测试条件。

## 六、数据处理与分析

通过作图给出质量分数 2% 的甲基纤维素水溶液的储能模量 $G'$ 及损耗模量 $G''$ 随体系温度（升温速率 $1\ ℃\cdot min^{-1}$）的变化曲线。通过 $G'$ 与 $G''$ 的交点确定甲基纤维素水溶液的凝胶-溶胶转变温度。同理得到含盐/表面活性剂水溶液的储能模量 $G'$ 及损耗模量 $G''$ 随体系温度的变化曲线，比较三种不同溶液的凝胶-溶胶转变温度。

## 七、思考题

（1）$G'$ 和 $G''$ 分别代表什么物理含义？

（2）锥板和平行板夹具有什么区别？各有什么优缺点？

（3）甲基纤维素凝胶化转变的原理是什么？

（4）高分子溶液的黏度特性在材料加工、药物释放等领域具有重要的应用价值，结合本实验思考以下案例，如何通过旋转流变仪的测试手段解决实际问题：

在生物支架的 3D 打印成型过程中，高分子溶液的流变特性呈现双重工艺约束——既需在挤出阶段通过剪切变稀效应保障细丝流动性（剪切速率依赖性），又要在沉积后依靠黏弹响应维持结构保真度（储能模量 $G'$ 与损耗模量 $G''$ 的协同响应）。如何通过多模式流变学表征技术建立剪切速率-浓度协同优化策略？

## 八、参考文献

（中国科学技术大学    周强）

# 高分子微相分离的表征

## 实验 11-6　聚合物溶液相转变的变温紫外-可见分光光度法测定

### 一、实验目的

（1）了解温敏性聚合物的相转变行为。

（2）熟悉变温紫外-可见分光光度计的使用方法。

（3）能够运用变温紫外-可见分光光度法测定聚（$N$-异丙基丙烯酰胺）的最低临界共溶温度。

### 二、实验原理

聚（$N$-异丙基丙烯酰胺）（PNIPAM）是温敏性聚合物，具有最低临界共溶温度（lower critical solution temperature，LCST）。在 $T<$LCST 时，PNIPAM 在水中溶解，聚合物链以无规线团（solvated random coil）的构象存在，溶液均一透明；在 $T>$LCST 时，PNIPAM 链塌缩成紧密堆积的球形粒子（tightly packed globular particle），变得不溶于水，体系变浑，透过率下降，如图 11-6-1 所示。因此，可以用紫外-可见分光光度计跟踪，根据 PNIPAM 溶液透过率随温度的变化，测定出对应的 LCST。可用稀溶液的浊点作为其 LCST。一般取透过率为 50% 时对应的温度为浊点。

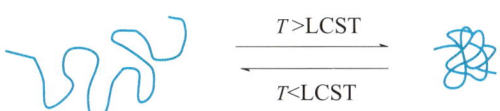

$$T>\text{LCST}$$
$$T<\text{LCST}$$

图 11-6-1　聚（$N$-异丙基丙烯酰胺）温敏示意图

影响 PNIPAM 的 LCST 的因素有：分子量、分子量分布及聚合物的末端等。通常未修饰的 PNIPAM，其 LCST 为 32 ℃；疏水基团的引入能降低其 LCST，而亲水基团的引入则能升高其 LCST。因此，研究温敏性聚合物的 LCST 对深入理解聚合物的相转变行为与聚合物结构的关系及合理利用聚合物，有着重要的意义。

### 三、仪器与试剂

**1. 实验仪器**

具备程序升温功能的紫外-可见分光光度计 1 台；低温恒温槽 1 台。

**2. 试剂及耗材**

聚（$N$-异丙基丙烯酰胺）；去离子水。

## 四、实验步骤

### 1. 研究室温下聚(*N*-异丙基丙烯酰胺)水溶液的紫外-可见吸收谱图

(1) 配制质量分数为 0.5% 的聚(*N*-异丙基丙烯酰胺)水溶液 10 mL。

(2) 把紫外-可见分光光度计中的干燥剂取出来,然后开机:依次打开计算机显示器、计算机主机、紫外-可见分光光度计、温控装置、循环冷却装置。

(3) 待仪器自检完成后,在参比池和样品池中放入装有去离子水的比色皿(3 mL),进行基线校正。

(4) 将样品池中的比色皿取出,倒掉去离子水,装上 PNIPAM 水溶液(润洗三次),测试 200~800 nm 全波长吸收谱图。

### 2. 研究不同温度下聚(*N*-异丙基丙烯酰胺)水溶液的透过率

(1) 退出紫外-可见分光光度计的全波长测试软件;打开单波长测试软件。

(2) 在参比池和样品池中放入装有去离子水的比色皿(3 mL),然后进行基线校正。

(3) 将样品池中的比色皿取出,倒掉去离子水,用 PNIPAM 水溶液润洗三次后,装入 PNIPAM 水溶液。

(4) 设定升温程序,包括温度范围、升温速率、测量间隔等,测量 PNIPAM 水溶液在不同温度下的透过率。

### 3. 研究不同升温速度对浊点的影响

改变升温速度,测量聚(*N*-异丙基丙烯酰胺)水溶液浊点的变化。

### 4. 研究不同浓度对浊点的影响

通过改变聚(*N*-异丙基丙烯酰胺)水溶液的浓度,PNIPAM 的质量分数可在 0.1%~1% 之间变化,测量溶液浊点的变化。

### 5. 数据保存

将数据保存在计算机文件夹中,文件类型为 txt。

### 6. 关机

退出软件,依次关闭计算机、紫外-可见分光光度计、温控装置、循环冷却装置,将干燥剂放入紫外-可见分光光度计中。

## 五、注意事项

(1) 配制不同浓度的 PNIPAM 水溶液时,需注意 PNIPAM 的质量分数不能超过 1%。

(2) 聚合物溶解较慢,需待 PNIPAM 充分溶解,方能进行测试。

## 六、数据处理与分析

(1) 记录升温程序及每个温度下对应的透过率 *T*。

(2) 以透过率 *T* 对温度作图,取透过率为 50% 时的温度为其浊点。

(3) 以浊点分别对升温速率及浓度作图,分析升温速率和浓度对浊点测量的影响。

## 七、思考题

(1) 如何确定变温测试时采用的波长?

（2）还有其他什么方法可以测定聚合物溶液的相转变温度？

（3）影响浊点测试结果的因素有哪些？

## 八、参考文献

（华东师范大学　廖小娟、韩会景）

# 高分子凝聚态结构的表征

## 实验 11-7A　非晶态聚合物的热分析法表征

### 一、实验目的

（1）能够阐述差示扫描量热（DSC）仪的基本原理。

（2）能够掌握 DSC 的测试方法。

（3）能够对 DSC 测试曲线进行数据分析，明确聚合物的热力学参数。

（4）能够运用 DSC 的相关原理去解决科研中的实际问题。

### 二、实验原理

热分析是指用热力学参数或物理参数随温度变化的关系进行分析的方法，可通过如差示扫描量热分析和差热分析等研究材料的玻璃化转变、熔融、结晶行为。热分析的发展由来已久。早在 1887 年，Le Chatelier 使用热电偶首次记录了陶土的温度随时间变化的升温曲线。之后，Roberts-Austen 等使用参比热电偶，测量了样品与参比物之间的温差，使得差热分析法得到了发展。然而这种方法只能定性测量参比物与样品之间的温差。直到 1955 年，Boersma 建立了一个定量测量单元，使扫描过程中样品的热流与温差呈稳定的线性关系，使得热流可以定量测试。这一发现导致了热流型差示扫描量热（differential scanning calorimetry，DSC）仪的诞生。热流型 DSC 仪保留了差热分析法引入的参比物，监测样品和参比物之间的热流差变化，得到了更为精确的测试结果，这也是差示扫描量热法中"差示"的含义及来源。而在 1964 年，Watson 等提出了功率补偿型 DSC 的概念，DSC 的升降温速率得以提升。此后，DSC 技术不断发展并成为热分析领域广泛应用的分析手段，能够检测样品被加热、冷却、或恒温时熔融、结晶、固化、化学反应过程中伴随的热、相转变热,比热容等信息。图 11-7A-1 所示为典型聚合物的 DSC 升温曲线,从中可以获取聚合物的玻璃化转变温度、熔融温度等信息。

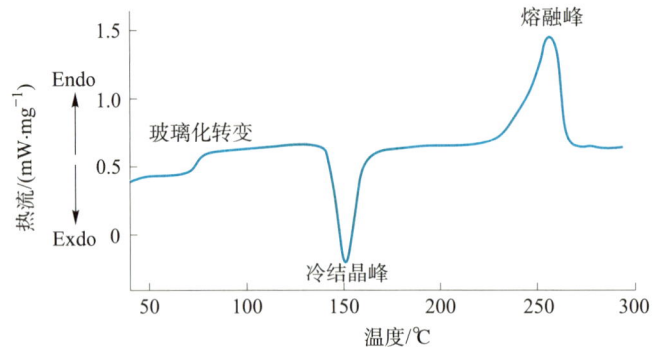

图 11-7A-1    典型聚合物的 DSC 曲线图

根据测量方法的不同,目前使用广泛的差示扫描量热仪有热流(heat flow)型和功率补偿(power compensation)型两种。热流型 DSC 仪从外部加热整个炉体,给予样品和参比物相同的功率,如图 11-7A-2 所示。由欧姆定律可知,由炉体流到样品坩埚的热流及从炉体流入参比坩埚的热流分别为

$$\phi_s = \frac{T_s - T_c}{R_{th}} \tag{11.7A.1}$$

$$\phi_r = \frac{T_r - T_c}{R_{th}} \tag{11.7A.2}$$

式中:$T_s$、$T_r$ 和 $T_c$ 分别为样品温度、参比温度和炉体温度,$R_{th}$ 为热阻。DSC 检测信号 $\phi$ 为两个热流之差,即

$$\phi = \frac{T_s - T_c}{R_{th}} - \frac{T_r - T_c}{R_{th}} \tag{11.7A.3}$$

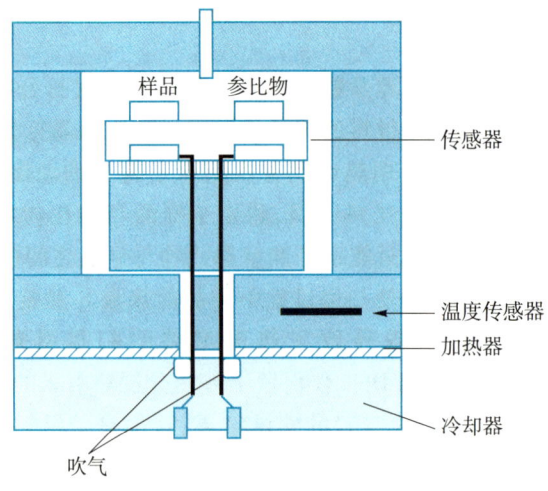

图 11-7A-2    热流型 DSC 仪的示意图

由于参比坩埚和样品坩埚相同,仪器两边具有对称性,因此可将式(11.7A.3)简化为

$$\phi = \frac{T_s - T_r}{R_{th}}$$ （11.7A.4）

即热流型 DSC 仪检测信号 $\phi$ 与样品和参比物之间的温差成正比。

热流型 DSC 仪对整个炉体加热,测试氛围均匀而稳定,因此能保持较稳定的基线,然而,其炉体的热容较大,不利于快速升降温。

功率补偿型 DSC 仪属于内加热式,在样品和参比物的底部各有一个加热用的铂热电阻和一个测温用的铂传感器。采用动态零位平衡原理,即保持样品和参比物温差趋于零,如图 11-7A-3 所示。当样品发生热效应时,如放热,样品温度高于参比物温度,放置在它们下面的一组差示热电偶产生温差电势 $U_{\Delta T}$,经差热放大器放大后送入功率补偿放大器,功率补偿放大器自动调节补偿加热丝的电流,使样品下面的电流 $I_s$ 减小,参比物下面的电流 $I_R$ 增大,从而使样品和参比物的温差 $\Delta T$ 趋于零。上述热量补偿能及时迅速完成,使样品和参比物的温度始终保持相同,同时仪器记录样品和参比物的补偿电热丝的功率之差随温度的变化关系:

$$\Delta W = \frac{dQ_s}{dt} - \frac{dQ_r}{dt}$$ （11.7A.5）

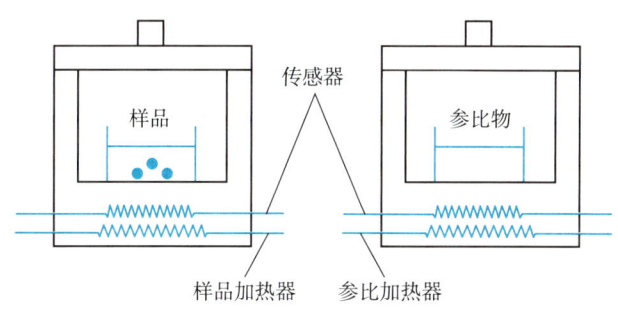

图 11-7A-3　功率补偿型 DSC 仪的示意图

功率补偿型 DSC 仪的热源更贴近样品,温度响应灵敏,因此升降温速率更快。为准确测量样品的热效应,功率补偿型 DSC 仪的两个炉体必须保持高度对称,然而由于仪器内部环境会随着时间而发生改变,因此功率补偿型 DSC 仪的基线容易发生漂移。

DSC 是测试非晶态聚合物热转变的最常用的方法之一,而玻璃化转变温度($T_g$)是非晶态聚合物的重要热力学参数。玻璃化转变温度是指由玻璃态转变为高弹态所对应的温度,直接影响到材料的使用性能和工艺性能。这一转变是非晶态聚合物链段运动的最低温度,其高低与分子链的柔顺性有直接关系。分子链柔顺性大,玻璃化转变温度就低;分子链刚性大,玻璃化转变温度就高。DSC 法可以通过测量样品和参比物的功率差(热流率)与温度的关系,进而得到材料的玻璃化转变温度。

## 三、仪器与试剂

### 1. 实验仪器
热流型或功率补偿型差示扫描量热(DSC)仪。

### 2. 试剂及耗材
聚苯乙烯(PS)。

## 四、实验步骤

**1. 开机预热**

**2. 测试准备**

测试样品为聚苯乙烯(PS),样品量 5~10 mg 为宜(要求:样品与坩埚充分接触;底面平整、样品不外露;装样之后坩埚封压紧密)。

开保护气体阀门,调整保护气和吹扫气的输出压力和流速。

**3. 测试**

开启计算机,启动软件,按要求填写相关数据,如样品编号、坩埚质量、样品质量、保存路径、测试条件等。之后启动程序进行测试,记录并分析升降温过程中的谱图。实验程序如下:快速升温(如 40 ℃·$min^{-1}$)至 150 ℃,保持 3 min,之后快速降温(如 40 ℃·$min^{-1}$)至 30 ℃,再以 20 ℃·$min^{-1}$ 速率升温至 150 ℃,保持 3 min,之后以 10 ℃·$min^{-1}$ 速率降温至 0 ℃。

改变不同升温速率(10 ℃·$min^{-1}$、30 ℃·$min^{-1}$、40 ℃·$min^{-1}$),记录不同的 DSC 曲线。

## 五、注意事项

(1)禁止测试易挥发样品及与坩埚发生反应的样品,如含硫、磷、氟等还原性物质及过氧化物、盐酸、硫酸等强腐蚀性样品。

(2)测试之前需了解样品的基本信息从而预估测试温度范围。

(3)测试结束后等温度降至室温方可取出样品。

## 六、数据处理与分析

从热流-温度图中判断聚合物的玻璃化转变区域,并进一步确定玻璃化转变温度。$T_g$ 可以通过三种方法确定,如图 11-7A-4 所示:(a)中点法:作一条与转变前后两基线平行的直线,该直线与曲线的交点所对应的温度即玻璃化转变温度 $T_g$;(b)拐点法:取转变时的拐点处(斜率最大处)为玻璃化转变温度 $T_g$;(c)等面积法:作一条垂直于两基线的直线,使该垂线与基线和曲线所包围的面积等于基线与测试线之间的面积和。该垂线与曲线的交点对应的温度即为玻璃化转变温度。

## 七、思考题

(1)不同的升温速率对聚合物的玻璃化转变温度有什么影响?

(2)样品的质量、颗粒尺寸大小对测试有什么影响?

(3)测试所通气氛对测试数据有什么影响?

## 八、知识拓展

鉴于 DSC 能定量地量热、灵敏度高,应用领域很宽,涉及热效应的物理变化或化学变化过程均可采用 DSC 来进行测定。

**1. 混合物和共聚物的成分检测**

脆性的聚丙烯往往与聚乙烯共混或共聚增加它的柔性。因为在聚丙烯和聚乙烯共混物中它们各自保持本身的熔融特性,因此该共混物中各组分的混合比例可分别根据它们的熔

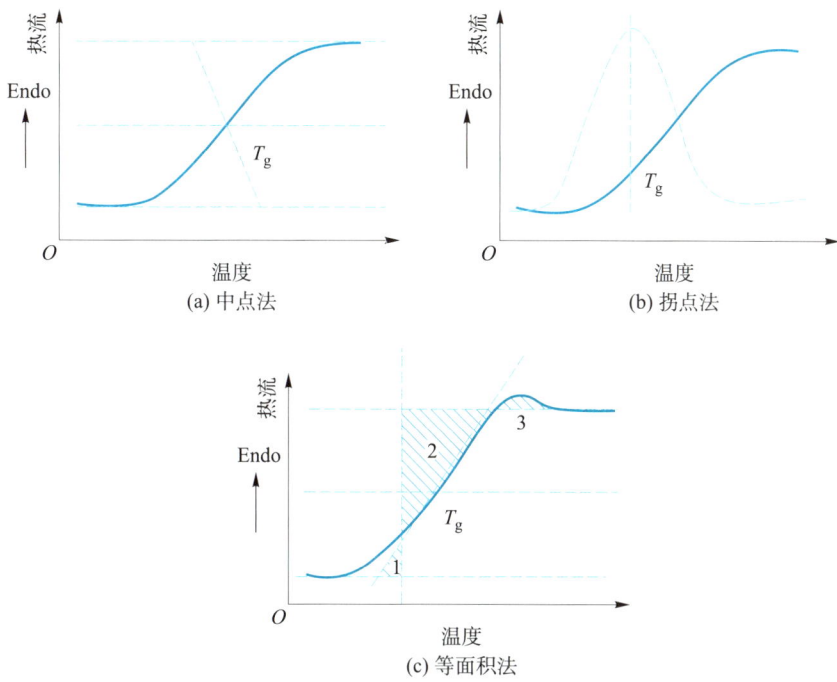

图 11-7A-4　确定玻璃化转变温度($T_g$)的三种方法

融峰面积计算。

**2. 结晶度的测定**

高分子材料的许多重要物理性能是与其结晶度密切相关的。所以结晶度成为高分子的特征参数之一。由于结晶度与熔融热焓值成正比,因此可利用 DSC 测定高分子的结晶度。

## 九、参考文献

(上海交通大学　李蕾)

## 实验 11-7B　高分子的结晶及其结晶度的热分析法表征

## 一、实验目的

(1) 理解差示扫描量热(DSC)法测量高分子结晶度的原理和方法。

(2) 了解差示扫描量热法在高分子研究领域的应用,特别是对聚合物的结晶和熔融过程的研究。

（3）掌握差示扫描量热法的样品制备方法和测试技术。

（4）通过用差示扫描热量仪测量聚对苯二甲酸乙二醇酯（PET）样品的升降温 DSC 曲线，学会用 DSC 测量聚合物的 $T_g$、$T_c$、$T_m$、$\Delta H_c$ 和 $\Delta H_m$ 和结晶度 $\alpha$ 的方法。

## 二、实验原理

高分子材料由于其分子链的柔性和不规则性，往往同时存在有序排列的结晶区域和无序排列的非晶区域。高分子材料中结晶区域所占的比例被称为结晶度。结晶度的增加意味着结晶区域的增加，分子链的有序排列程度提高，从而导致材料的性能和特性发生变化。

高分子结晶行为及其结晶度的表征是理解材料性能的关键。热分析法，如差示扫描量热（DSC）法，是常用的测量高分子结晶度的方法之一，可以全面表征高分子的结晶特性，为材料的设计和优化提供理论基础。

DSC 法是在一定的气氛和程序控制温度下，测量输入样品和参比物的功率差（或热流差）与温度（或时间）关系的一种热分析技术（参见平行实验 11-7A）。根据热流差随温度的变化信息可以分析得到样品吸热、放热和比热容变化等热效应信息，从而计算出反应热量（热焓）和温度，是研究材料比热容、熔融与结晶、玻璃化转变、组分及相容性、热氧稳定性（氧化诱导期）、低分子结晶体纯度、交联固化和反应动力学等的支撑技术，广泛应用于塑料、橡胶、纤维、石油、化工、涂料、黏合剂、医药、食品、生物有机、无机材料、金属材料和复合材料等领域。

根据结构和测试原理不同，DSC 仪器分为功率补偿型和热流型两种。功率补偿型 DSC 主要特点是具有完全独立的两个炉子，分别具有独立的加热器和温度传感器，加热器直接给样品和参比加热，是内热式，因两个独立炉子造成基线平直性欠佳。而热流型 DSC 是外加热式，只有一个加热炉和一路加热控制系统，通过比较样品与参考物质的热量差来测量样品的热性质，具有基线平直的特点，但其加热速率较慢（参见平行实验 11-7A）。

DSC 法应用于结晶聚合物结晶与熔融过程研究时，从结晶熔融过程的非等温 DSC 曲线可以得到结晶温度 $T_c$、熔融温度 $T_m$、结晶热焓 $\Delta H_c$、半高峰宽 $\Delta W$、过冷度 $\Delta T_c$ 等特征参数，从这些特征参数和峰形可以了解结晶聚合物结晶熔融温度、结晶度、结晶快慢、结晶规整性和结晶能力等信息，如图 11-7B-1 所示。

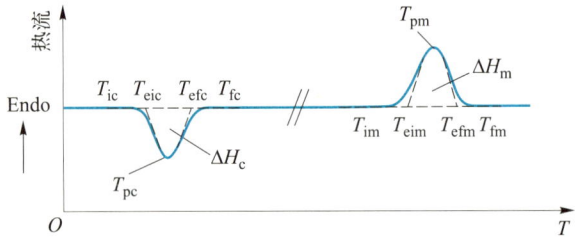

$T_c$—结晶温度；$T_m$—熔融温度；$\Delta H_c$—结晶热焓；$\Delta H_m$—熔融热焓

$T_{ic}$ 和 $T_{fc}$ 分别为结晶过程中的起始温度和终止温度；$T_{pc}$ 为结晶峰起始温度；$T_{eic}$ 和 $T_{efc}$ 分别为结晶的有效起始温度和终止温度。$T_{im}$ 和 $T_{fm}$ 分别为熔融过程的起始温度和终止温度；$T_{eim}$ 和 $T_{efm}$ 分别为熔融过程的有效起始温度和终止温度；$T_{pm}$ 为熔融峰温度

**图 11-7B-1　非等温 DSC 结晶与熔融曲线示意图**

在等温结晶动力学的研究中通过等温的 DSC 曲线,可以得到聚合物在特定温度下等温结晶过程的结晶时间 $t_p$,结晶热熔 $\Delta H_c$ 和结晶速率 $t_{1/2}$ 等特征参数。此外,还可以进行氧化诱导期和聚合物比热容测试等,如图 11-7B-2 所示。

本实验采用热流型 DSC 仪,在升温过程中,聚合物样品会发生玻璃化转变、冷结晶和熔融过程,分别伴随着比热容变化、放热和吸热现象,打破了样品与参比的热平衡状态,样品和参比产生温差 $\Delta T_{SR}$。通过热学原理,由计算机把检测到温差 $\Delta T_{SR}$ 转换成热流差 $dQ_s/dt$。程序温度 $T_p$ 或样品温度 $T_s$ 作为横坐标,单位(℃),样品和参比热流差 $dQ_s/dt$ 作为纵坐标,单位 $J \cdot s^{-1}$(焦耳/秒),得到样品热流 $dQ_s/dt$ 与温度 $T$ 关系,如图 11-7B-3 是聚对苯二甲酸乙二醇酯(PET)样品的 DSC 曲线。

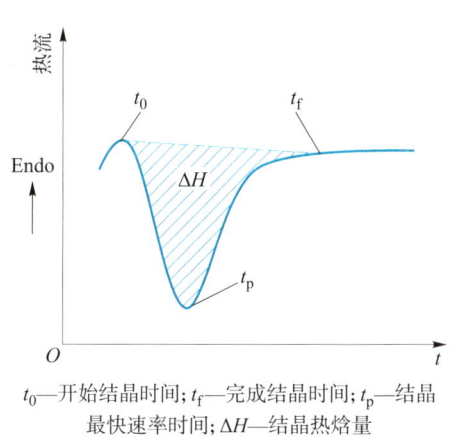

$t_0$—开始结晶时间;$t_f$—完成结晶时间;$t_p$—结晶
最快速率时间;$\Delta H$—结晶热熔量

图 11-7B-2　等温 DSC 结晶示意图　　图 11-7B-3　PET 升降温 DSC 曲线(10 ℃·min$^{-1}$)

利用分析软件,从 DSC 曲线上,分析得到 PET 的玻璃化转变温度 $T_g$、结晶温度 $T_c$ 和熔融温度 $T_m$。在结晶熔融峰区域热流 $dQ_s/dt$ 对时间积分得到结晶熔融热量 $Q_c$ 和 $Q_m$,热量对样品质量归一化得到结晶熔融热熔 $\Delta H_c$ 和 $\Delta H_m$。

## 三、仪器与试剂

### 1. 实验仪器

差示扫描量热仪(热流型);电子天平;卷边压样器。

### 2. 试剂及耗材

高纯氮气;聚对苯二甲酸乙二醇酯(PET);铝坩埚(样品池);铟标准样品等。

## 四、实验步骤

### 1. 测试样品准备

(1)非晶态 PET 样品的制备:称取 2.50~3.50 mg 的 PET 样品,放在铝坩埚中,平摊盖上盖子,用卷边压样器冲压密封。在 30 mL·min$^{-1}$ 的氮气气氛下,用 20 ℃·min$^{-1}$ 的升温速率升温到 300 ℃,恒温 5 min,立即使用高温专用镊子或坩埚钳快速、稳妥地将铝坩埚从 DSC 装置中取出,并迅速投入预先准备好的液氮容器中进行淬火冷却。

（2）参比物制备：为简化实验操作,本实验直接用空的铝坩埚加盖作为参比物。

### 2.仪器准备

（1）打开氮气气阀开关,调节减压阀,气体压力调到 0.2 MPa,依次开启 DSC 主机、机械制冷器、计算机和显示器的电源;打开控制软件,联机,预热 30 min。

（2）DSC 仪器加热炉清洁和消除热历史处理:不放置样品和参比物,在空气气氛下,以 $20\ ℃\cdot min^{-1}$ 的升温速率升温到 320 ℃,恒温 10 min 后降到室温,用棉签蘸乙醇清洁样品支架和参比支架,如果没有污染,这步可省略;清洁后,再以 $20\ ℃\cdot min^{-1}$ 的升温速率升温到 320 ℃,消除热历史,自然冷却至室温。

（3）DSC 仪器的温度和量热校正:测试环境如气体及流速、样品皿（坩埚）的材质尺寸、仪器的冷却系统,升降温速率等对 DSC 数据均有影响,为确保 DSC 数据的准确度,必须用已知熔融温度和热焓的标准样品来对温度和热量进行校准。放置空坩埚作为参比物,在 30 $mL\cdot min^{-1}$ 的氮气气氛下,用 $10\ ℃\cdot min^{-1}$ 的升温速率,测量标准样品铟的升温 DSC 曲线,得到铟的熔融热焓 $\Delta H_m$ 和外推起始熔融温度 $T_{eim}$ 的测量值,比较测量值和标准值来校正温度和热焓,铟的 $\Delta H_m$ 和 $T_{eim}$ 标准值分别为 28.47 $J\cdot g^{-1}$ 和 156.60 ℃。

### 3.样品放置

把 DSC 仪器炉盖打开,把封装了淬火 PET 样品的铝坩埚和参比物坩埚放在相应的样品支架上,使其卷边朝上,再把炉盖盖好。在控制面板设置使仪器恒温在本实验的起始温度 30 ℃。

### 4.测试实验

（1）根据相关操作软件,依次设置以下实验参数:

① 设置样品名和文件存放位置。

② 输入测试样品的质量。

③ 选择实验环境需要的气体及其流速。

④ 设置可控温度程序的温度范围和升降温速率。

（2）点击"Start",开始测试。

（3）测试结束后,待温度降至室温,打开 DSC 炉盖,卸下测试样品及参比物。

## 五、注意事项

（1）为确保 DSC 数据的准确度,必须用已知熔融温度和热焓的标准样品来对温度和热量进行校准。

（2）为了得到样品材料的真实信息,需要在熔融温度以上消除样品的热历史,消除应力取向或热处理过程对样品晶形和结晶度的影响;也可作为探索,比较不消除与消除的不同。

（3）样品用量、颗粒形状及大小尽量控制一致。样品量少,峰窄小尖锐,分辨率高,但灵敏度低;样品颗粒大样品量多会影响热传递效果,温度滞后和内部温差大,导致峰形变宽相邻峰重叠,分辨率低,但灵敏度高。

（4）升温速率对 DSC 数据的影响,升温速率快,灵敏度高,可提高弱信号的检测限,但基线漂移大,会降低相邻峰的分辨率;升温速率慢,分辨率高,但灵敏度低,有些弱信号检测不到。一般选择 $10\ ℃\cdot min^{-1}$ 的升降温速率。

（5）为提高样品热焓测量的准确性,需准确称取样品的质量,精确到 0.01 mg。

（6）为预防加热炉被污染，在实验测试的温度范围，样品不能有挥发性物质逸出，对于不详的样品，先做热重分析，失重量控制在 1% 以下的温度范围做 DSC 测试。

## 六、数据处理与分析

（1）记录实验条件，包括仪器厂家和型号规格、样品名称和质量、气氛及其流速，升温速率。

（2）用分析软件，从 PET 的升降温 DSC 曲线中，计算出玻璃化转变过程的转变温度 $T_g$ 和转变前后的热容差 $\Delta C_p$；结晶过程的特征温度 $T_c$ 和结晶热焓 $\Delta H_c$；熔融过程中的特征温度 $T_m$ 和熔融热焓 $\Delta H_m$；查阅 PET 完全结晶时的熔融热焓 $\Delta H_{m100\%}$，就可以计算结晶度 $\alpha = \Delta H_m / \Delta H_{m100\%}$。

（3）实验结果分析讨论。根据实验结果，分析讨论经过淬火处理和慢速降温处理的 PET 样品，在升温 DSC 曲线的异同及其原因。

## 七、思考题

（1）影响 DSC 实验结果的因素主要有哪些？
（2）在 DSC 曲线上怎样辨别吸热峰和放热峰？
（3）查阅文献资料，给出其他测试高分子结晶和结晶度的方法，比较各种方法的优劣性。

## 八、知识拓展

热分析法中的差示扫描量热法在高分子材料研究中扮演着关键角色。请借助人工智能（AI）等，查询学习相关内容，包括以下三个方面：
（1）DSC 测试在解析高分子材料结构与性能关系方面发挥着重要作用。
（2）DSC 测试在评价高分子材料的使用性能方面具有显著意义。
（3）DSC 测试在优化高分子材料的加工工艺方面提供了重要依据。

DSC 测试作为一种高效的热分析手段，不仅有助于深入理解高分子材料的结构与性能关系，还能有效评价材料的使用性能，并为加工工艺的优化提供科学依据。这些应用对于推动高分子材料科学的发展和技术进步具有重要意义。

## 九、参考文献

（中山大学　阮文红、杨立群）

## 实验 11-7C　高分子的结晶及其结晶度的 X 射线衍射法表征

### 一、实验目的

（1）能够阐述广角 X 射线衍射分析的基本原理和使用方法。

（2）能够通过 X 射线衍射分析计算结晶高分子的结晶度。

（3）通过结晶度的计算了解结晶高分子的特点及高分子结晶的材料性能的影响。

### 二、实验原理

晶体是物质凝聚态的一种表现形式，在晶体中，原子、离子或分子按照一定的规律排列成周期性的结构。晶体的晶格结构决定了其物理性质的特点，如晶体的硬度、透明度、导电性等。X 射线是波长范围在 0.01~10 nm 的电磁波，而物质结构的基本组成，原子和分子的大小和间距（0.1~1 nm）正好落在 X 射线的波长范围内。由于晶体中原子呈周期排列，当一束特定波长的 X 射线穿过晶体时，在晶格内原子散射的 X 射线在空间产生干涉，导致在某些散射方向上相互加强，某些方向上相互抵消，从而出现衍射现象，衍射信号的空间分布和强度与晶体结构中原子的种类和空间分布有关，因此物质（特别是晶体）对 X 射线的散射和衍射能够传递极为丰富的微观结构信息，是认识物质微观结构的重要途径。

每一类晶体都有自己特有的化学组成和周期性晶体结构。一个三维的晶体结构可以看成一些完全相同的原子平面按一定的距离 $d$ 平行排列而成。面间距 $d$ 与晶胞的大小、形状有关，相对强度则与晶胞中所含原子的种类、数目及其在晶胞中的位置有关，因此当 X 射线穿过晶体时，每一种晶体都可得到自己特征的衍射花样。

如图 11-7C-1 所示，假定晶体中某一方向上的原子面之间的距离为 $d$，波长为 $\lambda$ 的 X 射线以夹角 $\theta$ 射入晶体。在同一原子面上，入射线与散射线所经过的光程相等，在相邻的两个原子面网上散射出来的 X 射线有光程差，只有当光程差等于入射波长的整数倍时，才能产生被加强了的衍射线，这就是布拉格（Bragg）方程［式（11.7C.1）］，式中 $n$ 是整数。已知入射 X 射线的波长和实验测得衍射信号对应的夹角 $\theta$，即可算出面间距 $d$。

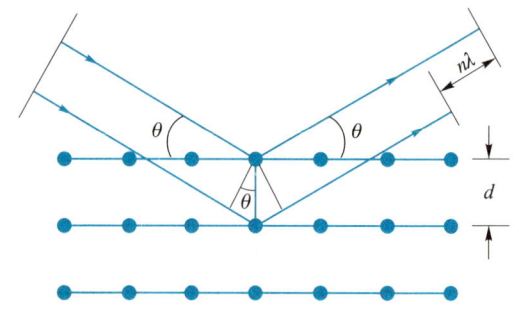

图 11-7C-1　X 射线在晶体原子面上发生衍射的示意图

$$2d\sin\theta = n\lambda \qquad (11.7C.1)$$

大多数无机与有机晶体的面间距 $d<1.5$ nm，因此当用 Cu-K$_\alpha$ 作为 X 射线源时，X 射线波长 $\lambda=0.15418$ nm，按布拉格方程式（11.7C.1）计算可知相应的衍射角 $2\theta$ 为 5°53′。因此，习惯上把 $2\theta$ 在 5°~180° 范围的衍射称为广角 X 射线衍射（WAXD），$2\theta$ 小于 5° 的称为小角 X 射线散射（SAXS）。实际测试时不是将具有各种 $d$ 值的晶面以 $\theta$ 夹角绕入射线旋转，而是

将被测样品磨成粉末,制成粉末样品。样品中的晶体颗粒做完全无规则的排列,存在着各种可能的晶面取向。X 射线衍射仪的探测器绕样品扫描一周,依次记录晶体所产生的衍射峰的位置($\theta$)和强度($I$)。这种测试方法称为粉末 X 射线衍射分析法,又称为多晶 X 射线衍射分析法。

多晶 X 射线衍射分析法根据分析对象的晶体结构数据来进行固态物质的相组成分析,是物相分析的最主要而有力的方法。物相分析在物质材料的组成分析、结构与性能关系的研究、材料制备、生产过程的控制或性能控制等方面都十分重要。多晶 X 射线衍射分析法不仅能完成对样品物相组成的定性鉴定,也能完成定量的分析。多晶 X 射线衍射分析法可测定晶态物质的晶体结构参数及物质的一些与晶体结构参数有关的物理量,也是观测物质结构微小变化,研究物质的结构灵敏性质的有力工具。此外,多晶 X 射线衍射分析法还可以用于高分子材料研究,对结晶高分子进行相分析、测定结晶度、结晶的择优取向、高分子的微结构(包括晶胞参数,空间群,分子的构型、构象、立体规整度等)及晶粒度与晶格畸变等。

与小分子类似,分子链结构较规整的高分子在一定条件下也能排列起来形成有序堆积,但是与小分子不同的是,高分子的晶胞由一个或若干个高分子链的链段构成,除少数天然蛋白质以分子链球堆砌成晶体外,绝大多数情况下高分子链以链段形式排入晶胞中,高分子链在结晶过程中发生链折叠,形成片晶,片晶堆砌形成更大的球晶。除了熔体冷却结晶,也可通过机械拉伸或溶剂蒸发来获得高分子结晶。高分子链的这种堆积模式造成高分子晶体没有立方晶系,$c$ 轴方向一般为链段方向。其次,高分子链内以共价键连接,分子链间以范德华力或氢键相互作用,结晶时受分子链结构不规整、链缠结及链间相互作用等影响,自由运动受阻,妨碍其规整排列,很难像小分子那样完全结晶,高分子只能部分结晶,因此通常被称为半结晶性高分子。这些原因造成高分子一般很难得到足够大的单晶,多数为多晶状态。在目前已知的高分子中,大约 70% 都是结晶性高分子,在日常生活和各领域有着大量的应用。高分子结构具有多尺度复杂性,从高分子链结构、晶体结构、晶区与非晶区堆积结构、片晶结构等,不同尺度范围的结构都会影响到高分子材料最后的性能。因此对于高分子结晶行为的研究,包括高分子晶体结构的确定、结晶动力学、结晶度的测定等,对深入了解高分子材料微观结构与物理性能之间的关系有重要意义。

随着表征技术和计算机模拟的快速发展,近年来大量高分子晶体结构被建立或修正。确定结晶性高分子的晶体结构信息,最经典的方法是广角 X 射线衍射法,包括采用粉末 X 射线衍射进行多晶非取向高分子样品的测试,以及采用二维 X 射线衍射进行拉伸取向的结晶性高分子纤维样品的测试等。此外,还可以采用中子衍射及电子衍射法进行高分子晶体结构的研究。高分子很难获得 0.1 mm 以上的单晶,所以测试大多采用多晶样品。与小分子相比,高分子结晶区的尺寸小,晶格内分子排列不完善,通常获得的 XRD 衍射图的衍射峰数量较少,且峰比较宽,强度较弱,因此在结构解析方面难度较大,从样品制备到测试及后续分析都需要仔细处理。当结构无法确定时,可尝试通过制备高取向样品,获得其二维广角 X 射线衍射图来将重合的衍射峰区分开,提高结构解析的准确性。

上面提到高分子的结晶并非像小分子那样完善,通常表现为非晶和结晶共存的状态,材料内部存在结晶区和非晶(无定形)区,通常用结晶度来表示高分子体系结晶区所占比例。结晶度作为高分子的一个宏观表征参数,具有重要的物理意义,它与材料的力学强度、溶解性、生物降解性等性能密切相关。在高分子材料结晶度的测定方法中,除了常用的红外光谱、核磁共振波谱、热分析法、密度法等,还有一个重要方法就是 X 射线衍射法。在结晶高分子体系中,结晶和非晶两种聚集态对 X 射线衍射的贡献不同。结晶部分的衍射在特定的 $\theta$ 角方向上出现尖锐的衍射峰,其峰位置由晶面间距 $d$ 决定[图 11-7C-2(a)],非晶样品在 XRD 上仅在 20°附近出现一个弥散的散射宽峰[图 11-7C-2(b)]。通常,结晶高分子样品的 XRD 图如图 11-7C-2(c)所示,表现为结晶峰和非晶散射共存的衍射图案,因此需要软件把衍射峰分解为结晶和非晶两部分,结晶峰面积与总面积之比就是结晶度 $X_c$:

$$X_c = \frac{I_c}{I_o} = \frac{I_c}{I_c + I_a} \qquad (11.7C.2)$$

式中:$I_c$ 为结晶衍射的积分强度,$I_a$ 为非晶散射的积分强度,$I_o$ 为总衍射强度。

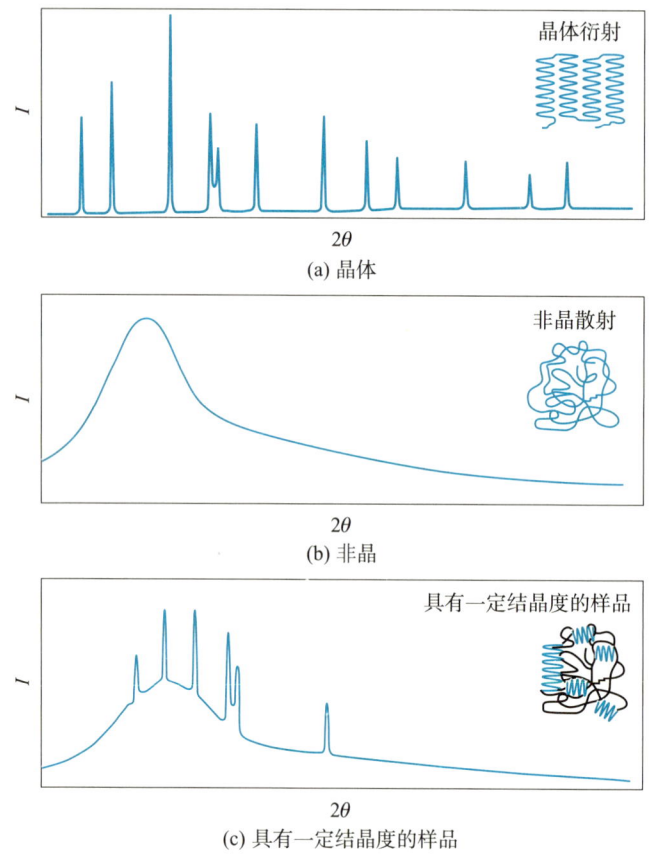

(a) 晶体

(b) 非晶

(c) 具有一定结晶度的样品

图 11-7C-2　晶体、非晶和具有一定结晶度的样品的 XRD 图的对比

　　需要注意的是,由于高分子的晶区与非晶区的界限不明确,在一个样品中存在不同程度的有序状态,准确确定结晶部分的含量并不是那么容易。不同测试结晶度的方法涉及的原理不同,对晶区和非晶区的理解不同,得到的测量结果会不同,因此在指出某高分子结晶度时,需要具体说明是用什么方法测量的,不同测量方法得到的结晶度不具有可比性。

　　广角 X 射线衍射仪通常由以下几个部分构成:光源、入射光路、样品台、衍射光路、探测器。多晶粉末衍射仪一般采用半聚焦光路进行多晶样品的物相分析等测试,如图 11-7C-3

所示。样品台在圆心,测试时,在测角仪控制下,X 射线管和探测器按一定扫描速度和步长,同时相向转动相同角度,探测器记录衍射信号,最后得到横坐标为 $2\theta$,纵坐标为强度 $I$ 的衍射图。

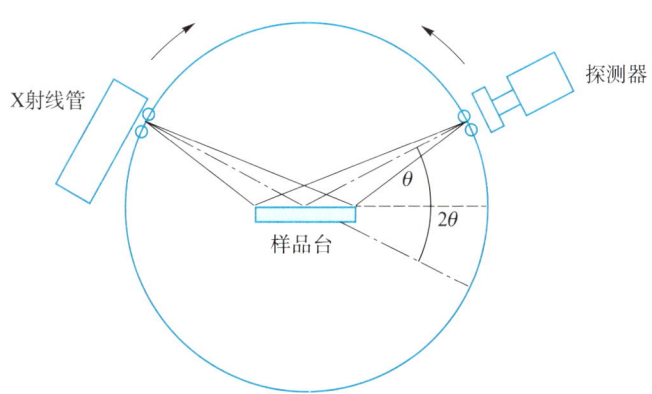

图 11-7C-3　粉末衍射仪光路示意图

X 射线发生器的主要部件是 X 射线管,不同阳极靶的 X 射线管可发射出不同波长的 X 射线,选靶的原则是要避免使用能被样品强烈吸收的波长,否则将使样品激发出强的荧光辐射,增高衍射图的背景。在高分子样品测试时,通常选用铜靶 X 射线管,一般施加的高压范围为 30~50 kV。测角仪是多晶粉末衍射仪上最精密的机械部件,用来精确测量衍射角。测角仪两臂分别固定入射光路和衍射光路,两臂移动的角度可精确控制,中间的样品台在测试过程中静止不动。入射光路部分包含光源、滤光片、各类狭缝,衍射光路部分包括高灵敏探测器,探测器前方也配备了相应的狭缝。光路中狭缝的大小对衍射强度和分辨率都有影响。大狭缝可得到较大的衍射强度,但分辨率低;小狭缝可提高分辨率,但强度会有所损失。一般情况下若需要提高强度时宜选大些的狭缝,需要高分辨率时宜选用小些的狭缝,尤其是接收狭缝对分辨率影响更大。入射光路部分,X 射线管发出的光经过滤波片后需用发散狭缝来限制发散光束的宽度,限制光束不要照射到样品以外的地方,以免引起大量的附加散射。入射 X 射线束在扫描平面上的发散角大小和 X 射线入射角度及狭缝宽度有关。例如,当起始扫描角度较低(低于 5°)时,需要选用较小的发散狭缝,防止部分 X 射线直射入探测器。衍射光路部分,接收狭缝是为了限制待测角度位置附近区域之外的 X 射线进入检测器,它的宽度对衍射仪的分辨能力、线的强度及峰高/背底比有着重要的影响,防散射狭缝是光路中的辅助狭缝,它能限制由于不同原因产生的附加散射进入检测器,有助于降低背景。

这类光路在进行样品测试时对样品表面的平整性及样品表面是否在光路上有严格要求。样品制作上的差异对衍射结果所产生的影响,要比照相法中大得多。因此制备出符合要求的样品是 X 射线衍射实验中重要的一环。待测样品通常需要制成平板状。粉末衍射仪自带有凹槽的铝质或玻璃样品板,将样品填入凹槽,并保持表面平整,如图 11-7C-4 所示。一般将待测样品研成 10 μm 左右的细粉,将适量研磨好的细粉填入凹槽,将槽外或高出样品板表面的多余粉末刮去,并用平整的玻璃板将其压紧,如图 11-7C-4(a)所示,使样品表面与样品板面平整光滑,在样品测试时,平整面朝上对着光路。对于一些不易研成粉末的块状高分子样品,可先将其锯成窗孔大小,磨平一面,再用橡皮泥或石蜡将其固定在窗孔

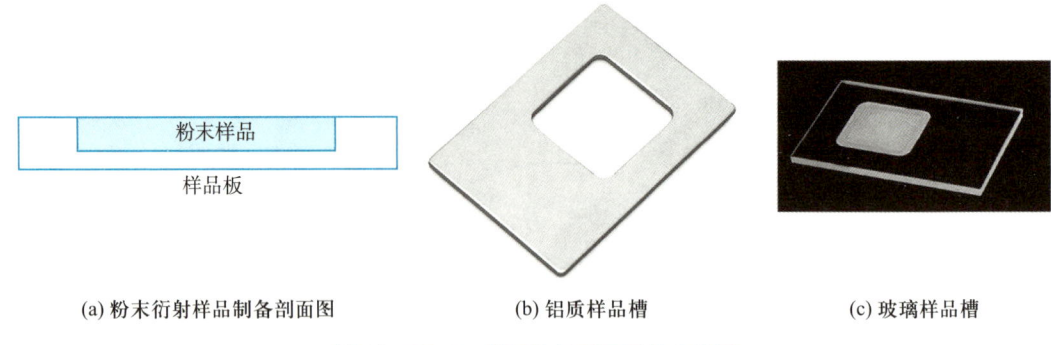

(a) 粉末衍射样品制备剖面图　　　　(b) 铝质样品槽　　　　(c) 玻璃样品槽

图 11-7C-4　样品槽剖面图及其实物图

内。对于片状、纤维状或薄膜样品可直接嵌固在窗孔内，且使其平整表面与样品板平齐。

## 三、仪器与试剂

### 1. 实验仪器

X 射线粉末衍射仪；控温热台；镊子等。

### 2. 试剂及耗材

等规聚丙烯（PP）及其他结晶性高分子，如聚对苯二甲酸乙二醇酯（PET），高密度聚乙烯（HDPE），尼龙等。

## 四、实验步骤

### 1. 采用熔融法处理待测聚合物样品（以 PP 为例）

（1）将 PP 聚合物加热至 230 ℃，热压成约 1 mm 厚的试样，恒温 0.5 h 后，在液氮中急冷，得到高温淬火样品。

（2）取四个高温淬火样品置于控温热台，分别在 100 ℃、110 ℃、120 ℃ 和 130 ℃ 下恒温处理 0.5 h 后，冷却至室温，得到四个退火样品。

（3）将 PP 聚合物加热至 230 ℃，热压成 1 mm 厚的试样，恒温 0.5 h 后，自然冷却至室温后取出，得到自然冷却样品。

（4）待测聚合物样品处理完后，根据 XRD 样品槽尺寸，剪裁至合适大小的平板状样品条，填入样品槽内，样品表面平滑，且样品高度与样品槽边缘齐平。

（5）其他结晶性高分子也可根据其玻璃化转变温度、熔融温度和结晶温度来确定其熔融制样温度和退火温度，进行类似的制样。

### 2. 样品测试

（1）开启电源开关和循环冷却水系统，待仪器稳定后，按下 X 射线"ON 键"，X 射线指示灯亮，X 射线正常启动，逐渐升高电压和电流至工作值，仪器进入测试状态。

（2）将制好的试样放入样品台，选择合适宽度的狭缝，插入光路中，检查无误后，关上仪器门。在计算机上选择起始角度、扫描角度范围（5°~60°）及步长等参数（根据不同仪器进行相应设置），进行测试。

（3）测试完成后，降电压和电流至待机状态，按下 X 射线"OFF 键"，X 射线关闭，关闭仪器的电源开关和循环冷却水系统，最后关闭仪器的总电源开关，实验结束。

## 五、注意事项

（1）在进行样品测试时，一定要经过严格培训，或者在专业操作员的指导下进行实验操作。

（2）样品的形状可以为板状、条带状和粉末状，由于不同样品散射能力（X 射线对样品的穿透能力）不同，样品用量 30～200 mg，样品量太少会影响到衍射信号的强度，样品制备要求厚度均匀，没有气泡。样品的厚度与样品池边缘齐平，不能高于或低于样品池的边缘，样品表面要尽可能平整，否则会因为样品制备问题造成衍射峰位偏移、衍射强度弱或衍射峰消失等数据异常。研磨后的粉末样品粒度最好为 1～10 μm，有条件的话最好过 250～340 目的筛子。对于有机高分子样品，在压制粉末时，在保证表面平整的前提下，垂直用力不能太大，否则容易产生择优取向。

## 六、数据处理与分析

（1）XRD 图的处理，获得样品的 XRD 图后，用计算机所带的软件系统对衍射图进行寻峰，求面积、重心、积分宽、谱图对比（多个衍射图的叠合显示与图谱加减）、平滑处理、$2\theta-d$ 之间相互换算等初步处理。

（2）高分子结晶度的计算，将整个高分子样品的 X 射线衍射峰分解为结晶和非晶两部分（可以由计算机来完成），根据式（11.7C.2）计算结晶度 $X_c$。

以等规聚丙烯（i-PP）为例，其晶体结构有 $\alpha$、$\beta$、$\gamma$、$\delta$ 及拟六方态五种，其中 $\alpha$ 晶体时最稳定的晶型，图 11-7C-5 是 i-PP 的 $\alpha$ 晶体的 X 射线衍射图（实际测试时，不同聚合物样品的峰的形状和强度会有所变化，但每个峰对应的 $2\theta$ 值不变），$\alpha$ 晶体为单斜晶系，其晶格参数为 $a = 6.65$ Å[①]，$b = 20.96$ Å，$c = 6.50$ Å，$\beta = 99.5°$。可通过比对谱图判断 i-PP 晶体的晶型，找出各个衍射峰代表的晶面，通过计算机软件对测试得到的 XRD 图进行分峰处理，将无定

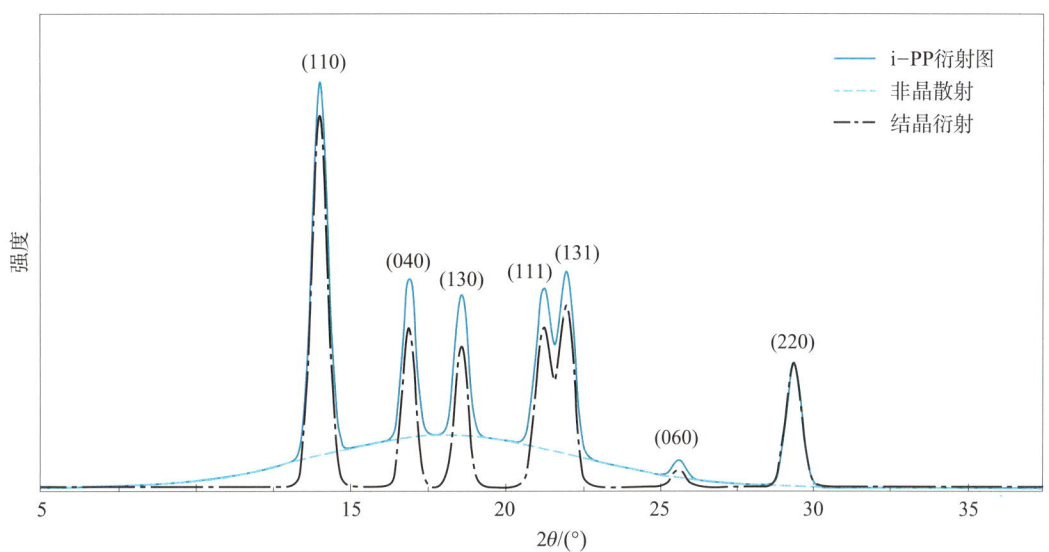

**图 11-7C-5　等规聚丙烯 α 晶体的 X 射线衍射图**

---

① 1 Å = 0.1 nm。

形非晶部分和结晶部分分开,计算结晶度。样品曲线下的总面积就相当于总的衍射强度 $I_0$。此总面积减去非晶散射线下面的面积 $I_a$ 就得到结晶衍射的强度 $I_c$,由式(11.7C.2)可求得结晶度 $X_c$。将不同处理条件下得到的聚合物样品(以 PP 为例)的结晶度数据填入表 11-7C-1 中,并比较结晶度大小,讨论其影响因素。

表 11-7C-1　不同处理条件下 PP 的结晶度实验数据记录表

| 测试样品编号 | 1 | 2 | 3 | 4 | 5 | 6 |
|---|---|---|---|---|---|---|
| 退火温度/摄氏度 | 高温淬火 | 100 | 110 | 120 | 130 | 自然冷却 |
| 结晶度 $X_c$ | | | | | | |

## 七、思考题

(1) 根据所测得的实验结果,分析讨论影响高分子结晶度的主要因素有哪些。

(2) 除了 X 射线衍射法,高分子的结晶度还有哪些测试方法?

(3) 查找相关资料,讨论结晶高分子的结晶度与材料性能之间的关系。

## 八、参考文献

（苏州大学　陈小芳）

# 实验 11-7D　高分子结晶形态与结晶速度的<br>偏光显微镜法表征

## 一、实验目的

(1) 深入理解偏光显微镜的工作原理和构造,并熟练掌握其操作方法。

(2) 掌握通过熔融法制备聚乙二醇或聚乙烯球晶的技术。

(3) 观察聚乙二醇或聚乙烯在不同温度条件下形成的球晶形态,并进行尺寸测量。

(4) 测算聚乙二醇或聚乙烯的径向生长速度。

## 二、实验原理

当自然光线在两种各向同性介质的分界面($M$)上折射时,一般仅产生一条折射光线。然而,当光线(S)射入各向异性的介质时,它会分裂为两条光线:寻常光线(o 光)和非常光线(e 光),它们沿不同的方向折射,如图 11-7D-1 所示,这一现象称为双折射。聚合物晶体

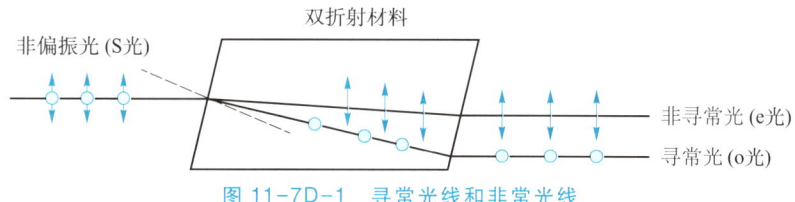

图 11-7D-1　寻常光线和非常光线

与其他晶体类似,对光表现出各向异性,最常见的现象包括光的双折射和干涉,因此,可以使用偏光显微镜来进行观察和研究。

使用偏光显微镜研究聚合物的结晶形态是一种在实验室中既简便又实用的方法。不同的结晶条件会导致聚合物形成多种结晶形态,如单晶、树枝晶、球晶、纤维晶和伸直链晶等。而球晶是聚合物结晶中一种最常见的形态。聚合物的结晶过程涉及分子链从无序状态转变为三维空间中的有序排列。这种转变受外界条件如温度和时间的影响,结晶聚合物材料及其制品的实际应用性能,如光学透明性和冲击强度,与材料内部的结晶形态、晶粒尺寸及其完善度密切相关。因此,对聚合物结晶形态的研究不仅具有重要的理论价值,也具有显著的实用意义。在正交偏光显微镜下观察时,聚合物的不同聚集状态会展现出独特的图像特征,这些特征有助于对其内部结构进行准确的推断和评估。

非晶体(无定形)聚合物薄片作为光均匀体,具有各向同性,不产生双折射现象。在偏光显微镜下,由于两正交偏振片的阻挡作用,视场呈现为暗色。球晶通常是由聚合物从浓溶液或熔体冷却过程中形成的。这些球晶由具有折叠链结构的片晶组成,片晶厚度大约为10 nm,它们从一个中心点(晶核)向四周各方向生长,最终形成一个球状的聚集体。电子衍射实验证实,在球晶内部,分子链始终垂直于球晶的半径方向排列。分子链的有序排列导致球晶在光学特性上表现出各向异性,即在不同方向上展现出不同的折射率。当分子链与起偏镜或检偏镜的方向平行时,会发生消光现象,从而在显微镜下形成独特的黑十字消光图案,表现为四明四暗的视觉效果,如图 11-7D-2(a)所示。有时,晶片会周期性地扭曲并从中心向外生长,如聚乙二醇形成的球晶,会在显微镜下呈现出一系列消光的同心圆环,如图 11-7D-2(b)所示。在溶液中培育的球晶通常能够展现出清晰的形态。然而,由熔体形成的球晶由于相互之间的挤压,常常呈现为不规则的多角形,尽管如此,仍可辨认出从中心辐射出的黑十字图像,尽管这些图像可能存在不同程度的不完整。在适当的条件控制下,球晶能够生长至数百微米甚至更大尺寸。当聚合物中的分子链发生拉伸和取向时,将产生光的干涉效应。在正交偏光显微镜下,多色光源将产生彩色条纹。通过分析条纹的颜色、数量、间距及清晰度,可以推算出分子链的取向程度及材料内部的应力水平。

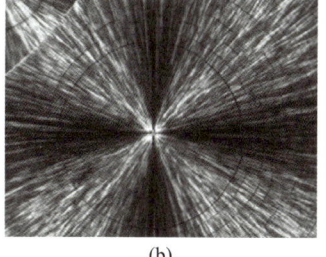

(a)　　　　　　　　(b)

图 11-7D-2　聚乙二醇的球晶照片

## 三、仪器与试剂

### 1. 实验仪器

偏光显微镜（XP-201 型）；计算机 1 台和成像系统 1 套；偏光显微熔点测定仪（XPR-201 型）；恒温电热板；镊子。

### 2. 试剂及耗材

载玻片；盖玻片；聚乙二醇（$M_n = 6000 \sim 10000$）；聚乙烯（HDPE，$M_n = 20000 \sim 50000$）。

## 四、实验步骤

### 1. 偏光显微镜的调整和使用

请参考本实验的知识拓展部分及仪器的使用说明书。

### 2. 聚合物样品的制备

将清洁的盖玻片（20 mm×20 mm）放置在恒温电热板上，并保持一个恒定的温度，该温度应高于聚合物熔点 30 ℃。接着，将少量聚乙二醇或聚乙烯树脂颗粒置于盖玻片上。待树脂熔融后，覆盖上另一片清洁的盖玻片，保持恒温 10 min。之后，使用镊子轻轻压平以形成薄膜，并迅速将样品转移到设定结晶温度的偏光显微熔点测定仪中。选定的结晶温度应位于聚合物的玻璃化转变温度与熔点之间。例如，对于聚乙烯（HDPE），可以参考选择 90 ℃、70 ℃和 50 ℃作为结晶温度；对于聚乙二醇（$M_n = 10000$），可以参考选择 50 ℃、40 ℃和 30 ℃作为结晶温度。

### 3. 球晶的观察及其直径的测量

（1）观察聚合物的结晶形态　将制备完成的样品置于载物台上，在正交偏振光条件下观察其结晶形态，并估算球晶半径。此过程可通过计算机辅助完成。

（2）保存观察结果图像　在图像达到最清晰状态时，点击保存按钮以存储图像（特别在使用偏光显微镜与计算机联机操作的情况下）。默认情况下，图像将保存在"我的文档"文件夹中，且可在图像处理软件中打开和进行进一步分析。

（3）标定显微镜目镜的分度尺　在配备分度尺的目镜筒中，放置载物台显微尺，并调节至两尺的基线完全重合。载物台显微尺的总长度为 1.00 mm，等分为 100 格，每格代表 0.01 mm。在显微镜下观察，如果目镜分度尺的 50 格与载物台显微尺的 10 格长度相等，则目镜分度尺每格的实际长度为：$0.01 \text{ mm} \times \dfrac{10}{50} = 2 \times 10^{-3} \text{ mm}$。在进行测量时只要读出被测物体所对应的格数，就能知道实物的大小，测量时只需读取被测物体对应的格数，即可确定其实际大小。

（4）测量球晶的直径　在偏光显微镜正交偏振光条件下观察球晶形态，通过测量相邻两球晶中心连线在分度尺上所占的格数，即可估算球晶直径。

### 4. 测量球晶的径向生长速度

在设定的结晶温度下，使用偏光显微镜连续监测聚合物的结晶过程，包括晶核的形成和晶粒的生长。根据聚合物结晶速度的不同，每隔一定时间记录球晶直径的变化。最后，通过绘制球晶直径与结晶时间的关系图，计算斜率，从而得到该温度下球晶的径向生长速度。

## 五、注意事项

（1）载玻片和盖玻片必须清洗干净。

（2）在熔融样品制备过程中,应控制聚合物样品的量和熔融温度。过高的温度可能导致聚合物分解,而过低的温度则可能导致聚合物熔融不充分。

（3）在测量球晶直径时,应在不同视野中选择具有代表性的球晶进行测量,以确保获得准确的直径数据。

（4）偏光显微镜是一种精密仪器,务必严格遵循使用说明书进行操作,以防因操作不当造成损坏。

## 六、数据处理与分析

（1）将球晶样品的制备条件记录在表 11-7D-1 中。

表 11-7D-1　球晶样品的制备条件表

| 聚合物 | | | | | | |
|---|---|---|---|---|---|---|
| 样品序号 | 1 | 2 | 3 | 1′ | 2′ | 3′ |
| 熔融温度/℃ | | | | | | |
| 结晶温度/℃ | | | | | | |
| 结晶时间/min | | | | | | |

（2）将球晶的观察及其直径的测量数据记录在表 11-7D-2 中。偏光显微镜实时观察样品的黑十字消光图像,并保存于计算机中,方便分析实验结果和记录。

表 11-7D-2　球晶的观察及其直径的测量数据记录表

| 聚合物 | | | | | | |
|---|---|---|---|---|---|---|
| 样品序号 | 1 | 2 | 3 | 1′ | 2′ | 3′ |
| 分度尺读数/格 | | | | | | |
| 分度尺比例/(mm·格$^{-1}$) | | | | | | |
| 球晶直径/μm | | | | | | |

（3）将球晶径向生长速度的测量数据记录在表 11-7D-3 中。

表 11-7D-3　球晶径向生长速度的测量数据记录表

| 聚合物 | | | | | | | |
|---|---|---|---|---|---|---|---|
| 结晶温度 | | | | | | | |
| 结晶时间/min | 0 | 5 | 10 | 15 | 20 | 25 | 30 |
| 相邻球晶中心距离/μm | | | | | | | |
| 球晶直径/μm | | | | | | | |

## 七、思考题

（1）聚合物晶体生长主要依赖于哪些条件？

（2）请简述使用偏光显微镜如何判别聚合物晶体不同形态。

（3）请阐述偏光显微镜下球晶出现黑十字消光图像及同心消光图像的原因。

## 八、知识拓展

### 1. 偏振光与自然光

光波属于电磁波的一种，因此具有横波的特性。它的传播方向与振动方向垂直。定义光的传播方向和振动方向构成的平面为振动面。对于自然光而言，尽管其振动方向始终垂直于传播方向，但振动面却在不断变化。在任一瞬间，在垂直光的传播方向和平面内振动可以取所有可能的方向，没有一个方向占优势［图 11-7D-3（a）中箭头代表振动方向，传播方向垂直于纸面］。

太阳光和其他常见光源发出的是自然光，其振动情况如图 11-7D-3（a）表示。自然光通过尼科耳棱镜或人造偏振片后，光线的振动被限制在某一个方向，这样的光叫作线偏振光（或平面偏振光），如图 11-7D-3（b）所示。

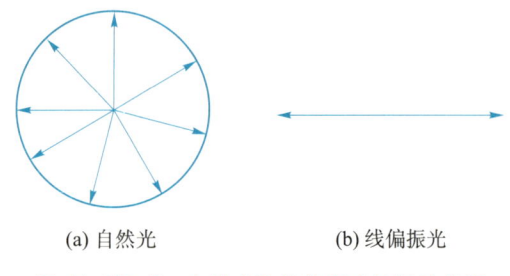

(a) 自然光　　　　　　(b) 线偏振光

图 11-7D-3　自然光和线偏振光的振动状况

### 2. 起偏器与检偏器

能将自然光变成线偏振光的仪器称为起偏器。通常用得较多的是尼科耳棱镜和人造偏振片。尼科耳棱镜由方解石晶体按照特定工艺加工而成。当自然光以一定角度射入时，受晶体双折射效应的影响，入射光被分解为两条振动方向互相垂直的线偏振光：o 光和 e 光。其中，o 光被全反射，而 e 光则透过棱镜射出。人造偏振片的制作原理是利用某些有机化合物（如碘化硫酸奎宁）晶体的二向色性。将这些晶体粉末均匀沉淀在硝酸纤维薄膜上，通过电磁方法调整晶体的 C 轴方向，形成极细的晶线排列。只有当光的振动方向与晶线平行时，光线才能通过，从而实现线偏振。

起偏器不仅能够将自然光转换为线偏振光，还能用于检验线偏振光的特性，此时它被称为检偏器或分析器。例如，串联使用的两个尼科耳棱镜中，靠近光源的那个作为起偏器，而另一个则作为检偏器。当两个棱镜的振动方向一致时，透过的光强度达到最大；反之，当振动方向相互垂直时，透过的光强度降至最低，这种现象被称为"正交偏振"。

### 3. 偏光显微镜

（1）仪器的结构示意图如图 11-7D-4 所示。目镜 10 和物镜 8 共同作用，放大物像，总放大倍数是目镜和物镜放大倍数的乘积。起偏器 5 和检偏器 9 均可在 0～180°范围旋转，用以调整偏振光的方向，使其相互平行或垂直。旋转工作台 7 是一个可水平旋转 360°的圆形平台，其边缘配有标尺，便于直接读取旋转角度。旋转工作台 7 中央的圆孔作为光线的通道。微动调焦手轮 4 和粗动调焦手轮 3 用于在观察样品时调节焦距，以获得清晰的图像。

（2）仪器的使用与操作。

① 灯光照明调节：调整亮度控制钮，直至达到所需的亮度水平。一般情况下，不要将照明调至最强状态，否则，灯泡满负荷下工作寿命将大大缩短。

② 调焦操作：在观察样品时，通常先使用低倍物镜进行初步观察。首先转动粗动调焦手轮，使载物台上升，让样品接近物镜，然后边观察边使样品下降直到观察到图像，最后用微动调焦手轮精细调焦至物像清晰为止。此时转换至其他倍率物镜，基本可达到齐焦。

③ 正交偏光设置：在完成图像调整后，由于起偏器始终位于光路中，因此此时处于单偏光状态。随后，推入检偏器，并将其刻度调至"0"位，同时确保起偏器的刻度也对准"0"位，以实现两偏振器的正交。这时两偏振镜处于正交状态，一般来说，检偏器正方向为南北向，起偏器为东西向。

④ 仪器中心校准：校准的目的是确保镜筒、目镜、物镜的中轴线及工作台的旋转轴精确对齐于同一直线上。此时旋转工作台，视场中心的物像不动，其余的物像则绕中心做圆周运动，如图 11-7D-5 所示。

对样品调焦清晰后，在视域内找一明显目标点，使之位于目镜十字线交点上，旋转载物台，若物镜光轴与载物台旋转中心有偏移，则目标点将绕某一点中心 $S$（即载物台旋转中心）旋转，其轨道为一圆圈，此时将目标点转至 $O_1$ 点，调节物镜中心，使 $O_1$ 点移至 $S$ 点并重合，再转动工作台，观察两点是否重合，如仍有偏移，则重复调整。

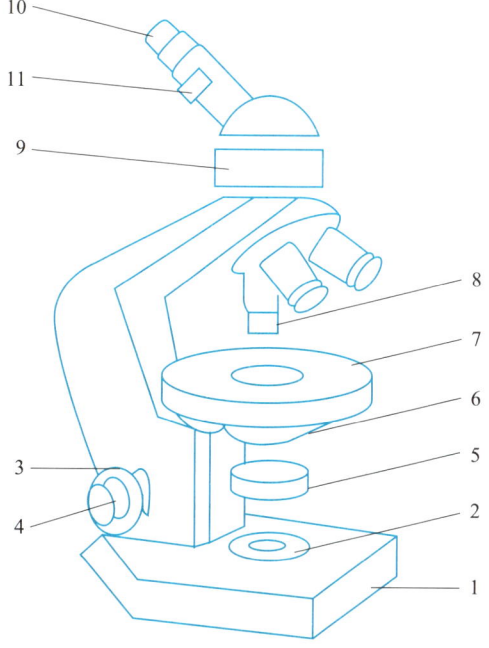

1—仪器底座；2—视场光阑；3—粗动调焦手轮；
4—微动调焦手轮；5—起偏器；6—聚光镜；
7—旋转工作台；8—物镜；9—检偏器；
10—目镜；11—勃氏镜调节手轮

图 11-7D-4　偏光显微镜结构示意图

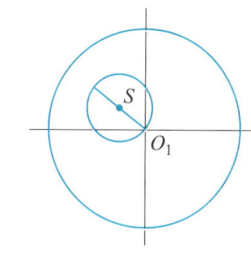

图 11-7D-5　旋转工作台中心与
物镜光轴在一直线上

 ## 九、参考文献

（华东师范大学　贺小华）

## 实验 11-7E   氢键组装合成的超分子液晶聚合物表征及其液晶相行为

### 一、实验目的

（1）能够阐述形成液晶相的分子结构特点及液晶相的基本特征。

（2）熟悉超分子液晶的形成条件及其与通常有机小分子液晶的区别。

（3）能够通过慢挥发溶剂组装方法制备超分子液晶聚合物。

（4）能够利用常用的主要测试技术对液晶相进行表征并了解液晶相行为特点。

### 二、实验原理

液晶是既具有晶体的各向异性，又具有液体的流动性的一种热力学稳定相态。处于液晶态中的分子至少具有一维取向有序排列，这种在分子或超分子水平上兼具有序性与流动性的特点，使得液晶体系能敏感地响应电、光、磁、机械或化学等外源刺激，这正是液晶表现出多种功能特性广泛应用的基础。

液晶材料中，对有机小分子液晶与高分子液晶都已开展了系统深入的研究，并在液晶显示、光开关、光调制器及高强高模量的先进液晶聚合物材料等领域获得了广泛的应用。近些年来，尤其是超分子化学研究领域两次相继获得诺贝尔奖，更有力激发了基于氢键等非共价相互作用组装合成超分子液晶这一多学科交叉前沿领域的蓬勃发展。超分子液晶多功能体系是设计分子器件或新颖功能材料的一条新途径，该领域的研究不仅具有重要学术价值同时也极具应用潜力。生命体系由大量生物分子通过多种分子间次价相互作用组装形成有序聚集结构，完成其如自愈合、自调适等高级机能；而超分子液晶具有的独特动态性质与活组织生物分子系统固有的动态及自适应等特征相似，因此，通过氢键等次价相互作用组装合成各向异性的超分子缔合体系，起到合成材料与生物功能系统的桥梁作用。可以预期的是，在未来材料的设计中及加工制备多级有序动态功能材料方面，分子间次价相互作用将发挥愈发重要的作用。

通过氢键组装的超分子液晶聚合物根据其连接方式不同，大致可分为结构类似于液晶高分子体系的主链型、侧链型和网络型三大类，如图 11-7E-1 所示。其中侧链型又分为氢键直接参与构成扩展介晶基元的 A 型和氢键在介晶基元与主链之间只起连接作用的 B 型两种。网络型超分子液晶聚合物由具有多个氢键给受体的分子构筑单元组装而成，很能体现氢键这类次价键所具有的动态可逆特点。

主链型超分子液晶聚合物主要有如图 11-7E-2（a）所示的基于羧酸基团和吡啶基团之间形成的单重强氢键组装合成的超分子液晶体系，这种类型的液晶体系率先由 Kato 和 Fréchet 等报道。如图 11-7E-2（b）所示为采用双官能团的 2,6-二氨基吡啶衍生物与双酰亚胺化合物通过三重氢键组装制备主链超分子液晶体系的例子。适当分子构造的二元羧酸与二元吡啶可通过氢键缔合组装丰富多样的主链型超分子聚合物，如同双官能团的单体。例如，二元羧酸与二元醇或二元胺通过经典的缩合聚合反应合成传统的缩聚型高分子聚合物。采用引入四甘醇醚柔性间隔基的二苯甲酸与不同二元吡啶通过羧基-吡啶氢键组装合

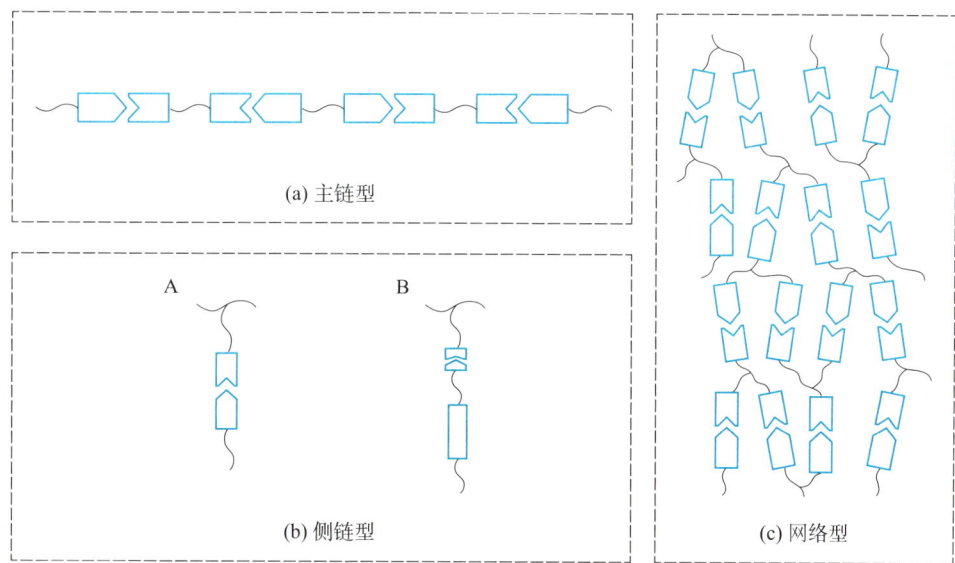

图 11-7E-1　三大类氢键组装超分子液晶聚合物的结构示意图

图 11-7E-2　基于单重或多重氢键的主链型超分子液晶聚合物示例

成的主链型超分子液晶聚合物作为本实验的研究对象。

　　液晶相的最常用表征手段包括热分析、偏光显微镜观测及 X 射线衍射分析等,其他一些检测手段如相混溶检验法、原子力显微镜及电子显微镜影像分析等对一些复杂相结构的确定可提供一些重要信息。这些不同的测试方法都从一个侧面反映液晶材料相转变温度或相结构类型的一些重要信息,其相转变序列及相类型的最终确认通常需要结合多种表征手段加以综合分析。

## 1. 热分析初步确定相转变温度

　　热分析法是液晶研究必不可少的最重要手段之一,差示扫描量热(DSC)或差热分析

（DTA）可提供液晶相转变温度和相变的热效应。结晶与液晶态、液晶态与各向同性液体之间的转变通常为一级相转变，表现为 DSC 升温曲线上的吸热峰或降温曲线上的放热峰。有较强次价相互作用的超分子复合物的热行为通常显著区别于单个组分的简单叠加，这也可作为初步判断是否形成超分子复合物及呈现液晶相可能性的一个依据。图 11-7E-3 为功率补偿型 DSC 仪器测试原理示意图。如果在 DSC 曲线上，尤其是降温曲线上出现两个以上热转变峰，则预示所测试的样品可能具有液晶态。但须引起注意的是，样品的纯度及其经历不同热处理方式的热历史影响等因素，都可能会对 DSC 曲线产生影响，另外，某些物质的多晶型现象等可能干扰液晶态的正确判断，因此 DSC 热分析法一般需与其他表征手段结合，才能对液晶相存在与否及其相态类型做出比较准确的判断。

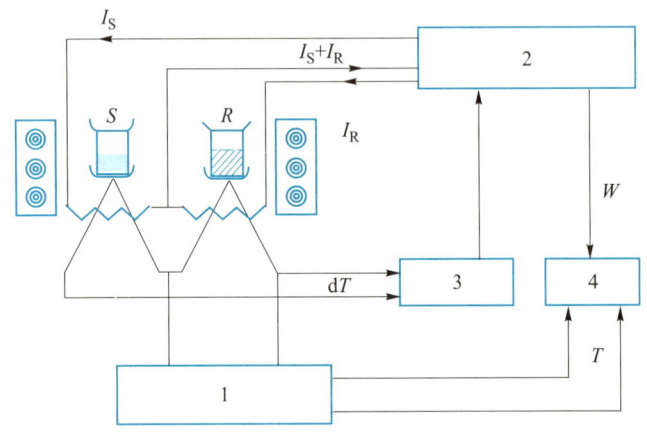

1—热电偶冷端补偿；2—功率补偿器；3—差热放大器；4—记录仪

**图 11-7E-3　功率补偿型 DSC 仪器测试原理示意图**

### 2. 偏光显微分析（POM）观测液晶织构大致确定液晶相类型

液晶态物质是各向异性的，在偏光显微镜下可观察到明显的双折射现象。光学织构（texture）是结晶材料或液晶态物质在光学显微镜下观察到的反映其多晶畴结构或取向缺陷的双折射特征微观结构形态。液晶的织构是指微米级厚度液晶薄膜样品，在正交偏光显微镜下呈现的反映取向排列的介晶基元或液晶分子所产生的平移缺陷（位错）或取向缺陷（向错）的特征形态图像，常常作为判断液晶相态的重要依据。图 11-7E-4 是典型的偏振光学显微镜的实物图及构成其各主要组成部件的名称。根据分子排列有序性的不同，常见的液晶相有向列相（nematic）、近晶相（smectic）和胆甾相（cholesteric）等几种类型，如图 11-7E-5 所示，通常分别呈现纹影（schlieren）、焦锥扇形（focal conic fan-shaped）和层线（lined）或指纹（fingerprint）等典型织构。光学织构是用于判断是否存在液晶相及其所属类型的最重要手段之一，一些比较简单的有机小分子液晶体系从其典型织构就可判断其液晶相类型，但不同类型液晶相有时也常表现出很相似的织构，因此，液晶相类型的准确判定通常需要借助两种或多种表征手段的综合运用与相互印证。

### 3. X 射线衍射提供分子的有序堆积排布及其层间距的定量信息

首先，用于分析的 X 射线波长小于原子间距或分子间距，但又属于同一量级水平，因此，可用于探测原子和分子的堆积排布及这种堆积排布的有序程度等重要结构信息。正如

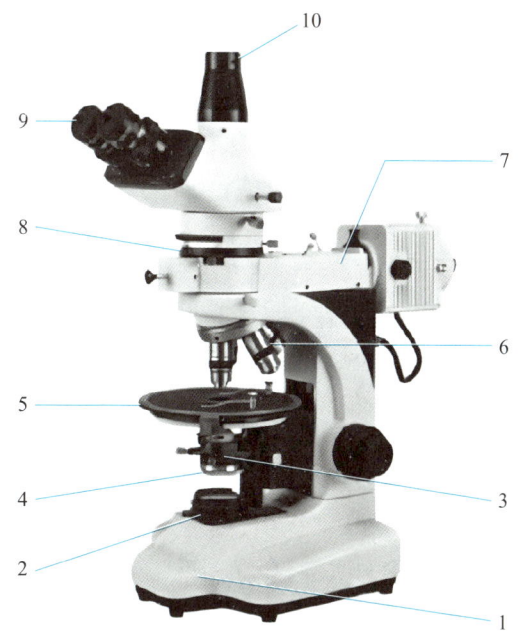

1—透反射偏光显微镜主机；2—集光镜；3—拉索透镜；
4—起偏器及调节刻度圈；5—旋转载物台(加装控温热台)；
6—物镜及四孔转换器；7—偏光照明器；8—检偏器及调节
刻度圈；9—目镜；10—转接彩色高清数字摄像器和计算机

图 11-7E-4　偏振光学显微镜实物图及其主要组成部件名称

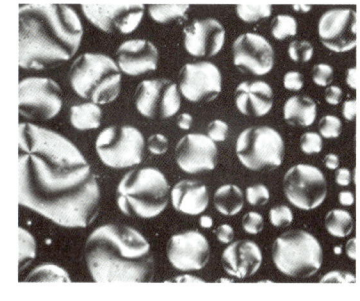

(a) 向列相的纹影织构　　　　　　(b) 近晶相的焦锥扇形织构　　　　　　(c) 胆甾相的指纹织构

图 11-7E-5　典型 POM 织构照片

其对结晶物质研究的重要性,X 射线衍射法在液晶态物质的研究中同样起到非常重要的作用,尤其能获得从 DSC 热分析法和 POM 分析法中难以得到的一些定量结构信息。

X 射线衍射可以提供液晶分子间堆积规整性的信息,从小角 X 射线散射结果还可分析得到近晶型液晶相层间距的定量信息及层内分子间堆积方式,从而确定其液晶相类型;同样也可提供盘状分子有序堆垛形成柱状液晶相的结构类型及其相关定量参数。近晶型液晶相通常在小角范围($2\theta<10°$)有一级或多级反映其层状有序结构的尖锐散射峰,在广角 $2\theta = 20°$ 左右则有反映其层内分子排列状况的衍射峰。向列相和胆甾相液晶只在广角处表现出弥散的宽包峰。近晶 A 相 $S_mA$(层内分子垂直于层面排列)和近晶 C 相 $S_mC$(层内分子彼此大致平行排列但与层面呈一个倾角),其层内分子序与向列相相近,广角处也为一弥散宽包

峰,而反映层间序的小角范围通常有一到二级的尖锐散射峰。其他高有序近晶相则在小角处通常有多级反映层间高度有序的尖锐散射峰,且广角处也有反映其层内分子间堆积有序的尖峰,如 $S_mB$ 层内有六方序,表现为对应其邻近分子间距相同的单个广角处尖峰;$S_mE$ 相则广角处有两个尖峰,对应层内矩形有序的两个不同邻近分子间距。

### 三、仪器与试剂

#### 1. 实验仪器

傅里叶变换红外光谱仪(FTIR);核磁共振波谱仪($^1$H NMR,400 MHz);带机械制冷或者液氮控温装置的差示扫描量热仪(DSC,程序控温范围-20~300 ℃);带控温加热台(室温至 350 ℃)和拍照系统及计算机显示的偏光显微镜(POM)。旋转蒸发器;单口圆底烧瓶(100 mL,50 mL);红外灯;真空烘箱等。

#### 2. 试剂及耗材

四甘醇醚双(对苯甲酸)(EG$_4$-2PhCOOH,CP①);4,4′-联吡啶(4,4′-BPy,AR②);4,4′-联吡啶乙烯撑(4,4′-BPyE,AR);吡啶(CP)。四甘醇醚对甲苯磺酸酯(CP);对羟基苯甲酸乙酯(CP);氢氧化钾(AR);碳酸钾(AR);二甲基甲酰胺(DMF,CP);盐酸(CP);乙醇(CP);超纯水。

### 四、实验步骤

#### 1. 慢挥发溶剂方式组装合成主链型超分子液晶聚合物

以二元羧酸化合物 EG$_4$-2PhCOOH 与二元吡啶以 4,4′-联吡啶乙烯撑(4,4′-BPyE)为例,慢挥发溶剂法氢键组装合成如下。严格按物质的量比 1∶1 计量称取 EG$_4$-2PhCOOH 和4,4′-BPyE,溶于共同溶剂吡啶中配成 2%(质量分数)左右的溶液,采用旋转蒸发法缓慢挥发溶剂组装,所得复合物样品经真空烘箱 50 ℃干燥至恒重,即得组装复合物,用于测试表征分析。

EG$_4$-2PhCOOH 与 4,4′-联吡啶乙烯撑(4,4′-BPyE)的氢键组装复合物(EG$_4$-2PhCOOH/4,4′-BPyE)的结构式如图 11-7E-6 所示。

图 11-7E-6　EG$_4$-2PhCOOH 与 4,4′-联吡啶乙烯撑(4,4′-BPyE)的氢键组装超分子液晶聚合物(EG$_4$-2PhCOOH/4,4′-BPyE)的结构式

#### 2. DSC 热分析测试组装复合物的相转变温度和熔变

在铝坩埚中准确称取 5 mg 左右的组装复合物样品,加盖压封后放入 DSC,同时以加盖压封的空铝坩埚作为参比,设置温控程序,升降温速率均为 20 ℃·min$^{-1}$,在氮气氛下测试,

---

① 化学纯。
② 分析纯。

一般升温和降温测试各扫描 2 次,转变温度取峰值。从获得的 DSC 曲线得出相变温度及相应熔变,熔变值的大小有助于初步地大致判断相转变的类型(例如,结晶熔融转变的熔变经常达到数十 J·g$^{-1}$,而液晶相的熔变则往往小很多,只有其十分之一左右,尤其向列相的熔变通常更小)。

### 3. POM 观测组装复合物的相转变温度及观察和拍摄其特征织构

将少量组装复合物样品放置在两块干净的 1 cm×1 cm 载玻片之间,稍微压紧置于 POM 的加热台内,调节好焦距和升温速率,边升温边观察样品的变化情况和在正交偏光下的织构特征,记录观察到的现象及相转变温度,在认为需要的一些重要温度点拍照。特别留意观察并记录出现典型的纹影和焦锥扇形织构的温度区间及其织构发育过程。

### 4. 组装复合物与组装单元二元羧酸及二元吡啶化合物的 FTIR 对比测试分析

根据使用红外光谱仪类型,组装复合物及组装单元化合物(二元羧酸、二元吡啶)的粉末样品都可直接采用衰减全反射 ATR 模式测试;或者如果是采用透射式红外光谱仪,则需要将组装复合物或组装单元化合物粉末样品分别与无水 KBr 压片,按照仪器操作规程进行红外光谱测试分析,在谱图归属及对比分析中,尤其要注意对比确认其氢键形成的新的吸收峰产生及羧基等特征峰的移动情况。

## 五、注意事项

(1)用于复合物液晶组装的构筑单元有机化合物必须严格纯化,排除溶剂及其他杂质影响;最后用于测试表征的组装复合物也须彻底除净溶剂。

(2)用于复合物组装的二元羧酸和二元吡啶化合物应尽可能保证 1:1 的计量比,组装时溶剂挥发速度不宜过快以保证组分均匀及羧基–吡啶氢键的形成。

## 六、数据处理与分析

(1)从 DSC 热分析曲线得出其相转变温度和相应熔变,并与从 POM 得出的相转变温度进行对比;分析液晶温区观察拍摄得到的液晶织构的特点。

(2)与组装单体的 FTIR 对比分析,组装复合物的红外光谱图中是否能观察到分别位于 2480 cm$^{-1}$ 和 1910 cm$^{-1}$ 表征羧基–吡啶氢键形成的两个特征宽峰,以及其他的如羧基峰蓝移等一些相应特征变化。综合 DSC、POM 及 FTIR 的测试结果,分析讨论能否确认形成了如图 11-7E-6 所示的氢键组装超分子液晶聚合物。

## 七、思考题

(1)为什么分别从 DSC 分析和 POM 观测得出的对应同一个相转变的温度通常有一定差距? 造成这种温度偏差的原因是什么?

(2)两个非液晶化合物通过组装可形成稳定的液晶相,试阐明超分子液晶的形成机制。

(3)简单比较有机小分子液晶、高分子液晶及超分子液晶各自的特点。

## 八、知识拓展

## 九、参考文献

（南京大学   谌东中）

## 实验11-7F   高分子共混物相容性的动态力学分析法表征

### 一、实验目的

（1）掌握使用动态力学分析仪测定聚合物的复数模量、储能模量、损耗模量和阻尼因子的基本原理及方法。

（2）能够独立操作动态力学分析仪。

（3）能够通过数据分析来理解共混聚合物的结构特性。

### 二、实验原理

当样品受到变化着的外力作用时，产生相应的应变。在这种外力作用下，对样品的应力-应变关系随温度等条件的变化进行分析，即为动态力学热分析（dynamic mechanical thermal analysis，DMTA）或动态力学分析（dynamic mechanical analysis，DMA）。动态力学分析是研究聚合物结构和性能的重要手段，它能得到聚合物的储能模量（$E'$）、损耗模量（$E''$）和力学损耗（$\tan \delta$），这些物理量是决定聚合物使用特性的重要参数。

如果在样品上加一个正弦伸长应力 $\sigma$，频率为 $\omega$，振幅为 $\sigma_0$，则应变 $\varepsilon$ 也可以以正弦方式改变，应力与应变之间有一相位差 $\delta$，可分别表示为

$$\varepsilon = \varepsilon_0 \sin \omega t \qquad (11.7F.1)$$

$$\sigma = \sigma_0 \sin (\omega t + \delta) \qquad (11.7F.2)$$

式中：$\sigma_0$ 和 $\varepsilon_0$ 分别为应力和应变的幅值，将应力表达式展开，得

$$\sigma = \sigma_0 \cos \delta \, \sin \omega t + \sigma_0 \sin \delta \, \cos \omega t \tag{11.7F.3}$$

应力波可分解为两部分,一部分与应力同相位,峰值为 $\sigma_0 \cos \delta$,与储存的弹性能有关,另一部分与应变有 90° 的相位差,峰值为 $\sigma_0 \sin \delta$,与能量的损耗有关。定义储能模量($E'$)、损耗模量($E''$)和力学损耗($\tan \delta$):

$$E' = (\sigma_0 / \varepsilon_0) \cos \delta \tag{11.7F.4}$$

$$E'' = (\sigma_0 / \varepsilon_0) \sin \delta \tag{11.7F.5}$$

$$\tan \delta = \frac{\sin \delta}{\cos \delta} = \frac{E''}{E'} \tag{11.7F.6}$$

复数模量可表示为

$$E^* = E' + \mathrm{i}E'' \tag{11.7F.7}$$

其绝对值为

$$|E| = \sqrt{E'^2 + E''^2} \tag{11.7F.8}$$

在交变应力作用下,样品在每一周期内所损耗的机械能可通过式(11.7F.9)计算:

$$\Delta W = \phi \varepsilon(t) \, \mathrm{d}\sigma(t) = \pi E'' \varepsilon_0^2 \tag{11.7F.9}$$

$\Delta W$ 与 $E''$ 成正比,因此,样品损耗机械能的能力高低可以用 $E''$ 或 $\tan \delta$ 值的大小来衡量。

动态力学分析谱图主要有动态力学频率谱和温度谱,分别在频率扫描模式、温度扫描模式下获得。在固定温度下,测量动态模量及力学损耗随频率的变化,所得曲线称动态力学频率谱,如图 11-7F-1 所示;而在固定频率下,测量动态模量及力学损耗随温度的变化,则所得曲线称动态力学温度谱,为动态力学分析中最常使用的模式,如图 11-7F-2 所示。

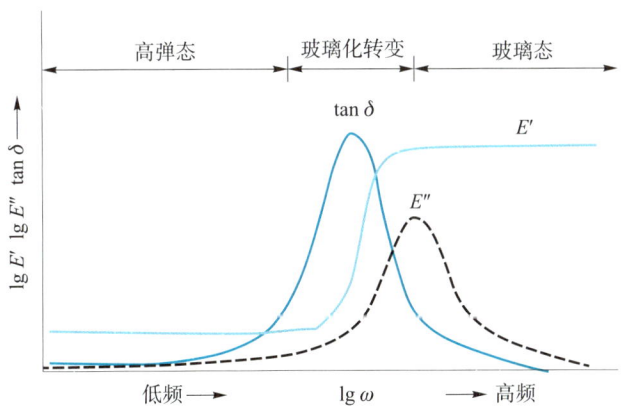

**图 11-7F-1　聚合物的动态力学频率谱**

动态力学分析对分子运动特别灵敏。当一定温度下高分子链段运动频率与仪器施加频率一致时,由于链段运动而产生的分子间摩擦作用能最大限度地损耗机械能,此时 $\tan \delta$ 值达到最大值。随温度上升,储能模量大幅度下降。

考察模量和力学损耗随温度、频率及其他条件的变化的特性可得聚合物结构和性能的许多信息,如阻尼特性、相结构及相转变、分子松弛过程、聚合反应动力学等。若所研究的样

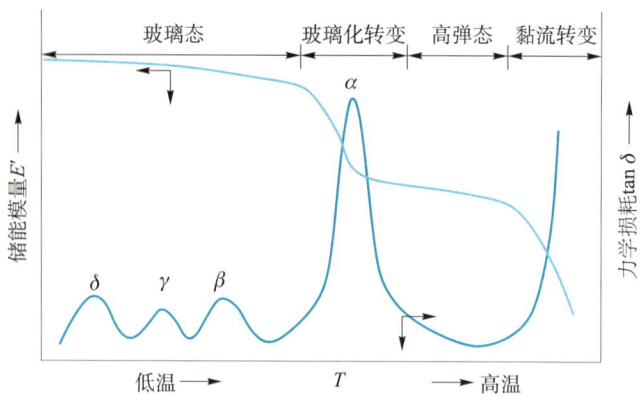

图 11-7F-2　聚合物的动态力学温度谱

品为两组分体系,如果两组分完全不相容,样品形成明显的两相结构,此时,$\tan \delta - T$ 曲线和 $E' - T$ 曲线有两个转变区,对应于两种不同的相。若两相聚合物有一定相容性,则随着相容性的改善,$\tan \delta - T$ 曲线上逐渐由两个转变峰过渡为一个宽转变峰。

## 三、仪器与试剂

### 1. 实验仪器

本实验采用动态热机械分析仪来分析共混样品制备条件对两相聚合物相容性的影响。样品通过夹具(拉伸、压缩、剪切、悬臂梁、三点弯曲等夹具)等与驱动器、应力传感器和位移检测器相连接。样品在预张力(最大值:15 N)的作用下由驱动器施加一固定频率的正弦伸缩振动。预张力的作用是使样品在受到伸缩振动时始终产生张应力。应力传感器和位移检测器分别检测到同样振动频率的正弦应力和应变信号,经仪器信号处理器处理,直接给出 $\tan \delta, E'$ 和 $E''$ 值。

测量过程中通过控制样品炉的升温程序:

炉温范围:$-150 \sim 600$ ℃ (注意:设置温度禁止超过材料熔点);升温速率:$0.1 \sim 40$ ℃·min$^{-1}$ (400 ℃后 25 ℃·min$^{-1}$);降温速率:$0.1 \sim 20$ ℃·min$^{-1}$。

或改变频率:

频率范围:$1.6 \times 10^{-3} \sim 200$ Hz。

最后可得到 $\tan \delta, E'$ 和 $E''$ 对温度($T$)、频率($\nu$)或时间($t$)的图谱。

### 2. 试剂及耗材

聚苯乙烯,聚甲基丙烯酸甲酯,氯仿。

## 四、实验步骤

### 1. 样品制备

(1) 共混样品制备　取 1.0 g 聚苯乙烯、1.0 g 聚甲基丙烯酸甲酯,分别溶于 10.0 mL 氯仿中。聚合物全部溶解之后,将两种溶液混合均匀;静置片刻以排气泡,然后在玻璃板上浇注成膜;室温下放置于通风柜中挥发除去明显溶剂,然后放入 60 ℃真空烘箱干燥。冷却后,轻轻揭下聚合物膜,备用。要求膜厚为 $1.0 \sim 1.5$ mm。

（2）试条制备　用刀将薄膜裁成宽 5～10 mm、长 30 mm 的试条,备用。

（3）聚苯乙烯样品、聚甲基丙烯酸甲酯样品及拓展使用的其他样品（如有）,可由教师提供。

### 2. 测试部分

（1）接通动态热机械分析仪电源,预热 20 min。

（2）使用动态热机械分析仪进行测试动态力学温度谱。

（3）实验结束后,卸下全部夹具及样品,并关闭软件,最后关闭仪器电源。

## 五、注意事项

（1）样品制备过程中,须避免气泡的形成,以免影响成膜质量。

（2）样品干燥成膜时,在室温下放置挥发除去明显溶剂的过程中,须注意通风等实验安全防护。

（3）试条有尺寸要求,剪裁要规范。

（4）测量过程中,炉温的设置温度禁止超过材料熔点。

## 六、数据处理与分析

使用与动态热机械分析仪相连的计算机进行处理数据,并打印出谱图。要求学会通过动态黏弹谱曲线分析问题:

（1）分析在实验温度范围内,聚合物模量变化的趋势并说明原因。

（2）分析比较共混聚合物结构特点及两相相容的情况。

## 七、思考题

（1）如何通过动态黏弹试验评价共混或复合材料的相容性?

（2）如何判断共混材料中的连续相或分散相?

（3）为什么在玻璃化转变区内 $\tan \delta$ 会出现最大值?

## 八、参考文献

（厦门大学　张来英、吴伟泰）

# 聚集猝灭/诱导发光的表征

## 实验 11-8    可控合成的聚集诱导发光（AIE）聚合物表征及其光物理性质

### 一、实验目的

（1）能够阐述聚集猝灭（ACQ）现象和聚集诱导发光（AIE）效应的基本原理。

（2）能够利用 GPC 测试得出可控合成 AIE 侧链聚合物的分子量及其分布，并采用 FTIR 红外光谱及 NMR 核磁共振波谱进行谱学表征。

（3）能够利用 UV-vis 紫外-可见吸收光谱及荧光发射光谱探究 AIE 聚合物溶液的光物理性质并评测其相对荧光量子效率。

### 二、实验原理

#### 1. 聚集猝灭（ACQ）现象与聚集诱导发光（AIE）效应

传统的有机荧光颜料如芘（pyrene）和苝（perylene）等具有平面共轭结构的稠环化合物及其衍生物都表现出聚集导致发光猝灭，即聚集猝灭（aggregation caused quenching，ACQ）现象，即通常其在稀溶液中可发射很强荧光，但荧光强度随着浓度增加或溶剂劣化而发生聚集时减弱甚至完全失去荧光发射能力。聚集猝灭源于荧光颜料分子之间较强的相互作用产生级联能量传递，随传递过程能量被逐渐耗散，直至完全荧光猝灭，ACQ 现象大大限制了传统荧光材料的应用。与 ACQ 现象截然相反，某些非平面共轭的有机分子如六苯基噻咯（hexaphenylsilole，HPS）和四苯乙烯（tetraphenylethylene，TPE）等在良溶剂的溶液中发光微弱或不发光，而在溶剂变劣溶解性降低发生聚集或处于固态时其荧光发射急剧增强，表现出聚集诱导发光（aggregation induced emission，AIE）效应。

作为典型例子，图 11-8-1 给出了溶液态传统有机荧光发色团苝二酰亚胺（$N,N$-dicyclohexyl-1,7-dibromo-3,4,9,10-perylene-tetracarboxylic diimide，DDPD）的聚集猝灭 ACQ 现象及典型 AIE 分子六苯基噻咯（HPS）的聚集诱导发光 AIE 效应。AIE 现象自 2001 年由中国科学家唐本忠院士等首次发现报道以来，相继设计合成了多种不同的 AIE 发光基团与发光聚合物及功能发光体系，并随之激发了国内外化学、材料科学、生物医学等多学科研究人员极其广泛的参与，使该领域经历了爆炸式发展。

#### 2. 基于四苯乙烯（TPE）的 AIE 聚合物

四苯乙烯（TPE）呈现优异的 AIE 特性，且可经 McMurry 偶联反应方便地合成，原料易得、合成简单且衍生方便，制得的丰富衍生物可全色发光，是最受关注的 AIE 发光基团之一。TPE 分子具有"螺旋桨"式非平面共轭结构特点，同时拥有多个以单键连接可以自由旋转的芳环，是由中国科学家打造的"品牌分子"。在稀溶液中，AIE 分子内部存在着活跃的

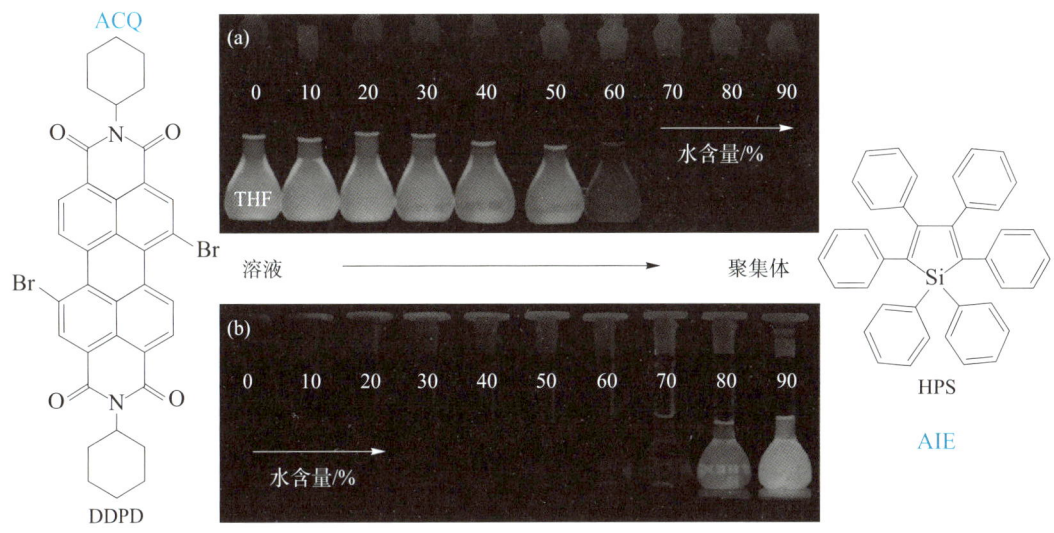

ACQ

DDPD

HPS

AIE

**图 11-8-1** （a）传统有机荧光发色团苝二酰亚胺（DDPD）的聚集猝灭 ACQ 现象；
（b）典型 AIE 分子六苯基噻咯 HPS 的聚集诱导发光 AIE 效应示例

 彩图 11-8-1

振动和转动,当这些分子吸收能量被激发后,通过"螺旋桨"式分子结构的各种振动和转动将能量耗散。但当其处于聚集状态或者固态时,分子之间相互紧密地堆积,使得芳环的分子内转动和/或振动受到了限制,抑制了通过非辐射途径耗散激发态能量,而是以产生光子形式耗散能量,即观察到荧光发射。即分子内的转动和振动等运动受限(restriction of intramolecular motion,RIM)构成 AIE 发光的主要机制。

将 TPE 引入高分子体系并结合聚合物的良好加工成型性能,同时聚合物长链或网络结构也可进一步限制"螺旋桨"式 TPE 基团的运动从而增强其 AIE 荧光发射性能。基于 TPE 的 AIE 聚合物已有很多研究报道,可广泛应用于生物探针、化学检测和光电材料等领域。不同长度间隔基引入 TPE 侧基经可逆加成断裂链转移(RAFT)可控聚合制备的系列侧链 AIE 聚合物的对比研究表明,TPE 直接通过酯基连接的无间隔基聚丙烯酸酯 TPE 聚合物发光最强,荧光量子效率最高。

AIE 发光材料为解决传统 ACQ 有机荧光颜料所存在的问题和克服其局限性提供了一种崭新思路,AIE 发光材料的特点主要体现在:低背景、信噪比高、灵敏度好、抗光漂白能力强等多个方面。AIE 材料在细胞器着色、病原体识别、细胞长周期示踪、光动力学治疗等方面都具备优异性能表现,可广泛应用于光电器件、化学传感、生物检测和成像诊疗等领域。

### 3. TPE 侧链聚合物的光物理性质

基于前面的介绍,本实验选择荧光量子效率最高的、基于可控合成的无间隔基聚丙烯酸酯 TPE 侧链聚合物作为研究对象。首先采用凝胶渗透色谱(GPC)测试得出其分子量和分子量分布,并采用 FTIR 红外光谱及 NMR 核磁共振波谱确认其特征官能团与组成结构。进一步采用 UV-vis 紫外-可见吸收光谱及荧光发射光谱考察所合成 TPE 侧基 AIE 聚合物的光物理性质。(FTIR 红外光谱、NMR 核磁共振波谱、UV-vis 紫外可见吸收光谱、荧光发射光谱及 GPC 凝胶渗透色谱的原理和测试方法,请参见其他章节相应部分的内容)并按式(11.8.1)评估其相对荧光量子效率 $\Phi_F$:

$$\Phi_{F,u} = \Phi_{F,s} \cdot \frac{f_u}{f_s} \cdot \frac{A_s}{A_u} \tag{11.8.1}$$

式中:$A_u$、$A_s$ 为待测样品和参比物对激发波长的入射光的吸光度;$f_u$、$f_s$ 为待测样品和参比物的积分荧光强度;$\Phi_{F,u}$、$\Phi_{F,s}$ 为待测样品和参比物的荧光量子效率。作为参比的硫酸奎宁的标准荧光量子效率为 0.54。

### 三、仪器与试剂

#### 1. 实验仪器

超声波清洗机 1 台;暗箱式紫外分析仪 1 台;旋转蒸发仪 1 台;真空干燥箱 1 台;傅里叶变换红外光谱仪(FTIR)1 台;核磁共振波谱仪(400 MHz)1 台;凝胶渗透色谱(GPC,THF 有机相体系)1 台;紫外光谱仪 1 台;荧光光谱仪 1 台。

烧杯(500 mL、250 mL);100 μL、10 μL 移液枪各一支;5 mL 透明玻璃闪烁瓶 10 个;量筒(100 mL、10 mL);锥形瓶(250 mL,10 个);液氮杜瓦瓶(200 mL);三颈烧瓶(100 mL);Schlenk 反应瓶(10 mL,带玻璃支管);双排管;油封鼓泡器;恒压滴液漏斗(50 mL);茄形瓶(250 mL、50 mL);层析柱(50 mm 直径×300 mm 长),储液球(250 mL);毛细管;薄层色谱 TLC 展开槽;硅胶板;GPC 自动进样玻璃瓶(2 mL、螺口);一次性注射器(1 mL)。

#### 2. 试剂及耗材

硫酸奎宁为生物试剂级(荧光分析专用,99.0%),其余试剂或溶剂均为市售分析纯(AR)。偶氮二异庚腈(ABVN,99%);无水硫酸钠(99%);石英砂;柱层析用硅胶(200~300 目);二氯甲烷(99.5%);甲醇(99.5%);乙醇(99.7%);石油醚(60~90 ℃);四氢呋喃(99%);超纯水。四苯乙烯 TPE 丙烯酸酯单体[M(0),实验室提供];链转移剂(CTA)采用 2-丙酸甲酯-O-乙基黄原酸酯(实验室提供,图 11-8-2);TPE 侧基聚丙烯酸酯 AIE 侧链聚合物(P$_0$,实验室提供,图 11-8-2)。

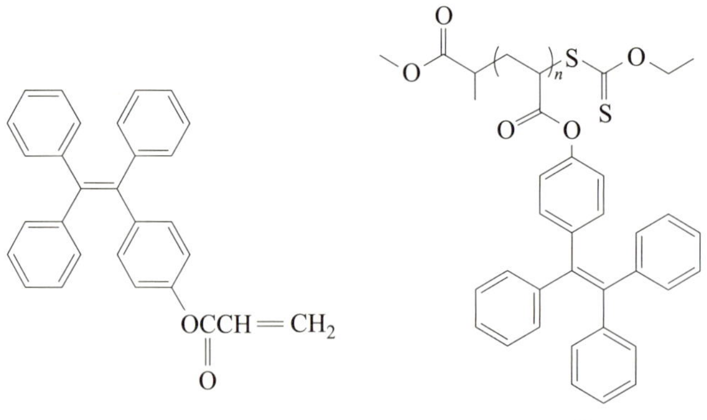

图 11-8-2　对比测试分析采用的 TPE 丙烯酸酯单体 M(0)和 TPE 侧基聚丙烯酸酯 AIE 侧链聚合物 P$_0$ 的分子结构式

### 四、实验步骤

#### 1. 单体及聚合物的 $^1$H NMR 表征

分别将单体和 TPE 侧基聚丙烯酸酯 AIE 聚合物采用氘代试剂(CDCl$_3$)配制成 0.2% ~ 0.5%(质量分数)的溶液,按仪器相关操作规程测试其 $^1$H NMR 谱图并进行解析。

#### 2. 单体及聚合物的 FTIR 对比分析

根据所采用的红外光谱仪类型,直接采用衰减全反射 ATR 模式测试,或者将单体和 TPE 侧基聚丙烯酸酯 AIE 聚合物分别与 KBr 压片,按照仪器操作规程进行红外光谱测试分析,尤其对比确认在其聚合物中双键彻底消失及相应特征峰的移动情况。

#### 3. 采用凝胶渗透色谱 GPC 进行可控合成的 TPE 侧链聚合物分子表征

称取 4 mg 左右聚合物样品,溶于 2 mL 色谱纯 THF 中,摇动或搅拌,至少放置 0.5 h 以上,使其充分溶解。用 1 mL 注射器将溶液吸出,采用 0.45 μm 针头过滤器将聚合物溶液滤入 GPC 自动进样瓶中。做好标记,然后按照 GPC 操作规程进行聚合物的分子表征——分子量及分子量分布测定。

#### 4. TPE 侧基的 AIE 聚合物的光物理性质研究

(1) 聚合物母液配制及不同比例水含量混合溶剂准备。

① 取 20 mg 聚合物溶于 2 mL 四氢呋喃中,超声使其充分溶解,制得 10 mg·mL$^{-1}$聚合物 THF 母液,备用。

② 在 250 mL 锥形瓶中,配制一系列 THF/H$_2$O 的混合溶剂各 100 mL,混合溶剂中的水含量由水的体积分数 $\varphi_w$ 表示,$\varphi_w$ 分别为 0%(纯 THF)、30%、50%、70%、80%、90%、95%,配好备用。

(2) 采用 UV-vis 光谱确定基于硫酸奎宁标准溶液的聚合物浓度以测定荧光量子效率。

① 配制硫酸奎宁标准溶液(1×10$^{-5}$ mol·L$^{-1}$的 0.1 mol·L$^{-1}$ H$_2$SO$_4$ 溶液),取 3 mL 置于比色皿中,测定其 UV-vis 吸收光谱。如果吸光度高于 0.10,则用 0.1 mol·L$^{-1}$ H$_2$SO$_4$ 溶液稀释,重新测定其 UV-vis 吸收光谱,直至峰值吸光度略低于 0.10(运用公式计算相对荧光量子效率时一般要求参比及样品的吸光度 $A_s$ 和 $A_u$ 低于 0.10)。

② 用移液枪移取 1 μL 聚合物母液,加入 3 mL $\varphi_w$ 为 95% THF/H$_2$O 的混合溶剂中,振摇或超声使其混合均匀,测试其 UV-vis 吸收光谱,比较其与硫酸奎宁标准溶液的谱峰强度,强度高则逐步稀释(从比色皿中倒掉约一半体积的溶液,加入混合溶剂稀释),直至两者峰值几乎一致。记录硫酸奎宁标准溶液及聚合物溶液最大吸光度时的波长,在该波长下测试所得溶液及标准溶液的荧光发射光谱,计算聚合物的相对荧光量子效率。

(3) 聚合物在不同比例水含量 THF/H$_2$O 混合溶剂中的荧光发射光谱测试、对比拍照,以及荧光量子效率计算。

① 用移液枪移取 60 μL 聚合物母液,加入 3 mL 不同水体积分数 $\varphi_w$ 的混合溶剂中,超声使其充分溶解,即配制得 200 μg·mL$^{-1}$聚合物的一系列 $\varphi_w$ 分别为 0%、30%、50%、70%、80%、90%、95%的 THF/H$_2$O 混合溶液,在荧光光谱仪上测试各溶液的荧光发射曲线。

② 同时测试所配制的硫酸奎宁标准溶液和经过 UV-vis 吸收光谱确定浓度的 $\varphi_w$ 为 95%的 THF/H$_2$O 混合溶剂中的聚合物溶液在各自最大吸收波长的激发光下的荧光发射曲线。求出两者的积分面积,然后基于设定的硫酸奎宁标准溶液荧光量子效率 $\Phi_F$ = 0.54(360 nm),

计算出聚合物 $P_0$ 在 95% 的 $THF/H_2O$ 溶液中的荧光量子效率。

③ 取 $\varphi_w$ 分别为 0%、30%、50%、70%、80%、90%、95% 的聚合物分散液分别在暗箱内和暗室环境紫外光照射下拍摄荧光发射的直观对比照片。

## 五、注意事项

（1）高水含量，如混合溶剂中水含量 70% 以上的聚合物分散液需要适当超声处理以使其更好地均匀分散。

（2）在用于计算荧光量子效率的光物理性质测试时，溶液浓度配制要准确。

## 六、数据处理与分析

（1）比较 TPE 丙烯酸酯单体 M(0) 及聚合物 $P_0$ 的 $^1H$ NMR 核磁氢谱，$P_0$ 的 $^1H$ NMR 核磁谱峰明显宽化才符合聚合物核磁特征。其他最主要的区别是，化学位移在 5.9~6.6 的三个氢质子峰对应丙烯酸酯单体 M(0) 烯基双键上的氢，在相应聚合物 $P_0$ 的氢谱中完全消失；且在适当放大的图中，甚至可看到化学位移处于 3.4~3.8 来源于链转移剂 CAT 处于聚合物链两端的甲酯基的单峰和黄原酸乙酯基中 $SC{=}SOCH_2$ 的四重裂分峰。

（2）TPE 侧基 AIE 聚合物 $P_0$ 与 TPE 丙烯酸酯单体 M(0) 的 FTIR 谱图对比，除了共同的约 $1600\ cm^{-1}$、$1580\ cm^{-1}$、$1500\ cm^{-1}$ 处对应苯环骨架伸缩振动的特征峰和 $760\ cm^{-1}$ 左右单取代苯环 C—H 键向面外弯曲的特征吸收峰；还应特别关注对应单体丙烯酸酯双键在 $1630\ cm^{-1}$ 左右的吸收在聚合物谱图中消失；且在单体 M(0) 中，与双键共轭的酯羰基 C=O 键吸收峰在饱和碳氢主链聚合物中将发生显著蓝移 $15\ cm^{-1}$ 以上。

（3）GPC 测试可同时给出 AIE 侧链聚合物的相对重均分子量 $M_w$ 和数均分子量 $M_n$。基于 ABVN 引发剂与 CTA 链转移剂体系的 RAFT 聚合反应，适当延长反应时间，如过夜反应 12 h 以上得到的 AIE 聚合物的 $M_n$ 为 10000~20000。聚合反应短时间的 3 h 所制得的 AIE 聚合物，其相对于聚苯乙烯标样的 $M_n$ 一般在 2000~5000，具有较窄的分子量分布，分子量多分散性指数在 1.1~1.3。

（4）作 AIE 侧链聚合物的荧光强度随混合溶剂中水含量即水的体积分数 $\varphi_w$(%) 的增加而逐渐增强的叠加曲线图；作通过调整浓度将 AIE 侧链聚合物和标准物质硫酸奎宁的吸收峰峰值均调至略低于 0.10(如 0.05 左右)的叠加 UV-vis 谱图，以及该条件下用荧光光谱仪所测定的溶液荧光发射光谱，并按实验原理部分给出的计算公式，求得该 AIE 聚合物的相对荧光量子效率 $\Phi_F$。

（5）在 365 nm 紫外光照射下观察和拍照，直观比较 AIE 侧链聚合物在不同含水量混合溶剂中的发光亮度及荧光发射强度。

## 七、思考题

（1）用光谱学方法考察聚合物光物理性质时有哪些注意事项？如何使计算得出的相对荧光量子效率更准确？

（2）GPC 测试表征及数据处理中需要注意哪些问题？

（3）基于目前对 AIE 聚集诱导发光机制的认识，你认为该 TPE 荧光聚合物从发光基团或聚合物材料设计角度，还可通过哪些改进以便进一步改善提升其荧光量子效率？

## 八、知识拓展

## 九、参考文献

（南京大学　谌东中）

# 高分子材料微成型加工的表征

## 实验 11-9A　高分子熔体流动速率的测定

### 一、实验目的

（1）了解热塑性塑料熔体流动速率与加工性能的关系。
（2）了解熔体流动速率仪的原理、构造和使用方法。
（3）掌握热塑性高分子熔体流动速率的测定方法。
（4）能够对熔体流动速率测试结果影响因素进行分析。

### 二、实验原理

聚合物材料须被加工成聚合物制品后才能得到实际应用，而在聚合物的加工前须考虑聚合物的流变学特性。对于热塑性高分子材料，可以通过多种方法将其加工成制品，如挤出、注塑、吹塑、模压等。当热塑性塑料受热和受压之后，首先大分子链段将所吸收的热能转化为动能，当这个能量大到足以克服链段之间的相互吸引力时，便出现链段之间的相对位移。若温度再继续升高则整个大分子也能发生移动，此时高分子就熔融进入黏流态，具有流动性。熔融状态下的流动性是加工前首要考虑因素,如压制大型或形状复杂的制品时,需要塑料有较大的流动性。如果塑料的流动性太小,则常会使塑料在模腔内填塞不紧或树脂与填料分头聚集,从而使制品质量下降,甚至成为废品。而流动性太大时,会使熔体溢出模外,造成上下模面发生不必要的黏合或使导合部件发生阻塞,给脱模和整理工作造成困难,同时还会影响制品尺寸的精度。

表征高分子熔体流动性好坏的指标有熔体流动速率、表观黏度、流动长度、门尼黏度等多种物理参数,大多数热塑性塑料都可以用熔体流动速率来表征它的流动性。熔体流动速率是指热塑性塑料熔体在一定温度、恒定压力下,在 10 min 内流经标准毛细管的质量值,单位是 $g \cdot (10\ min)^{-1}$,通常用 MFR(melt flow rate)来表示,熔体流动速率也称为熔融指数(melt index,MI)。对于结构一定的高分子来讲,也可以用 MFR 的大小来衡量其分子量的高低,MFR 越大,分子量越低,表现出加工性能越好,但成型后得到制品的物理机械性能和耐老化性能会随之而降低;反之,MFR 越小,分子量越大,加工性越差,但生产出来的聚合物产品应用性能就越好。不同用途和不同的加工方法,对聚合物的熔体流动速率有不同的要求。一般情况下,注塑成型用的聚合物其熔体流动速率较高,挤出成型用的聚合物熔体流动速率较低,吹塑成型介于二者之间。但对于某一确定的高分子来说,只有当测定熔体流动速率的条件与实际成型加工条件相近时,熔体流动速率与温度的关系才能应用到实际生产中。事实上,熔体流动速率的测定是在低剪切速率($10^{-2} \sim 10\ s^{-1}$)下获得的,而在实际成型加工过程中,注射、挤出往往是在较高的切变速率($10^2 \sim 10^4\ s^{-1}$)的情况下进行的。因此,在生产中经常出现熔体流动速率值相同而牌号不同的聚合物表现出不同的流动行为,而熔体流动速率值不同却有相似加工性能的现象。熔体流动速率在应用上,主要是用来表征由同一工艺流程制成的高分子性能的均匀性,并对热塑性高分子进行质量控制,简便给出热塑性高分子熔体流动性的度量,对材料的选择和成型工艺条件的确定具有一定的参考价值。

熔体流动速率仪主要由加热控制系统和主体两部分组成。加热控制系统可自动将主体料筒内的温度控制在所设定的温度范围内。主体部分也称为挤出组件部分,由加压砝码、料筒、标准毛细管等组成,砝码的质量负荷通过活塞杆作用在料筒中高分子熔融样品上,并将高分子熔体从毛细管中压出,仪器主体结构如图 11-9A-1 所示。由于熔体流动速率仪结构简单,价格相对较低,操作简便,因此熔体流动速率仪在塑料加工行业中被广泛应用。测定不同结构树脂熔体流动速率所选择的测试温度、负荷、样品用量及取样时间等都有所不同,熔体流动速率的测试按照国家标准测定,不同结构树脂所选择的实验温度、负荷的标准实验条件、常见塑料测试条件、样品加入量与实验时取样时间间隔参照本实验附表。测定熔体流动速率方式有两种,质量法(方法 A)和体积法(方法 B)。质量法即在定负荷、定时间间隔,测定通过标准口模的熔体质量,从而计算得到 MFR。也可采用体积法,即在定负荷、定距离情况下测定通过标准口模的熔体体积,从而得到熔体体积流动速率(MVR)。

## 三、仪器与试剂

### 1. 实验仪器

RL-Z1B1 熔体流动速率仪(主要参数见表 11-9A-1);电子天平(精度 0.1 mg);游标卡尺。

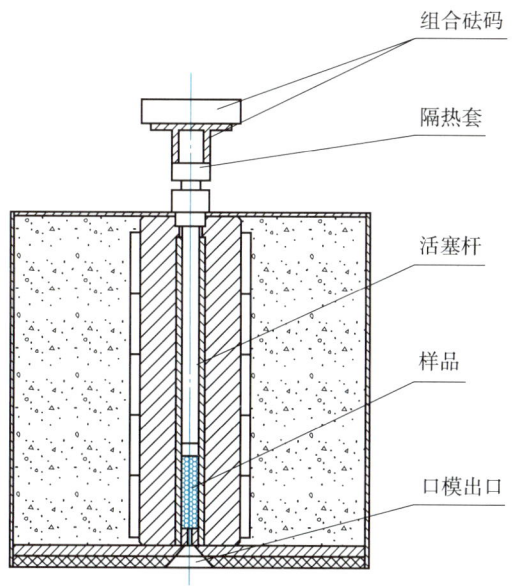

图 11-9A-1　RL-Z1B1 熔体流动速率仪主体结构图

右侧标注（从上到下）：组合砝码、隔热套、活塞杆、样品、口模出口

表 11-9A-1　　RL-Z1B1 熔体流动速率仪的主要参数

| 标准口模内径/mm | 2.095 ± 0.005 |
| --- | --- |
| 标准口模长度/mm | 8.000 ± 0.005 |
| 料筒内径/mm | 9.550 ± 0.020 |
| 负荷/kg[8 种(组合)] | 0.325,1.2,2.16,3.8,5.0,10.0,12.5,21.6 |

### 2. 试剂及耗材

聚丙烯(PP);低密度聚乙烯(LDPE);高密度聚乙烯(HDPE);纱布等。

## 四、实验步骤

### 1. 实验准备

(1) 将仪器安置在稳固的工作台上,调节仪器底部螺栓至水平仪水平。

(2) 检查熔体流动速率仪的料筒、料杆、毛细管口模等是否清洁,需处理干净后再进行实验。

(3) 样品形状可以是粒状、片状、薄膜或者粉状,在测试前根据塑料种类要求,将待测塑料样品在干燥箱中进行去湿烘干处理,然后冷却至室温备用。

### 2. 实验操作

#### 质量法测试熔体流动速率(方法 A)

(1) 开启仪器电源,根据样品设置测试温度。

(2) 开启加热电源,待料筒内温度到达设定温度后,将口模毛细管、料杆放入料筒中稳定 20~30 min。

(3) 根据样品预估熔体流动速率,称取样品(精确至 0.1 g)。

(4) 将称好的样品用漏斗加入料筒内,样品经压料杆压实后插入料杆,整个加料与压实过程需在 1 min 内完成。

（5）加预载负荷，预热 4~5 min。如果样品的 MFR>10，在预热期间可不加或少加负荷。

（6）根据被测材料，设置切割间隔时间与切割次数。

（7）加上实验砝码，并使料杆快速下移至第一条刻线，如果无法快速下移，则可在砝码上施加外力(注意垂直施力，不要横向加力，以免料杆损坏)。同时观察聚合物熔体的不稳定流动现象。

（8）在料杆快要下移至料杆的下标记线时，启动自动切割功能，自动切割装置即按时间段逐个切取样条。如某种材料由于粘连等问题而不方便使用自动切割，此时可使用手动切割。待料杆下降到上刻环线与料筒口相平时停止切料，保留连续切取的无气泡样条 5 个。

（9）样条冷却后，逐个称量样条的质量，准确到 0.0001 g(0.1 mg)，求出它们的平均质量，根据式(11.9A.1)计算熔体流动速率。并测量样条直径，根据式(11.9A.2)计算挤出胀大比(参见本实验"数据处理与分析")。

体积法自动测试熔体流动速率(方法 B)

重复方法 A 中(1)~(5)的实验操作步骤。

（6）根据被测样品，设置实验参数，包括样品密度，样品行程。

（7）设置完毕后，将行程装置的顶针杆抬到最高位置，加上实验砝码，在"项目设置"中选择"自动测试"，继而选择"启动"，仪器进入自动测试状态。

（8）待砝码底部将顶杆稍下压，料杆到达自动测试起始位置时，仪器自动开始计时测试。

（9）行程结束，测试结束，仪器自动计算结果，并将质量和体积流动速率(MFR、MVR)同时显示在屏幕上并打印出来。

实验完毕，在砝码上方加压，将余料快速挤出后，抽出料杆，用清洁纱布趁热擦拭干净。在料筒上部加料口铺上干净纱布，将清洗杆压住纱布插入料筒内，反复旋转抽拉多次，直至纱布上没有熔料清出。然后用口模顶杆将口模自下而上顶出料筒，用口模清洗杆及纱布清洗口模内外。关闭电源，将各种物件归还原处。

### 3. 研究不同预热时间对熔体流动速率的影响

现行国家标准 GB/T 3682.1—2018 中规定，测量熔体流动速率的预热时间为 5 min，而旧版国家标准 GB/T 3682—2000 中规定预热时间为 4 min，使用方法 B 自动测试熔体流动速率，通过选择这两个不同熔融预热时间，每个预热条件进行 3 组平行实验，计算标准偏差，分析更适合聚丙烯和聚乙烯熔体流动速率测定的预热时间。

### 4. 研究不同负荷预加载对熔体流动速率的影响

在进行熔体流动速率测定时，尤其使用粉料进行实验时，料杆会因气泡影响一直向上顶出，导致料筒里残留的空气更多，从而使数据结果偏差更大，因此在测量时，预热期间会加载一个负荷进行压实，排出气体。以聚丙烯熔体流动速率测定为例，使用方法 B 自动测试熔体流动速率，实验使用 0.325 kg 和 2.16 kg 两个不同的负荷对熔体进行预压实，每个条件进行 3 组平行实验，验证使用不同负荷进行预压实是否会对结果产生较大影响。

### 5. 熔体流动速率比(MFRR)的测定与计算

熔体流动速率比通常用于表示熔体流变特性，用两次不同实验条件下测得的熔体质量流动速率或体积流动速率的比值求得，以聚乙烯为例，分别在 190 ℃、21.6 kg 和 190 ℃、2.16 kg

实验条件下,测试聚乙烯的 MFR 和 MVR,根据式(11.9A.3)计算熔体流动速率比,从而判断聚乙烯熔体流动特性。

## 五、注意事项

(1)切勿用料杆压紧物料,以免损坏料杆与料筒。

(2)用料斗加料时,尽量避免料斗与料筒壁接触,以免发烫黏料。

(3)装完料加上料杆后,要保证合适的预热时间,以便使温度均衡,样品完全熔化。

(4)整个实验要求在样品加入料筒后 25 min 内切割完,每条切段的长度不短于 10 mm,最好为 10~20 mm。

(5)在实验操作和清洗时,应戴好手套,防止烫伤。

(6)料筒、料杆、毛细管口模要趁热用纱布清理干净,切忌用粗砂纸等摩擦,以免对附件造成损坏。

## 六、数据处理与分析

(1)熔体流动速率计算。

$$MFR = 600 \ m/T \tag{11.9A.1}$$

式中:MFR 为熔体流动速率,$g \cdot (10 \ min)^{-1}$;$m$ 为切取样条质量的算术平均值,g;$T$ 为切样时间间隔,s。计算结果取两位有效数字。

(2)将实验结果记录在表 11-9A-2 中,并计算 MFR。

表 11-9A-2　实验数据记录

| 样条序号 | 切割时间/s | 样条质量/g | 平均质量/g | MFR/$[g \cdot (10 \ min)^{-1}]$ |
|---|---|---|---|---|
| 1 | | | | |
| 2 | | | | |
| 3 | | | | |
| 4 | | | | |
| 5 | | | | |

(3)挤出胀大比 $B$。

$$B = D_h/D \tag{11.9A.2}$$

式中:$D_h$ 为从口模中挤出样条的直径,mm;$D$ 为口模内径,mm。

(4)体积法测定高分子的 MFR 和 MVR,将实验结果记录在表 11-9A-3 中。

表 11-9A-3　实验数据记录表

| 样品名称 | 活塞位移/mm | 测量时间/s | 熔体密度/$(g \cdot cm^{-3})$ | MVR/$[cm^3 \cdot (10 \ min)^{-1}]$ | MFR/$[g \cdot (10 \ min)^{-1}]$ |
|---|---|---|---|---|---|
| | | | | | |
| | | | | | |
| | | | | | |

（5）熔体流动速率比（MFRR）的计算。

$$\mathrm{MFRR} = \frac{\mathrm{MFR}(t, m_1)}{\mathrm{MFR}(t, m_2)} \qquad (11.9\mathrm{A}.3)$$

或者

$$\mathrm{MFRR} = \frac{\mathrm{MVR}(t, m_1)}{\mathrm{MVR}(t, m_2)}$$

式中：MFRR 为熔体流动速率比；MFR 为不同负荷下的熔体流动速率，$\mathrm{g} \cdot (10\ \mathrm{min})^{-1}$；MVR 为不同负荷下的体积流动速率，$\mathrm{cm}^3 \cdot (10\ \mathrm{min})^{-1}$。

## 七、思考题

（1）测量熔体流动速率的意义是什么？

（2）聚合物的分子量与其熔体流动速率有什么关系？为什么熔体流动速率不能在结构不同的聚合物之间进行比较？

（3）为什么要切取五个以上的切割段？是否可以直接切取 10 min 流出的质量作为熔体流动速率值？

（4）为什么高分子熔体样条在刚流出毛细管时呈透明状，之后逐渐变白（不透明）？其间高分子经过了哪些状态转变？

（5）分析讨论影响熔体流动速率的因素有哪些，影响结果是什么。

## 八、附表

测定熔体流动速率的实验条件、部分热塑性材料的实验条件及样品加入量与切料时间间隔的实验参数可分别参考表 11-9A-4、表 11-9A-5 及表 11-9A-6。

表 11-9A-4　测定熔体流动速率的实验条件

| 条件（字母代号） | 实验温度/℃ | 标称负荷（组合）/kg |
| --- | --- | --- |
| A | 250 | 2.16 |
| B | 150 | 2.16 |
| D | 190 | 2.16 |
| E | 190 | 0.325 |
| F | 190 | 10.00 |
| G | 190 | 21.6 |
| H | 200 | 5.00 |
| M | 230 | 2.16 |
| N | 230 | 3.80 |
| S | 280 | 2.16 |
| T | 190 | 5.00 |
| U | 220 | 10.00 |
| W | 300 | 1.20 |
| Z | 125 | 0.325 |

表 11-9A-5　部分热塑性材料的实验条件

| 材料名称 | 条件序号 | 塑料名称 | 条件序号 |
|---|---|---|---|
| PS | H | E/VAC | B、D、Z |
| PE | D、E、G、T | SAN、ASA、ACS、AES、MABS | U |
| PP | M | PC | W |
| ABS | U | PMMA | N |
| PB | D、F | POM | D |

表 11-9A-6　样品加入量与切料时间间隔

| MFR/[g·(10 min)$^{-1}$] | 料筒中样品质量/g | 挤出样条时间间隔/min |
|---|---|---|
| 0.1~0.5 | 3~5 | 240 |
| >0.5~1 | 4~6 | 120 |
| >1~3.5 | 4~6 | 60 |
| >3.5~10 | 6~8 | 30 |
| >10 | 6~8 | 5~15 |

## 九、参考文献

（华东师范大学　韩会景）

## 实验 11-9B　热塑性塑料的注塑成型及制品力学性能表征

### 一、实验目的

（1）了解移动螺杆式注塑机的结构特点及操作程序。
（2）掌握热塑性塑料的注塑成型的实验技能及标准测试样条的制备方法。
（3）掌握万能电子拉力机的使用方法。

### 二、实验原理

注塑成型是高分子材料成型加工中一种重要的方法,应用十分广泛,几乎适用于所有的热塑性塑料及多种热固性塑料。它是将粒状或粉状塑料加入注塑机的料筒,经外部加热、机械剪切力和摩擦热等作用,熔化成流动状态,然后在注塑机的柱塞或移动螺杆快速而又连续的压力下,从料筒前端的喷嘴以很高的压力和很快的速度注入闭合的模具内,经过一定时间的保压固化后,开模得到与模具型腔相应的制品。

注塑成型的核心设备是注塑机和注塑模具。注塑成型机主要有柱塞式和移动螺杆式两种,后者较为常用。移动螺杆式注塑机的基本结构如图11-9B-1所示,包括注塑装置、合模装置、液压传动系统和电路控制系统。注塑装置一般由塑化部件(机筒、螺杆、喷嘴等)、料斗、计量装置、螺杆传动装置、注射油缸和移动油缸等组成,其主要作用是使塑料原料均匀塑化成熔融状态,并以足够的压力和速度将一定量的熔体注射到成型模具的型腔中。合模装置主要由模板、拉杆、合模机构、制件顶出装置和安全门组成,用于实现注塑成型模具的启闭并保证其可靠的闭合。液压系统和电气自动控制系统的主要作用是满足注塑机注塑成型工艺参数(压力、注射速度、温度、时间)和动作程序所需的条件。

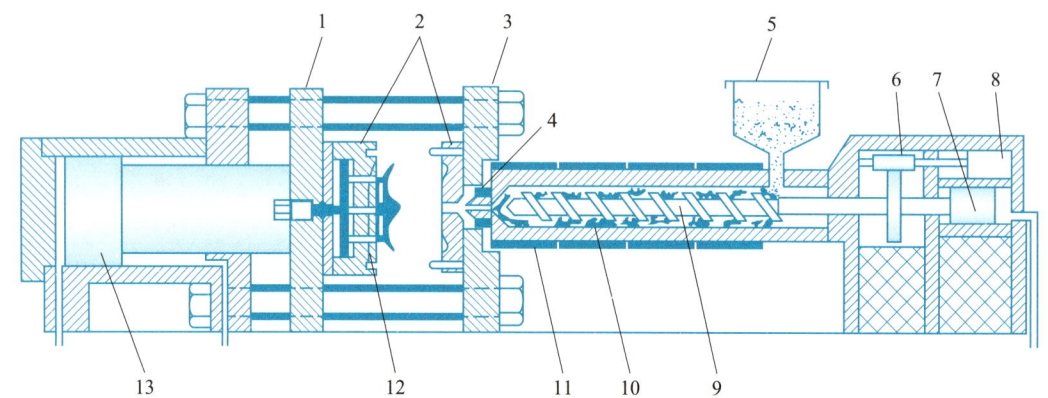

1—动模板;2—模具;3—定模板;4—喷嘴;5—料斗;6—螺杆传动齿轮;7—注射油缸;8—液压泵;9—螺杆;10—加热料筒;11—加热器;12—顶出杆;13—锁模油缸

图 11-9B-1    移动螺杆式注塑机结构示意图

注塑成型是间歇式、周期性的过程,每个成型周期由以下步骤组成:合模、注射装置前移和注射、保压、冷却定型和预塑化、开模顶出产品。

(1)合模及锁紧    注塑机的成型周期一般是以模具闭合(合模)为起始点。模具通常包括定模和动模两部分,前者位置固定不动,而后者则会在模具开合过程中发生移动。动模模具先在液压及电气自动控制系统处于高压状态下进行快速闭合,当动模与定模快要接触时,液压及电气自动控制系统自动转换成低压、低速状态,在确认模内无异物存在时,再转换成高压并将模具锁紧。

(2)注射充模    确认模具锁紧之后,注射装置前移,使喷嘴和模具贴合,然后液压系统驱动螺杆前移,在所设定的压力、注射速度条件下,将机筒内螺杆头部已均匀塑化和定量的熔体注入模具型腔中。熔体充模顺利与否,取决于注射压力和速度、熔体温度、模具温度等。这些参数的确定取决于熔体的黏度和流动特性。

(3)保压    熔体注入模腔后,由于模具的低温冷却作用,物料产生收缩。为了保证注塑制品的致密性、尺寸精度和强度,必须对熔料保持一定的压力(保压),对模腔塑件进行补塑,保压一直持续到浇口封闭。

(4)冷却和原料预塑化    塑料熔体经喷嘴注射入模具型腔后即开始冷却。当保压进行到浇口封闭以后,保压压力即卸去,此时物料进一步冷却定型。冷却速度影响聚合物的聚集态转变过程,最终会影响制件成型质量和成型效率。制件在模具型腔中的冷却时间应以制件在开模顶出时具有足够的刚度,不致引起制件变形为限。过长的冷却时间不仅会延长生产周期、降低生产效率,而且会使制件产生过大的型芯包附力,造成脱模阻力增大。塑料的预塑化与模具内制品的冷却定型是同时进行的,但预塑化的时间通常比制品的冷却时间要短。

(5) 开模　当模腔内的制品冷却成型后,合模装置带动模板开模,并自动顶脱制品,准备开始下一个成型周期。

注塑成型工艺的核心问题是得到塑化良好的塑料熔体并把它顺利注射到模具中,在控制的条件下冷却成型,最终得到合乎质量要求的制品。因此,注塑最重要的工艺条件是影响塑化流动和冷却的温度、压力和相应的各个阶段的时间。热塑性塑料的注塑成型是一个物理过程,但高分子在热和力的作用下难免发生某些化学变化。注塑成型应选择合理的设备和模具设计,制订合理的工艺条件,以使化学变化减少到最低程度。

通过注塑成型工艺可制备各种尺寸的标准测试样条,从而用于塑料制品的力学性能表征。高分子材料的力学性能是指在一定的环境条件下,材料承受拉伸、压缩、弯曲等外加载荷时所表现出的力学特征,也称为材料的机械性能,是评价材料能否满足应用要求的重要指标。对于不同材料具体力学性能的测定,国家标准通常有严格的规定。本实验以聚丙烯为原料,通过注塑成型的方法制备测试拉伸性能的标准样品,然后利用电子万能试验机,按照国家标准 GB/T 1040.1—2018《塑料 拉伸性能的测定 第 1 部分:总则》测试样品的拉伸应力-应变曲线,获得屈服强度、断裂强度、杨氏模量、断裂伸长率等力学性能数据。

### 三、仪器与试剂

#### 1. 实验仪器

螺杆式注塑成型机 1 台;标准模具 1 套;电子万能试验机 1 台;鼓风烘箱 1 台;游标卡尺 1 把。

#### 2. 试剂及耗材

等规均聚聚丙烯或无规共聚聚丙烯[注塑级,熔体流动速率 $2.0 \sim 5.0$ g·(10 min)$^{-1}$]。

### 四、实验步骤

#### 1. 实验准备

(1) 干燥聚丙烯树脂,干燥条件为烘箱温度 80 ℃,时间 3~4 h,控制塑料的含水率低于 0.1%。

(2) 详细观察,了解注塑机的结构、工作原理、安全操作等。

(3) 拟定各项成型工艺条件。

(4) 安装模具并进行试模。

#### 2. 标准样品注塑成型

(1) 依次接通注塑机电源、注塑机和模具加热开关,接通冷却水管,调节注塑机加热各段温度控制仪表的设定温度值至操作温度。当预热温度升至设定温度之后,恒温 20~30 min。操作温度参考值:料筒 180~210 ℃,模具 30~50 ℃。

(2) 接通控制板开关,设置注射压力、预塑量、注射速度、注射时间、冷却时间等工艺参数。

(3) 启动主机,用手动进行合模操作,安装好多功能样品标准模具。

(4) 加入聚丙烯树脂,用手动操作方式,依次注射装置后移,预塑化程序,用慢速度进行对空注射,同时清洗料筒。

(5) 观察从喷嘴射出的料条有无离模膨胀和不均匀收缩现象。如料条光滑明亮,无变色、银丝和气泡,说明原料质量及预塑化程序的条件基本适用,可以制备样品。否则重新设定注射工艺条件,待条件达到时重新进行实验步骤 2(4)。

(6)用手动操作方式,依次进行闭模、注射装置前移、注射(充模)、保压、预塑化/冷却、注射装置后退、开模、顶出制品等操作。

(7)转自动方式进行一段时间连续操作,制备标准样品(同种制品制备 5 个平行样品)。

(8)实验完毕,将料筒中剩余物料对空挤出排空,关闭注塑机。

### 3. 拉伸性能测试

(1)检查仪器状态,熟悉电子万能试验机的结构、工作原理及安全操作要求。

(2)准备好样品,并检查极限开关是否在合适位置。开启仪器电源开关和计算机软件,进入系统。

(3)选择并安装合适的夹具,如果夹具高度不同,则需相应调整极限开关位置。

(4)通过手动控制器,控制机台上升下降,将样品安装在夹具上。根据测试需要,在样品上安装夹持引伸计。

(5)根据 GB/T 1040.1—2018 和 GB/T 1040.2—2022 规定的塑料拉伸性能的实验条件和测试标准,在试件规格画面输入名称、宽度、厚度、标距等相应参数。

(6)点击测试,机台自动开始测试,并自动将力和形变归零。机台按照设定步骤完成测试,测试结束后自动回位并保存测试数据。

(7)测试结束,关闭电子万能试验机。

## 五、注意事项

(1)样品注塑前一定要清理注塑机内的残留物。

(2)安装模具及嵌件时要稳准可靠,应关掉油泵,任何人不得启动电动机。

(3)在料斗不下料的情况下,不得使用金属棒等捅料斗,避免金属棒卷入机筒内而损坏设备。

(4)使用电子万能试验机时不能超传感器量程。

## 六、数据处理与分析

(1)记录标准样品注塑成型的工艺参数及标准样品的形状、尺寸等数据。
(2)绘制标准样品的应力-应变曲线,计算其拉伸性能。

## 七、思考题

(1)与挤出成型相比,注塑成型技术有何优缺点?
(2)螺杆式注塑成型机和螺杆式挤出成型机均含一台单螺杆挤出机,试比较这两种成型方式中单螺杆挤出机的作用及工作原理有何不同。

## 八、知识拓展

材料的力学性能与测试条件密切相关。本实验测定了常温下聚丙烯标准样品在特定拉伸条件下的力学性能,试检测样品在不同温度和拉伸速度下的应力-应变曲线,从而能更深入地理解高分子材料结构和性能之间的关系。

## 九、参考文献

（复旦大学　王海涛）

## 实验 11-9C　基于熔融沉积建模/光固化成型的 3D 打印

### 一、实验目的

（1）能够了解 3D 打印技术的研究进展、技术分类和应用现状。

（2）能够掌握高分子材料在 3D 打印中的应用原理与材料种类。

（3）能够掌握熔融沉积成型和光固化成型两种 3D 打印设备的基本操作。

### 二、实验原理

3D 打印，又称"增材制造"（additive manufacturing，AM），是一种通过材料逐层添加制造三维物体的变革性、数字化制造技术。3D 打印技术将信息、材料、生物、自动化控制等技术融合渗透，将对未来制造业生产模式与人类生活方式产生重要影响。3D 打印技术自 20 世纪 80 年代发展至今，已经得到了长足的进步，目前主流的 3D 打印技术可以大致分为以下几类：

（1）挤出打印成型，将塑料、凝胶等加热到半熔融状态，通过喷嘴逐层堆积形成三维物体。挤出打印成型技术具有成本低廉、材料种类多、尺寸大、操作简单等优点，是目前使用较为广泛的 3D 打印技术。熔融沉积成型（fused deposition modeling，FDM）就是其中最常见的打印技术。

（2）光固化成型，利用紫外线照射液态光敏树脂，使其逐层固化形成三维物体。常见的技术有立体光刻打印（stereo lithography appearance，SLA）、数字光处理（digital light processing，DLP）和 LCD 成型。打印过程中，立体光刻打印技术是利用紫外激光扫过不同区域以实现单层结构的打印，之后打印平台纵向移动实现逐层打印；数字光处理技术和 LCD 成型技术通过数字光透射或 LCD 屏幕同时曝光一层区域，以此实现单层结构的打印，之后打印平台纵向移动实现逐层打印。

（3）粉末烧结成型，将粉末材料（金属、陶瓷等）逐层铺设并通过激光等高能热源熔化材料并烧结，以此逐层打印构筑三维物体。

（4）喷墨打印成型，将光敏性或溶剂易挥发的液态材料通过喷嘴喷射到构建平台上，之后通过紫外光照射或溶剂挥发的方式固化材料，逐层堆积形成三维物体。

3D 打印材料根据其化学性质和用途可分为以下 5 个大类：金属材料、高分子材料、陶瓷材料、复合材料、生物材料。其中，高分子材料由于其加工性能优良、密度低，同时具有高强度、柔软坚韧的特点,被大量用于 3D 打印实验。熔融沉积成型(fused deposition modeling, FDM)中常用热塑性高分子,如聚乳酸(poly lactic acid,PLA)塑料、ABS(acrylonitrile butadiene styrene)树脂、聚醚酰亚胺(polyetherimide,PEI)、聚碳酸酯(polycarbonate,PC)、聚丙烯(polypropene,PP)、聚亚苯基砜(polyphenylene sulfone,PPSU)等。目前用于 FDM 的主流 3D 打印耗材为 ABS 树脂和 PLA 塑料。ABS 树脂(图 11-9C-1)是丙烯腈(A,acrylonitrile)、丁-1,3-二烯(B,buta-1,3-diene)和苯乙烯(S,styrene)的三元共聚物,是目前产量最大、应用最广泛的聚合物,ABS 树脂将聚丙烯腈、聚丁二烯、聚苯乙烯的各种性能有机地统一起来,兼具韧、硬、刚相均衡的优良力学性能。PLA 塑料(图 11-9C-2)是一种生物可降解热塑性聚酯,是极有前景的生物基可降解材料之一。PLA 塑料具有优异的力学性能、良好的可塑性及生物相容性,是理想的 3D 打印材料。与 ABS 树脂相比,PLA 塑料的韧性、耐热性相对较差,然而其具有良好的生物相容性和降解性,被认为是应用前景最好的 3D 打印生物高分子材料。

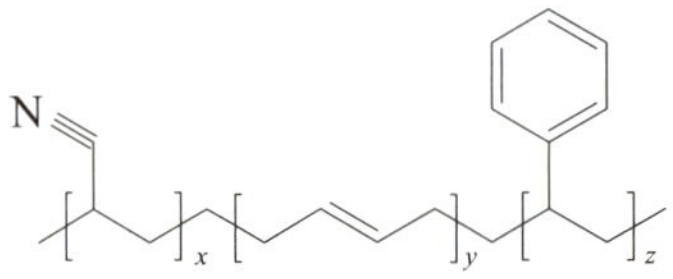

图 11-9C-1    ABS 树脂结构式

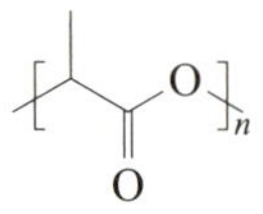

图 11-9C-2    PLA 塑料结构式

光固化树脂又称光敏树脂,由树脂单体及预聚体组成,在紫外光照射下光引发剂裂解产生自由基引发聚合反应。在光固化过程中,自由基引发单体打开双键聚合成为高分子,以形成聚合物交联网络,由此得到聚合物材料。此过程最终得到的高分子材料是热固性的,常见的光固化树脂有环氧丙烯酸酯(图 11-9C-3)、聚氨酯丙烯酸酯、聚酯丙烯酸酯等。

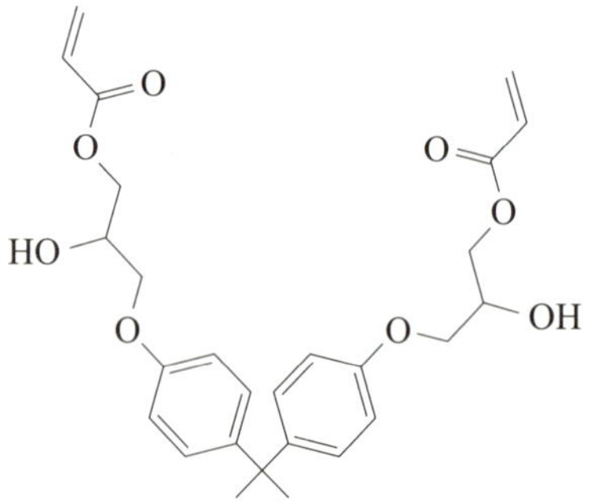

图 11-9C-3    常见环氧丙烯酸酯的结构式

## 三、仪器与试剂

### 1. 实验仪器

基于熔融沉积建模(FDM)技术的 3D 打印设备 1 台;基于光固化成型(DLP 或 LCD 成型)技术的 3D 打印设备 1 台;光固化箱。

### 2. 试剂及耗材

商用聚乳酸(PLA)塑料;商用 ABS 树脂;商业光固化树脂(波长 405 nm,邵氏硬度 82~86 D,黏度 100~150 cps,固化时间 1.5~3 s)。

## 四、实验步骤

### 1. 3D 打印模型的获取及格式转化

学生在实验预习阶段需要自主设计三维模型,并将设计好的模型转换成 3D 打印设备配套的切片软件可以识别的格式(一般为 STL 格式),如图 11-9C-4 所示。

图 11-9C-4 部分学生自主设计的图案

### 2. 熔融沉积建模(FDM)/光固化成型的软件切片及导出

利用 3D 打印机配套的切片软件对模型的 STL 文件进行切片。主要调控参数有 2 个,一个是层高,该参数主要影响模型的精细程度。对于挤出打印的 FDM 技术来说,其打印精度较低,普通 FDM 打印机的默认精度选择为"高精度 0.08 mm/中等精度 0.16 mm/低精度 0.2 mm";对于光固化的 LCD 成型技术来说,其打印精度较高,普通 LCD 打印机的默认精度选择为"高精度 0.02 mm/中等精度 0.05 mm/低精度 0.1 mm"。二是模型的填充程度,该参数主要影响模型的密实程度和打印材料用量。

学生在进行切片时,需要根据模型的具体结构和大小选择合适的层高和填充度,在保证模型精度的同时缩短打印时间,提升打印效率。

确定材料参数后,利用软件开始切片。确认切片效果后导出为 3D 打印机可以识别的代码(一般为 G 代码),之后将代码转到打印机的 U 盘中进行打印。

### 3. 打印及后续支架拆除/二次加固

基于熔融沉积建模(FDM)的 3D 打印机,需要先根据打印需要选择不同颜色、种类的打印耗材(ABS 塑料/PLA 塑料)并进行装填,然后调整打印平台的初始温度和喷头温度,之后进行打印。打印得到的材料如果有支架,则利用剪刀等工具进行拆除。

基于光固化 LCD 成型的 3D 打印机,需要先装填适量的光固化树脂,打印结束后将模型从平台上取下,放入光固化箱中进行二次加固。余下的光固化树脂在三天时间内可以反复使用。

## 五、注意事项

(1)基于熔融沉积建模(FDM)的 3D 打印实验,需要保持打印基底干净无灰尘,否则打印时模型会移动而导致打印失败。

(2)基于光固化成型的 3D 打印实验,液态的光固化树脂具有一定的味道和较低的毒性,需要在通风良好的环境中进行实验。实验过程中学生需要戴上口罩,打印过程中需要盖上盖子。

## 六、数据处理与分析

根据不同的层高和填充度来调节材料的精细程度,并得到不同打印时间的切片程序,要求通过参数的设计选取打印时间在 4~6 h 的切片程序。

## 七、思考题

（1）与传统的加工方式相比,3D打印技术的优势有哪些？

（2）熔融沉积建模(FDM)和光固化成型技术的区别有哪些？对于不同的模型,应该选用哪种打印方式？

（3）对于两种不同的3D打印技术,怎么才能提升打印模型的精细程度？

## 八、参考文献

（中国科学技术大学　周强）

# 高分子材料热学性能的表征

## 实验11-10　高分子耐热性能的测定

### 一、实验目的

（1）能够阐述高分子材料的热学性能与分子结构之间的关系。

（2）了解并掌握高分子材料的耐热性评估和塑料软化点测试方法。

（3）了解研究开发耐高温高分子新材料的重要意义。

### 二、实验原理

高分子材料的耐热性是指其在高温环境下的热稳定性能。高分子材料在受热过程中首先发生软化熔融等物理变化,当温度进一步升高,则会发生降解、交联、环化、分解、氧化等化学变化。这些变化会直接影响到高分子材料在使用过程中的形状尺寸、机械性能,以及其他各项物理性能是否能够保持,即耐热性能的好坏会影响高分子材料的使用。高分子材料的分子结构决定了它的热稳定性,其主要由分子链的长度、链侧基团、饱和度、分子量等因素所决定。在实际应用中,高分子材料,尤其是塑料,与金属、陶瓷、玻璃等传统材料相比,其耐热性不高,为了提高其耐热性,可通过调整其分子结构,增加分子链的刚性,引入极性基团增加分子间作用力,引入高键能化学结构增强主链稳定性,化学交联形成三维网络结构等方法限制链段运动能力,提高热变形温度;可通过添加玻璃纤维/碳纤维,无机填料等方法构建复合增强体系,显著提升聚合物的耐热性;还可以通过精密退火工艺来优化聚合物链的排列取向,提高结晶度,以及通过接枝改性等提高复合材料的界面结合强度,从而进一步优化提升材料的耐热性。常见的耐高温工程塑料有聚醚醚酮、聚砜、聚酰亚胺、聚苯硫醚、高温尼龙等,在航空航天、电子电气、汽车制造、医疗器材等不同领域都有出色的表现。

高分子耐热性表征的方法和指标很多,对于高温引起的物理变化,可用玻璃化转变温度、熔融温度等进行表征。其中,玻璃化转变温度可通过热分析法,包括动态热机械分析(DMA)、热机械分析(TMA)、差示扫描量热(DSC)等方法进行测试。具有熔融温度的结晶高分子材料可通过 DSC 来进行测试。对于高温引起的降解、氧化等化学变化,可通过热重分析(TGA)来确定其热分解温度。对于更高温度引起的高分子材料的燃烧,可通过各类燃烧实验来确定其耐燃性。

除了以上表征方法,在工业上还广泛使用马丁耐热温度(Martin's temperature)、热变形温度(heat distortion temperature,HDT)、维卡软化点(Vicat softening temperature,VST)等试验方法来对塑料、橡胶等高分子材料进行耐热性能的评估。此外,还可以设计高温力学性能测试及高温蠕变实验等研究高分子材料在高温下的力学性能的变化。

需要注意的是,不同实验方法所得的结果不尽相同,在对高分子材料的耐热性进行评估时,需要考虑材料的实际使用环境和需求来选择相应的测试方法。例如,需要考虑静态、动态及长期承载还是短期承载等实际使用情况。宇航烧蚀材料需要考虑瞬时高温性能。涉及高温下受力构件的耐热性时,则需要分析其在高温下力学性能的变化。

以塑料为例,对塑料的耐热性能进行评估时,主要考察塑料在温度升高过程中保持物理机械性能的能力。为确定塑料的使用温度范围,通常测量塑料随温度的升高而发生的形变。本实验是塑料的维卡软化点测试。维卡软化点是塑料耐热性指标之一,该试验方法始于1894 年,1910 年标准试验方法建立,1970 年我国正式发布维卡软化点标准试验方法,本实验的测试方法及测试装置参考国家标准 GB/T 1633—2000《热塑性塑料软化温度(VST)的测定》。

软化点,即物质软化的温度,主要指的是无定形高分子开始变软时的温度。它不仅与高分子的结构有关,而且还与其分子量的大小有关。软化点的测定方法有很多,测定方法不同,其结果往往不一致,因此用软化点温度来衡量比较塑料的耐热性时,需要说明具体的试验方法和条件。本实验进行的维卡软化点测试标准及条件遵循的是测定热塑性塑料在特定液体传热介质中,以及在一定的负荷、一定的等速升温条件下,样品被 1 mm$^2$ 针头压入 1 mm 时的温度。这种方法适用于大多数热塑性硬质或半硬质塑料,不适合于软质塑料或热固性塑料。判断是否软质可凭手感或将样品放在压针下并加载砝码,过段时间压针如果直接刺入样品则不适合此方法。但维卡软化点并不代表材料的最高使用温度,可用于质量控制或衡量各种塑料热性能的一个指标。一般非晶高分子,软化点接近 $T_g$;晶态高分子结晶度足够大时,接近 $T_m$。

维卡软化点测试装置示意图如图 11-10-1 所示。加热槽中装有对样品无影响的加热介质,如硅油、变压器油、液体石蜡等。样品承受的静负载 $G = W + R + T$($W$ 为砝码质量,$R$ 为压针及负载杆质量,$T$ 为变形装置的负载质量。$R+T$ 通常在仪器说明书中会注明)。负载有两种,一种为 1 kg,另一种为 5 kg。

维卡实验中,通常样品的厚度为 3~6 mm,宽和长不小于 10 mm×10 mm,或者直径大于 10 mm,板材样品厚度不超过 6 mm,若厚度小于 3 mm,可以由不超过 3 块板材叠合成超过 3 mm。样品两面应该平行,表面光滑,无凹痕、裂痕或缺陷。维卡软化点测试有两种升温速率(50 ℃·h$^{-1}$ 和 120 ℃·h$^{-1}$),在相同的负载情况下,用 120 ℃·h$^{-1}$ 的升温速率测试结果会比 50 ℃·h$^{-1}$ 的高。这是因为测试受到材料内部传导热量快慢制约,如果材料传热慢,介质的温度已经达到材料本身的软化温度,但热量还没有传至材料的内部,那么样品就不会达到相应的软化程度。待热量传至内部时,外部的介质温度又已经升高了,而测试结果是以样品达到软化终点

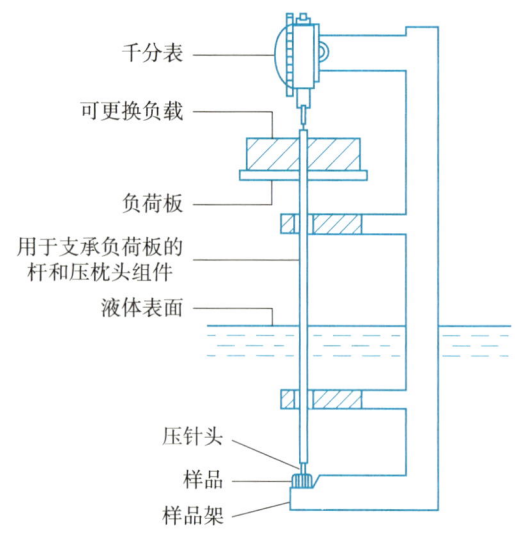

千分表

可更换负载

负荷板

用于支承负荷板的杆和压枕头组件

液体表面

压针头

样品

样品架

图 11-10-1　维卡软化点测试装置示意图

时外部的介质温度表示,所以往往 120 ℃·h$^{-1}$ 的升温速率测试结果会比 50 ℃·h$^{-1}$ 的高。

## 三、仪器与试剂

### 1. 实验仪器
维卡软化点测定仪;工具钳;剪刀;镊子。

### 2. 试剂及耗材
ABS 树脂,或者其他需要进行软化温度测试的高分子材料(硬质塑料)。

## 四、实验步骤

(1)打开仪器电源,预热 10 min。仔细阅读仪器使用说明书,设置仪器参数,选择合适的实验温度、升温速率和负荷。

(2)将剪裁好的 ABS 树脂样品放入维卡软化点测定仪的支架上,其中心位置放在压针之下。放下负载杆,使压针头与样品垂直接触。

(3)按"下降"按钮,将支架浸入油浴中,样品位于液面 35 mm 以下。注意油浴的起始温度低于材料的维卡软化点温度 20~23 ℃。

(4)根据测试要求,选择合适的砝码,上下移动位移传感器,使千分表直接垂直紧密接触样品(千分表出现数字),确认接触后,将千分表清零。

(5)开启加热电源,油浴升温。当达到 1 mm 变形量时,停止实验,记录此时温度,此温度即为样品的维卡软化点。

(6)向上移动位移传感器托架,将砝码移开,升起样品支架,将样品取出。

(7)记录软化曲线和软化温度。

(8)重选样品测试,改变载荷(10 N 和 50 N,二选一)和升温速率(50 ℃·h$^{-1}$ 和 120 ℃·h$^{-1}$,二选一),重复步骤(2)~(7)。

(9)完成四组测试,记录并比较不同测试条件下测得的软化温度是否相同。

### 五、注意事项

（1）一般测试前要求样品先充分干燥,然后在标准试验环境[（23±2）℃,50%±5%RH]放置 40 h 以上。

（2）油浴高温,防烫伤,待冷却后取样品。

（3）装取样品时,样品不要掉入加热槽中。如果掉入,则需立即取出。

（4）样品和砝码一定要确保水平放置,不可倾斜,样品厚度均匀,以避免出现较大误差。

（5）实验环境需保持安静,仪器周围若出现震动干扰,会影响到千分表的高度测定,导致实验无法进行或意外中止等问题。

### 六、数据处理与分析

（1）记录实验条件,填入表 11-10-1 中。每组样品 3 个,记录实验数据(三个平行样品的软化温度取平均值)。

表 11-10-1　维卡软化温度实验数据记录及结果

| 测试次数 | 测试条件 | | T/℃ |
| --- | --- | --- | --- |
| | 载荷/(N·cm$^{-2}$) | 升温速率/( ℃·h$^{-1}$) | |
| 1 | 10 | 50 | |
| 2 | 50 | 50 | |
| 3 | 10 | 120 | |
| 4 | 50 | 120 | |

（2）分析比较不同载荷和不同升温速率下测试得到的软化温度之间的差别并讨论其原因。

### 七、思考题

（1）比较 ABS 树脂(或其他测试的高分子样品)的维卡软化点和其玻璃化转变温度的大小,讨论软化温度和玻璃化转变温度之间的联系。

（2）影响塑料耐热性能高低的原因有哪些?

（3）影响维卡软化点测试的因素有哪些?升温速率如何影响测试值?

（4）材料的不同热性能测试方法测定的数据是否具有可比性?

### 八、参考文献

（苏州大学　陈小芳）

# 高分子材料力学性能的表征

## 实验 11-11A　高分子材料的静态力学性能测试表征

### 一、实验目的

（1）掌握形变测量仪测定高分子材料玻璃化转变温度和黏流温度的方法及其原理。

（2）基于升温速率对两种转变温度的影响，加深对高分子运动的动力学特征和松弛特性的理解。

（3）基于高分子运动的特点，进一步加深对高分子微观结构与宏观性质之间紧密联系的全面而系统的认识。

### 二、实验原理

#### 1. 力学性能是高聚物作为结构材料使用时的核心评价指标

高聚物作为结构材料应用时，力学性能（如强度、模量、韧性）是高分子材料的核心评价指标，因其直接决定了材料在受力环境下的可靠性及使用寿命，甚至影响加工工艺选择与应用场景边界（如汽车零部件需抗冲击，生物支架需柔韧适配）。只有了解了高分子材料的力学性质的一般特点和规律，并建立与高分子结构的关系，才能恰当地选取所需结构的高分子材料，并控制加工条件以获得相应的力学性能。通常，静态力学性能测量包括静态测量形变-温度曲线和模量-温度曲线。本项目测定的是形变-温度曲线。

#### 2. 从高分子运动的特点看高聚物的三种力学状态和两个热转变

对一块非晶态高聚物样品施加一恒定的力，测量形变随温度升高而发生的变化。以样品的形变对温度作图，可得到非晶态高聚物的形变-温度曲线，如图 11-11A-1 所示。

可以说仅仅因温度不同，非晶态高聚物可以表现出具有不同力学性能的三种状态，即玻璃态、高弹态和黏流态，它们之间的区别主要是变形能力的不同，因此称为高聚物的三种力学状态。显然力学状态不是热力学状态。当物质从一种相态转变为

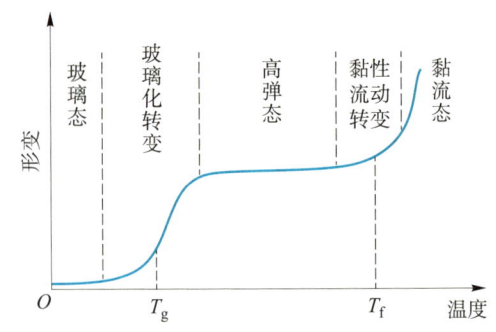

图 11-11A-1　非晶态高聚物的形变-温度曲线示意图

另一种相态时，其热力学函数要发生突变，即热力学状态之间的转变。这里玻璃态与高弹态、高弹态与黏流态之间的转变并不是热力学上的相变，因为三种力学状态都属于一种相态——液相，它们之间的转变温度——玻璃化温度 $T_g$ 和黏流温度 $T_f$ 当然也就不是相转变

温度。

从分子运动角度来看,非晶态高聚物随温度变化出现的三种力学状态与内部分子在不同温度下处于不同运动状态密切相关。这是高聚物的特点,即一种高聚物,结构不变,但由于分子运动的情况不同,就可以表现出非常不同的性质。在玻璃态下,由于温度较低,分子运动的能量很低,不足以克服主链内旋转的位垒,因此链段的运动不能被激发,链段处于被冻结的状态,只有那些活化能较低的较小单元能运动,此时高聚物的力学性质和小分子玻璃差不多,比较坚硬,受力后形变量很小。随着温度升高,分子热运动能量逐渐增加,当达到 $T_g$ 时,已足以克服内旋转的位垒,几十个相邻单键内旋转的协同运动被激发,链段开始可以运动来改变链的构象,高聚物因此进入高弹态。如受力时高分子链可以通过主链上单键的内旋转从蜷曲状态逐渐伸展开(只需将部分旁式构象转变为反式构象),产生大形变,外力除去后又自发地恢复蜷曲状态。温度继续升高,整链的运动被激发,在外力作用下,链与链之间相互滑移,高聚物进入黏流态,受力时将产生不可逆形变。

## 三、仪器与试剂

### 1. 实验仪器

S-Ⅲ 型热形变测量仪,其装置原理如图 11-11A-2 所示。台秤;游标卡尺。

### 2. 试剂及耗材

实验样品(如有机玻璃)。

### 3. 器皿

铝制/合金制小坩埚。

## 四、实验步骤

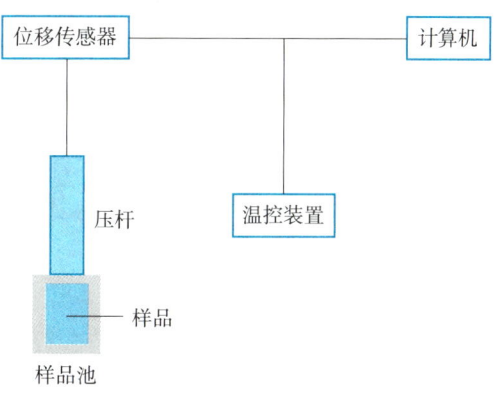

**图 11-11A-2  S-Ⅲ型热形变测量仪的测量原理图**

### 1. 确定测量条件

(1)准确测量与样品接触的压杆端面积,根据砝码质量,算得载荷,本实验为 7 kg·cm$^{-2}$。

(2)选择升温系统调压变压器的电压,使升温速率为 10 ℃·min$^{-1}$。

### 2. 实验步骤

(1)按图正确接好线路,检查无误。

(2)用台秤称量砝码的质量作为载荷,截取厚 1~2 mm 的有机玻璃小块作为样品,将样品放入样品池中央,压杆平稳压在样品上,在压杆顶部托台上压上已秤过质量的砝码,然后关闭样品池保温炉。

(3)打开 S-Ⅲ 型热形变测量仪电源,并在计算机端测试仪器串口连接是否成功。

(4)打开测试软件,点击开始实验,将初始温度设置为当前室温,并设置升温速率为 10 ℃·min$^{-1}$,点击开始实验,然后按下温控装置的升温按钮,即可开始实验。

(5)观察实验过程中温度形变曲线的变化情况,当形变量接近样品初始厚度,且随着温度升高,样品的形变量几乎不变,即说明当前样品已经彻底分解,实验结束。

(6)在软件端点击结束实验,并关掉温控装置的加热。

(7)在软件中对温度形变曲线进行处理,通过切线确定转变温度。

（8）待炉子冷却到室温后（必要时可以用少量液氮冷却），重复以上实验。

## 五、注意事项

（1）在将样品放置到压杆下方时，注意小心操作，不要被压杆扎到手。

（2）实验开始升温后，不要用身体接触加热炉。

（3）实验结束后，由于炉内温度仍然很高，因此不可直接打开加热炉，需等待加热炉自然冷却到室温后，方可开炉。

## 六、数据处理与分析

在图 11-11A-3 中，温度线表示等速升温线，曲线代表形变。曲线出现两次转折处，在 1 和 2、3 和 4 分别延长，则各交于点 $A$ 和点 $B$，过 $A$ 和 $B$ 作水平线，在温度线上的交点分别是玻璃化转变温度 $T_g$ 和黏流温度 $T_f$。

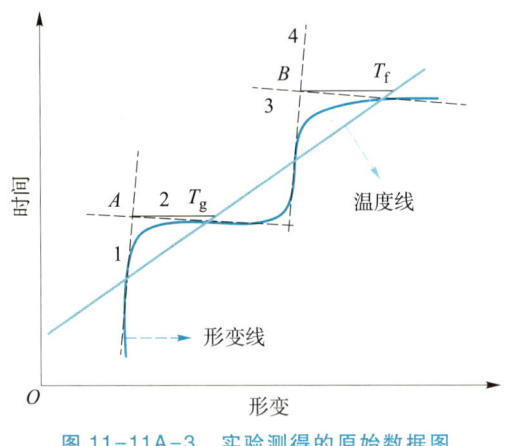

**图 11-11A-3    实验测得的原始数据图**

请注明测试条件：

样品：_____

载荷：_____

压杆断面直径：_____（测量 3 次取平均值：_____ _____ _____）

施加压强：_____

起始时间：_____    终止时间：_____

起始温度：_____    终止温度：_____

记录每一时刻的温度和形变，并以形变对温度绘制曲线图。

（1）计算升温速率。

（2）根据实验所得的形变-温度曲线，按定义求出该聚合物的玻璃化转变温度 $T_g$ 和黏流温度 $T_f$。

## 七、思考题

（1）为什么由形变-温度曲线测得的 $T_g$ 和 $T_f$ 值只是一个相对参考值？ $T_g$ 和 $T_f$ 值受哪些实验因素的影响？有何影响？

（2）聚合物的形变-温度曲线与其分子运动有什么联系？不同分子结构和不同凝聚态结构的聚合物应有什么样的形变-温度曲线？

## 八、参考文献

（中国科学技术大学　朱平平、黄渝）

# 实验 11-11B　高分子材料的动态力学分析法表征

## 一、实验目的

（1）学习动态力学分析法基础理论知识和研究方法。
（2）掌握动态力学分析实验技能。
（3）学习采用动态力学温度谱法解析高分子的力学性能参数随温度、频率的变化规律，研究高分子的动态力学性能。

## 二、实验原理

由于高分子运动单元的多重性，使得高分子材料的力学响应同时表现出明显的黏性和弹性特征，即黏弹性。高分子材料的黏弹性表现为静态黏弹性（蠕变和应力松弛）及动态黏弹性（滞后和力学损耗）。

蠕变和应力松弛是指应力或应变恒定时另一方随时间变化的现象。其中蠕变是指在一定的温度和较小的恒定外力（拉伸、压缩或剪切）作用下，材料的形变随时间的增加而逐渐增大的现象。应力松弛则是指在恒定温度和形变保持不变的情况下，高分子内部的应力随时间增加而逐渐衰减的现象。

在实际应用中高分子材料的应力或应变往往随时间发展而发生变化。例如，正在行驶的汽车轮胎中的橡胶，其受到的应力或应变随着车速和行驶时间改变而发生变化。高分子材料在交变应力或交变应变作用下的力学行为称为动态黏弹性（或动态力学松弛），主要表现为滞后和力学损耗现象。

滞后是指高分子在受到交变应力作用下所观察到的应变的变化落后于应力的变化的现象，如图 11-11B-1 所示。

通常采用式（11.11B.1）和式（11.11B.2）表示高分子受到的交变应力和应变随时间和外力频率变化的关系。

$$\sigma(t) = \sigma_0 \sin \omega t \tag{11.11B.1}$$

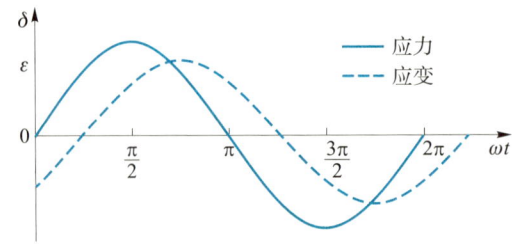

图 11-11B-1　高分子滞后的应力或应变随时间变化的曲线

$$\varepsilon(t) = \varepsilon_0 \sin(\omega t - \delta) \tag{11.11B.2}$$

式中：$\sigma$ 为高分子受到的应力，$\sigma_0$ 为最大应力；$\varepsilon$ 为高分子在外力作用下产生的应变，$\varepsilon_0$ 为最大应变；$\omega$ 和 $t$ 分别为外力变化的角频率和时间；$\delta$ 为应变发展落后于应力的相位差，一般为 $0 \sim \dfrac{\pi}{2}$。

　　高分子在发生滞后现象时，需要克服内摩擦阻力，使得机械能转变为不可逆的热能而消失，称为力学损耗（或内耗）。

　　在研究高分子材料动态黏弹性时，由于应力和应变都是时间的函数，所以，其模量常用复数模量来表示，如图 11-11B-2 所示 [式（11.11B.3）和式（11.11B.4）]。

$$E^* = E' + iE'' \tag{11.11B.3}$$

$$\tan\delta = \frac{E''}{E'} \tag{11.11B.4}$$

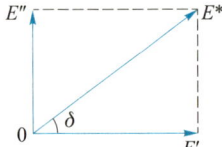

图 11-11B-2　复数模量

式中：$E^*$ 为复数模量；$E'$ 为实数模量，又称储能模量，表示高分子在形变过程中由于弹性形变而储存的能量；$E''$ 为虚数模量，又称损耗模量，表示高聚物在形变过程中以热的方式损耗的能量；$\delta$ 为力学损耗角，通常采用力学损耗角正切 $\tan\delta$ 来表示力学损耗的大小。

　　$E'$ 和 $E''$ 相应的动态力学表达式为

$$\sigma(t) = \varepsilon_0 E' \sin\omega t + \varepsilon_0 E'' \cos\omega t \tag{11.11B.5}$$

　　动态力学分析法（dynamic mechanical analysis，DMA）是一种研究高分子动态力学性能的热分析技术，其原理是当高分子样品受到交变应力（或应变）作用时，将呈现出力学响应，通过测定应力、应变、$E'$、$E''$ 和 $\tan\delta$ 等动态力学性能参数，研究交变应力（或应变）作用下高分子的力学性能参数（如 $E'$、$E''$ 和 $\tan\delta$ 等）随温度、频率的变化规律，以及聚合物的动态力学性能。动态力学分析法可获得高分子的 $T_g$、力学三态的转变、黏弹性、结晶性、相分离、聚集态等微观和亚微观结构等信息，从而在高分子材料的结构分析、性能研究及加工工艺领域具有重要的研究价值和应用意义。动态力学分析法通常采用动态力学温度谱和动态力学频率谱两种研究方法。

　　在一定频率下，研究高分子材料动态力学性能随温度变化的动态力学谱称为动态力学温度谱，通常绘制 $\lg E'$、$\lg E''$ 或 $\tan\delta$ 与温度的关系图。例如，在图 11-11B-3 所示的非晶态高分子的动态力学温度谱中，$\lg E'$ 与温度的关系曲线可以用于研究高分子材料在不同温度下体现出的力学三态（玻璃态、高弹态和黏流态）；$\tan\delta$ 与温度的关系曲线显示出高分子材料在不同温度下的松弛，包括 $\alpha$ 松弛 [玻璃化转变温度（$T_g$）下的主松弛] 及低于玻璃化转变温度的次级松弛($\beta$、$\gamma$ 和 $\delta$)。所以,动态力学温度谱可用于测定高分子材料的 $T_g$ 及发生各种次级松弛的温度,研究高分子材料在各种温度下的动态力学行为和动态力学性质。

在一定温度下,研究高分子材料动态力学性能随频率变化的动态力学谱称为动态力学频率谱,通常绘制 $\lg E'$、$\lg E''$ 和 $\tan \delta$ 与频率对数 $\lg \omega$ 的关系图,如图 11-11B-4 所示。当外力作用频率较小时,高分子链段运动完全能跟上作用力的变化,高分子材料呈橡胶状,$E'$ 较小且在一定频率范围内变化不大,$E''$ 和 $\tan \delta$ 接近于零;随着外力作用频率增大,$E'$ 急剧增大,$E''$ 和 $\tan \delta$ 则出现极大值即内耗峰,高分子材料体现出明显的黏弹性;当外力作用频率很高时,高分子链段运动跟不上外力作用的变化(即高分子链段对外力的作用未能作出响应),$E'$ 较高且在一定频率范围内变化不大,$E''$ 和 $\tan \delta$ 趋近于零,高分子材料呈玻璃态。

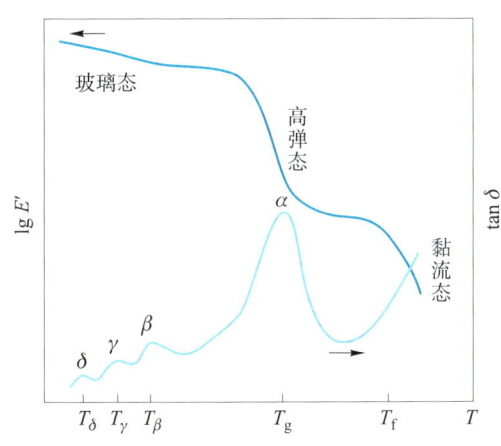

图 11-11B-3　非晶态高分子的动态力学温度谱

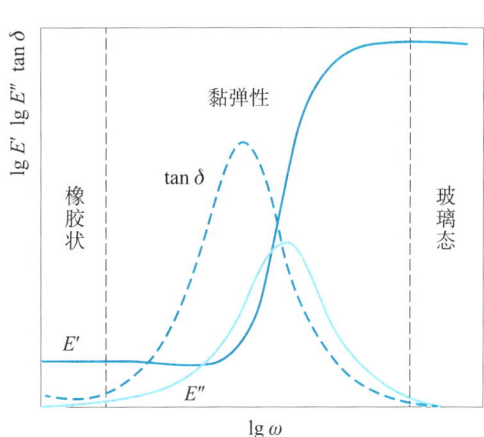

图 11-11B-4　高分子的动态力学频率谱

本实验采用强迫振动法测定高分子材料的动态力学谱,即在程序控温和交变应力的作用下,测试高分子样品的动态模量和力学损耗与温度(或频率或时间)关系。该方法适合于测试容易成型的塑料、橡胶、纤维等固体高分子样品。

## 三、仪器与试剂

### 1. 实验仪器

实验仪器为动态力学分析仪(又称动态热机械分析仪),包括 DMA 主机、控制计算机、温度控制系统等附件。

### 2. 试剂及耗材

本实验测试样品为聚对苯二甲酸乙二醇酯(PET)。

## 四、实验步骤

### 1. 测试样品准备

将 PET 裁剪为尺寸约为 30 mm×8 mm×0.01 mm 的片状测试样品,用游标卡尺准确度量并记录 PET 片的长度、宽度和厚度。

**2. 仪器准备**

（1）开启 DMA 主机电源开关，预热约 40 min。

（2）开启控制计算机，点击桌面的测试软件，进入操作界面。

**3. 安装测试样品**

打开 DMA 主机样品室，调节样品夹具到合适位置，将 PET 片样品牢固地安装在夹具正确位置。

**4. 动态力学温度谱测试实验**

（1）根据相关操作软件，设置样品名和文件存放位置，依次设置以下实验参数：

① 输入测试样品的尺寸数值。

② 设置测试模式为温度斜坡扫描模式。

③ 设置作用力振幅和频率。

④ 设置测试温度范围。

⑤ 设置升温速率。

（2）开始测试。

（3）测试结束后，待温度降至室温，打开 DMA 主机样品室，卸下测试样品。

## 五、注意事项

（1）安装样品时保持垂直，安装牢固。

（2）实验设置的最高温度低于测试样品的熔融温度。

（3）测试实验结束后，温度降至室温才可打开 DMA 主机样品室，卸下测试样品。

## 六、数据处理与分析

（1）通过操作软件输出测试样品的动态力学温度谱，保存 ASCII 码数据。

（2）从动态力学温度谱中得出 PET 的 $T_g$，分析 $E'$、$E''$ 和 $\tan \delta$ 随温度变化的关系，讨论 PET 的链段运动随作用力温度变化的运动行为和黏弹性。

## 七、思考题

（1）简述高分子的黏弹性、静态黏弹性和动态黏弹性。

（2）动态力学分析法的原理是什么？

（3）本实验过程中需要注意哪些事项？

## 八、知识拓展

动态力学分析法已经成为研究高分子材料的结构与性能关系、使用性能评价及加工工艺的一种十分有效的手段，以下阐述该方法在高分子材料研究中的具体应用。

**1. 研究高分子阻尼材料的结构与性能关系**

阻尼材料是一种将机械振动能转变为热能而耗散的材料，主要起到减震和隔音作用。动态力学温度谱和频率谱可以为选择高分子阻尼材料提供依据。理想的高分子阻尼材料在整个工作温度范围或频率范围内具有较高的内耗，即 $\tan \delta$ 较大，$\tan \delta$-温度 $T$ 曲线变化平缓，包容的面积大。

从高分子的结构分析,含有体积较大的侧基及侧基数目较多的高分子,其内耗峰较大,吸收冲击能量较大,所以,防震、隔音的效果更好。例如,顺丁橡胶(顺-1,4-聚丁二烯)分子链上没有取代基团[图 11-11B-5(a)],而丁苯橡胶(聚苯乙烯丁二烯共聚物)含有体积较大的苯基侧基[图 11-11B-5(b)]。相比之下,丁苯橡胶的内耗更大,具有更好的阻尼效应,即丁苯橡胶能起到更好的减震和隔音效果。

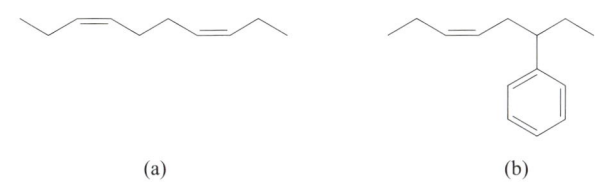

(a)              (b)

图 11-11B-5　顺丁橡胶和丁苯橡胶的结构式(部分)

### 2. 评价高分子材料的耐热性和低温韧性

根据动态力学温度谱,可以获得表征非晶态塑料和结晶塑料耐热性的特征温度 $T_g$ 和熔点 $T_m$,了解塑料模量随温度的变化情况,确定塑料产品的最高使用温度。

塑料的低温韧性取决于低温时是否存在 $\alpha$ 松弛以下的次级松弛,即低温内耗峰。存在明显低温内耗峰的塑料,通常在使用温度高于低温内耗峰时具有良好的冲击韧性。例如,聚碳酸酯是一种具有良好耐寒性的工程塑料,其在约-80 ℃出现较明显的次级松弛(即存在低温内耗峰)。聚苯乙烯则无低温内耗峰,在低温时冲击强度很低,受力后容易脆裂。但是,经过橡胶改性后的聚苯乙烯在-70 ℃出现明显的低温内耗峰,成为一种低温抗冲击的聚苯乙烯复合材料。

## 九、参考文献

(中山大学　杨立群、阮文红)

## 实验 11-11C　高分子材料的热机械分析法表征

### 一、实验目的

(1) 能够阐述热机械分析仪的基本原理。

(2) 能够掌握不同高分子材料的热机械分析测试方法。

(3) 能够对热机械分析测试曲线进行数据分析,加深对线型非晶态聚合物的三种力学状态的理解。

（4）能够运用 TMA 的相关原理去解决科研中的实际问题。

## 二、实验原理

材料的力学性质通常是由其内部结构通过分子运动决定的。对于高分子材料,由于其结构单元的多重性导致了运动单元的多重性,而其运动又具有温度依赖性,因此,在不同的温度下,给高分子材料施加的外力恒定时,材料通常呈现出不同的力学行为,这些性质及转变可以用温度-形变曲线反映,如图 11-11C-1 所示。具体来讲,线型非晶态聚合物有三种不同的力学状态:玻璃态、高弹态、黏流态。在较低温度时,高分子链段运动被冻结,当给聚合物施加外力时,只发生较小的形变,外力去除后,又立即恢复原状,其机械性能与玻璃类似,表现出硬而脆的性质,这时聚合物处于玻璃态。当温度升高时,聚合物的热运动能量逐渐增加。温度达到玻璃化转变温度时,虽然整个分子相对其他分子仍不能运动,但分子内的各个局部(链段)可以运动。通过链段的运动,分子链可以不断地改变形状。在外力作用下,聚合物可以发生可逆形变,此时处于高弹态。如果继续升高温度至黏流温度,在外力的作用下,整个聚合物链开始发生移动,产生不可逆形变,聚合物逐渐变成可以流动的黏稠液体,称为黏流态。此外,聚合物的结构因素包括化学结构、分子量、结晶、交联、增塑和老化等的改变,也可以通过温度-形变曲线来体现。了解这些信息,对于评价材料的使用性能,确定材料的温度适用范围和选择加工条件具有实用意义。

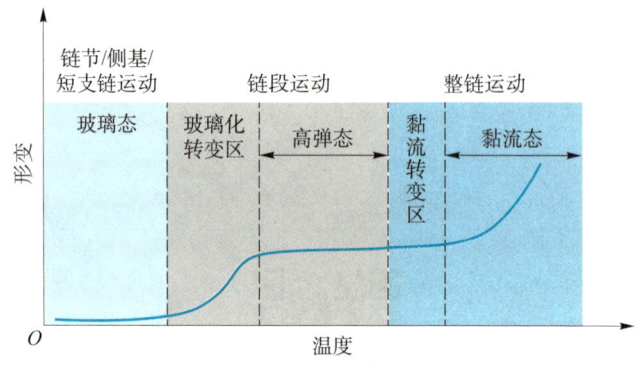

**图 11-11C-1    典型线型非晶态聚合物的温度-形变曲线**

对于交联聚合物,由于相互交联而不可能发生黏性流动。当交联度较低时,链段的运动仍可进行,因此仍表现出高弹性,当交联度很高时,交联点间的链长小到与链段长度相当时,链段的运动也被束缚,此时在整个温度范围内只表现出玻璃态。对于结晶性聚合物,由于存在晶区和非晶区,聚合物中的微晶起到类似交联点的作用。当结晶度较低时,聚合物中的非晶部分在玻璃化温度后表现出高弹性,而结晶度大于 40% 时微晶交联点连成一体,玻璃化温度以上也不能表现出高弹性。结晶聚合物温度高于熔融温度时,温度-形变曲线重合到非晶态聚合物的曲线上。此时如果熔融温度大于黏流温度,则熔化后直接进入黏流态,如果熔融温度小于黏流温度,则先进入高弹态。

热机械分析(thermomechanical analysis,TMA),是指在程序温度下和非震动载荷作用下,测量物质的形变与温度时间等函数关系的一种技术,当物体的温度发生变化时,其长度、体积等尺寸会发生相应的变化,这种变化可以通过测量物体的尺寸变化来监测,从而得到物体的热膨胀系数等参数。TMA 实验通常需要在不同的温度下进行测量,以获得完整的温度-形变曲线。热机械分析仪具有测量范围宽、测量精确、性能稳定、操作简便等优点。其原理主要基于测量样品的温度变化和由此产生的力学变化。热机械分析仪通常包括四部分:测试单元、监控装置、热稳定装置和计算机数据采集与处理系统,如图 11-11C-2 所示。工作原理是通过铂电阻感温元件测量炉内的温度,由温控单元进行运算,控制加热部件或制冷单元,达到等速升温的目的。形变由数显百分表显示并输出位移信号上传至计算机。热机械分析仪以其紧凑的设计和良好的操作界面为聚合物材料领域的研究建立了一种新的方法。仪器为顶部装样设计,炉体升起后可以轻松地进行装样操作。同时,有多种可选形变模式,包括膨胀、针入、弯曲和拉伸等,样品形状可以为圆柱状、棒状、片状、薄膜或纤维状。负载为自动化选择,操作方便,测量快速。可以在较宽的温度范围内灵敏地记录下样品的变化。

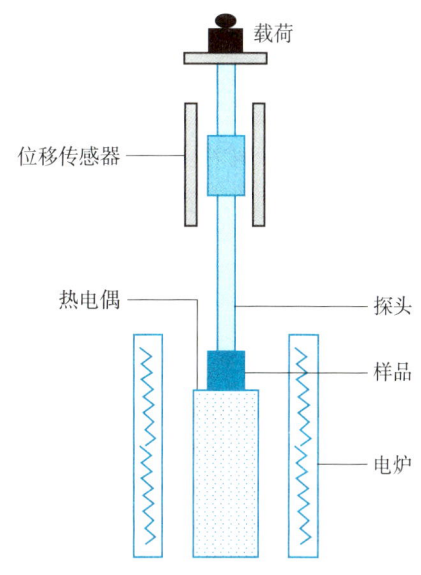

图 11-11C-2　TMA 仪器示意图

　　热机械分析实验可以提供材料的热膨胀系数、热导率、比热容等热机械性能的信息,热膨胀系数反映了材料在温度变化下的形变程度,是衡量材料热稳定性的重要参数,热导率反映了材料的热传输性能,是评价材料热性能的关键指标,比热容反映了材料的热容量,是研究材料热动力学性质的重要参数。对于高分子材料来说,以一定的加热速率加热样品,使样品在恒定的较小的负荷下随温度升高发生形变,测量样品温度-形变曲线,通过分析该样品的温度-形变曲线,可以获得高分子材料的玻璃化转变温度和黏流温度,这对于制定成型工艺条件,配合高分子材料结构研究具有重要意义。

## 三、仪器与试剂

### 1. 实验仪器

热机械分析仪,其主要技术参数如下。

测量方式:压缩、三点弯曲、拉伸、穿透、溶胀变形,如图 11-11C-3 所示。

温度范围:-100(取决于低温装置)~600 ℃。

负载力:静态力 1~100 cN。

变形范围:小于 5 mm。

变形测量分辨率:0.001 mm。

升降温速率:0~40 ℃·min$^{-1}$。

### 2. 试剂及耗材

聚甲基丙烯酸甲酯(PMMA)。

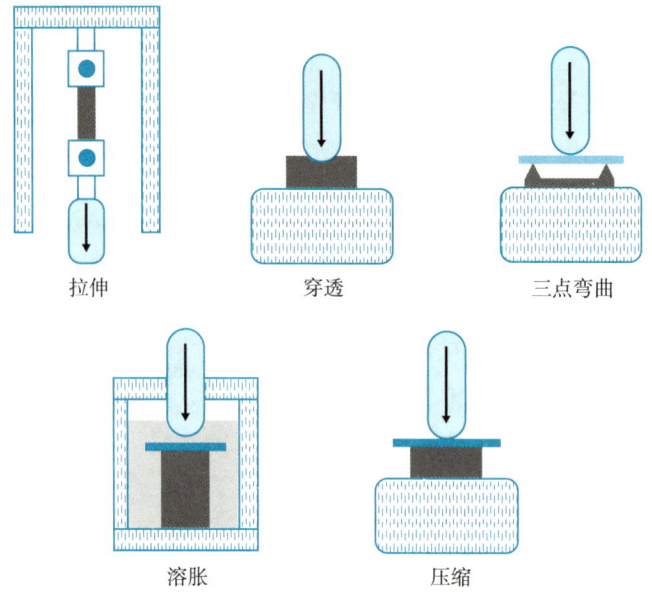

拉伸          穿透          三点弯曲

溶胀          压缩

图 11-11C-3    TMA 测量模式

## 四、实验步骤

### 1. 测试准备

制样要求:样品上下表面尽可能平行,表面光滑,易融化样品放在专用坩埚里盖上垫片再进行实验。样品可以为圆柱形、棒状、片状、薄膜或纤维等合适形状,保证表面光滑平整。

本实验样品为厚度小于 20 mm 的圆柱形 PMMA 样品、选用压缩模式。

### 2. 测试

打开计算机,启动软件,按要求填写相关数据,如测试模式、样品编号、样品尺寸、所施加载荷、升降温速率、形变量、保存路径、测试程序等。之后启动程序进行测试。记录升温过程中的温度–形变曲线。实验程序如下:以 5 ℃·min$^{-1}$ 升温速率从 20 ℃升温至 280 ℃。

## 五、注意事项

(1)禁止测试易挥发样品及与夹具发生反应的样品。

(2)测试之前需了解样品的基本信息从而确定测试温度范围。

(3)测试结束后等温度降至室温方可取出样品。

## 六、数据处理与分析

如图 11-11C-4 所示,从温度–形变曲线中判断聚合物的玻璃态、高弹态、黏流态分别对应的温度范围,并进一步确定玻璃化转变温度 $T_g$ 和黏流温度 $T_f$。

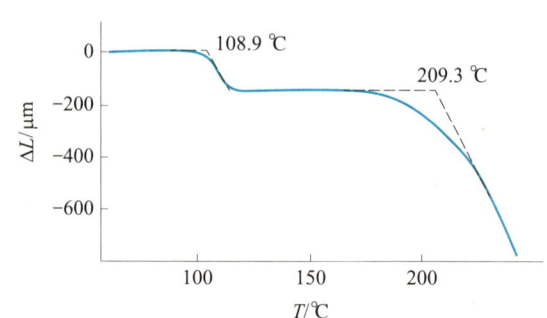

图 11-11C-4    PMMA 的温度–形变曲线

## 七、思考题

（1）TMA 测试过程中影响聚合物三态所对应的温度范围的因素是什么？

（2）升温速率对玻璃化转变温度有什么影响？

（3）载荷大小对玻璃化转变温度有什么影响？

（4）线型聚合物和交联聚合物的温度-形变曲线有什么不同？

## 八、知识拓展

热机械分析技术提供了关于材料随温度变化下的力学性能和尺寸变化特性的重要信息。它在材料科学、工程领域和制造业中有着广泛的应用，特别适用于研究材料的热膨胀性能和热变形特性。

（1）材料膨胀系数测定：用于测量材料在温度变化下的线性膨胀系数，了解材料的热膨胀性能。

（2）玻璃化转变温度分析：用于测定非晶材料、聚合物等的玻璃化转变温度，深入了解材料性质的变化。

（3）材料变形研究：可用于测量材料的热塑性、软化点、软化温度等参数，帮助理解材料的加工特性和应用范围。

（4）材料热应力分析：用于评估材料在温度变化下的力学稳定性，了解材料在高温环境下的性能表现。

（5）医疗器械和聚合物研究：在医用聚合物、人造器官材料和其他生物材料的研究与开发中有重要的应用，有助于改善医疗器械的设计和材料选择。

## 九、参考文献

（上海交通大学　李蕾）

## 实验 11-11D　橡胶的成型及制品的力学性能与老化测试表征

## 一、实验目的

（1）了解橡胶的成型加工流程。

（2）了解橡胶的力学性能特点及影响橡胶老化的因素。

（3）掌握橡胶材料加工过程中混炼、成型、硫化等操作的原理和技术要点。

（4）掌握橡胶力学性能测试的方法。

（5）掌握橡胶老化性能测试的方法。

## 二、实验原理

聚合物成型加工是将聚合物，或以聚合物为基本成分，加入各种配合剂，在一定条件下（温度和压力），将其转变成具有实用价值的材料或制品的一种工艺过程。橡胶制品分为乳胶制品和干胶制品两大类。乳胶制品是把模型直接浸渍在乳胶中，经过处理后脱模而成。干胶制品的原料是固态的弹性体，其生产包括塑炼、混炼、成型和硫化，橡胶成型加工基本过程和主要方法如图 11-11D-1 所示。

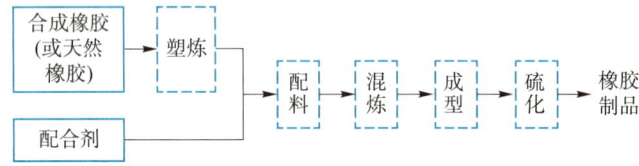

图 11-11D-1　橡胶制品的制造过程

为了提高橡胶制品的物理机械性能，改善加工成型工艺，降低生产成本，需要在生胶或塑炼生胶中加入各种配合剂，如填充剂、补强剂、促进剂、硫化剂、防老剂、防焦剂等。这些配合剂既有固体也有液体，为了使胶料的性质一致，避免胶料出现焦烧、喷霜等问题，须确保所加入的各种配合剂分散均匀，混炼就是用炼胶机通过机械作用将各种配合剂均匀地分散到生胶或塑炼生胶中，炼成混炼胶的工艺，是橡胶加工最重要的生产工艺之一。混炼工艺过程主要包括润湿阶段（吃粉阶段）、分散阶段和塑化阶段（捏炼阶段）。在润湿阶段，生胶或塑炼胶在炼胶机中受到剪切和拉伸的作用产生流变和断裂、破碎，与配合剂充分接触，使其混入。分散阶段又可分为微观分散和宏观分散。配合剂混入橡胶后在机械力的作用下，进一步被粉碎成尺寸微小的颗粒，以增加接触面面积，并进一步通过物理和化学作用提高配合剂与生胶或塑炼胶的混合均匀性，此过程称为微观分散；而宏观分散主要指不改变其粒子的尺寸大小，仅增加配合剂在胶料中分布的均匀性。胶料基本完成混合后，混炼若继续进行，则生胶大分子链受破坏逐渐明显，分子量下降，表现为黏度下降，实现生胶与配合料进一步的均匀混合。

在橡胶制品的生产过程中，利用压延机或压出机预先制成形状各式各样、尺寸各不相同的制品的工艺过程，称为成型。成型的方法有：压延成型，适用于制造简单的片状、板状制品；压出成型，用于较为复杂的橡胶制品，如轮胎胎面、胶管、金属丝表面覆胶需要用压出成型的方法制造；模压成型，也可以用来制造某些形状复杂（如皮碗、密封圈）的橡胶制品，借助成型的阴阳模具，将胶料放置在模具中加热成型。

硫化是橡胶制品制造工艺的最后一个过程，也是橡胶制品加工中最主要的物理-化学变化过程。橡胶硫化在橡胶工业时期，是指橡胶与硫黄共热，使生胶的线型分子间通过生成"硫桥"而相互交联成立体的网状结构，从而使塑性的胶料变成具有高弹性的硫化胶。随着合成橡胶品种的增加和生产技术的发展，硫化方法和新型硫化剂越来越多。因此，凡是在一定温度、压力下经过一定时间，使橡胶大分子由线型结构转化为网状结构的交联过程都称为硫化。硫化后橡胶在塑炼、混炼工序中失去的弹性重新恢复,力学性能大大提高。生产过程中需要严格控制硫化时间,以保证硫化后的橡胶制品具有最好的使用性能和最长久的使用寿命。平板硫化机的结构如图 11-11D-2 所示。

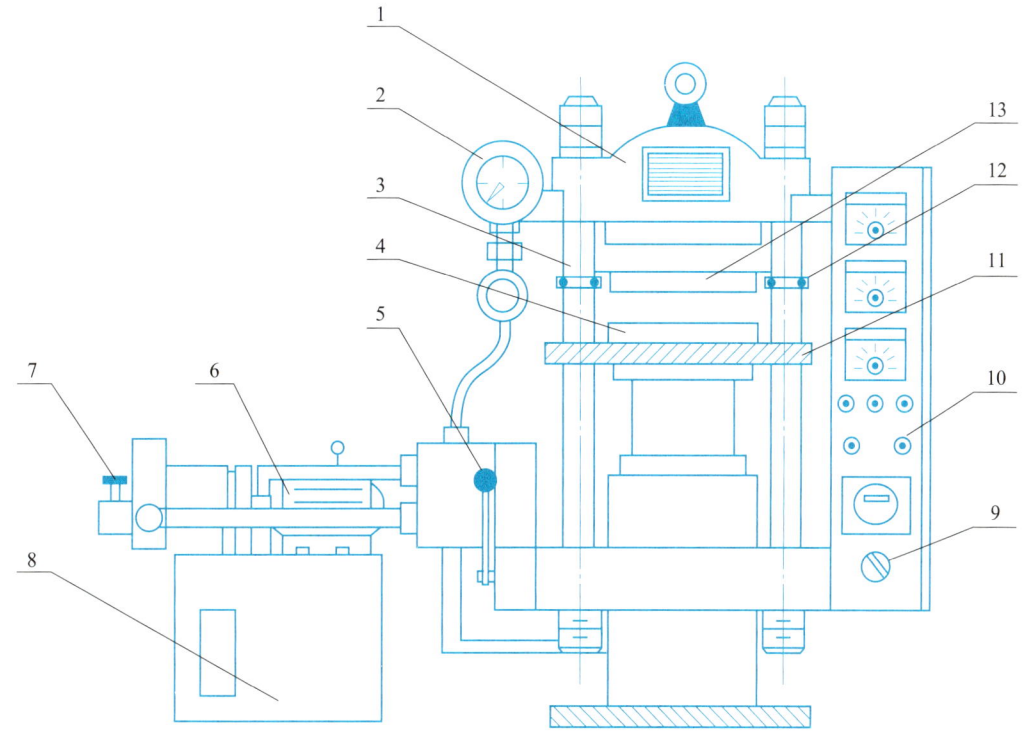

1—上机座；2—压力表；3—柱轴；4—下平板；5—操作杆；6—油泵；7—调压阀；8—工作液缸；
9—开关；10—调温旋钮；11—升降平板；12—限位装置；13—活动平板

图 11-11D-2　平板硫化机结构示意图

　　材料在外力作用下所表现的力学行为称为材料的力学性能。与其他材料相比,高分子材料结构的多分散性、黏弹行为及松弛特性,使得高分子对机械应力的反应性相差较大。影响高分子材料力学性能测试结果的因素较多。内在因素有材料本身化学组分、分子量及其分布、结构的规整性、取向及结晶程度、增塑等。外部因素如测试温度、湿度、外力施加的频率等。橡胶具有非常高的弹性模量和拉伸性能,能够在受到外力作用时发生大幅度的形变,具有较高的拉伸强度和断裂伸长率,而当外力去除后,几乎能完全恢复到原始形状。橡胶在受压后也能恢复其形状,表现出良好的压缩性能和回弹性。这种性能得益于橡胶内部长链高分子的缠结结构,使得材料可以存储和释放能量。此外,橡胶还具有较好的撕裂强度和耐磨性,其硬度也可通过配方调整以适应不同的使用需求。这种特性使橡胶成为一种理想的密封材料和振动吸收材料,对橡胶的大部分应用来说,力学性能比其他物理性能显得更为重要。橡胶的常规力学性能主要包括拉伸强度、弹性模量、断裂伸长率、硬度、耐磨性、抗冲击性等。测定橡胶的基本力学性能,对于生产质量的控制、满足使用性能和工程设计的要求具有重要意义。万能拉力试验机是测定橡胶力学性能的常规仪器,其结构如图 11-11D-3 所示。

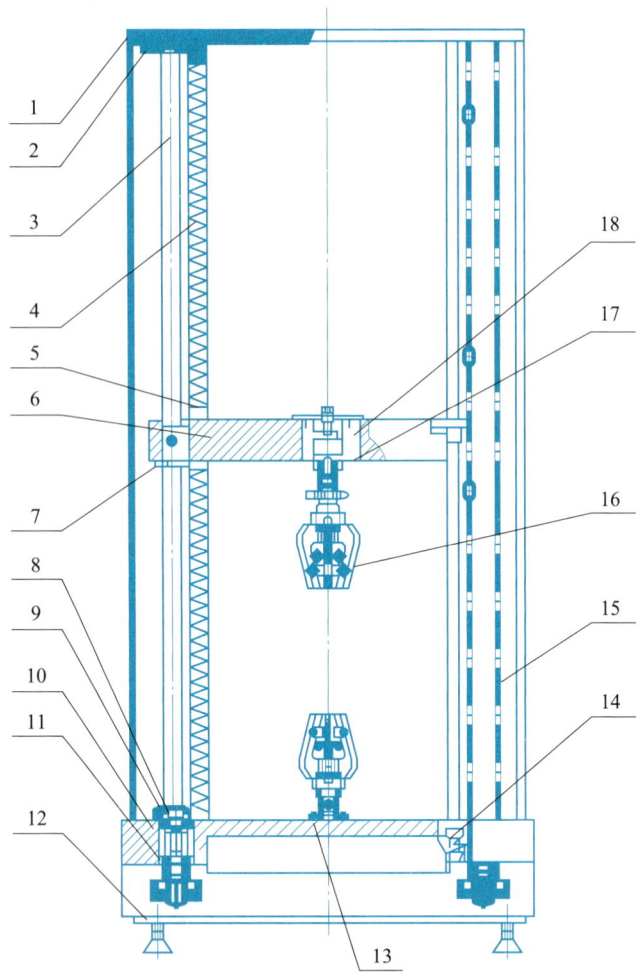

1—上横梁；2—滚动轴承；3—滚珠丝杠；4—防尘帘；
5—防尘支架；6—中横梁；7—内六角圆柱头螺钉；
8—防尘盖；9—轴承座；10—下横梁；11—锁紧螺母；
12—底板；13—夹具座；14—限位装置；15—铝合金侧罩；
16—拉伸楔形夹具；17—传感器；18—中横梁盖板

图 11-11D-3    万能拉力试验机结构示意图

　　橡胶的老化是指在储存和使用过程中受到自然和人工环境等条件的影响,发生物理作用和化学作用,使材料的外观、性能和使用价值随时间逐渐衰减直至丧失的现象。影响老化的因素较多并且复杂,外在因素包括热能、光能、辐射能和机械能等能量因素;氧气、臭氧、变价金属和水分等物质因素。能量因素和物质因素通常同时作用,共同促使橡胶等高分子材料交联网络的破坏,使其老化变质。内在因素包括高分子本身的化学结构和物理状态等。为了使橡胶产品更好地应用于实际,了解与掌握老化规律,进行老化试验,测定老化变质的程度,是橡胶物理测试的重要工作,也是橡胶加工工艺研究的重要内容。通过橡胶老化试验可以测定在一定状况下橡胶老化变质的相关数据,掌握橡胶的使用条件。热老化试验可分为两大类:自然老化和人工老化。人工老化主要包括:人工气候老化、臭氧老化、光老化和热老化等,其中热老化试验是相对简便高效的一种方法。

### 三、仪器与试剂

#### 1. 实验仪器

RM-200A 转矩流变仪;双滚筒炼胶(塑)机;25 吨平板硫化机;万能拉力试验机;老化试验机。如图 11-11D-4 所示。

(a) RM-200A转矩流变仪　(b) 双滚筒炼胶(塑) 机　(c) 25吨平板硫化机　(d) 万能拉力试验机　(e) 老化试验机

图 11-11D-4　实验仪器图

#### 2. 试剂及耗材

氯化聚乙烯(CPE)、滑石粉、轻钙、氧化镁(MgO)、炭黑、半补强炭黑、石蜡、硬脂酸钙、过氧化二异丙苯(硫化剂 DCP)、邻苯二甲酸二辛酯(增塑剂 DOP)、橡胶油。各配方如表 11-11D-1 所示。

表 11-11D-1　橡胶试验配方

| 原料 | 配方 1 | 配方 2 | 配方 3 | 配方 4 |
|---|---|---|---|---|
| CPE | 100 | 100 | 100 | 100 |
| 滑石粉 | 88 | 88 | 88 | 88 |
| 轻钙 | 20 | 20 | 20 | 20 |
| MgO | 14 | 14 | 14 | 14 |
| 炭黑 | 28 | 28 | 28 | 28 |
| 半补强炭黑 | 12 | 12 | 12 | 12 |
| 石蜡 | 1.2 | 1.2 | 1.2 | 1.2 |
| 硬脂酸钙 | 2 | 2 | 2 | 2 |
| DCP | 3.2 | 3.2 | 5 | 3.2 |
| DOP | 4 | 4 | 4 | 6 |
| 橡胶油 | — | 6 | — | 6 |

### 四、实验步骤

#### 1. 混炼

(1) 混炼首先在 RM-200A 转矩流变仪中进行,打开设备电源,然后开启计算机,双击软件"WinRheo"进入"RM 系列转矩流变仪控制平台"窗口,在"平台"菜单中选择"橡胶挤出机"。在"设置"菜单中选择"通信端口 COM1",在"设定"功能里,设置实验的条件参数,包括第一区、第二区、第三区的温度均为 90 ℃,转速为 60 r·min⁻¹,线性升温速度为 100 ℃·min⁻¹,时间范围为 1 min,确定后自动返回"RM 系列转矩流变仪控制平台"窗口。

（2）点击"电源""加热",当测量值达到设定值以后,点击"电机"后进料(加料时戴手套操作),当料加到 3/4 左右时,将混炼器的压杆轻轻压下,同时观察计算机上扭矩数值的变化,当扭矩数值大于 1 时,拉起压杆,把物料完全加入,此时开始计时,注意及时将散落在外的物料清理到混炼器中。

（3）6 min 后,点击"电机",指示灯由绿变红,混炼结束。松开螺帽,卸下混炼器侧盖,点击"电机",机器转动后,拉动混炼器两侧的把手,当其将要脱离机器时,再点击"电机",机器停止转动,取出物料。

（4）将混炼好的物料趁热倒在开炼机上通过三角包法再开炼 1 min 左右。

### 2. 成型及硫化

本实验中橡胶的成型和硫化在平板硫化机中一体化完成,混炼胶加入模具后,在平板硫化机中保持一定温度和压力,一次性完成成型和硫化的加工过程。

（1）模具预热:模具清洗干净后,涂上脱模剂,置于平板硫化机的下平板上,打开平板硫化仪电源,设置预热温度 170 ℃,预热 30 min。

（2）加料:将混炼胶裁剪后装入预热好的模具,混炼胶裁剪后的尺寸面积应略小于模具腔的面积,混炼胶的体积应略大于模具腔体积。将装好料的模具放入平板硫化仪下平板的中心位置。

（3）模压成型及硫化:设置硫化温度 170 ℃,压力 15 MPa,硫化时间 2 min,开机加压成型、硫化。

（4）脱模:到达硫化时间,卸去平板间的压力,趁热取出模具,脱模,取出样品。

### 3. 力学性能测定

测试硫化制品的 300% 定伸应力、拉伸强度、断裂伸长率、拉伸永久变形。实验在 25 ℃左右的室温下进行。

（1）样品制备:硫化胶试片经过 12 h 以上充分停放后,用标准裁刀在裁剪机上冲裁成哑铃形样品。同一试片工作部分的厚度差异范围不准超过 0.1 mm,每一种硫化胶样品的数量为 5 个。样品裁切参阅国家标准 GB/T 528—2009 的规定。

（2）拉伸性能测试:将 5 个冲裁成的标准试片进行编号,在样品的工作部分印上两条距离为(25±0.5) mm 的平行线。用游标卡尺测量标距内的样品厚度,测量部位为中心处及两标线附近共三点,取其平均值。拉伸强度测试参照国家标准 GB/T 528—2009 的规定。

### 4. 老化实验

（1）样品安装。样品为硫化胶片上裁取的哑铃形样品,尺寸符合 GB/T 528—2009 的要求,数量不得少于 10 个,其中 5 个按要求测定老化前的拉伸强度等性能,其余的在老化后进行测定。如图 11-11D-5 所示,用夹子夹住样品一端,再用挂钩挂在回转盘孔上。每两样品之间的距离不得小于 5 mm,样品与箱壁之间的距离不得小于 70 mm。

（2）启动电源开关。

（3）设置实验温度和实验时间。实验温度可根据材料的品种、使用要求和实验目的来选择，温度高可使老化速度快，可缩短实验时间，但温度过高则会导致样品严重变形，不利于性能测试。本实验设定温度为 100 ℃，时间为 24h。

（4）按住"RUN/STOP"按钮 3 s，开始测试。

（5）当测试时间到达设计时间后，机台自动停机。

（6）开启试验箱门，取出样品并关闭所有开关。

（7）取出的样品在温度（23±2）℃下停放 4～96 h，在样品面上印上标线，按国家标准 GB/T 528—2009 的规定测定拉伸强度。

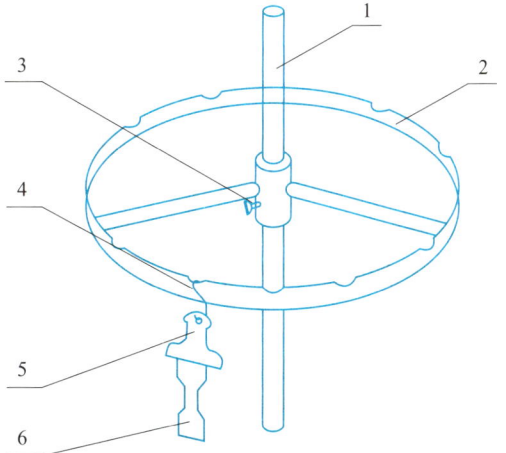

1—回转轴；2—回转盘；3—固定钮；
4—挂钩；5—夹子；6—试件

**图 11-11D-5　老化样品的安装**

**5. 探索及拓展实验**

（1）比较不同配方所制备的橡胶制品的各项性能，分析橡胶配料组成对于加工性能、力学性能及老化性能的影响。

（2）在掌握配料组分与橡胶性能之间关系的基础上，结合查阅文献资料，自行设计新的橡胶配方，调节橡胶的拉伸强度、断裂伸长率等力学性能。

## 五、注意事项

（1）在开炼机上操作必须严格按操作规程进行，要求高度集中注意力。

（2）三角包法开炼时禁止戴手套操作。辊筒运转时，手不能接近辊缝处；双手尽量避免越过水平中心线上部，送料时手应作握拳状。

（3）遇到危险时应立即触动开炼机安全刹车。

（4）硫化实验时，平板硫化机及模具温度较高，应戴防烫手套进行操作，当心烫伤。

（5）试验结束后，取出样品时应戴防烫手套，以免高温样品烫伤操作者。

（6）尽量避免不同种类试验在一起进行试验。

## 六、数据处理与分析

（1）300%定伸应力 $\delta_{300}$、拉伸强度 $\sigma$（MPa）：

$$\sigma = \frac{P}{bh} \tag{11.11D.1}$$

式中：$P$ 为定伸负荷，N；$b$ 为样品宽度，mm；$h$ 为样品厚度，mm。

（2）断裂伸长率 $\varepsilon$（%）：

$$\varepsilon = \frac{L_1 - L_0}{L_0} \times 100\% \tag{11.11D.2}$$

式中：$L_0$ 为样品原始标线距离，mm；$L_1$ 为样品断裂时标线距离，mm。

（3）永久变形 $H_0$（％）：

$$H_0 = \frac{L_2 - L_0}{L_0} \times 100\% \qquad (11.11\text{D}.3)$$

式中：$L_2$ 为断裂的两块样品静置 3 min 后拼接起来的标线距离，mm。

同一实验的 5 个样品经取舍后的个数不应少于原样品数的 60％，样品取舍可以取中值，即舍弃最高和最低的数值，或把所有 5 个数值取其平均值。

（4）老化试验结果用性能变化率 $a$ 表示：

$$a = \frac{A - B}{B} \times 100\% \qquad (11.11\text{D}.4)$$

式中：$A$ 为样品老化前拉伸强度的测定值；$B$ 为样品老化后拉伸强度的测定值。性能变化率的取值，精确到整数位。拉伸强度的变化用 $A$ 与 $B$ 之差表示。物理性能的变化也可以用老化系数 $K$ 表示，即老化前后的性能比值，$K = A/B$。

### 七、思考题

（1）橡胶为什么需要混炼？混炼中加入的各类配合剂分别起什么作用？
（2）橡胶硫化的作用是什么？硫化反应本质上是一个什么过程？
（3）橡胶制品的力学性能有什么样的特点？硫化对于橡胶的力学性能有何影响？
（4）橡胶老化的原因有哪些？测定橡胶老化性能有何意义？

### 八、参考文献

（华东师范大学    黄炜、韩会景）

# 高分子材料其他性能的表征

## 实验 11-12A    高分子材料电阻率的测定

### 一、实验目的

（1）掌握高聚物体积电阻率和表面电阻率的测试方法及基本原理。

（2）了解高聚物的导电特点及导电性与分子结构的关系。

（3）跟踪学科前沿,及时了解导电高分子材料的应用。

## 二、实验原理

### 1. 从绝缘体到导体,甚至超导体

2000 年诺贝尔化学奖授予 Alan J. Heeger( 黑格,美国 )、Alan G. MacDiarmid( 麦克迪尔米德,美国 )和 Hideki Shirakawa( 白川英树,日本 ),以表彰他们在"导电高聚物的发现和发展"("for the discovery and development of conductive polymers")的研究实验中的卓越贡献。这项成果向人们固有的思维提出了挑战。人们习惯性地认为塑料是一种良好的绝缘体,通常用作导电铜丝外面的绝缘层。但是他们合成了具有共轭结构的聚乙炔,如图 11-12A-1 所示,用掺杂的方式使塑料出现了接近金属铝和铜的电导率。如今导电高聚物已经成为化学及物理学研究的重要领域。

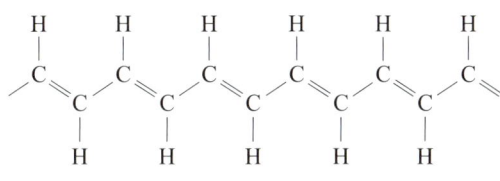

图 11-12A-1　聚乙炔结构

高聚物主要用作绝缘材料,但具有特殊结构的高聚物可能成为半导体、导体,甚至人们提出了超导体的模型。决定高聚物导电性的因素有化学结构、分子量、凝聚态结构、杂质及环境条件( 温度、湿度等 )等因素。

### 2. 电阻率测定的基本原理

材料的导电性是由于其内部存在传递电流的自由电荷,即载流子,在外加电场作用下,这些载流子做定向移动,形成电流。导电性优劣与材料所含载流子的数量和运动速度有关。通常采用一些宏观物理量,如电阻率( 电阻系数 )$\rho$ 或电导率( 电导系数 )$\sigma$,来表征材料的导电性,而表征材料导电性的微观物理量则有载流子浓度和迁移率。

在高分子材料的导电性表征中,常常还要区分内部导电性和表面导电性,分别采用体积电阻率和表面电阻率来表征。两种电阻率都要根据实际测量的电阻值计算。

体积电阻 $R_v$ 的测试方法是在厚度为 $d$ 的平板状聚合物样品两相对面上各放置截面积为 $S$ 的电极一个,并施加直流电压,于是在样品内部就有载流子按电场方向迁移,测量两电极间样品的体积电阻 $R_v$,则样品的体积电阻率为

$$\rho_v = R_v \frac{S}{d} \tag{11.12A.1}$$

一般在没有特别注明的情况下,常说的电阻率就是指体积电阻率。

而表面电阻 $R_s$ 的测试方法是将两平行电极放在聚合物样品的同一表面上,若电极的长度为 $l$,电极间距离为 $b$,在对两电极施加直流电压后,所测得的电极间电阻就是样品的表面电阻 $R_s$,而样品的表面电阻率为

$$\rho_s = R_s \frac{l}{b} \tag{11.12A.2}$$

在本实验中,其中一电极(保护电极)为环形电极,"罩"在测量电极(圆形截面)的外围,则

$$\rho_s = R_s \frac{2\pi}{\ln(D_2/D_1)} \tag{11.12A.3}$$

在实际测量时,如果直接把电极加在样品两相对面,电流将同时通过样品体内和表面,测得的电流就是体积电流与表面电流之和,电阻就相当于体积电阻与表面电阻并联后的总电阻,即 $R = R_s R_v/(R_s + R_v)$。但这样不能分别测试 $R_s$ 和 $R_v$,也得不到体积电阻率 $\rho_v$ 和表面电阻率 $\rho_s$。

本实验采用特殊的电极系统——三电极系统,在测试中使用保护电极使得分别测试表面电阻和体积电阻成为可能。如图 11-12A-2 所示,在测试体积电阻时,测量电极连接低压端,高压电极连接高压端,保护电极接地,样品内只可能产生体积电流,不会产生表面电流。而测试表面电阻时,测量电极连接低压端,环形的保护电极连接高压端,而高压电极接地,这样电流只会流过样品的表面,不会产生体积电流。

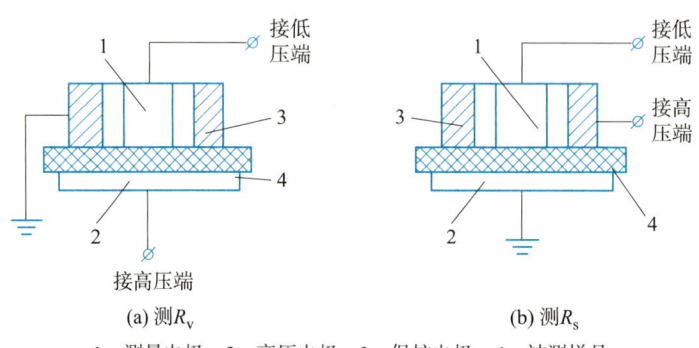

(a) 测 $R_v$  (b) 测 $R_s$

1—测量电极;2—高压电极;3—保护电极;4—被测样品

图 11-12A-2 三电极系统接线示意图

## 三、仪器和试剂

### 1. 实验仪器

国产 ZC36 型高阻计如图 11-12A-3 所示。

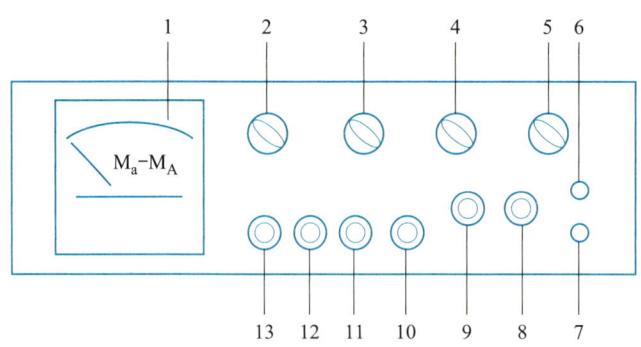

1—指示表头;2—倍率选择;3—测试电压选择开关;4—"+""-"极性开关(当旋钮指向"+"时测量"+"的直流信号,指向"-"时测量"-"的直流信号,指向"0"时表头开路);5—放电-测试开关[当旋钮处于放电位置时,测试电压未加到被测样品上;当旋钮指向测试时,测试电压经接线柱(红色)加到被测样品上];6—指示灯;7—电流开关;8—满度调整旋钮(调整表头指向满度);9—"0""∞"调整旋钮(调整表头指向"0"或"∞"处);10—输入短路开关(当开关打到"短路"位置时,被测信号短路。表头无指示);11—高压端(测试电压由此引出);12—接地端;13—输入端(被测信号由此引入)

图 11-12A-3 ZC36 型高阻计面板

**2. 试剂与耗材**

实验样品可以选用聚对苯二甲酸乙二醇酯、聚丙烯、聚苯乙烯等,直径 100 mm。

## 四、实验步骤

**1. 先仔细阅读本实验的"五、注意事项"**

**2. 样品准备**

(1) 尺寸　截取直径为 100 mm 的圆形样品,用螺旋测微器测量样品的厚度(取五处,各测一次),取其平均值,精确到 0.01 mm。

(2) 外观及处理　截取样品时应注意避免表面裂缝并用绸布擦去表面污物(或用不溶解样品的有机溶剂)。做标准测试时应对样品进行恒温恒湿处理,一般要求在(25±2) ℃ 及相对湿度为 65% 的条件下放置 16 h 以上。

**3. 测试前准备工作**

(1) 测试电压开关置于"10 V"挡。

(2) 倍率开关置于最低挡($1 \times 10^2$ Ω)。

(3) "放电-测试"开关置于"放电"位置。

(4) 电源开关置于"断路"位置。

(5) 输入短路开关置于"短路"位置。

(6) 极性开关置于"0"位置。

**4. 测试环境的温度和湿度**

测试并检查环境的温度和湿度是否在仪器允许的范围内,仪器的工作条件是环境温度 0~40 ℃,相对湿度不能高于 80%。当环境湿度高于 80% 时,测量较高的电阻(大于 $10^{11}$ Ω)或较小的微电流(小于 $10^{-8}$ A)时可能会产生较大的误差。

**5. 检查交流电源电压**

电源电压应保持在(220±22) V。

**6. 将仪器接地端用导线妥善接地**

**7. 将仪器接通电源**

合上电源开关,指示灯发亮,并有蜂鸣声。如发现指示灯不亮,应立即切断电源,待查明原因后方可使用。

仪器预热 30 min 后,将极性开关置于"+"处,此时指针可能偏离"∞"及"0"处,缓慢调节"∞"及"0"的电位器,使指针置于"∞"及"0"处直至不再变动。

**8. 调节仪器灵敏度**

将输入端开关拨向开路,倍率开关由 $1 \times 10^2$ 转到满度位置,这时指针将从"∞"位置指于满度。如果不到或超过满度,则可调节满度电位器,将指针调至满度。然后再次将倍率开关拨回 $1 \times 10^2$ 挡,使指针仍指于"∞"及"0"处,否则再调节电位器。反复上述操作多次,调节好仪器的灵敏度。在测试中应该经常检查满度及"∞",以保证仪器的测试精度。

**9. 测试步骤**

(1) 将样品放入三电极中间,用测量电缆线接至 $R_x$ 测试端钮和高压接线柱,将 $K_2$ 拨到 $R_v$ 挡。

(2) 将测试电压选择开关置于 10 V 挡,测试电阻置于 $1 \times 10^2$ 挡,短路开关仍置于"短路"挡,以防在测试开始时,表盘示数超量程。

（3）将放电–测试开关置于测试挡,输入短路开关仍置于"短路"挡,并同时按下秒表,经对样品充电 15 s 后即可将输入短路开关拨向输入方向,过 1 min 后进行读数,并记下倍率开关所指示的倍率、测试电压及其所对应的系数。为保证读数准确,尽量取在仪表刻度上 1~10 的范围读数指针。可通过改变倍率挡进行调节,并记下倍率挡所指示的倍率。注意:若出现指针很快超出满度现象,应立即将输入短路开关拨回"短路"挡,将放电测试开关拨回放电位置,查明原因以免损坏仪器。

（4）测试完毕,将放电测试开关拨回放电位置,输入短路开关拨到短路位置。

（5）间隔 2 min 后,将 $K_2$ 拨向 $R_s$。

（6）测量 $R_s$,为此重复测试步骤（2）—（4）,读取指示数值,并记下倍率、测试电压及其对应的系数,由此测得表面电阻。

（7）去除保护电压,将 $K_2$ 拨到 $R_v$ 重复上述测试步骤（2）—（4）,读取指示数值,并记下倍率、测试电压及其对应的系数,由此得到总绝缘电阻。

（8）一个样品测试完毕后,将放电测试开关拨到放电位置,输入短路开关拨到短路位置,等待约 2 min 的放电后,方可取出样品,以免受到残余电荷的袭击。

（9）然后进入下一个样品的测试,即重复上述测试步骤,以获得其 $R_v$、$R_s$ 及 $R$ 值。

（10）仪器使用完毕,应先切断电源,并将木板上各个开关恢复到测试前的位置,拆除接线,将仪器放置妥当。

## 五、注意事项

（1）本实验使用的是高压直流电源（1000 V）,实验中必须注意安全,测试前务请认真阅读本书,测试中必须严格按照操作步骤,注意,切勿用人体部位触及 $R_x$ 高压端。

（2）切勿误将 $R_x$ 高压端接地,否则引起烧机责任事故。

（3）每完成一个样品的测试后,务必先将"放电–测试"开关拨向"放电"位置,输入短路开关拨至"短路"位置,2 min 后方可取出样品,以免受到电容器中残余电荷的袭击。

（4）测试者所在的地面应铺有高绝缘的垫板。

## 六、数据处理与分析

（1）数据记录。

温度:＿＿＿＿＿＿＿;湿度:＿＿＿＿＿＿＿

高阻计型号:＿＿＿＿＿;测量电极直径（$D_1$）:＿＿＿＿＿＿;保护电极内径（$D_2$）:＿＿＿＿＿＿

（2）用螺旋测微仪测量样品厚度（分 5 处）,将实验结果记录在表 11–12A–1 中。

表 11–12A–1　螺旋测微仪测量样品厚度的实验结果记录表

| 样品 | 样品厚度 $d$/mm | | | | | |
|---|---|---|---|---|---|---|
| | 第一处 | 第二处 | 第三处 | 第四处 | 第五处 | 平均值 |
| A | | | | | | $d_A =$ |
| B | | | | | | $d_B =$ |

（3）测量体积电阻、表面电阻和总电阻,将实验结果记录在表 11-12A-2 中。

表 11-12A-2　体积电阻、表面电阻和总电阻的实验结果记录表

| 样品 | $R_v$ | | | $R_s$ | | | $R$ | | |
|---|---|---|---|---|---|---|---|---|---|
| | 读数/MΩ | 倍率 | 测试电压对应系数 | 读数/MΩ | 倍率 | 测试电压对应系数 | 读数/MΩ | 倍率 | 测试电压对应系数 |
| A | | | | | | | | | |
| B | | | | | | | | | |

（4）体积电阻率的计算。

① 由仪表读数计算体积电阻值 $R_v$,将仪表上的读数(单位为 MΩ)与倍率开关所指示的倍率、测试电压开关所对应的系数相乘所得的乘积就是样品的电阻值。例如,读数为 1.5 MΩ,倍率开关所指示的倍率为 $10^8$,测试电压为 500 V,所对应的系数为 0.5,则被测电阻为 $(1.5 \times 10^6 \times 10^8 \times 0.5)$ Ω = $7.5 \times 10^{13}$ Ω。

② 按式(11.12A.1)计算体积电阻率 $\rho_v$,即 $\rho_v = R_v \dfrac{S}{d} = R_v \dfrac{\pi D_1^2}{4d}$,式中 $d$ 为样品厚度,$S$ 为测量电极的面积。本实验所用测量电极直径 $D_1$ 为 5 cm。

（5）表面电阻率的计算。

① 由仪表读数计算表面电阻值 $R_s$,方法同 $R_v$。

② 计算表面电阻率 $\rho_s$,如前所述,进行表面电阻率测试时,保护电极连接仪器高压端,此时表面电阻率须按 $\rho_s = R_s \dfrac{2\pi}{\ln(D_2/D_1)}$ 计算,式中 $D_2$ 是保护电极内径,本实验所用保护电极内径为 5.4 cm,$D_1$ 是测量电极的直径。

（6）总电阻值 $R$。由仪表读数计算总电阻值 $R$,方法同 $R_v$。

（7）将上述计算得到的数据填写在表 11-12A-3 中。

表 11-12A-3　计算所得数据的记录表

| 样品 | $R_v/\Omega$ | $R_s/\Omega$ | $R/\Omega$ | $\rho_s/\Omega$ | $\rho_v/(\Omega \cdot m)$ |
|---|---|---|---|---|---|
| A | | | | | |
| B | | | | | |

## 七、思考题

（1）测定表面电阻率时,保护电极起什么作用?

（2）理论上饱和的非极性聚合物具有良好的电绝缘性,其体积电阻率可高达 $10^{23}$ Ω·m,但实测值却要低几个数量级。讨论可能的原因有哪些。

（3）简述 2000 年度诺贝尔化学奖获得者 Alan J. Heeger、Alan G. MacDiarmid 和 Hideki Shirakawa 的主要贡献。

## 八、参考文献

（中国科学技术大学 朱平平）

## 实验 11-12B 聚合物太阳能电池材料的制备及光电性能表征

### 一、实验目的

（1）能够阐述有机（聚合物）太阳能电池基本工作原理,阐述光电转化过程中光电转化效率的影响因素。

（2）熟悉制备聚合物太阳能电池流程。

（3）能够对 Stille 交叉偶联聚合的逐步反应开展研究。

（4）熟练掌握运用聚合物提纯方法。

### 二、实验原理

有机（聚合物）太阳能电池是由有机材料构成核心部分的太阳能电池。其主要是以具有光敏性质的有机物作为半导体的材料,以光伏效应而产生电压形成电流,实现太阳能发电的效果。由于无机硅太阳能电池的材料生产成本高、污染大、能耗高,寻找新型太阳能电池材料和低成本制造技术便成为人们研究太阳能电池技术的目标。有机（聚合物）太阳能材料和电池制备技术有望成为低成本制造的选择之一。给体和受体在混合膜中形成一个个单一组成的区域,在混合膜任何位置产生的激子,都可以通过很短的传输路径到达给体与受体的界面（即结面）,从而电荷分离的效率得到了提高。

#### 1. 器件基本原理

激子定义:在有机半导体材料中,分子之间只有很弱的范德华力,不能形成连续的能带,电子被光激发后只能停留在原分子轨道内,不能转移到其他分子上。因此,有机分子在光激发后会形成较为稳定的空穴-电子对,亦即激子。由于激子是没有分离的空穴-电子对,要实现光电转化,就要将这一对空穴与电子分离开。在有机（聚合物）太阳能电池中,激子的分离意味着电子从一个分子转移到另一个分子上,从化学角度看,就是发生了氧化还原反应。

聚合物太阳能电池器件的工作机理主要包含以下四个过程:活性层材料吸收入射光;激子的产生;激子扩散至给受体界面进行激子解离;激子解离后产生的电子和空穴分别被对应电极收集,如图 11-12B-1 所示。① 吸收入射光:聚合物太阳能电池器件拥有优良性能离不开对太阳光的高效吸收。太阳光透过聚合物太阳能电池器件的透明基底至活性层,活性层材料对一部分光子进行吸收。② 激子的产生:光照后,活性层吸收光子,最高占据分子轨道(HOMO)的电子被激发跃迁到最低未占分子轨道(LUMO),并在 HOMO 留下一个空穴。有机半导体较低的相对介电常数使形成的空穴和电子无法自由移动,而是产生空穴-电子对(激子)。③ 激子的扩散和解离:激子显示电中性,其扩散距离较短,一般为 5~20 nm,激子移动到给受体界面处发生解离,形成自由的空穴和电子,也被称为载流子。④ 载流子的收集和电流的产生:由于内电场作用,自由的电子和空穴分别在受体和给体相中传输迁移至阴阳两极,被两边电极收集后形成电流。自由的载流子在移动中有复合的概率,所以激子的解离和复合是一个动态平衡的过程。

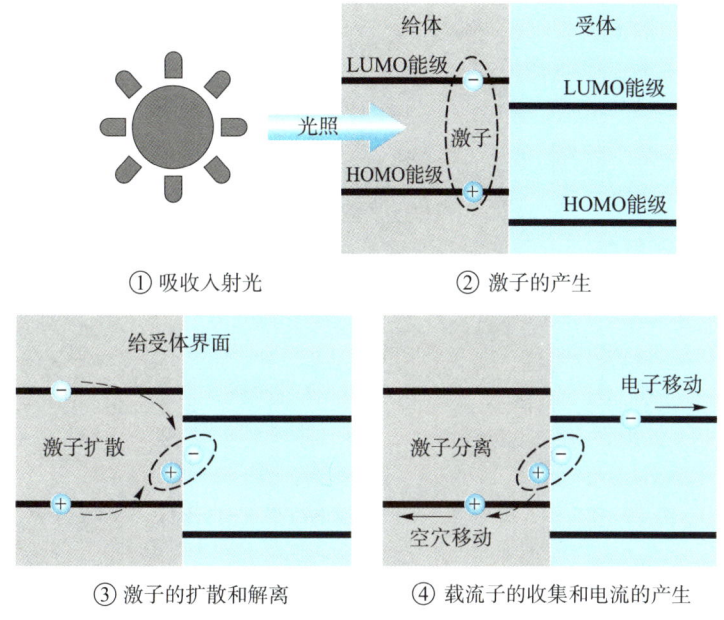

图 11-12B-1　聚合物太阳能电池基本原理

### 2. 电池结构

如图 11-12B-2 所示,在正负电极中夹有界面修饰材料和活性层材料,这是决定效率的关键。而活性层材料又是决定效率的根本。活性层主要是由给体与受体共混而成。聚合物太阳能电池给体材料通常选用均聚物或 D-A 型共聚物材料;受体材料通常选用富勒烯衍生

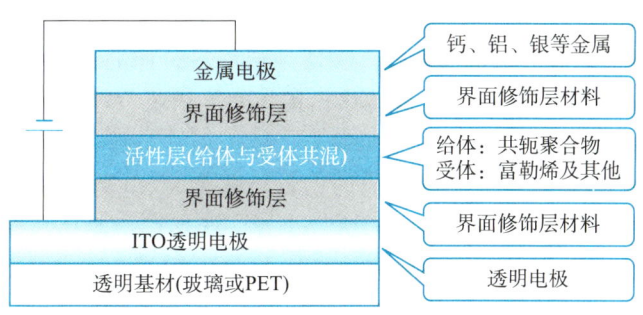

图 11-12B-2　聚合物太阳能电池基本器件结构

物或非富勒烯衍生物。

### 3. 电池器件参数

实验室聚合物太阳能电池的性能好坏主要是由能量转换效率(power conversion efficiency,PCE)来评价。PCE 的高低取决于三个重要参数,如图 11−12B−3 所示:开路电压(open−circuit voltage,$V_{OC}$)、短路电流密度(short−current density,$J_{SC}$)和填充因子(filling factor,FF)。单层聚合物太阳能电池器件的最大理论效率大约是 35%,由 Shockley−Queisser 极限(Shockley−Queisser limit)决定。在实际情况下,聚合物太阳能电池器件由于能量损失的原因对各参数都有不利影响。同时,各个独立的参数之间又会相互影响。

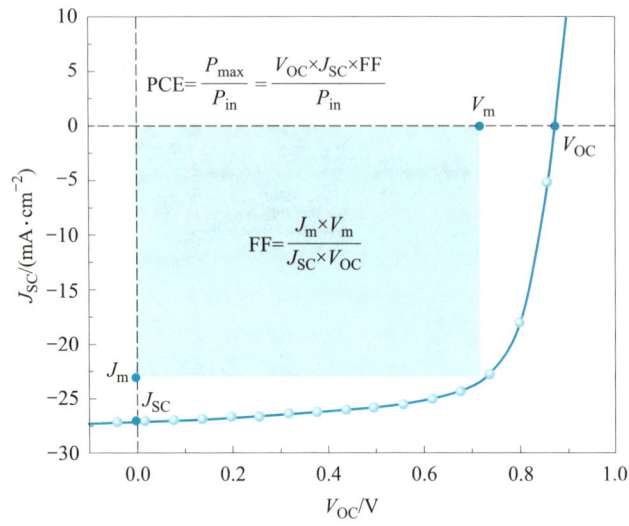

图 11−12B−3　聚合物太阳能电池电流密度−电压($J$−$V$)曲线

能量转换效率(PCE):能量转换效率是实验室评价聚合物太阳能电池的性能好坏的主要依据之一,可以通过计算电池的最大输出功率($P_{max}$)与入射光强($P_{in}$)的比值得出。其中,开路电压、短路电流密度和填充因子三个数值的乘积就是 $P_{max}$。因此,想让聚合物太阳能电池器件有高的能量转化效率,需要使 $J_{SC}$,$V_{OC}$ 与 FF 的数值尽量提高。

短路电流密度($J_{SC}$):当聚合物太阳能电池器件短路时,器件中的电阻对测试的影响可以忽略,此时输出的最大电流为短路电流。但是器件的工作面积直接影响电流大小,所以用单位面积的短路电流来表示,即短路电流密度,单位为 mA · $cm^{-2}$。在聚合物太阳能电池中,短路电流密度可以通过增加激子数量来提高,所以为了产生更多激子,活性层要有更宽的吸收太阳光谱范围,同时有较高的吸收系数。在活性层材料设计上,因为给电子单元−吸电子单元(D−A)结构的分子由于分子内电荷转移作用拓宽光谱吸收范围,所以成为现在聚合物太阳能电池材料的主流结构。

开路电压($V_{OC}$):当聚合物太阳能电池的正负极断路时,电池过载且电阻为无限大,无电流通过,此时的电压为器件的开路电压,单位为 V。活性层中给体材料的 HOMO 能级与受体材料的 LUMO 能级的差值与开路电压的数值大小有关,这是理论上能达到的最大开路电压。但实际测出的开路电压与理论值有一定的差距,这主要归因于电子在跃迁时伴随着能量损失。针对聚合物太阳能电池的能量损失研究,也是近几年聚合物太阳能电池领域的研究热点之一。

填充因子(FF):填充因子是聚合物太阳能电池中最大输出功率与开路电压与短路电流乘积的比值。研究发现,填充因子与活性层形貌有十分密切的关系,想要获取高的填充因子,需要活性层中给受体材料有合适的相分离,促进激子有效的分离和传输,实现较高且平衡的电荷迁移率。

#### 4. 聚合物太阳能电池给体材料合成原理

聚合物给体材料分为均聚物和 D-A 型共聚物材料。图 11-12B-4 显示了均聚物与 D-A 型共聚物的结构,以及对应的经典代表性材料:均聚物 P3HT 和 D-A 型共聚物 PM6。为了扩大对光照范围的吸收,D-A 型聚合物如 PM6 等聚合物太阳能电池材料应用更广,同时对应聚合物太阳能电池器件有更高的光电转化效率。为了获得更合适的分子量,D-A 型共聚物通常采用 Stille 交叉偶联逐步缩聚法来制备,如图 11-12B-5 所示。

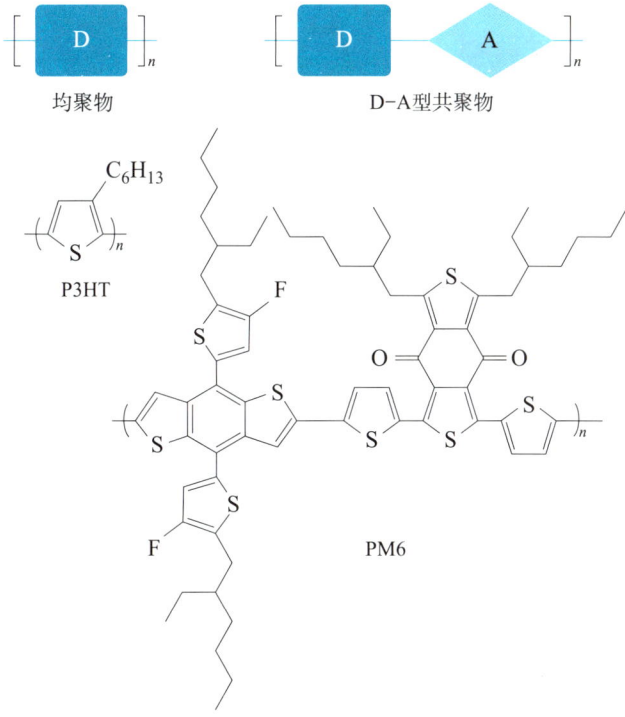

图 11-12B-4　均聚物与 D-A 型共聚物的结构及其典型材料

### 三、仪器与试剂

#### 1. 实验仪器

聚合用玻璃仪器 1 套(包括两口圆底烧瓶 1 个、滴液漏斗 1 个、三通接头 1 个、冷凝管 1 支、索氏提取器 1 个);氮气球 1 个;油浴反应器装置 1 套;超声清洗机 1 台;紫外臭氧(UVO)仪 1 台;手套箱 1 套;热台 2 套;旋涂匀胶机 2 套;镀膜机 1 套;蒸镀电极设备 1 套;模拟光源 1 台;Keithley 数字源表 1 套;太阳能电池 IV 特性测试软件 1 套。

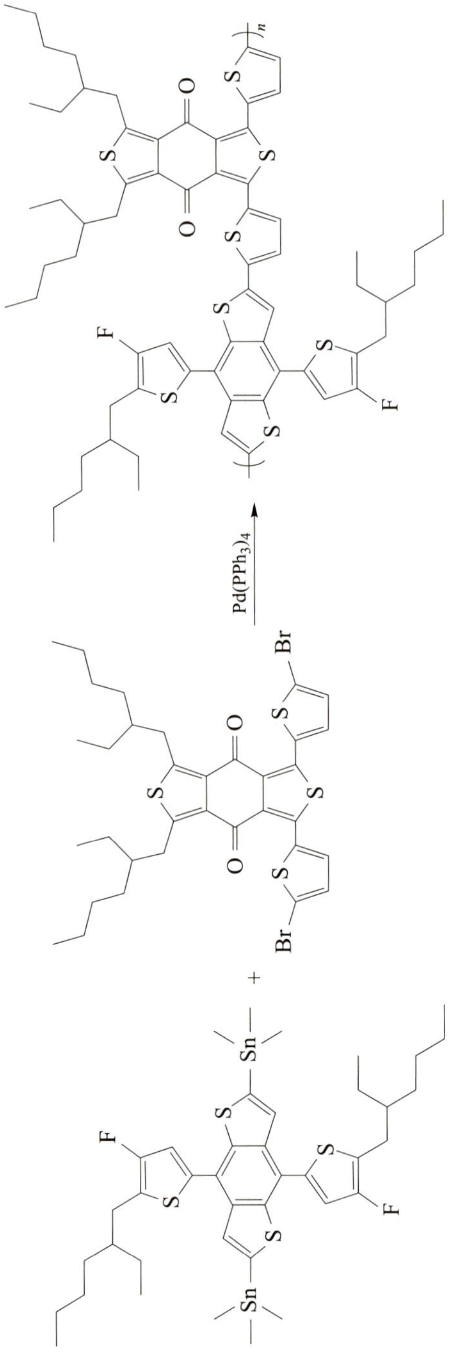


BDT-Sn　　T1　　PM6

图 11-12B-5　Stille 聚合线型缩聚物 PM6 的合成路线

### 2. 试剂及耗材

ITO 玻璃;1-氯萘(1-CN)(AR);PNDIT-F3N(电子传输层,98%);PEDOT∶PSS[空穴传输层,(CLEVIOS Al 4083)];Y6(受体,99%);甲苯(AR);$N,N$-二甲基甲酰胺(AR);甲醇(AR);正己烷(AR);氯仿(AR);Ag(99.9%);锡化物 BDT-Sn(98%);溴化物 T1(98%);四(三苯基膦)钯(99.5%)。

## 四、实验步骤

### 1. 聚合物太阳能电池给体材料 PM6 的制备

(1)排气和投料:聚合应在无水无氧气氛下进行。为了简化反应,除了采用 Schlenk 技术及无水无氧操作中物料的转移,还可以采用简化法即 T 形玻璃三通排气法。该聚合反应装置如图 11-12B-6 所示。对于三通,磨口端接冷凝管,细口端一端接惰性气体气球,另一端接真空泵。对于无水无氧操作,反应瓶一般使用两口或三口烧瓶。如果选用两口烧瓶,一个口按照"烧瓶口—冷凝管—三通"进行组装,另一个口按照"烧瓶口—滴液漏斗—橡胶塞"进行组装用于加料;如果选用三口烧瓶,可额外接温度计(温度计也可以不加,直接塞上,降温时延长时间 15 min 以上,确保完全降至室温,滴加时,逐滴加入,防止温度过高)。反应开始前要先干燥反应瓶,搭好上述装置后,真空泵连通反应瓶,进行抽气,用热风枪加热反应瓶的所有角落,然后通过旋转三通阀向反应瓶中放入气球中的惰性气体,重复抽气-放气几遍,即可得到无水无氧反应容器。对于液体原料和溶剂,只需等反应瓶冷却后通过注射器在橡胶塞口打入即可,能溶于溶剂的固体原料也可以将其溶解后打入。但对于不溶固体,一般是通过不断通入惰性气体流的同时加入(注意:气流不能太大,否则会吹散原料)。

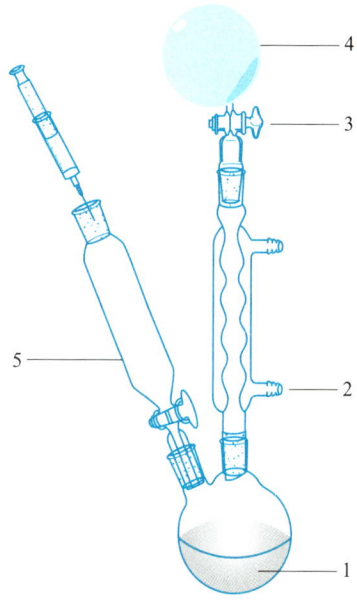

1—聚合反应的混合溶液;2—冷凝水;
3—三通接头;4—氮气球;5—滴液漏斗

**图 11-12B-6　聚合反应装置**

(2)聚合:将锡化物 BDT-Sn(分子量 940.54;0.015 mmol)、溴化物 T1(分子量 766.72;0.015 mmol)、4.0 mg 四(三苯基膦)钯加入 10 mL 的反应瓶中,然后加入 3 mL 甲苯将单体溶解,再加入 0.3 mL 的 $N,N$-二甲基甲酰胺试剂。按照实验步骤 1(1)中排气步骤,使用 $N_2$ 抽放气 10 min 后,将瓶中空气排干,将烧瓶置于 110 ℃ 的油浴中搅拌 2 h。

(3)提纯:待反应温度稍降后,将制备出的聚合物反应原液滴入甲醇中沉降,然后将析出的固体收集置于索氏提取器中,按甲醇、正己烷、氯仿的排列顺序将聚合物抽提出来,浓缩后滴入甲醇中,析出固体,离心后烘干得到聚合物 PM6。

### 2. 聚合物太阳能电池器件的制备和测量

按照如图 11-12B-7 所示进行器件制备。具体步骤如下。

(1)刻蚀电池基底　清洗 ITO 片子(正极):ITO 玻璃清洗。

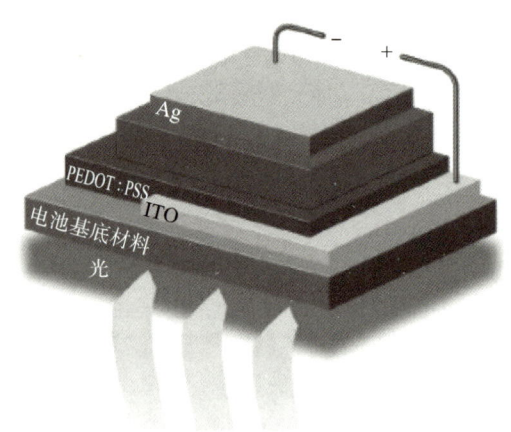

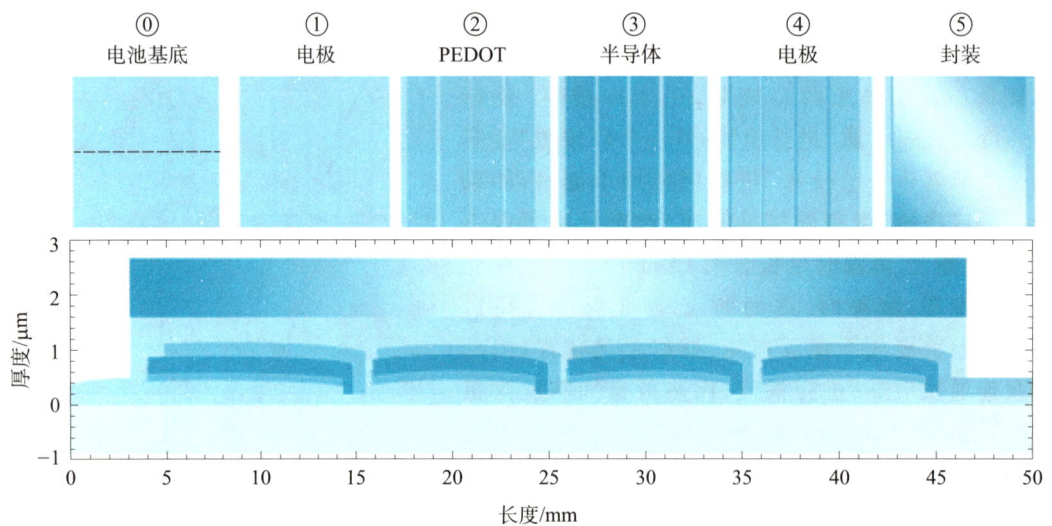

图 11-12B-7    聚合物太阳能电池制作过程

将 ITO 玻璃浸入含有洗涤剂的去离子水溶液中,并用棉花对玻璃表面进行清洁,然后再用清水进行洗涤,最后在去离子水、丙酮、异丙醇中各超声两次,每次持续 15 min。

（2）紫外臭氧(UVO)处理    将清洗好的 ITO 玻璃用氮气枪吹干,然后放入紫外臭氧处理仪中处理 30 min,该步骤可以优化 ITO 表面的浸润性和功函数。

（3）阳极界面处的修饰    使用匀胶机,在 4200 r·min$^{-1}$ 的速度下旋涂 PEDOT：PSS 溶液(利用去离子水将母液稀释到 50% 浓度),然后再在热台上 150 ℃ 退火 15 min。

（4）活性层的旋涂    活性层溶液的配制：给受体材料按照质量比 1：1.2 称量,加入氯仿溶剂,配成 16~18 mg·mL$^{-1}$ 的溶液。材料溶解后,加入 0.5% 体积比的 1-氯萘(1-CN),继续搅拌 15 min。取 15 μL 活性层溶液,动涂于上一步骤处理好的 ITO 玻璃上,在 3000 r·min$^{-1}$ 的速度下旋涂成膜,尽可能使薄膜表面平整均一,然后 110 ℃ 热退火 10 min。

（5）阴极界面层的修饰    使用匀胶机,在 2500 r·min$^{-1}$ 的速度下旋涂 PNDIT-F3N 电子传输层(提前利用含有 0.5% 乙酸的甲醇溶液进行溶解,质量浓度为 0.5 mg·mL$^{-1}$),旋涂时,滴加溶液的量应当为 20~30 μL。然后用锐器刮掉两侧的活性层,使 ITO 裸露出来作为阳极。

（6）蒸镀金属电极　在高真空环境下，通过真空蒸镀法沉积 100 nm 的银作为阴极。

在蒸发室将银（Ag）蒸镀到电子传输层上作为阴极。根据实验经验实时调整功率得到相应速率，速率从 $0.01\ nm\cdot s^{-1}$ 到 $0.1\ nm\cdot s^{-1}$ 之间均匀递增，直至厚度为 100 nm。

（7）器件性能测试　将做好的聚合物太阳能电池器件置于光源处，将电池正负极与数字源表连接，进行器件性能测试，通过软件自动获得对应 $J$−$V$ 曲线和光电转化效率。

（8）封装，以保证光伏器件的稳定性并不受水、氧影响。

### 3. 研究退火温度对光伏参数的影响

调整不同电池片活性层退火温度（注意控制其他变量），随后按照同样的过程，旋涂 PNDIT−F3N 电子传输层和蒸镀 Ag 电极，测量对应的电池参数随退火温度的变化曲线。

### 4. 研究其他条件变化对光伏参数的影响

通过改变聚合物太阳能电池器件的优化条件（如给受体质量比、添加剂含量、退火时间和温度等），以及改变光照时间长短，研究其对光伏电池片光伏参数的影响。

## 五、注意事项

（1）称量时，两个单体的质量要严格按照摩尔比 1∶1 计算，单体的质量称量准确。

（2）反应体系脱气和加入氮气时，注意控制抽气速度，且要有足够的抽放气次数。

（3）阳极界面层退火完毕后应转移到手套箱中，自此之后器件的制备步骤应该在氮气氛围的手套箱中完成。

（4）器件制备时，活性层溶液应该先令 ITO 片旋转至指定转速后进行快速滴涂（动涂手法）。

## 六、数据处理与分析

（1）从 $J$−$V$ 图中获得短路电流密度（$J_{SC}$）、开路电压（$V_{OC}$）和填充因子（FF），根据光电转化效率的计算公式（图 11−12B−3），获得制备的给体聚合物 PM6 与受体材料共混后的光电转化效率值。

（2）同等条件下制备 4～6 片电池片，绘制通过测量不同电池片获得的不同光伏参数的变化曲线，并结合图形对制备的有机太阳能电池器件的稳定性（加热时间、光照时间）进行分析和讨论。

## 七、思考题

（1）该聚合属于哪种聚合反应类型？分子量及分散度受哪些因素影响？

（2）聚合物太阳能电池材料的评价标准有哪些？

（3）器件制备时，影响器件性能的因素有哪些？

## 八、参考文献

（北京航空航天大学 霍利军）

## 实验 11-12C 全息高分子材料的衍射效率表征

### 一、实验目的

（1）理解全息高分子材料的组成及成型原理。
（2）掌握全息高分子材料的制备及其衍射效率表征方法。
（3）掌握紫外-可见分光光度计、激光功率计、激光器等使用方法。
（4）掌握化学、材料与光学等多学科交叉的研究方法。

### 二、实验原理

全息（holography），即全部信息，是一种基于激光相干原理存储实物信息的技术。该技术由英国籍匈牙利科学家 Dennis Gabor 于 1947 年提出，他因此获得了 1971 年诺贝尔物理学奖。全息技术同时存储了实物的全部信息（包括振幅信息和相位信息），在日光灯下能够观察到裸眼可见的三维图像，如图 11-12C-1 所示。

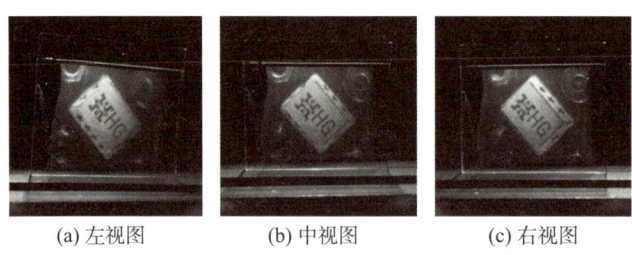

(a) 左视图　　　　　(b) 中视图　　　　　(c) 右视图

图 11-12C-1　全息存储的三维图像

全息存储依赖于光的干涉。以最简单的双光束激光干涉为例，当两束激光的频率相同、振动分量平行、相位差恒定且在空间中相遇时，便可发生干涉。当它们的光程差为半波长的奇数倍时，振动分量抵消，形成相干暗区；当它们的光程差为半波长的偶数倍时，振动分量加强，形成相干亮区。相干亮区与相干暗区交替分布，构成明暗相间的条纹状干涉图案。将感光材料置于该干涉图案下，便可通过物理或化学变化在材料内部形成全息光栅。

全息高分子材料是实现全息存储的关键材料，具有质轻、低成本、高光学品质和易于制造等诸多优势,已在裸眼三维显示、增强现实/虚拟现实(AR/VR)、高端防伪、高密度数据存储和全息传感器等高新技术领域展现出重要应用价值。在面向 AR/VR 应用的全息光学元件研发领域,基于全息高分子材料的光学元件可以大幅降低光学元件的厚度和质量,满足显示设备小型化、轻量化、集成化的需求,近年来备受关注。

全息高分子材料主要包含成膜树脂、光聚合单体、光引发体系等组分,其成型原理如图 11-12C-2 所示。在干涉图案的照射下,相干亮区的光引发体系吸收光子并通过产生的活性中心引发单体聚合,导致相干亮区与相干暗区之间出现单体浓度差异。在化学势的作用下,暗区的单体向亮区扩散并参与聚合反应,最终形成具有周期性折射率调制的全息光栅。

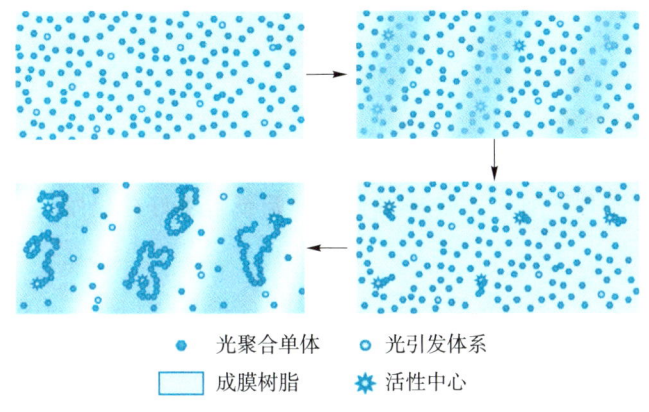

- ● 光聚合单体　　◦ 光引发体系
- ▭ 成膜树脂　　❋ 活性中心

图 11-12C-2　全息高分子材料的成型原理示意图

根据全息光栅的制备方法和光栅矢量的方向,可以将全息光栅分为透射式全息光栅与反射式全息光栅。以非倾斜光栅为例,当两束相干光从材料同侧照射时,得到透射式全息光栅,其光栅矢量 $\vec{K}$ 平行于材料表面,如图 11-12C-3(a)所示;当两束相干光从材料的异侧照射材料时,得到反射式全息光栅,其光栅矢量 $\vec{K}$ 垂直于材料表面,如图 11-12C-3(b)所示。反射式全息光栅仅对特定波长的光产生衍射,具有优异的波长选择性,用于显示时能够避免环境光的干扰。

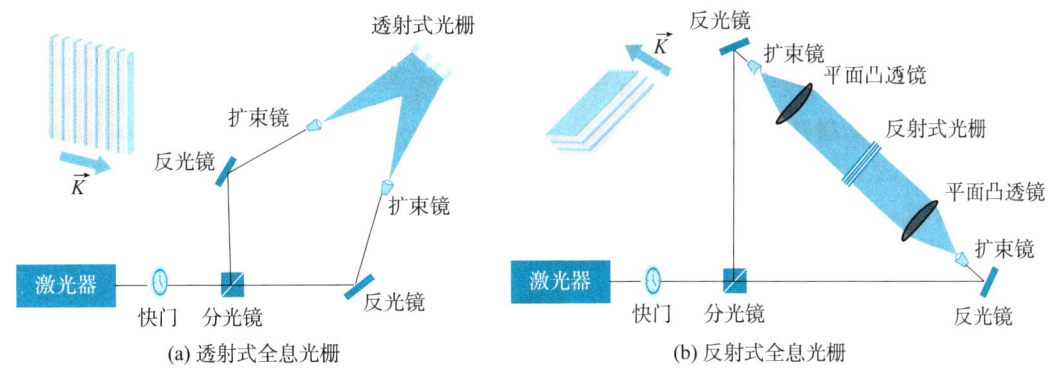

(a) 透射式全息光栅　　　　(b) 反射式全息光栅

图 11-12C-3　全息光栅的制备光路示意图

## 三、仪器与试剂

### 1. 实验仪器

棕色样品瓶;磁力搅拌器;加热型刮刀涂布试验机;全息光学平台;532 nm 激光器;633 nm 激光器;光强计;激光功率计;分光棱镜、透镜、扩束镜、反射镜等激光全息用光学元件;紫外固化箱;紫外-可见分光光度计。

### 2. 试剂及耗材

聚乙酸乙烯酯(PVAc);邻苯基苯氧乙基丙烯酸酯(OPPEA,纯度>98%);甲基丙烯酸羟乙酯(HEMA,纯度>99%);N-苯基甘氨酸(NPG,纯度>98%);二苯碘鎓六氟磷酸盐(DPI,纯度>98%);番红 O(SF,纯度>85%);二氯甲烷(DCM);PET 膜。

## 四、实验步骤

### 1. 全息感光液的制备

根据如表 11-12C-1 所示的配方按顺序称取 PVAc、DPI、NPG、OPPEA、HEMA 和 DCM 于棕色瓶中,在避光条件下加入光敏剂 SF。用锡箔纸包裹好棕色瓶,在室温、1000 r·min$^{-1}$ 下搅拌得到均匀溶液。

表 11-12C-1    全息感光液的配方

| 编号 | PVAc 质量/g | OPPEA 质量/g | HEMA 质量/g | NPG 质量/g | DPI 质量/g | SF 质量/g | DCM 体积/mL |
|---|---|---|---|---|---|---|---|
| 1# | 0.5 | 0.50 | — | 0.015 | 0.01 | 0.003 | 3 |
| 2# | 0.5 | 0.45 | 0.05 | 0.015 | 0.01 | 0.003 | 3 |
| 3# | 0.5 | 0.40 | 0.1 | 0.015 | 0.01 | 0.003 | 3 |
| 4# | 0.5 | 0.35 | 0.15 | 0.015 | 0.01 | 0.003 | 3 |
| 5# | 0.4 | 0.60 | — | 0.015 | 0.01 | 0.003 | 3 |
| 6# | 0.4 | 0.55 | 0.05 | 0.015 | 0.01 | 0.003 | 3 |
| 7# | 0.4 | 0.50 | 0.1 | 0.015 | 0.01 | 0.003 | 3 |
| 8# | 0.4 | 0.45 | 0.15 | 0.015 | 0.01 | 0.003 | 3 |

### 2. 全息感光膜的制备

避光条件下,将上述全息感光液滴在玻璃板边缘,然后用规格为 100 μm 的刮刀在自动涂布器上进行涂布,涂布速率为 200 mm·s$^{-1}$。涂布完成后,将感光膜在 40 ℃下加热 5 min,使溶剂完全挥发,最后覆盖一层 50 μm 厚的 PET 保护膜。

### 3. 全息光栅的制备

(1)透射式全息光栅的制备    在全息曝光过程中,通过分光镜将 532 nm 的激光分成两束同源相干光,并使它们的光强相等,照射到全息感光膜的夹角为 30°,且角平分线垂直于全息感光膜的表面。曝光总光强为 6 mW·cm$^{-2}$,曝光时间为 30 s。曝光完成后,采用紫外灯后固化 5 min,再放入 80 ℃烘箱中热增强,每隔 30 min 取出,表征衍射效率。

(2)反射式全息光栅的制备    采用双光束反射式光路进行曝光,绿光(532 nm)光强为 1 mW·cm$^{-2}$,曝光时间为 30 s,曝光完成后采用紫外灯后固化 5 min,再放入 80 ℃烘箱中热增强,每隔 30 min 取出,表征衍射效率。

#### 4. 全息光栅衍射效率的表征

（1）透射式全息光栅的衍射效率表征 将全息光栅垂直放置于样品台上，采用 633 nm 激光照射光栅，逐渐旋转样品，观察衍射光强随旋转角度的变化。当衍射光强达到最大时，对应的入射角为此波长下的布拉格角。如图 11-12C-4 所示，当检测光从布拉格角照射全息光栅时，同时记录透射光强 $I_t$ 和衍射光强 $I_d$，根据式（11.12C.1）计算全息光栅的衍射效率（$\eta$）。

$$\eta = \frac{I_d}{I_d + I_t} \times 100\% \tag{11.12C.1}$$

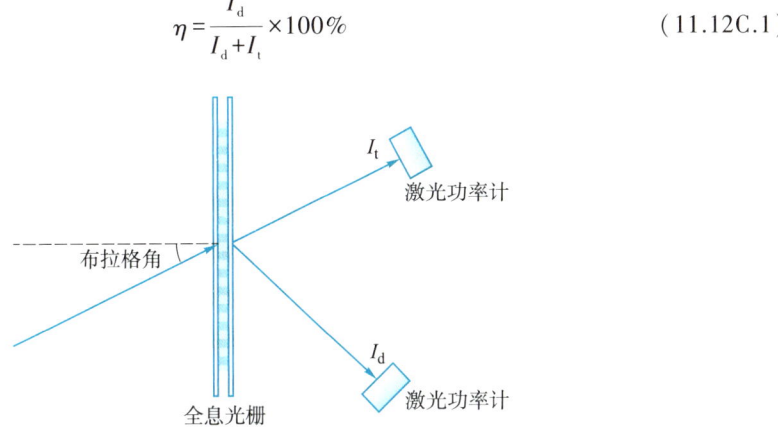

图 11-12C-4 透射式全息光栅的衍射效率表征原理示意图

（2）反射式全息光栅的衍射效率表征 以涂布全息感光液所用的玻璃板为背景，采用紫外-可见分光光度计表征反射式全息光栅的衍射效率。具体方法为：表征反射式全息高分子材料在 400~750 nm 波段的透过率，再用如图 11-12C-5 所示的方法获得衍射峰的最小透过率和基线透过率，采用式（11.12C.2）计算反射式全息光栅的衍射效率。

$$\eta = \frac{T_A - T_B}{T_A} \times 100\% \tag{11.12C.2}$$

式中：$T_A$ 为衍射峰对应波长下的基线（$A$ 点）透过率，$T_B$ 为衍射峰对应的最小透过率。

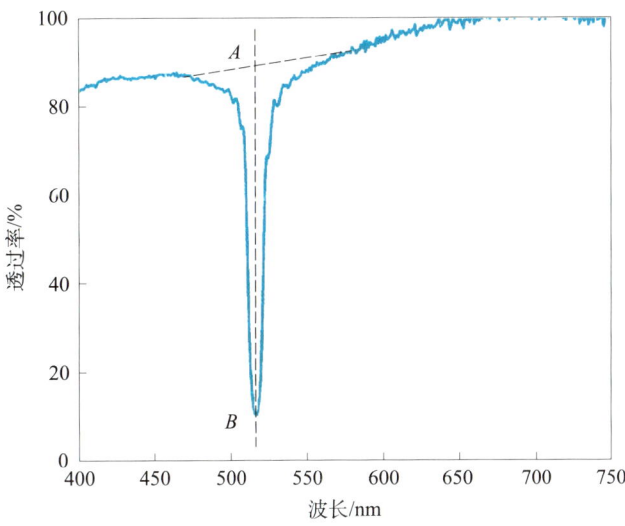

图 11-12C-5 反射式全息光栅的衍射效率表征原理示意图

## 五、注意事项

（1）全息感光膜的制备需要在安全灯下进行。

（2）挥发性药品操作应在通风柜内完成。

（3）进入全息工作室必须穿戴实验服、防尘鞋套和防尘帽。

（4）进行全息曝光时应佩戴护目镜，切勿直视激光光源或其他反射的激光，以免对视力造成永久性伤害。

## 六、数据处理与分析

**1. 透射式全息光栅的表征结果与分析**

（1）根据式（11.12C.1）计算透射式全息光栅的衍射效率。

（2）以全息光栅的衍射光强对入射角作图，确定布拉格角；并查阅文献，计算全息光栅的理论布拉格角；将理论值与实测值进行对比，分析差异原因。

（3）根据式（11.12C.3）计算透射式全息光栅的折射率调制度。

$$n_1 = \frac{\arcsin \eta^{0.5} \cdot \lambda_{\text{reading}} \cdot \cos \theta_{\text{B}}}{\pi \cdot d} \qquad (11.12\text{C}.3)$$

式中：$n_1$ 为光栅的折射率调制度，$\lambda_{\text{reading}}$ 是检测光的波长，$\theta_{\text{B}}$ 是布拉格角，$d$ 为光栅厚度。

**2. 反射式全息光栅的表征结果与分析**

（1）根据式（11.12C.2）计算反射式全息光栅的衍射效率。

（2）根据式（11.12C.4）计算反射式全息光栅的折射率调制度。

$$n_1 = \frac{\text{arctanh} \ \eta^{0.5} \cdot \lambda_{\text{reading}} \cos \theta_{\text{B}}}{\pi \cdot d} \qquad (11.12\text{C}.4)$$

## 七、思考题

（1）讨论体系的各组分含量与全息光栅衍射效率之间的关系，并给出理论分析。

（2）分析热增强时间对于全息光栅衍射效率和折射率调制度的影响规律及原因。

（3）列举日常生活中的全息应用，了解我国全息高分子材料的知识产权情况。

（4）还有哪些材料可以用于制备全息光栅？各自的优点和缺点是什么？

## 八、参考文献

（华中科技大学　彭海炎）

## 郑重声明

高等教育出版社依法对本书享有专有出版权。任何未经许可的复制、销售行为均违反《中华人民共和国著作权法》，其行为人将承担相应的民事责任和行政责任；构成犯罪的，将被依法追究刑事责任。为了维护市场秩序，保护读者的合法权益，避免读者误用盗版书造成不良后果，我社将配合行政执法部门和司法机关对违法犯罪的单位和个人进行严厉打击。社会各界人士如发现上述侵权行为，希望及时举报，我社将奖励举报有功人员。

反盗版举报电话　（010）58581999　58582371

反盗版举报邮箱　dd@hep.com.cn

通信地址　北京市西城区德外大街 4 号
　　　　　高等教育出版社知识产权与法律事务部

邮政编码　100120

读者意见反馈

为收集对教材的意见建议，进一步完善教材编写并做好服务工作，读者可将对本教材的意见建议通过如下渠道反馈至我社。

咨询电话　400-810-0598

反馈邮箱　hepsci@pub.hep.cn

通信地址　北京市朝阳区惠新东街 4 号富盛大厦 1 座
　　　　　高等教育出版社理科事业部

邮政编码　100029

防伪查询说明

用户购书后刮开封底防伪涂层，使用手机微信等软件扫描二维码，会跳转至防伪查询网页，获得所购图书详细信息。

防伪客服电话　（010）58582300

# 化学"101计划"核心教材目录

| | | |
|---|---|---|
| 1.《普通化学》 | 杨 娟 | |
| 2.《无机化学(上册)》 | 朱亚先　匡 勤　蔡 苹　邱晓航 | |
| 3.《无机化学(下册)》 | 朱亚先　匡 勤　胡 涛　王颖霞 | |
| 4.《有机化学(上册)》 | 张丹维　王彦广　裴 坚 | |
| 5.《有机化学(下册)》 | 张丹维　王彦广　裴 坚 | |
| 6.《分析化学》 | 蒋健晖　宦双燕　李攻科　李 娜　谭蔚泓 | |
| 7.《物理化学教程》 | 彭笑刚 | |
| 8.《物理化学:一种分子途径》 | Donald A. McQuarrie　John D. Simon 著<br>侯文华　李 伟　吴 强　彭路明　黎书华 译 | |
| 9.《结构化学》 | 庄 林 | |
| 10.《高分子化学与物理》 | 张 希　刘世勇 | |
| 11.《化学生物学(上册)》 | 刘 磊　陈 鹏 | |
| 12.《化学生物学(中册)》 | 刘 磊　陈 鹏 | |
| 13.《化学生物学(下册)》 | 刘 磊　陈 鹏 | |
| 14.《基础化学实验》 | 张剑荣　章文伟　邓顺柳　李维红　任艳平<br>李一峻　李厚金　淳 远　马 荔 | |
| 15.《化学实验基本操作规范建议》 | 张剑荣　李厚金　淳 远　任艳平　李一峻<br>张树永 | |
| 16.《合成化学实验(上册)》 | 苏成勇　陈洪燕　郭玉鹏　惠新平 | |
| 17.《合成化学实验(下册)》 | 苏成勇　陈洪燕　陈思翀 | |
| 18.《化学测量学实验(上册)》 | 任 斌 | |
| 19.《化学测量学实验(中册)》 | 任 斌 | |
| 20.《化学测量学实验(下册)》 | 任 斌 | |
| 21.《化学生物学实验》 | 王 初　贾桂芳　邹 鹏 | |

详细信息